Elite sein.

Wie und für welche Gesellschaft sozialisiert eine studentische Korporation?

von

Stephan Peters

Tectum Verlag
Marburg 2004

Peters, Stephan:
Elite sein.
Wie und für welche Gesellschaft sozialisiert
eine studentische Korporation?
/ von Stephan Peters
- Marburg : Tectum Verlag, 2004
Zugl.: Marburg, Univ. Diss. 2003
ISBN 978-3-8288-8635-3

Tectum Verlag
Marburg 2004

3

Inhalt

4

Vorwort

Ich bin mir nicht mehr ganz sicher, wann ich zum ersten Mal den direkten Kontakt mit einer studentischen Korporation, auch Studentenverbindung genannt, hatte. Jedenfalls war es vor meiner Bundeswehrzeit. Mein Vater fuhr damals zum „Stiftungsfest" seiner „Verbindung deutscher Studenten Cimbria" nach Reutlingen und nahm mich mit. Ich erinnere mich noch gut an die freundlichen jungen Männer, die mich gleich in ihre Mitte nahmen, fragten, was ich mit meinem Leben vorhätte, ob ich nach meiner Zeit bei der Bundeswehr studieren wolle. Ich war sehr angetan von diesem besonderen Freundeskreis. Sie schienen sich alle sehr gut untereinander zu kennen, gingen sehr freundschaftlich miteinander um, duzten die sogenannten „Alten Herren", zu denen mein Vater auch gehörte. Überrascht war ich auch über den sehr persönlichen Umgang einiger Alter Herren mit meinem Vater, handelte es sich doch um Männer, die ich teilweise nie zuvor gesehen hatte. So freundschaftlich und geborgen das Fest auch verlief, so seltsam kam mir die ungewohnte Atmosphäre vor. Insgesamt hatte ich aber ein schönes und interessantes Fest erlebt und behielt es auch in positiver Erinnerung.

Nach der Bundeswehrzeit entschloß ich mich zum Studium der Textilchemie an der Fachhochschule Reutlingen. Die Vorstellung, allein in einer neuen Umgebung zu sein und auch die neuen Lebensumstände, die mit einem Studium verbunden sind, behagten mir nicht besonders. Die Erinnerungen an die Studentenverbindung kamen wieder und ich besuchte diese Verbindung vor Beginn des Studiums, um mir ein Zimmer in der neuen Stadt zu suchen. Spontan bot mir ein Mitglied der Verbindung mir ein Zimmer „auf dem Haus" an und wenige Wochen später zog ich in das Verbindungshaus ein.

Mit Beginn des Semesters begann das Leben „auf dem Haus", viele der „Aktiven" kamen aus den Semesterferien zurück. Es wurden Versammlungen, sogenannte „Convente", abgehalten und häufig bis spät abends gesellig an der hauseigenen Theke gestanden und große Mengen Bier getrunken. Es gab sogenannte „Kneipen", eine Art ritualisiertes Feiern, eine Fahrt nach Österreich auf die Hütte eines Alten Herren. Es wurden Parties organisiert und durchgeführt, um nicht zuletzt die Aktivenkasse aufzufüllen.

In Form einer Kneipfeier wurde ich feierlich „rezipiert", in den Kreis der „Bundesbrüder" aufgenommen. Ich erinnere mich an das Gefühl der Gemeinschaft und an den bleibenden Eindruck des Dazugehörens. Obwohl alles ernst war, war es aber auch unterhaltsam witzig. Das Wort „bierernst" umschreibt es vielleicht am besten.

Nachdem ich Mitglied geworden war, trat ein wenig Alltag in das sonst bisher sehr kurzweilige Verbindungsleben. Ich bekam als „Fuchs", so heißen die jüngsten Mitglieder während ihrer Probezeit, Unterricht vom sogenannten Fuchsmajor, das ist der Nachwuchslehrer, der die Füchse erziehen soll. Nach und nach wurde ich in das Verbindungsleben eingeführt, verstand die inneren Zusammenhänge und lernte, die Regeln zu beherrschen. Studiert habe ich in dem ersten Semester wenig, denn die studentische Freiheit zu genießen, war für mich einfach aufregender und wichtiger.

Frauen gab es innerhalb der Verbindung als gleichwertige Partner oder Mitglieder nicht. Das ist mir damals eigentlich kaum bewußt geworden. Frauen nahm man in der Korporation als Ehefrauen und Freundinnen der Bundesbrüder wahr, wenn sie zu Parties oder dem einmal jährlich stattfindenden Stiftungsfestball kamen oder – eher selten – ihre Ehemänner von einer Kneipe abholten. Oftmals wurde über sie gewitzelt, aber im Grunde genommen war das Thema Frauen eher ein Tabuthema. Die Frauen erlebte man als Objekt der Begierde oder eben als schmuckes Beiwerk zu festlichen Anlässen. Im alltäglichen Verbindungsleben spielen sie keine große Rolle, was z. B. an der Bildung von sogenannten „Leibfamilien" deutlich wurde: Jeder neue „Fuchs" mußte sich einen „Leibburschen" suchen. Bei der Cimbria hieß der „Leibbursch" „Biervater", der „Leibfuchs" „Biersohn". Es wurden Familien gebildet, jedoch in Abwesenheit von Frauen. Eine studentische Korporation und Frauen, das vertrug sich offensichtlich nicht.

Als ich nach einigen Monaten nach bestandener Burschenprüfung in den Rang eines „Burschen" aufstieg und damit zu einem vollwertigen Mitglied der Korporation mit allen Rechten und Pflichten wurde, war ich voll in die Verbindung integriert.

Ich vermißte in meinem Leben eigentlich nicht viel und doch eine ganze Menge. Man fühlt sich in der Gemeinschaft einerseits geborgen, sicher und auch wichtig - man war Bursche der Korporation -, andererseits fehlte mir etwas, das ich nicht näher bestimmen konnte. Vielleicht kann man es mit „Wirklichkeit" umschreiben, denn die Gemeinschaft der Bundesbrüder bestand aus gesetzten Regeln, die man befolgen mußte, was Widerstände in mir regte. Ich kollidierte schon früh mit diesen Regeln, die meiner Meinung nach auf zum Teil nicht nachvollziehbaren Gründen beruhten. Andererseits gaben sie dem einzelnen Halt. Man wußte, was man zu tun und zu lassen hatte und man kannte die Konsequenzen bei Nichtbeachtung. Die Regeln waren häufig an die korporationseigene Hierarchie gekoppelt, was den „Chargen", den gewählten Vorstandsmitgliedern, eine große Machtbefugnis über die anderen Mitglieder verlieh. Befehle mußten teilweise mit „unbedingtem Gehorsam"[1] befolgt werden. Seit meiner Zeit bei der Bundeswehr stießen derartige Befehle, die mit Autorität per Machtzuschreibung umzusetzen waren, bei mir auf Ablehnung. Ich wollte mich nur widerwillig unterordnen.

Das Studium in Reutlingen brach ich nach 2 Jahren ab und ging zum Studium der Politikwissenschaft nach Marburg. Die Stadt an der Lahn hatte ich mir gezielt ausgesucht. Marburg hatte einen ganz besonderen Ruf, nämlich den einer „roten Universität". Da ich primär eine konservative Sozialisation genossen habe und mich damals selbst eindeutig dem politisch rechten Lager zuordnete, aber dennoch neugierig war und bin, ging ich also nach Marburg. Zum damaligen Zeitpunkt wollte ich das Korporiertsein nicht missen und suchte mir gezielt eine neue studentische Korporation. Von meinem Bruder, der auch Mitglied einer Korporation ist, wußte ich von einem katholischen

---

[1]   In der Satzung der KDStV Palatia im CV, die zu meiner Aktivenzeit noch gültig war, war der „unbedingte Gehorsam" festgeschrieben. Verfassung der KDStV Palatia im CV, § 24 c, Seite 7, Marburg 1984.

Dachverband, dem auch seine Verbindung angehörte. Die zwei zugehörigen in Marburg ansässigen Verbindungen und eine weitere sah ich mir an und entschied mich ziemlich rasch, kurz nach Beginn des Wintersemesters 1991/92, zum Eintritt in die „Katholische deutsche Studentenverbindung Palatia" (KDStV) im Cartellverband der katholischen deutschen Studentenverbindungen (CV). Diese Korporation verfügte über ein noch engeres Regelwerk als die „Cimbria", das ich mir aber in der Fuchsenzeit, die ich erneut zu absolvieren hatte, schnell aneignete. Hier gab es mehr zu lernen, die Korporation war auch größer und man merkte an den Mitgliedern, daß man an einer Universität war. Mediziner, Juristen und Betriebswirtschaftler bildeten das Gros der Fachrichtungen der neuen Bundesbrüder. Es war eine andere Qualität. Enger, ausgefeilter, bedeutungsvoller, exakter sind Adjektive, die diese Qualität umschreiben können. Korporierte selbst würden wahrscheinlich „steiler" sagen. Zudem war diese Verbindung auch „farbentragend", was die Cimbria in Reutlingen nicht war. Das äußere Zeichen der Verbundenheit tat seine Wirkung, zumal man nun auch in der Öffentlichkeit auffiel, d. h. als Korporierter zu erkennen war, wenn man Band und Mütze trug. Die Verbandsorganisation tat auch ihre Wirkung. Man fuhr auf auswärtige Treffen, auf denen man viele sogenannte „Cartellbrüder" aus ganz Deutschland kennenlernte. Die Gemeinschaft war also bundesweit organisiert, das imponierte mir. Dazu kam, daß bedeutende Persönlichkeiten dem Verband angehörten, wie z. B. der ehemalige Bundesaußenminister Klaus Kinkel (AV Guestphalia Tübingen) oder auch Thomas Gottschalk (KDStV Tuiskonia München)[2]. Ich machte Bekanntschaft mit dem korporierten Netzwerk. Mir wurde deutlich, daß die Cartellbrüder sich untereinander halfen, auch beruflich. Das hatte etwas Beeindruckendes und Bestechendes: Ich fühlte mich nicht nur erneut geborgen und sicher, sondern auch gut aufgehoben und durch die Gemeinschaft des Verbandes mit einigen zusätzlichen Chancen für die Zukunft versehen. Was aber blieb, war die Willkür der Regeln. Ich übertrat sie gern, wurde auch dafür bestraft. Später, in der Zeit meines ersten Seniorates, das ist die Position des Vorsitzenden, und der folgenden zwei Chargen als Fuchsmajor legte ich selber diese Regeln gern eng aus. Das brachte mir den Ruf eines strengen Erziehers ein. Ich genoß die Macht der willkürlichen Regelanwendung gegenüber meinen Bundesbrüdern, insbesondere den Füchsen. Trotzdem war der Genuß auch irgendwie bitter. Er erfüllte mich nicht wirklich, denn ich legte doch gerade die Regeln, die ich selbst für rational unbegründet hielt, streng aus. Das stand in mir im Widerspruch.

Zum Wintersemester 1994/95 wurde ich noch einmal zum Senior gewählt. In diesem Seniorat begann ich mich gegen die Regeln und deren Umsetzung innerhalb der Korporation zu wenden, sehr zum Mißfallen der Bundesbrüder. Schon in den Semestern zuvor besuchte ich an der Universität verstärkt Seminare zu Themen, mit denen ich bisher keinen Kontakt hatte. Es ging um feministische Theorien, um soziale Gerechtigkeit, Geschichte der Frauenerwerbstätigkeit. Die Inhalte der Seminare setzte ich für mich in Bezug zu dem reinen Männerbund, dem ich angehörte und es wurde für mich zunehmend

---

[2] CV-Sekretariat (Hrsg.), Gesamtverzeichnis des CV, ohne Ort 1995.

schwieriger, meine Mitgliedschaft in der Gemeinschaft vor mir selbst zu begründen. Es paßte etwas nicht.
Zusätzlich begann ich mich politisch umzuorientieren und trat vorübergehend
der Hochschulgruppe der Jungsozialisten und der SPD bei, vielleicht als Gegenpol zu der eher konservativen Einstellung der Verbindung. Zusätzlich
mißfielen mir in zunehmendem Maße die politisch zumindest konservativen
Äußerungen einiger Bundesbrüder und Alter Herren.
Das Zugehörigkeitsgefühl zur Gemeinschaft schwand, die gefundene Sicherheit bröckelte allmählich auseinander. Das Prinzip Freundschaft hielt mich
aber noch vom Austritt ab. Ich erinnere mich noch gut an meine letzte Seni-
orrede auf einer Kneipe, in der ich die anderen „Prinzipien" kritisierte („Wissenschaft", „Religion" und „Vaterland") aber dennoch über das letzte Prinzip
den Bestand und die Berechtigung der korporierten Gemeinschaft begründen
konnte. Die Rede führte zu einer Kontroverse innerhalb der Verbindung, die
mir im Fortgang der Entwicklungen verdeutlichte, daß Freundschaft kein
Prinzip sein kann. Der korporationsinterne Spruch „Freunde kann man sich
aussuchen, Bundesbrüder nicht" verdeutlicht diesen Umstand. Im Rahmen
der Regeln der Korporation ist Freundschaft nur bei Anerkennung der Regeln
möglich. Aber gerade das wollte ich nicht mehr.
Am 28. Juni 1995 verließ ich die Palatia, am 17. November 1995 die Cimbria,
obwohl ein Austritt eigentlich nicht möglich ist, denn es ist schließlich ein
„Lebensbund", dem man „ewige Treue" geschworen hat.
Der zuständige Convent der Palatia beschloß am 3. Juli bei Nichtaner-
kennung meiner schriftlich eingereichten Austrittsgründe meine Streichung
(unehrenhafte Entlassung), ein folgender Convent revidierte das Ergebnis
und beschloß meine einfache Entlassung.
Der „Vorort" des CV, das ist der Aktivenvorstand des katholischen Dachverbandes, reagierte gleichfalls. Er sah in seinem Brief vom 19. Juli 1995 meinen Austritt als schweres Unrecht an und forderte das von mir auf Lebenszeit
gegebene Ehrenwort ein. Ich reagierte darauf nicht, denn mit dem von meiner Seite beschlossenen Austritt war die Angelegenheit für mich formal erle-
digt.
Die Cimbria reagierte mit Verständnis für mich und meine angegebenen
Gründe und akzeptierte mein Austrittsgesuch.
Die Folgezeit war sehr anstrengend, denn ich hatte die korporierte Gemeinschaft, die einen Großteil meines sozialen Umfeldes darstellte, verloren,
mußte mich also auch bezüglich der sozialen Kontakte neu orientieren. Zudem mußte ich einige Angriffe auf meine Person in Form von Gerüchten und
Pöbeleien von unterschiedlichen Korporationen in Marburg abwehren.
Ich konnte nach meinem Austritt aber auch die bisher für mich normal und
alltäglich erscheinenden Vorgänge innerhalb der Korporation nun hinter-
fragen. Schnell kam ich zu ersten Ergebnissen, die ich dann durch Engagement im Marburger „Allgemeinen Studierendenausschuß" (AStA) in die
politische Arbeit einbrachte. Erst für die Jungsozialisten, dann in einer von
mir gegründeten Hochschulgruppe war ich Referent des AStA und brachte
mit Hilfe meines Referates die inhaltlich-sachliche Arbeit gegen die Korpora-

9

tionen, insbesondere gegen die rechtsextremen Burschenschaften des Dachverbandes „Deutschen Burschenschaft" (DB), voran. Die Prüfungsvorbereitungen für das Examen ließen meine hochschulpolitischen Aktivitäten in den Hintergrund treten. Nach Abschluß meines Studiums wurden die studentischen Korporationen für mich wieder zum Thema, inhaltlich ergab sich jedoch eine Verschiebung. Hatte ich vorher vor allem die gesellschaftliche Positionierung der Korporationen, hier insbesondere zur Zeit der Weimarer Republik und des Dritten Reiches kritisiert, wurde nun für mich die Frage nach der Funktionsweise einer Korporation immer wichtiger, so daß ich mich im Juli 1999 entschloß, eine Promotionsarbeit zu diesem Thema zu verfassen. Ein Erklärungsmodell der Funktionsweise studentischer Korporationen zu erarbeiten, ist erklärtes Ziel dieser Arbeit. Glaser und Strauss beschreiben diese Motivation in ihrem Methodenbuch zur „Grounded Theory" so:
„Die Moral der Geschichte ist, daß man solcherart Reflexionen über persönliche Erfahrungen wohlweislich kultivieren sollte. Normalerweise unterdrücken wir sie oder schreiben ihnen den Status von bloßen Meinungen zu (beispielsweise Meinungen über Studentenverbindungen, denen man angehörte, bevor man Soziologe wurde), anstatt sie als Sprungbrett für eine systematische Theoriebildung zu begreifen."[3]
Meiner Meinung nach ist es von großer Wichtigkeit für das Verständnis dieser Arbeit zu erfahren, daß sie ein „Insider" geschrieben hat und vor allem natürlich auch, aus welchem Blickwinkel ich meine Ausführungen tätige. In Berücksichtigung der deutlichen Positionierung des wissenschaftlichen Subjekts wählte ich dieses etwas ungewöhnliche Vorwort für eine wissenschaftliche Arbeit.

---

[3] Barney G. Glaser/Anselm L. Strauss, Grounded Theory. Strategien qualitativer Forschung, Bern /Göttingen 1998, Seite 256, Inhalt in der Klammer entspricht dem Original.

1. Hinleitung –
Worum es in dieser Arbeit geht

1.1 Drei Zugänge - ein Thema

1.1.1 Zugang 1: Korporationen und Gesellschaft

Gerne schmücken sich die unterschiedlichen Korporationsverbände mit be-
rühmten Mitgliedern, die aus dem Kreise ihres jeweiligen Dachverbandes
hervorgegangen sind, und nutzen sie unter anderem für die Nachwuchswerbung und als Aushängeschild für ihre gesellschaftliche Bedeutsamkeit; ob
im Anhang eines Studienplaners[4] oder als gesondertes Kapitel in einer Festschrift[5] oder als eine Rubrik auf einer Internetseite[6].
Ein Blick in die Listen, hier des KSCV und des WSC ist tatsächlich beein-
druckend: Aus ihren Reihen kamen z. B. in der Politik Otto Fürst von Bismarck[7] (1815 – 1898), Preußischer Ministerpräsident und Reichskanzler
(Corps Hannovera), Wilhelm II.[8], Deutscher Kaiser, König von Preußen
(Corps Borussia Bonn), und auch Paul von Hindenburg[9] (1847 – 1934),
Reichspräsident (Corps Montania Freiberg). In der Wissenschaft und Forschung finden sich Namen wie Alfred Brehm[10] (1829 – 1884), Naturforscher
und Schriftsteller (Corps Saxonia Jena) und Karl Ferdinand Braun[11] (1850 –
1918), Erfinder der Kathodenstrahlröhre (Corps Teutonia Marburg). Im Bereich der Wirtschaft sind es bedeutsame Namen wie Friedrich Bayer[12] (1851
– 1920), Begründer der Bayer-Werke (Corps Saxonia Bonn), oder auch Gottlieb Daimler[13] (1834 – 1900), Ingenieur und Fabrikant (Corps Stauffia Stuttgart).
Die Präsenz von Corpsstudenten an der Spitze der unterschiedlichen Bereiche von Staat und Gesellschaft hat Tradition. Beginnend im Kaiserreich
setzte sie sich in der Weimarer Republik und im Dritten Reich fort, vor allem
im Bereich des Militärs. In diesem Zusammenhang sind hier auch die als Wi-

---

[4] Weinheimer Verband Alter Corpsstudenten e. V. (Hrsg.), Karsten Schaumann/Torsten
    Schaumann, Studienplaner. Studieren – aber richtig, Tips und Hinweise für ein erfolg-
    reiches Studium, Darmstadt 1999, Seite 79 f.
[5] Rolf-Joachim Baum (Hrsg.), „Wir wollen Männer, wir wollen Taten". Deutsche Corps-
    studenten 1848 bis heute, Festschrift zum 150-jährigen Bestehen des Kösener Seni-
    oren-Convents-Verbandes, herausgegeben im Auftrag des Kösener Senioren Con-
    vents-Verbandes und des Verbandes Alter Corpsstudenten, ohne Ort, 1998.
[6] www.burschenschaft.de, vom 27. Januar 2002.
[7] Vorstand des Verbandes Alter Corpsstudenten e. V. (VAC) (Hrsg.), Handbuch des
    Kösener Corpsstudenten, 2 Bände, Würzburg 1985, Band 1, Seite 224.
[8] Ebenda, Seite 227.
[9] Weinheimer Verband Alter Corpsstudenten e. V. (Hrsg.), Karsten Schaumann/Torsten
    Schaumann, Studienplaner. Studieren - aber richtig, Seite 80.
[10] Ebenda, Seite 80.
[11] Handbuch des Kösener Corpsstudenten, 1985, Band 1, Seite 212.
[12] Ebenda, Seite 238.
[13] Karsten Schaumann/Torsten Schaumann, Studienplaner, Seite 80.

derstandskämpfer hingerichteten Personen Ulrich von Hassel[14] (1881 – 1944), Deutscher Botschafter in Rom (Corps Suevia Tübingen), und Fritz-Dietlof Graf von der Schulenburg[15] (1902 – 1944), Regierungspräsident und Oberst (Corps Saxonia Göttingen), zu nennen. Diese Reihe findet bis in die heutige Zeit ihre Fortsetzung, wie sich an neueren Namen aus den Mitgliederlisten der Corps ablesen läßt: Manfred Kanther[16], ehemaliger Bundesinnenminister (Corps Guestphalia et Suevoborussia Marburg), Edzard Schmidt-Jorzig[17], ehemaliger Bundesjustizminister (Corps Hansea Bonn), für die Wirtschaft Namen wie Hans-Dieter Harig[18], Vorstandsvorsitzender der E.on Energie AG (Corps Saxonia Hannover) und abschließend Henning Schulte-Noelle[19], scheidender Vorstandsvorsitzender des Allianzkonzerns (Corps Borussia Tübingen). Der gesellschaftliche Einfluß von Korporationen ist nicht zu übersehen.

Angesichts dieser Auflistung, die lange nicht vollzählig ist, verwunderte bei einer ersten Annäherung an den Themenkomplex „studentische Korporationen" die geringe Präsenz des Themas in der Öffentlichkeit. Dies erklärt sich vielleicht aus den insgesamt geringen Mitgliederzahlen, denn einerseits stehen heutzutage den 1,8 Millionen Studierenden[20], davon ungefähr 50 Prozent weiblichen Geschlechtes, lediglich gut 22.000 korporierte Studierende[21], sogenannte Aktive, gegenüber, das entspricht einer Quote von nicht einmal 2 Prozent. Aber andererseits

„rekrutieren sich immer noch 20 % aller deutschen Vorstandsvorsitzenden aus studentischen Verbindungen".[22]

Trotz oder gerade wegen der gesellschaftlichen Bedeutung der Korporationen sollte dem Thema mehr Aufmerksamkeit geschenkt werden, insbesondere weil die Mitgliederbasis unter Einbezug der sogenannten Alten Herren stärker ist: So kommen zu den 22.000 Studierenden noch ca. 135.000 Alte Herren[23] hinzu. Diese Zahl von ca. 157.000 Korporierten verteilt sich auf ungefähr 1000 Korporationen, diese zum Großteil auf etwa 30 Dachverbänden an ca. 50 Hochschulorten.[24]

Diese Diskrepanz zwischen der zahlenmäßig doch eher schwachen Basis zur möglichen Rekrutierung von Führungspersonal und der auffälligen Präsenz von Korporierten an den Spitzen der Gesellschaft weckten mein erstes

---

[14]   Handbuch des Kösener Corpsstudenten, 1985, Band 1, Seite 231.

[15]   Ebenda, Seite 231.

[16]   Dr. Herbert Kater (Hrsg.) im Auftrag des VAC-Vorstandes, Kösner Corpslisten 1971, Ergänzungen der Kösner Corpslisten von 1961 bis 1971, ohne Ort, 1972, Seite 208.

[17]   Ebenda, Seite 27.

[18]   KSCV/VAC/WSC/WVAC (Hrsg.), Corps - Das Magazin. Verbandszeitschrift des Kösener SC-Verbandes und des Weinheimer Senioren-Convents, ohne Ort, Heft 3/2000.

[19]   Kösener Corpslisten 1971, Seite 302.

[20]   Karsten Schaumann/Torsten Schaumann, Studienplaner, Seite 8. Die angegebene Zahl bezieht sich auf den Oktober 1998.

[21]   Convent Deutscher Akademikerverbände (CDA)/Convent Deutscher Korporationsverbände (CDK) (Hrsg.), Vielfalt und Einheit der deutschen Korporationsverbände, ohne Ort, 1998, Seite 239.

[22]   Karsten Schaumann/Torsten Schaumann, Seite 85.

[23]   CDA/CDK (Hrsg.), Vielfalt und Einheit der deutschen Korporationsverbände, Seite 239.

[24]   Ebenda, Seite 239.

13

Interesse an den studentischen Korporationen. Es führte zu der ersten Ebene, der von Gesellschaft und Elite.

1.1.2 Zugang 2: Die korporierte Gemeinschaft

Verbindungsstudenten allgemein und Corpsstudenten im besonderen bekommen während ihrer Zeit in der Korporation etwas angeboten bzw. lernen Verhaltensweisen, die ihnen gegenüber ihren nichtkorporierten Mitmenschen offensichtlich einen beruflichen Vorteil verschaffen oder zumindest verschaffen sollen. In diesem Zusammenhang denkt man zunächst an Ausdrücke wie Protektion[25], Seilschaften, Pöstchenschieberei[26] oder Ämterpatronage. Werden die im Beruf und an führenden Positionen befindlichen Korporierten auf ihre möglichen, durch die Korporation erlangten Berufsvorteile angesprochen, so verneinen sie die Existenz eines korporierten Netzwerkes häufig.[27] Jedoch erwähnen einige einen Vertrauensvorschuß oder eine gleiche Sprache unter Korporierten[28], an der man sich erkennen kann. Der Hamburger Personalberater und Alte Herr, Götz Junkers, Mitglied des Corps Franconia Darmstadt[29], unterstreicht diesen Aspekt, indem er sagt:

„(...) Einem Bewerber, der Verbindungsstudent ist, bringt man natürlich mehr Vertrauen im Vorstellungsgespräch entgegen."[30]

Das Vertrauen von Herrn Junkers beruht lediglich auf der Tatsache, daß der Bewerber Verbindungsstudent ist. Persönlich ist ihm der Bewerber vielleicht gar nicht bekannt. Es darf aber davon ausgegangen werden, daß allein die Zugehörigkeit zur Korporation etwas aussagt, was einen korporierten Personalberater veranlaßt, den korporierten Bewerber anderen Mitbewerbern und vor allem Mitbewerberinnen (die Corps nehmen schließlich nur Männer auf) vorzuziehen. Der Vorteil besteht in etwas, das die Korporation ihren Mitgliedern abverlangt bzw. angedeihen läßt, so daß sich die Korporierten im Vergleich zu den nichtkorporierten MitberwerberInnen unterscheiden. Roland Girtler, Mitglied des Corps Symposion Wien, schreibt dazu:

„Noblesse erscheint als wesentliches Prinzip corpsstudentischen Benehmens. Hierzu gehört neben diversen Gruß-, Kleidungs- und anderen Sitten Großzügigkeit, 'Ritterlichkeit' - was immer das heißen mag - und eine vornehme Distanz zu nicht gleichartigen und damit 'weniger würdigen' Personen."[31]

[25] Vgl. Dietrich Heither/Michael Lemling, Marburg, O Marburg. Ein „Antikorporierter Stadtrundgang", Marburg 1996, Seite 36. Seilschaften und Patronage werden dort auch genannt.
[26] Westdeutsche Zeitung vom 1. April 2000.
[27] Vgl. Frankfurter Allgemeine Sonntagszeitung vom 26. März 2000, Äußerungen von Edzard Schmidt-Jorzig oder auch von Eberhard Diepgen.
[28] Vgl. ebenda.
[29] Vorstand des Weinheimer Verbandes Alter Corpsstudenten (Hrsg.), Verzeichnis Weinheimer Corpsstudenten, ohne Ort, 1991, Seite 219.
[30] Verband Alter Corpsstudenten (VAC) e. V. (Hrsg.), Corps aktuell. Gaudeamus igitur, ohne Ort 1998, Seite 4.
[31] Roland Girtler, Corpsstudentische Symbole und Rituale – die Traditionen der Antike und der frühen Universitäten, in: Rolf-Joachim Baum (Hrsg.) „Wir wollen Männer, wir wollen Taten", Seite 378. Hervorhebung im Original.

14

Korporierte sehen sich als Angehörige eines exklusiven Kreises, dessen Mitglieder sich ähnlich verhalten, also einen ähnlichen Habitus haben, unter anderem weil sie *„eine gemeinsame Sprache"[32]* sprechen. „Würdiger" sein zu wollen, entspricht dem Ziel der Gemeinschaft, Elite sein zu wollen. Manfred Kanther (Corps Guestphalia et Suevoborussia[33] Marburg) sieht die Zielsetzung seines Corps darin,

„auch weiterhin national gesinnte Menschen in alle führenden Berufe unserer Gesellschaft zu entsenden".[34]

Für die zweite Ebene ist aufschlußreich, wie die Gemeinschaft diesem Ziel nachstrebt. Zweck und Mittel sind demnach Gegenstand dieser Ebene, die sich an dem Ziel, Elite sein zu wollen, orientieren.

Den Zweck einer Organisation findet man häufig in der Präambel oder den Statuten der Gemeinschaft schriftlich niedergelegt. So ist es auch bei den Corps. Die „Zweckbestimmung" eines Corps besteht darin, die Mitglieder *„zu Vertretern eines ehrenhaften Studententums und zu charakterfesten, tatkräftigen, pflichttreuen Persönlichkeiten zu erziehen."[35]*

Wenn nun der selbsterteilte Auftrag[36] zur korporierten „Erziehung" (Zweck) zur Übernahme von hohen Ämtern und Positionen in der Gesellschaft (Ziel) befähigt, die Korporation also in ihrer Zielsetzung eine Erziehungsgemeinschaft ist, dann muß der Frage nachgegangen werden, wodurch, wozu und wie diese Gemeinschaft erzieht (Mittel). Hier sind vor allem die Prinzipien der Gemeinschaft als äußere Rahmenbedingungen und die angewandten Vergemeinschaftungs- und Vergesellschaftungsmittel aufschlußreich. Bei den Corps der zwei von mir untersuchten Verbände handelt es sich um reine Männerbünde, in denen man auf Lebenszeit Mitglied ist. Auch im Hinblick auf die Vergemeinschaftungsmittel sind die Corps vergleichsweise prägnant, denn es handelt sich um pflichtschlagende und farbentragende Verbände, die sich insbesondere der „Mensur", dem studentischen Fechten, verpflichtet sehen.

Die Konzeption und Methoden der korporierten Gemeinschaft stehen hier im Mittelpunkt. Es soll eine möglichst genaue Erfassung ihres Wesens und ihrer Leistungen erfolgen. Ich möchte den sogenannten *„Corpsgeist"[37]* der Gemeinschaft als die Präsentation nach innen in den Mittelpunkt stellen und klären, wie sich z. B. die angewandten Sozialisationsmethoden der Gemeinschaft qualitativ auf diese selbst auswirken, was diese speziellen Gemein-

---

[32] Hanns-Eberhard Schleyer, Mitglied des Corps Suevia Heidelberg, Corps – Schule für das Leben, in: Corps aktuell, Seite 11.
[33] Verband Alter Corpsstudenten (Hrsg.), Kösener Corpslisten 1996, ohne Ort 1998, Seite 380.
[34] Oberhessische Presse vom 28. Mai 1990.
[35] Handbuch des Kösener Corpsstudenten, 1985, Band 2, Kapitel 2, Seite 2/3.
[36] Vgl. Walter Knissel, Schwerpunkte corpsstudentischer Entwicklung, in: Theodor Hammerich (Hrsg.), Handbuch für den Weinheimer Senioren-Convent, ohne Ort 1971, Kapitel 2.1.3., Seite 13. Nach Knissel können die Hochschulen ihren Bildungsauftrag nicht mehr erfüllen, in der Behebung dieses Mangels sieht er einen Auftrag für die Corps.
[37] VDI-Nachrichten vom 2. Oktober 1998, in: Karsten Schaumann/Torsten Schaumann, Studienplaner, Seite 84.

schaften im Sinne des Wortes „Korporation" zum Körper macht.[38] Dazu werden auf der einen Seite die Gemeinschaftsideologien aus der Konzeption
erarbeitet, auf der anderen die Sozialisationsmethoden analysiert, um den
Charakter des Corpsgeistes und damit den der Gemeinschaft bestimmen zu
können.

1.1.3 Zugang 3: Der Mitgliedschaftsverlauf

Neben der gesellschaftlichen Verortung der Corps als Elite und der genauen
Untersuchung des Wesens der Gemeinschaft, ihrer Wirkmächtigkeit – auch
in Bezug auf den elitären Anspruch – ist es für eine umfassende Untersuchung unerläßlich, auch die gesellschaftlichen Auswirkungen der gemeinschaftlichen Anforderungen an das einzelne Mitglied zu betrachten. Die Frage, was mit einem einzelnen Mitglied in der Korporation passiert, ist eine der
zentralen Fragen der dritten Ebene, der des Individuums.
Die Ansprüche der Gemeinschaft an das (neue) Mitglied sind hoch: Die Gemeinschaft stellt Regeln des Zusammenlebens auf, denen sich das Mitglied
zu unterwerfen[39] hat. Nur durch die Unterwerfung erhält es Zugang zur Gemeinschaft und zu ihren Vorzügen. Darüber hinaus möchte die korporierte
Gemeinschaft den „ganzen" Menschen[40] formen, was eine Internalisierung
des Reglements nicht nur auf rationaler, sondern auch auf emotionaler Ebene[41] beinhaltet. Da die Integration, bzw. die Formung sich prozeßhaft vollzieht, ist die Formung des Mitgliedes in mehrere zeitlich aufeinander folgende Phasen unterteilt. Die Korporation überläßt hier nichts dem Zufall. Vom
Anbeginn der Werbung eines neuen Mitgliedes über die Aufnahme bis zur
Philistrierung (Übergang in den Status des Alten Herrn am Beginn der Be-
rufstätigkeit) geschieht nichts unüberlegt. So gibt es z. B. zur Kontaktaufnahme, zur Bedürfniserhebung des Erstsemesters oder für die Anwerbung
neuer Mitglieder Vorschläge, wann welches Material, welche Methode zur
Nachwuchswerbung und Integration anzuwenden ist.[42] Auch für den weiteren
Integrationsprozeß sind ausreichend Anleitungen, Vorschläge und Regeln
vorhanden.
Für das (neue) Mitglied ist der Beginn der Korporationszeit vor allem mit der
Übernahme von vielen Rechten und Pflichten, Unterordnung unter das Reglement, Anerkennung der hierarchischen Funktionsweise des Corps, vielfa-
chem Unterricht, dem Erlernen des Fechtens, Üben im Umgang mit anderen,
teilweise angesehenen Persönlichkeiten etc. verbunden. Eduard Lerner, Mitglied im Corps Franconia Berlin zu Kaiserslautern, formuliert es so:

[38] Vgl. Definition von Korporation, in: Friedhelm Golücke/Wolfgang Gottwald/Peter Krau-
se/Klaus Gerstein (Hrsg.), Robert Paschke. Studentenhistorisches Lexikon, Köln
1999, Seite 159.
[39] Vgl. Handbuch für den WSC, 1971, Kapitel 2.1.3., Seite 27.
[40] Vgl. Herbert Kessler, in: CDK/CDA (Hrsg.), Vielfalt und Einheit der deutschen
Korporationsverbände, Seite 15.
[41] Vgl. Herbert Kessler, Rede anläßlich des 135. Stiftungsfestes des Corps Franconia
Berlin zu Kaiserslautern, in: WSC (Hrsg.), Die Wachenburg. Nachrichten des Weinheimer Senioren-Convents, Heft 1/1986, Seite 3.
[42] Vgl. WVAC/VAC (Hrsg.), Finden, überzeugen, gewinnen. Nachwuchshandbuch für
Corpsstudenten, ohne Ort, Oktober 2001, Kapitel 3.

16

„Die Mitglieder lernen, sich zu beherrschen, auch in Problemsituationen, in Situationen überschäumender Freude, in Situationen mit Bier und Gesang und den Umgang mit Prominenten wie Rektoren und hochrangigen Personen aus Politik und Kultur."[43]
Aus einer eine Zeitlang geführten Persönlichkeit als Fuchs soll sich eine Führungspersönlichkeit als Bursche entwickeln, die später als Alter Herr auf die Gemeinschaft selbst und auf die Gesellschaft einwirkt.
Im Zentrum der Betrachtung auf dieser Ebene steht die korporierte Persönlichkeit. Im Mittelpunkt steht die Entwicklung des Individuums im Laufe der korporierten Sozialisation, wobei es herauszuarbeiten gilt, welche Persönlichkeitskerne angesprochen und beeinflußt werden.
Durch die von mir gesetzte zeitliche Aufeinanderfolge wird es möglich, die unterschiedlichen Phasen der Konstruktion der korporierten Persönlichkeit voneinander getrennt zu analysieren und somit detailliert den Entwicklungsverlauf nachzuzeichnen.

1.2 Die Fragestellung

Die Wirkmechanismen der studentischen Korporationen stehen im Mittelpunkt meines Erkenntnisinteresses, die als gemeinschaftliche Mechanismen die individuelle mit der gesellschaftlichen Ebene verbinden. Die sich daraus ergebenen unterschiedlichen Analysebereiche, fasse ich in meiner Hauptfragestellung zusammen: **Wie und für welche Gesellschaft sozialisiert eine studentische Korporation?**
Die Hauptfragestellung umfaßt drei unterschiedliche inhaltliche und thematische Ebenen, die eine Konstante dieser Arbeit bilden: Es ist die gesellschaftliche, die gemeinschaftliche und die individuelle Ebene. Auf diesen untersuche ich meinen Forschungsgegenstand, hier exemplarisch die Corps des Kösener Senioren-Convents-Verbandes (KSCV) und die des Weinheimer Senioren-Conventes (WSC) mit Hilfe einer qualitativen Forschungsmethode (siehe Kapitel 2).
Nach der Analyse des Forschungsgegenstandes auf den drei Ebenen (Kapitel 3 bis 5) fasse ich in Kapitel 6 die Ergebnisse zusammen und diskutiere sie hinsichtlich der Hauptfragestellung „Wie und für welche Gesellschaft sozialisiert eine studentische Korporation?". Die korporierte Persönlichkeit (Ebene 3) wird im Ergebnis als ein Agent der Gemeinschaft (Ebene 2) in der Gesellschaft zwecks Schaffung einer Elitengesellschaft (Ebene 1) verstanden - ein theoretisches Sozialisationsmodell studentischer Korporationen bündelt und veranschaulicht die Ergebnisse.

1.3 Der Forschungsstand

Die vorliegende Arbeit enthält zwei unterschiedliche Themenbereiche: 1. den Bereich studentische Korporationen und 2. den der Elite.
Der erste Bereich ist noch einmal zu unterteilen in zwei Stränge, einerseits in den der Studenten- und Korporationsgeschichte, hierunter fallen Studien zur

---
[43] Eduard Lerner, in: Karsten Schaumann/Torsten Schaumann, Studienplaner, Seite 75.

Hochschul-, Studenten- und Korporationsgeschichte, sowie aktuelle Arbeiten zum Themenkomplex studentische Korporationen und andererseits in den des Forschungsgegenstandes selbst, den Corps. Der zweite Bereich beinhaltet Studien zur Eliteforschung, die wiederum an unterschiedliche theoretische Gesellschaftskonzeptionen gekoppelt sind. Da diese Arbeit also zwei unterschiedliche Forschungsgebiete (Korporationen und Elite) miteinander vereint, werden daher die Ausführungen zum Forschungsstand in zwei Abschnitte unterteilt, in den Forschungsstand über die studentischen Korporationen mit zwei Unterkapiteln und den Forschungsstand zur Elite. Hinzu kommt, daß die Arbeit bezüglich der Fragestellung interdisziplinär angelegt ist und somit inhaltlich eine Schnittmenge aus unterschiedlichen Fachdisziplinen darstellt, wie der Politikwissenschaft, der Soziologie, der Geschichte, aber auch der Philosophie und der Ethnologie. Dementsprechend ist eine Fülle verschiedener Literatur aus den jeweiligen Disziplinen für die Arbeit berücksichtigt worden. Da der Forschungsgegenstand zudem weitgehend unerforscht ist, beschränken sich die folgenden Ausführungen vorwiegend auf eine Darstellung der den Gegenstand tangierenden Literatur.

1.3.1 Zum Forschungsstand über die studentischen Korporationen

Universitätsgeschichte und die Geschichte der studentischen Korporationen ist nicht einfach voneinander zu trennen, da bis Ende der sechziger Jahre Universitätsgeschichte immer auch korporierte Studentengeschichte bedeutete. Erst mit Rückgang des korporierten Anteils an der Studierendenschaft von dreißig Prozent in den fünfziger Jahren[44] auf ungefähr zwei Prozent im Jahre 1997[45] als Folge der Ausweitung des universitären Bildungssektors und der Studentenbewegung gegen Ende der 60er wurde der Blick auf die Geschichte der Korporationen frei und ermöglichte erste kritische Untersuchungen.

1.3.1.1 Studenten- und Korporationsgeschichte

Das erste Buch, das über den hochschulgeschichtlichen Bereich hinaus reicht, ist das Buch von Rudolf Fick *„Auf Deutschlands Hohen Schulen"*[46] von 1900. Es ist eines der frühen Werke, mit dem versucht wurde, die Entwicklung der universitärer Gemeinschaften von den ersten Ursprüngen an umfassend darzustellen.

Ein weiteres Buch, das zudem einen Gesamtüberblick zur Geschichte und Entwicklung der wichtigsten deutschen Korporationsverbände gibt, ist von

---

[44] Wirtschaftswoche vom 17. September 1998, in: Karsten Schaumann/Thorsten Schaumann, Studienplaner, Seite 83.

[45] CDK/CDA (Hrsg.), Vielfalt und Einheit der deutschen Korporationsverbände, Seite 239. Angenommen wurde zur Berechnung von mir 22.000 Korporierte bei 1.800.000 Studierende, Zahlen von 1997, bzw. 1998. Die Gesamtzahl von 1,8 Millionen Studierenden ist dem Buch von Schaumann entnommen, siehe Fußnote 20.

[46] Rudolf Fick, Auf Deutschlands Hohen Schulen, Berlin/Leipzig 1900.

18

Friedrich Schulze und Paul Ssymank 1910[47] veröffentlicht worden. Es trägt in der 3. Auflage den Titel *„Das Deutsche Studententum von den ältesten Zeiten bis zum Weltkrieg"*, die 4. Auflage von 1932 heißt dann: *„Das Deutsche Studententum von den ältesten Zeiten bis zur Gegenwart 1931"*. Ssymank, der von 1920 bis 1939 an der Universität Göttingen einem Lehrauftrag für Hochschul- und Studentengeschichte nachkam, beteiligte sich 1922 an der Gründung der Deutschen Gesellschaft für Hochschulkunde und 1925 an der des Instituts für Hochschulkunde, dessen Sitz heute in Würzburg ist.[48] Durch diese Institutionalisierung der Arbeit zur Studentengeschichte, begleitet durch die seit 1924 interkorporativ stattfindenden Studentenhistorikertagungen, kam es im Verlauf der Zeit zu umfangreichen Materialsammlungen und damit auch zu umfangreicheren Veröffentlichungen wie die von Schulze und Ssymank. In ihrem Buch beschäftigen sich Schulze und Ssymank mit der historischen und kulturellen Entwicklung der Korporationsverbände und ihrer Einordnung in die Hochschul- und Studentengeschichte. Ihr Buch ist einerseits sehr detailreich, andererseits sind die Ausführungen in ihrem historischen Zusammenhang zu sehen und für aktuellere Untersuchungen weniger hilfreich.

Gleiches gilt für die 1926 erschienene Arbeit von Max Bauer *„Sittengeschichte des deutschen Studententums"*[49]. Bauer legt seinen Schwerpunkt auf die kulturelle Entwicklung des Studententums.

1931 erschien die erste verbandsübergreifende Darstellung der Korporationen im zweiten von vier Bänden von Michael Doeberl mit dem Titel: *„Die deutschen Hochschulen und ihre akademischen Bürger"*[50]. Der Band befaßt sich mit dem studentischen Brauchtum und mit den damals bestehenden studentischen Zusammenschlüssen. Gemäß der damaligen Rangfolge der studentischen Korporationen (vom Corps bis hin zu den nichtfarbentragenden Korporationen und den fachlich ausgerichteten Zusammenschlüssen) werden alle Zusammenschlüsse berücksichtigt. Da vor allem Vertreter der einzelnen Zusammenschlüsse die über 100 Beiträge verfaßt haben, ist eine Einseitigkeit gegeben, die die Verwertbarkeit des Buches stark eingeschränkt. Der Band schließt mit einer Abhandlung der verschiedenen Hochschulorte und ihren studentischen Vereinigungen.

Eine der ersten Arbeiten, in der das Korporationswesen einer umfassenden Hinterfragung seines studentischen Brauchtums, seiner Auffassung von Gemeinschaft und seiner gesellschaftlichen Ansprüche unterzogen wird, wurde 1963 von Michael Mauke unter dem Pseudonym Lutz E. Finke mit dem Titel *„Gestatte mir Hochachtungsschluck. Bundesdeutschlands korporierte Elite"*[51] veröffentlicht. Mauke unterzieht sowohl die Geschichte der Korporationen als

---

[47] Fritz Schulze/Paul Ssymank, Das deutsche Studententum von den ältesten Zeiten bis zum Weltkriege, 3. Auflage, Leipzig 1910, 4. Auflage, München 1932.
[48] Vgl. Peter Krause, „O alte Burschenherrlichkeit". Die Studenten und ihr Brauchtum, Graz/Wien/Köln 1997, Seite 216.
[49] Max Bauer, Sittengeschichte des deutschen Studententums, Dresden 1926.
[50] Michael Doeberl (Hrsg.), Das akademische Deutschland, Band 2: Die deutschen Hochschulen und ihre akademischen Bürger, Berlin 1931.
[51] Lutz E. Finke, Gestatte mir Hochachtungsschluck. Bundesdeutschlands korporierte Elite, Hamburg 1963.

auch ihre politischen Einstellungen, kulturellen und sozialen Entwicklungen einer kritischen Betrachtung und belegt seine Positionen mit zahlreichen Zitaten aus der korporierten Verbandspresse, Veröffentlichungen einzelner Korporationen und einzelnen Äußerungen von Korporierten. Es ist eine erste umfassende Kritik am Korporationswesen und stellte zum damaligen Zeitpunkt in Umfang und Detail ein Novum dar.

Werner Klose legte 1967 eine weitere Arbeit mit dem Titel *„Freiheit schreibt auf eure Fahnen"*[52] vor, in der er 800 Jahre deutsche Studentengeschichte abhandelt. Klose bezieht verschiedene Aspekte der Studentengeschichte mit ein. Insbesondere zeichnet er die Entwicklung der Beziehungen zwischen Student und Frau, später Studentin, über die Jahrhunderte nach und ermöglicht nicht nur in diesem Punkt eine gedankliche Erweiterung in der Beschäftigung mit der Studentengeschichte.

1974 gründete sich auf Initiative von Mitgliedern des Cartellverbandes der katholischen farbentragenden Studentenverbindungen (CV) die Gemeinschaft für Deutsche Studentengeschichte e. V. (GDS), die verbandsübergreifende Beiträge zur Studentengeschichte veröffentlicht, die detailreiches und teilweise unveröffentlichtes Material in unterschiedlich gewichteten Bänden zusammengefaßt zur Verfügung stellt, wie z. B. das studentenhistorische Lexikon, das aus dem Nachlaß von Robert Paschke[53] (selbst Corpsstudent) entstanden ist.

1977 erfolgte eine Veröffentlichung aus dem kritischen Spektrum. Gerhard Schäfer legte mit seiner Arbeit *„Studentische Korporationen. Anachronismus an bundesdeutschen Universitäten?"*[54] eine Darstellung mit politisch-ideologischer Gewichtung vor; einen Schwerpunkt seiner Betrachtung bildet der Akademische Turnbund (ATB). Neu an dieser Arbeit ist die Einordnung verschiedener Korporationsdachverbände in das Spektrum rechtskonservativer und rechtsextremer Gruppierungen, eine Einordnung, mit der sich spätere Arbeiten eingehender beschäftigen sollten.

„O alte Burschenherrlichkeit"[55] ist der Titel des von Peter Krause herausgegebenen Buches von 1979, das einen kompletten geschichtlichen Überblick der korporationsstudentischen Entwicklung gibt. Deutlich überzeichnet zugunsten der Sichtweise der Korporationen, enthält es eine Menge an Details. Das Buch wurde in späteren Auflagen überarbeitet, die Überzeichnung blieb jedoch erhalten.

Während Thomas Ellwein 1985 mit seinem Buch *„Die deutsche Universität. Vom Mittelalter bis zur Gegenwart"*[56] sich im Schwerpunkt mit der Universitätsgeschichte auseinandersetzt und auf die Korporationen nur am Rande eingeht, legte Konrad Jarausch 1984 mit seinem Buch *„Deutsche Studen-*

---

[52] Werner Klose, Freiheit schreibt auf eure Fahnen. 800 Jahre deutsche Studenten, Oldenburg/Hamburg 1967.

[53] Robert Paschke starb 1985. Friedhelm Golücke (Hrsg.), Robert Paschke, Studentenhistorisches Lexikon.

[54] Gerhard Schäfer, Studentische Korporationen. Anachronismus an bundesdeutschen Universitäten?, Lollar 1977.

[55] Peter Krause, „O alte Burschenherrlichkeit". Die Studenten und ihr Brauchtum.

[56] Thomas Ellwein, Die deutsche Universität. Vom Mittelalter bis zur Gegenwart, Wiesbaden 1997.

ten[57] eine Arbeit vor, die einen Gesamtüberblick über die Geschichte der deutschen Studenten bietet. Jarausch verbindet in seinem Werk soziale, politische und kulturelle Aspekte des Studentenlebens, blieb aber bezogen auf die Interpretation seiner Ergebnisse im Hinblick auf die Korporationsdachverbände oberflächlich.

1986 erschien das Buch von Horst Grimm und Leo Besser Walzel *„Die Corporationen"*[58], das neben einem geschichtlichen Überblick die Entwicklungen in Österreich und DDR beschreibt. Das Buch schließt mit einer umfassenden Aufzählung berühmter Korporierter, die ungefähr ein Drittel des Gesamtumfangs des Buches einnimmt.

Im selben Jahr wurde das Buch von Paulgerhard Gladen, selbst Corpsstudent, mit dem Titel *„Gaudeamus igitur. Die studentischen Verbindungen einst und jetzt"*[59] veröffentlicht. Gladen gewährt neben geschichtlichen Grundlagen einen etwas tieferen Einblick in das Brauchtum der Korporationen und formuliert eine Charakterisierung der unterschiedlichen Dachverbände, zudem enthält seine Darstellung statistisches Material. Der Bildband ist jedoch inhaltlich sehr unausgewogen.

Die verbandsübergreifenden Darstellungen thematisierten bis zu dieser Zeit vorwiegend die geschichtliche Entwicklung der Korporationen, bzw. der Hochschulen im weiteren Sinne. Außen vor blieben jedoch Themen, die sich mit der Binnenstruktur einer Korporation und ihres Dachverbandes befassen, sieht man einmal von dem Buch von Finke ab, das aber hier auch keine Erklärungen anbietet. Kritische Darstellungen beschäftigten sich vor allem mit den politischen Orientierungen der Korporationen, verorteten sie in der politischen Landschaft und trugen damit zu einem breiteren und nicht nur historischem Verständnis studentischer Korporationen bei. Ein analytischer Blick nach innen fehlt aber bisher völlig.

1992 erschien das von Ludwig Elm, Dietrich Heither und Gerhard Schäfer herausgegebene Sammelwerk *„Füxe, Burschen, Alte Herren"*[60], das in einem ersten Teil eine kritische Betrachtung zur *„Geschichte studentischer Korporationen in Deutschland"* vorlegt und in einem zweiten Teil *„Ein-Blicke ins Verbandsleben"* geben möchte. In diesem Teil werden bisher vernachlässigte Eigenschaften studentischer Korporation für die weitere Forschung wegweisend bearbeitet, so etwa die des korporierten Männerbundes und der beruflichen Protektion unter Korporierten.

---

[57] Konrad H. Jarausch, Deutsche Studenten 1800-1970, Frankfurt am Main 1984. Das Buch ist eine Weiterentwicklung seines zuvor veröffentlichten Buches mit dem Titel „Students, Society and Politics in Imperial Germany. The Rise of Academic Illiberation", Princeton 1982.

[58] Horst Grimm/Leo Besser-Walzel, Die Corporationen. Handbuch zu Geschichte, Daten, Fakten, Personen, Frankfurt am Main 1986.

[59] Paulgerhard Gladen, Gaudeamus igitur. Die studentischen Verbindungen einst und jetzt, München 1986.

[60] Ludwig Elm/Dietrich Heither/Gerhard Schäfer (Hrsg.), Füxe, Burschen, Alte Herren. Studentische Korporationen vom Wartburgfest bis heute, Köln 1992.

Im gleichen Jahr fand in Marburg eine Tagung[61] statt, die sich den studentischen Korporationen widmete. Aus dem *„Projekt Wartburg '92",* einem Kreis kritischer WissenschaftlerInnen und Mitorganisator der Tagung, entstand das Projekt „Konservatismus und Wissenschaft" e. V., ein Verein, der sich in der Hauptsache der Korporationsforschung verpflichtet sieht und in den folgenden Jahren mehrere Arbeiten zu verschiedenen Dachverbänden veröffentlicht hat, so z. B. zu den „Vereinen Deutscher Studenten"[62] und dem „Wingolfsbund"[63].

1998 erschien ein Sammelband in der Schriftenreihe der studentengeschichtlichen Vereinigung des Coburger Conventes, der über 20 Beiträge zum Thema studentische Korporationen als Ergebnis einer 1997 abgehaltenen Tagung mit dem Titel: *„Der Burschen Herrlichkeit"* zusammenfaßt. Der von den Korporierten Harm-Hinrich Brandt und Matthias Stickler herausgegebene Band[64] enthält bei aller Einseitigkeit auch Beiträge nichtkorporierter Personen und auch neue Aspekte. So ist beispielsweise der Beitrag von Lynn Blattmann zum Thema *„Comment und die Schweiz"* zu erwähnen, der erstmalig das Regelwerk einer Korporation als Anleitung zur Erziehung auffaßt und untersucht.

In einer Publikation der GDS im Jahre 1998 findet sich ein Artikel von Ulrich Steuten zum Thema: *„Rituale bei studentischen Verbindungen"*[65], in dem er unter anderem einen Kommers analysiert. Jedoch entspricht der Beitrag eher einer oberflächlichen Beschreibung als einer soziologischen Analyse. Die Ergebnisse bleiben dementsprechend deskriptiv.

Ein bisher letzter Sammelband erschien im Jahr 2000, Herausgeber ist das Projekt „Konservatismus und Wissenschaft" e. V. Das Buch mit dem Titel *„Verbindende Verbände. Ein Lesebuch zu den politischen und sozialen Funktionen von Studentenverbindungen"*[66] ist ein Sammelband und beleuchtet unterschiedliche und teilweise bisher nicht untersuchte Facetten des Korporationswesens, so z. B. die Mensur oder die sozialen Funktionen studentischer Korporationen.

Bezüglich der Hauptfragestellung dieser Arbeit helfen auch Arbeiten über einzelne Dachverbände wenig weiter. In dem Buch *„Blut und Paukboden.*

---

[61] Die Tagung fand vom 19. – 21. Juni 1992 in Marburg unter dem Titel: „Das Wartburgfest 1817. Studentische Korporationen gestern und heute. Historische Erfahrungen und gegenwärtige Herausforderungen für eine demokratische Hochschulpolitik" statt. Die Veranstalter haben eine Dokumentation unter dem gleichen Titel veröffentlicht, herausgegeben von Alexandra Kurth/Jürgen Schlicher – Projekt Wartburg '92, Marburg 1992.

[62] Dietrich Heither/Eva Gottschaldt/Michael Lemling, „Wegbereiter des Faschismus". Aus der Geschichte des Marburger Vereins Deutscher Studenten, Marburg 1992.

[63] Eva Gottschaldt, „Das ist die Tat unseres herrlichen Führers". Die christlichen Studentenverbindungen Wingolf und der Nationalsozialismus, Marburg 1997.

[64] Harm-Hinrich Brandt/Matthias Stickler, „Der Burschen Herrlichkeit". Geschichte und Gegenwart des studentischen Korporationswesens, Würzburg 1998.

[65] Ulrich Steuten, Rituale bei studentischen Verbindungen, in: GDS (Hrsg.), GDS-Archiv für Hochschul- und Studentengeschichte, Band 4, Köln 1998, Seiten 68 bis 89.

[66] Projekt „Konservatismus und Wissenschaft" e. V. (Hrsg.), Verbindende Verbände. Ein Lesebuch zu den politischen und sozialen Funktionen von Studentenverbindungen, Marburg 2000.

Eine Geschichte der Burschenschaften[67], herausgegeben von KritikerInnen des Korporationswesens, findet sich zwar ein *„Exkurs: Die korporierte Gemeinschaft"*, jedoch bleiben die AutorInnen dem politisch-ideologischen Anlaß ihrer Arbeit verpflichtet und tragen dementsprechend wenig zu einer genaueren soziologischen Untersuchung der korporierten Gemeinschaft bei. Die Korporationsforschung – sofern überhaupt vorhanden – weist eindeutig Lücken in der Erforschung der Hochschul- und Studentengeschichte auf, indem sie bisher die gesellschaftliche Relevanz und auch die Charakteristika der korporierten Gemeinschaft nur unzureichend berücksichtigt. Das gilt auch für Arbeiten, die epochal begrenzt sind, z. B. für die überarbeitete Habilitationsschrift von Michael Grüttner[68], die betreffenden Kapitel in dem Buch von Anselm Faust[69] oder die Arbeit von Michael H. Kater[70], wie auch Arbeiten zu einzelnen Dachverbänden. So liegen z. B. umfangreiche und zugleich auch kritische Untersuchungen zum Dachverband der „Deutschen Burschenschaft" (DB) vor, jedoch handelt es sich vorwiegend um Arbeiten, die sich mit der Weltanschauung und der politisch-ideologischen Programmatik des Verbandes befassen.

Die Dissertation von Dietrich Heither, die 2000 unter dem Titel *„Verbündete Männer"*[71] erschienen ist, beinhaltet einerseits zwar die Thematik des Männerbundes, Heither schafft es aber andererseits kaum, die Inhalte der Männerbundtheorien auf die korporierte Gemeinschaft zu übertragen, sondern bleibt in der Interpretation weitgehend auf die burschenschaftliche Programmatik und deren Weltanschauung fixiert. Seine Arbeit ist aber auch eine erste umfangreichere Veröffentlichung, die den Zusammenhang von Korporation und Männerbund problematisiert, sieht man von kleineren Arbeiten[72] zuvor ab.

Auch die Einbeziehung von Arbeiten zu einzelnen Korporationsverbänden vermögen die Forschungslücke bezüglich der hier zu bearbeitenden Fragestellung nicht hinreichend zu schließen.

Mehr richtungsweisend und ergänzend für die Bearbeitung der Fragestellung sind Arbeiten, die sich nicht direkt mit den Korporationen beschäftigen, sondern Teilaspekte der historischen Entwicklung der bürgerlichen Gesellschaft herausgreifen und thematisieren. Hinzuweisen ist hier exemplarisch auf die

---

[67] Dietrich Heither/Michael Gehler/Alexandra Kurth/Gerhard Schäfer, Blut und Paukboden. Eine Geschichte der Burschenschaften, Frankfurt am Main 1997.
[68] Michael Grüttner, Studenten im Dritten Reich, Paderborn/München/Wien/Zürich 1995.
[69] Anselm Faust, Der Nationalsozialistische Deutsche Studentenbund. Studenten und Nationalsozialismus in der Weimarer Republik, 2 Bände, Düsseldorf 1973, hier insbesondere Band 1, Kapitel 4.
[70] Michael H. Kater, Studentenschaft und Rechtsradikalismus in Deutschland 1918-1933. Eine sozialgeschichtliche Studie zur Bildungskrise in der Weimarer Republik, Hamburg 1975, hier insbesondere die Kapitel 2 und 4.
[71] Dietrich Heither, Verbündete Männer. Die Deutsche Burschenschaft – Weltanschauung, Politik und Brauchtum, Köln 2000.
[72] Diana Auth/Alexandra Kurth, Geschichte und Funktion des korporierten Männerbundes, Hausarbeit am Fachbereich Gesellschaftswissenschaften und Philosophie der Philipps-Universität Marburg, Marburg 1996.

Arbeiten von Ute Frevert[73] und Norbert Elias[74]. Beide beschäftigen sich im weitesten Sinne mit den gesellschaftlichen Machtkämpfen im Deutschland des 19. und 20. Jahrhunderts. Elias umfangreiches Werk *„Studien über die Deutschen"* von 1992 ist eine reichhaltige und umfassende Darstellung der Entwicklungen der deutschen bürgerlichen Gesellschaft. Besonders hervorzuheben ist der Focus auf die Habitusentwicklung, die für die Einordnung der Korporationen im Sinne der Fragestellung von Bedeutung sein wird, erlaubt sie doch eine erste Näherung an eine Charakterisierung der Korporationen. Elias setzt die bürgerliche Habitusentwicklung in Bezug zur gesamtgesellschaftlichen Entwicklung in Deutschland und diese in Vergleich zu den Entwicklungen in anderen Ländern. Aus diesem Vergleich generiert Elias eine Charakteristik typisch deutscher Traditionen, zu denen er auch die Korporationen zählt.

Frevert stellt ihre Arbeit unter den besonderen Aspekt des Duells, ein weiterer Punkt, der Aufschlußmöglichkeiten zum Verständnis der Korporationen gibt, denn schließlich waren es u. a. auch die schlagenden Korporationen, die das Duell im 19. und 20. Jahrhundert (und als Mensur bis heute) in Deutschland noch recht umfangreich praktizierten. Frevert versucht sowohl die Funktion des Duellwesens als auch den Begriff der Ehre zu spezifizieren, also den Sinn des Duells herauszuarbeiten und bietet auf diese Weise einen weiteren Zugang zur Funktion und Sinn der Korporationen.

1.3.1.2 Die Corps

Die Corps des Kösener und des Weinheimer Senioren-Conventes sind der Forschungsgegenstand dieser Arbeit. Der KSCV, gegründet 1848 ist der ältere, der WSC gründete sich 1863, und größere Verband, er nimmt daher hier mehr Raum ein. Beide Verbände sind durch ein Assoziierungsabkommen, einen sogenannten Kartellvertrag vom 2. Oktober 1954[75] miteinander eng verbunden, zuvor bestand ein Zweckabkommen vom 12. März 1921.[76] Seit Abschluß des Kartellvertrages ist ein Annäherungsprozeß der beiden Verbände zu verzeichnen. Heute veröffentlichen sie teilweise gemeinsam, insbesondere ist hier auf die Zusammenführung der Verbandszeitschriften, der *„Wachenburg"* (WSC) und der *„Deutschen Corpszeitung"* (KSCV) zur Zeitschrift *„Der Corpsstudent"*, dann zum Magazin *„Corps – das Magazin"* hinzuweisen, sowie auf die gemeinsame Arbeit in der Nachwuchswerbung.

---

[73] Ute Frevert, Ehrenmänner. Das Duell in der bürgerlichen Gesellschaft, München 1991, hier insbesondere Kapitel 5.

[74] Norbert Elias, Studien über die Deutschen. Machtkämpfe und Habitusentwicklung im 19. und 20. Jahrhundert, Frankfurt am Main 1998.

[75] Vgl. Handbuch für den Weinheimer Senioren-Convent, 1971, Kapitel 3.1.2., Seiten 2-7.

[76] Vgl. Werner Meißner/Fritz Nachreiner (Hrsg.) im Auftrage des Corpszeitungsausschusses, Handbuch des Deutschen Corpsstudenten, Frankfurt am Main 1927, Seiten 126-130.

Eine der ersten Darstellungen zu den Corps wurde bereits 1898 von Wilhelm Fabricius mit dem Titel *„Die Deutschen Corps"*[77] in seiner ersten Auflage vorgelegt. Fabricius beschäftigt sich in seiner Arbeit vorwiegend mit der geschichtlichen Herleitung der Corps. Es ist ein Werk der eigenen corpsstudentischen Geschichtsschreibung, in dem einerseits die geschichtliche Entwicklung vor Gründung der ersten Corps beschrieben und andererseits die Gründungsgeschichte nachgezeichnet wird. Das Buch dient der Einbindung der corpsstudentischen Geschichte an die allgemeine historische Entwicklung. Unter Berücksichtigung der nachträglichen Geschichtsschreibung im Sinne der Corps ist das Buch jedoch überaus detailreich.

Fabricius verfaßte darüber hinaus 1910 die *„Geschichte und Chronik des Kösener SC-Verbandes"*[78], welche als eine eigene Geschichtsschreibung des Verbandes gewertet werden kann. Auch hier erfolgten mehrere Auflagen, die dritte und letzte Auflage datiert 1921.

Die Fortsetzung der corpsstudentischen Geschichtsschreibung findet 1925 mit der Einführung des *„Handbuch des deutschen Corpsstudenten"*[79] statt, nach dem zweiten Weltkrieg als *„Handbuch des Kösener Corpsstudenten"*[80] veröffentlicht, dann auch erweitert um das Kapitel *„Vom Leben und Wesen der Deutschen Corps".* Die jeweiligen Geschichtskapitel wurden der Forschungslage angepaßt und teilweise erneuert. Die Handbücher in den Auflagen von 1925, 1927 und 1930 wurden historisch von Wilhelm Fabricius und Theodor Deneke betreut, das Kapitel zur Geschichte in der Auflage von 1953 wurde vorwiegend von Erich Bauer, das hinzugetretene Kapitel von Erich Bauer und Robert Paschke verfaßt, gleiches gilt für die Auflage 1965. Die 6. Auflage, damit die vorerst letzte, erschien in zwei Bänden 1985, inhaltlich u. a. um das Kapitel zu den *„Kösener Sitten und Bräuche"* erweitert.

Die Handbücher sind als eine Art Einleitung in die Geschichte des Corpsstudententum und als Anleitung für die Corpsstudenten anzusehen, sind also nicht für Außenstehende gedacht und waren und sind daher auch nicht im Buchhandel erhältlich. Als Handbuch für die eigene Gruppe sind sie keine wissenschaftlichen Arbeiten, jedoch werden interne Details vorgestellt und diskutiert, so daß die Handbücher als zeitgeschichtliche Dokumente von Bedeutung sind. Zudem erlauben sie einen tieferen Einblick in das Corpsstudententum, indem corpsstudentische Interpretationen eigener Charakteristika festgehalten und die Sinnauslegung unterschiedlicher Bräuche vorgenommen werden.

---

[77] Wilhelm Fabricius, Die Deutschen Corps. Eine historische Darstellung mit besonderer Berücksichtigung des Mensurwesens, Berlin 1898, 2. Auflage, Frankfurt am Main 1926.

[78] Wilhelm Fabricius, Geschichte und Chronik des SC-Verbandes, Marburg 1910.

[79] Handbuch des Deutschen Corpsstudenten, Frankfurt am Main 1925. 2. Auflage 1927, 3. Auflage 1930.

[80] Werner Ranz/Eruch Bauer/Gerd Schaefer-Rolffs (Hrsg.) im Auftrage des KSCV und des VAC, Handbuch des Kösener Corpsstudenten, 4. Auflage, Frankfurt am Main 1953. Die 5. Auflage des Handbuches von 1965 wurde von Gerd Schaefer-Rolffs und Oskar Scheunemann im Auftrage des VAC-Vorstandes herausgegeben. Die 6. und bisher letzte Auflage gab der Vorstand des VAC e. V. heraus, sie erschien 1985.

Die Veröffentlichung von Bernhard Hoffmann mit dem Titel „Corpsstudententum und heutige Zeit"[81] von 1952 sowie eine Fortsetzung unter dem Titel „Zur
Entstehung der Corps"[82] von 1954 können vernachlässigt werden.
1955 gründete sich der „Verein für corpsstudentische Geschichtsforschung",
der sich zum Ziel gesetzt hat, vor allem die Geschichte der Deutschen Corps
zu erforschen. Das Publikationsorgan ist das seit 1956 erscheinende Jahrbuch „Einst und Jetzt", in Ergänzung wurden Sonderhefte herausgegeben. In
diesen Büchern, die nicht im Buchhandel erhältlich sind, wird die weitere Geschichtsforschung des Verbandes, auch des Weinheimer Senioren-Conventes, gebündelt. Inhaltlich sind die Jahrbücher vorwiegend der Geschichtsforschung gewidmet, jedoch gibt es auch einige Aufsätze, die sich mit Teilen
einer aktuellen Diskussion befassen.[83] Es handelt sich jedoch immer um eine
verbandsinterne Deutung der corpsstudentischen Eigenheiten, die für die
Fragestellungen dieser Arbeit allerdings von großem Interesse sind.
Der Weinheimer Senioren-Convent verfügt über eine erste eigene überblick-
artige Darstellung aus dem Jahr 1927, die von Hans Schüler unter dem Titel
„Weinheimer S.C.-Chronik"[84] herausgegeben wurde. Auch diese Chronik ist
als ein Versuch der eigenen Geschichtsauslegung zu sehen.
1971 erschien das „Handbuch für den Weinheimer Senioren-Convent"[85], herausgegeben von Theodor Hammerich als Loseblattsammlung. Intention und
Funktion des Handbuches sind denen der Handbücher des KSCV ähnlich.
Eine erste Arbeit, die eine Hinterfragung der corpsstudentischen Geschichte
in der Zeit von 1888 bis 1914 unter dem Titel „Der Corpsstudent als Idealbild
der Wilhelminischen Ära"[86] vornimmt, wurde 1965 als Dissertation von dem
Corpsstudenten Manfred Studier verfaßt. Die Arbeit ist vor allem aufgrund
der Analyse des Habitus eines Corpsstudenten von Interesse. Es ist die erste
Arbeit, die sich mit korporiertem, insbesondere corpsstudentischem Verhalten befaßt. Leider ist die Arbeit weitgehend unkritisch und übernimmt die
corpsstudentische Begrifflichkeiten unhinterfragt.
Die „vierte Denkschrift" des KSCV widmet sich 1968 dem Thema „Die Mensur"[87] und umfaßt eine ausführliche Interpretation der Mensur, darüber hinaus faßt sie Gesetze und Urteile zur Mensur von 1617 bis 1962 zusammen
und gibt im Anhang die aktuelle Rechtsprechung wieder. Insbesondere der
erste interpretative Teil mit seinen Funktions- und Sinnerklärungen ist für

---

[81] Bernhard Hoffmann, Corpsstudententum und heutige Zeit, in: Beilage zur Onoldenzeitung, München 1952.
[82] Bernhard Hoffmann, Zur Entstehung der Corps. Eine ergänzende Fortsetzung der
Schrift „Corpsstudententum und heutige Zeit, München 1954.
[83] Als Beispiel dient der Aufsatz von Gottfried Koch „Über den Trinkzwang" oder der
Abdruck des Vortrages von Rainer Assmann „Der Verschiß", in: Jahrbuch 1988 des
Vereins für corpsstudentische Geschichtsforschung, 33. Band, ohne Ort 1988, Seiten
243-248, bzw. 213-220.
[84] Hans Schüler, Weinheimer S.C.-Chronik, Darmstadt 1927.
[85] Handbuch für den Weinheimer Senioren-Convent, 1971.
[86] Manfred Studier, Der Corpsstudent als Idealbild der Wilhelminischen Ära. Untersuchungen zum Zeitgeist 1888-1914, unveröffentlichte Dissertation, Erlangen 1965, erst
1990 veröffentlicht.
[87] Kösener Senioren Convents-Verband/Verband Alter Corpsstudenten, Die Mensur.
Herkunft, Recht und Wesen, ohne Ort 1968.

26

diese Arbeit von Interesse. Gleiches gilt für die vom Verband Alter Corpsstudenten herausgegebene „Anleitung zum Fechten mit dem Korbschläger"[88] aus dem Jahre 1979, die vor allem durch die „Gebrauchsanleitung" einen erklärenden Einblick in das studentische Fechten gibt.

Eine bemerkenswerte Veröffentlichung ist das Buch des Corpsstudenten Helmut Neuhaus, der 1979 mit der Arbeit „Die Konstitutionen des Corps Teutonia zu Marburg"[89] eine Untersuchung zur Entwicklung einer corpsstudentischen Verfassung vorlegt. Dazu zieht er internes Quellenmaterial heran, das eigentlich einer strengen Geheimhaltung der Corpsstudenten unterliegt. Anhand seiner Analyse kann der Anpassungsprozeß der Konstitution von 1837 bis 1971 an die gesellschaftlichen Veränderungen abgelesen werden. Die Arbeit ist relativ ausgewogen in der Darstellung und führte bei ihrer Veröffentlichung – nicht nur wegen der thematisierten antidemokratischen und auch antisemitischen Haltung des Corps vor und nach 1933 – zu einigen Auseinandersetzungen innerhalb des Corps:

„Die Entstehung dieser kleinen Schrift war nicht nur von Stimmen der Ermutigung begleitet, sondern auch von teils offener, teils hinter Mutmaßungen und Befürchtungen versteckter Kritik, die sowohl auf vordergründige Apologetik als auch mangelnder Loyalität gegenüber dem Corps zielte."[90]

Es ist bis heute die einzige derartige Untersuchung eines der sensibelsten Bereiche eines Corps.

Eine Arbeit zu „Die deutschen Corps im Dritten Reich"[91] wurde 1986 von dem Corpsstudenten des Weinheimer SC Rosco G. S. Weber in einer englischen Fassung mit dem Titel „The German Student Corps in the Third Reich" veröffentlicht. Weber bleibt aber in seinen Ausführungen zu sehr dem corpsstudentischen Selbstverständnis verhaftet, was insbesondere an seiner unkritischen Auswahl und Verwendung von Quellen und der nur mangelhaften Einbindung seiner Auslegungen in den allgemeinen Forschungsstand zum Thema des Dritten Reiches abzulesen ist. Dennoch versucht er, wie Studier, ein differenzierteres Bild des Verhaltens der Corps mit dem Habitus der Corpsstudenten zu erklären, dies insbesondere in Abgrenzung zu den anderen Korporationsverbänden.

Nicht unbedingt wissenschaftlich, jedoch überaus informativ ist das 1987 in seiner 1. Auflage erschienene „corpsstudentische Wörterbuch"[92] von Christian Helfer, da es nicht nur eine Zusammenfassung typischer corpsstudentischer Wörter bietet, sondern darüber hinaus die Wörter in ihren gebräuchlichen Zusammenhang innerhalb des Corpslebens stellt. Das Wörter-

---

[88] Verband Alter Corpsstudenten (Hrsg.), Anleitung zum Fechten mit dem Korbschläger, ohne Ort 1979.
[89] Helmut Neuhaus, Die Konstitutionen des Corps Teutonia zu Marburg. Untersuchungen zur Verfassungsentwicklung eines Kösener Corps in seiner 150jährigen Geschichte, Marburg 1979.
[90] Ebenda, Seite 8.
[91] Rosco G. S. Weber, Die deutschen Corps im Dritten Reich, Köln 1998. Zuvor unter dem Titel erschienen: The German Student Corps in the Third Reich, London 1986.
[92] Christian Helfer, Kösener Brauch und Sitte. Ein corpsstudentisches Wörterbuch, Saarbrücken 1987. Es erfolgte 1991 eine 2. Auflage. Helfer schreibt ausdrücklich in seinem Vorwort, daß sein Wörterbuch nur für die Verbände KSCV und WSC Geltung beansprucht.

buch ist eine gute Ergänzung zum studentenhistorischen Wörterbuch von Paschke und kann zur Klärung corpsstudentischer Begriffe genutzt werden. Anläßlich des 150-jährigen Bestehens des KSCV gaben der Verband und der Altherrenverband 1998 die Festschrift mit dem seltsam klingenden Titel *„Wir wollen Männer, wir wollen Taten!"*[93] heraus. Das auch der Öffentlichkeit über den Buchhandel zugängliche Buch gibt den aktuellen Stand der corpsstudentischen Geschichtsforschung bis in die Gegenwart wieder und fügt den zwei geschichtlichen Teilen einen weiteren Teil unter der Überschrift *„Vom Leben und Treiben der Corpsstudenten"* an, in dem sowohl die Mensur, als auch die Symbole und Rituale der Corps thematisiert werden. Letzteres ist nicht nur in Bezug auf die Quellen interessant, sondern vor allem in seiner Auslegung des Brauchtums der Corps. Allerdings ist die Einseitigkeit des Buches zugunsten der Corps nicht zu überlesen, darüber hinaus ist das offensichtliche Bedürfnis festzuhalten, auch das Brauchtum in eine allgemeine Geschichte zu betten, was sich u. a. auch in der Verbandspresse widerspiegelt. Insgesamt kann das Buch in wesentlichen Teilen als eine Fortsetzung des ersten Bandes des Handbuches von 1985 gelten.

Eine letzte und für diese Arbeit interessante Veröffentlichung beider corpsstudentischen Verbände ist das 2001 erschienene *„Nachwuchshandbuch für Corpsstudenten"*[94], da sich an diesem Handbuch die neuere Ausrichtung der Verbände in Bezug auf die Nachwuchswerbung ablesen läßt. Das Handbuch gibt neben groben geschichtlichen Daten, die allerdings teilweise geschichtsverfälschend dargeboten werden (so wird entgegen dem Forschungsstand noch generell an der Zwangsauflösungs- und Verbots- bzw. Verfolgungsthese mit Beginn des Dritten Reichs festgehalten[95]), auch Definition und Positionsbestimmung der Corps in der heutigen Gesellschaft wieder. Zusätzlich beinhaltet das Handbuch eine detaillierte inhaltliche und methodisch-didaktische Anleitung zur Nachwuchswerbung und pädagogische Tips. Bisher gab es für die jungen Corpsstudenten das *„Schimmerbuch"*[96], das im Jahr 2000 in seiner 7. Auflage, die erste erfolgte 1964, erschienen ist. Das Schimmerbuch ist inhaltlich eher eine Anleitung zu richtigem Verhalten innerhalb des Corps. Beide Bücher waren bzw. sind nicht im Buchhandel erhältlich. Es handelt sich bei den beiden Büchern nicht um wissenschaftliche Abhandlungen, gleichwohl sind sie als zeitgenössische Dokumente zu nutzen.

Abschließend ist zu erwähnen, daß sämtliche Handbücher, die Hefte des Vereins für corpsstudentische Geschichtsforschung, die Denkschriften und das Schimmerbuch für die nicht-corpsstudentische Öffentlichkeit nicht zugänglich sein sollten. Die geschichtlichen Arbeiten einzelner Personen sind bzw. waren im Buchhandel erhältlich, dies gilt insbesondere für die hier erwähnten neueren Veröffentlichung von Manfred Studier, Helmut Neuhaus,

---

[93]   Rolf-Joachim Baum (Hrsg.) im Auftrag des KSCV und des VAC, „Wir wollen Männer, wir wollen Taten!". Deutsche Corpsstudenten 1848 bis heute.
[94]   WVAC e. V./VAC e. V. (Hrsg.), Finden-Überzeugen-Gewinnen. Nachwuchshandbuch für Corpsstudenten.
[95]   Vgl. ebenda, Seite 1. 3. 1.
[96]   Verband Alter Corpsstudenten e. V. (Hrsg.), Erich Bauer, Schimmerbuch für junge Corpsstudenten, Bielefeld 2000. Das erste Schimmerbuch erschien 1964.

28

Rosco G. S. Weber, Robert Paschke und Rolf-Joachim Baum, die alle selbst Corpsstudenten sind bzw. waren. Eine Veröffentlichung zu den Corps des KSCV und des WSC „von außen" gibt es bisher nicht.

Die in ihrer Interpretation hervorzuhebende Abhandlung ist sicherlich die von Helmut Neuhaus, die einerseits durch die Verwendung nichtöffentlichen Materials besticht und die Anpassungsfähigkeit der Konstitution eines Corps an das soziale Umfeld herausstellt. Wichtig sind auch die Arbeiten von Weber und Studier, letztere vor allem vor dem Hintergrund des besonderen Habitus der Corpsstudenten als Grundlage corpsstudentischen Verhaltens, das ebenfalls Gegenstand dieser Arbeit sein wird.

1.3.2 Der Forschungsstand zur Elite

Der Elitebegriff selbst entwickelte sich um die Wende vom 19. zum 20. Jahrhundert zu einer Schlüsselkategorie der gesellschaftlichen Diskussion. Er steht eng im Zusammenhang mit dem aufstrebenden Bürgertum, das in Deutschland - hierin besteht eine Besonderheit der deutschen Entwicklung im Vergleich zum europäischen Ausland - einerseits durch Ausschluß von der politischen Macht an einer politischen Wahrnehmung seiner Interessen gehindert wurde und sich andererseits von den lohnabhängigen Massen „von unten" bedroht sah.[97] Das bisherige Herrschaftsgefüge wurde durch die sozialhistorischen Entwicklungen insgesamt zunehmend in Frage gestellt.[98] Wie im europäischen Ausland wuchs auch im Deutschland der Jahrhundertwende, in dem zum Großteil die Aristokratie (im Gegensatz zu z. B. Frankreich oder England) noch die Spitzen der Gesellschaft stellte, das Interesse der noch jungen Soziologie an einem Konzept der Eliten.[99]

Erste theoretische Ausarbeitungen wurden 1895 von Gaetano Mosca[100], 1911 von Robert Michels[101] und 1916 von Vilfredo Pareto[102] vorgelegt. Die Autoren gehen davon aus, daß stets eine Minderheit die Mehrheit beherrscht, Ziel der Machtausübung ist der eigene Machterhalt. Unterschieden wird demnach zwischen einer herrschenden Klasse und einer beherrschten. Im Zentrum des Interesses stehen die politische Machtelite, die politische Klasse oder auch die Funktionseliten. Pareto geht in seiner Arbeit noch einen Schritt weiter als Mosca und Michels, in dem er zwischen regierenden und nichtregierenden Eliten unterscheidet und damit sein Konzept auf die gesamte Gesellschaft ausdehnt. Gesellschaftliche Normen, wie die einer demo-

---

[97] Vgl. Norbert Elias, Studien über die Deutschen. Machtkämpfe und Habitusentwicklung im 19. und 20. Jahrhundert, Frankfurt am Main 1998, Seite 161 ff.

[98] Vgl. Sven Papcke, Gesellschaft der Eliten. Zur Reproduktion und Problematik sozialer Distanz, Münster 2001.

[99] Zu nennen sind hier z. B. die Namen von Ferdinand Tönnies und Max Weber: Ferdinand Tönnies, Gemeinschaft und Gesellschaft. Grundbegriffe der reinen Soziologie, Darmstadt 1991 (zuerst erschienen 1887) und Max Weber, Wirtschaft und Gesellschaft. Grundriß der verstehenden Soziologie, Tübingen 1972 (zuerst erschienen 1922).

[100] Gaetano Mosca, Die herrschende Klasse, Bern 1950.

[101] Robert Michels, Zur Soziologie des Parteiwesens in der modernen Demokratie. Untersuchungen über die oligarchischen Tendenzen des Gruppenlebens, Leipzig 1911.

[102] Vilfredo Pareto, Trattato di Sociologia generale, Florenz 1916, in dt.: Gottfried Eisermann (Hrsg.), Vilfredo Paretos System der allgemeinen Soziologie, Stuttgart 1962.

kratischen Gesellschaft, erscheinen bei ihm als konstruierte Rechtfertigungen für die Machtausübung der Elite infolge des menschlichen Machttriebes. Für Pareto gibt es keine Entwicklung der Gesellschaft sondern lediglich einen Wechsel der Machteliten, die dadurch gesellschaftliche Veränderungen bewirken können.

Nach einer ersten Untersuchung 1951 von Otto Stammer[103] folgte in dieser Tradition 1972 zusammen mit Peter Weingart[104] eine größere Untersuchung, die die Personen und ihre Hintergründe in der politischen Machtelite ins Zentrum rückte. Eine weitere theoretische Untermauerung findet sich in dem 1965 erschienenen Buch von Ralf Dahrendorf mit dem Titel *„Gesellschaft und Demokratie in Deutschland"[105]*, in dem Dahrendorf die Demokratie als einen Herrschaftsvertrag interpretiert.

Für einen etwas anderen Zweig der Eliteforschung im Zeichen von Claude Henri Saint-Simon, der Elite auch als Leistungselite verstand, steht exemplarisch die 1956 von C. Wright Mills[106] veröffentlichte Studie über die *„powerelite"* in den USA, in der nicht nur die Positionen der verschiedenen Repräsentanten sondern auch die Lebensstile dieser Personen Gegenstand der Untersuchung waren.

1962 erschien eine ähnliche Untersuchung für Deutschland von Hans Peter Dreitzel:[107] *„Elitebegriff und Sozialstruktur"*: Dreitzel folgt der Auffassung Max Webers, nach der Eliten mehr als Funktionsträger sind, nämlich eben auch Werteliten.

Es folgten weitere empirische Untersuchungen, zu nennen sind hier vor allem die Mannheimer Elitestudien,[108] basierend auf relativ großen Befragtenzahlen von Inhabern von Führungspositionen in unterschiedlichen gesellschaftlichen Sektoren, die unter anderem auch der Bedeutung studentischer Korporationen nachgingen. In einer Auswertung von 1992[109] ist nachzulesen, daß 21,5 Prozent der Befragten mit Hochschulbildung die Zugehörigkeit zu einer Verbindung angaben. Bürgerliche Parteien, Verwaltung und Wirtschaft waren die auffälligsten Sektoren, in denen sich korporierte Führungspersonen wiederfanden. Ein Tatbestand, den Detlef Grieswelle auch in seinem Aufsatz *„Korporationen und Karriere. Die soziale Rekrutierungsfunktion der*

---

[103] Otto Stammer, Das Elitenproblem in der Demokratie, in: Schmollers Jahrbuch für Gesetzgebung, Verwaltung und Volkswirtschaft 71, 1951, Seiten 513-540.
[104] Otto Stammer/Peter Weingart, Politische Soziologie, München 1972.
[105] Ralf Dahrendorf, Gesellschaft und Demokratie in Deutschland, München 1965.
[106] C. Wright Mills, The power elite, Oxford/London/New York 1956, in deutsch: Die amerikanische Elite, Hamburg 1962.
[107] Hans Peter Dreitzel, Elitebegriff und Sozialstruktur. Eine soziologische Begriffsanalyse, Stuttgart 1962.
[108] Es handelt sich bei den „Mannheimer Elitestudien" um drei groß angelegte Studien, von denen zwei an der Universität Mannheim (Rudolf Wildenmann 1968 und Rudolf Wildenmann/Max Kaase 1982), die dritte am sozialwissenschaftlichen Institut der Konrad-Adenauer-Stiftung (Rudolf Wildenmann/Werner Kaltefleiter 1972) erarbeitet wurden. Vgl. Wilhelm Bürklin/Hilke Rebenstorf u. a., Eliten in Deutschland. Rekrutierung und Integration, Opladen 1997, Seite 20.
[109] Ursula Hoffmann - Lange, Eliten, Macht und Konflikt in der Bundesrepublik, Opladen 1992, hier Seite 157.

30

Verbindungen"[110] für die Zeit vor 1914 nachweisen konnte. Die Mannheimer Elitestudien folgten aber nicht mehr dem Begriff einer politischen Elite oder einer Leistungselite, sondern konzentrierte sich auf die führenden Personen in unterschiedlichen Sektoren.

1995 wurde die aufwendige Potsdamer Elitestudie von Wilhelm Bürklin u. a. in der Tradition der Mannheimer Elitestudien durchgeführt, deren Ergebnisse 1997 der Öffentlichkeit zur Verfügung gestellt wurden. Das Buch *„Eliten in Deutschland"*[111] besteht aus verschiedenen Aufsätzen, die unterschiedliche Aspekte der Eliten, verstanden als Führungsschicht, berücksichtigen. Neben den soziodemographischen Merkmalen werden auch Kommunikation, Werteorientierungen und politische Einstellungen der Eliten berücksichtigt. Neben der Erweiterung der Thematik um die Wiedervereinigung der Deutschen Demokratischen Republik mit der Bundesrepublik Deutschland[112] ist auch die Betrachtung eines elitären Netzwerkes zwischen den Teileliten aufschluß-reich, auch wenn der Untersuchung nach wie vor ein Zirkulationsmodell zugrunde liegt. Wenig überzeugend ist der von den Autoren behauptete Elitekonsens, den sie als das Vertrauen der Eliten in die politischen und gesellschaftlichen Institutionen begreifen, eine kritische Hinterfragung dieser Annahme erfolgt nicht.

Neben kleineren Beiträgen, so z. B. von Klaus von Beyme 1971[113], der speziell die politische Elite diskutiert, ähnlich wie zwanzig Jahre später Wilfried Röhrich[114], der seine Betrachtung der politischen Elite auf das Allgemeinwohl als Ziel dieser Elite ausdehnt, gibt es ausführlichere Bücher wie das von Marion Dönhoff u. a.[115], das darüber hinaus Aspekte wie beispielsweise die Persönlichkeitsentwicklung der Elite thematisiert.

Einen sehr detailreichen und differenzierten Überblick über die verschiedenen Elitekonzeptionen und die zugrundeliegenden Gedankenmodelle, gibt Sven Papcke in seinem Buch *„Gesellschaft der Eliten"*[116], in dem er chronologisch und anschaulich die unterschiedlichen Modelle vorstellt und entlang ihrer Ansprüche diskutiert.

Beate Krais erweitert 2001 in ihrem Aufsatz *„Die Spitzen der Gesellschaft"*[117] den Blick um die Fragestellung „herrschende Klassen oder Eliten", in dem sie einerseits das Klassenkonzept von Karl Marx diskutiert und diesem andererseits das Konzept des sozialen Feldes von Pierre Bourdieu gegenüberstellt.

---

[110]   Detlef Grieswelle, Korporationen und Karrieren. Die soziale Rekrutierungsfunktion der Verbindungen, in: Harm - Hinrich Brandt/Matthias Stickler (Hrsg.), „Der Burschen Herrlichkeit", Seite 421-448.

[111]   Wilhelm Bürklin/Hilke Rebenstorf u. a., Eliten in Deutschland, Opladen 1997.

[112]   Christian Welzel, Demokratischer Elitenwandel. Die Erneuerung der ostdeutschen Elite aus demokratie-soziologischer Sicht, Opladen 1997.

[113]   Klaus von Beyme, Die politische Elite in der Bundesrepublik Deutschland, München 1971.

[114]   Wilfried Röhrich, Eliten und das Ethos der Demokratie, München 1991.

[115]   Marion Dönhoff/Hubert Markl/Richard von Weizäcker, Eliten und Demokratie, Berlin 1999.

[116]   Sven Papcke, Gesellschaft der Eliten, Münster 2001.

[117]   Beate Krais, Die Spitzen der Gesellschaft. Theoretische Überlegungen, in: Dieselbe (Hrsg.), An der Spitze. Von Eliten und herrschenden Klassen, Konstanz 2001, Seite 7-62.

Pierre Bourdieu, ähnlich wie zuvor Norbert Elias in seinen „Studien über die Deutschen"[118] geht es in seinem Buch „Die feinen Unterschiede"[119] auch um die Analyse einer symbolischen Ordnung, zwar weniger anhand von Führungspersönlichkeiten als vielmehr in Beziehung zu den sozialen, ökonomischen und kulturellen Ressourcen sozialer Milieus, so daß Fragen wie: aus welchen Lebensbereichen die Personen kommen und welche Erziehung sie erlebt haben, in das Zentrum der Betrachtung rücken. Nach Bourdieu gibt es – entsprechend seinem pluralistischen Klassenbegriff – auch nicht die Elite, sondern viele Eliten.

Sehr ausführlich ist das Werk von Gerhard Schulze „Die Erlebnisgesellschaft"[120], der aber ähnlich wie Reinhard Kreckel in seinem Buch „Politische Soziologie der sozialen Ungleichheit"[121] die Zuschreibung von gesellschaftlicher Macht an eine kleine Gruppe, eine Elite, unterläßt.

In eine ähnliche Richtung zielt der Aufsatz von Michael Hartmann, der einen klassenspezifischen Habitus gegen exklusive Bildungstitel als Selektionskriterium[122] diskutiert, dabei die Bildungsinstitutionen Großbritanniens, Frankreichs und der USA einbezieht. In dem Fehlen vergleichbarer elitärer Bildungsinstitutionen in Deutschland sieht Hartmann die Ursache der Ausprägung eines klassenspezifischen Habitus als Voraussetzung für den Aufstieg in Führungspositionen in unserem Land.

Eine gesonderte und umfassende Untersuchung zum Thema studentische Korporationen und Elite gibt es nicht, auch die bisher vorgestellten Ergebnisse über Korporationen und Elite erscheinen mehr Nebenprodukte einer Untersuchung mit anderem Schwerpunkt zu sein.

Texte speziell zur korporierten Elite, wie der bereits erwähnte Aufsatz von Grieswelle oder auch der Aufsatz von Gerhard Schäfer „Cliquen, Klüngel und Karrieren - Beziehungen und Ver-Bindungen"[123] haben einerseits eher einen Entlarvungscharakter, andererseits stellen sie aber doch eine grobe Annäherung an das Thema dar. Ähnliches gilt für den Aufsatz von Arno Klönne mit dem Titel „Manneskraft und Lebensbund"[124], der ein elitäres Verständnis der Korporierten im männerbündischen Lebensbundprinzip begründet sieht. Eine erste Einordnung studentischer Korporationen und Eliten findet sich in dem von Gerd Wiegel und Robert Erlinghagen verfaßten Artikel „Korporationen,

---

[118] Norbert Elias, Studien über die Deutschen. Frankfurt am Main 1998.
[119] Pierre Bourdieu, Die feinen Unterschiede. Kritik der gesellschaftlichen Urteilskraft, Frankfurt am Main 1982.
[120] Gerhard Schulze, Die Erlebnisgesellschaft. Kultursoziologie der Gegenwart, Frankfurt am Main/New York 1995.
[121] Reinhard Kreckel, Politische Soziologie der sozialen Ungleichheit, Frankfurt am Main/New York 1997.
[122] Michael Hartmann, Klassenspezifischer Habitus oder exklusive Bildungstitel als soziales Selektionskriterium? Die Besetzung von Spitzenpositionen in der Wirtschaft, in: Beate Krais (Hrsg.), An der Spitze, Seite 157-210.
[123] Gerhard Schäfer, Cliquen, Klüngel und Karrieren - Beziehungen und Ver-Bindungen, in: Ludwig Elm/Dietrich Heither/Gerhard Schäfer (Hrsg.), Füxe, Burschen, Alte Herren, Seite 299-321.
[124] Arno Klönne, Manneskraft und Lebensbund. Sitte und Brauchtum der Korporationen, in: Dietrich Heither u. a., Füxe, Burschen, Alte Herren, Seite 322-330.

32

Konservatismus und Elite[125], in dem die Autoren den elitären Anspruch der Korporierten auf die besondere Entwicklung und Erziehung in der Korporation zurückführen. Die Werte und Funktion einer korporierten Elite ordnen sie unter ideologischen Vorzeichen (Konservatismus) gesellschaftlich ein. Alle letztgenannten Artikel und Aufsätze folgen dem Konzept einer besonderen Habitusentwicklung in der Korporation als Erklärung für das Funktionieren des elitären Reproduktionsmechanismus. Eine Arbeit, die eine umfassende Erklärung des elitären Reproduktionsmechanismus der studentischen Korporationen geben kann, gibt es meines Wissens nicht.

1.4 Forschungsdesiderate

Aus dem derzeitigen Forschungsstand ergibt sich bezüglich der Fragestellung dieser Arbeit eine Forschungslücke.

Arbeiten zu den studentischen Korporationen sind meist auf eine historische Darstellung beschränkt und, zumal häufig von Korporierten selbst verfaßt, eher der eigenen Geschichtsschreibung gewidmet. In anderen Werken, so z. B. in den „Studien über die Deutschen" von Norbert Elias, werden die Korporationen selbstverständlich als Teil der Gesellschaft thematisiert und eingeordnet, jedoch rücken sie nicht in das Zentrum der Betrachtung. Einen „Blick nach Innen" werfen auch die Arbeiten zu den einzelnen Verbänden nicht, abgesehen davon, daß es wie im Falle des KSCV keine Arbeit gibt, die von einem nichtkorporierten Autor verfaßt worden wäre. Die Arbeit von Neuhaus ist darüber hinaus die einzige, die sich mit den internen Regelwerken näher und umfassender beschäftigt. Es bleibt aber insgesamt bei vorwiegend deskriptiven Arbeiten, die sicherlich wichtige Details zusammenfassen, aber qualitativ nicht in die Tiefe gehen.

Möchte man also studentische Korporationen unter einer gesellschaftsrelevanten, politologischen und soziologischen Fragestellung bearbeiten, so kann man nicht auf ausführliche Arbeiten zurückgreifen, die als Basis dienen könnten.

Der Forschungsstand zum Thema Eliten zeigt gleichfalls, daß es keine Arbeit gibt, die die studentischen Korporationen als Gegenstand der Eliterekrutierung thematisiert. Auch hier ist man auf „Stückwerk" angewiesen, das heißt, es müssen Teile aus Arbeiten herausgenommen und neu in Bezug zu den studentischen Korporationen gesetzt werden. Hinzu kommt der Mangel an qualitativen Arbeiten. Auch die große Studie von Bürklin u. a. ist hauptsächlich eine quantitative Studie, in der viele interessante Details der deutschen Elite erfragt und ausgewertet wurden. Dennoch sind derlei Studien wenig analysierend sondern eher charakterisierend.

---

[125]   Gerd Wiegel/Robert Erlinghagen, Korporationen, Konservatismus und Elite, in: Projekt „Konservatismus und Wissenschaft" e. V. (Hrsg.), Verbindende Verbände, Seite 85-99.

1.5 Definition der Begriffe Gesellschaft, Gemeinschaft und Individuum in Bezug auf die Fragestellung

„Gesellschaft", „Gemeinschaft" und „Individuum" wurden im Vorhergehenden als Begriffe eingeführt. An dieser Stelle sollen, um Ungenauigkeiten in der Auslegung der Ergebnisse in Bezug auf die Fragestellung zu vermeiden, die drei zentralen Begriffe präzisiert werden, denn sie sind auch begriffliche Grundlage der drei Analyseebenen dieser Arbeit. Für alle drei Begriffe gibt es zahlreiche und teilweise sehr unterschiedliche Definitionen, so daß ich es für sinnvoll erachte, die von mir in dieser Arbeit verwendeten Definitionen von Gesellschaft, Gemeinschaft und Individuum anzugeben. Auf die Darstellung der unterschiedlichen wissenschaftlichen Definitionen werde ich verzichten und nur die hier bevorzugte Eingrenzung vornehmen.

1.5.1 Die Gesellschaft

Wie schon in der Zusammenstellung des Forschungsstandes angedeutet, bilden neben sozialen Ungleichheiten vor allem unterschiedliche Lebensstile der Menschen in der Gesellschaft einen wichtigen Zugang zur Fragestellung dieser Arbeit.

In einigen Elitestudien wird zur besseren Erarbeitung und Zuspitzung der meist quantitativen Befragungen die Gesellschaft in Klassen (vertikal) und eine Klasse noch einmal in verschiedene Sektoren (horizontal) unterteilt. Diese Unterteilung und das zugrundeliegende Gesellschaftsmodell werden hier weitgehend beibehalten. Ein Fortbestand unterschiedlicher Klassen, ausgedrückt durch den Begriff „Klassengesellschaft", wird vorausgesetzt und steht damit im Widerspruch z. B. zu der Vorstellung Ulrich Becks[126], der zur Aufgabe des Klassenkonzeptes rät und Ungleichheit jenseits von Klassen meint festmachen zu können, indem er diese den gesellschaftlichen Individualisierungsprozessen zuschreibt.

In dieser Arbeit wird von einem Modell ausgegangen, das – entsprechend den empirischen Ergebnissen der Elitestudien[127] – relativ geschlossene Schichtungen annimmt, die auf der Kopplung mit den sozialen Funktionen von Kapital beruhen. Kapital wird nicht nur als ökonomische Kategorie verstanden, sondern auch als soziale und kulturelle. Das so verstandene Kapital wird als von den Mitgliedern der Gesellschaft inkorporiert gedacht, woraus sich der Verhaltenshabitus der Angehörigen der jeweiligen Klassen ableiten läßt. Kapital, bzw. der jeweils mögliche Zugriff auf gesellschaftliche Ressourcen, wirkt nicht nur vertikal, in Form von Klassenbildung, sondern auch horizontal durch Ausbildung unterschiedlicher Verhaltensstile, durch die sich innerhalb der Klassen wiederum verschiedenen Milieus bilden lassen.[128]

---

[126]   Ulrich Beck, Risikogesellschaft, Frankfurt am Main 1986.
[127]   Vgl. z. B. Wilhelm Bürklin u. a., Eliten in Deutschland.
[128]   Vgl. Michael Vester/Peter von Oertzen/Heiko Geiling/Thomas Hermann/Dagmar Müller, Soziale Milieus im gesellschaftlichen Strukturwandel. Zwischen Integration und Ausgrenzung, Frankfurt am Main 2001, Seite 49 und 61 ff.

34

Das hier verwendete Gesellschaftsverständnis entspricht dem der plurali-
sierten Klassengesellschaft von Pierre Bourdieu[129], das über den vor allem
ökonomisch definierten Klassenbegriff hinausgeht. Klassen werden in dieser
Arbeit nicht als von außen vorgegebene soziale Klassen aufgefaßt, sondern
als Klassen, die nach verwendeter Definition und nach den ihnen zugrundeliegenden Kriterien im sozialen Raum konstruiert werden können. Die Gesellschaft wird demzufolge als sozialer Raum aufgefaßt, in dem Klassen abgebildet werden. Die Klassen befinden sich in diesem Raum in einem nicht
nur gegensätzlichen und unterschiedlichen, sondern auch voneinander ab-
hängigen Verhältnis zueinander. Der soziale Raum, eben die Gesellschaft,
ist ein Raum von Unterschieden und Beziehungen. Durch die Relationen unterschiedlicher Gruppen/Klassen zueinander und auf der Basis der ressour-
cenbezogenen Unterschiede im Raum prägen sich unterschiedliche Verhal-
tens- und Lebensstile, Geschmack, eben der spezifische Habitus der Klassen, aus.
Die studentischen Korporationen sind aus diesem Gesellschaftsverständnis
heraus als ein Teil der Gesellschaft zu analysieren. Ihre gesellschaftlichen
Ressourcen und ihr Habitus beinhalten Mechanismen im sozialen Raum, die
sie als Gruppe im Raum erkennbar machen und welche es in der Analyse
herauszuarbeiten gilt.

1.5.2 Die Gemeinschaft

Die Gemeinschaft der studentischen Korporationen der Dachverbände KSCV
und WSC verbindet in ihrer Funktion die Gesellschaft mit dem Individuum.
Der Gemeinschaft kommt im Sozialisationsprozeß des Individuums innerhalb
der Gesellschaft eine zentrale Bedeutung zu, denn in der korporierten Gemeinschaft „lernt" das Individuum die Differenzierungen und die Struktur gesellschaftlichen Funktionierens nach Vorgabe der Gemeinschaft. Im Gegenzug erfährt es dafür Zuflucht und Geborgenheit.[130] Die Geborgenheit ist die
dialektische Gegenleistung der Gemeinschaft für das Befolgen der Regeln
und der Hierarchie entsprechend der korporierten Gemeinschaftskonzeption.
Die Konzeption wiederum orientiert sich am Gemeinschaftsziel, hier der Wille
zur Elite. Mittels der erfolgreich umgesetzten Konzeption erreichen die Korporationen als zusammengefaßte Gruppe durch hohe Positionen einzelner
Mitglieder Einfluß (Definitionsmacht, ökonomische Mittel) in der Gesellschaft.
Die korporierte Gemeinschaft als soziale Gruppe entspricht, sowohl als
Kleingruppe (das einzelne Corps) als auch als größere Gruppe (Mitglieder
des Dachverbandes KSCV/WSC), der folgenden Gruppendefinition:
*„Eine soziale Gruppe umfaßt eine bestimmte Zahl von Mitgliedern (Grup-
penmitgliedern), die zur Erreichung eines gemeinsamen Zieles (Gruppenziel)
über längere Zeit in einem relativ kontinuierlichen Kommunikations- und Interaktionsprozeß stehen und ein Gefühl der Zusammengehörigkeit (Wir-
Gefühl) entwickeln. Zur Erreichung des Gruppenziels und zur Stabilisierung*

[129] Pierre Bourdieu, Die feinen Unterschiede, Kapitel 2.
[130] Horst Eberhard Richter, Die Gruppe. Hoffnung auf einen neuen Weg, sich selbst und
andere zu befreien, Reinbek 1972.

*der Gruppenidentität ist ein System gemeinsamer Normen und eine Vertei-
lung der Aufgaben über ein gruppenspezifisches Rollendifferential erforderlich.*[131]
Da eine Gruppe nicht unabhängig von der sie umgebenden Gesellschaft e-
xistiert, ist sie immer auch als Teil der Gesellschaft zu verstehen. Demnach
ist die korporierte Gemeinschaft als soziale Gruppe ein Teil der Gesellschaft.
Die Existenz, insbesondere die Vergemeinschaftungsformen in solchen
Gruppen lassen daher auch Rückschlüsse auf die Gesellschaft zu, was in
der Fragestellung dieser Arbeit, „Wie und für welche Gesellschaft sozialisiert
eine Korporation?" impliziert ist. Ein wichtiger Zugang liegt im „Wir-Gefühl"
der korporierten Gemeinschaft, dessen Beschaffenheit und der damit verbundenen Gruppenidentität. Die besonderen verbindenden Eigenschaften
der Mitglieder (Bildungsabschluß, meist bürgerliche Herkunft, angestrebter
Berufszweig) erzeugen ein Gemeinschaftsgefühl, durch das „*man sich zu-
sammengehörig und zugleich überlegen fühlt*"[132]. Überlegenheit kann jedoch
nur durch Abgrenzung gegen andere Teile der Gesellschaft konstruiert werden, was durch Ressourcenbündelung einerseits und spezielle Ausgren-
zungsmechanismen (Aufnahmebedingungen, bei den Corps z. B. die Bestimmungsmensur) andererseits geschieht. „Identität" umschreibt hier das
Verständnis von Selbstbildern der Gemeinschaft, die als soziale Struktur und
durch deren Inkorporation Identität ausbilden. Der „Habitus" beinhaltet als
dialektischer Begriff das bereits Strukturiert-Sein als gesellschaftliche Prägung und die strukturierende Funktion von Handlungen einzelner Mitglieder
einer Korporation als individuelle Gestaltungsmöglichkeiten.[133]

1.5.3 Das Individuum

Einem menschlichen Individuum sind nur in begrenztem Maße angeborene
Verhaltensweisen und Instinkte gegeben. Denken und Handeln eines Menschen werden also hauptsächlich erlernt und sind mit unterschiedlichen
Lernprozessen wie denen in der Familie, in der Schule, im Beruf verbunden.
Dadurch lernt das Individuum, sich in seiner sozialen Umwelt zurechtzufinden, aber auch, sich bestimmte Merkmale anzueignen und sich durch Zuordnung seiner selbst in seiner Umwelt zu positionieren. Dieser Lernprozeß
muß als zweiseitig angesehen werden: Zum einen stößt der Mensch im Prozeß auf bereits vorgegebene Dinge. Zum anderen sucht er sich selbst seinen
Platz in der Gesellschaft. Beides bedingt sich gegenseitig. Dem für diese Arbeit verwendeten Individuumsbegriff liegt demnach eine flexible Sicht von
Subjekt-Objekt zugrunde. Unter Hinzuziehung der Tatsache, daß ältere Generationen Einfluß auf jüngere Generationen nehmen[134] (z. B. durch Erziehung), rückt das Individuum unter der Fragestellung der Sozialisation in den
Mittelpunkt der Betrachtung. Sozialisation meint hier sämtliche Prozesse,

---

[131] Bernhard Schäfers, Einführung in die Gruppensoziologie. Geschichte – Theorien –
       Analysen, Heidelberg/Wiesbaden 1999, Seite 20 f.
[132] Frank Thieme, Kaste, Stand, Klasse, in: Hermann Korte/Bernhard Schäfers (Hrsg.),
       Einführung in Hauptbegriffe der Soziologie, Opladen 2000, Seite 179.
[133] Vgl. Katharina Liebsch, Identität und Habitus, in: ebenda, Seite 69, bzw. 72.
[134] Émile Durkheim, Erziehung und Soziologie, Düsseldorf 1972, Seite 50.

36

„*in denen sich Individuen gesellschaftlich vorgefundene Gewohnheiten, Handlungsmuster, Werte und Normen aneignen*"[135].

Durch die Routinebildung im stets andauernden Sozialisationsprozeß, innerhalb dessen einer gezielten Erziehung wenig Bedeutung zukommt, kommt es zur Ausbildung eines Habitus in Form von inkorporierter Geschichte. Der Habitus ist als Grundstruktur der Sozialisation nur schwer veränderbar.[136] Ebenso kommt es durch kulturelle Praktiken zur Habitusausbildung, wenn die Praktiken für das Individuum sinnstiftend, z. B. identitätsbildend sind. Der Habitus als zweite Natur des Individuums[137] kann sogar körperlichen Ausdruck bekommen, wird also buchstäblich inkorporiert.[138] Die Inkorporation ist also auch und vor allem als mental und emotional zu verstehen, insofern ihre zugrundeliegenden habituelle Praktiken sich der bewußten Reflexion und der rationalen Kontrolle entziehen. Die so konstruierten Sinnsetzungen des Individuums werden von diesem als inhärent existent erlebt und nicht als von außen gegeben aufgefaßt. Für die Fragestellung dieser Arbeit ist der Sozialisationsprozeß in der Korporation natürlich von größter Wichtigkeit, somit vor allem die Normen- und Handlungsanweisungen, die zum Teil in verschriftlichter Form niedergelegt wurden und damit für die Analyse verfügbar sind. Diese Anweisungen sollen durch ständigen routinemäßigen Gebrauch, durch Sanktionierung, durch miterlebtes Lernen oder auch durch bewußte Übernahme verinnerlicht werden. Damit wird die korporierte Gemeinschaft in ihren Inhalten zur zweiten Natur (zum Habitus) des Individuums.[139] Das Individuum wird somit von der Identitätsarbeit weitgehend befreit, indem ein Identitätsangebot gemacht wird.

Das Individuum wird in dieser Arbeit nicht als selbständig und unabhängig existierendes Wesen verstanden, sondern als abhängig kommunizierendes, das in einen Gesellschaftsprozeß eingebunden ist. Das Individuum beeinflußt und wird beeinflußt, es wirkt konstruiert und konstruierend. Damit liegt der Arbeit ein Begriff von Individuum zugrunde, wie er z. B. von George Herbert Meads[140] vertreten wird und entspricht in der Erweiterung auch der Begrifflichkeit von Pierre Bourdieu.

---

[135]   Albert Scherr, Sozialisation, Person, Individuum, in: Hermann Korte/Bernhard Schäfers (Hrsg.), Seite 46.

[136]   Als schwer veränderbarer Teil einer Habitusausbildung kann vielleicht die Vorstellung einer gemeinsamen sowie persönlich zu besitzenden Ehre angesehen werden, der insbesondere von Korporationen bis heute vertreten wird. Interessant hierzu: Norbert Elias, Studien über die Deutschen, Kapitel 1. B. Die satisfaktionsfähige Gesellschaft, Seite 61-158.

[137]   Pierre Bourdieu, Sozialer Sinn. Kritik der theoretischen Vernunft, Frankfurt am Main 1987, Seite 127.

[138]   Vgl. Pierre Bourdieu, Wie die Kultur zum Bauern kommt, Seite 165.

[139]   Vgl. Hermann L. Gukenbiehl, Institution und Organisation, in: Hermann Korte/Bernhard Schäfers (Hrsg.), Seite 147.

[140]   George Herbert Meads, Geist, Identität und Gesellschaft, Frankfurt am Main 1968.

2. Wege und Werkzeuge: Grounded Theory und qualitative Inhaltsanalyse

2.1 Genese des Forschungsansatzes

Ich meldete die Arbeit im Juli 1999 an der Philipps-Universität Marburg an und begann mit der Sammlung und Sichtung von Daten. Buchbestellungen, Prüfung des Materials, das in der Bibliothek zu bekommen ist, Beobachtung der „korporierten Szene", z. B. in einer Internet-Newsgroup[141], Nachforschungen in Antiquariaten (auch im Internet[142]), Anschreiben an unterschiedliche Korporationen und Verbände zwecks Informationsbeschaffung[143], Studium von unterschiedlichen soziologischen Theorien, usw. Alles zusammen führte schon früh zur Bildung erster gedanklicher Kategorien und Hypothesen, die stets während der Sichtung des Materials von mir überprüft und zum Teil wieder verworfen wurden.

Meine Arbeit erhielt bei Meldung den vorläufigen Arbeitstitel: „Die Beurteilung studentischer Korporationen nach den Kriterien 'destruktiver Kulte'." Im Rahmen meines Interesses, z. B. daran, was mit einem neuen Mitglied in einer Korporation geschieht, sah ich zunächst Parallelen mit religiös-ideologischen Gruppierungen oder Sekten. Es stellten sich Ähnlichkeiten heraus, jedoch auch sehr starke Unterschiede, so daß ich den Arbeitstitel und die meisten Kategorien wieder verwarf, nicht nur weil den Korporationen sowohl der Meister als auch die Heilsbotschaft fehlten.[144] Aber manche Kategorien ließen sich weiterverwenden, z. B. die hierarchische Gruppenstruktur oder auch der Umgang mit vermeintlichen GegnerInnen.

In das Zentrum meines Interesses rückte der Zusammenhang von studentischen Korporationen und „Männerbünden" auf der einen, der Komplex der „Übergangsriten"[145] auf der anderen Seite. Die Beschäftigung mit dem Thema Männerbünde im Zusammenhang mit studentischen Korporationen ergab den Schlüssel zur Problematisierung des Forschungsgegenstandes in gesellschaftlichen Zusammenhängen, eben eine bestimmte Aufdeckung von *„Reproduktionsstrategien der Eliten, die die Macht in Händen halten. Hier werden Nachfolger aufgebaut, Geld und Einfluß geltend gemacht, Helfer und Verbündete unterstützt und beharrlich Männer für Machtpositionen selektiert."[146]*

---

[141]   de.soc.studium.verbindungen

[142]   Ich nutzte vorzugsweise www.zvab.com und www.justbooks.de, vereinzelt beteiligte ich mich auch an Internetauktionen unter www.ebay.de.

[143]   Es war bei beiden ausgewählten Korporationsverbänden kein Problem z. B. die Verbandszeitschriften „Corps – das Magazin" und „Academia" zu bekommen.

[144]   Vgl. Werner Gross, Was eine alternativ-spirituelle Gruppe zur Sekte macht. Kriterien zur Beurteilung von Destruktiven Kulten, in: Derselbe (Hrsg.), Psychomarkt - Sekten - Destruktive Kulte, Bonn 1996, Seite 34 ff.

[145]   Vgl. Arnold van Gennep, Übergangsriten, Frankfurt am Main/New York 1999.

[146]   Robert W. Connell, Der gemachte Mann. Konstruktion und Krise von Männlichkeiten, Opladen 1999, Seite 226.

38

Die Einbeziehung des ethnologischen Ansatzes der „Übergangsriten" eröff-
nete den Weg zu einer genaueren Untersuchung und Einordnung der korporierten Vergemeinschaftung, in Zusammenhang mit Männlichkeit auch der
Vergesellschaftung.

2.2 Überlegungen zur Methode und Materialauswahl

Als Methode hatte ich 1999 zunächst narrative biographische Interviews mit
Korporierten vorgesehen,[147] anhand derer ich Informationen und deren persönliche Deutungen und Zuschreibungen aus erster Hand bekommen hätte.
Aus Sorge um die dafür notwendige Distanz zum Forschungsgegenstand
erarbeitete ich mir weitere methodologische Möglichkeiten. Das Ergebnis
dieses Denkprozesses war, daß ich vor allem corpsstudentische Textquellen
für die von mir geplante Analyse verwendete, zumal ich mir mittlerweile auch
einen Überblick über die verfügbare Literatur verschafft hatte. Das Interesse,
Korporationen durch deren Innenansichten zu analysieren, stand aber nach
wie vor im Mittelpunkt. Da mein Forschungsgegenstand in seinen zahlreichen Aspekten sehr diffus erscheint, schieden für mich neben den Interviews
auch standardisierte und damit quantitative Analysemethoden weitgehend
aus.[148]

Ich benötigte also eine Methodengrundlage, die es mir erlaubte, die corpsstudentischen Textquellen, z. B. interne Regelwerke, zur Beantwortung der
Frage: „Wie wirkt sich die Umsetzung des Regelwerkes einer Korporation auf
das Mitglied aus?" zu nutzen. Dazu bedurfte es eines Untersuchungsinstru-
mentes *„zur Analyse des 'gesellschaftlichen', letztlich des 'ideologischen Ge-
halts' von Texten."[149]*

Eine qualitative Inhaltsanalyse ist hierfür die geeignete Methode, denn in
*„dem, was Menschen sprechen und schreiben, drücken sich ihre Absichten,
Einstellungen, Situationsdeutungen, ihr Wissen und ihre stillschweigenden
Annahmen über die Umwelt aus. Diese Absichten, Einstellungen usw. sind
dabei mitbestimmt durch das soziokulturelle System, dem die Sprecher und
Schreiber angehören, und spiegeln deshalb nicht nur Persönlichkeitsmerk-
male der Autoren, sondern auch Merkmale der sie umgebenden Gesellschaft
wieder - institutionalisierte Werte, Normen, sozial vermittelte Situationsdefini-
tionen usw. Die Analyse von sprachlichem Material erlaubt aus diesem*

---

[147] Vgl. Gabriele Rosenthal, Erlebte und erzählte Lebensgeschichte. Gestalt und Struktur biographischer Selbstbeschreibungen, Frankfurt am Main/New York 1995.

[148] Damit schied für mich eine quantitative Methode aus, denn „Qualitative methodologies refer to research procedures wich produce descriptive data: people's own written or spoken words and observable behavior." Vgl. R. Bogdan/St. J. Taylor, Introduction to qualitive research methods. A phenomenological approach to the social sciences, New York 1975, Seite 4f., zitiert in: Siegfried Lamnek, Qualitative Sozialforschung, Band 1, Methodologie, Weinheim 1995, Seite 4.

[149] J. Ritsert, Inhaltsanalyse und Ideologiekritik. Ein Versuch über kritische Sozial-forschung, Frankfurt 1972, Seite 9, zitiert nach: Philipp Mayring, Qualitative Inhalts-analyse. Grundlagen und Techniken, Weinheim 2000, Seite 12, Hervorhebung im Ori-ginal.

Grunde Rückschlüsse auf die betreffenden individuellen und gesellschaft-
lichen, nicht-sprachlichen Phänomene zu ziehen."[150]
Trotzdem war mir unklar, wie eine Inhaltsanalyse funktioniert, wenn ich
gleichzeitig nicht nur Rückschlüsse auf den „ideologischen Gehalt" ziehen,
die Texte der Korporation mir also interpretativ erschließen, sondern auch
noch Hypothesen und Kategorien entwickeln möchte. Eine Einbettung der
qualitativen Inhaltsanalyse in die Vorgehensweise der Grounded Theory[151]
erschien naheliegend. Die Grounded Theory führt über eine vergleichende
Analyse zu theoretischen Konzeptionen. Für die gewünschte Theoriegewinnung in Bezug auf meinen Forschungsgegenstand nahm ich diese Methode hinzu.[152] Die von mir gewählte Methode ist also eine Zusammensetzung aus qualitativer Inhaltsanalyse zur Gewinnung von Rückschlüssen
aus den ausgewählten Texten von Korporationen und der Grounded Theory
zur Weiterverwendung der Rückschlüsse in Hinblick auf die Theoriegewinnung. Beide Methodenansätze sind als sich gegenseitig ergänzend anzusehen. Die Grounded Theory stellt den methodischen Rahmen, die qualitative Inhaltsanalyse in der Analyse die Technik dar, wobei meine Methode
mehrfach dem Verlauf der Analyse und dem Forschungsgegenstand angepaßt wurde.[153]
Da die Grounded Theory mit vergleichender Analyse arbeitet, stellt sich die
Frage nach dem verwendeten Material. Auch hier hat sich im Laufe der Zeit
eine Verschiebung ergeben. 1999 plante ich die Materialien zweier Korporationsdachverbände zu verwenden. Dabei ist es auch bis Mitte des Jahres
2001 geblieben, dann aber habe ich zunächst einen Dachverband ausge-
wechselt. Ich wollte nämlich zuerst die Dachverbände Deutsche Burschenschaft (DB) und den Cartellverband der katholischen deutschen Studentenverbindungen (CV) in die Analyse einbeziehen. Der Dachverband DB ist in
der Öffentlichkeit für sein politisch teilweise rechtsextremes Engagement bekannt. Es stellte sich heraus, daß durch die Aufmerksamkeit auf die politische Aktivität des Verbandes der Blick auf mein eigentliches Anliegen, nämlich wie eine Korporation im Inneren funktioniert, beeinträchtigt worden. Um
dem entgegenzuwirken, wählte ich daher im Frühjahr 2000 den Dachverband
des Kösener Senioren-Convents-Verbandes (KSCV) als Gegenstand des
Vergleichs mit dem CV, weil der KSCV als Verband in Hinblick auf die Hand-
habung seines internen Reglements im Vergleich zu Korporationen anderer

---

[150] R. Mayntz/K. Holm/P. Hübner, Einführung in die Methoden der empirischen Sozio-
       logie, Köln 1974, Seite 151, zitiert in: Siegfried Lamnek, Qualitative Sozialforschung,
       Band 2, Methoden und Techniken, Weinheim 1995, Seite 172.
[151] Grounded Theory wird die Theorie nach Barney G. Glaser und Anselm L. Strauss
       genannt, die erstmals 1967 veröffentlicht wurde. Vgl. Glaser/Strauss, Grounded The-
       ory. Strategien qualitativer Forschung, Bern 1998, bzw. vgl. Glaser/Strauss, The Dis-
       covery of Grounded Theory. Strategies for Qualitive Research, Chicago 1967.
[152] Vgl. Siegfried Lamnek, Qualitative Sozialforschung, Band 1, Seite 114 ff. Zur Ein-
       ordnung der Methode in den Forschungsprozeß vgl. Uwe Flick, Qualitative Forschung.
       Theorie, Methoden, Anwendung in Psychologie und Sozialwissenschaften, Reinbek
       bei Hamburg 1995, Seite 238.
[153] Vgl. Siegfried Lamnek, Qualitative Sozialforschung, Band 1, Seite 102.

Verbände auffallend intensiv ist.[154] Damit hätte sich meine Analyse auf zwei sich in gewisser Hinsicht zwar ähnelnde, in anderer Hinsicht unterschiedliche Verbände bezogen. Für die Gewinnung von Kategorien und Hypothesen eine gute Voraussetzung. Nach Abfassung eines Artikels[155] Ende 2000 gelangte ich zu der Erkenntnis, daß ich ein Problem bei der gleichwertigen Darstellung dieser beiden Dachverbände aufgrund vieler Ähnlichkeiten und damit häufiger Wiederholungen bekommen würde. Es wurde zunehmend deutlich, daß es zwar Unterschiede zwischen den Dachverbänden gibt, diese aber nicht zur weiteren Gewinnung von Kategorien und Hypothesen beitragen würden. Ich entschied mich daher, den Dachverband CV aus der Analyse herauszunehmen und nur noch den Verband KSCV zu bearbeiten. Da letzterer eng mit dem corpsstudentischen Verband des Weinheimer Senioren-Conventes (WSC) zusammenarbeitet, vertraglich assoziiert ist und auch gemeinsam mit dem KSCV publiziert, nahm ich den WSC in die Analyse mit hinein, dies vor allem auch aus Gründen einer breiteren Materialbasis, zudem konnten beide Verbände in der Analyse wie ein einziger behandelt werden.

Jedoch fehlte mir die nun umso wichtiger erscheinende externe Position zur Reflexion, die ich zuvor noch in den Kriterien 'destruktiver Kulte' gesehen, aber wieder verworfen hatte. Beim erneuten Durcharbeiten des Materials traten zwar immer wieder Teilaspekte des Korporationswesens als mögliches Reflexionspotential zur Bildung von ersten Konzepten hervor (z. B. die Korporation als Männerbund, die Korporation als Übergangsritual, etc.), jedoch erfüllten diese keineswegs die Funktion einer dauerhaften kritischen Positionierung meiner selbst. Glaser/Strauss empfehlen diesbezüglich eine systematische Methode, nach der alle Aussagen zu Ereignissen, die den Forschungsgegenstand betreffen, in die Analyse einbezogen werden sollen:

„Die eher systematische Methode besteht darin, daß der Forscher alle Aussagen zu Ereignissen, die das Forschungsfeld betreffen, als Daten betrachtet. (...) Soziologen müssen als Teil der Sozialstruktur angesehen werden, weshalb eine sich entwickelnde Theorie ihre Person ebenso wie ihre Aussagen als einen Teil der Daten aufzufassen hat. Solange man sich nicht zu einem solchen Schritt entschließt, werden die eigenen Einsichten - wie dies bei so vielen Schriften (...) der Fall war und der Fall ist - über Variationen des öffentlich Diskutierten nicht hinauskommen.[156]

Damit wäre ich als Forscher selbst zur kritischen Position geworden, als Teil der eigenen Analyse, womit sich für mich aber auch wieder die Frage der nötigen Distanz neu stellte.

2.3 Positionierung des wissenschaftlichen Subjektes

Ich war selbst Mitglied zweier Studentenverbindungen, kam über die Familientradition in die Verbindung hinein, engagierte mich sehr für die Belange

---

[154] Der KSCV ist ein pflichtschlagender Verband und ist - wie noch zu zeigen sein wird - auch in der Pflege des anderen studentischen Brauchtums (z. B. Trinksitten) sehr aktiv.

[155] Stephan Peters, Soziale Funktionen studentischer Korporationen, in: Projekt „Konservatismus und Wissenschaft" e. V. (Hrsg.), Verbindende Verbände, Seite 43-62.

[156] Barney G.Glaser/Anselm L. Strauss, Grounded Theory, Seite 259.

41

der Verbindung, war also kein Mitläufer.[157] Nach anfänglicher Begeisterung kam ich nach und nach zu der Erkenntnis, daß sich das Weltbild der Korporation nicht mehr mit dem meinen deckte, so daß ich aus den Verbindungen austrat (siehe Vorwort). Die Frage ist daher in meinem Fall naheliegend, ob die nötige Distanz zum Thema gegeben ist. Im Falle narrativer Interviews möchte ich die Frage für mich mit „Nein" beantworten. Es ist zumindest fraglich, ob persönlich vom Forschungsgegenstand Betroffene überhaupt in der Lage wären, biographische Selbstbeschreibungen, die sie durch die Interviews bekommen, gewinnbringend auszuwerten ohne sich selbst und die eigenen Vorstellungen in den Forschungsprozeß und vor allem in die Auswertung zu projizieren und somit das Ergebnis für die Theoriegewinnung unbrauchbar zu machen.

Die Inhaltsanalyse auf Textbasis bot schon durch die qualitativ andere Materialität eine größere Distanz. In diesem Fall bin ich der Auffassung, daß persönliche Erfahrung gewinnbringend eingesetzt werden kann.[158] Durch die Zugehörigkeit, durch die gesammelten persönlichen Eindrücke und die zeitlich spätere Aufarbeitung sowie die mittlerweile auch vorhandene inhaltliche Distanz verfügte ich in der Analyse über einen „doppelten Blick" und konnte meine Erfahrungen der späteren systematischen Theoriebildung zuführen. Ich spiegelte also die Inhalte der korporierten Gemeinschaft in meiner Erfahrung und entwickelte Kategorien und Hypothesen, die ich dann zur Theoriegewinnung einsetzte. Glaser/Strauss bestärkten mich in meiner Position, indem sie schreiben, daß

„man solcherart Reflexionen über persönliche Erfahrungen wohlweislich kultivieren sollte. Normalerweise unterdrücken wir sie oder schreiben ihnen den Status von bloßen Meinungen zu (beispielsweise Meinungen über Studentenverbindungen, denen man angehörte, bevor man Soziologe wurde), anstatt sie als Sprungbrett für eine systematische Theoriebildung zu begreifen."[159]

Eine zusätzliche wertvolle Hilfe bei der notwendigen Reflexion der Gedanken zu dieser Arbeit bestand in der Nutzung intersubjektiver Korrektive. Zu nennen sind zum einen meine Lehr- und Vortragstätigkeiten, in denen ich jedesmal aufs Neue mit meinem Forschungsgegenstand (z. B. den anwesenden Korporierten) konfrontiert wurde und meine Ansichten und Erkenntnisse mit den Studierenden, bzw. TeilnehmerInnen diskutieren und überprüfen konnte. In einem ersten Lehrauftrag an der Philipps-Universität Marburg zum Thema „Sitte und Brauchtum in studentischen Verbindungen" im Sommersemester 2001 ging es hauptsächlich um die Vergemeinschaftungsmethoden der Gemeinschaft, im Wintersemester 2001/02 griff ich den Gegenstand „Männerbünde" auf und widmete ihm ein Seminar zum Thema „Männergeschichte – Verbindungsgeschichte". Ein drittes Seminar

---

[157] Ich bekleidete mehrere sogenannte Chargen, zwei Mal war ich Sprecher (Senior), zwei mal Fuchsmajor (Nachwuchswerbung und Erziehung).
[158] Eine genaue Diskussion der Vor- und Nachteile und der Gefahren von mangelnder oder zu großer Distanz zum Forschungsgegenstand findet sich in: Pierre Bourdieu, Homo Academicus, Frankfurt am Main 1988, Seite 31 ff.
[159] Barney G. Glaser/Anselm L. Strauss, Grounded Theory, Seite 256, Inhalt in den Klammern im Original.

42

spiegelte im Sommersemester 2002 meine Hinwendung zur politologischen Fragestellung der Arbeit wider: „Untersuchungen zu studentischen Korporation als eine Bildungselite". Ein vierter und letzter Lehrauftrag ließ die theoretische Einbettung der Arbeit erkennen, „Klasse und Differenz. Zur Konstruktion der bürgerlichen Gesellschaft", Basis war der Text „Die feinen Unterschiede" von Pierre Bourdieu. An der Entwicklung der Seminarinhalte läßt sich die Entwicklung der Arbeit erkennen, vom Speziellen zum Allgemeinen. Zum anderen ist die Diskussion meiner Gedankengänge in einem DoktorandInnenkolloquium anzuführen, dem ich angehörte. Zur Gruppe der DoktorandInnen gehörten Angehörige unterschiedlicher wissenschaftlicher Disziplinen, die einen ganz anderen Blick auf meine Arbeit haben und so die meines Erachtens notwendige wissenschaftliche Interdisziplinarität unterstützt. Neben den Nutzen des Kolloquiums als intersubjektives Korrektiv brachte es zudem eine Auflockerung in vor allem festgefahrene und verbissene Gedankengänge. Die Diskussion von Teilergebnissen mit den Betreuerinnen meiner Arbeit rundeten die gedanklichen Entwicklungen ab.

2.4 Materialgrundlage

Die Hauptfragestellung meiner Arbeit besteht in der Beantwortung der Frage nach der „eigenartigen Wirkungskraft des Lebensbundes"[160] und deren Wirkung in die Gesellschaft. Mit der qualitativen Inhaltsanalyse habe ich die Sozialisationsweise der Korporationen anhand ihres Reglements, den Grundlagen des korporierten Lebensbundes, und der Selbstbeschreibungen aufgeschlüsselt. Dazu verwendete ich als Ausgangsbasis die aktuellen, also gültigen Handbücher der beiden Dachverbände, KSCV und WSC: das „Handbuch des Kösener Corpsstudenten"[161] und das „Handbuch für den Weinheimer Senioren-Convent"[162], wobei ersterem aufgrund seines umfangreicheren Inhaltes die Hauptaufmerksamkeit zukam. Die Handbücher enthalten die wichtigsten Rahmenbedingungen und Interpretationen für den Lebensbund. Neben der Geschichte der Dachverbände enthalten sie genaue Beschreibungen und Erklärungen der zahlreichen Regeln und Verhaltensweisen, die in einer Korporation zu befolgen sind. Hinzu traten zwei Constitutionen[163], wobei insbesondere die des Corps Borussia zu Tübingen als die ausführlichere verwendet wurde. Die Constitutionen enthalten die Regeln und Verhaltensweisen für ein einzelnes Corps. Die Arbeit von Helmut Neuhaus „Die Konstitutionen des Corps Teutonia zu Marburg"[164] floß gleichfalls

---

[160] Herbert Kessler, in: CDA/CDK (Hrsg.), Einheit und Vielfalt der deutschen Korporationsverbände, Seite 16.
[161] Handbuch des Kösener Corpsstudenten, 2 Bände, Würzburg 1985. Das Buch ist im Buchhandel nicht erhältlich.
[162] Theodor Hammerich (Hrsg.), Handbuch für den Weinheimer Senioren-Convent, Bochum 1971.
[163] Constitution des Corps Borussia zu Tübingen, ohne Ort 1977 und Konstitution des Corps Nassovia Würzburg, Würzburg 1986
[164] Helmut Neuhaus, Die Konstitutionen des Corps Teutonia zu Marburg. Untersuchungen zur Verfassungsgeschichte eines Kösener Corps in seiner 150jährigen Geschichte, Marburg 1979.

mit ein. Je nach zu behandelndem Thema zog ich die „Fuchsenbücher"[165] hinzu, das „Schimmerbuch für junge Corpsstudenten"[166], das erst im Oktober 2001 erschienende „Nachwuchshandbuch für Corpsstudenten"[167] für den KSCV/WSC und „Die Fuxenstunde"[168], wobei bei letzterem zu berücksichtigen ist, daß das Buch nicht nur für die hier einbezogenen Dachverbände herausgegeben worden ist. Letzteres gilt auch für das in die Analyse mit einbezogene Buch „Einheit und Vielfalt der deutschen Korporationsverbände".[169] Zusätzlich wurden das Buch „Wir wollen Männer, wir wollen Taten"[170], die Veröffentlichungen des „Vereins für corpsstudentische Geschichtsforschung"[171] sowie das Verbandsmagazin „Corps – das Magazin"[172] als Informationsquelle verwendet. Die letztgenannten Publikationen sind ausnahmslos Interpretationen, also keine Regelwerke. Hinzugezogen wurden darüber hinaus noch unterschiedliche Denkschriften und Festschriften der beiden Verbände, sowie Festschriften einzelner Corps und Veröffentlichungen einzelner corpsstudentischer Autoren.

Zur Klärung von korporierten Begrifflichkeiten ergänzte ich die Analyse mit dem „Studentenhistorischen Lexikon"[173], das von dem Corpsstudenten Robert Paschke verfaßt worden ist und dem corpsstudentischen Wörterbuch von Christian Helfer „Kösener Brauch und Sitte"[174]. Die Analyse ist demnach vom Material her corpsstudentisch geprägt.

Für den Ablauf meiner Arbeit behielt ich mir die Offenheit hinsichtlich der Materialgrundlage vor, das heißt, daß ich je nach Konzeptbildung und Thema unterschiedliches Material zusätzlich habe einfließen lassen. Dabei handelte es sich um korporationskritische Literatur, Aufsätze und Artikel, es waren aber auch weitere Veröffentlichungen aus dem Kreise der Korporationen, wobei ich zur Vermeidung von Irritationen auf Veröffentlichungen aus anderen Dachverbänden - soweit möglich und nötig – verzichtet habe.

Der zusätzliche Eingang von Schriften unterschiedlicher Wissenschaftler in die Analyse, so z. B. von soziologischer Seite von Norbert Elias[175] und Pierre

---

[165] Mit Fuchsenbücher bezeichne ich die Bücher, die sich insbesondere mit dem Nachwuchs, den sogenannten Füchsen, befassen.

[166] Erich Bauer, Schimmerbuch für junge Corpsstudenten, Bielefeld 2000. Das Buch ist im Buchhandel nicht erhältlich.

[167] WVAC e. V./VAC e. V. (Hrsg.), Finden, überzeugen, gewinnen. Nachwuchshandbuch für Corpsstudenten.

[168] Friedhelm Golücke/Bernhard Grün/Christoph Vogel, Die Fuxenstunde. Allgemeiner Teil, Würzburg 1996.

[169] Convent Deutscher Akademikerverbände (CDA)/Convent Deutscher Korporationsverbände (CDK) (Hrsg.), Vielfalt und Einheit der deutschen Korporationsverbände, ohne Ort, 1998.

[170] Rolf-Joachim Baum (Hrsg.), „Wir wollen Männer, wir wollen Taten". Deutsche Corpsstudenten 1848 bis heute.

[171] Verein für corpsstudentische Geschichtsforschung e. V. (Hrsg.), Einst und Jetzt. Jahrbücher des Vereins für corpsstudentische Geschichtsforschung.

[172] KSCV/VAC/WSC/WVAC (Hrsg.), Corps - Das Magazin. Verbandszeitschrift des Kösener SC-Verbandes und des Weinheimer Senioren-Convents.

[173] Robert Paschke, Studentenhistorisches Lexikon.

[174] Christian Helfer, Kösener Brauch und Sitte.

[175] Norbert Elias, Studien über die Deutschen.

44

Bourdieu[176], dienten der Sättigung. Ein Vorgehen, das auch von Glaser und Strauss empfohlen wird:
Wir wollen
„die Soziologen daran erinnern, daß die Schriften anderer Soziologen und Sozialwissenschaftler, gleich welcher Ära, ein für die komparative Forschung ergiebiges Jagdrevier sind."[177]

2.5 Forschungsdesign

Die komparative Analyse, wie sie von Glaser und Strauss verstanden wird[178], war bereits vor Beginn der Verschriftlichung dieser Arbeit abgeschlossen. Der Dachverband der Deutschen Burschenschaft, der des CV und des KSCV/WSC dienten als Vergleichsgruppen, von denen nach Abschluß des Maximierungsverfahrens und erfolgter Reduktion der KSCV/WSC zur Veranschaulichung übriggeblieben ist. Durch das Maximierungsverfahren wurden fundamentale Gemeinsamkeiten der Dachverbände beleuchtet und der KSCV/WSC als derjenige bestimmt, der die Gemeinsamkeiten in der deutlichsten Ausprägung in sich birgt und im Hinblick auf die Fragestellung dieser Arbeit als der reichhaltigste gelten kann. Das theoretische Sampling wurde bewußt als prozeßhaft und offen konzipiert, so daß stets vom Material und von der Methode her eine Anpassung erfolgen konnte. Als Ergebnis dieser Vorgehensweise ist nicht nur die Auswahl des Dachverbandes und die thematische Weiterentwicklung vor der Verschriftlichung zu sehen, sondern auch der für die Verschriftlichung herausgearbeitete Strukturverlauf, also die Aufteilung der Kapitel in drei Ebenen als äußerliches Merkmal. Die Inhalte der Kapitel 3 bis 5 sind das Ergebnis einer Reduktion und inhaltlichen Sättigung der Kategorien und Hypothesen, die durch die komparativen Analysen im Vorfeld entstanden.
Die Kapitel begannen jeweils eng mit der Analyse des ausgewählten Materials und führen zu ersten theoretischen Annahmen, diese wurden dann einer materiellen Sättigung mit korporiertem Material unterzogen, überprüft und weiterverfolgt. In einem weiteren Schritt erfolgte die Einbeziehung nichtkorporierten Materials zur intensiven Überprüfung der bisher gewonnenen Erkenntnisse. Die Kapitel folgten dabei in der Analyse dem Zweck der Sättigung der materialen, also gegenstandsorientierten Theorien und ersten Abstraktionen, die im Text durch Umrahmung gekennzeichnet wurden. Im Textfluß kommt es gelegentlich mit der Wiederaufnahme der textorientierten Analyse zu inhaltlichen Sprüngen und chronologischen Brüchen, die methodisch bedingt sind und in Rücksicht auf die Methode und deren Nachvollziehbarkeit beibehalten wurden.
Jeweils nach Abschluß der kapitelbezogenen Analyse, wurden die umrahmten Textstücke in eine gesonderte Datei kopiert und die herausgefilterten weiterführenden Ergebnisse in einem themenbezogenen Ergebnisunterkapitel festgehalten und fortgeführt, so daß stets eine Wahrung der Er-

[176] Pierre Bourdieu, Die feinen Unterschiede.
[177] Barney G. Glaser/Anselm L. Strauss, Grounded Theory, Seite 179.
[178] Barney G. Glaser/Anselm L. Strauss, Grounded Theory, Seite 65.

gebnisse und die Aufbereitung und Ausweitung derselben bei jedem weiteren Kapitel vereinfacht möglich war. Die Kapitel 3 und 4 haben jeweils ein zusätzliches Ergebnisunterkapitel (3.2 und 4.2), die die Analyse unterbrechen, da wegen der Fülle des in diesen Kapiteln zu analysierenden Materials die Ergebnissicherung zu unübersichtlich geworden wäre. Erste theoretische Ergebnisse des Kapitels 3 wurden in Kapitel 4 wieder aufgenommen und ausgearbeitet, die von Kapitel 4 wieder in Kapitel 5. Sie blieben so dem analytischen Prozeß stets gegenwärtig. Ziel des Kapitels 6 war es, neben einer kurzen Zusammenfassung der wichtigsten Ergebnisse und der abschließenden Darstellung des „Sozialisationsmodells einer Korporation" gleichzeitig eine Vernetzung der Ergebnisse mit den Erkenntnissen benachbarter Fachdisziplinen vorzunehmen und diese Arbeit an diesen anzubinden.

3. Gesellschaft und korporierte Elite

„Das Corpsstudententum ist eine nicht zeitgebundene Institution der Akade-mikerschaft. Da sie auf ideellen Werten beruht, dient sie nicht dem Zeitgeist. Das Corpsstudententum muß sich, ohne Preisgabe seiner grundlegenden Werte, der jeweiligen historischen Situation gewachsen erweisen und sich bemühen, ihr gerecht zu werden."[179]

Mit diesen Worten leitet der Verein Alter Corpsstudenten, die Altherrenver-einigung des KSCV, das Handbuch des Jahres 1985 ein. Das Zitat befindet sich durch die Voranstellung noch vor den Auflagenvorworten an einer höchst exponierten Position und ist für dieses Kapitel inhaltlich interessant, da es zwei Punkte hervorhebt, die für das corpsstudentische Grundver-ständnis von Gesellschaft besonders zu beachten sind. 1. Das Corpsstu-dententum begreift sich selbst als eine Institution, die Bestandteil der Aka-demikerschaft ist. 2. Diese Institution ist eine Vereinigung, die sich ideellen Werten verpflichtet und für sich unabhängig vom Zeitgeist eine Existenzbe-rechtigung sieht.

Die Themenkomplexe, die das Zitat anspricht, umfassen einerseits Zu-sammenhänge, die mit den Zielen der Organisation *„Institution der Akade-mikerschaft"* verbunden sind – also warum und zu welchem Zweck wurden Corps gegründet? – andererseits Inhalte der sogenannten ideellen und grundlegenden Werte. Zudem belegt das Zitat, daß das Corpsstudententum sich mit seiner Institution und den ideellen Werten bewußt vom Zeitgeist als *„nicht zeitgebundene Institution"* abgrenzen möchte, beziehungsweise sich als eine Art Schutzorganisation für *„grundlegende Werte"* verstanden wissen will. „Wertegemeinschaft" und „Schutzgemeinschaft" sind daher Begriffe, die durch das Zitat gleich am Anfang nahegelegt werden. Die Herausarbeitung der „grundlegenden Werte" der Gemeinschaft ist Kern dieses Kapitels, es erfolgt anschließend eine gesellschaftliche Einordnung der Corps anhand ihrer Werte.

Als Zugang zu den corpsstudentischen Werten wurden die Texte zu den Gründungsideologien der Corps in Verbindung mit dem Gründungskontext ausgesucht (Kapitel 3.1). Sie erlauben durch die Selbstpositionierung der Corps in der Gesellschaft einen Rückgriff auf deren zugrundeliegende Werte. Das Kapitel 3.1 unterteilt sich in vier Unterkapitel. In Kapitel 3.1.1 wird dazu die Darstellung zu den Gründungen der ersten Corps genutzt, Kapitel 3.1.2 analysiert den Zusammenschlusses der Corps zu einem Verband, Kapitel 3.1.3 befaßt sich mit der Entstehung und Entwicklung der Altherrenschaft der Kösener Corpsstudenten, Kapitel 3.1.4 ist den Gründungsdarstellungen der Verbände des Weinheimer Senioren-Convents gewidmet. Als Textgrundlage des Kapitel 3.1.1 dient das Kapitel 1 des Handbuches des Kösener Corps-studenten in der Ausgabe von 1985, Unterkapitel *„Der Ursprung der Corps und ihre Entwicklung in fast 200 jähriger Geschichte"*. Als Textbasis für beide

---

[179] Handbuch des Kösener Corpsstudenten, Würzburg 1985, Band 1, Einleitungszitat nach Barthold, übertragen aus den Kösener Festschriften 1958.

48

Unterkapitel 3.1.2 und 3.1.3 wird das Kapitel 3 des Kösener Handbuchs mit dem Titel „Geschichte der Kösener Verbände" herangezogen. Die Analyse des Verbandes des Weinheimer Senioren-Convents (WSC) und des Weinheimer Verband Alter Corpsstudenten (WVAC), Kapitel 3.1.4, dient zur Vervollständigung der bereits gewonnen Erkenntnisse. Textgrundlage ist das Kapitel 1 des Handbuchs für den Weinheimer Senioren-Convent in der Ausgabe von 1971 mit dem Titel „Der Weinheimer Senioren-Convent im Wandel der Zeiten" und dort das Unterkapitel 1.1.2. „Der WSC als Verband".[180] Die Ergebnisse des Kapitels 3.1 werden in Kapitel 3.2 zusammengefaßt und weiterentwickelt. Das Kapitel 3.3, dessen Textgrundlage das Kapitel 1, Unterkapitel „Ziele und Grundsätze" des Kösener Corpsstudenten von 1985 ist, wertet die Ziele der Corps aus.

Das Kapitel 3 schließt mit der Einordnung der Corps als Teil der Elite in der modernen Gesellschaft Deutschlands.

Eine historisch lückenlose Darstellung war nicht beabsichtigt und konnte im Rahmen dieser Arbeit auch nicht geleistet werden.

3.1 Gründungsideologien und Gründungskontext der Corps und ihrer Verbände

3.1.1 Der Ursprung der Corps - zwischen Romantik und konservativem Nationalismus

Das Kapitel 1 des Handbuchs mit der Überschrift „Der Ursprung der Corps und ihre Entwicklung in fast 200jähriger Geschichte" bietet in seinem ersten Teil einen historischen Überblick über die Ursprünge der Corps (der zweite Teil des Textes ist die Textgrundlage des Kapitels 3.3). Im Textfluß befinden sich zwei Abbildungen, die eine stellt eine Aufnahme eines Novizen in die deutsche Nation in Bologna dar, die andere das Siegel der Thüringisch-Meisner Nation in Rostock. Beide Bilder stehen im Zusammenhang mit dem sie umgebenden Text, der sich gerade an dieser Stelle mit der Nation[181] als Ursprung studentischer Gemeinschaften befaßt. Es soll allein anhand der Bilder auf die lange Tradition studentischer Zusammenschlüsse hingewiesen und diese in Zusammenhang mit der corpsstudentischen Geschichte gebracht werden.

Zum Basistext selbst: Der Text stellt einen Zusammenschnitt von verschiedenen älteren Texten dar, vor allem von Texten der Autoren Erich Bauer und Gottwalt Christian Hirsch, die dem Handbuch des Kösener Corpsstudenten[182] von 1965 teilweise wörtlich entnommen und von den Autoren lediglich kommentiert wurden.

---

[180] Handbuch für den Weinheimer Senioren-Convent, Kapitel 1.1.2., Seite 4-13.
[181] Gemeint ist hier nicht der staatliche Zusammenschluß, sondern die „Nationes" an den frühen Universitäten, an denen die Studenten grob nach Himmelsrichtungen, aus den sie kamen, eingeteilt wurden. Vgl. Peter Krause, „O alte Burschenherrlichkeit", Seite 18.
[182] Vgl. Handbuch des Kösener Corpsstudenten, 1965, Kapitel 1. 1. Akademische Freiheit, Seite 23-25 und Kapitel 2. 2. Die Entstehung der Corps, Seite 43-47.

49

Durch Fettdruck werden neben den Autoren Bauer und Hirsch weiterhin die Namen Gottwalt, Paschke und Meyer-Camberg hervorgehoben, womit auf bekannte Personen der corpsstudentischen Geschichtsforschung und deren Werke hingewiesen wird. Beide für diesen Textabschnitt verantwortlich zeichnende Autoren, Friedrich Ossig und Hartmut Fischer, wollen ihren Beitrag ausdrücklich nur als Einführung verstanden wissen und verweisen insbesondere für Interessierte auf eine ausführlichere Arbeit von Meyer-Camberg[183].

Zur Einleitung des Gründungskontextes werden zwei zentrale Begriffe eingeführt: die „akademische Freiheit" und „landsmannschaftliche Bindung", beide werden durch Fettdruck betont.[184] Den Begriffen kommt auch inhaltlich eine grundlegende Bedeutung zu, denn sie sind die zentralen Themen, um die es auf den nächsten knapp sieben Seiten geht: Freiheit und Bindung. Der Text ist chronologisch aufgebaut, er beginnt mit der „Urzeit", führt über das Mittelalter und die „Nationes" an den Universitäten zu den „Orden" am Ende des 18. Jahrhundert, kommt schließlich zu der Gründung der ersten Corps und endet nach der Gründung der Urburschenschaft mit dem noch 1840 bestehenden Gegensatz zwischen Corps und Burschenschaft.

Die Geschichte der Corps beginnt mit folgenden Worten:
„Schon zu Urzeiten schlossen sich die Menschen in Gruppen zusammen, in letzter Konsequenz, um zu überleben, zumindest aber im weiteren Sinn, um sich ihr Umfeld, ihr Leben einfacher zu gestalten, in gegenseitiger Abhängigkeit durch das Grundgesetz des „do et des",.[185]

Gruppen hat es immer schon gegeben, so kann man den Satz vereinfacht zusammenfassen. Der Grund für die Gruppenbildung, der im einleitenden Satz als historische Notwendigkeit hervortritt, wird in den folgenden Sätzen als „Grundinstinkt"[186] und auch als „Bedürfnis zur Gruppenbildung"[187] bezeichnet.

Ausgangspunkt der historischen Abhandlung ist also ein gesellschaftlicher Gruppenbildungsprozeß, dessen Herkunft nicht weiter thematisiert wird, der aber naturalistisch und nicht mit sozialen Zusammenhängen begründet wird. Die Gruppenbildung wird im Folgenden in Abhängigkeit zu zwei äußeren Einflüssen gesetzt:

1. „Das Bedürfnis zur Gruppenbildung stieg und wird auch in Zukunft steigen mit der Unsicherheit im Umfeld bis hin zur Not (Hunger-, Epidemie-, Nachkriegszeiten)."[188]

2. „Es nahm ab und wird auch in Zukunft abnehmen mit dem Sättigungsgrad der individuellen Familie."[189]

---

183 Vgl. Ernst Meyer Camberg, Die Entstehung der Universitäten und ihrer Korporationen, in: Verein für corpsstudentische Geschichtsforschung (Hrsg.), Sonderheft zum Jahrbuch „Einst und Jetzt", ohne Ort 1985.
184 Handbuch des Kösener Corpsstudenten, Band 1, 1985, Seite 26, bzw. 27.
185 Ebenda, Seite 26. Hervorhebung im Original. „Do et des" heißt soviel wie: „Ich gebe und Du solltest (könntest, mögest) geben."
186 Ebenda, Seite 26.
187 Ebenda.
188 Ebenda.
189 Ebenda.

Diese Abhängigkeiten werden als eine der Gruppenbildung zugrunde liegende Gesetzmäßigkeit begriffen.

Es steht außer Frage, daß mit einer Gruppe hier - zwar nicht ausdrücklich
genannt - eine Korporation, nämlich ein Corps, gemeint ist, das sich nach
den Angaben aus zwei Gründen zu einer Gruppe zusammenschließt: Eine
Korporation möchte einerseits für die Mitglieder die Not lindern, bzw. das Leben, das Umfeld vereinfachen. Hier sind materielle, aber auch soziale Themen angesprochen, zu denken ist an dieser Stelle z. B. an berufliche Unterstützung eines Mitgliedes durch andere Mitglieder. Grundlage der Erleichterung ist das Gesetz des *„do et des"*. Das Gesetz war schon im kanoni-
schen Recht als „do ut des" bekannt, was vielleicht die Auslegung zuläßt,
daß die Corpsstudenten mit ihrem leicht abgewandelten *„Grundgesetz"* eine
Traditionsanbindung vornehmen wollen. Das Gesetz selbst wird im Text nicht
übersetzt, sondern in seiner Bedeutung als Gegebenheit vorausgesetzt und
meint hier eine gruppeninterne Verpflichtung zur gegenseitigen Unterstützung, um die *„Unsicherheit im Umfeld"*[190] meistern zu können. Die Gruppe selbst wird als Hort der Sicherheit begriffen, die Welt außerhalb erscheint
als eine feindliche und bedrohliche. Erwähnt werden diesbezüglich Notzu-
stände wie Hungers-, Epidemie-, und Nachkriegszeiten. Diese Nennungen
sollen historische Assoziationen auslösen, da der Text die Ursprünge der
Corps beleuchten soll, so daß Gedanken etwa an Pestepidemien und an den
1. oder 2. Weltkrieg auftauchen und den Gruppenzusammenschluß als angenehm beruhigend und logisch erscheinen lassen. Aus heutiger Sicht erscheinen die Beispiele jedoch übertrieben, so daß hier eher davon auszugehen ist, daß ein Angstpotential aufgebaut werden soll, zumal diese Katastro-
phen im Jahre 1985 nicht naheliegend erschienen. Es bleiben daher eigentlich nur die *„Unsicherheiten im Umfeld"* als Anlaß zur Gruppenbildung. Je
größer die Unsicherheit, desto größer das Bedürfnis zur Gruppenbildung, so
das Handbuch. Zu klären bleibt, welche Unsicherheiten im Umfeld gemeint
sind, wenn es - gerade heute - eben nicht mehr Hungersnöte und Epidemien
(vor der eine Gruppenbildung wenig schützt) sind.

Es tritt nun die zweite Variabel, der „Sättigungsgrad der individuellen Familie", hinzu. Die Autoren definieren nicht, was der Sättigungsgrad einer individuellen Familie sein soll und es ist schwer, den Begriff genauer zu fassen
bzw. nachzuvollziehen. Auffallend ist das Wort individuell. Umfaßte die erste
Variabel den gesellschaftlichen Zusammenhang, eben das Umfeld, in dem
die Gruppenbildung stattfindet, bezeichnet die zweite Variabel eher einen
individuellen, also entgegengesetzten Faktor. Unsicherheit des Umfeldes auf
der einen, Individualität auf der anderen Seite. Daraus ergäbe sich folgendes
Bild für die zwei Einflüsse und das Bedürfnis zur Gruppenbildung:

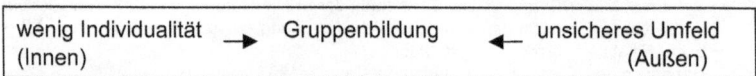

wenig Individualität → Gruppenbildung ← unsicheres Umfeld
(Innen)   (Außen)

Das unsichere Umfeld, vielmehr die Unsicherheit, die es für die Gruppe der
Corpsstudenten gibt, ist immer noch wenig spezifisch. Es wurde deutlich,

---

[190] Ebenda.

daß sicherlich auch materielle Unsicherheiten gemeint sind, aber dehnt man den Begriff „Unsicherheit" etwas aus und bezieht den Begriff der Gesellschaft, in der sich die Gruppe befindet, mit ein, treten weitere Aspekte hinzu. Die Gesellschaft als Sozialisationsform würde dann der Sozialisationsform der Familie gegenüberstehen; in diesem Spannungsfeld befände sich dann die Gruppe, nun gleichfalls als Sozialisationsform gedacht. Das „Bedürfnis zur Gruppenbildung" ist damit abhängig von der Individualität und Freiheit des Einzelnen (durch primäre Sozialisation in der Familie – gute Erfahrungen mit der Familie/Leben in der Familientradition) und von den Vorgaben/Bedingungen durch die Gesellschaft. Hier möchte die Gemeinschaft regelnd eingreifen (sekundäre Sozialisation).[191] Zunächst aber weiter im Text: Das Handbuch setzt die bisher nur vage erfolgte Bestimmung des Gegensatzpaares von Individualität/Individuum und bedrohendem Umfeld im Kontext mit der Gruppenbildung für den Gründungskontext fort und nennt „zwei wesentliche Merkmale"[192] für die Gruppenbildung der studentischen Jugend. Das bisher eher allgemeingültig erscheinende Gegensatzpaar wird als „Merkmale" nun auf den akademischen Bereich transferiert:
„1. die Freiheit, im besonderen die akademische Freiheit
2. die natürliche landsmannschaftliche Bindung, geprägt von Geborgenheit und Zusammengehörigkeitsbedürfnis sowie von Armut und Unsicherheit des 'Neuen'."[193]
Die „zwei wesentlichen Merkmale" umfassen drei wichtige Punkte: die Freiheit, die Bindung und die Situation des „Neuen": Der Begriff der Freiheit wird zur „akademischen Freiheit" verengt. Eine weitere Neuerung ist die Formulierung des Begriffes der „natürlichen landsmannschaftlichen Bindung", der „Geborgenheit" und ein „Zusammengehörigkeitsbedürfnis" zugeschrieben wird und die zuvor mit dem Begriff der Gruppenbildung vorbereitet wurde. Eine dritte Spezifizierung stellt die Kurzdarstellung der Situation des „Neuen" dar, die von Armut und Unsicherheit geprägt sein soll.[194] Das zuvor im Text eingebrachte und als allgemeingültig deklarierte Gegensatzpaar Individuum/bedrohendes Umfeld wird in einen studentischen Zusammenhang übertragen. Das Individuum hat nach Ansicht der Autoren aus Gründen von Armut und Unsicherheit das „natürliche" Bedürfnis nach einer landsmannschaftlichen Bindung, denn wer will schon gern in Armut und Unsicherheit leben, wenn er Geborgenheit und Zusammengehörigkeit bekommen kann. Wenn die landsmannschaftliche Bindung die natürliche Antwort auf Armut und Unsicherheit ist, scheinen diese auch den Naturgesetzen zu folgen. Denn wenn Armut und Unsicherheit gestaltbar, bzw. von Menschen verursacht wären, dann kann die Antwort zur Lösung dieser beiden Probleme nicht natürlichen Ursprungs sein, sondern ist menschlich gemacht und damit konstruiert. Dies wird von den Corpsstudenten abgelehnt. Armut

---

[191] Vgl. Peter L. Berger/Thomas Luckmann, Die gesellschaftliche Konstruktion der Wirklichkeit. Eine Theorie der Wissenssoziologie, Frankfurt am Main 1980, Seite 139 ff. Die weitere Diskussion zur Sozialisation und Gemeinschaft wird vor allem in Kapitel 4 geführt.
[192] Handbuch des Kösener Corpsstudenten, Ausgabe 1985, Seite 26.
[193] Ebenda.
[194] Ebenda.

(moderner als soziale Ungerechtigkeit ausgedrückt) und Unsicherheit (oder besser vielleicht Chancenungleichheit) sind nach Ansicht der Autoren als naturgegeben zu werten und werden nicht hinterfragt. Die landsmannschaftliche Bindung macht durch Geborgenheit und die Erfüllung eines Zusammengehörigkeitsbedürfnisses, im Vorfeld als natürlicher *„Grundinstinkt"* beschrieben, ein Angebot zur Überwindung von Armut und Unsicherheit. Indem diese vermeintlich menschlichen Bedürfnisse als naturgegeben aufgefaßt werden, werden sie auch einer politisch-sozialen Betrachtung und Bewertung entzogen und erscheinen somit nicht als politisch gestaltbar.

Für die Corps sind gesellschaftliche Zustände, wie soziale Ungerechtigkeit und Ungleichheit natürlichen Ursprungs und müssen ihrer Ansicht nach als Gegebenheit nicht erklärt werden.

Nun aber zum Begriff der akademischen Freiheit, dem ersten Merkmal für die Gruppenbildung der studentischen Jugend:

Der Text konstatiert eine Tradition des *„Mißbrauchs"* des Begriffs Freiheit *„seit dem Jahre 1500"*[195]. Genannt werden geschichtliche Ereignisse und Entwicklungen wie die der *„Reformation"*, die *„Französische Revolution"*, der *„Liberalismus Europas und Amerikas"* und die *„Schlagzeilen der Sowjetzone"*[196]. Da die Ereignisse mit dem *„Mißbrauch"* des Wortes Freiheit in Zusammenhang gebracht werden, steht das Corpsstudententum auch diesen Ereignissen offensichtlich nicht positiv gegenüber.

Der Text fährt fort: Das Wort Freiheit

„gab dem natürlichen Bedürfnis des Menschen Ausdruck, in seiner Existenz als Individuum zu tun, was ihm gefällt."[197]

Dabei sei das Wort ein *„Schlagwort des Kampfes von Individuen"* gegen Gruppen, Familie, Stand oder

„im Kampf einer sozialen Schicht gegen eine zwingende höhere Gemeinschaft."[198]

Das Wort „Freiheit" wurde (und wird) offensichtlich nach Auffassung der Corpsstudenten von Individuen gegen Gruppen und von Schichten gegen Gemeinschaften verwandt. In Anbetracht der genannten Beispiele wird deutlich, von wem sich die Corps als Gemeinschaft bedroht fühlen, nämlich von einer zu großen Individualität und Freiheit einerseits und von speziellen Schichten der Gesellschaft, die im Text nicht näher benannt werden, andererseits.

Die Freiheitsdefinition des Textes beschreibt die Freiheit im naturalistischen Sinne (natürliches Bedürfnis zu tun, was einem gefällt) als Bedrohung der Gruppe oder Gemeinschaft. Im Folgenden wird ein Anspruch formuliert, den die corpsstudentische Gemeinschaft wahrzunehmen hat, denn neben der Bindung an die Familie, die die Freiheit des Individuums einschränkt, gilt:

„Die Freiheit der persönlichen Schöpfung im Denken, Fühlen und Gestalten ist ebenso wichtig wie die Bindung dieser Vorgänge an eine Gemeinschaft, die mitwirkt und durch ihren Widerhall mitgestaltet."[199]

---

[195]   Ebenda.
[196]   Ebenda.
[197]   Ebenda.
[198]   Vgl. ebenda.
[199]   Ebenda, Seite 26.

53

Die Gemeinschaft ist es, die *„ein Gleichgewicht zwischen Freiheit und Bindung"* schaffen soll, ein Gleichgewicht, in dem die Gemeinschaft auch eine Kontroll- und Gestaltungsinstanz ist, denn an sie sollen die Prozesse gebunden sein, und sie will eingreifend wirken können. Wichtig ist die offen hervortretende Hierarchie. Der Gemeinschaft kommt ein lenkender, mitwirkender Aspekt zu, denn sie wird wenig später als eine *„höhere Gemeinschaft"*[200] beschrieben, die über der individuellen Freiheit des Einzelnen steht. Freiheit ist in bestimmtem Maße möglich, jedoch in Abhängigkeit von der *„Gebundenheit"* zur Gemeinschaft. Bleibt es in dem Text unklar, wer oder was die *„höhere Gemeinschaft"* sein soll, so wird unter Zuhilfenahme des Originaltextes von Hirsch[201] klar, daß mit einer übergeordneten Gruppe die Gesellschaft gemeint ist. Bei Hirsch wird aber auch deutlich, daß mit der bisher allgemeinen Formulierung einer Gemeinschaft auch die Corpsgemeinschaft gemeint ist, die durch *„Widerhall"* in die Gesellschaft wirken will, so wie der Einzelne in die Gemeinschaft:

„Dort (in einer Korporation, Anmerkung, S. P.) lernt der Student für sein ganzes Leben die notwendige schöpferische Polarität zwischen dem Selbstgestalten und dem Geformtwerden. Einerseits strebt er nach persönlicher Willkür, schrankenloser Hingabe an seine Neigungen, jugendlichem Austoben und grenzenloser Erfassung ,der Wissenschaft und der Natur' (...). Auf der anderen Seite zwingt die Gemeinschaft ihn in die naturgemäß engeren Schranken eines gemeinsamen Lebens. Zwischen diesen Polen steht auch heute der junge korporierte Student. (...). Hier lernt der Fuchs wie der Corpsbursch, das persönliche in Freiheit Gedachte und Gefühlte in einer Form weiterzugeben, die in der Gemeinschaft die richtige Resonanz hervorruft (...)."[202]

Insbesondere die zwei Ausdrücke *„zwingen"* und *„lernen"* in der Formulierung zur Formung des Mitgliedes sind aufschlußreich, denn die korporierte Gemeinschaft möchte nicht nur ein Zusammengehörigkeitsgefühl und Geborgenheit geben, sie möchte auch formen und regeln, und das nicht nur im *„Gedachten"*, sondern auch im *„Gefühlten"*.

Der Corpsgemeinschaft geht es um eine Persönlichkeitsformung der ganzen Person. Geborgenheit und Gemeinschaftsgefühl in der Gemeinschaft werden mit Aufgabe individueller Freiheit des Einzelnen bezahlt. - Eine konservative Sichtweise.[203]

Es bleibt noch die Mitgestaltung durch den *„Widerhall"* in die Gesellschaft. Hirsch sieht in der Gesellschaft den Gegenpol zum Einzelnen, die korporierte Gemeinschaft bildet ein regelndes Zwischen, das dem Einzelnen in dieser Form nur im Rahmen der Universität gegeben wird. Die Gemeinschaft wird zum Resonanzfaktor des Einzelnen, die Gesellschaft zum Resonanzboden der Gemeinschaft, letztere möchte aber auch mitgestalten, also aktiv in die Entwicklung der Gesellschaft einwirken. Daraus ergibt sich folgendes Bild:

---

[200]   Ebenda, Seite 26.
[201]   Vgl. Gottwald Christian Hirsch, in: Handbuch des Kösener Corpsstudenten, Ausgabe 1965, Kapitel 1.1., Seite 24.
[202]   Ebenda, Seite 24, Hervorhebung im Original.
[203]   Vgl. Kurt Lenk, Deutscher Konservatismus, Frankfurt am Main/New York 1989, Seite 33.

Individuum	Gemeinschaft	Gesellschaft
Freiheit ←——→	Geborgenheit ←——→	Gebundenheit

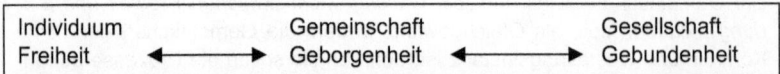

Es kann aus den Ausführungen weiterhin gefolgert werden, daß die korporierten Gemeinschaften insgesamt drei wichtige Grundprinzipien konservativen Denkens erfüllen: eine *„überindividualistische Orientierung an Ganzheiten"*, *„ein Freiheitsverständnis, das im Blick auf den Einzelnen diesem keine vom Ganzen losgelöste, sondern eine bloß abgeleitete Freiheit zuspricht"* und eine *„Relativierung des Autonomieanspruchs der Individuen"*, wodurch die Ganzheiten (Volk, Staat, Nation, etc.), in die das Individuum eingebettet wird, selbst Individualität gewinnen.[204]

In dem Text von Hirsch wird in Zusammenhang mit dem von ihm genannten universitären Rahmen ein weiterer Aspekt erwähnt: Durch die Einmaligkeit des universitären Rahmens ergibt sich eine *„Überlegenheit"* der Ausbildung. Korporationen sind als Gemeinschaften daher diejenigen, die durch ihr Wirken zwischen dem Einzelnen und der Gesellschaft den Mitgliedern eine überlegene Ausbildung zukommen lassen:

„Die Berufsausbildung auf der Universität ist allein deshalb anderen Lehr- und Forschungsgemeinschaften, anderen Berufsschulen überlegen, weil auf der Universität in ihrer jetzigen Form der junge Mensch diese Spannung zwischen Freiheit und Gebundenheit in dem Studium und in der Gemeinschaft erfährt (...)."[205]

Hirsch führt weiter aus, daß ein Studium bei möglichst großem Spielraum nur schöpferisch sei und die Gemeinschaften der Studenten unangetastet bleiben sollen.[206] Damit sind die Aufgaben eindeutig verteilt: Die Universität schafft den Rahmen innerhalb dessen die Korporationen die Formung ihrer Mitglieder vornehmen können. Der schon vorhandene exklusive Charakter einer Universitätsausbildung bekommt durch die korporierte Formung des Studenten noch einmal eine zusätzliche Exklusivität. Es handelt sich um einen elitären Anspruch, der hier von Hirsch formuliert wird.

Die Corpsstudenten verstehen sich selbst als Angehörige eines exklusiven Kreises innerhalb einer sowieso mit überlegener Ausbildung versehenen Gruppe. Sie verstehen sich als Elite mit gesellschaftlich relevantem Gestaltungswillen, den sie aus ihrer besonderen zusätzlichen „Leistung durch Formung" ableiten.

Nun zum zweiten Merkmal, der landsmannschaftlichen Bindung. Die Autoren leiten ihre Erklärung zu den Ursprüngen der landsmannschaftlichen Bindung mit folgenden Worten ein:

„Zum zweiten Merkmal, der landsmannschaftlichen Bindung, gibt uns die Geschichte selbst die Antwort. Als die ersten Universitäten in Europa im wesentlichen vom 12. - 15. Jahrhundert gegründet wurden (Bologna um 1119, Prag 1348, Wien 1356, Krakau 1364 usw.) herrschte die Vielstaaterei. Die

---

[204] Vgl. ebenda, Seite 33 f.
[205] Gottwald Christian Hirsch, Seite 24.
[206] Vgl. ebenda, Seite 24.

55

*Universität war eine herausragende Ausbildung, der Student zählte zweifels-
frei zu den Edelleuten als Sohn der besitzenden Klasse.*[207]
Diese Einleitungssätze enthalten einige Aussagen, die es näher zu untersuchen gilt. Zunächst fällt die selbstbewußte Art auf, die durch die Worte
„gibt uns die Geschichte selbst die Antwort" vorgegeben wird. Die Autoren
erwecken den Eindruck, daß die Ursprünge des Corpsstudententums sehr
bedeutend und fest in der Geschichte verankert sind. Um diesen Aspekt zu
erhärten, fahren sie mit den Gründungsdaten einiger alten Universitäten fort
und man kann sich des Eindrucks nicht erwehren, daß mit der Gründung der
Universitäten auch die Geschichte der Korporationen zusammenhängen soll.
Auffallend sind die angegebenen Daten, wobei es sich bei den genannten
Universitäten sicherlich um bedeutende Namen handelt, jedoch mit Ausnahme von Bologna nicht um die ersten Gründungen, die u. a. in Salerno
(10./11. Jhd.), Paris (12. Jhd.), Oxford (12. Jhd.) oder Montpellier (12. Jhd.)
erfolgten.[208] Eine Erklärung für die Aufzählung der Autoren liegt eventuell im
korporierten Zusammenhang begründet, denn mit den französischen und
englischen Universitäten läßt sich das „deutsche" Korporationswesen
schlecht verbinden, Korporationen erscheinen als eine typisch deutsche
Form einer Gruppenbildung. Bologna ist als eine der ältesten und be-
kanntesten Universitätsgründungen genommen worden, um einen Anfangs-
punkt in der Geschichte zu haben, alle anderen Daten fußen eher auf corpsstudentischer Auslegung der eigenen und deutschen Geschichte, so ist auch
die Erwähnung von Prag als älteste Universität auf damals deutschem (genauer böhmischen) Boden nachvollziehbar. Insgesamt wirken die Daten jedoch dem Sachverhalt nicht entsprechend. In den vorhergehenden Handbüchern in den Ausgaben von 1965[209] und 1953[210] wurde eine andere und
der Geschichte genauer entsprechende Aufzählung (Bologna, Padua, Salerno, Paris, dann Prag) gewählt, die aber genauso der gewünschten Ge-
schichtsanbindung geschuldet ist. Das neueste umfassende Buch der
Corpsstudenten von 1998[211] bestätigt indirekt eine Geschichtskonstruktion
des Handbuches, denn hier finden nur belegte Angaben von frühen Zusammenhängen zwischen Universität und studentischen gemeinschaftlichen
Zusammenschlüssen Eingang in die historische Abhandlung. Der ange-
strengte Versuch, eine geschichtliche Verbindung zwischen den Corps zu
den ältesten Universitäten zu konstruieren, wird in dem Buch nicht mehr un-
ternommen.

Die Corps konstruieren eine eigene Geschichte zum Zwecke ihrer Legitimation und zur Hebung ihrer gewünschten historischen Einbindung und Bedeutung zwecks „Nachweis" einer langjährigen Kontinuität und Tradition.

[207] Handbuch des Kösener Corpsstudenten, Ausgabe 1985, Seite 27.
[208] Vgl. Dr. Walter Leisering (Hrsg.), Putzger. Historischer Weltatlas, Berlin 1992, Seite 54.
[209] Vgl. Handbuch des Kösner Corpsstudenten, Ausgabe 1965, Seite 39.
[210] Vgl. Handbuch des Kösener Corpsstudenten, Ausgabe 1953, Seite 14.
[211] Vgl. Hans Peter Hümmer, Die Entstehung der Corps im Zeichen des klassischen Idealismus - ihre Vorläufer und Abgrenzung gegen die Burschenschaft, in: Rolf-Joachim
Baum (Hrsg.), „Wir wollen Männer, wir wollen Taten!", Seite 15 ff.

Der geschichtlichen Ursprünglichkeit folgt erneut ein Nachweis der natürlichen landsmannschaftlichen Bindung durch die Lebensumstände damaliger
Studenten, die sich – obwohl meist gehobener Herkunft – aus Gründen wie
„knapp bei Kasse" zu sein, zum Zwecke der *„Abdeckung jedweder Rechts-
unsicherheit"*, zur *„Durchsetzung von Gruppeninteressen"* (gegenüber Universität, Landesherr, Bevölkerung) aus *„Lebensnotwendigkeit"* zu Landsmannschaften zusammenschließen mußten:

*„Es war nur zu natürlich, daß sich die Studenten dem Drang zur Gruppen-
bildung folgend landsmannschaftlich zusammenschlossen."*[212]

Durch die zuvor erfolgte Zuordnung der Studenten zur besitzenden Klasse[213]
und im Zusammenhang des Durchsetzens ihrer Gruppeninteressen kommt
den „alten Landsmannschaften", den sogenannten *„Nationes"*[214], wie sie von
den Autoren beschrieben werden, auch ein politischer Charakter zu, nämlich
die Verteidigung von Klassenprivilegien gegenüber der sozialen Umwelt aus
einem Klassenbewußtsein heraus.

Die alten Landsmannschaften waren Bestandteil einer Klassengesellschaft,
sie waren Gruppen von gesellschaftlich Privilegierten.

Im weiteren Fortgang des Textes schreiben die Autoren den *„Nationes"* die
Erfindung der Vorläufer der heutigen Comments zu, damals noch in Form
von festgehaltenen, *„gemeinsam beschlossenen Spielregeln"*, durch die eine
Verbesserung der Disziplin erreicht werden sollte.[215] Dieser Satz ist als ein
erster Versuch einer direkten Anbindung der Geschichte der Corps an eine
frühere Vergangenheit zu werten, denn später heißt es im Text, daß die
Corps

*„den bisher nur mündlich überlieferten 'Komment' (oder wie sein Untertitel
meist besagt, 'die allgemein verbindlichen Regeln für das Burschenverhältnis
auf der Universität') schriftlich"*[216]

festlegten.

Ein weiterer Aspekt folgt, denn laut den Autoren sendeten die Landesherren
nun auch vermehrt *„ausgesuchte Bürgerliche"* auf die Universität, die die vom
Adel gehandhabten Regeln übernahmen und sogar noch verschärften[217]:

*„Sie hielten an ihnen um so mehr fest, als sie ihren gesellschaftlichen Stand
in ihrem Heimatland im Gegensatz zum ‚geborenen' Adel erst erwerben
mußten, was eine ‚blinde' Loyalität gegenüber ihrem jeweiligen Landesherrn
voraussetzte."*[218]

---

[212]   Handbuch des Kösener Corpsstudenten, Ausgabe 1985, Seite 28.
[213]   Vgl. ebenda, Seite 27.
[214]   Ich halte die Vermengung von „alter Landsmannschaft" und „Nationes" für unzulässig,
da die frühen „Nationes" Zusammenschlüsse nach Himmelsrichtung der Herkunft, die
Landsmannschaften hingegen engere Zusammenschlüsse des 16. bis etwa zum 18.
Jahrhundert waren. Letztere treffen somit eher auf die Beschreibungen des Autors zu.
Von korporierter Seite werden die „alten Landsmannschaften" als Vorgänger des modernen Korporationswesens gedeutet. Vgl. Rolf-Joachim Baum (Hrsg.), „Wir wollen
Männer, wir wollen Taten", Seite 21.
[215]   Vgl. Handbuch des Kösener Corpsstudenten, Ausgabe 1985, Seite 28.
[216]   Ebenda, Seite 29.
[217]   Vgl. ebenda, Seite 28.
[218]   Ebenda, Seite 28. Hervorhebung im Original.

Durch die beschriebenen Veränderungen (größere Gruppen) zerfielen die „Nationes" zusehends, es bildeten sich Untergruppen, das alles „begleitet und gefördert durch die zunächst einsetzende Revolution".[219] Mit der letztgenannten Revolution ist die Französische Revolution von 1789 gemeint. Die nachgezeichneten Entwicklungen spiegeln demnach das Aufstreben des Bürgertums wider, das seinerseits nun einen Platz in der gehobenen Gesellschaft erstreiten wollte. Diesen Entwicklungen ging ein Anstieg der Anzahl von Studenten bürgerlicher Herkunft voraus, bei gleichzeitigem zunehmenden Zerfall der bisherigen Organisationsform in landsmannschaftliche Zusammenschlüsse. Das Hauptänderungspotential ging demnach offensichtlich von der zunehmenden Beteiligung der „Bürgerlichen" aus, was sich gesamtgesellschaftlich beispielhaft durch die französische Revolution ausdrückt, gegen die sich die Corps positionierten.

Wichtig für die Gründungsideologie der Corps ist, daß es sich bei ihnen um eine bürgerliche Gruppierung handelt, die durch „blinde Loyalität" gegenüber dem Adel und durch Verschärfung der vom Adel übernommenen Regeln versuchte, Anschluß an den Adelsstand zu gewinnen. Umgekehrt läßt sich daraus ableiten, daß es gewisse gesellschaftliche Ausschließungsmechanismen gab, die ein problemloses Anschließen der Bürgerlichen an den Adelsstand erschwerten, weswegen sich diese besonderen Interessengruppierungen bildeten. Norbert Elias weist auf diesen Konflikt zwischen Adel und Bürgertum ausdrücklich hin:

„In dem älteren Fall (der jüngere ist die Auseinandersetzung zwischen Arbeiterschaft und Bürgertum, Anmerkung S. P.) aber ist es weniger leicht, das Aufeinanderprallen wirtschaftlicher Interessen, das sicherlich eine Rolle spielte, aus dem Gesamtkomplex des Gegensatzes zwischen Adel und Bürgertum herauszulösen. Im Rahmen der absoluten Monarchien des 18. Jahrhunderts waren die Gegensätzlichkeiten zugleich politischer, zivilisatorischer und auch wirtschaftlicher Natur."[220]

Das Aufeinanderprallen der unterschiedlichen Ansichten war das eine Problem, die „Vielstaaterei"[221] das andere mit dem ersten verbundene Problem. Im Gegensatz zu Ländern wie Frankreich und England bestand das damalige Reich aus einer Vielzahl kleiner Staaten, was sich weder nach dem Reichsdeputationsausschuß 1803, noch mit der Auflösung des Heiligen Römischen Reiches Deutscher Nation 1806 oder nach den Befreiungskriegen von 1813 - 1815 ändern sollte. Schon zuvor bestand innerhalb des Bürgertums der Wunsch nach einem eigenen einheitlichen Staat, der sich in Folge der französischen Revolution verstärkte, jedoch unerfüllt blieb.

Deutlich ist, daß die französische Revolution eine Art geschichtliche Zäsur darstellt, die auch in Abhandlungen anderer Korporationsdachverbände und Autoren[222] beschrieben wird. Ein Ergebnis dieser historischen Entwicklungen

---

[219] Vgl. ebenda, Seite 29.
[220] Norbert Elias, Studien über die Deutschen, Seite 21.
[221] Handbuch des Kösener Corpsstudenten, Ausgabe 1985, Seite 27.
[222] Vgl. Rainer A. Müller, Landsmannschaften und studentische Orden an deutschen Universitäten des 17. und 18. Jahrhunderts, in: Harm-Hinrich Brandt und Matthias Stickler (Hrsg.), „Der Burschen Herrlichkeit", Seite 13 - 34. Müller bezeichnet die

58

ist die Gründung eines neuen Korporationstyps, der dem der heutigen Corps weitestgehend entspricht. Das erste Corps (Corps Guestphalia Halle) wurde 1789 in Halle gegründet,[223] nachgewiesen an unterschiedlichen studentischen Gegenständen, die erste „Stiftung", nachweislich einer schriftlichen Konstitution (Verfassung), erfolgte am 1. Juli 1798 in Erlangen (Corps Onoldia).[224] Die neuen Gruppierungen können als Teil einer Bewegung gegen die Französische Revolution gesehen werden:

„Gegen Ende des 18. Jahrhunderts und zu Beginn des 19. Jahrhunderts gewann in Deutschland, besonders nach dem Reichsdeputationsausschuß vom 25. Februar 1803, allmählich auch eine nationale Welle an Einfluß, die aber abrücken ließ von den Parolen der Weltbeglückung und den Ideen der Französischen Revolution. Im Zuge der Neubesinnung nahm der Großteil der Landsmannschaften eine feste, durch Regeln geordnete Verfassung an und wählte sittliche Ideale, die von den Mitgliedern aufgrund der freundschaftlichen Selbsterziehung und brüderlichen Verbundenheit gegenseitiger Hilfestellung bei geistiger, körperlicher und materieller Not sowie lebenslange Bindung an die Gemeinschaft und schließlich vaterländische Gesinnung forderten. So begannen sich die Landsmannschaften - zugleich unter Aufgabe ihrer regionalen Bindung - zu einer neuen Verbindungsart zu entwickeln, die bald allgemein „Corps" genannt wurden."[225]

Das Zitat aus dem Handbuch des Cartellverbandes der katholischen deutschen Studentenverbindungen (CV) legt die Vermutung nahe, daß sich der neue Korporationstyp der Corps aus den Entwicklungen der Französischen Revolution gegen diese gegründet hat, vielleicht als Reaktion auf die Enttäuschung, brachte sie doch in den damaligen deutschen Ländern keine durchgreifende Änderung der bürgerlichen Position in der Gesellschaft. Auch die *„Vielstaaterei"* war nicht beendet, so daß man zumindest in der landsmannschaftlichen Gemeinschaft begann, das Kantonierungsprinzip (Mitgliederzuordnung nach Herkunftsland) aufzuheben. In jedem Falle kann man die Korporationen modernen Typs als „Rückzugsgemeinschaften" bezeichnen.

Die Korporation modernen Typs, eben die Corps, können in Reaktion auf die nicht erfolgte Partizipation der Bürgerlichen und der gleichfalls nicht erfolgten Errichtung eines einheitlichen Landes als Rückzugsgemeinschaften bürgerlichen Typs bezeichnet werden.
Die Gründung der Corps standen somit auch im engen Zusammenhang mit den frühen Entwicklungen des deutschen Nationalstaates, der nach der franz. Revolution 1789 und auch nach der Revolution 1848 – im Gegensatz zum europäischen Ausland – in Deutschland nicht vom Bürgertum verwirklicht werden konnte, sondern erst mit den Einigungskriegen 1866 – 1871 „von oben" militärisch erlassen wurde.[226]

---

[223] Corps als „Prototyp der modernen Korporationen", hier Seite 34. Vgl. auch Peter Krause, „O alte Burschenherrlichkeit", Seite 73.
[224] Vgl. www.gute-verbindungen.net vom 22. Mai 2002.
[225] Vgl. Hans Peter Hümmer, Seite 27.
Gesellschaft für Studentengeschichte und studentisches Brauchtum e. V. (Hrsg.), CV-Handbuch, Regensburg 2000, Seite 331.
[226] Vgl. Reinhard Kühnl, Nation, Nationalismus, Nationale Frage, Köln 1986, Seite 69 ff. Hier wird insbesondere auch der deutsche „Sonderweg" dargestellt. Zu den Anfängen

Diese Vermutungen werden im weiteren Text im Handbuch des Kösener Corpsstudenten bestätigt:

„(...), vornehmlich wurde aus dem Schlachtruf der Französischen Revolution „égalité, liberté, fraternité' die freie Übersetzung „Ehre, Freiheit, Vaterland".[227]

so die Autoren. Nach Hirsch heißt es dann ein wenig später:

„War die Landsmannschaft bisher nur ein Mittel zur Hebung des geselligen Verkehrs der Landsleute untereinander und ein Verband zu gegenseitiger Hilfe und Unterstützung in Not und Krankheitsfällen gewesen, hatten die Orden nur ihre eigenen Interessen vertreten und sich um die Belange des Burschenstandes als solchen nicht gekümmert, so wollte die neue Landsmannschaft unter ausdrücklicher Ablehnung aller politischer Tendenzen nicht nur ein Bund unverbrüchlicher Freundschaft Auserwählter sein, denen Heimats- und Vaterlandstreue selbstverständlich waren; sie setzte sich vor allem die Pflege eines honorigen Burschentums im allgemeinen zur Aufgabe."[228]

Die Corps, im Text noch als *„neue Landsmannschaft"* bezeichnet, gründeten sich in Ablehnung der französischen Revolution aufgrund von Resignation und setzten in Folge ihres weiterhin bestehenden klassenspezifischen Ausschlusses aus der gehobenen Gesellschaft ihre Hoffnung auf den vaterländischen Gedanken. Es erfolgte offensichtlich parallel eine „Besinnung" auf die Gemeinschaft, die sich nun festen Regeln unterwarf und auf die Pflege eines honorigen Burschentums, also auf die studentische Ehre als eine Art Standesehre festlegte. In den Worten *„Freundschaft Auserwählter"* kommt der elitäre Gedanke dieser bürgerlichen Gruppe in Verbindung zur Gemeinschaft zum Vorschein.

Die Corps konstruieren einen eigenen Stand, den sie selbst als Bildungselite begreifen und deren Zugangsbedingungen sie selbst kontrollieren wollen.

Ein Ziel dieser Neugründungen war es offensichtlich auch, die sogenannten Orden an den Universitäten, die mit Freimaurerei und den Gedanken der Französischen Revolution in Verbindung gebracht wurden und deshalb auch oft behördlicher Verfolgung[229] unterlagen, zurückzudrängen oder gar ganz zu vernichten. Werden den Orden in dem im Handbuch wiedergegebenen Text von Erich Bauer nur die Vertretung der eigenen Interessen unterstellt, sieht es Manfred Studier folgendermaßen:

„Die Orden haben auch wesentlich dazu beigetragen, das Standesbewußtsein und Zusammengehörigkeitsgefühl der Studentenschaft zu stärken, (...), den Begriff der Standesehre zu bilden und das Duellwesen in geregeltere Bahnen zu lenken. Mit ihren bis ins Einzelne gehenden Bestimmungen für das korporative Zusammenleben haben sie die Grundlage zu dem gelegt, was man später unter ‚Comment' verstand"[230],

---

der deutschen Entwicklung: Vgl. Horst Möller, Fürstenstaat und Bürgernation. Deutschland 1763-1815, Berlin 1989.

[227] Handbuch des Kösener Corpsstudenten, Ausgabe 1985, Seite 29.

[228] Ebenda, Seite 29.

[229] Vgl. Manfred Studier, Der Corpsstudent als Idealbild der Wilhelminischen Ära. Untersuchungen zum Zeitgeist 1888 bis 1914, Schernfeld 1990, Seite 22.

[230] Ebenda, Seite 21, Hervorhebung im Original.

den auch schon die Orden schriftlich niedergelegt haben sollen.[231] Die zwei Aussagen sind höchst widersprüchlich, aber es wirkt, als ob Bauer die Orden nachteilig darstellt, um die Corps in ihrer Gründungsgeschichte aufwerten zu können. Tatsache ist, daß die neuen Landsmannschaften den Orden feindlich gegenüberstanden, was sich an einer Konstitution einer solchen Landsmannschaft beispielhaft ablesen läßt. So heißt es im SC-Komment vom 16. Februar 1798 in Frankfurt an der Oder unter 1.:

„Der Zweck dieser vier durch Freundschaft fest verbundenen, als schlesischen, preußischen, pommerschen und märkischen Kränzchen (weitere Bezeichnung für den modernen Korporationstyp, Anmerkung S. P.), ist die Ausrottung schädlicher Ordensverbindungen und die Aufrechterhaltung eines vernünftigen Studentenkomments."[232]

Auffällig ist weiter, daß es die frühen Corpsgründungen, damals noch unter dem Namen einer Landsmannschaft, Kränzchen oder Gesellschaft, immer dort gegeben hat, wo es auch Orden gab.[233] Es ist möglich, daß sich in der Gründungsphase der Corps, neben den gesellschaftspolitischen Änderungen (die vor allem für die Orden ungünstig waren), auch eine Konkurrenzsituation bildete, aus der die Corps aufgrund ihrer zunehmend vaterländischen Gesinnung als Gewinner hervorkamen. Es finden sich weitere Hinweise:

„Daß aber derartige Äußerungen weltbürgerlichen Denkens in der Studentenschaft bald erstarben, dafür sorgte Napoleon, der dem Heiligen Römischen Reich Deutscher Nation den Todesstoß versetzte und Deutschland in die ‚Zeit seiner tiefsten Erniedrigung' führte. Daneben taten geistiger Hochmut und Überheblichkeit der Orden ein Übriges, um sie bei der Studentenschaft zu disqualifizieren. 1811 trat der letzte Orden von der Bildfläche ab.
Eine neuere Geschichtsschreibung hält es übrigens für nicht so sicher, daß die Hinneigung der Orden zu den Ideen der Französischen Revolution den Untergang dieser Studentenverbindungen bzw. die Entstehung der späteren Corps herbeigeführt habe. Es wird auch die Ansicht vertreten, daß die Corps erst im nachhinein den Orden vaterlandsfeindliche und undeutsche Gesinnung unterstellt hätten, um ihre eigene Existenz zu rechtfertigen."[234]

Die Corps entstanden aus den Landsmannschaften, die durch Übernahme der Regeln der Orden einerseits und der zeitgeistigen Erscheinung der vaterländischen Gesinnung andererseits reformiert wurden. Aufgrund der Integration des nationalen Gedankengutes in die Gemeinschaft waren sie gegenüber den Orden, die diesen Gedanken nicht kannten, in der Gesellschaft und durch die Gesellschaft im Vorteil und konnten so aus ihrer gestärkten Position heraus die Orden bekämpfen und auslöschen und die Vormachtstellung

---

[231] Vgl. Rosco G. S. Weber, Die deutschen Corps im Dritten Reich, Seite 31.
[232] Verein für corpsstudentische Geschichtsforschung (Hrsg.), Einst und Jetzt. Sonderheft 1967, 14 der ältesten SC-Komments vor 1820, ohne Ort 1967, Seite 5. Es ist nicht die einzige Konstitution, die eine Ordensbekämpfung beinhaltet.
[233] Vgl. die Schilderungen zum Thema Orden von Hümmer, Seite 23-25 und die Angaben der Gründungsdaten, datiert vor 1810, in der „Farbentafel des Kösener SC" als Beigabe des Handbuch des Kösener Corpsstudenten, Ausgabe 1953. Insbesondere gibt es einen „Gründungsschwerpunkt" in Leipzig, Jena, Halle, Göttingen und Erlangen, gleichfalls sind diese Städte auch Schwerpunkte des Wirkens der Orden.
[234] Manfred Studier, Seite 23, Hervorhebung im Original.

an den Universitäten erreichen. Die Corps entsprachen als konservative Gruppierung eher dem damaligen gesellschaftlichen Zeitgeist als die liberal eingestellten Orden.

Als Name für die neuen Landsmannschaften wurde zunehmend die Bezeichnung „Corps" gewählt. Corps ist jedoch eine französische (und damit eigentlich unliebsame) Bezeichnung, weshalb die Bezeichnung einer Erklärung bedarf:

Es kann angenommen werden, daß sich die Bezeichnung Corps einige Jahre nach ihrer Gründung als Landsmannschaft in Folge staatlicher Verfolgung (so erklärte z. B. der Regensburger Reichstag 1793 ein Verbot aller geheimen Studentenverbindungen[235]) unter den studentischen Gruppen herausgebildet hat, um sich nicht zuletzt der staatlichen Verfolgung entziehen zu können, denn so waren z. B. im Rheinbund (seit 1806) große Gebiete von Frankreich abhängig und deutsche Gruppennamen wirkten eventuell für die Behörden verdächtig; eine Vermutung, die im „Schimmerbuch" bestätigt wird:

„Als es in Heidelberg 1810 wieder einmal zu einer umfassenden Verfolgung der dortigen Landsmannschaften gekommen war, suchte der Heidelberger SC infolgedessen nach einer unauffälligen Tarnbezeichnung, um sich unter ihrer Flagge zu konstituieren. Er fand sie in der damals für alle möglichen Personengruppen üblichen Bezeichnungen „Corps" (vgl. die damals gebräuchlichen Bezeichnungen „das Corps der Damen", das „Corps der Diplomaten", das „Corps der Schüler", das „Corps der Professoren", usw.). Infolgedessen konstituierte er sich nun auch selbst unter Verwendung dieser Bezeichnung."[236]

Die Betonung des Unpolitischen durch den neu gewählten Namen der Gemeinschaft, erfolgte also aus Opportunismus. Sich unpolitisch gebend nach außen, orientierten sich die Aufgaben der Gemeinschaften an der Pflege und Regelung der studentischen Ehre im Sinne auserwählter Bürgerlicher, eben im Sinne einer Elite. Als Folge dieses Rückzugs in einen Idealismus, wie ihn auch Johann Gottlieb Fichte, der eine zentrale Person im Aufsatz von Hümmer ist, vertrat, sah man den Studenten als Vertreter einer sittlich handelnden Bildungselite, als potentiellen Kern einer verbesserten Gesellschaft.[237] Betont werden von Hümmer das Engagement von Fichte gegen Napoleon (seit 1806) und seine „Reden an die deutsche Nation" (1807/08), also wieder einmal der vaterländische Gedanke. Es werden neben Fichte weitere große Namen wie Schiller und Goethe bemüht, um diese als geistige Väter der Corps heranzuziehen. Ob diese den korporativen Neugründungen wirklich positiv und unterstützend gegenüberstanden, geht aus dem Text nicht hervor, jedoch gibt es im Fall Fichtes Anhaltspunkte dafür, daß er das Verbindungswesen nicht befürwortete, im Gegenteil:

„Als Johann Gottlieb Fichte 1794 Professor in Jena geworden war, hielt er sich für moralisch verpflichtet, gegen das studentische Verbindungswesen seiner Zeit vorzugehen. (...) Später, 1811 als Rektor der Berliner Universität, beschuldigte er in seiner Antrittsrede die Mitglieder der Landsmannschaften

[235] Ebenda, Seite 22.
[236] Erich Bauer, Schimmerbuch für junge Corpsstudenten, Seite 7.
[237] Hans Peter Hümmer, Seite 17.

und der Orden der tiefen Unwissenheit und behauptete, daß der Burschen-
sinn deutscher Art ,sich ausbilden könne nur in äußerst verschrobenen und
wissenschaftlicher Begriffe durchaus unfähigen Köpfen."[238]
Da es 1811 so gut wie keine Orden mehr gab, muß sich diese Kritik vor allem
auf die Landsmannschaften als den übriggebliebenen modernen Korporationstyp bezogen haben.

Hümmer wertet andere Aussagen von Fichte für das Corpsstudententum positiv, ja sogar grundlegend:

„Fichtes Hauptschriften erschienen ab 1792, und etwa seit dieser Zeit wird
der Idealismus für die jungen Akademiker immer wichtiger, mehr noch: Er
wird zur Conditio sine qua non für die Entstehung des Corpsstuden-
tentums."[239]

Hümmer gibt in einer Fußnote zu diesem Kontext einige Studien gleichfalls
korporierter Autoren an. Obwohl er selbst Studentenverbindungen ablehnte,
scheint Fichte eine zentrale Persönlichkeit für die Corps zu sein, auf die man
sich gern bezieht und die die Tradition der Corps mit ihren Gedanken begründen sollen. Wichtig ist in diesem Zusammenhang, herauszufinden für
welche Tradition und welche Gedanken Fichte stehen soll oder kann. Der
Historiker Horst Möller schreibt über diese Gedanken:

„In der sich nach 1800 durchsetzenden Auffassung, die unter anderen Fichte,
Jahn, und Arndt vertraten, flossen verschiedene Elemente romantischen
Denkens mit denen des aufgeklärten Erbes, beispielsweise dem Gedanken
einer organischen Entwicklung der Völker, zusammen, ohne jedoch die auf-
geklärten Bezugspunkte, beispielsweise den Kosmopolitismus und das Pos-
tulat naturrechtlich begründeter Bürgerrechte, beizubehalten."[240]

Zu Fichte heißt es:

„Sein Freiheitspathos verband sich mit einem nationalen deutschen Sen-
dungsbewußtsein, das er geschichtsphilosophisch motivierte."[241]

Fichte und andere legten den Grundstock für die Vorstellung von der Nation
als Kulturnation, nicht als Staatsnation wie in Frankreich, der man durch individuelle Entscheidung beitreten konnte. Vor allem das *„nationale deutsche*
Sendungsbewußtsein" dürfte einer der Gedanken sein, in dessen Tradition
sich die Corps gern sehen wollen, nämlich vaterländische Gesinnung verbunden mit einem elitären Sendungsbewußtsein. Der Begriff „Nation" wurde
zunehmend naturalistisch-kulturgemeinschaftlich ideologisiert, in ihm fanden
nun zunehmend Sozialdarwinismus, rassistische Unterdrückung und Diskri-
minierung sowie blutsbezogene Nationalismen Platz.[242]

Aber auch die Namen Friedrich Ludwig Jahn und Ernst Moritz Arndt lassen
aufhorchen, da sie Personen sind, auf die sich die Burschenschaften in ihrer
Geschichtskonstruktion gern stützen.[243] Es sei daher bereits an dieser Stelle
darauf hingewiesen, daß die Burschenschaften und die Corps inhaltlich ähn-

---

[238]   Robert Paschke. Studentenhistorisches Lexikon, Seite 198.
[239]   Hans Peter Hümmer, Seite 17.
[240]   Horst Möller, Fürstenstaat oder Bürgernation, Seite 57.
[241]   Ebenda, Seite 473.
[242]   Vgl. Reinhard Kühnl, Seite 74.
[243]   Hauptausschuß der Deutschen Burschenschaft im Geschäftsjahr 1981/82 (Hrsg.),
        Handbuch der Deutschen Burschenschaft, Bad Nauheim 1982, Seite 2.1.002.

liche Wurzeln haben, jedoch gibt es bei den Corps eine besondere Orientierung auf Fichte, der unter anderem die Beteiligung der Studenten im Kampf *„gegen das französische Joch"*[244] ablehnte, wohingegen die Burschenschaften hier den Ansichten Jahns und Arndts folgten, die eine Beteiligung daran befürworteten. Das bedeutet nicht, daß die Corps eine Beteiligung an den Freiheitskriegen ablehnten, im Gegenteil. Im Handbuch des Kösener Corpsstudenten heißt es:

„Als am 17. März 1813 der Aufruf „An mein Volk" erging, da waren die Aktiven die ersten, die den Schläger mit der Büchse vertauschten, um das Joch abzuschütteln"[245]

Es macht aber die Distanzierungsversuche der zwei Dachverbände voneinander deutlich, nämlich zwischen dem eher besonnen wirkenden Fichte und den Corpsstudenten einerseits und den Namen Jahn, Arndt und den politisch radikaleren Burschenschaftern andererseits.

Ein weiterer großer Name, auf den sich die Corpsstudenten in ihrer Geschichtsschreibung beziehen, ist Schiller. Schiller definiert den Begriff der Kulturnation nach Fichte etwas genauer, in dem er in Abgrenzung zum politisch zu definierenden Reich formulierte:

„Abgesondert von dem politischen hat der Deutsche sich einen eigenen Wert gegründet, und wenn auch das Imperium unterginge, so bliebe die deutsche Würde unangefochten. Sie ist eine sittliche Größe, sie wohnt in der Kultur und im Charakter der Nation, die von ihren politischen Schicksalen unabhängig ist."[246]

Die Frage einer deutschen Nation wurde in Deutschland, im Gegensatz zu Frankreich, nur theoretisch diskutiert und einer politischen Konsequenz entzogen. Verschärft durch den Zerfall des politischen Gebildes des *„Heiligen Römischen Reiches Deutscher Nation"* 1806, bildete sich in Angrenzung zum französischen der deutsche mehr kulturelle Begriff der Nation. Es wird nun deutlich, daß die Corps in ihrer Gründungsphase in Anlehnung an den Zeitgeist zu sehen sind, nachdem sie sich nach außen aufgrund des Drucks opportunistisch gaben, um im Innern ihre „sittliche Größe" im Sinne Fichtes zu beweisen. Als Bildungselite fühlten sie sich der romantischen Idee[247] der Gemeinschaft und des Volksgeistes verpflichtet.

Die Französische Revolution ist in der Korporationsgeschichte eine historische Zäsur von größter Wichtigkeit. Als Reaktion auf die Revolution konnte sich erstmals ein konkreter deutscher „kultureller" Nationenbegriff herausbilden, der jedoch das kosmopolitische und aufklärerische Gedankengut der Französischen Revolution negiert. Die Romantik in Deutschland war der An-

---

[244] Ebenda, Seite 2.1.002.

[245] Handbuch des Kösener Corpsstudenten, Ausgabe 1985, Seite 30 f., Hervorhebung im Original.

[246] Friedrich Schiller, Fragment „Deutsche Größe" 1797 oder 1801, zitiert nach: Horst Möller, Seite 56.

[247] Die Orte und Regionen früher Corpsgründungen sind vielleicht auch nicht zufällig in den Städten/Regionen zu finden, die auch Hochburgen der Romantik in Deutschland waren, so anfangs (1798-1802) Jena und Berlin, dann Heidelberg und Berlin und schließlich Dresden, Schwaben, München und Wien. Vgl. Der Neue Brockhaus in fünf Bänden, Band 4, Seite 447.

64

knüpfungspunkt, in dem der zunächst *„souverän gestaltenden Geist"* in Ablehnung des aufklärerischen Gedankengutes zunehmend die schöpferischen Kräfte in der Gemeinschaft, im Volksgeist und in seinen Äußerungen (Sprache, Dichtung, Mythos, u. a.) suchte.[248] Das sind die Ursprünge der corpsstudentischen Gemeinschaft und des modernen Korporationswesens.

Es sind also vielfältige Ereignisse und Entwicklungen, die zur Gründung des modernen Korporationstyps geführt haben: Staatliche Verfallserscheinungen, Machtverschiebungen, eine aufstrebende bürgerliche Schicht mit verwehrten Machtchancen, die Besetzung des Landes durch Napoleon, die Überwachung der Universitäten, die Angst vor den Ideen der Französischen Revolution.

Die neuen Korporationen boten als Antwort darauf eine im Zeichen der Romantik konstruierte, selbstreglementierte Sicherheit durch festgesetzte verbindliche Regeln an und schufen so ihr eigenes bündisches Staatengebilde, innerhalb dessen sich die Mitglieder auskannten und sich geborgen fühlen konnten. Die Corps bieten als Gemeinschaften die Möglichkeit des Rückzugs aus den Niederungen der Enttäuschung über die politische „deutsche" Realität.

Es ist zumindest nachvollziehbar, daß die sich Corps anschließenden Studenten Angst vor dem *„souverän gestaltenden Geist"* (vormals Individuum/Freiheit) hatten, den sie zur Domestizierung und zur Kontrolle in ihre Gemeinschaft integrieren und formen wollten. Aus Enttäuschung über die politischen Geschehnisse zog man sich in die Gemeinschaft zurück, in der ein „so tun als ob" gelebt wurde, man sich nach außen jedoch betont unpolitisch gab, wenn auch mit vaterländischer Gesinnung. Die neue Korporationsform kann anhand ihrer Entstehungsgeschichte als eine Gemeinschaftsform gesehen werden, deren Funktion es ist, entgegen der sie umgebenden Welt Sicherheit anbieten bzw. konstruieren zu wollen.

Gesellschaftspolitisch sind die Corps seit ihrer Gründung als eine konservative Gruppierung anzusehen,[249] keinesfalls waren sie liberal oder gar demokratisch.

Das Handbuch der Weinheimer Corpsstudenten bestätigt:
„Vor den Gefahren der damit drohenden Verwilderung des studentischen Lebens mußte also eine neue studentische Standesbehörde schützen, und deswegen wurden die Corps ‚gestiftet'. Ihre Gründer traten nicht mehr für die Ideen der französischen Revolution ein, sondern für idealistische Gedanken im Vaterland und wollten - jeder Politik abhold - vor allem Standeswürde und Standespflichten wahren."[250]

„Standeswürde und Standespflichten" fallen aus dem bisherigen Kontext heraus, genauso wie die „studentische Standesbehörde", die insbesondere das Duellwesen zu regeln hatte. Die Betonung des Standes läßt auf die Aus- und Abgrenzungsbestrebungen innerhalb und außerhalb des Studentums

---

[248] Vgl. Der Neue Brockhaus, Band 4, Seite 447.
[249] Vgl. Kurt Lenk, Deutscher Konservatismus, Seite 58.
[250] Handbuch für den Weinheimer Senioren-Convent, Kapitel 2, Seite 2, Hervorhebung im Original.

deutlich werden. Die Regelung des Duellwesens der Studenten als Standes-
kennzeichen stand sicherlich in Zusammenhang mit der Diskussion und Entwicklung des Duellwesens in der gehobenen Öffentlichkeit. Obwohl das
Schlagen von Duellen verboten war, wurden die Personen, die Duelle aus-
trugen, unterschiedlich nach Klassenzugehörigkeit und der damit verbundenen unterschiedlichen Ehre abgeurteilt.[251] Den Studenten kam in der
Rechtsprechung der Status der Klasse der Gelehrten, d. h. der zukünftigen
Angehörigen des höheren Bürgertums zu.

„Nur eine Spitzengruppe des Bürgertums, die in allerengster Beziehung zum
Staat stand, war demnach ausersehen, mit dem Adel zu einer satisfaktions-
fähigen Klasse zu verschmelzen - ein deutliches Indiz für das möglicherweise
nicht ganz uneigennützige Bestreben hoher Beamter, das Duell zum Attribut
und Ehrenzeichen einer staatsnahen Elite zu stilisieren und ihm so eine hö-
here politische Logik und Billigkeit zuzuerkennen."[252]
Naheliegend ist, daß die Corps daran teilhaben wollten. Sie sahen in der Regelung ihres Duellwesens die Chance des Anschlusses an die „satisfaktionsfähige Gesellschaft". Verbunden mit der Regelung des Duellwesens ist
der Begriff der „Ehre", der in Zusammenhang mit dem Duellwesen in jeder
Konstitution auftaucht.[253] Die „Ehrfähigkeit" ist als Gegenstück der „Satisfaktionsfähigkeit" gleichfalls vom Stand der Person abhängig. Je höhergestellt
die Person, desto mehr Ehre. In Bezug auf die Satisfaktionsfähigkeit, an der
erkennbar war, wer der „guten Gesellschaft" angehörte, galt daher:

„Handwerker jedoch, soviel war allen Beobachtern klar, hatten im exklusiven
Duellmilieu, dessen Schranken lediglich für Mitglieder der ‚höheren Bürger-
klassen' durchlässig werden sollten, nichts zu suchen."[254]
Das Zitat aus dem Handbuch des Weinheimer Senioren-Convent weist ferner
auf eine Verwilderung studentischen Lebens hin, die auch im Handbuch des
Kösener Corpsstudenten Erwähnung findet.[255] Ein wesentlicher Teil der nun
verschriftlichen Regeln, die dieser Verwilderung entgegenwirken sollten, betraf das Duellwesen, das offensichtlich vor der Institutionalisierung des
Comments nicht konkret geregelt war:

„Dem studentischen Rowdytum, der sog. nassen Renommage, wurde früh-
zeitig das Handwerk gelegt. 10 bis 12 Forderungen (...) waren zu allen Zeiten
ein ebenso wirksames Erziehungsmittel wie die nunmehr klar herausgestellte
Verpflichtung, für alles, was man tat, gegebenenfalls mit der Waffe eintreten
zu müssen."[256]

Zur Durchsetzung des gewünschten Standes- und Ehrbegriffes mußten die
Senioren-Convente auf Grundlage des Comments die ausschließliche Vertretung der Studentenschaft beanspruchen und für eine einheitliche Ver-
haltensregelung sorgen, auch geltend für Konflikte innerhalb der Studen-

---

[251]   Vgl. Ute Frevert, Ehrenmänner. Das Duell in der bürgerlichen Gesellschaft, München
        1991, Seite 82 f.
[252]   Ebenda, Seite 83.
[253]   Siehe hierzu sämtliche 14 ältesten Konstitutionen, in: Verein für corpsstudentische
        Geschichtsforschung, (Hrsg.), Sonderheft 1967.
[254]   Ute Frevert, Ehrenmänner, Seite 85. Hervorhebung im Original.
[255]   Vgl. Handbuch des Kösener Corpsstudenten, Ausgabe 1985, Seite 29.
[256]   Ebenda, Seite 30.

tenschaft. Es vollzog sich damit eine Konzentration der Macht innerhalb der Studentenschaft.

Eine weitere Ursache für die Machtkonzentration ist auch in der Zentralisierung im Universitätswesen zu sehen, die insbesondere, beginnend mit dem preußischen Allgemeinen Landrecht vom 1. Juni 1794 (*„Schulen und Universitäten sind Veranstaltungen des Staates"*),[257] zum weitgehenden Verlust der Hochschulautonomie führte, so daß die Studenten sich durch die zunehmenden Eingriffe seitens des Staates in ihrem Standesdünkel bedroht sahen (hier findet sich das bedrohende Umfeld, in dem sich Gruppen bilden, wieder). Eine Reaktion war die Gruppenbildung in Form der Corps und die Orientierung auf eine umfassende Regelung durch ein schriftliches und für alle verbindliches „Gesetz". Dieses Gesetz führte zur Beruhigung der beklagten schlimmen Verhältnisse (Rowdytum), also zu einer Verbesserung des Zusammenlebens durch die Gemeinschaft und ihre Erziehungsgrundsätze. Zudem ordnete sich nicht nur die Studentenschaft neu, sondern auch die Universität selbst. Das bisherige Universitätssystem war um 1800 in einer schweren Krise und bedurfte umfassender Reformen, die vor allem von Humboldt (Gründung der Universität in Berlin 1810) initiiert wurden. Es kam zu vermehrten Gründungen des neuen Typs von Korporation als passendes Gemeinschaftsgebilde zur neuen Universität. Dies wurde begleitet und vorangetrieben auch von den inneren Reformen des preußischen Staates, darunter auch die Aufhebung der bäuerlichen Erbuntertänigkeit und die Einführung der allgemeinen Wehrpflicht,[258] die nicht zuletzt eine Militarisierung der Gesellschaft impliziert und die sich auch im „Stand der Studenten" in Form eines nun geordneten Duellwesens und der zunehmenden Betonung der Wehrhaftigkeit wiederfindet. Die Corps vertraten die bürgerliche Universität und damit ihre eigene Beteiligung an der universitären Bildung, wobei sie gleichzeitig eine zunehmende Exklusivität im Bildungssystem verfolgten. In diesem Zusammenhang ist die Betonung des eigenen Standes zu verstehen, die darauf abzielte, andere gesellschaftliche Gruppierungen von der universitären Bildung fernzuhalten.[259] Mit dem letzten Wunsch standen die Corps nicht allein und fanden in den Gegnern der Reformen, tatkräftige Mitstreiter.

Die Verbindung von zunehmender Militarisierung einerseits und der verstärkten vaterländischen Gesinnung bei Ausprägung des Nationenbegriffs andererseits waren die Basis der Euphorie, mit der sich die Studenten an den Befreiungskriegen gegen Napoleon (1813/14) beteiligten. Jedoch wurde sowohl die vaterländische Gesinnung als auch der Wunsch nach einem einheitlichen Vaterland der Studenten nach dem Sieg im Zuge des Wiener Kongresses (1814/15) enttäuscht.

Gelernt hatte man daraus, daß man Veränderungen erfolgreich mit Gewalt herbeiführt und vor allem, daß Politik nicht in der Lage ist, den Wunsch nach einem einheitlichen Vaterland zu erfüllen.

---

[257] CV-Handbuch, Ausgabe 2000, Seite 320 f., Auszüge des Landrechtes sind abgedruckt in: Thomas Ellwein, Die deutsche Universität, Seite 143 ff., hier § 1.
[258] Vgl. Der Neue Brockhaus, Band 4, Seite 280.
[259] Vgl. Thomas Ellwein, Seite 118 f.

Aus der vaterländischen Gesinnung heraus kam es eine Woche nach Ende des Wiener Kongresses (18.9.1814 bis 9.6.1815, Neuordnung Europas) durch die in Jena ansässigen Corps zur Gründung der Jenaer Burschenschaft am 12. Juni 1815, die sich zum Hauptziel setzte, das einheitliche Vaterland dennoch zu verwirklichen. Der burschenschaftliche Gedanke verbreitete sich auch an anderen Universitäten, ohne jedoch eine vollständige Eingliederung/Auflösung aller Corps zu erreichen. Am 18. Oktober 1818 gründete sich in Jena die „Allgemeine deutsche Burschenschaft", nachdem bereits ein Jahr zuvor das politische Programm verabschiedet worden war. Interessant zu erwähnen ist, daß zum Wartburgfest 1817 die katholischen Studenten nicht eingeladen waren und das Wartburgfest im Zeichen des 300. Jahrestages des Beginns der Reformation stand, also die burschenschaftliche Bewegung eine nahezu rein protestantische war; nicht zu vergessen ist ferner, daß der 18. Oktober 1817 auch der 4. Jahrestag des Sieges in der Völkerschlacht bei Leipzig war, was noch einmal die vaterländisch-militärische Gesinnung unterstreicht.[260]

Bis 1840 gab es dann zwei Korporationstypen, die zunächst jeweils einen Alleinvertretungsanspruch für die Studentenschaft beanspruchten. Neben den daraus folgenden Reibereien und einer unterschiedlichen Auffassung des Mensurwesens kam es mit der politischen Radikalisierung der Burschenschaften (seit 1820) zu einem meist gegnerischen Nebeneinander von Corps und Burschenschaft.[261]

Festzuhalten ist, daß sowohl die Corps als auch die Burschenschaften gedanklich die gleichen Wurzeln haben. Während die Burschenschaften den vaterländischen Gedanken radikalisierten und konkrete politische Forderungen formulierten, idealisierten die Corps weiterhin ihre konservativ-monarchistische Einstellung, die auf Erhaltung des Status quo gerichtet war.

Dazu schreibt Erich Bauer:

„In Wirklichkeit kämpfte, den Verhandlungspartnern zwar nicht immer voll bewußt, die monarchisch konstitutionelle konservative Anschauung der Corps gegen die revolutionäre republikanische der Burschenschaft."[262]

Dem Satz von Bauer liegt allerdings die Vorstellung einer ursprünglichen Gegensätzlichkeit von Corps und Burschenschaft zugrunde. Tatsächlich waren auch die Burschenschaften monarchistisch eingestellt,[263] jedoch enthielten die Beschlüsse des Burschentages vom 18. Oktober 1817 politisch brisante Punkte, so etwa den Abbau von Standesdünkel, Abschaffung der Geburtsvorrechte, aber auch antisemitische Gedanken,[264] auf Grundlage derer man wenige Jahre später beschloß, daß Juden nicht aufzunehmen seien (Beschluß 1820, wurde 1830/31 im Zuge einer größeren gesellschaftlichen Toleranz revidiert[265]).

---

[260] Vgl. Peter, Krause, „O alte Burschenherrlichkeit", Seite 84 f.
[261] Vgl. ebenda, Seite 32.
[262] Ebenda, Seite 32.
[263] Peter Krause, Seite 86.
[264] Vgl. Gerhard Schäfer, Die frühe Burschenschaftsbewegung, in: Dietrich Heither u. a., Blut und Paukboden, Seite 37 ff.
[265] Vgl. ebenda, Seite 118.

68

Mit Entstehung der Burschenschaft 1815 ergab sich die Festlegung der zwei
Korporationstypen Corps und Burschenschaften auf ihre jeweils eigentümliche politische Richtung, die im Zitat von Bauer zum Ausdruck kommt. Sicherlich waren die Burschenschaften politisch radikaler, von einer republika-
nischen Bewegung kann jedoch nicht die Rede sein. Während die Corps die
Seite der Restauratoren, die die Reformvorstellungen der Burschenschaften
ablehnten, stützten, waren die Burschenschaften diejenigen, die zunehmend
durch ihre politischen Forderungen in Konflikt mit den restauratorischen Kräften gerieten. Mit den Karlsbader Beschlüssen vom 20. September 1819 (verschärfte Überwachung der Universitäten), ausgelöst durch die Ermordung
des russischen Staatsrates August von Kotzebue durch den Burschenschafter Karl Ludwig Sand vom 9. März 1819,[266] unterlagen sie auch offiziell
der politischen Bekämpfung. Sicherlich konnten sich die Corps der Verfolgung selbst nicht ganz entziehen, sie gaben sich jedoch weiterhin betont unpolitisch und hatten mit den Behörden weniger Probleme:

*„Diese Vorzugsbehandlung nach geltendem Recht gestattete es den Corps,
sich als legitime Organisationen darzustellen, vor allem während und nach
der Periode der Karlsbader Beschlüsse von 1819."[267]*

Die Corps gründeten sich, um die tiefgreifenden Veränderungen gesellschaftlicher und insbesondere universitärer Art in ihrer Konsequenz für die
Studenten durch Konstruktion von Geborgenheit durch die „geregelte" Gemeinschaft einerseits und die Schaffung eines eigenen Standes zur Absicherung von Privilegien andererseits abmildern zu können. Die corpsstudentischen Gemeinschaften erfüllen die Funktion, Störungen in der Sozial-
ordnung für ihre Mitglieder abzuschwächen und versuchen darüber hinaus,
die Dynamik des sozialen Lebens, hier insbesondere im universitären Rahmen durch ihren Comment, zu kontrollieren. Die Corps betrachten sich selbst
als eine deutsche konservative Elite innerhalb des Bildungsbürgertums und
sind ihrem Ursprung nach ein Produkt des frühen Konservatismus in
Deutschland.

3.1.2 Die Institutionalisierung der Corps im Kösener Senioren-Convents-Verband (KSCV) – universitäre und gesellschaftliche Ab- und Ausgrenzung

Der Grundlagentext ist das Kapitel 3, erster Teil (Seite 53 - 60) des Handbuches des Kösener Corpsstudenten in seiner Ausgabe von 1985[268], verfaßt
von den Corpsstudenten und Alten Herren Walter Brod und Wolfgang Gottwald. Auffällig ist jedoch, daß der Text des gesamten Kapitels von den Autoren bis auf wenige Änderungen und das Unterkapitel *„Von Kartellen und
Kreisen"* wortwörtlich dem Handbuch von 1953 entnommen wurde. Autoren
waren damals Fritz Nachreiner für den KSCV und Erich Bauer für den

[266] Vgl. Robert Paschke, Studentenhistorisches Lexikon, Seite 148.
[267] Rosco G. S. Weber, Die deutschen Corps im Dritten Reich, Seite 52.
[268] Walter Brod/Wolfgang Gottwald, Geschichte der Kösener Verbände, in: Handbuch des Kösener Corpsstudenten, Ausgabe 1985, Seite 53-80.

VAC.[269] Die Autoren des Kapitels von 1985, Brod und Gottwald, weisen an keiner Stelle auf diesen Tatbestand hin. Neben der editorischen Unaufrichtigkeit der Autoren bedeutet das inhaltlich, daß die neueren politischen und hochschulpolitischen Ereignisse und Entwicklungen, so z. B. die 68er Bewegung, keinen Eingang in dieses Kapitel gefunden haben, das Kapitel endet dementsprechend in den frühen 50er Jahren. Es entsteht der Eindruck, daß neuere Forschungsergebnisse und Ereignisse bewußt weggelassen wurden, vielleicht auch, um die ungünstige Entwicklung für das Corpsstudententum in der Darstellung kaschieren zu können oder nicht erklären zu müssen.

Die neueren und aktuellen Entwicklungen (1953 bis heute) werden getrennt in Kapitel 3.3 abgehandelt.

Das Kapitel von Brod und Gottwald trägt den Titel *„Geschichte der Kösener Verbände"* und teilt sich in drei Abschnitte auf, von denen hier aber nur der erste mit dem Titel *„Der Kösener Senioren-Convents-Verband (KSCV)"* in die Analyse einbezogen wird. Der zweite Abschnitt *„Von Kartellen und Kreisen"* wird ausgelassen, da er in Bezug auf die Fragestellung nicht viel beitragen kann und eher aus einigen Unstimmigkeiten wegen Gruppenbildungen im Verband entstanden ist. Der dritte Abschnitt *„Der Verband Alter Corpsstudenten (VAC)"* bildet die Ausgangsbasis des folgenden Kapitels 3.1.3. Die berücksichtigten Abschnitte enthalten am Ende jeweils eine Zeittafel, die aber für die Analyse nichts enthalten, was nicht im davor stehenden Text schon behandelt worden ist. Deshalb werden sie nicht mit einbezogen.

Der hier verwendete Text des Kapitels *„Geschichte der Kösener Verbände"*, Untertitel *„Der Kösener Senioren-Convents-Verband (KSCV)"* umfaßt etwa sieben und eine halbe Seite. Der Textfluß wird von insgesamt drei Bildern unterbrochen, die aber der jeweiligen Textstelle passend zugeordnet sind. Als erstes ist eine Würdigung des Gründers des KSCV, Friedrich von Klinggräff, in Ausgestaltung eines Scherenschnittes zu sehen. Das nächste Bild zeigt die Universität in Jena um 1848, die wegen der dort herrschenden progreßfeindlichen Einstellung ganz bewußt als Gründungsort gewählt worden war. Die Bedeutung wird auch dadurch unterstrichen, daß für das Bild eine ganze Seite freigehalten worden ist. Das letzte Bild, wieder ein Scherenschnitt, stellt Leonhard Zander im Jahre 1856 dar, mit Unterschrift und Aufzählung seiner Vorstandsämter zur aktiven Zeit und seiner insgesamt vier Corpszugehörigkeiten. Zander gilt als der Urheber der Altherrenbewegung. Die Figur Zanders steht symbolisch für den zunehmenden Einfluß der Alten Herren, den dieser durch sein Engagement institutionalisierte. Er steht für eine Machtveränderung innerhalb des Kösener Corpsstudententums. Die Gründung des Verbandes durch Klinggräff, die Gründung gegen die Progreßbewegung 1848[270] und der institutionelle Abschluß der Organisation

[269] Fritz Nachreiner, „Der Kösener Seniorenconventsverband (KSCV)", in: Werner Meißner/Fritz Nachreiner (Hrsg.), Handbuch des Kösener Corpsstudenten, Ausgabe 1953, Seite 23-29 und Erich Bauer, Der Verband Alter Corpsstudenten, in: ebenda, Seite 30-36.

[270] Die studentische Progreßbewegung zielte auf die Abschaffung der Einzelverbindungen ab und setzte sich für Freiheit und Gleichheit aller Studenten ein. Vgl. Robert Paschke, Studentenhistorisches Lexikon, Seite 213.

„Corps" durch die Altherrenbewegung sind drei wesentliche Sachverhalte in der historischen Entwicklung des Verbandes. Sie werden durch die Bilder stark hervorgehoben und zusätzlich gewichtet. Lediglich der erste und frühe Gründungsgedanke des Verbandes wird durch wesentlich größere Abstände zwischen den Buchstaben hervorgehoben. Es sind die Worte: *„gegen ihren gemeinsamen Feind, die Burschenschaft"*[271] auf der ersten Seite des Textes. Die besonders markierten Worte geben die Gründungsursache des Verbandes wieder und führen die visuelle Darstellung wichtiger Ereignisse der Entwicklung an, die Bilder folgen auf der zweiten (Klinggräff), dritten (Jena) und fünften Seite (Zander) im Text. Damit sind die Kernaussagen des Kapitels herausgestellt.

Der Text ist chronologisch aufgebaut. Er beginnt mit der Gründung der Urburschenschaft 1815, führt über die Schilderung eines ersten Gründungsversuchs zum Jahr 1848 und schildert den allmählichen Aufbau des Verbandes. Die nächste Zäsur auch inhaltlicher Art bildet der Einschub über die Zandersche Bewegung 1880/81, danach setzt der Text inhaltlich erst im Jahr 1919 wieder ein, faßt die hochschulpolitischen Tätigkeiten und den beginnenden Nationalsozialismus auf etwa einer Seite zusammen, leitet in die NS-Zeit über, um dann die Wiedergründung nach dem Krieg zu beschreiben. Der Text endet mit dem Jahr 1953.

Der Inhalt des Textes:

Den Bedarf eines ersten Zusammenschlusses mehrerer Seniorenconvente (SC) zu einem Verband sehen die Autoren Brod und Gottwald bereits in Folge der Gründung der ersten Burschenschaft im Jahre 1815:

„Schon frühzeitig erschien die Burschenschaft als Feind der Corps, die zumeist jede Nivellierung und Beseitigung der Einzelverbindungen ablehnten. Aus dem Gefühl heraus, daß eine gemeinschaftliche Abwehr erforderlich sei, regte daher bereits 1818 der SC zu Erlangen einen allgemeinen Zusammenschluß der Corps an."[272]

Zur Verteidigung des eigenen Standes, der Durchsetzung eines allgemein gültigen Verhaltenskanons und zur Umgehung einer politischen Verfolgung war es zwingend notwendig, eine einheitliche Struktur in der Vertretung der Studentenschaft zu haben, jedoch wendet sich der erste Gedanke nur gegen die Burschenschaft.

Die Burschenschaftsbewegung und ihre Inhalte führten als Gegenreaktion der Corps zu ersten Überlegungen, einen Verband zu gründen.

Die Burschenschaft wollte zwar auch eine einheitliche Studentenvertretung, jedoch aus politischen, vaterländisch-nationalen Motiven heraus, was schließlich die politischen Machthaber zur Reaktion veranlaßte, ausgedrückt in den Karlsbader Beschlüssen und dem Verbot der Burschenschaften. Die Corps, die zum Teil bereits die Annäherung an die staatstragende Elite vollzogen hatten und sich mit der Konsolidierung der Anerkennung ihres Standes beauftragt sahen, fühlten sich durch die politischen Radikalisierungs-

---

[271] Handbuch des Kösener Corpsstudenten, Ausgabe 1985, Seite 53.
[272] Handbuch des Kösener Corpsstudenten, Ausgabe 1985, Seite 53.

tendenzen in den Burschenschaften bedroht. Da sie dadurch selbst in den Blick der behördlichen Kontrollorgane geraten konnten, distanzierten sie sich zunehmend und schwenkten auf einen Kurs gegen die Burschenschaften ein. In einem Abkommen der Seniorenconvente von Halle, Jena und Leipzig vom 4. März 1821, also nach den Karlsbader Beschlüssen und während der einsetzenden politischen Verfolgung der Burschenschaften, heißt es: *„Die Landsmannschaften (später Corps, Anmerkung S. P.) versprechen sich als solche gegenseitige Freundschaft und Unterstützung bei ihren Handlungen gegen ihren gemeinsamen Feind, die Burschenschaft, als auch in anderen Kommentsachen, (...). Für immer sind Verbindungen von burschenschaftlichen Gesinnungen und Zwecken vom allgemeinen Seniorenconvent ausgeschlossen.“*[273]

Die Umsetzung blieb nicht ohne Wirkung, denn einerseits verdrängten die Burschenschaften die noch übrig gebliebenen alten Landsmannschaften - andererseits unterdrückten die Corps zeitlich leicht verzögert die Burschenschaften. Eine Konstellation und Motivation, die an das Verhältnis der Corps zu den Orden 25 Jahre zuvor erinnert und auch damals zu Erfolg führte. So auch dieses Mal:

„Schon bald wurden sie innerhalb und außerhalb studentischer Gemeinschaften als das legitimierte Organ zur studentischen Führung angesehen.“[274]

1831 wurde das Abkommen der drei SC in den Statuten erweitert; es galt unter den dreien noch bis 1838, der Hallenser SC trat dann aus und 1842, eine neuere Arbeit gibt den 18. Januar 1845 als letztes Datum an,[275] erlosch der erste Versuch, einen *„Allgemeinen Senioren-Convent“ (ASC)* ins Leben zu rufen. Aber, so die Autoren, das Abkommen habe *„sehr segensreich gewirkt“.*[276]

Es kann nur vermutet werden, daß die Neuformulierung des Abkommens von 1831 eine Reaktion in Form einer politischen Absicherung der Corps auf die Julirevolution in Frankreich 1830 und ihrer unterschiedlichen Auswirkungen in Deutschland in den Jahren 1830/33 war (so z. B. das Hambacher Fest im Mai 1832, Frankfurter Wachensturm vom 3. April 1833), die eine neuerliche Verfolgung und Überwachung großer Teile der Gesellschaft auslösten. Sicher ist, daß die neuerliche Revolution bei den Konservativen, zu denen die Corps gehörten, große Befürchtungen ausgelöst hat.[277] Tatsächlich kam es auch in Deutschland zu einer Politisierung breiterer kleinbürgerlicher und bäuerlicher Schichten, womit die typisch konservative Massenphobie der Corps als einer der Gründe für diese Befürchtungen angeführt werden kann,

273 Ebenda, Seite 53, Hervorhebung im Original.
274 Rosco G. S. Weber, Seite 38.
275 Vgl. Karsten Bahnson, Vorgeschichte und Gründung des Kösener Senioren-Convents-Verbandes, in: Rolf-Joachim Baum (Hrsg.), „Wir wollen Männer, wir wollen Taten!“, Seite 64.
276 Vgl. Handbuch des Kösener Corpsstudenten, Ausgabe 1985, Seite 53 und Rosco G. S. Weber, Seite 39.
277 Heinrich Lutz, Zwischen Habsburg und Preußen. Deutschland 1815 - 1866, Berlin 1985, Seite 170 f.

72

empfunden als eine Bedrohung ihres privilegierten Standes. Sicherlich spielten auch Erinnerungen an die Französische Revolution von 1789 eine Rolle. Die nachfolgenden Jahre bis etwa 1840 standen wieder im Zeichen der staatlichen Überwachung und Unterdrückung, der die Corps sich offensichtlich wieder entziehen konnte, vielleicht auch durch das „segensreiche Wirken" des Abkommens. Die Corps erwiesen sich jedoch weniger durch ihr Abkommen als unempfänglicher gegenüber den freiheitlich-liberalen Gedanken der Zeit und ihrer Träger (zumindest bis 1845), als vielmehr durch ihren konservativen Schutzschild, bestehend aus der engen Gemeinschaft und dem zugrundeliegenden Komment. Ihre commentmäßige „Festigkeit" drückte sich, so formuliert es Bahnson, in dem Durchsetzungsvermögen gegenüber den Burschenschaften und den Progreßbestrebungen aus.[278] Ob die Corps sich tatsächlich durch ihren Komment gegen die fortschrittliche Bewegung geschützt haben, muß aber bezweifelt werden, vielmehr waren sie als Teil der konservativen Strömung nicht allzu sehr betroffen. Deutlich wird jedoch der Einfluß der Progreßbewegung auf einzelne Konstitutionen. Das kann exemplarisch am Corps Teutonia Marburg gezeigt werden. Das Corps änderte zunächst 1848 seine Konstitution im Sinne der Bewegung, um sie bei Abflauen der Revolution rasch wieder von den Veränderungen zu befreien. Die „Verirrung" des Corps Teutonia währte, gemessen an der Gültigkeitsdauer der Konstitution, ganze neun Monate.[279]

Die Corps wurden deshalb weniger von der damaligen Politisierung eingenommen und bewiesen demnach ihre „Festigkeit", weil sie weder zu der vorwiegend betroffenen gesellschaftlichen Schicht gehörten, noch eine freiheitlich-liberale Politik verfolgten. Sie gehörten zu den konservativen Kreisen der Gesellschaft und zählten zu den Gegnern des Liberalismus damaliger Zeit.

Der Text des Handbuchs fährt fort mit einer kurzen überleitenden geschichtlichen Zusammenfassung dieser Jahre: So ergriff in den 40er Jahren eine „große politische Welle" das ganze Volk, die ihren Höhepunkt in den Revolutionsereignissen 1848 fand. Diesen Veränderungen sah man sich ausgesetzt und faßte sie gar als existentielle Bedrohung auf:
„Die Corps drohten dabei, etwas anderes zu werden, als sie bisher gewesen waren. Der Progreß – so nennt man diese „fortschrittliche" Zeitströmung – schien einfach alles ins Wanken zu bringen."[280]
Was aber kam ins Wanken? Und warum gerade im Zeitraum 1840 - 48? Mit der Einigung und der „Ausmanövrierung" von Frankreich durch den „Lon-

[278] Vgl. Karsten Bahnson, in: Rolf-Joachim Baum (Hrsg.), Seite 65.
[279] Am 6. 12. 1848 sah sich das Corps Teutonia mit der neuen Konstitution als in der Studentenschaft stehend. Wenige Monate später, am 1. 9. 1849 griff man auf die ältere Konstitution zurück und ließ die 1848 angepaßten Paragraphen einfach wegfallen. Schon am 21. 5. 1849 trat das Corps bereits aus der Studentenschaft wieder aus, so daß man eine „Verirrung" von einem halben Jahr annehmen darf. Vgl. Helmut Neuhaus, Die Konstitutionen des Corps Teutonia zu Marburg. Untersuchungen zur Verfassungsentwicklung eines Kösener Corps in seiner 150jährigen Geschichte, Seite 21 ff.
[280] Handbuch des Kösener Corpsstudenten, Ausgabe 1985, Seite 53, Hervorhebung im Original.

doner Vertrag" vom 15. Juli 1840 erstarkten nationale Töne in Frankreich, das u. a. – zur Kompensation ihres Verlustes durch den Vertrag – die Rückgewinnung der Rheingrenze forderte.[281] In Deutschland wurden dadurch wieder antifranzösische und nationale Stimmungen in Erinnerung an die Zeit der Befreiungskriege ausgelöst. Hinzu kam der beginnende ökonomische und soziale Wandel innerhalb der Gesellschaft, durch die sich eine allmähliche (zunächst ökonomische) gesellschaftliche Machtverschiebung hin zu den bürgerlichen Schichten ergab. Ebenso wichtig war die instabile politische Konstellation des „Deutschen Bundes" seit 1839 in Folge des „Hannoverschen Verfassungsstreites", dessen inneres Gefüge nur durch eine rigorose Überwachungspolitik, der bekannteste Vertreter dieser Politik war der österreichische Staatskanzler Fürst Metternich, noch zusammengehalten werden konnte.[282]

Die Hervorhebung des Wortes „fortschrittlich" im Kontext der anderen Wörter des obigen Zitates wirkt ironisch und ist wahrscheinlich auch so gemeint, da die Autoren dieses Kapitels des Handbuchs ebenso wie das damalige Corpsstudententum der Progreßbewegung und der Revolution von 1848 alles andere als positiv gegenüber standen bzw. stehen. Verstärkt wird dieser Eindruck durch die detaillierte Schilderung der Auflösung des Abkommens von Bahnson. Der „Allgemeinen Senioren-Convent" schien nämlich doch, zum Ärger der corpsstudentischen Geschichtsschreiber, dem Zeitgeist (der Progreßbewegung) erlegen zu sein. Die Geschehnisse werden als eine Art Versuchung abgetan. Karsten Bahnson schreibt dazu:

„Die bewährte Übung zwischen den Senioren-Conventen, nach einem Comment zu handeln, wurde zugunsten einer Utopie aufgegeben: um die Gemeinschaft mit wesensfremden Verbindungen (zum Beispiel solchen, die die Satisfaktion ablehnten) zu suchen."[283]

Nun hat der Kontakt mit den neueren studentischen und meist religiös-national motivierten Zusammenschlüssen (seit 1836 gab es die spätere Uttenruthia, die das Duell verwarf, 1841 kam es in Halle und Bonn, 1843 in Berlin und 1844 in Heidelberg zu ähnlichen Gründungen, seit 1864 gab es erste akademische Turnvereine und sogar seit 1822 erste studentische Gesangvereine),[284] auf den ersten Blick nichts mit der Ablehnung der Progreßbewegung zu tun, jedoch kann diese „Utopie" bei Bahnson symbolhaft für die Erläuterung der Hintergründe herhalten. Denn im Gegensatz zum Aufstieg des neuen Nationalismus seit 1840 war die erste Nationalismusbewegung der Befreiungskriege noch eindeutig gespalten, es gab eine konservative und eine liberale Strömung. Beide Strömungen verloren im neu aufkommenden Nationalismus ihre klaren Konturen. Zwar basierte der Nationalismus auch auf antifranzösischen Ansichten und Stimmungen, die Vorstellung von Deutschland als einem einheitlichen Staatengebilde zur Abwehr der Bedrohung des „Romanismus" im Westen und des „Slavismus" im Osten war

---

[281]   Vgl. Heinrich Lutz, Seite 200.
[282]   Heinrich Lutz, Seite 198 ff.
[283]   Karsten Bahnson, in: Rolf-Joachim Baum (Hrsg.), Seite 64.
[284]   Vgl. Peter Krause, „O alte Burschenherrlichkeit", Seite 95 f., 114 ff.

aber neu.[285] Die innerpolitischen Probleme traten in den Hintergrund, Teile der Liberalen forderten nun als erstes die Wahrnehmung der nationalen Interessen, bevor man dann an die Umsetzung der Freiheit im Innern dachte. Erst die Nation, dann die Freiheit, dieser Gedanke führte Teile der Liberalen auf die Konservativen zu, die schon zuvor ein gemeinschaftliches Staatsgebilde der individuellen Freiheit entgegensetzten. Diese Überschneidungen in der Progreßbewegung muß die Corpsstudenten als Vertreter des Konservatismus verunsichert und irritiert haben, so daß es in einzelnen Corps und SC zu *„Neuerungen und Spaltungen, Mißhelligkeiten, Zerwürfnissen und verworrenen Verhältnissen"*[286] kam, die Corps politisch weitgehend orientierungslos waren. Mit der Märzrevolution kam die Versammlungsfreiheit und damit die Auflösung des Verbotes der Burschenschaften und des Zusammenschlusses anderer studentischer Gemeinschaften. Damit standen die Corps nun zusätzlich in Konkurrenz zu anderen Zusammenschlüssen, ihre Organisationsform war selbst in Frage gestellt, bedingt durch das Statut des Unpolitischen und des nun abnehmenden innenpolitischen Drucks. Das Wort *„Utopie"* spiegelt retrospektiv die Orientierungslosigkeit der Corps als Träger konservativen Gedankengutes in der Hochphase der Progreßbewegung wieder. Und wieder einmal gaben die Burschenschaften den Corps den Anlaß zum neuerlichen Zusammenschluß und zur konkreten Positionierung:

Als die Burschenschaft Germania am 11. Mai 1848 in der Heidelberger *„Deutschen Zeitung"* alle Burschenschaften zu einem Treffen nach Eisenach einlud, sah sich der Heidelberger SC veranlaßt, auf Antrag des Seniors von Klinggräff vom 15. Mai, die SC der deutschen Universitäten mittels einer Veröffentlichung in der gleichen Zeitung, einzuladen, um

„die zur Wahrung und Hebung des corpsstudentischen Interesses nötigen Maßregeln gemeinsam zu besprechen."[287]

Die Corps wollten sich und das *„corpsstudentische Interesse"* neu definieren, wobei sie ihre Gemeinschaftsgrundlagen beibehalten wollten. Die Zieldefinition war zur Zeit des Progreß schwammig geworden, jedoch fand man in dem Erstarken und dem politischen Gedankengut der Burschenschaften eine neue und alte Variante, die zur Zielformulierung gebraucht werden konnte:

„Ganz eindeutig sollte es (gemeint ist ein Treffen, Anmerkung S. P.) sich dabei um eine Gegenveranstaltung handeln, um der Burschenschaft den corpsstudentischen Anspruch auf die Vorrangstellung in den Studentenschaften zu demonstrieren."[288]

Die Corps organisierten sich abermals gegen die Burschenschaften. Anstelle der Wahrung ihres Standes stand nun die Durchsetzung und Abgrenzung des Corpsstudententums gegenüber den Mitkonkurrenten. Das läßt darauf

---

[285] Vgl. Heinrich Lutz, Seite 202. Zum Thema Nation und Nationalismus allgemein vgl. Eric J. Hobsbawn, Nationen und Nationalismus. Mythos und Realität seit 1780, Frankfurt am Main/New York 1991 und Benedict Anderson, Die Erfindung der Nation. Zur Karriere eines folgenreichen Konzepts, Frankfurt am Main/New York 1988.

[286] Karsten Bahnson, in: Rolf-Joachim Baum (Hrsg.), Seite 65.

[287] Vgl. Karsten Bahnson, Seite 66.

[288] Ebenda, Seite 66.

schließen, daß es auch anderen korporierten Gemeinschaften, insbesondere den Burschenschaften, gelungen war, sich im Stand des Bildungsbürgertums zu etablieren, wodurch sich die Corps als älteste studentische Gemeinschaft mit Führungsanspruch gezwungen sahen, sich „nach oben" abzusetzen, die Führungsrolle zu verteidigen und auszubauen. Dazu bedurfte es weiterer organisatorischer Maßnahmen.

Einige Corpsstudenten nahmen an dem Wartburgtreffen vom 11. bis 13. Juni 1848 in Eisenach teil. Anläßlich dieses Treffens trafen sich offensichtlich Corpsstudenten des Heidelberger SC und des ehemaligen ASC und erarbeiteten eine Konkretisierung der beantragten deutschen SC-Versammlung. Der Kongreß sollte demnach vom 15. bis 17. Juli in Jena stattfinden, die Einladung des Heidelberger SC erging direkt nach Rückkehr vom Wartburgtreffen am 15. Juni.[289] Jena wurde nicht zufällig gewählt, denn - und hier kommt dann doch noch das „segensreiche" Wirken des ASC zum Ausdruck - Bahnson schreibt:

„Flexibel, weitgehend gefeit gegen progressives Gedankengut und weit entfernt von einer SC-Spaltung schien allein das sachsen-weimar-eisenachische Jena zu sein."[290]

Mit Jena wurde bewußt ein Ort gewählt, der gegen die Progreßbewegung orientiert war, die Corps wählten diesen Ort symbolisch für ihr Anliegen: Eine Verbandsgründung gegen die Progreßbewegung, gegen die Burschenschaften und gegen eine Schmälerung des konservativen Einflusses.

Am 15. Juli 1848 trafen sich 11 Seniorenconvente und einige einzelne Corps von verschiedenen Universitäten. Neben der „Wahrung und Hebung des corpsstudentischen Intersses" wollte man sich auf einen gemeinsamen Corpskomment einigen.

Die Corps versuchten sich durch eine überregionale Organisation von der Progreßbewegung zu distanzieren und ihre Eigenarten als bewahrende Gemeinschaft gegen die unruhige Zeit und gegen den Progreß zu setzen. Die Revolution von 1848 markiert für die Corps in der Begründung ihrer Legitimität aber auch einen Wandel. Waren es bisher einzelne Gruppen aus dem eigenen Stand, wie anfangs die Orden, dann die Burschenschaften, so ging es jetzt zunehmend um die Verteidigung der Gemeinschaft gegen eine politisch-gesellschaftliche Bewegung und damit auch gegen Menschen aus anderen Schichten. Das ließ eine überregionale Organisationsform als notwendig erscheinen.

Die meisten Beschlüsse befaßten sich weniger mit der aktuellen politischen Lage, sondern mit internen Corpsangelegenheiten, weiterführend waren die Regelungen im Umgang mit den anderen Corps und die Fortführung des inneren hierarchischen Aufbaus (Fuchsenstatus) mit dem Ziel einer Verfestigung der Gemeinschaft. Die Instruktionen der Heidelberger Vertreter für den Kongreß bestätigen das:

„Sie sollen nur solche Verbindungen als Corps anerkennen, die sich dem Komment und Seniorenconvent unterwerfen, die alle politischen Zwecke und

---

[289]   Vgl. ebenda, Seite 68 f.
[290]   Ebenda, Seite 69.

Tendenzen ausschließen, die das Duell nicht verwerfen und das speziell studentische Duell unter gleichgesinnten Studenten pflegen, die in ihre engere wirkliche Verbindung keinen aufnehmen, der sich nicht mindestens einmal geschlagen hat, die endlich eine weitere Verbindung für die Füchse zu deren Heranbildung für alle engere wirkliche Verbindung eingerichtet haben, sowie die Füchse von aller Mitwirkung an den Beschlüssen des SC und der Verbindung fernhalten. Sie sollen ferner die Einrichtung eines Schiedsgerichtes zur Vermeidung von SC-Spaltungen beantragen. [291]

Unterwerfung unter die Regeln der Gemeinschaft, Ausschluß des Politischen, Duellzwang, Aufnahmebedingung durch das Fechtprinzip, verbindliche Schaffung des Fuchsenstatus als Erziehungs- und Formungszeit bei geminderten Rechten waren die Anliegen der Heidelberger, die auf dem Kongreß *„im großen und ganzen allgemeine Billigung fanden“.*[292] Die Corps antworteten auf die unruhige Revolutionszeit mit einer engeren Gemeinschaftskonstruktion zu dem Zweck der Aufrechterhaltung ihres Status, der auf dem ersten Kongreß wie folgt formuliert wurde:

„Die Corps sind brüderliche Vereinigungen von Studenten, die ohne Rücksicht auf eine für alle bindende politische bestimmte Richtung auf Grundlage einer besonderen Konstitution den allgemeinen Zweck haben, den von dem allgemeinen SC aufgestellten Komment und das deutsche Studentenwesen in seiner Eigentümlichkeit aufrechtzuerhalten.“[293]

Der Zweck lag in der Aufrechterhaltung und Verschärfung der Gemeinschaftsregeln (Komment) zum Erhalt des Studentenwesens als eigene besondere Gruppierung innerhalb der Gesellschaft, also Erhalt des Studententums als gesellschaftliche Schicht.

Seit 1849 ist die Bezeichnung *„Kösener Kongreß“* für die deutschlandweite Versammlung der Corpsstudenten üblich. Die vereinbarten jährlichen Treffen gab es noch 1849-51, dann tagte man erst 1855 wieder.[294] Mit dem Abflauen der Progreßbewegung, dem Scheitern der Revolution und den restaurativen Folgejahren sah man sich offensichtlich nicht mehr gezwungen, regelmäßige Treffen abzuhalten, man fühlte sich wieder geistig gefestigt und nicht länger den Bedrohungen durch Trennungstendenzen ausgesetzt,[295] womit nochmals die Stoßrichtung der Verbandsgründung bekräftigt wird: Die Festigung war aber weniger das Verdienst der Corps, als der äußeren Umstände um den Sieg der Gegenrevolution, wie auch die Autoren im Handbuch bestätigen:

„Dann glaubte man allerdings, auf besondere Tagungen verzichten zu können. Der Progreß war abgeflaut; gemeinsame regelmäßige Beratungen erschienen daher nicht mehr so dringlich.“[296]

---

[291] Handbuch des Kösener Corpsstudenten, Ausgabe 1985, Seite 54.
[292] Vgl. ebenda, Seite 54.
[293] Ebenda, Seite 56.
[294] Vgl. ebenda, Seite 56.
[295] Vgl. Karsten Bahnson, in: Rolf-Joachim Baum (Hrsg.), Seite 82.
[296] Handbuch des Kösener Corpsstudenten, Ausgabe 1985, Seite 56.

Der nächste Kongreß, auf dem man den Verband aufgrund eigener Unkenntnis der Geschehnisse und Beschlüsse von 1848 nochmals gründete,[297] fand 1855 unter Anwesenheit von 7 SC statt, 4 weitere SC folgten noch im gleichen Jahr. Die anwesenden SC gaben sich eine Geschäftsordnung, verpflichteten sich zur Annahme der gefaßten Beschlüsse und der bereits 1848 beschlossenen Schiedsgerichtsbarkeit, installierten ein Meldewesen und betonten nochmals die Verpflichtung der dem Verband angeschlossenen Corps zur unbedingten Satisfaktion.[298] 1859 führte man ergänzend die Bestimmungsmensur als Verbandsgrundsatz ein.[299]

Insgesamt kann die Zeit in den 50er Jahren des 19. Jahrhunderts als eine Zeit der Konsolidierung und des institutionellen Ausbaus der Corps gesehen werden.

In der corpsstudentischen Literatur wird dieser Zeit nicht viel Raum zugestanden, vielleicht in Ermangelung an Ereignissen? Bei Manfred Studier heißt es dazu:

„Die Corps hatten nicht nur hinsichtlich ihrer numerischen Stärke die Führung an den Universitäten inne, sondern auch ihr gesellschaftlicher Rang war bereits in den fünfziger Jahren unbestritten, zumal zu dieser Zeit bereits Prinzen aus regierenden Häusern ‚aktiv' wurden, d. h. einem Corps beitraten."[300]

Das Zitat spiegelt den Erfolg der (meist) strikt konservativen Haltung der Corpsstudenten während und nach der Revolution und den nach wie vor als Ziel verfolgten Anschluß als Bürgerliche an den Stand des Adels, die damals staatstragende Elite, wider. Den Corps ist es als Zeichen ihrer Führungsrolle und ihrer Konsolidierung gelungen, eine Vermischung von höherem Bürgertum und Adel herbeizuführen, zu etablieren und sich dabei gleichzeitig von den anderen korporativen studentischen Konkurrenten abzusetzen.[301]

Der Trend der vermehrten Aufnahme von Adeligen und der damit verbundenen gesellschaftlichen Aufwertung der Corps nahm offensichtlich mit den 50er Jahren ein wenig zu. Insgesamt blieben die Corps eine Erscheinung des gehobenen Bürgertums, denn selbst 1899 betrug der Anteil adeliger Mitglieder an Aktiven und Inaktiven „nur" 8 Prozent, berücksichtigt werden muß aber, daß es im Vergleich der absoluten Zahlen nicht annähernd so viele Adelige wie Bürgerliche gab.[302]

[297] Vgl. Karsten Bahnson, in: Rolf-Joachim Baum (Hrsg.), Seite 82.
[298] Vgl. Handbuch des Kösener Corpsstudneten, Ausgabe 1985, Seite 56.
[299] Vgl. Peter Krause, „O alte Burschenherrlichkeit", Seite 102.
[300] Vgl. Manfred Studier, Der Corpsstudent als Idealbild der Wilhelminischen Ära, Seite 36, Hervorhebung im Original.
[301] Das läßt sich an Regionalstudien belegen, so z. B. für Heidelberg. Vgl. Anne-Laure Briatte, Zwischen Barrikade und Stammtisch: Die Heidelberger Burschenschaften 1817-1871, unveröffentlichte Magisterarbeit an der Universität Paris XII Créteil, ohne Ort 2002. Anhand Briattes Studie kann die zeitliche Entwicklung der Distanz zwischen den Corps, als die voll akzeptierten Korporationen, und den Burschenschaften, als die allenfalls geduldeten, am Verhalten Korporation – Universität und Corps – Burschenschaft nachvollzogen werden.
[302] Vgl. Peter Krause, Seite 103.

78

Das Handbuch fährt nach den 50er Jahren wie folgt fort:
„Die Kriege 1864, 1866 und 1870/71 brachten keine Unterbrechung des Verbandslebens. Der Verband hatte längst die Mainlinie überschritten und hielt die Mitglieder fest zusammen."[303]
Es erscheint ungewöhnlich, daß sich die verschiedenen Kriege nicht auf die Corps ausgewirkt haben sollen und es fällt insbesondere das Wort *„Mainlinie"* auf. Historisch ist die Mainlinie die Grenzlinie zwischen dem preußischen norddeutschen Staatenbund und dem österreichischen süddeutschen Staatenbund (Bayern, Württemberg, Baden und Hessen-Darmstadt) gewesen, die sich mit dem Deutsch-Französischem Krieg 1870/71 zum Deutschen Reich vereinigten wobei zuvor 1866 Österreich innerhalb einer Neuordnung ausgeschlossen wurde und sich erst 1879 zum Zweibund mit dem Deutschen Reich bis 1918 zusammenschloß.[304] Das *„Schimmerbuch"* gibt einen genaueren Hinweis zu der Zeit und der Bedeutung des Wortes *„Mainlinie"* für die Corps:
„Von jeher gab es zwei mehr oder weniger ausgeprägte Grundtypen von Corps: die „Lebenscorps" und die „Waffencorps". Die ersten hatten ihre Heimat vornehmlich im süddeutschen Raume. (...) Erst um die Mitte des 19. Jahrhunderts schufen die Lebenscorps von sich aus noch ein weiteres Unterscheidungsmerkmal, indem sie ihren Mitgliedern eine mehrfache Corpszugehörigkeit untersagten, um auf diese Weise die ihnen nicht zusagenden liberalen Einflüsse der Progreßzeit aus Norddeutschland von sich möglichst fernzuhalten."[305]
Bei Krause heißt es im Text zwar völlig zusammenhanglos, aber hier passend:
„Die Furcht der bayrischen Lebenscorps, durch die zahlenmäßig überwiegenden norddeutschen Waffencorps majorisiert zu werden, führte 1863 und 1873 zu schweren Krisen des KSCV."[306]
Die Zitate von Bauer und von Krause weist auf die weiterhin bestehenden Ressentiments gegenüber liberalem Gedankengut innerhalb des Verbandes hin. Die Krise 1863 läßt sich eventuell mit dem Erstarken Preußens, der Ernennung Bismarcks zum Kanzler im Herbst 1862 und der noch vorhandenen liberalen Mehrheit im Landtag erklären. Allerdings ist zu bezweifeln, ob sich in dem Zitat wirklich eine drohende Majorisierung des Verbandes durch liberal eingestellte Corps (sofern es diese überhaupt gegeben hat) als Ursache der Krise widerspiegelt oder ob nicht eher das liberale Gedankengut, das im Norden ausgeprägter war als im Süden, als solches Anlaß zur Sorge gab, das Zitat demnach sich nicht nur auf die bayrischen Corps, sondern auch auf die anderen süddeutschen, österreichischen und schweizerischen Corps bezog. Völlig unerwähnt, aber eigentlich untypisch für das Verhalten des Verbandes und nur aus dem Zeitgeist heraus zu erklären, war die Ablehnung zweier Aufnahmegesuche von österreichischen Corps 1867. Im Zuge der aufkommenden nationalen Begeisterung und der zuvor vollzogenen

[303] Vgl. Handbuch des Kösener Corpsstudenten, Ausgabe 1985, Seite 56.
[304] Vgl. Heinrich Lutz, Seite 475 ff.
[305] Erich Bauer, Schimmerbuch für junge Corpsstudenten, Seite 11 f.
[306] Peter Krause, Seite 102.

Ausschließung Österreichs war der Verband in diesem Fall eindeutig auf deutsch-nationalen Kurs umgeschwenkt, so daß er sogar bereit war, für gewisse Zeit seine Statuten zu brechen.[307] Manfred Studier erwähnt für diese Zeit ergänzend eine vorwiegend *„einfache Lebensgewohnheit"* der süddeutschen Corps im Vergleich zu den norddeutschen Corps.[308] Hier liegt vielleicht der Erklärungsansatz für die erwähnte zweite Krise 1873. Durch die ökonomische Benachteiligung aufgrund der zeitlich später verlaufenden Industrialisierung des Südens waren die süddeutschen Corps schon früher und vorwiegend aus materiellen Gründen gezwungen, sich neben ihrer Lebenscorpskonstruktion auch in einem Lebensbund der gegenseitigen Hilfe auf Lebenszeit, zu organisieren, während die offensichtlich wohlhabenderen und zahlenmäßig überlegeneren norddeutschen Corps sich mehr dem militärischen Aspekt zuwendeten und sich eher als Ehrgemeinschaft verstanden, passend zur preußisch - militärischen Organisationsweise. Das Gefühl einer wie auch immer gearteten „Überlegenheit" der norddeutschen Corps gibt aber auch das tatsächliche gesellschaftliche Gefühl der damaligen Zeit wieder. Preußen hatte es verstanden, die Volksarmee (Wehrpflicht) als ein Erbe der Französischen Revolution zu einer Volkskraft zu modernisieren, mit der Technik und Industrie (z. B. dem Zündnadelgewehr) zu verbinden und machtsteigernd einzusetzen. Durch die Verbindung von Neuem und Altem war Preußen im Vorteil,[309] was sich in den Kriegen 1866 und 1870/71 bewies.

Zurück zu den ökonomischen Problemen: Erst mit dem Einbruch der Wirtschaft nach den Gründerjahren (1869-1873) bauten auch die norddeutschen Corps ihre Struktur mit Aufnahme des Lebensbundprinzips aus. In dieser Zeit entstanden die ersten organisierten Altherrenvereinigungen.[310] Die von Krause erwähnte Verbandskrise 1873 weist also eher auf ein ökonomisches Problem des Verbandes hin. Die einbrechende Wirtschaft, ein Ergebnis einer Verkettung von Überinvestition und Überproduktion, begünstigt durch billige Kredite und den Zufluß von Geldmitteln aus der französischen Kriegsentschädigung,[311] mußte Spuren bei den Corps hinterlassen haben und die Betroffenheit vom Wirtschaftseinbruch war im Süden offensichtlich höher als die im Norden.

Die zunächst politischen (1863 und folgende Jahre) und dann die wirtschaftlichen Nöte des Verbandes und der einzelnen Corps (ab 1873), führten als Lösung der Krisen auf den Weg zur Einführung des Lebensbundes und der ersten Altherrenschaften. Auf die jetzt von außen herangetragene politische und ökonomische Krise wurde erneut mit einem institutionellen, die Gemein-

---

[307] Vgl. Egbert Weiß, Corpsstudenten auf dem Weg zur deutschen Einheit – von der Paulskirche zum ersten Reichstag, in: Rolf-Joachim Baum (Hrsg.), „Wir wollen Männer, wir wollen Taten!", Seite 107.
[308] Vgl. Manfred Studier, Seite 36.
[309] Vgl. Heinrich Lutz, Seite 460 ff.
[310] Vgl. Erich Bauer, Schimmerbuch für junge Corpsstudenten, Seite 12. Auch Rosco G. S. Weber bestätigt, daß die Altherrenvereinigungen „vor 1868" kaum eine Rolle spielten. Vgl. Rosco G. S. Weber, Seite 43.
[311] Vgl. Michael Stürmer, Das ruhelose Reich. Deutschland 1866-1918, Berlin 1983, Seite 84.

schaft enger konstruierenden Ausbau geantwortet.[312] Die Ressourcen der Corps konnten durch die engere Anbindung der teilweise zahlungskräftigen Altherrenschaften erhöht werden.[313]

Im Handbuch werden auch direkte Ursachen für die finanziellen Nöte der Corps genannt:

„Aber die Gründerjahre nach der Entstehung des Reiches brachten, wie überall, auch bei den Corps eine schwere Krise. Auch hier traten Mißstände auf. Die Repräsentation wurde übertrieben, der Komment ins Formal-Bürokratische verzerrt; Überheblichkeit machte sich breit und führte zu unzähligen PP-Suiten, nicht nur einzelner Corps, sondern ganzer SC gegeneinander. Erhebliche Kosten waren die Folge, die viele Corps (...) an den Rande des Ruins brachten, ja zur Suspension zwangen."[314]

Letzteres darf in Anbetracht der zahlenmäßigen Entwicklung der Corps der betreffenden Jahre bezweifelt werden, bzw. ist sogar zu widerlegen:

„Aber, man muß eigentlich feststellen, daß sich eine nachteilige Wirkung auf die SC-Bestände weder beim ganzen Verband noch bei den einzelnen SC nachweisen läßt, allerdings auch kein merklicher Anteil am Ansteigen der Zahl der Studenten."[315]

Da dieses Zitat von 1958 jünger ist als der entliehene Text des Handbuches von 1953 (erneut in Teilen abgedruckt im Handbuch von 1985) kann dieser Fehler in der Angabe mit der Unwissenheit des Autors Fritz Nachreiner[316] erklärt werden. Die abermalige Wiederholung in dem Text von Martin Biastoch von 1998[317] oder in der wissenschaftlichen Arbeit von Manfred Studier von 1965 [318] ist hingegen nicht mit Unwissenheit zu klären und legt die Vermutung der Selektion nahe, so wird die hier wiederlegte Mutmaßung in der Arbeit von Rosco G. S. Weber von 1986 nicht einmal mehr mit einer Fußnote belegt.[319]

Die Gründe für die hohen Kosten waren also ein großzügiges Leben und Auftreten der Corpsstudenten einerseits, die teuren „Pro-Patria (PP) - Suiten"

---

[312] Den Prozeß der engeren Konzeption kann man auch an einzelnen Corps nachzeichnen, so z. B. anhand der Geschichte des Corps Marchia Brünn zu Trier, Vgl. Norbert Koniakowsky/Wolf Englert/Hadwin Elstner (Hrsg.), Geschichte des Corps Marchia Brünn 1865-1995, Trier 1995, Seite 31.

[313] Einige Corps ließen sich mit der Gründung eines eigenen Altherrenverbandes viel Zeit, so gründete das Corps Teutonia erst 1901 den „Verband alter Marburger Teutonen", was natürlich nicht heißt, daß es vorher keine Alten Herren gegeben hat oder das diese nicht im „Verband Alter Corpsstudenten" des Verbandes organisiert waren, entscheidend ist aber die zunehmende Institutionalisierung, zunächst die Einführung des Status „Alter Herr", dann der Zusammenschluß in Verbänden. Vgl. Helmut Neuhaus, Seite 26.

[314] Handbuch des Kösener Corpsstudenten, Ausgabe 1985, Seite 56 f.

[315] Oskar Scheunemann, Die zahlenmäßige Entwicklung des Kösener SC-Verbandes 1848 - 1935, in: Verein für Corpsstudentische Geschichtsforschung e. V., Einst und Jetzt. Jahrbuch 1958, Seite 52 und 58.

[316] Vgl. Fritz Nachreiner, Der Kösener Seniorenconventsverband (KSCV), in: Handbuch des Kösener Corpsstudenten, Ausgabe 1953, Seite 25 f.

[317] Vgl. Martin Biastoch, Die Corps im Kaiserreich – Idealbild einer Epoche, in: Rolf-Joachim Baum (Hrsg.), „Wir wollen Männer, wir wollen Taten", Seite 114.

[318] Vgl. Manfred Studier, Seite 37.

[319] Vgl. Rosco G. S. Weber, Seite 43.

andererseits. Das ausschweifende Leben läßt sich mit den zwar wirtschaftlich ungesunden, aber dennoch fetten Jahren 1869-73 erklären. Die Formulierung von den Autoren des Handbuches in Bezug auf die gesellschaftlich-ökonomischen Mißstände „wie überall" erscheint auf den ersten Blick nicht ungewöhnlich, da die Corpsstudenten meist Angehörige des gehobenen Bürgertums waren, das in den wirtschaftlich gutgehenden Jahren profitierte. Jedoch stellen die PP-Suiten einen Aspekt dar, der eben nicht „wie überall" ist. Eine PP-Suite ist eine Folge von Partien (Mensuren), die ganze Corps oder ganze SC damals aus teilweise niederen Beweggründen gegeneinander ausfochten.[320] Damit verbunden waren beachtliche Reise- und Unterbringungskosten, ein Umstand, der auch bei Manfred Studier beschrieben wird und sicherlich nicht „wie überall" war:

„Berühmt wurde eine solche pp-Suite zwischen dem Heidelberger und Züricher SC, die deshalb ‚gestürzt' worden war, weil der Züricher SC einen Heidelberger SC-Brief, der in nicht ganz sauberen Zustand angelangt war, zurückschickte und im Begleitbrief ‚Zurich' statt ‚Zürich' schrieb, worauf sich nun Heidelberg wiederum ‚Briefe mit orthographischen Fehlern' verbat. Bei diesen pp-Suiten und Corpsbesuchen in anderen Universitäten genügten z. B. nicht mehr, wie früher, die Zimmer der gastgebenden Corpsmitglieder als Unterkunft; die teuersten Hotels waren gerade gut genug, und mehrere Corps sind damals wegen finanzieller Erschöpfung eingegangen."[321]

Auch Rosco G. S. Weber bestätigt das ausschweifende Leben und die wirtschaftlichen Nöte, die insbesondere durch das Schlagen von PP-Suiten ausgelöst wurden:

„Die daraus (aus dem Schlagen der PP-Suiten, Anmerkung, S. P.) resultierenden Aufwendungen körperlicher und finanzieller Art, etwa durch Bewirtung und Beherbergung bei solchen Anlässen, brachten viele Corps an den Rand der Auflösung."[322]

Es bleibt die Frage nach der Ursache, warum die Corps nach 1866, aber vor allem nach 1871 einen derartigen Lebenswandel pflegten, insbesondere geprägt von einer völlig übertriebenen Gewalt gegen sich selbst?

Ein Zugang zur Beantwortung dieser Frage liegt in dem Verhältnis der Corpsstudenten zu Politik und Militär, hier stellvertretend für die Ausübung von Gewalt. Schon mit den Befreiungskriegen lernten die damaligen Corpsstudenten, daß ein Schritt in die Richtung der Einigung des Landes leichter mit Gewalt getan werden konnte. 1848 wurden sie abermals von der Politik enttäuscht, sie fühlten sich sogar durch die liberalen Strömungen in ihren Wurzeln bedroht und reagierten mit einer engeren Gemeinschaftskonstruktion.

1866 und 1871 lernten sie abermals, daß Politik nicht in der Lage ist, etwas zu bewirken. Nur durch Anwendung von Gewalt war die Herstellung der äußeren Einigung zum Deutschen Reich möglich und die wurde „von oben" verordnet, denn es waren der Adel und das Militär, das die Einigung erzielte und nicht das (gehobene) Bürgertum. Gewalt ersetzte Politik.

---

[320] Vgl. Christian Helfer, Kösener Brauch und Sitte, Seite 164.
[321] Manfred Studier, Seite 37, Hervorhebung im Original.
[322] Rosco G. S. Weber, Seite 43.

82

Nachdem aber eine der Grundforderungen der Corps als Teil der konservativen Bewegung erfüllt worden war, nämlich die Schaffung eines einigen Vaterlandes (Ende der Vielstaaterei), waren unterschiedliche Rituale der corpsstudentischen Gemeinschaft, die ein Fehlen des einigen Vaterlandes ersetzen sollten, in Frage gestellt, bzw. ihres Sinnes beraubt. Es mußte eine Neuorientierung, eine neue Sinngebung eines Teils der gemeinschaftlichen Betätigung gefunden werden. Im Falle der Corps (aber auch der Burschenschaften) wendete sich die gebundene Gewalt in den Ritualen (Mensur, PP-Suiten) in ihrer Sinngebung nun nach Innen und damit gegen die Gemeinschaft selbst, mit der Folge:

„Alle diese Umstände ließen schließlich in den Kreisen alter Corpsstudenten das Wort von der ‚Selbstzerfleischung' der Corps aufkommen."[323]

Die Erkenntnis der Corpsstudenten, daß die Ausübung von Gewalt im Falle eines Sieges das Recht auf Seiten der Sieger (vor allem Adel und Militär) bedingt, führte zur Mißachtung humanistischer Wertauffassungen, zumal dieser Prozeß parallel begünstigt wurde von einer Maschinisierung des Lebens, einer „Einbürgerung" militärischer Umgangsweisen, der damit verbundenen Art der Konfliktregelung und einer generellen Entwertung menschlichen Lebens innerhalb der expandierenden Ökonomie Deutschlands:

„In Königgrätz erhielt eine Militärmonarchie neuen Stils die entscheidende Feuertaufe. Gewiß war das alles schon langfristig vorbereitet. Aber nun hatten in der Tat die Waffen entschieden - weit in die Zukunft hinein. An die Stelle des zerstörten Deutschen Bundes, der zur Friedenssicherung gestiftet war, sollte nun die mitteleuropäische Hegemonie einer Militärmonarchie treten. Sie festigte sich, indem sie Ziele und Wunschvorstellungen des nationalen Bürgertums erfüllte. Die inneren und äußeren Wirkungen jener Militärmonarchie, die auf dem Schlachtfeld von Königgrätz nicht nur über Österreich, sondern über andere Konzepte preußischer und deutscher Staatlichkeit gesiegt hatte, blieben für Deutschland und Europa bis tief ins 20. Jahrhundert wirksam."[324]

Norbert Elias beschreibt für diese Zeit die inneren Auswirkungen dieser Entwicklung:

„Eine eigentümliche Spielart des Bürgertums trat so auf die Szene: bürgerliche Menschen, die die Lebenshaltung und die Normen des Militäradels zu den ihren machten. Damit verbunden war eine klare Distanzierung von den Idealen der deutschen Klassik. Das Versagen der eigenen Schicht bei dem Bemühen, das Ideal der Einigung Deutschlands zu verwirklichen, und die Erfahrung, daß es unter Leitung des Militäradels verwirklicht worden war, führte zu einem Vorgang, den man vielleicht als Kapitulation weiter Kreise des Bürgertums vor dem Adel bezeichnen kann. Sie wandten sich nun entschlossen gegen den klassischen bürgerlichen Idealismus, zugunsten eines Scheinrealismus der Macht. (...) Das Gefühl dafür, wie weit man bei der Anwendung von Adelsmodellen in der Praxis gehen könne, verlor sich oft genug

---

[323] Manfred Studier, Seite 37.
[324] Heinrich Lutz, Seite 462.

bei deren Aneignung durch bürgerliche Gruppen. Sie befürworteten dann einen grenzenlosen Einsatz von Macht und Gewalt.[325]
Wieder einmal zeigten sich die aktiven Corpsstudenten orientierungslos und sahen eine Kompensationsmöglichkeit in der ritualisierten Anwendung von Gewalt. Die Satisfaktion, die nun über Gebühr praktiziert wurde, bot eine Überbrückung dieser Situation an. Man gab sich als Angehörige des gehobenen Bürgertums in Anerkennung der machtpolitischen Verhältnisse völlig unpolitisch und begrub seine bürgerlichen Ideale als Preis für den Anschluß an die Spitzengruppen der Militärmonarchie, der man mittels des übertriebenen Fechtens huldigte.[326] Aktives Handeln und politisch motiviertes Eingreifen wurde nicht gelernt und mittlerweile war man nahezu unfähig dazu. Der erzieherische Aspekt als Vorbereitung für die Zukunft, z. B. in Form der Ausübung von akademischen Berufen im Staatsdienst,[327] trat zunehmend in den Vordergrund. Hierarchisches und obrigkeitsstaatliches Denken war die eine Folge, die zunehmende Integration der Corpsstudenten in hohe Ämter und Positionen die andere.

Ein Vorgang, dessen Absicht 1867 auf dem Kongreß ausdrücklich bestätigt und befürwortet wurde:

„Nicht nur das Corps als Ganzes, sondern auch das einzelne Mitglied übt während des Studiums in politischer Hinsicht ,bescheidene Zurückhaltung' – nicht aus politischer Gleichgültigkeit, sondern in der Überzeugung, daß es sich auf den Dienst am Vaterlande erst vorzubereiten habe. Der Student dürfe sich nicht auf ein politisches Glaubenbekenntnis zu einer Zeit verpflichten, in der es ihm an Erfahrung noch völlig mangele. Somit überließ man es bewußt den durch politische Erfahrung und berufliche Fachkenntnis ausgewiesenen Alten Herren, gestaltend in die Politik einzugreifen.[328]
Gesellschaftliche Funktion und Zeit der Erziehung wurden ausdrücklich getrennt. Damit wurde – wie bei Gründung des Verbandes – nicht nur eine interne erzieherische Funktionsbestimmung bestätigt und erweitert (z. B. die der Fuchsenzeit als erzieherische Probezeit, bevor man dem inneren Kreis der Gemeinschaft angehören darf), sondern auch eine externe, gesellschaftliche Funktions- und Zielbestimmung aufgestellt, die eine Integration der ehemaligen Corpsstudenten in das Corpsleben nicht nur möglich, sondern sogar notwendig erscheinen ließ.

---

[325] Norbert Elias, Studien über die Deutschen, Seite 23.

[326] Vgl. ebenda, Seite 167.

[327] Vgl. Detlev Grieswelle, Korporationen und Karrieren. Die soziale Rekrutierungsfunktion der Verbindungen, in: Harm-Hinrich Brandt/Matthias Stickler (Hrsg.), „Der Burschen Herrlichkeit", Seite 438. Grieswelle gibt in seinem Text eine Untersuchung der Berufe jener Alten Herren wieder, die in den Jahren 1870-1880 in Kösener Corps aktiv waren. Danach ergibt sich folgendes Bild: „Von den 142 Führungspersonen (wie Minister, Staatssekretäre, Untersekretäre, Ministerialdirektoren und -räte, Oberpräsidenten, Regierungspräsidenten, Polizeipräsidenten) waren 124 in Preußen und im Verwaltung des Reiches, 85 kamen aus den exklusiven Corps; von den 417 führenden Verwaltungsbeamten (wie z. B. Landräte) befanden sich 337 in Diensten Preußens bzw. des Reiches, 219 stammten aus exklusiven Corps."

[328] Egbert Weiß, Seite 108 f.

84

Der erzieherische Auftrag der Corps erstreckte sich nicht mehr eindeutig auf den Stand der Studenten, sondern stand nun im Zeichen der Vorbereitung *„auf den Dienst am Vaterlande"* und dazu benötigte man auch die Erfahrungen derer, die sich im *„Dienst"* befanden und mit Rat und Tat zur Seite stehen konnten - eben die Alten Herren, die in Folge der Funktionsergänzung anfingen, sich in Altherrenvereinen zu organisieren.[329] Umgekehrt bedeutete das aber auch, daß es die Corpsstudenten geschafft hatten, eine Reproduktion, eine Rückkopplung der Alten Herren an die aktiven Corpsstudenten über den seit 1867 diskutierten und später eingerichteten Status des Inaktiven[330] aufzubauen, denn der formulierte Anspruch *„Vorbereitung für den Dienst am Vaterland"* bedingte, daß die Corpsstudenten einen beruflichen Einsatz in dessen Dienst auch erwarten durften.

Es zeigt sich, daß die Corpsstudenten mit dem Aufbau der Altherrenschaften beginnen, einen gesellschaftlichen Anspruch in beruflicher Hinsicht zu formulieren, sie sehen sich nun als Teil des Staates, als Teil der Elite, für die sie selbst ausbilden – erziehen – wollen. Mit dem Aufbau der Altherrenschaften und der damit verbundenen Rückkopplung an die aktiven Corpsstudenten beginnt die Reproduktion der corpsstudentischen Elite.

Die mit den Gründungen der Altherrenschaften verbundenen Ziele der Alten Herren findet man in den Handbüchern von 1927 und 1930 beschrieben: So verbanden die am 15. November 1887 versammelten Herren mit der Gründung eines Verbandes Alter Herren die Hoffnung auf eine

„günstige(n) Rückwirkung dieses Fortlebens der Corpsprinzipien in weiteren Kreisen direkt und indirekt auf das aktive Corpsleben."[331]

Am 21. April 1888 fand die konstituierende Sitzung statt. Als Ziel wurde formuliert:

„(...) es soll mit allen Kräften den Feinden der Corps begegnet und es soll mit allen Kräften für die Corps gewinnend gewirkt werden (...)."[332]

Eine Absicht der Corps, die auch in der „gehobeneren" Gesellschaft zunehmend Aufnahme und Anerkennung fand:

„Zugehörigkeit zu einer solchen Studentenverbindung wies ihn überall im Reich unter den Mitgliedern eines lokalen Establishments als Zugehörigen aus, der in seinem Verhalten und Empfinden einem eigentümlichen, für die damaligen deutschen Oberschichten charakteristischen Kanon gehorchte. Das war das Entscheidende. Die Erziehung zu einem spezifischen Verhaltens- und Empfindungskanon, der sich in der Zeit von 1871 bis 1918, bei allen örtlichen Varianten, doch recht gleichmäßig über die verschiedenen Dependancen der guten Gesellschaft ausbreitete, war eine der Hauptfunktionen der schlagenden Studentenverbindungen."[333]

[329] Rosco. G. S. Weber, Seite 43, Norbert Elias, Seite 123.
[330] Vgl. Oskar Scheunemann, Die zahlenmäßige Entwicklung des Kösener SC-Verbandes 1848-1935, Seite 51 ff.
[331] Handbuch des Deutschen Corpsstudenten, Ausgabe 1927, Seite 54 f. und Ausgabe 1930, Seite 59.
[332] Ebenda, Seite, Seite 57, bzw. 61.
[333] Norbert Elias, Seite 67.

85

Ein wesentlicher Bestandteil war „*die Erziehung zu einem spezifischen Verhaltens- und Empfindungskanon*,[334] der nicht nur für die eigenen Mitglieder eine prägende Funktion hatte, sondern eine integrative, eine Anschlußfunktion an die Oberschicht.[335] Deutlich wird dies vor allem in den Regelungen eines ehrenvollen Verhaltens, verbunden z. B. mit dem des Duell- und Mensurwesens, das in der Verarbeitung der Geschehnisse von 1870/71 für die Corpsstudenten eine Art Ventilfunktion bekam und in Form einer Huldigung der Gewalt in Ausübung der unbedingten Satisfaktion maßlos übertrieben wurde. Die schon nach den Kriegen 1864, 1866 und dann 1870/71 erneute Häufung von Pistolenduellen kann als weiteres Indiz für diese Argumentation gewertet werden.[336] Es kann nur vermutet werden, daß in dem ungefähr zehn Jahre dauernden Kompensationsprozeß zum einen die Frustration über das eigene Scheitern/Ausgeschlossensein von der Mitgestaltung der Staatsbildungsprozesse und zum anderen die allmähliche Anbiederung an den Adel durch eine besonders betonte Anpassung an diesen vorgenommen wurde. Norbert Elias schreibt: Es

„*versöhnten sich andere (dazu zähle ich die Corps, Anmerkung S. P.), von allmählich wachsender Macht, mit der zweitrangigen Rolle, die den oberen Kadern der Mittelklassen in dem neugeeinten Reich zugewiesen wurde, als Juniorpartner der immer noch sehr exklusiven und klassenbewußten Herrenschicht des Adels. Die mit einer solchen Position verbundene Enttäuschung und Erbitterung äußerte sich in ihrem Fall nicht gegenüber den höherstehenden Gruppen, mit denen sie sich, als den Vertretern von Nation und Reich, in einem allgemeinen Sinne mehr und mehr identifizierten, sondern gegenüber all den Sozialformationen, die ihnen an Status oder Macht unterlegen waren (...).*"[337]

Ein Prozeß, der sich in dem Konkurrenzverhalten der Corps zu den anderen Korporationen an den Universitäten wiederfindet. Mit der Reichsgründung war ein Ziel vieler Korporationstypen erfüllt, die sich in ähnlicher Weise wie die Corps umorientieren mußten. Mit dem Ausbau des Universitätswesens und dem Ansteigen der Studentenzahlen mußten die Corps auch um die Erstsemester im Kampf mit neugegründeten, darunter auch völlig neue Korporationentypen und den schon bestehenden ringen.[338] Die Corps setzten auf Exklusivität, strengen Komment und (überzogenes) Fechten. Damit sollte den anderen der überlegene Status der Corps innerhalb der verschiedenen Korporationen an den Hochschulen mit Nachdruck verdeutlicht werden, selbst auf die Gefahr hin, sich finanziell zu überfordern oder keinen Nach-

---

[334] Ebenda, Seite 67.

[335] Vgl. ebenda, Seite 69.

[336] Die Pistolenduelle, wie auch die anderen „schweren Forderungen" wurden 1870 im Komment vereinheitlicht und seit 1875 waren sie an ein vorauszugehendes Ehrengericht gebunden. Vgl. Adolf Lohmann, Ehrenschutz und Ehrengericht, in: Handbuch des Kösener Corpsstudenten, Ausgabe 1953, Seite 65.

[337] Norbert Elias, Seite 172 f.

[338] Vgl. Martin Biastoch, Die Corps im Kaiserreich - Idealbild einer Epoche, in: Rolf-Joachim Baum (Hrsg.), Seite 112.

wuchs[339] mehr zu bekommen, da die corpsstudentischen Aktivitäten selbst gut verdienenden Familien für ihre Söhne zu teuer wurden.[340] Das Vorgehen der Corps war offensichtlich von Erfolg gekrönt, denn man stellte ein Nacheifern anderer Verbände fest:

„(...) es verdeutlicht, wie hoch die Corps geschätzt wurden, weil man ihnen in dieser Art nacheiferte, und welche Verehrung ihnen von jüngeren Korporationen entgegengebracht wurde. (...). Es folgt daraus, wie schon früher angedeutet, daß die Corps zu den studentischen Korporationen für die Söhne der höheren gesellschaftlichen Kreise wurden."[341]

Die Verschärfung der Gewaltausübung unter gleichzeitiger Anwendung erheblicher ökonomischer Mittel waren die Werkzeuge der Corpsstudenten zur Abgrenzung (nach unten) von den anderen Korporationen bei gleichzeitiger Durchsetzung und Demonstration ihres elitären Führungsanspruches. Ihre Rekrutierungsstrategie verlagerte sich indes weg von einer landsmannschaftlichen Orientierung hin zur sozialen Selektion:

„Mit entsprechenden Aufnahmebedingungen (...) sorgten die meisten Corps dafür, daß ihr Nachwuchs im wesentlichen aus bestimmten gesellschaftlichen Schichten kam. Der Adel, das vornehme Beamtentum und die Welt des Geldes waren jetzt Rekrutierungsbezirke (...)."[342]

Die Corpsstudenten bemühten sich im Laufe der Jahre nur noch selten direkt um Nachwuchs, in dem sie z. B. an der Universität für ihr Corps warben, sondern

„es bedurfte einer Empfehlung eines der Verbindung angehörenden Alten Herren oder eines anderen Corpsstudenten."[343]

Wurde der Nachwuchs vor der Reichseinigung noch häufig nach regionalen Kriterien rekrutiert, findet in der Zeit bis 1888 mit der Gründung des Verbandes der Altherrenschaft als Abschluß dieser Entwicklung ein Umdenken statt: Der Lebensbund als Prinzip und die Änderung der Rekrutierungsstrategie nach sozialen und „familiären" Kriterien bilden sich heraus. Neben den internen Verschärfungen des Gemeinschaftslebens (Hierarchie, Komment, etc.) ein weiteres Indiz für einen engeren Zusammenschluß nach Innen und Abgrenzung nach Außen.

Ob nun die überzogenen Aktivitäten der Corpsstudenten, durch die sie schließlich zum *„Idealbild der Wilhelminischen Ära"[344]* wurden, die Ehemaligen auf den Plan riefen, oder ob sich die Altherrenvereinigungen aus anderen Beweggründen zusammenfanden, ist an dieser Stelle noch nicht zu klären (siehe Kapitel 3.1.3). Sicherlich fingen die Alten Herren aus Gründen der

---

[339]   Hier ist eher die Sorge Zanders und seines Anliegens von 1880/81 zu sehen. Es ging weniger um die Mißstände der damaligen Zeit als vielmehr um die Nachwuchsprobleme angesichts der gleichbleibenden Zahl von aktiven Corpsstudenten, aber doppelter Anzahl von Studenten. Vgl. Oskar Scheunemann, Die zahlenmäßige Entwicklung des Kösener SC-Verbandes 1848-1935, Seite 53.

[340]   Vgl. Martin Biastoch, Die Corps im Kaiserreich, Seite 112.

[341]   Rosco G. S. Weber, Seite 44 f.

[342]   Manfred Studier, Seite 40.

[343]   Ebenda, Seite 48.

[344]   Manfred Studier, Der Corpsstudent als Idealbild der Wilhelminischen Ära, so der Titel des Buches.

geänderten Funktionszuschreibung und Neuausrichtung an, sich zu organisieren. Die corpsstudentische Literatur erweckt hingegen zum größten Teil den Eindruck, als sei das ausufernde Gebaren der aktiven Corpsstudenten die Ursache und die Formierung der Alten Herren zu einem Verband die Folge. Die erste nennenswerte Aktion seitens der Alten Herren erfolgte jedoch erst 1881, die Gründung des Verbandes 1888. Darf man den Angaben zur Ursache trauen, so kamen einige Corps bereits nach 1873 in arge finanzielle Bedrängnis. Was geschah also in den weiteren 8 Jahren bis zur Regelung und damit der Lösung des Problems? Gibt es vielleicht andere Ursachen?

Das Handbuch gibt folgende Auskunft:

„In dieser kritischen Lage griffen die Alten Herren ein. Intendurrat Zander (...) hatte für seine Reformpläne über 4000 Unterschriften alter Corpsstudenten gesammelt (darunter auch die des Fürsten Bismarck Hannoverae und des damaligen Prinzen Wilhelm, späteren Kaisers Wilhelm II. Borussiae Bonn) und trug sie nun, gestützt auf diese Zustimmungen, dem überaus stark besuchten Congreß von 1881 vor. Er erreichte die Abstellung wesentlicher Mißstände, so auch das Verbot der SC-PP-Forderungen. (...) Er hatte durch diese Aktion (man nannte sie später die Zandersche Bewegung) das Interesse der Alten Herren zur Mitarbeit überhaupt geweckt."[345]

Die Gründung des Altherrenverbandes 1888 wird im Text des Handbuchs nicht mit Datum angegeben, es wird nur gesagt, daß die Altherrenvereinigung aus der *„Zanderschen Bewegung"* entstand. Diese Begründung erscheint unzureichend. Es ist nicht anzunehmen, daß nur aufgrund der *„kritischen Lage"*, die schon seit 1871 vorgezeichnet war und 1873 zu wirken beginnt, die Alten Herren noch einmal 8 Jahre brauchten, um auf den Mißstand hinzuweisen und weitere 7 Jahre um den Verband zu gründen. Mag sich der Verband auch aus der *„Zanderschen Bewegung"* entwickelt haben, so bleiben immer noch die 8 Jahre bis 1881 unerklärt, zumal sich die Alten Herren bereits seit 1873 jährlich zu einem gemeinsamen Kommers trafen.[346] Faßt man aber solche Entwicklungsschritte als Prozeß auf, so ergeben sich weitere Zugangsmöglichkeiten zu einer Erklärung.

Die Corps haben in den Jahren 1871 bis 1881 eine Neuorientierung vorgenommen. Diese Neuorientierung umfaßte die Rekrutierungsstrategie (Reproduktion), den Erziehungsauftrag (Ziel), die Erziehungsform (Zweck) und die Mittel dazu. Diese Maßnahmen sind nicht aus der corpseigenen Entwicklung oder der Geschichte der Corps selbst entstanden, wie die meisten corpseigenen Texte suggerieren. Erwiesen sich die Corps bisher als in höchstem Grade abhängig von den sie umgebenden Geschehnissen, so ist das Augenmerk auch hier auf das *„Außen"* zu richten.

Infolge des Kollapses der Wertpapierbörsen 1873 und der wirtschaftlichen Rezession kam es in der öffentlichen Schuldzuschreibung zu einem erneuten und modernisierten Antisemitismus. 1879 fiel der Satz von Treitschke: *„Die Juden sind unser Unglück"*. 1880 gab es eine riesige Unterschriftenaktion, die als Antisemitismus-Petition die Rücknahme der Gleichstellung der Juden

---

[345] Handbuch des Kösener Corpsstudenten, Ausgabe 1985, Seite 57.
[346] Handbuch des Deutschen Corpsstudenten, Ausgabe 1927, Seite 53.

verfolgte und 225.000 Unterschriften von bedeutenden Personen sammeln konnte. Im gleichen Jahr wurde eine Unterschriftenaktion unter den Studenten mit ähnlicher Zielsetzung und einem Erfolg von 4000 Unterschriften durchgeführt.[347]
Die *„Zandersche Bewegung"* und ihre gleichfalls 1880 durchgeführte und 1881 dann dem Kongreß vorgelegte Sammlung (deren Inhalt aber nicht antisemitisch war) von 4000 Unterschriften[348] fiel also in die Zeit eines ausgeprägten Antisemitismus. Die Zunahme des Antisemitismus in der Gesellschaft begleitete sozusagen den Umorientierungsprozeß der Corps. Bereits 1868 hatte das Corps Suevia Tübingen beschlossen, keine jüdischen Studenten mehr aufzunehmen,[349] 1877 wurde auf dem Kösener Kongreß der Antrag auf Ausschluß der Juden aus dem KSCV gestellt, aber abgelehnt,[350] die Diskussion blieb jedoch im Gange. 1880 folgte das Corps Saxonia Leipzig,[351] 1882 das Corps Teutonia Marburg mit einem Aufnahmeverbot für jüdische Studenten.[352] Es gab also im Gegensatz zur Auffassung von Peter Krause und Manfred Studier sehr wohl *„direkte Verbote oder Gebote."*[353]
Nach dem ersten Weltkrieg erreichte der Antisemitismus mit dem endgültigen Beschluß des Kongresses 1920 – seit 1919 in Vorbereitung –, keine Juden mehr aufzunehmen, innerhalb des Corpsstudententums seinen Höhepunkt.[354] Die Begründung wurde im Sinne der rassistischen Ideologie gegeben.[355] Der Antisemitismus spiegelt gesellschaftliche Entwicklungen des Deutschen Reiches wider, die auch innerhalb des KSCV widerhallten, aber gerade das unterstützt die These, daß die Corps zwar dem Zeitgeist unterlagen, aber als gesellschaftlich anerkannte Elite zumindest teilverantwortlich für das verstärkte Aufkommen des Antisemitismus waren, wie es sich nicht nur an der Person Adolf Stoecker[356] Borussiae Halle festmachen läßt, sondern auch an dessen Förderern Bismarck und Wilhelm II. von Preußen.[357]

Der Antisemitismus ist ein Stein des Mosaiks und weist als Ausdruck von Orientierungslosigkeit in die Richtung einer möglichen Bedrohung der „deutschen", eher christlich-national verstandenen Gemeinschaft und damit auch der corpsstudentischen Gemeinschaft. Auch hier wurden alte Traditionen zur Konstruktion von Sicherheit genutzt. So richtet sich der moderne Antisemitismus indirekt gegen die egalitären Ideen der Französischen Revolution (Gleichstellung der Juden), gegen die die Corpsstudenten als konservative Gruppierung „traditionell" eingestellt waren.[358] Zusätzlich wurde „Jude" nicht

---

347 Vgl. Martin Biastoch, Seite 128.
348 Handbuch des Kösener Corpsstudenten, Ausgabe 1985, Seite 57.
349 Vgl. Martin Biastoch, Seite 128.
350 Vgl. Peter Krause, Seite 104.
351 Vgl. Martin Biastoch, Seite 129.
352 Vgl. Helmut Neuhaus, Die Konstitutionen des Corps Teutonia zu Marburg, Seite 52, siehe auch Staatsarchiv Marburg, 311, Corps Teutonia Nr. 11.
353 Vgl. Peter Krause, Seite 104 und Manfred Studier, Seite 148.
354 Vgl. Helmut Neuhaus, Seite 59 ff.
355 Vgl. ebenda, Seite 61.
356 Genaueres zu Stoecker und seinen antisemitischen Betätigungen: Helmut Berding, Moderner Antisemitismus in Deutschland, Frankfurt am Main 1988, Seite 87 ff.
357 Vgl. Martin Biastoch, Seite 127 f.
358 Vgl. ebenda, Seite 128.

mehr als religiöse Zuschreibung betrachtet, sondern immer mehr als rassische,[359] was sich mit Hilfe des seit 1871 mit der Gründung des Deutschen Reiches aufkommenden Begriffs des „Deutschen" als Volks- und Abstammungsgemeinschaft im Gebrauch der Antisemitismusbewegung ableiten läßt. Es ist daher auch nicht verwunderlich, daß es ausländische Corpsstudenten fast gar nicht gab.[360]

Der Antisemitismus wurde zunehmend rassistisch ideologisiert, begründet wurde die Judenfeindschaft mit einer „deutschen Seele", die nicht im Juden vorhanden sein könne. Somit ist es auch nicht möglich, daß Juden an einer deutschen Gemeinschaft wie der der Corps teilhaben könnten, im Gegenteil, die Gemeinschaft müsse dafür Sorge tragen, daß ihr reiner Kern erhalten bleibe. Der Kösener Congreß 1921 trug dieser Sorge in einem weitergehenden Beschluß zur Änderung des § 3 der Kösener Statuten Rechnung:

„Ein Mischling soll als Jude gelten, wenn ein Teil seiner vier Großeltern getaufter Jude war oder sonst sich herausstellt, daß er jüdischer Abkunft ist".[361]

Ein anderer Ausdruck „arischer Gesinnung" war der Zweikampf. Die Mensur und das Duell als Zeichen des Standes und des Germanentums, es ist hier in letzter Bedeutung die Satisfaktionsfähigkeit und die Ehre, die den Juden abgesprochen wird:

„Der Zweikampf wurzelt tief im Empfinden nicht nur der oberen Stände, sondern des gesamten Germanenthums. Der beste Beweis dafür sind seine Gegner, namentlich die jüdischdemokratische Presse, deren Vertreter an persönlichem Mut bis jetzt so wenig, an unritterlicher Gesinnung aber das unglaublichste geleistet haben."[362]

Aus dem zunehmenden Antisemitismus innerhalb der Studentenschaft entwickelte sich rasch eine eigene Bewegung mit rein antisemitischen Zielen. Die neuen „Vereine deutscher Studenten" breiteten sich schnell an den Universitäten aus und bildeten zunehmend eine Konkurrenz zu den anderen Korporationen, so daß auch die Burschenschaften teilweise aus Konkurrenzdruck, teilweise aus eigener antisemitischer Einstellung heraus 1896 auf ihrem Burschentag beschlossen, keine Juden mehr aufzunehmen.[363] Der KSCV entschied sich dazu „erst" 1920. Diese Tatsache relativiert sich aber, denn der KSCV ließ als Dachverband seit jeher seinen zugehörigen Corps einen großen Spielraum für individuelle Entscheidungen, so daß es durchaus gängig war, daß einzelne Corps beschlossen, keine Juden mehr aufzunehmen, der Dachverband hingegen dem zunächst noch ablehnend gegenüberstehen konnte.

---

[359] Auch das zeigt sich an der Formulierung in der Konstitution des Marburger Corps Teutonia. Stand in der Fassung 1865 als Ergänzung 1882 formuliert: „5. Wenn er nicht jüdischer Konfession ist", so lautet die Formulierung in der neuen Fassung 1910 „der nicht Jude ist". Vgl. Helmut Neuhaus, Seite 52.

[360] Vgl. Manfred Studier, Seite 40.

[361] Vgl. Helmut Neuhaus, Seite 65. Diese Definition entspricht der in den Nürnberger Rassegesetzen von 1935. Vgl. Hans-Ulrich Thamer, Verführung und Gewalt. Deutschland 1933-1945, Berlin 1986, Seite390 ff.

[362] Zitiert in: Manfred Studier, Seite 150.

[363] Helmut Berding, Moderner Antisemitismus in Deutschland, Seite 116 ff.

Dem Aufnahmeverbot kam eine weitere Funktion zu, da der Antisemitismus *„(...) in erster Linie das Ziel hatte, den weiteren sozialen Aufstieg der Juden zu verhindern."*[364] Die jüdischen Studenten hatten in den klassischen corpsstudentischen Fakultäten Jura und Medizin immerhin einen Anteil von 15 Prozent an der Gesamtzahl, in den Reihen der Corps betrug er 0,8 Prozent.[365] Der Ausschluß funktionierte also weitgehend.

Neben der angeblichen „Bedrohung durch die Juden" gab es noch weitere empfundene Bedrohungen, die symbolisch mit den „Sozialistengesetzen" umschrieben werden können. Die von Bismarck durchgesetzten Sozialistengesetze vom 21. 10. 1878, gültig bis 1890, richteten sich gegen die Sozialdemokratie und damit gegen die Arbeiterbewegung. Die Gesetze nutzte Bismarck als Drohpotential zur Durchsetzung seiner Innenpolitik. Eine direkte Folge war, daß man nun den *„staatstragenden Protektionismus zur neuen deutschen Integrationskraft"* machte, zumal man nach der Konzeption Bismarcks in der *„Staatsverwaltung oder Großbürokratien der Industrie, in Verbandwesen und Presse"* die Macht fand, die zur Durchsetzung der Interessen nötig war, nicht jedoch in der Politik, womit das Parlament zunehmend zur Interessenbörse verkam.[366] Durch Bismarcks später beginnende Reformpolitik im Sozialwesen wurden die linken Kräfte beruhigt und das Protektionssystem weiter ausgebaut.

Die Machtpolitik des Corpsstudenten Bismarcks war das Startsignal auf dem Weg zur Macht für die aktiven Corpsstudenten und ihre in den Positionen befindlichen Alten Herren. Der bereits bei den Corps funktionierende Protektionismus bekam sozusagen die staatlichen Weihen. Bismarck dachte und handelte als Kanzler wie ein Corpsstudent. Er verachtete die Parteipolitik und taktierte mit Autorität, Drohpotential (Staatsstreich) und der Berufung auf die u. a. durch ihn protegierte und einflußreiche Elite. Die gezielte Protektion und Machtpolitik stand für den Ausschluß - nicht nur der Juden - sondern auch der anderen Schichten, vor allem der der Arbeiter.

Bedingt durch die gesellschaftlichen und ökonomischen Veränderungen im Deutschen Reich, z. B. durch die stark zunehmende Bevölkerungszahl und die rasante Industrialisierung, vereinigten die Corps mehrere Strömungen in sich, die antisemitische, die deutschtümelnde und die massenphobische, die sie zur institutionellen Komplettierung brachten. In Folge dessen erhielten *„(...) antisemitisch geprägte Studenten besonders aus den Studentenkorps kraft Protektion Zugang zu den entscheidenden Ämtern in Staatsverwaltung und Justiz."*[367] 1893 saßen 45 Corpsstudenten (das sind 11 Prozent aller Abgeordneten) im Reichstag, vorwiegend in den konservativen Parteien zu finden. Die Chefs der Reichskanzlei waren seit 1871 fast ausnahmslos Corpsstudenten, hinzukommen zahlreiche Corpsstudenten in den führenden Positionen der Ministerien, Präsidenten des Reichs- und der Landtage. 1903 waren unter den 35

---

[364]   Helmut Neuhaus, Seite 58.
[365]   Vgl. Martin Biastoch, Seite 129.
[366]   Vgl. Michael Stürmer, Seite 115 ff.
[367]   Helmut Berding, Seite 120.

Regierungspräsidenten 21 Corpsstudenten und nur mit einer Ausnahme waren alle Polizeipräsidenten Berlins während der Wilhelminischen Zeit Corpsstudenten.[368] Vielleicht ist es daher auch wenig verblüffend, *„daß das Reichsgericht stark mit Corpsstudenten besetzt war. Sein Präsident, v. Oehlschläger, war Königsberger Balte, ein Senatspräsident und 26 Reichsgerichtsräte waren 1904 ebenfalls Corpsstudenten."[369]*

Das Protektionssystem der Corpsstudenten, unterstützt durch die Politik Bismarcks und gefördert durch die politischen Strömungen der Zeit, war überaus erfolgreich, wodurch der Corpsstudent zum *„Idealbild der Wilhelminischen Ära"* wurde.

Mit den Altherrenverbänden, der KSCV war 1888 der erste Verband, der zusätzlich über einen Altherrenverband verfügte, die Burschenschaften folgten 1890, der WSC 1903, der katholische CV sogar erst 1908,[370] war die Organisation „Corps" komplett.

Der Text im aktuellen Handbuch von 1985 setzt nach der Beschreibung der *„Zanderschen Bewegung"* erst mit dem ersten Weltkrieg wieder ein: *„Im ersten Weltkrieg ruhte die Tätigkeit des Verbandes fast ganz."[371]*

Der folgende etwa eine Seite umfassende Abschnitt gibt einige hochschulpolitische Geschehnisse wieder, insbesondere werden verschiedene Abkommen mit anderen hochschulpolitischen Institutionen, aber auch mit den anderen Korporationsverbänden erwähnt. Es wird betont, daß sich die Corps stets bemühten, ihre Eigenart und ihr Eigenleben zu verteidigen: *„Bei dieser Lage kam es auf Congressen in den politisch bewegten Zeiten zu scharfen Auseinandersetzungen, und hier war es besonders der SC zu Heidelberg mit seiner dann auch in den Statuten (Ausgabe 1928) abgedruckten „Heidelberger Entschließung" und der SC zu Freiburg mit dem „Freiburger Promemoria", die eindringlich vor jeder Abweichung von corpseigener Lebensart warnten."[372]*

Weder der Beschluß des Aufnahmeverbotes für Juden von 1920 innerhalb des Verbandes, noch die politischen Unruhen zu Beginn der Weimarer Republik finden Eingang in den Text. Die Autoren schlagen gleich den Bogen zum Nationalsozialismus: *„Und doch drang allmählich Neues ein. Auf dem Weg über das stets gepflegte und hochgehaltene allgemeine nationale Ideal stieg die Gefahr der Politisierung des Verbandes von Jahr zu Jahr."[373]*

1932 habe man sich dann noch einmal durch die *„corpsstudentische Selbstbesinnung"* auf die Neutralität des Verbandes einigen können, bevor man auf dem Kongreß 1933 bereits das dem Verband *„entwicklungsgeschichtlich völlig fremde Führerprinzip"* annehmen mußte. Das Eigenleben *„erstickte"* zu-

---

[368] Vgl. Manfred Studier, Seite 128 ff.
[369] Ebenda, Seite 130.
[370] Vgl. Handbuch des Kösener Corpsstudenten, Ausgabe 1985, Seite 60, vgl. Handbuch der Deutschen Burschenschaft, Seite 2.3.004, vgl. Handbuch für den Weinheimer Senioren-Convent, Kapitel 1, Seite 8 und vgl. CV-Handbuch, Ausgabe 2000, Seite 50.
[371] Handbuch des Kösener Corpsstudenten, Ausgabe 1985, Seite 58.
[372] Ebenda, Seite 58.
[373] Ebenda, Seite 58.

nehmend. 1934 wurden fünf Corps (von ca. 120) aus dem Verband ausge-
schlossen,
*"weil sie sich nicht von ihren "nichtarisch versippten" Corpsbrüdern trennen
wollten."*
Im Herbst 1935 habe man sich auflösen müssen, der VAC existierte in einem
"Schattendasein" noch bis 1938, dann mußte auch er aufgelöst werden. Der
Abschnitt endet mit dem Satz:
"Das Werk Friedrich von Klinggräffs schien endgültig vernichtet zu sein."[374]
In diesem Abschnitt wird der Eindruck erweckt, als habe sich überzogen na-
tionales und antisemitisches Gedankengut erst gegen Ende der Weimarer
Republik mit dem Corpsstudententum verbunden. Insbesondere die Formu-
lierung *"drang allmählich Neues ein"* erweckt den Eindruck, als seien die
Corpsstudenten Opfer dieser national-antisemitischen Strömung geworden.
Für eine Elite mit nicht unbeträchtlicher Macht erscheint das unglaubwürdig.
Eine Elite setzt selbst Zeichen, treibt bestimmte Strömungen voran und so
wundert auch die Änderung der Statuten bereits 1920 wenig, wenn es dort in
§ 3.3 heißt:
*"... durch Pflege vaterländischer Sitten und Art, durch Fernhaltung alles Un-
sittlichen und Undeutschen dem Vaterlande zu dienen."*
Zusätzlich wird formuliert:
*"Der HKSCV steht auf dem Standpunkt, daß § 3.3 der Statuten sich nicht nur
gegen den undeutschen Geist richtet, sondern auch die Aufnahme von Juden ausschließt."*[375]
In diesem Zusammenhang ist der Text von Rolf-Joachim Baum mit dem Titel:
*"Zwischen nationaler Pflicht und nationalistischer Verführung – Studen-
tenschaft und Kösener SC-Verband 1914-1933"*[376] allein durch die Be-
nutzung des Wortes *"Verführung"* aufschlußreich. Der Text besteht aus einer
Aneinanderreihung von Gründen, die dazu beitrugen, daß das Corpsstudententum damals "Opfer" geworden war. *"Zur Einführung"* gibt er ein Zitat
eines Corpsstudenten von 1921 wieder, in dem es heißt:
*"Erfahrungsgemäß sind in allen Lebenslagen diejenigen, die Neues bringen
wollen, in Wort und Schrift immer eifriger als die anderen ... Dadurch werden
dann viele der anderen in den Glauben versetzt, als ob diese Bestrebungen
von einer überwiegenden Mehrheit getragen würden."*[377]
Baum führt seinen verharmlosenden Diskurs über drei Seiten fort, er betreibt
darin nachweislich Geschichtsklitterung, legt den Eindruck einer jüdischen
Verschwörung nahe, gibt dem Zuzug orthodoxer Juden aus dem Osten eine
Teilschuld. Zusätzlich verharmlost er den Antisemitismus in Deutschland indem er schreibt, daß das europäische Ausland mit seiner Politik gegenüber
Deutschland daran nicht unschuldig und der Antisemitismus kein deutsches

---

[374] Ebenda, Seite 59.
[375] Vgl. Rolf-Joachim Baum, Zwischen nationaler Pflicht und nationalistischer Verführung
– Studentenschaft und Kösener SC-Verband zwischen 1914 und 1933, in: derselbe
(Hrsg.), "Wir wollen Männer, wir wollen Taten", Seite 149. Baum gibt in seiner Fußnote
die Quelle Kösener Archiv, Würzburg, oKC-Protokoll 1920, Seite 19 an.
[376] Vgl. ebenda, Seite 135 - 179.
[377] Ebenda, Seite 135.

93

Phänomen gewesen sei.[378] Ein Zitat soll beispielhaft dafür wiedergegeben
werden:
*„Anknüpfend an die schon vor der Jahrhundertwende bestehende, sich vor-
nehmlich als ,gesellschaftlicher' Antisemitismus artikulierende Ausgrenzung
jüdischer Mitbürger richtete sich das Augenmerk nun besonders auf die An-
führer des bolschewistisch-linkssozialistischen Aufstandes gegen die Regierung Ebert und die Führer der Räterepublik, zu denen viele (Ost-) Juden
zählten: Rosa Luxemburg, Ernst Toller, Karl Radeck, Eugen Leviné, Erich
Mühsam, Kurt Eisner, Paul Levi. Die Summierung von jüdischer Herkunft,
Abstammung von zu Wohlstand gekommenen assimilierten Einwanderern
und kommunistischem Ideengut ließ die zeitgenössische rechtskonservative
Presse an eine jüdische Weltverschwörung zu Lasten der eigenen Nation
glauben."[379]*
Baum beschwört das Bild des selbstschuldigen Juden, in dem er die Vor-
urteile gegen linke, russische (Ausdruck der durch die Oktoberrevolution
1917 ausgelösten Angst) bündelt, Demokraten verächtlich macht und zu
Wohlstand gekommene Bürger jüdischer Herkunft verdächtigt – und so ein
Bild vom typischen Juden entwirft, dem dann die rechte Presse aufgesessen
sei. Diese Argumentation ist antisemitisch. Eine Argumentationslinie, die
auch bei Manfred Studier zu finden ist:
*„Angesichts der geschichtlichen Tradition und ihrer ethischen Postulate hätte
von den Corps erwartet werden können, daß sie sich gegen die in der Öffentlichkeit herrschenden antisemitischen Tendenzen immun erwiesen. Daß ihnen dies nicht gelang, hat seinen Grund nicht zuletzt in der corpsfeindlichen
Presse, die oft von Juden bestimmt wurde. Auch das Benehmen des jüdischen Studenten, die in freien studentischen Vereinigungen den Versuch
unternahmen, das deutsche Studentenleben zu reformieren und den Erzieher des Verbindungsleben zu spielen, hat dazu beigetragen, Ressentiments
in den waffenstudentischen Vereinigungen anzuhäufen."[380]*
Das Zitat ist ein Beispiel für eine typisch antisemitische Argumentation. Zunächst grenzen die deutschen Korporationen die jüdischen Studenten aus (z.
B. das Corps Teutonia Marburg seit 1882), diese gründen dann eigene Korporationen, die dann seitens der „deutschen" Korporationen mit dem undeutschen Stempel versehen werden, weshalb sie wiederum den Antisemitismus
selber schüren. Eine Argumentation die auch heute noch geführt wird, zu
erinnern ist hier an die Antisemitismusdebatte zwischen Teilen der FDP-
Spitze (Möllemann) und dem Zentralrat der Juden in Deutschland (Spie-
gel/Friedman) im Mai/Juni 2002. Möllemann schrieb Friedman Schuld am
aktuellen Antisemitismus in Deutschland zu, in dem er Friedmans Art des
öffentlichen Auftretens beklagte, vor dem Hintergrund, daß Friedman auch
Vizepräsident des Zentralrates der Juden in Deutschland ist. Damit wurden
Eigenschaften Friedmans direkt mit dem „Jüdischsein" verbunden.

---

[378]   Rolf-Joachim Baum, in: derselbe (Hrsg.), Seite 139 - 143, auch 151.
[379]   Ebenda, Seite 140 f.
[380]   Manfred Studier, Seite 149.

Die Corps waren aber nicht Opfer oder Verführte, sondern Vorreiter des nationalen und des antisemitischen Gedankens. Als Elite, die insbesondere nach dem ersten Weltkrieg im Bewußtsein eines neuen zeitlichen Abschnittes den Anschluß an ihre frühere Führerschaft suchte, nutzten die Corps bewußt die antisemitischen und nationalen Strömungen für sich, mit denen sie sich identifizierten.

Das geschah mit Erfolg. Der befürchtete Nachwuchsmangel blieb aus,[381] die Aktivenzahlen verdoppelten sich sogar von 1098 im Jahre 1918 auf 1993 im Jahre 1919, wobei die Gesamtzahl Aktiver und Inaktiver bei etwa 3000 konstant blieb[382] und erreichte bereits 1922 einen Höchststand mit 2335 Aktiven und 2307 Inaktiven.[383]

An der Antisemitismusbewegung läßt sich auch nachvollziehen, gegen wen die Corps eigentlich waren. Schon vor dem ersten Weltkrieg wurde deutlich, daß die Feinde des Corpsstudententum die linken und demokratischen Kräfte waren, die es zu bekämpfen galt und die man nun in der antisemitischen und nationalen Debatte zunehmend als undeutsch und jüdisch titulierte. Der Feind des Corpsstudententums war zum einen die Weimarer Republik als solche, deutlich wurde das z. B. an dem in der corpsstudentischen Literatur selten erwähnten Kapp-Putsch (13. - 17. März 1920), an dem sich zahlreiche Corpsstudenten beteiligten und mit dem man die republikanische Regierung stürzen wollte. Zum anderen waren es linke Gruppierungen, was z. B. an den Morden von Mechterstädt deutlich wurde, ein Verbrechen, daß u. a. von mehreren Corpsstudenten am 24./25. März 1920 im thüringischen Bad Thal an 15 Arbeiter begangen worden war.[384]

Die Corpsstudenten wußten stets in der Zeit der Weimarer Republik, wer ihr Feind war: die Republik, die Juden und linke Gruppierungen. Insbesondere wurden sie sich dessen bewußt, wenn *„tatkräftiger persönlicher Einsatz gefordert war"*, wie sich Rolf-Joachim Baum ausdrückt.[385]

Insgesamt gehörten die Corps zu Beginn der Republik auch zu *„den auf Gewaltaktionen spezialisierten Vortruppen all jener Schichten und Gruppen der ersten deutschen Republik, die, wenn auch mit verschiedenen Akzenten, das (...) Doppelziel verfolgten: im Innern das Ende des Vielparteiensystems und die Wiederherstellung von klaren hierarchischen und formalisierten Über- und Unterordnungsverhältnissen, wie sie im Kaiserreich bestanden hatten, nach außen die Wiedergewinnung der Großmachtposition Deutschlands mit oder ohne Krieg."[386]*

381 Vgl. Werner Wedemeyer, Die deutschen Korps nach dem Krieg, Denkschrift im Auftrage des Gesamtausschuß des Verbandes Alter Corpsstudenten, aoKC 1918, verfaßt im Oktober 1915. In dieser Denkschrift werden die Befürchtungen gesammelt und es werden Vorschläge zur Erleichterung des Aktivenlebens gemacht, die vor allem darin bestehen, die Mensurpflicht von 3 auf 1 Mensur zurückzuführen und die zeitliche Beanspruchung der Aktiven zu begrenzen.
382 Rolf-Joachim Baum, in derselbe (Hrsg.), Seite 137.
383 Oskar Scheunemann, Die zahlenmäßige Entwicklung des Kösener SC-Verbandes 1848 - 1935, Seite 59.
384 Dietrich Heither/Michael Lemling, Marburg, O Marburg ..., Seite 30 - 35.
385 Vgl. Rolf-Joachim Baum, in: derselbe (Hrsg.), Seite 138.
386 Norbert Elias, Seite 281.

95

Die Corps entschlossen sich in Anbetracht dieser Ziele zu einem Zusammenschluß mit gleichgesinnten Gruppen. Zunächst lag es sicherlich nahe, sich mit den Korporationen ähnlicher Gesinnung zusammenzuschließen,
zu nennen sind hier überkorporative Zusammenschlüsse wie der 1919 ge-
gründete *„Allgemeine Deutsche Waffenring"* (ADW nur schlagende Bünde,
wurde vom KSCV im Oktober 1932 mit Wirkung zum Januar 1933 gekün-
digt), die ebenfalls 1919 initiierte *„Deutsche Studentenschaft"* (DSt, mit
Staatsbürgerprinzip, war für den KSCV nicht bedeutend) und der *„Deutsche
Hochschulring"* (DHR, völkische Ausrichtung, KSCV trat 1924 aus) von
1920.[387] Zusätzlich kam es zum Zusammenschluß mit anderen corpsstudentischen Verbänden, zu erwähnen ist hier insbesondere der Zusammenschluß
mit dem WSC von 1921.[388]

Das Abkommen zwischen dem KSCV und dem *„Deutschen Offiziersbund"*
sowie des *„Nationalverband deutscher Offiziere"* vom Mai 1923 (es ging um
die Regelung eigentlich verbotener Ehrenhändel) ist besonders interessant,[389] drückt es doch den Schulterschluß der Corps mit den Militärs, der
halb-autonomen Reichswehr mit der konservativen Elite der Corps aus. Die
langfristige Richtung war durch die des Militärs vorgegeben: Die Zersetzung
des staatlichen Gewaltmonopols, Stärkung des national-konservativen La-
gers und Schwächung der Weimarer Republik.[390]

Die Corps hatten sich durch die Abkommen mit den Offiziersbünden mit der
Macht zusammengeschlossen, die im Herbst 1923 die innenpolitische Lage
gewaltsam beruhigten und die Einheit Deutschlands bewahrten. Die Corps
setzten also auf den zu der Zeit einzig mächtigen Akteur der Republik.

Die Reichswehr entwickelte sich in den nächsten Jahren zu einem eigenen
Machtfaktor bei fehlender staatlich legitimierter Kontrolle. Mit dem Reichs-
wehrminister Geßler (ab 1928 ersetzt durch Wilhelm Groener) und dem Chef
der ministerialen Wehrmachtsabteilung Kurt von Schleicher (seit 1926) beginnt die Reichswehr aktiv in die innenpolitischen Geschehnisse einzugreifen,

*„um die schwache Republik zu stabilisieren und um eine Reichsregierung zu
unterstützen, die der Armee freiwillig das gibt, was bisher unter antirepubli-
kanischer Heimlichtuerei verborgen war."[391]*

Der Machtanstieg Schleichers wurde politisch bedeutsam, denn mit der Ernennung des vierten Kabinetts Marx am 29. Januar 1927 wurden alle weiteren Kabinettsumbildungen in Absprache mit dem Leiter der Reichs-
wehrabteilung, von Schleicher, getroffen.[392] Die Corps hatten demnach offensichtlich den aus ihrer Sicht richtigen Anschlußweg gewählt.

Ein weiterer Punkt war sicherlich für den Anschluß der Corps an die Offi-
ziersbünde maßgebend: Durch die Auswahlpolitik des Generals von Seeckt
seit 1919 und seiner *„restaurativen Roßkur"* stieg der Anteil Adeliger im Heer

[387] Vgl. ebenda, Seite 143 - 148.
[388] Vgl. Handbuch des Kösener Corpsstudenten, Ausgabe 1985, Seite 76.
[389] Rosco G. S. Weber, Seite 71.
[390] Vgl. Norbert Elias, Seite 285 und 289.
[391] Hagen Schulze, Weimar. Deutschland 1917 - 1933, Berlin 1982, Seite 119.
[392] Vgl. ebenda, Seite 120.

stark an und betrug nach 9 Prozent im Laufe des Weltkrieges 1925 wieder fast 24 Prozent.[393] Im Heer bildete sich wieder die alte militärische Elite heran, die zudem keine feste Bindung an die Republik besaß.

Die Restauration der alten Elite und Einstellung dieser Elite gegenüber der Republik lassen das Abkommen der Corpsstudenten mit den Offiziersbünden als einen Schulterschluß von Militär und gehobenen Bürgertum abseits der Republik erscheinen. Das Abkommen regelt die Ehrenhändel untereinander und damit den zentralen Wert dieser Gruppen, die Ehre, die selbstverständlich im Händel als „standesgemäß" bezeichnet wird und wodurch sich die Corpsstudenten als dem Stand zugehörig fühlen können.[394]

Die Corps gewannen an Exklusivität. Der Vertrag beinhaltete ein Ausschlußabkommen, nach dem weitere Verbände nur nach Übereinkunft aller ursprünglichen Unterzeichner in das Ankommen einbezogen werden können (§ 10), allerdings mit Ausnahmen:

„Dem Marineoffiziersverband, dem Johanniterorden, sowie der deutschen Adelsgenossenschaft soll der Beitritt zum Ehrenschutzabkommen jederzeit offen stehen."[395]

Damit hatten es die Corps geschafft, sich einem Stand anzuschließen und gleichzeitig sich von den anderen Korporationsverbänden abzugrenzen. Interessant ist auch die gesonderte Unterzeichnung des Abkommens durch die Altherrenschaft, Weber meint hierzu:

„Das kam daher, daß die Alten Herren im Berufsleben viel mehr Berührungspunkte mit Offizieren hatten als ihre jüngeren Corpsbrüder."[396]

Das Abkommen ist Ausdruck des Standesbewußtseins der Corps und steht im Geiste ihrer großbürgerlich-aristokratisch, antiegalitären Rekrutierungsstrategien. Diese Strategien waren es auch, die die Corps vor einem zu starken Eindringen des Nationalsozialismus bewahrt hat. Die Corps waren zwar gegen die Republik, sie waren aber vergleichsweise keine besonderen Befürworter des Nationalsozialismus. Mit dem Nationalsozialistischen Studentenbund wurde nur in Fragen zusammengearbeitet, von denen die Corps direkt betroffen waren.[397]

Der 30. Januar 1933 findet sich mit folgenden Worten im Handbuch des Jahres 1985 beschrieben:

„Aber der am 30. Januar 1933 erfolgende Umbruch im Reich ließ alle diese Beschlüsse (es ging u. a. um ,eine Beschränkung der studentischen Interessen auf reine Fragen der Hochschule', Anmerkung S. P.) nicht mehr zum Tragen kommen. Auf dem Congreß dieses Jahres mußte der Verband das ihm entwicklungsgeschichtlich völlig fremde Führerprinzip annehmen."[398]

---

[393]   Ebenda, Seite 115.
[394]   Vgl. Handbuch des deutschen Corpsstudenten, Ausgabe 1927, Seite 144 ff.
[395]   Ebenda, Seite 152.
[396]   Rosco G. S. Weber, Seite 71.
[397]   Vgl. Matthias Stickler, zwischen Reich und Republik. Zur Geschichte der studentischen Verbindungen in der Weimarer Republik, in: Harm-Hinrich Brandt/Matthias Stickler (Hrsg.), „Der Burschen Herrlichkeit, Seite 106.
[398]   Handbuch des Kösener Corpsstudenten, Ausgabe 1985, Seite 58.

Sicherlich mußte der Verband das Führerprinzip umsetzen, jedoch kam auch hier die Art der Organisation des Verbandes als Dachorganisation den einzelnen Corps zugute, denn sie ließ ihnen großen Spielraum. So wurde z. B. im Corps Teutonia nach wie vor der Senior gewählt, dieser war dem CC (Corpsburschenconvent) gegenüber weiterhin verantwortlich, obwohl das Führerprinzip alle Macht des CC auf den Senior übertrug. Das deutet daraufhin, daß es auf das einzelne Corps ankam, wie es das Prinzip umsetzte. Für das Corps Teutonia kann man festhalten,

„daß das Führerprinzip im Corps Teutonia trotz aller verbalen Bekundungen nicht die tiefgreifenden Konsequenzen hatte, die die nationalsozialistische Gleichschaltungspolitik auch im Bereich der studentischen Korporationen anstrebte."[399]

Im Herbst 1935 hätten sich die meisten Corps auflösen müssen, so das Handbuch weiter.[400] Das ist in den meisten Fällen richtig, bedeutet aber auch, daß es einige Corps gegeben hat, die ihren Betrieb – in welcher Form auch immer – aufrecht hielten. Im Corps Teutonia Marburg wurden noch bis zum 4. Juli 1937 Personen „rezepiert" (aufgenommen), eine Auflösung des aktiven Corpslebens geschah aber bereits 1936. Der Altherrenconvent, der stellvertretend den aktiven Betrieb mit übernahm, tagte während der ganzen Suspensionszeit von 1936 bis zur Rekonstituierung am 29. April 1951. Die eigentlichen aktiven Tätigkeiten des Corps gingen im Laufe des Jahres 1935/36 in die SC-Kameradschaft *„Carl Allmenröder"* über (Erlaß Derichsweiler vom 15. 7. 1935), die sich zu einem großen Teil auf die Konstitution des Corps Teutonia berief und die Tätigkeiten dreier Marburger Corps zusammenfaßte. Der Verband Marburger Teutonen folgte Anfang Mai 1938 auf Anordnung (Erlaß Scheels vom 28. 2. 1938 mit Ultimatum bis zum 15. 5. 1938) in den NS-Altherrenbund. In der Kameradschaft, die ausdrücklich die *„Sitten und Gebräuche"* der Corps beibehalten wollte, *„überwinterten"* die drei Marburger Corps bis zum Ende des Krieges.[401]

Es gibt weitere Hinweise auf Aktivitäten der Corps während der NS-Zeit, so wurden, trotz Verbot von Ehrenhändel und Bestimmungsmensuren vom 20. Februar 1940, an mindestens 13 Universitäten Bestimmungsmensuren gefochten. Insgesamt konnten in dem Zeitraum 1941 bis 1944 700 Bestimmungsmensuren verzeichnet werden,[402] darunter viele von Corpsstudenten. In Leipzig wurde sogar während des Krieges 1942 ein neues Corps gegründet[403] und am 11. Juni 1944 versucht, den Kösener Dachverband neu zu gründen.[404] Die Gründung scheiterte aber an den Kriegsverhältnissen.

Insgesamt ist das Verhalten der Corps zur Zeit des Nationalsozialismus eher als kooperativ denn als konfrontativ zu werten, auch wenn es aus den Rei-

---

[399] Helmut Neuhaus, Seite 86.
[400] Vgl. Handbuch des Kösener Corpsstudenten, Ausgabe 1985, Seite 59.
[401] Vgl. Helmut Neuhaus, Seite 27 ff.
[402] Vgl. Ralf-Roland Schmidt-Cotta/Wolfgang Wippermann, Kampf um die Erhaltung der Tradition – die Corps im Dritten Reich, in: Rolf-Joachim Baum (Hrsg.), „Wir wollen Männer, wir wollen Taten", Seite 202. Rosco G. S. Weber gibt eine Zahl von 500 Mensuren an, vgl. derselbe, Seite 214.
[403] Vgl. Rosco G. S. Weber, Seite 216.
[404] Vgl. und Handbuch des Kösener Corpsstudenten, Ausgabe 1985, Seite 59.

98

hen der Corpsstudenten einige Widerstandskämpfer gegeben hat, wie z. B. Fritz-Dietlof Graf von der Schulenburg, Adam von Trott zu Solz oder Peter Graf Yorck von Wartenburg, die sich maßgeblich im sogenannten *„Kreisauer Kreis"[405]* betätigten.[406] Jedoch hatten auch andere gesellschaftlich relevante Gruppen Widerstandskämpfer in ihren Reihen. Nicht beteiligt waren einzelne Corpsstudenten am Widerstand der Kommunisten oder der Arbeiterbewegung.

Die Situation für die Korporationen sah mit der Kapitulation vom 7./9. Mai 1945 schlecht aus, der Titel des Aufsatzes von Peter Stempel lautet: *„Wiederbeginn in feindseliger Umwelt – das alte Erbe und die Umwertung der Werte."[407]* Dieser gibt in etwa das Verständnis und Empfinden der Corps und anderer Korporationen nach dem Krieg 1945 wieder, die sich von Feinden umgeben sahen. Tatsächlich wurde den Corps und allen anderen Korporationen die Wiederbegründung durch die Alliierten im Rahmen der Entnazifizierung untersagt. Viele Korporationen reaktivierten sich trotzdem schon recht bald, meist unter der Verwendung von harmlos klingenden Tarnnamen. In Marburg nahmen z. B. die Teutonen unter dem Namen *„Akademischer Club Marburg"* am 20. 12. 1946 ihren Betrieb wieder auf, gegründet wurde der Club von 10 Angehörigen der ehemaligen SC-Kameradschaft *„Carl Almenröder"* und vier Söhnen Alter Herren des Corps.[408] Auf diesem Wege umging man die alliierte Kontrolle in jener Zeit und auch die Kontrolle durch die nachfolgenden deutschen Organe. Insbesondere die Universitäten selbst konnten sich ein Aufleben studentischer Korporationen zunächst schwer vorstellen. Ein Beispiel eines Entschließungstextes des großen Senates der Universität Tübingen von 1949, wie es ihn in ähnlicher Form auch an anderen Universitäten gegeben hat, gibt die Situation und Position der Universitäten gegenüber den Korporationen wieder:

„Mit aller Schärfe lehnt die Universität den sich mancherorts regenden Geist politischer und sozialer Verantwortungslosigkeit im erstehenden studentischen Leben ab. Die Frage lautet nicht, welche der alten, im neunzehnten Jahrhundert entstandenen Korporationen an sich harmlos sind, sondern was in Deutschland nach 1945 möglich ist. Angesichts der Not von Millionen verbietet sich alles zum Hervorrufen von Entfremdungen zwischen Volksteilen Geeignete. In den kommenden studentischen Gemeinschaften wird kein Platz mehr sein für die Veranstaltung von Mensuren, die Behauptung eines besonderen studentischen Ehrbegriffs, die Abhaltung geistloser und lärmender Massengelage, eine unfreiheitliche Vereinsdisziplin und das öffentliche Tragen von Farben."[409]

Trotz dieser schwierigen Umstände gründeten sich die verschiedenen Korporationsdachverbände in den Jahren nach dem Krieg wieder. Der Verband Alter Corpsstudenten rekonstituierte sich am 8. Oktober 1950, der KSCV

---

405 Vgl. zum Kreisauer Kreis und anderen Widerstandsgruppen: Ger van Roon, Widerstand im Dritten Reich, München 1998, Seite 141 ff.
406 Vgl. Handbuch des Kösener Corpsstudenten, Ausgabe 1985, Seite 231.
407 Peter Stempel, Wiederbeginn in feindseliger Umwelt – das alte Erbe um die Umwertung der Werte, in: Rolf-Joachim Baum (Hrsg.), Seite 207.
408 Vgl. Helmut Neuhaus, Seite 30.
409 Vgl. Peter Stempel, in: Rolf-Joachim Baum (Hrsg.), Seite 211.

folgte am 19. Mai 1951.[410] Das Jahr 1951 kann als Zeitpunkt der offiziellen Reetablierung der Korporationen gelten, viele Korporationen übernahmen in diesem Jahr wieder ihren alten Namen. Die Schwierigkeiten der Wiederbegründung vieler korporierter Dachverbände werden im Handbuch nahezu komplett übergangen, so z. B. das Verbot des Farbentragens und des Schlagens von Mensuren und die zahlreichen Gerichtsverfahren diesbezüglich. Einzig ein *„Vakuum im studentischen Gemeinschaftsleben"* wird von den Autoren konstatiert,[411] ohne die Bedeutung genauer auszuführen.

Was für die Zeit des Nationalsozialismus und schon vorher für die Zeit der Weimarer Republik galt, gilt auch für die Darstellung der Restaurationszeit bis 1951. Inhaltlich unangenehme und komplizierte Vorgänge werden zugunsten einer unbedarften Aneinanderreihung der Ereignisse weggelassen.

Genauso fehlen Erklärungsansätze für das Wiederaufleben der studentischen Korporationen alten Stils im Handbuch völlig. Stempel liefert gleichfalls wenige Gründe, außer wirtschaftlich schwierige Verhältnisse und die erneute *„freiwillige"* Unterordnung unter die Autorität „Corps", insbesondere von ehemaligen Frontsoldaten,[412] von denen er glaubt:

„Wirklich antiquierten Träumen wären diese altgedienten Frontsoldaten sicherlich nicht aufgesessen".[413]

Stempel und die Autoren des Kapitels im Handbuch folgen in ihren kurzen Ausführungen der eigenen „traditionellen" Begründung der Corps: Neben wirtschaftlichen Faktoren ist es der vorgegebene Wille zur Unterordnung unter eine als notwendig erachtete Autorität, eben die Gemeinschaft, die den individuellen „freiwilligen" Drang des Einzelnen unter die gemeinschaftliche Autorität ordnet. Zusätzlich gibt es die Auffassung, daß die Korporationen einen ihnen zugedachten Platz zwecks Erziehung zur Persönlichkeit an den Universitäten ausfüllen müssen.

Stempel gibt aber auch indirekt weiterführende Hinweise, aus denen sich andere Erklärungsansätze entwickeln lassen, die die Lage für ein Aufleben des Korporationswesens zumindest begünstigten. Er erwähnt ehemalige Soldaten, die noch einen aktiven Korporationsbetrieb kennengelernt hatten, nun aus dem Krieg oder aus Gefangenschaft zurückkamen und in Zusammenschluß mit anderen Studenten den Wiederaufbau betrieben. Schon vorher begann der Kalte Krieg, in dessen Windschatten die Entnazifizierung weitgehend beendet wurde. Belastete Personen, darunter auch viele Alte Herren, kehrten in ihre Heimat zurück. Mit den Soldaten zusammen wurden entscheidende Positionen in der Gesellschaft wieder besetzt, so daß die korporative Protektion abermals anfangen konnte zu arbeiten.[414]

Das politische Klima verschärfte sich zu einem Antikommunismus, in dem traditionelle und konservative Tugenden leicht wiederbelebt werden konnten. Nicht zu vergessen ist die Diskussion um die angestrebte Wiederbewaffnung

---

[410]   Vgl. Handbuch des Kösener Corpsstudenten, Ausgabe 1985, Seite 59.
[411]   Vgl. ebenda, Seite 59.
[412]   Vgl. Peter Stempel, Seite 222.
[413]   Ebenda, Seite 222.
[414]   Vgl. Dietrich Heither/Michael Lemling, Marburg, O Marburg, Seite 66.

der jungen Bundesrepublik (erfolgte 1955/56).[415] Ausdruck dessen ist im Sinne der gewünschten Wehrhaftigkeit für die schlagenden Korporationen das Bundesgerichtshofurteil vom 29. Januar 1953, das die Mensur für straffrei erklärte.[416] Damit war auch die Restauration der schlagenden Korporationen in vollem Umfang abgeschlossen, auch wenn an einigen Universitäten jahrelanger, teilweise gerichtlicher Streit bezüglich des Tragens der Farben an Universitäten vonstatten ging.

Das Urteil beinhaltete zwar die Straffreiheit der Mensur, jedoch waren sich Oberstaatsanwalt und die urteilenden Richter über die eigentlich schädliche Funktion der Mensur einig. Der Oberstaatsanwalt gab der Mensur eine zutreffende Funktionszuschreibung, die auch von den Korporationen nicht geleugnet wird. Er schrieb:

„Geschütztes Rechtsgut sei im Grunde die soziale Struktur des Staates, die dadurch gestört werde, daß sich bestimmte Stände einen eigenen Ehrenkodex schaffen, der zur Umgehung der vom Staat vorgesehenen Formen des Ehrenschutzes und zur Entwicklung von Klassengegensätzen führe."[417]

3.1.3 Der Verband Alter Corpsstudenten (VAC) – Macht- und Ressourcenzentrum der corpsstudentischen Gemeinschaft

Der Basistext aus dem Kösener Handbuch in der Ausgabe von 1985 ist der dritte Teil des Aufsatzes *„Geschichte der Kösener Verbände"* und trägt die Überschrift *„Der Verband Alter Corpsstudenten (VAC)".[418]* Der etwa sieben Seiten umfassende Text ist von den Autoren Brod und Gottwald nahezu komplett dem Handbuch von 1953 entnommen, der Autor war damals Erich Bauer.[419] Es wurden nur geringfügige Änderungen und aktuellere Ergänzungen vorgenommen. Ein Hinweis auf die Übernahme des Textes findet sich nicht.

Im Textfluß sind drei Bilder eingearbeitet: Das erste zeigt den Gründer des Verbandes Alter Corpsstudenten, Ferdinand Ritter von Miltner, das Bild ist eine schwarz-weiße Photographie Miltners. Das zweite Bild zeigt auf einer ganzen Seite das Bismarck-Denkmal auf der Rudelsburg. Bismarck ist als junger Corpsstudent wiedergegeben. Das dritte Bild zeigt eine Photographie der Stadt Bad Kösen. Alle drei Bilder bündeln die wichtigsten Daten des Verbandes in sich, Miltner als Gründervater, Bismarck als ideologischer Vater und Bad Kösen als Tagungsort des Verbandes. Man wählte Bad Kösen aufgrund der nahegelegenen Rudelsburg, die von den Corpsstudenten als Feststätte genutzt wurde. Ein weiterer Grund liegt im Ursprung der Verbandsgründung des KSCV, da eine erste Initiative zur Gründung von den SC der drei Universitäten in Halle, Leipzig und Jena 1821 ausging und Bad Kösen in gut erreichbarer Nähe lag. Ist im ersten Teil des Aufsatzes der Universität Jena ein Bild über eine ganze Seite gewidmet, als wolle man vor allem den

---

[415]   Vgl. ebenda, Seite 66.
[416]   Vgl. KSCV/VAC (Hrsg.), Die Mensur. Herkunft, Recht und Wesen, Seite 74-80.
[417]   Ebenda, Seite 76.
[418]   Vgl. Handbuch des Kösener Corpsstudenten, Ausgabe 1985, Seite 66-73.
[419]   Vgl. Handbuch des Kösener Corpsstudenten, Ausgabe 1953, Seite 30-36.

Gründungsgedanken – Gründung des Verbandes gegen die Progreßbewegung mit der Wahl Jenas als Gründungsort des KSCV –besonders hervorheben, so kommt mit der ganzseitigen Bismarckdarstellung in diesem Teil der Person Bismarck eine besondere Bedeutung zu. Bismarck war Corpsstudent und spielte insbesondere - wie im Folgenden noch zu zeigen sein wird - für das Corpsstudententum eine überaus wichtige politisch-ideologische Rolle. Er wurde zur zentralen Figur der Corpsstudenten.

Der Text ist wieder chronologisch aufgebaut. Er setzt mit der *„Zanderschen Bewegung"* im Jahr 1880 ein, führt zur Gründung des VAC im Jahre 1888 und gibt eingerückt das Programm des VAC wieder. Es folgen unterschiedliche Aneinanderreihungen von Daten, ferner eine Beschreibung der unterschiedlichen Aufgaben des Verbandes. Etwas ausführlicher werden die anfänglichen nationalsozialistischen Bestrebungen noch während der Weimarer Republik und die Folgen für den Verband nach 1933 beschrieben. Dem Zeitraum bis 1945 wird etwa eine Seite Text gewidmet, danach folgt eine halbseitige Erzählung der Wiedergründung des Verbandes, die mit dem eingerückten Zitat des Beschlusses der Rücknahme der Zwangsliquidierung des Verbandes 1950 endet. Danach werden Daten des Aufbaus des Verbandes nach dem Krieg wiedergegeben, der Text endet im Jahr 1986.

Zur Textanalyse:
Wie bereits erwähnt, entwickelte sich der Verband Alter Corpsstudenten aus der *„Zanderschen Bewegung"*, deren Ursprung im Jahre 1880 liegt. Weiter heißt es:
„Aus diesem Anlaß war man sich darüber klargeworden, daß, wenn man die Aktiven mit Erfolg beraten und ihnen die wirtschaftlich schwierigen Zeiten (Gründerjahre!) erleichtern wollte, unbedingt ein fester Zusammenschluß vonnöten sei."[420]
Die bisher eher vereinzelt und lose organisierten AH-Verbände sollten sich zum Zweck der Unterstützung der Aktiven enger zusammenschließen. Die wirtschaftlichen Nöte der Corpsstudenten in Folge der Gründerzeitjahre 1869/73 sind gleichfalls bereits beschrieben worden. Wichtig ist hier, daß diese zu organisierende Altherrenschaft eine institutionelle Erweiterung des Corpsstudententums bedeutet, die darauf ausgelegt ist, das aktive Corpsleben zu stützen oder, wie es im Programm zur Sitzung am 21. April 1888 gesagt wurde: Die Alten Herren wollten mit ihrem Verband den Aktiven
„zur Verwirklichung der Ziele des Corpslebens die Bruderhand reichen" und daß dazu im *„Bedürfnisfall der Pfad wohlwollender Beratung"* betreten werden solle.[421]

Gerichtet auf das Ziel, als Elite der Gesellschaft wahrgenommen und auch als solche begriffen zu werden, bedeutet der engere Zusammenschluß zum Lebensbund (beschworen durch die Reichung der Bruderhand) eine Erweiterung der sozialen und ökonomischen Ressourcen. Die Institution der Altherrenschaft ergänzte das bisherige Corpsleben durch die jetzt organisierte

---

[420]   Handbuch des Kösener Corpsstudenten, Ausgabe 1985, Seite 66.
[421]   Vgl. ebenda, Seite 66.

Macht der Alten Herren. Ferner erhöhten die materiellen Zuwendungen die Möglichkeiten der Corps im Kampf um die Vormachtstellung an der Universität und damit innerhalb des gehobenen Bildungsbürgertums. Es wurde eine Reproduktion im Sinne des corpsstudentischen Zieles gesichert.

Zunächst verständigten sich die Alten Herren mittels schriftlichen Verkehrs, seit dem 11./12. Mai 1894 tagten sie jährlich gleichzeitig mit dem KSCV in Bad Kösen. Die ersten Aktivitäten des neuen Verbandes erschöpften sich zunächst darin, Bismarck zum 80. Geburtstag (1. April 1895) ein Denkmal zu setzen. Man wollte Bismarck für sich reklamieren und den anderen Verbänden deutlich machen, daß er einer der ihrigen gewesen ist.[422] Bismarck, der dem Corpsstudententum nicht uneingeschränkt positiv gegenüberstand und in Hinblick auf ihre politische Betätigung den – insbesondere den Corps zeitweilig verhaßten – Burschenschaften zuneigte, kam lediglich aus Standesgründen zum Corps und wurde in der koporativen Szene zunehmend zur Galionsfigur.[423] Die Motivation der Alten Herren ist also darin begründet, das aktive Corpsstudententum in seinem Abgrenzungsbestreben gegenüber anderen Verbänden zu unterstützen. Letztlich geht es darum, wem Bismarck als machtunterstreichendes Aushängeschild gehört. Der Altherrenverband wählte nicht von ungefähr eine Darstellung des jungen Bismarck als Corpsstudenten mit Band und Schläger, das Denkmal sollte auf der von allen Korporationen besuchten Rudelsburg zu stehen kommen. Ort, Zeit (1895) und Art der „Präsentation" waren für die Zwecke der Corpsstudenten geschickt gewählt.

Zusammen mit dem KSCV wurden nun auch weitere Denkmäler für die Gefallenen des Einigungskrieges und zu Ehren Kaiser Wilhelm I. geplant. Die Pflege bereits vorhandener Denkmäler (z. B. das 1872 für die im Krieg von 1870/71 gefallenen Corpsstudenten und der Obelisk, der 1890 zu Ehren Kaiser Wilhelm I. erbaut wurde) wurde satzungsmäßige Aufgabe des VAC.[424]

Am 20. Mai 1898 wurde der Verband juristische Person, die Konstitution des Verbandes damit auch offiziell abgeschlossen. Er umfaßte 35 Bezirksverbände mit rund 3000 Alten Herren, 1905 waren es 139 mit 7000, 1914 schon 188 mit 10500 Alten Herren.[425]

Bis 1914 befaßte sich der Altherrenverband, neben einigen korrektiven Eingriffen in das aktive Corpsleben (Mensur/Beschränkung der Ausgaben), mit dem Aufbau von Archiven und Sammlungen, dem Ausbau des Verbandsorgans (Akademische Monatshefte, seit 1913 dann Deutsche Corpszeitung), der Herausgabe der ersten Kösener Corpslisten (1905, Vorgänger war der Kösener Almanach von 1887) und der Schaffung einer eigenen Verbands-Ehrenordnung.[426]

Die gesamten Tätigkeiten des Verbandes, die natürlich auch auf das aktive Corpsleben Auswirkungen hatten, spiegeln den Übergang der gemeinschaftlichen Definitionsmacht von den Aktiven, die sich nunmehr nur noch der Vor-

[422] Vgl. ebenda, Seite 67.
[423] Vgl. Manfred Studier, Seite 244 f.
[424] Vgl. Handbuch des Kösener Corpsstudenten, Ausgabe 1985, Seite 67.
[425] Vgl. ebenda, Seite 69.
[426] Vgl. ebenda, Seite 69 f.

bereitung ihres Dienstes am Vaterlande zu widmen hatten, zu den Alten Herren wider, die jetzt festlegten, was Politik des – auch des aktiven – Corpsstudententums ist. Deutlich wird das unter anderem an der zusätzlichen Einrichtung der „Vertrauenskommission", wie sie z. B. seit 1908 als Kontrollorgan
der Alten Herren innerhalb des aktiven Lebens des Corps Teutonia Marburg
zu finden ist und die bei Zweifeln der Aktiven in weitreichenden Entscheidungen von diesen anzurufen war.[427]

Nach der internen Ausdifferenzierung des Bundes durch Hierarchie und Auf-
gabenverteilung, insbesondere nach 1871, folgte eine Verstärkung des Be-
mühens in der Außenwirkung der Corps mit dem Ziel der Beeinflussung des
gesellschaftlichen Umfeldes.

Nach dem ersten Weltkrieg fanden die Alten Herren 1919 wieder zusammen
und setzten ihren gefallenen Corpsbrüdern auf der Rudelsburg ein Denkmal,
es wurde am 16. Oktober 1926 eingeweiht. Ansonsten befaßte man sich weiterhin mit dem Ausbau der Verbandzeitung, den Archiven, Sammlungen und
Büchereien, förderte das neugegründete Institut für Hochschulkunde, in dem
das meiste Schriftmaterial des KSCV und des VAC zentral gesammelt wurde. Ferner setzte man sich gegen eine Verschärfung des Strafrechts bezüglich des Schlagens von Mensuren ein und befaßte sich zunehmend mit
hochschulpolitischen Fragestellungen, vor allem hinsichtlich der „staatspoli-
tischen Erziehung", da man das Eindringen von „bestimmten politischen Bestrebungen", gemeint ist der Nationalsozialismus, wahrnahm.[428]
Auch in dieser Abfolge der Tätigkeiten wird die Weimarer Republik im Handbuch namentlich nicht erwähnt, und auf die Diskussionen um den Antisemitismus und dessen Umsetzung in den Corps findet man keine Hinweise.
Für die Zeit nach 1933 wird kurz die Gleichschaltung der Verbände beschrieben, ohne Wiedergabe von Details oder problematischen Entwicklungen. Es wird lediglich berichtet: Am 28. September wurde der KSCV aufgelöst, 1936 wurde die „Deutsche Corpszeitung" eingestellt, am 15. Mai 1938
wurde der VAC liquidiert, nachdem zuvor die Sicherstellung der Erhaltung
der Denkmäler erreicht wurde.[429]
Denkmäler scheinen den Autoren sehr wichtig zu sein. Sowohl die erste als
auch die letzte Tat des Altherrenverbandes betraf die Errichtung, bzw. Sicherstellung von Denkmälern. Das mehrfache Erwähnen der Denkmäler, also von Bauten, richtet den Blick auf weitere Bautätigkeiten und hier vor allem
den Erwerb oder den Bau von Corpshäusern. Die Bautätigkeit, bzw. der Erwerb von Häusern begann Anfang der achtziger Jahre des 19. Jahrhunderts.
Da die aktiven Corpsstudenten sich den Unterhalt eines eigenen Hauses
nicht leisten konnten, waren sie auf finanzielle Zuwendungen der Alten Herren angewiesen.
Über die Gründe für den Erwerb von Corpshäusern läßt sich spekulieren.
Manfred Studier gibt als Hauptgrund die zunehmende Konkurrenzsituation
zwischen Corps und anderen Korporationen in den Kneiplokalen an, zudem

---

[427]   Helmut Neuhaus, Seite 62.
[428]   Vgl. Handbuch des Kösener Corpsstudenten, Ausgabe 1985, Seite 70 f.
[429]   Vgl. ebenda, Seite 71.

schreibt er von Teuerungen seitens der Wirte.[430] Die Gründe erscheinen unglaubwürdig. Abgesehen davon, daß die Corpsstudenten allein aufgrund ihrer Herkunft oftmals vermögender waren als die Mitglieder der Konkurrenz, mag auch die Teuerungsrate der Wirte zwar ärgerlich gewesen sein, jedoch war diese wohl unerheblich im Vergleich zu dem Erwerb und dem Unterhalt eines ganzen Hauses, eventuell sogar mit Hauspersonal (Corpsdiener).[431] Die Repräsentation des Corps nach außen war sicherlich ein Grund, jedoch nicht der Hauptgrund, der eher in Formulierungen, wie in den folgenden zu finden sein dürfte:

„Es fiel das Wort, daß sich die Alten Herren jetzt den Luxus leisten, sich ein aktives Corps auf der Universität zu halten."

Und:

„Durch ein eigenes Heim wird ein viel inniger Verkehr der Activen mit den Alten Herren ermöglicht (...). Viele A. H. gehen nicht gern auf Kneipen, besuchen aber mit Lust und Liebe ein ihnen selbst gehörendes Haus. Es gibt für ein Corps nichts Besseres als den innigen Zusammenhang zwischen Activen und A. H.."[432]

Der Bau und Erwerb von eigenen Häusern durch Unterstützung der Alten Herren symbolisiert die engere und umstrukturierte Gemeinschaft, aber auch das Machtverhältnis Alte Herren zu Aktiven. Die sozialen Ressourcen gingen zunehmend von den Aktiven zu den Alten Herren über, z. B. durch die zunehmende Selektion neuer Mitglieder nach der Herkunft, die über Empfehlung oder familiär seitens der Alten Herren geregelt wurde. Auch die ökonomischen Ressourcen lagen immer mehr bei den Alten Herren. Durch Zusammenschluß beider Ressourcen nahmen sie auch einen großen Teil der kulturellen Ressource (Erziehung zur Persönlichkeit) unter ihre Kontrolle, die Alten Herren wurden zu den Definitoren der Gemeinschaft.

Die Besonderheit der korporierten Gemeinschaft sah man nun auch von außen, an ihren meist burgähnlichen Behausungen mit Erkern, Zinnen, Türmen und Pseudoschießscharten.[433]

Das Corps in seiner Entwicklung als Schutz- und Rückzugsgemeinschaft (hier sei an die gefühlte Bedrohung von außen erinnert) war nun auch materiell am eigenen Haus sichtbar.

Man wählte für die Häuser meist sehr schöne Lagen und auch der Baustil war nicht zufällig gewählt. Er sollte der Zeit und der Bedeutung, der „Potenz" des Corps angemessen sein, gleiches gilt für die Inneneinrichtung:

„Die Inneneinrichtung harmonierte mit der äußeren Pracht. Neben dem großen Festsaal mit Musikempore, CC-Zimmer, Rauchsalon, Bibliothek, Weinzimmer, Empfangssaal und den Wirtschaftsräumen standen den Aktiven oft sogar ein Musikzimmer, Billardsaal und Kegelbahn zur Verfügung. Die Möbel entstammten in den neuerbauten Häusern fast durchweg den Werkstätten der modernen Handwerkerkunst. Dabei wurde auf größtmögliche Stileinheit geachtet. Gemälde, Kupferstiche und Silhouetten, wertvolle Büsten, kunstvol-

---

[430]   Vgl. Manfred Studier, Seite 79 f.
[431]   Vgl. ebenda, Seite 81.
[432]   Zitiert in: Ebenda, Seite 80, bzw. 81.
[433]   Vgl. ebenda, Seite 82.

le Gefäße und moderne Beleuchtungskörper für Gas und elektrisches Licht vervollständigten das Interieur. Die Wände der Kneipe waren in den meisten Fällen mit Bildern der aktiv gewesenen Corpsbrüder dekoriert, und an bevorzugter Stelle hing oft der Abdruck der Kaiserrede vom 6. Mai 1891.[434]
In dieser Kaiserrede wurden die Corps und ihr Anliegen vom Kaiser, der schließlich selbst Mitglied war, ausdrücklich gelobt.

Die nach Außen getragene Exklusivität der Corps steht einerseits für die gesellschaftliche Ein- und Anbindung der Corps, andererseits für ihren Anspruch an die eigenen Mitglieder. Dieser Anspruch ist Selektions- und Abgrenzungsmittel und erinnert die aktiven Corpsstudenten an ihre später wahrzunehmenden Aufgaben in den oberen und höchsten Rängen von Staat und Gesellschaft. Die Umgebung, in der die Corpsstudenten zur Persönlichkeit erzogen werden sollen, bleibt nicht ohne Wirkung. Ihnen wird vermittelt, in welcher Position sie sich befinden. Sie werden sozusagen durch den von den Alten Herren geschaffenen Luxus in der Gesellschaft in Ab- und Ausgrenzung zu Anderen orientiert, positioniert und eingebettet.

Geschmack und Lebensstil der Corpsstudenten wurde zum Mittel sozialer Distinktion, ein Ergebnis, das sich mit der Kulturtheorie Bourdieus verbinden läßt:

„Wie schon Elias kulturelle Gewohnheiten im Habitus der Menschen verankert sah, bindet für Bourdieu der Geschmack die Menschen in einem sehr elementaren, weil an den Körper gebundenen Sinn an ihren klassenspezifischen Habitus und Lebensstil. Er ist ein gesellschaftlicher Orientierungssinn und auch das Medium, das kulturellen Produkten und kulturellen Codes ihre distinktive Funktion verleiht. Geschmack ist ein Mittel sozialen Kampfes, über ihn bilden und verfestigen sich Klassengegensätze und konkretisieren sich Generationskonflikte.[435]

Der letzte Punkt, die *„Konkretisierung von Generationskonflikten"*, führt zu einer weiteren Funktion des Lebensbundes und erklärt noch einmal von einer anderen Warte aus den hohen Einsatz der Altherrenschaften in der Zeit 1871-1914 und danach. Zu Recht wird im Corpsbericht der Moenania zu Würzburg im Wintersemester 1910/11 festgehalten:

„Das Philisterium (anderer Begriff für Altherrenschaft, Anmerkung S. P.) ist die grosse, einheitliche und eigentliche Organisation des Corps, und die Aktivität ist nur die Probe- und Uebergangszeit für ersteres.[436]

Dadurch aber, daß der Alte Herr jederzeit, vorzugsweise zu corpsstudentischen Festen, in das Haus zurückkehren kann und sozusagen wieder in die Jugend eintaucht, der Alte Herr zudem die Öffnungs- und Schließungsprozesse der Gesellschaft[437] für das Corpsstudententum teilweise kontrolliert, kann der Generationskonflikt wenn nicht ganz überwunden, so doch zumindest minimiert werden. Was die Corps hier in ihrer Funktionalität umsetzen, nämlich eine Erweiterung der Zugangschancen durch Protektion und

---

[434]   Ebenda, Seite 83.
[435]   Gabriele Klein, Kultur, in: Hermann Korte/Bernhard Schäfers (Hrsg.), Seite 231.
[436]   Corpsbericht der Moenania zu Würzburg, WS 1910/11, Seite 57, zitiert in: Manfred Studier, Seite 154.
[437]   Vgl. Norbert Elias, Seite 319 f.

Erziehung zu bestimmtem Habitus und Geschmack, trifft auf die Grundlagen der Gesellschaft:

„Die Verengung und Erweiterung der Lebens- und Sinnchancen im allgemeinen und der Laufbahnchancen im besonderen für die jeweils jüngeren Generationen einer Gesellschaft ist ein Vorgang, der zweifellos die Machtbalance zwischen den Generationen aufs stärkste affiziert. Man könnte sagen, daß diese Vorgänge den Kern der gesellschaftlichen Generationskonflikte bilden."[438]

Ein Ergebnis der Konstellation Aktive und Alte Herren ist, daß die Aktiven die Leistung und Definitionen der Alten Herren als Traditionen auffassen, diese übernehmen und schließlich als Kultur verinnerlichen, um später als Alte Herren sich ebenso zu verhalten.[439] Für den Geschmack, den Habitus als Mittel sozialer Distinktion bedeutet das:

„Indem sich Geschmack in die Körper eingräbt und hier, dem Bewußtsein nur bruchstückhaft zugänglich, als scheinbar Naturhaftes seine Wirksamkeit entfaltet, kann er die Klassenkulturen wirksam reproduzieren. Kulturelle Bedürfnisse sind demnach weder individuell oder natürlich, noch primär bewußt, sondern sozial produziert und körperlich manifest."[440]

Wichtig in diesem Zitat ist der Aspekt der *„Reproduktion"*, der sich einerseits mit dem Aspekt der Definitionsmacht und andererseits mit dem Aspekt der Übergangszeit verbindet. Die Alten Herren reproduzieren unter Minimierung des Generationskonfliktes und unter Anwendung einer bestimmten kulturellen Erziehung für bestimmte Zeit (Übergangszeit/Übergangsritual) ihre eigenen kulturellen Bedürfnisse, hier besser ausgedrückt mit dem Wort der corpsstudentischen Klassenkultur.

Der Hinweis im Bericht der Moenania auf die Übergangszeit weist wiederum auf eine andere Funktionsweise der Corps hin, nämlich auf die des Übergangsrituals[441]. Wenn aber die Aktivenzeit eine Übergangszeit ist, dann stellt sich die Frage, woher die Mitglieder kommen, zu was und wie sie geformt und als was sie dann aus ihrer Probezeit in die gesellschaftlichen Bereiche der Alten Herren entlassen werden. Eine genaue Untersuchung des Mitgliedschaftsverlaufes ist hier angezeigt (erfolgt in Kapitel 5).

Das Handbuch fährt in der Darstellung der Nachkriegszeit mit den Wiederbegründungsbestrebungen der Alten Herren fort: 1948 gab es einen ersten *„Ruhrkreis Alter Corpsstudenten"*,

„der sich zunächst nur die Behebung der drückendsten materiellen Not durch eine Stellenvermittlung zum Ziel gesetzt hatte."[442]

Das erste Ziel des Ruhrkreises war aber nicht nur die Linderung materieller Not durch eine Stellenvermittlung, denn hierfür brauchte man auch Personen, die Stellen zu vermitteln hatten und zwar im Interesse der Alten Herren.

---

[438]   Ebenda, Seite 320.
[439]   Vgl. Manfred Studier, 155 f.
[440]   Gabriele Klein, Seite 231.
[441]   Vgl. Arnold van Gennep, Übergangsriten, Frankfurt am Main/New York 1999, Seite 27 f. Die Theorie Genneps ist von 1908.
[442]   Vgl. Handbuch des Kösener Corpsstudenten, Ausgabe 1985, Seite 72.

Es ging letztlich um die baldmögliche Wiedererrichtung des Protektions-systems, das nur unter einer raschen Ermittlung der relevanten Daten, auch für eine corpsstudentische Stellenvermittlung, zu organisieren war.

Am 1. November 1949 erfolgte ein Rundschreiben an alle Altherrenvereine, *„um die Abwehrarbeit gegen die alten und neuen Gegner auf eine breitere Basis zu stellen."*[443] Die Gegner werden nicht genau benannt. Aber die Bezeichnung *„alt und neu"*, deutet darauf hin, daß z. B. die sozialdemokratischen und kommunis-tischen Kräfte gemeint sein könnten, zumal man sich nun mit dem Gedanken an eine republikanische Grundordnung abfinden mußte. Pointiert kann man sogar zu dem Schluß kommen, daß mit dem alten und neuen Gegner der republikanische Gedanke gemeint ist: man mochte die Weimarer Republik nicht, wieso sollte man jetzt die neue Bundesrepublik mögen?

Umgekehrt formuliert sind aber nicht nur die Gegner, sondern auch die Corpsstudenten die *„alten und neuen"*. Diesen Gedanken zugrunde gelegt, wird man wenig demokratisches und republikanisches Gedankengut in den Corps finden.

Die Autoren des Handbuches geben ferner die Daten der Wiedergründung des VAC mit dem 7./8. Oktober 1950 an. Nach Wiederbegründung des KSCV am 19. Mai 1951 beging man am 5./8. Juni 1952 wieder gemeinsam den ersten Kösener Congreß nach dem Krieg und resümiert: *„Die Folgen der Verbotszeit waren zumindest organisatorisch überwunden. Die laufende Arbeit begann wieder."*[444]

Danach werden noch die mit der Stellung des Vorstandes beauftragten *„Großbezirke"* bis 1986 und der Sitz des Vorstandes des VAC mit Trier an-gegeben.[445] Damit endet das Kapitel.

3.1.4 Der Weinheimer Senioren-Convent (WSC) und der Weinheimer Verband Alter Corpsstudenten (WVAC)

Das zehnseitige Kapitel mit der Überschrift *„Der WSC als Verband"*, Kapitel 1.1.2 des Handbuchs für den Weinheimer Senioren-Convent,[446] beinhaltet zunächst drei auf einer Doppelseite (Vorder- und Rückseite) eingefügte Bil-der. Das erste Bild gibt das Stadtwappen der Stadt Weinheim wieder, das zweite Bild, das sich auf der gleichen Seite befindet, ist ein Farbphoto des Markplatzes der Stadt Weinheim. Auf der Rückseite befindet sich das dritte Bild, es ist eine Farbphotographie des Festsaals in der Wachenburg. Die Bil-der beinhalten also weniger einzelne Ereignisse und Personen, die, wie bei den Kösener Corps, eng mit der Verbandsgeschichte verwoben sind, son-dern dienen eher der Untermalung und Unterstreichung der örtlichen Be-zogenheit des Verbandes mit der Stadt Weinheim, die Sitz der Burg der Weinheimer Corps und deren Tagungsstätte ist.

---

[443]   Ebenda, Seite 72.
[444]   Ebenda, Seite 72.
[445]   Vgl. ebenda, Seite 72 f.
[446]   Georg-Wilhelm Montanus/Hans Nehlep/Werner Nützel/Hans Schüler, Der WSC als Verband, in: Theodor Hammerich (Hrsg.), Handbuch für den Weinheimer Senioren-Convent, Seite 4-13.

Im Vergleich zu den Handbüchern der Kösener Corps ist nicht nur an den Photos ein qualitativer Unterschied zu bemerken, sondern auch in der äußeren Aufmachung. Die Bilder im Handbuch des Kösener Corpsstudenten sind schwarz-weiß, selbst wenn es Photographien sind, wirken sie „vornehmer" und dem Inhalt angemessener und eingearbeiteter als die Farbphotos im Handbuch des Weinheimer Senioren-Convent. Hinzu tritt der Unterschied in der Materialität der Bücher überhaupt. Das Handbuch des Kösener Corpsstudenten ist gebunden, der stabile Umschlag des Buches ist zusätzlich mit grün-grauem Stoff umzogen, auf der Vorderseite befindet sich das Wappen des Verbandes „KSCV" gold-schwarz aufgeprägt. Der Buchrücken trägt die Aufschrift „Handbuch für den Kösener Corpsstudenten" und das Erscheinungsjahr und die Bandnummer, aufgeprägt in silber. Insgesamt ist das Handbuch ein sehr aufwendig produziertes Buch und wirkt schon äußerlich bedeutend. Das Aussehen ist über die Jahre nur unwesentlich verändert worden, so wurde z. B. das Format mehrmals geringfügig verändert, was den Anspruch der Corpsstudenten unterstützt, gegen den Zeitgeist zu stehen. Das Handbuch des Weinheimer Senioren-Convent ist eine Loseblattsammlung, eingebunden in einem blauen plastikumzogenen Karton, der auf der Vorderseite die Aufschrift „Weinheimer Senioren-Convent" und darüber ein Abbild der Wachenburg trägt, beides in silber. Das Handbuch wirkt im Vergleich zu dem Handbuch der Kösener sehr einfach. Die Materialität spiegelt auch die gesellschaftlich – studentische Rangordnung der zwei Dachverbände wider. Der KSCV als der ältere, bedeutendere und zahlenmäßig überlegenere war und ist auch in seiner schichtmäßigen Herkunft seiner Mitglieder überlegen. Hatte der KSCV es geschafft, den Anschluß an die obere Schicht zu vollziehen und auszubauen, blieb der Verband der Weinheimer Corps zu jeder Zeit bürgerlich bis kleinbürgerlich, gerade weil die technischen Hochschulen lange Zeit hauptsächlich vom handwerklichen und industriellen Bürgertum frequentiert wurden, also von einer gesellschaftlichen Schicht, deren Angehörigen die Kösener Corps teilweise den Eintritt in ihre Gemeinschaft verwehrten. Der Kösener Senioren-Convents-Verband nutzte und nutzt die Qualität der Veröffentlichung seines Handbuches zur Distinktion von anderen Verbänden, er möchte – bildlich gesprochen – der Mercedes unter den Korporationsverbänden sein.

Die Geschichte des Weinheimer Senioren-Convents und des Weinheimer Verbandes Alter Corpsstudenten verläuft ähnlich wie die des KSCV mit dem Unterschied, daß sie 15 Jahre später beginnt und der Verband anfängliche Probleme hatte, die aber nach der Einigung des Deutschen Reich 1871 verschwanden. Die Corps des Weinheimer SC wurden dann die gesellschaftlich-studentisch erste Adresse an den technischen Hochschulen des Landes, allerdings als zweitplazierte nach den Kösener Corps. Was die Kösener Corps an der Universität waren, waren die Weinheimer Corps an den Technischen Hochschulen. Die Technischen Hochschulen rangierten jedoch hinter den Universitäten.[447]

---

447   Vgl. Handbuch für den Weinheimer Senioren-Convent, 1971, Kapitel 1, Seite 3.

Der Text selbst ist in elf Abschnitte unterteilt und mit kurzen Überschriften gekennzeichnet, besondere Ereignisse werden durch Fettdruck hervorgehoben.
Inhaltlich ist der Text chronologisch aufgebaut und beginnt mit der Gründung
des Verbandes am 16. März 1863 und zeichnet über zwei Seiten die Gründungsphase des Verbandes nach. Es schließt sich die Darstellung der Kon-
solidierungsphase an, die die Autoren 1905 als abgeschlossen sehen. Die
folgenden drei Abschnitte befassen sich mit besonderen Ereignissen, dem
Beitritt der Münchener Corps zum WSC, die Weinheim-Tagung und dem
Verhältnis zum KSCV. Danach schließt sich ein längerer Abschnitt zum
Weinheimer Verband Alter Corpsstudenten an. An diesem Abschnitt fallen
die fettgedruckten Worte *„Die Situation bei Ausbruch des Ersten Weltkrieges"*, und *„Inflation"* auf.[448] Die fettgedruckten Worte unterstreichen den
Gegensatz von glanzvoller Kaiserzeit und der ungeliebten Republik, insbesondere betont durch die Inflation, die die Weinheimer Corpsstudenten als
bürgerliche Gruppierung hart getroffen haben dürfte.

Der nächste Abschnitt zum Dritten Reich umfaßt eine gute Drittelseite und
damit genauso viel wie die Schilderung der Aufnahme der Corps des Rudolstädter SC in den WSC im nächsten Abschnitt. In einem eigenen Abschnitt wird die Zwangsauflösung des Verbandes behandelt, obwohl dieses
Ereignis eigentlich in dem Abschnitt zum Dritten Reich hätte mitbehandelt
werden können. Daß der Zwangsauflösung ein eigener Abschnitt zukommt,
läßt sich mit der gewünschten Wirkung, sich als verbotene Organisation darstellen zu können, erklären.

Der vorletzte Abschnitt befaßt sich mit der Wiedergründung des Verbandes.
Auffällig an dem fast zweieinhalb Seiten umfassenden Abschnitt ist die Hervorhebung der Worte *„Das Bekenntnis zum Mensursport"*[449] durch Fettdruck,
womit sicherlich der letzte Punkt auf dem Weg zur endgültigen Rekonstitution
des Verbandes unterstrichen werden soll. Insbesondere die Bezeichnung der
Mensur als Mensursport wirkt jedoch deplaziert, hat doch diese Bezeichnung
mit der eigentlichen Funktion der Mensur als Erziehungsmittel wenig gemein.
Jedoch wurde der angeblich sportliche Aspekt der Mensur in der Gerichts-
verhandlung um die Straffreiheit der Mensur 1953 von korporierter Seite angeführt, das Gericht folgte diesem Argument jedoch nicht.[450]

Der letzte und sehr kurze Abschnitt beschreibt die Wiedergründung des WSC
und schließt mit dem Datum der Gründung am 23./24. Mai 1952. Das Kapitel
schließt mit dem Verweis auf weitere Texte im Handbuch.

Zum Text selbst:
Beginnend mit der Geschichte der ersten Bergakademien,[451] z. B. 1702 in
Freiberg in Sachsen, startete die Entwicklung der heutigen technischen
Hochschulen, die zu Beginn des 19. Jahrhunderts oft als polytechnische

---

[448] Vgl. Handbuch für den Weinheimer Senioren-Convent, Kapitel 1, Seite 8, bzw. 9.
[449] Vgl. ebenda, Seite 12.
[450] Vgl. KSCV/VAC (Hrsg.), Die Mensur. Herkunft, Recht und Wesen, Seite 77 und 79.
[451] Bergakademien waren Hochschulen für Bergbau- und Hüttenkunde. Nach dem Brock-
       haus wurde die erste Akademie in Deutschland erst 1765 in Freiberg in Sachsen ge-
       gründet und nicht – wie im Handbuch angegeben – 1´702. Vgl. Der Neue Brockhaus,
       Band 1, Seite 265.

110

Schulen gegründet wurden[452] und damit der zunehmenden Industrialisierung in den deutschen Bundesstaaten Rechnung trugen. Mit Verleihung des Hochschulranges kam es rasch zur Gründung der ersten Corps. So gründete sich am 15. 11. 1839 das Corps Franconia Karlsruhe am damaligen Polytechnikum in Karlsruhe.[453] In den folgenden Jahren kam es zur Gründung weiterer Corps an technischen Hochschulen, so daß es am 7. April 1863 zu einem Treffen mehrerer SC kam, die in Folge der Lösung eines Streitfalls in Hannover den *„Allgemeinen Senioren-Convent"* (ASC) als Zusammenschluß von Corps gründeten, 15 Jahre nach dem KSCV.[454] Als Tagungsort wählte man aus geographischen Erwägungen die Stadt Weinheim an der Bergstraße, sie ist es auch heute noch. Eine der ersten Tätigkeiten des ASC war die Erarbeitung eines für alle geltenden Komments. Ein Entwicklungsverlauf, der dem des KSCV ähnlich ist. 1864 umfaßte der Zusammenschluß 4 SC mit 12 Corps, 145 Aktive und 20 Inaktive. Die Zahlen änderten sich erst mit der Einigung des Deutschen Reiches 1871, infolgedessen es zu vermehrten Eintritten in den mittlerweile (seit 1875) sich WSC nennenden Dachverband kam. Die zunächst zahlenmäßig stagnierende Entwicklung wird von den Autoren des Kapitels *„Der WSC als Verband"*, Georg-Wilhelm Montanus, Hans Nehlep, Werner Nützel und Hans Schüler, im Handbuch für den WSC wie folgt eingeschätzt:

„Aber die langsame Entwicklung war für den Verband keineswegs von Nachteil gewesen. Der WSC konnte sich konsolidieren, ohne daß divergierende Einflüsse dies behinderten."[455]

Die Einflüsse, auf die hier vermutlich mit den Worten *„divergierende Einflüsse"* angespielt wird, wurden schon in der Entwicklungsgeschichte des KSCV skizziert, so z. B. das Problem der liberaleren Einflüsse aus dem Norden vor der Einigung 1871. Nach einer Verdoppelung der Mitgliederzahl bis etwa 1876 folgte ein Absinken bis 1879 auf das Niveau des Ausgangsstandes von 1864. Als Gründe nennen die Autoren Differenzen zwischen den Hochschulen bezüglich der Lehrinhalte aber auch Streitereien innerhalb des Verbandes:

„Hinzu kamen Differenzen hinsichtlich Klarheit und Schärfe in Auffassung und Durchführung der Corpsgrundsätze. Die an den Bergakademien zeitweise sehr große Zahl von studierenden und aktiv gewordenen Ausländern hat wohl mit dazu beigetragen, daß sich diese Differenzen vertieften, anstatt sich auszugleichen."[456]

Für das Absinken der Zahlen seit 1876 ist sicherlich auch die ökonomische Krise nach 1873 als Grund anzuführen. Da die Weinheimer Corps an den technischen Hochschulen ihre Heimat hatten, die Krise vor allem im bürgerlichen Lager, bei Fabrikanten und Handwerkern zu wirtschaftlichen Nöten führte, wurden die Weinheimer Corps vom Niedergang der Wirtschaft härter getroffen. Eine These, die sich stützen läßt:

---

452 Vgl. Handbuch für den Weinheimer Seniorenvonvent, Kapitel 1, Seite 2.
453 Vgl. ebenda, Kapitel 1, Seite 17.
454 Vgl. ebenda, Kapitel 1, Seite 4.
455 Ebenda, Kapitel 1, Seite 5.
456 Ebenda, Kapitel 1, Seite 5.

„Die Wirtschaftskrise, die 1873 auf den Boom der Gründerjahre folgte, unterbrach diesen Trend. Die wirtschaftlichen Schwerpunkte verlagerten sich dauerhaft; die Schließung zahlreicher Fabriken und die nachlassende Bautätigkeit verminderten den Bedarf an wissenschaftlich ausgebildeten Ingenieuren, was sich auch auf die Zahl der Neuzugänge an den höheren technischen Lehranstalten auswirkte. Waren 1876 noch etwa 6500 Studierende an den Technischen Hochschulen eingeschrieben, sank deren Zahl auf 3700 im Jahre 1883."[457]

Die Zahl der Studenten halbierte sich, die der Corpsstudenten gleichfalls.

1882 zeichnete sich die Spaltung des Verbandes ab, Auslöser waren Reformvorschläge anläßlich der Tagung 1882, die darauf zielten, das Mensurwesen einzuschränken und zu verändern. Die mehrheitliche Ablehnung der Reformvorschläge 1883 ließ schließlich den Verband an dieser Diskussion durch den danach erfolgten Austritt der SC zu Darmstadt, Karlsruhe und Hannover (die eigentlichen Gründer des Verbandes) scheitern.[458] Der übriggebliebene WSC wurde 1889 offiziell aufgelöst, allerdings arbeiteten die ausgetretenen SC schon ab 1884 unter Mithilfe der Alten Herren daran, den WSC neu zu gründen.[459] Der erste Eingriff der Alten Herren in das Verbandsleben, bzw. in die aktiven Tätigkeiten der technischen Corps fand nur wenige Jahre nach dem Eingriff der Alten Herren in die Abläufe des KSCV statt. Und auch andere Entwicklungslinien, wie z. B. die Änderung des Begriffes des Nationalen, nunmehr verstanden als Abstammungsgemeinschaft, finden sich im WSC z. B. in der Bemerkung wieder, daß auch die große Zahl aktiv gewordener Ausländer zu den verbandsinternen Differenzen beigetragen hätte. Wie im Handbuch des KSCV findet sich im Handbuch des WSC keine Bemerkung über den Antisemitismus in der damaligen Zeit. Das Thema wird in beiden Handbüchern vermieden. Vielleicht hofft man, durch eine solche Nichtbeachtung erst gar nicht mit diesem Thema in Zusammenhang gebracht zu werden, ist doch dieses oftmals für KritikerInnen des Korporationswesens einer der Hauptkritikpunkte.

Das erste Unterkapitel des Handbuchs endet mit einer positiven Bewertung der Pläne der Alten Herren zur Neugründung des WSC 1884 auf Basis der eigentlichen Gründercorps des WSC:

„Wenn man bedenkt, daß gerade zu dieser Zeit die Aktivenbestände allgemein sehr schwach waren und kaum Aussicht auf baldige Besserung bestand, dann erkennt man, wieviel Mut und Idealismus zu diesem Schritt erforderlich waren."[460]

In Bezug auf die schlechte Aussicht auf baldige Besserung gibt es jedoch eine Lesart, die diese mit den gesellschaftlichen und politischen Veränderungen in Zusammenhang bringt, insbesondere mit der Ausländerfeindlichkeit, dem aufkommenden Antisemitismus und der Feindschaft zur Arbeiterbewegung. Denn neben den sinkenden Studentenzahlen trugen die tech-

[457]   Bernd-Alfred Kahe, Der Kösener SC-Verband und der Weinheimer SC, in: Rolf-Joachim Baum (Hrsg.), Seite 330.

[458]   Vgl. ebenda, Seite 326 f.

[459]   Vgl. Handbuch für den Weinheimer Senioren-Convent, Kapitel 1, Seite 6.

[460]   Ebenda, Seite 6.

nischen Corps durch ihren politischen Anpassungsprozeß an die gesellschaftlichen Entwicklungen (Antisemitismus und Nationalismus) selbst dazu bei, daß es weniger Nachwuchs gab. Die Nachwuchssorgen entfielen mit Abschluß der internen Streitigkeiten und dem erneuten Aufleben der Technischen Hochschulen. Der nächste Abschnitt im Handbuch lautet dementsprechend *„Die Konsolidierung des Verbandes"*, die Hauptinformation besteht in der zahlenmäßigen Entwicklung bis 1905, sie soll in Kürze dargestellt werden:

Etwa seit dem Jahr 1890 nahm der Verband eine gute Entwicklung und die Zahl der zugehörigen Corps und SC wuchs, so daß einige Jahre später der WSC 7 SC mit 24 Corps umfaßte, die Aktivenzahl entsprach mit 270 in etwa der Stärke von 1877.[461] Das Verhältnis zu den Bergakademien, die mit Einführung des Maturitätsprinzip den Aufnahmebedingungen der Corps wieder entsprachen, brachten einen zweiten Zulauf ab 1902. 1905 umfaßte der WSC an sämtlichen technischen Hochschulen und Bergakademien in 12 SC 40 Corps und 350 Aktive.[462]

Der nächste Absatz beschäftigt sich mit der Aufnahme der Münchener Corps der Technischen Hochschulen im Jahr 1912. Bei einer ansonsten stagnierenden, teilweise auch sinkenden Zahl neuer Mitglieder, vergrößert sich die Gesamtzahl mit der Aufnahme der Münchener Corps in den Verband. Vor Ausbruch des ersten Weltkrieges 1914 umfaßt der Verband 47 Corps mit 460 Aktiven.[463]

Ein gesondertes inhaltliches Anliegen ist den Autoren die Darstellung der Weinheim-Tagung in einem eigenen Abschnitt. Es wird der ansteigende bürokratische Anteil der Tagungen zu Beginn des 20. Jahrhunderts beschrieben, Satzungsänderungen, Änderungen der Aufnahmebedingungen und Regelung des Fechtwesens finden gleichfalls Eingang. Der Anstieg der Bürokratie im eigenen Verband war ein Phänomen, das vor allem auch im Behördenapparat des Reiches zeitgleich festzustellen ist. Aber auch die Corps des KSCV weisen in ihren Konstitutionen eine Regelungswut auf, die sich an der starken Ausweitung der Konstitutionen nachweisen läßt.

Diese Ausweitung geschah auch vor dem Hintergrund eines tatsächlichen Regelungsbedarfs: So bestand ein Corps nicht mehr nur aus aktiven Studenten, sondern nun auch aus Inaktiven. Zusätzlich gibt es neben dem Fuchsenstatus[464] nun auch die Alten Herren. Die Gemeinschaft sah sich gezwungen, dem Organisationswandel auch durch Ausweitung des Bürokratischen Rechnung zu tragen.

Der Abschluß der organisatorischen Entwicklung des WSC spiegelte sich (Füxe, Burschen, Alte Herren bei Aufbau der Protektion im Bismarckschen Sinne) in den Weinheimer Tagungen wider, ging es doch zumeist um Sat-

---

[461] Vgl. ebenda, Seite 6.
[462] Vgl. ebenda, Seite 6.
[463] Vgl. ebenda, Seite 6/7.
[464] Vgl. Alte Herren Vereinigung des Corps Saxonia-Berlin zu Aachen (Hrsg.), Carl Weigandt, Geschichte des Corps Saxonia-Berlin zu Aachen 1867-1967, Weinheim 1968, Seite 21. Interessant ist hier der nachgezeichnete interne Entwicklungsprozeß des Corps, so war der Status des Fuchsen erst seit dem Sommersemester 1872 bekannt.

zungsfragen.[465] In Ermangelung einer Studie über die Konstitutionen der
Weinheimer Corps soll zur Veranschaulichung dieser Entwicklung die Arbeit
von Helmut Neuhaus über das Corps Teutonia zu Marburg herangezogen
werden, dort heißt es:
*„Diese enorme Ausweitung des Konstitutionstextes (die Konstitution von
1910, aber auch die von 1886/87 weist über 100 Paragraphen mehr auf, als
die von 1865, Anmerkung S. P.) gegenüber allen früheren Statuten trägt den
weitreichenden Veränderungen Rechnung, die das Corps in achteinhalb
Jahrzehnten sehr wesentlich umgestaltet hatten. Aus einer Verbindung Marburger Studenten, die das Corps mit dem Abschluß ihres Studiums verließen
und jeglichen Kontakt zu ihm verloren, war eine Gemeinschaft von Aktiven,
Inaktiven und Alten Herren geworden, deren Stellung zum Corps und seinen
Aufgaben und deren Verhältnis untereinander geregelt werden mußte."*[466]
Das Verhältnis zum KSCV vor dem ersten Weltkrieg, eine Erörterung einer
möglichen Verschmelzung beider Verbände im Jahr 1919, die aber abgelehnt wurde, ist den Autoren des Handbuchs des WSC auch ein kurzer eigener Teil wert.[467]
Der nächste Abschnitt liegt dann wieder in der inhaltlichen Entwicklungslinie
des Kapitels, dessen Überschrift lautet: *„Der WVAC"*. Die Altherrenschaft des
WSC konstituierte sich als Verband erst 1903. Die Schilderungen in dem Abschnitt erwähnen erste Altherrenzusammenschlüsse einzelner Corps seit den
frühen 1870er Jahren, seit 1877 wurden die Alten Herren an den Beratungen
des WSC beteiligt. Zu einem festen Zusammenschluß kam es aber vorerst
nicht. Vergegenwärtigt man sich hier die internen Probleme des Verbandes,
so verwundert das nicht. Die Entwicklung zum festen Verband der Alten Herren ist dennoch dem Kösener VAC ähnlich: Die Autoren erwähnen eine *„Steigerung des Zusammengehörigkeitsgefühl"* und das Bedürfnis der Aktiven,
„die Erfahrungen der AH sich zunutze zu machen", das Ergebnis ist das Lebensbundprinzip.[468] Zur Gründung eines festen Verbandes bedurfte es sicherlich weiterer besonderer Anlässe, die im Handbuch aber nicht erwähnt
werden. Ein erster solcher Anlaß, eine Ehrenstreitigkeit zwischen einem
Corps des WSC und des KSCV, zeigt wieder eine Parallele zum KSCV/VAC.
Der Streit eskalierte 1903, der WSC verhängte den *„schweren Waffenverruf"*
über den KSCV.[469] Der Grund war, daß der KSCV keinen Vertreter zu seiner
Verteidigung entsandt hatte; dieses „arrogante" Verhalten des KSCV hatte
sicherlich zum Teil seinen Grund in der gesellschaftlichen Geringschätzung
des KSCV gegenüber dem WSC. Der KSCV wollte an diesem Punkt dem
WSC demonstrieren, welch geringe Wertschätzung er den Corps an den
Technischen Hochschulen entgegenbrachte. In den folgenden Jahren war
der KSCV jedenfalls nicht bereit, ein näheres Verhältnis mit dem WSC einzugehen, obwohl die Altherrenverbände von beiden Seiten dies wünsch-

465 Vgl. Handbuch des WSC, Kapitel 1, Seite 7.
466 Vgl. Helmut Neuhaus, Die Konstitutionen des Corps Teutonia zu Marburg, Seite 26.
467 Vgl. Handbuch des WSC, Kapitel 1, Seite 7/8.
468 Vgl. ebenda, Seite 8.
469 Vgl. Bernd-Alfred Kahe, Seite, 334.

ten.[470] War die Klärung der rechtlichen Bestimmungen zwischen den Verbänden der eine Grund, wird der Wunsch, seinen in den Einigungskriegen Gefallenen ein Denkmal zu setzen, ein weiterer Grund gewesen sein. 1903, also gerade in dem Jahr, in dem sich die Altherrenschaft gründete, ergab sich die Gelegenheit, von der Stadt Weinheim ein Gelände auf dem Wachenberg zu pachten.[471] Die Weinheimer Corps erweiterten ihre Absicht des Denkmalbaus und planten nun, als eigene Tagungsstätte dort eine Burg zu errichten, die Wachenburg (eröffnet 1913), die bis heute Tagungsort ist. Passend zu der damaligen Zeit demonstrierten nun auch die Weinheimer Corps ihre Potenz in Form einer Burg und spiegelten damit sowohl den Charakter der Rückzugs- und Schutzgemeinschaft als auch ihren gesellschaftlichen Anspruch wider – ein ähnliches Verhalten wie das der Kösener Corps. Die Errichtung einer Burg bedurfte einiger finanzieller Aufwendungen, weshalb ein festerer Zusammenschluß der Alten Herren nahelag. Wie beim KSCV wurde auch dem WSC u. a. mit der Macht des Geldes zu verstehen gegeben, daß es nun die Alten Herren sind, die nun im Weinheimer Corpsstudententum das Sagen hatten.

Die Tätigkeiten der Verbände im ersten Weltkrieg finden im Handbuch kaum eine Erwähnung, sie ruhten weitgehend. Aufschlußreicher sind jedoch die Ausführungen bezüglich der gesellschaftlich-politischen Einstellungen der Weinheimer Corps vor dem Ersten Weltkrieg und während der Weimarer Republik:

Schrieb man sich vor dem Krieg selbst eine *„streng nationale und konservative Einstellung"*, einen *„Eliteanspruch"* und *„eine gewisse aber gesunde Feudalität"* zu, traten nach dem Krieg *„Vaterlandsliebe"* und *„das Völkisch-Nationale"* hinzu.[472] Auch in diesem Handbuch gibt es keine nähere Ausführung zu den gesellschaftlichen Entwicklungen, die Republik wird nicht erwähnt, Antisemitismus gibt es im Handbuch der Weinheimer Corps nicht, er wird auch in anderen Publikationen seitens des Verbandes geleugnet oder unzureichend erklärt:

In einem Bildband aus dem Jahre 1988 heißt es:

„Ab 1932 (steht so im Original, Anmerkung S. P.) wurden die studentischen Verbände von der Partei gezwungen, das Führerprinzip zu übernehmen, Juden auszuschließen und eng mit dem NSDStB zusammenzuarbeiten."[473] Daß hier offensichtlich in der Darstellung, die auch für die Öffentlichkeit zugänglich ist, gelogen wurde, ist anhand der Weinheimer SC-Chronik von 1927 eindeutig nachzuweisen:

„(...) Denn die Nation umfaßt manche Rassen, der WSC will aber deutschrassig sein. Er schließt deshalb seit 1920 Fremdstämmige von der Aufnahme aus, Angehörige germanischer Staaten, wenn sie Förderer germanischer

---

470   Vgl. ebenda, Seite 334.
471   Vgl. ebenda, Seite 329.
472   Vgl. Handbuch für den WSV, Kapitel 1, Seite 8.
473   Bernd-Alfred Kahe, 125 Jahre Weinheimer Corpsstudenten, in: Weinheimer Verband Alter Corpsstudenten e. V. (Hrsg.), Bernd Fischer/Klaus Wünnemann, Weinheimer Corpsstudenten, Weinheim 1988, Seite 45 f. Die Angabe des Jahres 1932 steht im Original so, ist also kein Fehler des Autors.

Ideen und Deutschfreunde sind, dagegen nicht, zum Beispiel Deutschöster-reicher und dergleichen.[474] Auffallend im Handbuch ist wiederum das Engagement der Corpsstudenten in Freikorps im Baltikum und Oberschlesien, sowie ihre Grenzlandarbeit zur *„Erhaltung des Deutschtums diesseits und jenseits der Grenzen,"*[475] vorzugs-weise im Saargebiet.[476] In Oberschlesien wurde nach dem ersten Weltkrieg und vor der Friedensvertragsunterzeichnung noch in Form von Freikorps ge-kämpft, um *„den polnischen Vormarsch"* aufzuhalten. Die Situation im Balti-kum war etwas anders. Dort ging es darum, auch auf Wunsch der Alliierten, *„die ostpreußische Grenze vor den anrückenden bolschewistischen Truppen zu schützen und im Rahmen der westlichen Interventionspolitik gegen Sow-jetrußland einen Stellvertreterkrieg gegen die Rote Armee zu führen."*[477] Als sie jedoch nach Deutschland zurückkehren sollten, weigerten sich die Freikorps und dachten sogar an die Errichtung eines deutschen Militär-staates im Baltikum. Lettisch-britische Truppen und die Sperrung des Nach-schubs zwangen die Verbände im Spätherbst 1919 zur Rückkehr nach Deutschland.[478] In Schlesien und im Baltikum war fast der ganze aktive Teil des WSC.[479] Der Frust, bzw. die Wut der Soldaten wegen des Abrufes in die Perspektiv-losigkeit wandte sich gegen die junge Republik, ein Umstand, der sich in dem Beitrag von Georg Becker in der Festschrift zum hundertjährigen Bestehen des Verbandes mit dem Titel *„Der Weg des WSC in der Weimarer Republik"* widerspiegelt. Der national-völkische Verband durfte, so sieht es der Autor, die Republik retten, bekam dafür keinen Dank, im Gegenteil, seine Leis-tungen wurden kaum erwähnt.[480] Daß die Republik schließlich untergeht, daran sind, so Becker, die Linken schuld. Die preußische Hochschulpolitik einerseits und die angebliche Duldung des *„schrankenlosen Pazifismus"* an-dererseits habe der Republik die *„Herzen der studentischen Jugend"* ent-fremdet.[481] Der Verband brüstet sich etwa damit, daß einer ihrer Alten Herren (Franz Seldte, NS-Arbeitsminister 33-45) die Gründung des *„Stahlhelm"*[482] 1919 initiiert hatte.[483]

---

[474] Hans Schüler, Weinheimer S.C.-Chronik, Darmstadt 1927, Seite 130.
[475] Handbuch für den WSC, Kapitel 1, Seite 9.
[476] Vgl. ebenda, Seite 8 f.
[477] Vgl. Hagen Schulze, Seite 212.
[478] Vgl. ebenda, Seite 212.
[479] Vgl. Handbuch für den WSC, Kapitel 1, Seite 9.
[480] Vgl. Georg Becker, Der Weg des WSC in der Weimarer Republik, in: Vorstand des Weinheimer Verbandes Alter Corpsstudenten (Hrsg.), 100 Jahre Weinheimer Senio-ren-Convent. Festschrift zum hundertjährigem Bestehen des Weinheimer Senioren-Convent, Bochum 1963, Seite 77.
[481] Vgl. ebenda, Seite 85.
[482] Der „Stahlhelm" war ein Wehrverband der politischen Rechten, die sich 1931 mit der NSDAP zur „Harzburger Front" zusammentaten und gemeinsam gegen die Republik agierten. 1933 wurde Seldte Arbeitsminister und blieb es bis 1945. Vgl. Wilhelm Deist/Manfred Messerschmidt/Hans-Erich Volkmann/Wolfram Wette, Ursachen und Voraussetzungen des Zweiten Weltkrieges, Frankfurt am Main 1989, Seite 41 ff.
[483] Vgl. Georg Becker, Der Weg des WSC in der Weimarer Republik, Seite 77.

Resümierend hält der Autor gegen Ende seiner Ausführungen fest:
*„Die Republikaner hatten selbst Hand an ihr Werk gelegt. Nur deshalb war es
möglich, daß die Forderungen und Parolen des Nationalsozialismus zunächst von den meisten Deutschen begrüßt wurden, da sie jedem aus der
Seele sprachen und jedem Verzweifelten neue Hoffnung boten. So fanden
wir auch in unserem Verbande das Bestreben, sich wenigstens mit dieser
Bewegung gut zu stellen, dieser Bewegung, die uns in zahllosen Versprechungen eine freiheitliche Entwicklung in Aussicht stellte. Wir haben daran
geglaubt, wie Millionen andere den Versprechungen der Partei auf Freiheit
und Brot geglaubt haben."*[484]

Auch der WSC sieht sich als Opfer der nationalsozialistischen Bewegung,
trotz eigener national-völkischer Einstellung. Interessant ist, daß in beiden
Verbänden, sowohl dem KSCV wie dem WSC, in Abwägung des Umgangs
mit der nationalsozialistischen Vergangenheit von dem eigenen Anspruch,
Elite sein zu wollen, nicht mehr die Rede ist. Wird es in der historischen Entwicklung unbequem, duckt man sich offensichtlich lieber in den Schatten der
Millionen angeblich verführter Deutschen.

Vor dem Abschnitt *„WSC im Dritten Reich"* ist ein weiterer mit der Überschrift
„Inflation" vorangestellt, dieser gibt den für den WSC scheinbar wichtigsten
Inhalt mit dem Titel wieder. Der WSC wurde als bürgerliche Gruppierung von
der Inflation 1923 besonders hart getroffen. Die Mitglieder kamen meist nicht
aus dem gehobenen Bürgertum, sondern aus dem Mittelstand. Der Verband
hatte wenige Ressourcen und die vorhandenen waren offensichtlich meist
monetärer Art und schmolzen im Zuge der Inflation dahin. Die Autoren fas-
sen die Situation für den WSC zusammen:
*„Was blieb, war weiterhin die Betonung des nationalen Charakters unserer
Corps (...)."*[485]
Aufgrund des nationalen Charakters engagierten sich die Weinheimer Corps
in der bereits erwähnten „Grenzlandarbeit",[486] dieses Engagement wird im
Text jedoch gegen die gesellschaftlichen Veränderungen (Weimarer Republik) gestellt:
*„Die soziale Umschichtung, die in unserem Volke besonders nach 1918 in
Gang gekommen war, fand noch nicht Eingang in die Diskussionen im Verband."*[487]
Es ist fraglich, was genau die Weinheimer Corpsstudenten mit *„sozialer Umschichtung"* meinen könnten, vielleicht ist es der Wechsel der politischen Elite, den Führungsspitzen in der Politik? Einige Zeilen später findet sich folgende Formulierung:
*„Es kam aber auch in dieser Zeit, wie schon kurz erwähnt, zum ersten Male
eine Konfrontierung mit einer neuen Gedankenwelt, die geboren war mit der
politischen und sozialen Umwälzung von 1918. Der Wunsch der Corps, unpolitisch zu bleiben, brachte sie nun häufig in einen inneren Zwiespalt."*[488]

---

[484] Vgl. ebenda, Seite 98.
[485] Handbuch für den WSC, Kapitel 1, Seite 9.
[486] Vgl. ebenda, Seite 9.
[487] Ebenda, Seite 9.
[488] Ebenda, Seite 9.

Mit der neuen Gedankenwelt könnte der Nationalsozialismus gemeint sein, der sich gegen die Republik richtete und der Position des WSC entsprach. Da den Corps nach der Inflation nur noch ihr *„nationaler Charakter"* geblieben war, ist davon auszugehen, daß die Corps in einen Zwiespalt gerieten, weil sie einerseits unpolitisch bleiben wollten, andererseits der Nationalsozialismus ihnen aufgrund ihres nationalen Charakters aber attraktiv erschien. Dieser Zwiespalt galt aber weniger dem Antisemitismus und der Fremdenfeindlichkeit. Schließlich war, *„das Völkisch-Nationale"* ein *„tragendes Element"*,[489] die kulturell-rassische Ablehnung alles „Nichtdeutschen" dürfte den Weinheimer Corps eher vertraut gewesen sein. Bei dem Zwiespalt könnte es sich aber ebensogut um die Rolle der Korporationen im Kampf um die Vormachtstellung innerhalb der Studentenschaft handeln und hier um die Auseinandersetzungen mit dem „Nationalsozialistischen Deutschen Studentenbund" (NSDStB) einerseits und um den Streit mit der preußischen Regierung um die staatliche Anerkennung der Studentenschaft unter Voraussetzung der Ablehnung des völkischen Prinzips, namentlich mit dem preußischen Kultusminister Becker im Jahr 1927, andererseits.[490]

Die im WSC vorherrschende Einstellung zur Zeit der Weimarer Republik ist zumindest eine konservativ-rechte, teilweise völkische bis nationalsozialistische und damit eine gegen die Republik gerichtete.

Die Darstellung der Zeit des Dritten Reiches im Handbuch folgt den internen Änderungsprozessen, wie z. B. Einführung des Führerprinzips, Aufnahme von 27 Corps des Rudolstädter SC in den WSC 1934, die Zwangsauflösung am 20. Oktober 1935 und schließlich die Auflösung des *„Weinheimer Verbandes Alter Corpsstudenten"*.[491]

Im Abschnitt *„Zwangsauflösung"* fällt vor dem Hintergrund, daß der WSC bereits seit 1920 keine Juden mehr aufgenommen hat, folgende Formulierung auf:

„In diese Zeit fiel auch der Erlaß der ‚Nürnberger Gesetze', die viele unserer Corps, wenn nicht alle, in sehr ernste Schwierigkeiten brachten. Corpsbrüder sollten sich von Corpsbrüdern, denen sie einmal unabdingbare Freundschaft gelobt hatten, nun aus Gründen trennen, die politischer Natur waren. Es gab Corps, die die Durchführung der ‚Nürnberger Gesetze' in ihren Reihen ablehnten und sich zu dieser Zeit schon auflösten. Es gab Corpsbrüder, die dann, als im Corps diese Gesetze durchgeführt wurden, ihr Band zurückgaben. Es war die letzte und ernste Erschütterung vor dem endgültigen Untergang."[492]

Die Autoren beziehen sich hier auf die Nürnberger Rassegesetze vom 15. September 1935. Die Darstellung, insbesondere ihre Emotionalität, überspitzt die Aussage derart, daß es sich um eine vorgeschobene, bewußte Falschdarstellung handeln dürfte. Sicherlich mag es vorgekommen sein, daß der eine oder andere Corpsbruder gehen mußte, weil er jüdischer „Abstammung", oder gar Jude war. Jedoch aufgrund der deutsch-völkischen Aus-

489 Vgl. ebenda, Seite 8.
490 Vgl. Georg Becker, Der Weg des WSC in der Weimarer Republik, Seite 84.
491 Vgl. Handbuch für den WSC, Kapitel 1, Seite 9/10.
492 Ebenda, Seite 10.

richtung des Verbandes weit vor 1933 erscheint die Darstellung unglaubwürdig, daß „viele" Corps in Schwierigkeiten gekommen seien. Der KSCV hatte sich von fünf Corps ein Jahr zuvor getrennt,[493] weil diese die Ausschließung von Juden nicht nach Vorschrift vollziehen wollten, wobei der KSCV in seiner Ausrichtung nicht so extrem völkisch eingestellt war, wie der WSC. Zusätzlich war der WSC ohne Unterbrechung Mitglied im ADW (Allgemeiner Deutscher Waffenring) und hatte bereits 1933 gemäß den Statuten nachzuweisen, daß

„er unter seinen Mitgliedern weder Judenstämmlinge oder jüdisch Versippte noch Freimaurer hat."[494]

Der Verband stellt den Sachverhalt in dem Handbuch zum Zweck der Beschönigung und Verharmlosung der eigenen verfehlten Politik falsch dar.

Es sollte mit der verfälschten Darstellung der Eindruck erweckt werden, als sei man aufgrund der Verweigerung der Umsetzung der *„Nürnberger Gesetze"* zwangsaufgelöst worden. Tatsächlich waren zur Durchführung der Entfernung jüdischer und „jüdisch versippter" Mitglieder alle Verbände bereit, der einzige der zögerte und sich teilweise verweigerte, war der KSCV,[495] der sich am 28. September 1935 auflöste.[496]

Die Falschdarstellung im Handbuch wird noch deutlicher durch folgendes Zitat aus der WSC-Festschrift:

„Mit Stolz wurde verkündet, daß die Anpassung des WSC an die Forderungen und Lebensformen des nationalsozialistischen Deutschlands und die nationalsozialistische Durchdringung unserer Corps ohne tiefgreifende innere Erschütterung vor sich gegangen waren. (...) War die Annahme der ADW-Gesetze 1933 eine unvermeidliche Notwendigkeit, um Verband und Corps zu erhalten, so übertraf der WSC 1935, als er aus freien Stücken die Ausnahmebestimmungen der ADW-Gesetze außer Kraft setzte, sein Plansoll (Potsdamer Bekenntnis). Daß man sich dabei in der Verbandzeitung auch noch des Jargons der Nationalsozialisten bediente, stellt dem damals führenden Corpsstudenten kein hohes Zeugnis aus."[497]

Nach der Auflösung des Verbandes bzw. der Umwandlung der Korporationen in Kameradschaften, hielt man den Kontakt zwischen einzelnen Corpsbrüdern aufrecht, ansonsten ruhte das aktive Leben offiziell. Ähnlich wie im KSCV war den einzelnen Corps auch im WSC der weitere Umgang mit den Nationalsozialisten freigestellt. Der Absatz im Handbuch endet mit folgenden Worten:

„Aber der entsetzliche Zusammenbruch von 1945 hat dann den meisten von uns die Hoffnung geraubt, daß jemals wieder so etwas auferstehen könnte wie unsere Corps."[498]

[493] Vgl. Handbuch für den Kösener Corpsstudenten, Ausgabe 1985, Seite 59.
[494] Rosco G. S. Weber, Seite 131, Zitat aus dem ADW Bundesgesetz, Seite 1.
[495] Vgl. ebenda, Seite 184.
[496] Vgl. ebenda, Seite 187.
[497] Vgl. Herbert Scherer, Der Weg durch die Krise (1933-1945), in: Vorstand des Weinheimer Verbandes Alter Corpsstudenten (Hrsg.), 100 Jahre Weinheimer Senioren-Convent, Seite 109.
[498] Handbuch für den WSC, Kapitel 1, Seite 10.

Es war also nicht der Nationalsozialismus und der Krieg, die den Corpsstudenten die Hoffnung geraubt hätten, sondern der Zusammenbruch 1945.
Zur Wiederbegründung heißt es in der Festschrift zum 100-jährigen Be-
stehen:
*„Bis zum Kriegsende war die Gemeinschaft der Altherrenschaften bei den
meisten Corps intakt geblieben. (...) Nach dem Krieg fanden sich bald Alte
Herren wieder zusammen und gründeten ihre Altherrenvereinigungen
neu."*[499]
Ähnlich handelten einige Corps nach 1945, die zuvor in Kameradschaften
den Betrieb, wenn auch sehr begrenzt, weitergeführt hatten:
*„Seit 1941 befand sich die von Cisaria angenommene NS-Kameradschaft
Graf Spee auf dem Wege zurück zum Corps. Am 20. Januar 1943 erklärte
sich die Kameradschaft wieder zum CC, am 20. November 1944 wurde mit
dem Corps Suevia (KSCV) ein förmlicher SC-Vertrag geschlossen."*[500]
Nach dem Krieg entstanden immerhin 8 von 40 untersuchten Corps direkt
aus den Kameradschaften, die sich als freie studentische Zusammenschlüsse nach 1945 wiedergründeten.[501]
Diese Daten vermitteln nicht den Eindruck, es hätte mit dem Zusammenbruch 1945 keine Hoffnung mehr gegeben. Die Autoren verzerren mit ihrem
Text den eigentlichen Sachverhalt. Vielmehr hat es zum Teil einen nahtlosen
Übergang von Corps zur Kameradschaft, von Kameradschaft nach 1945 zur
freien studentischen Gemeinschaft und von da wieder zum Corps gegeben.
Bereits am 8. Oktober 1945 fanden sich ehemalige Kameradschafter der Cisaria, das ja eigentlich seit 1943 schon wieder Corps war, zusammen und
benannten ihr Corps in die akademische Vereinigung *„Cisa"* um und be-
kamen so die Zulassung von der Technischen Hochschule München. Am 19.
Mai 1951 durfte man sich wieder *„Corps Cisaria"* nennen.[502]
Die gesellschaftlich-politischen Entwicklungen nach dem Krieg und die Gründe für die recht rasche Wiedergründung der Altherrenschaften und der aktiven Corps (der WVAC gründete sich als Verband am 8. 10. 1949 wieder)[503]
wurden in der Darstellung des KSCV schon beschrieben, sie trifft auch hier
zu. Um die Verbandsgründung des WSC besser koordinieren zu können,
wurde am 23. 7. 1950 von 23 Corps die *„Weinheimer Corpsstudentische Ar-
beitsgemeinschaft (WCA)"* ins Leben gerufen, sie sollte das Wesen des künftigen WSC formulieren. Im gleichen Jahr gab die Stadt Weinheim die Burg an
den Weinheimer Verband Alter Herren zurück.[504] Ein letzter problematischer
Punkt in der Phase des Wiederbeginns war auch für den zukünftigen Verband die Mensur, die als Pflichtbestimmung in die Statuten des neuen WSC
festgelegt werden sollte, jedoch selbst unter den Aktiven nicht unumstritten

---

[499] Herbert Scherer, in: Vorstand des Weinheimer Verbandes Alter Corpsstudenten
       (Hrsg.), Seite 111.
[500] Ebenda, Seite 112.
[501] Vgl. ebenda, Seite 112.
[502] Vgl. ebenda, Seite 112.
[503] Vgl. Handbuch für den WSC, Kapitel 1, Seite 11.
[504] Vgl. Bernd-Alfred Kahe, 125 Jahre Weinheimer Corpsstudenten, Seite 44.

war, zumal in München und Bonn in der Zeit keine Mensuren geschlagen wurden.[505]
Im Jahr 1951 prüfte man ein Zusammengehen der ehemaligen Corpsverbände KSCV und WSC. Mit der Gründung des KSCV am 19. Mai 1951 wurde dieser Plan aber hinfällig und der WSC gründete sich am 23. Mai 1952 wieder.[506]
In der Abhandlung zur Wiedergründung wird auch von Anfeindungen der Corps durch die vorzugsweise linke Öffentlichkeit gesprochen. Genannt werden neben Rundfunk und Presse auch der Sozialistische Studentenbund und der Verband Deutscher Studentenschaften. Haben die Autoren den Antisemitismus in den Weinheimer Corps an vorheriger Stelle schon geleugnet, so geschieht es jetzt ein zweites Mal:
„Durch eine Fälschung, die vom Verband Deutscher Studentenschaften als Druck unter dem Titel ‚Vermutungen über ein Bonner Protokoll' verbreitet wurde, ist dem Verband ein schwerer Schlag versetzt worden. In diesem Pamphlet wurden den Corps antisemitische Tendenzen unterschoben"[507]
Einige Zeilen weiter heißt es:
„Vor dem Studententag in Berlin am 4. 5. 1952 erfolgte wiederum mit Unterstützung durch Presse und Rundfunk ein Angriff des Sozialistischen Studentenbundes. Erneut wurden antisemitische Tendenzen behauptet. Der Corpsstudent wurde als feudal, nationalsozialistisch, klassenbildend hingestellt."[508]
Vier Seiten vorher beschreiben die Autoren die Corps selbst mit den Worten einer gesunden Feudalität, konservativ, national, Eliteanspruch, völkischnational.[509] Der Antisemitismus, vor allem in den 20er Jahren, ist den Corps des WSC nachzuweisen. Es wurden den Corps also keine Tendenzen untergeschoben, sondern tatsächlich nachweisbare Sachverhalte vorgehalten. Wenn der Verband Deutscher Studentenschaften mit seiner *„Vermutung eines Bonner Protokolls"* das Potsdamer Bekenntnis gemeint haben sollte, so ist dem Vorwurf an die Corps zuzustimmen.
Man kann die Corps sicherlich nicht als *„nationalsozialistisch"* beschreiben, das vertrüge sich schon allein mit dem corpsstudentischen Eliteanspruch nicht. Nationalistisch sind sie dagegen zweifellos gewesen, wenn auch in Form eines konservativen Nationalismus, weniger eines liberalen Nationalismus, wobei die Weinheimer Corps mehr liberale Einflüsse aufweisen. *„Feudal"* im Sinne von elitär sind sie gewesen, das ist an genügend Beispielen nachgewiesen worden und wird heute von Corpsstudenten selbst nicht mehr in Abrede gestellt. Auch der letzte Vorwurf, *„klassenbildend"* gewesen zu sein, ist zutreffend und es ist aufgrund des unverändert fortgeführten Brauchtums auch heute noch so. In der Urteilsbegründung des Beschlusses zum Mensurprozeß 1953 wird am Beispiel der Funktionszuschreibung der Mensur deutlich, daß nicht nur die Mensur, sondern das gesamte Brauchtum darauf ausgerichtet ist, Klassengegensätze zum Ausdruck

---

[505] Vgl. Handbuch für den WSC, Kapitel 1, Seite 11/12.
[506] Vgl. ebenda, Seite 13.
[507] Ebenda, Seite 12, Fehler im Original.
[508] Ebenda, Seite 12.
[509] Vgl. ebenda, Seite 8.

zu bringen. Dem Grundgedanken des Oberstaatsanwaltes ist das Gericht gefolgt. Der Vorwurf der Klassenbildung ist sozusagen höchst richterlich beglaubigt.[510]

Mit der Wiedergründung des WSC am 24. Mai 1952 enden die Ausführungen der Autoren.

Zur Ergänzung ist kurz auf das Verhältnis WSC und KSCV einzugehen. Gab es wie erwähnt schon zu Anfang des 20. Jahrhunderts erste Bestrebungen, zwischen KSCV und WSC ein engeres Bündnis zu schaffen, 1910 wurde ein erster Vertragsentwurf vom KSCV abgelehnt, so kam es nach dem Krieg zu erneuten Verhandlungen, die 1921 zu einem Vertrag zwischen den beiden Verbänden führten. Gegründet wurde daraus der *„Allgemeine Deutsche SC-Verband"*. Dieser Verband war ein Zweckverband, man wollte sich in allgemeinen studentischen Fragen abstimmen und den Verband als Schlichtungsstelle nutzen.[511] Seit 1929 wurde eine Einigung zwischen den Verbänden immer schwieriger, was schließlich 1933 zur Auflösung des Vertrages führte. Ein erster Versuch der Verschmelzung wurde 1951 durch die Wiedergründung des KSCV vereitelt. Am 2. Oktober 1954 wurde auf Grundlage des Vertrages von 1921 ein Kartellvertrag geschlossen, der u. a. Abgrenzungen des Einflußbereiches gegeneinander, eine Ehrenordnung sowie die Zusammenarbeit in corpsstudentischen Angelegenheiten regelte. Ferner wurde 1975 die Öffentlichkeitsarbeit in der *„Informationszentrale (IZ)"* zusammengefaßt, die 1980 als Dienstleistungszentrale ausgebaut wurde. 1988 beschloß man, an Hochschulorten mit Technischen Hochschulen und Universitäten einen gemeinsamen SC zu bilden. 1993 wurden die zwei Dachverbandszeitschriften zur Zeitschrift *„Der Corpsstudent"*, später *„Corps - das Magazin"* zusammengefaßt. Durch das gemeinsame Zusammenarbeiten und durch die Zusammenlegung der Verbandszeitschriften und anderer Dienstleistungen sind beide Verbände als Analysegegenstand gewählt worden, da das Datenmaterial schlecht zu unterscheiden ist, z. B. welche Aussage von welchem Verband kommt. Sämtliche folgende Kapitel bestehen dementsprechend nicht mehr auf einer Unterscheidung zwischen den zwei Dachverbänden.

3.2 Vier Themenfelder – die Grundstruktur corpsstudentischen Verhaltens, Handelns und Denkens

Eine erste inhaltliche Reduktion der Ergebnisse und Interpretationen der vorangegangenen Unterkapitel ergeben insgesamt vier thematische Ballungen in der Analyse, hinter der sich eine inhaltliche Grundstruktur des corpsstudentischen Denkens und Handelns verbirgt. Die Themenfelder können folgendermaßen benannt werden:

---

[510]   Vgl. Urteil des Bundesgerichtshofes vom 29. Januar 1953, Stellungnahme des Oberstaatsanwaltes unter I. und Begründung des Urteils unter II., in: KSCV/VAC (Hrsg.), Die Mensur. Herkunft, Recht und Wesen, Seite 78 f.

[511]   Vgl. Bernd-Alfred Kahe, Seite 335.

1. die Auswahl von Verhaltens- und Handlungsweisen
2. der Normenkatalog
3. das Milieu und
4. der Habitus.

In einem **ersten Schritt** (3.2.1) werden in einer Art Zusammenfassung die in den Unterkapiteln 3.1.1 bis 3.1.4 eingerahmten und den Themenfeldern zugeordneten Textpassagen wiedergegeben, um die inhaltliche Struktur zu verdeutlichen. Eine absolut scharfe Trennlinie zwischen den vier Themenfeldern kann allerdings nicht erreicht werden, so daß Teile des einen Themenfeldes auch in einem anderen Themenfeld gefunden werden können, also Überschneidungen zeigen. Die Reduktion im ersten Schritt soll dazu beitragen, die Trennschärfe unter den Feldern zu erhöhen, um an die Grundstruktur des corpsstudentischen Gedankengutes zu gelangen. In einem **zweiten Schritt** (3.2.2) werden die vier corpsstudentischen Prinzipien erläutert, interpretiert und dem jeweils passenden Themenfeld des vorangegangenen Unterkapitels (3.2.1) zugeordnet. In Kapitel 3.2.3 sollen die Themenfelder noch einmal zusammengefaßt und zugespitzt werden. Im Ergebnis wird eine erste inhaltliche Struktur des corpsstudentischen Denkens stehen.

3.2.1 Die vier Themenfelder der Analyse

3.2.1.1 Die Auswahl von Verhaltens- und Handlungsweisen

Die corpsstudentischen Verhaltens- und Handlungsweisen finden sich zumeist in den Passagen über die corpsstudentischen Regelwerke, wie den Comment, der Constitution, aber auch in der Diskussion von indirekten Anweisungen, ein Beispiel hierfür sind die Passagen über die Mensur.

Die Corps verschriftlichten neben den Orden ihre Regeln von Anfang an. Standen die ersten Comments noch im Zeichen eines Ehrenkodex, der gegen die Orden und für eine Vereinheitlichung des Verhaltens an den Universitäten formuliert war, zielten spätere mehr auf die Konstruktion und Erhalt eines eigenen Standes und damit einer eigenen Standesehre. Darüber hinaus enthielten die Regeln zunehmend Vorschriften für das gemeinschaftliche Zusammenleben. Der Sinn lag zunächst im Anschluß der eigenen Schicht des gehobenen Bürgertums an den privilegierten Stand des Adels. Erzielt werden sollte dieser durch Normierung des eigenen Standesverhaltens bei gleichzeitigem Abschluß nach unten gegenüber gesellschaftlichen Schichten, die vielleicht noch den Zugang zu den Universitäten erlangten (klein- und bürgerliche Schichten), aber nicht in ein Corps eintreten sollten, vor allem auch dann nicht, wenn Mitglieder dieser Schichten noch einem Orden angehörten oder auch später weiterhin aufklärerische Gedanken vertraten. Die Regelbildung bedeutet nicht nur Ausgrenzung bestimmter Personen, sondern immer auch Ausgrenzung von gemeinschaftlich ungewolltem Gedankengut.

Mit dem Progreß 1848 und der großen Politisierung großer Teile der Gesellschaft zogen sich die Corps nun als Verband unter Festsetzung des Unpolitischen als Prinzip abermals aus den „Niederungen der Politik" zurück, grenzten sich gegenüber Burschenschaften und anderen radikaleren und vor allem liberal eingestellten Strömungen ab.

Die Gemeinschaft setzte immer mehr auf die Sozialisation, die für die Mitglieder zu einem Großteil in der Unterwerfung unter die Regeln der Gemeinschaft bestand. Die Gemeinschaft wollte gegen politische Einflüsse, die nicht ihrem Wesen entsprachen (z. B. liberale, sozialdemokratische, kommunistische) sozialisieren, ihre eigene Position (monarchistisch, feudal, konservativ) stärken und als unpolitisch deklarieren. Politik wurde als Aktionsmittel unterer Schichten gewertet, als Teil der staatstragenden Elite sah man sich selbst als unpolitisch.

Die landesweite einheitliche Ehrenregelung, insbesondere des Duellwesens, kann nicht nur durch die sich abzeichnende Akzeptanz des Ehrverhaltens durch den Adel als gelungener Anschluß an den Adelsstand gewertet werden, sondern auch durch den vermehrten Eintritt Adeliger in ein Corps. Der Normenkatalog der Corps paßte sich in vielen Punkten in seiner Aufzählung von Verhaltens- und Handlungsweisen dem Verhalten des gehobenen Standes an.

Nach 1871, besonders nach 1888, zeichnete sich die weitere Ausdifferenzierung durch erneute Regelverschärfung aus. Der Aspekt der Unterwerfung trat deutlicher in den Vordergrund. Die Fuchsenzeit wird als Formungszeit gesehen, die das Mitglied auf die spätere Übernahme einer gehobenen und anspruchsvollen gesellschaftlichen Position vorbereiten sollte. Die Konstitutionen und Comments erreichten ihren Höchststand an Paragraphen, Verhaltensvorschriften, Ehrregelungen und Handlungsleitlinien, ob Mode, andere Äußerlichkeiten oder Briefstil, nichts wurde dem Zufall überlassen.[512]

Mit Beginn der Weimarer Republik grenzte die Gemeinschaft einerseits gezielt bestimmte Gruppen durch gesonderte Zugangsbestimmungen aus, so z. B. die Juden mit rassischer Begründung verbandsweit seit 1920. Es wurde sogar per Statut definiert, wer als jüdisch Versippter einzustufen war und nicht aufgenommen werden konnte. Andererseits wurde die Auswahl von Verhaltens- und Handlungsweisen auf die Mächtigen in der Republik abgestimmt, wofür das Ehrenabkommen mit den Offizierbünden des Militärs 1923 als ein Beispiel angeführt werden kann.

Die Zeit nach dem Zweiten Weltkrieg stand zunächst im Zeichen der gedanklichen Anknüpfung an die Periode vor 1933 und in der Suche nach Verbündeten (Abkommen des KSCV mit dem WSC 1954). Im Ergebnis stand leicht verändert die Erziehung und die Persönlichkeitsformung als Zweck der Regeln der Gemeinschaft, die nach wie vor als absolute Autorität konstruiert ist und deren Anweisungen sich die Mitglieder auch heute noch unterzuordnen haben. Duelle werden zwar nicht mehr ausgetragen, Mensuren aber sehr wohl. Begründet mit dem Verschwinden des Adels als gesellschaftlich relevante Einflußgruppe, mußte der gesellschaftliche Anschluß- und Abgrenzungseffekt des Schlagens in Form des Duells aufgegeben werden, er lebte aber zum Zwecke der Erziehung in Form der Mensur weiter.

---

[512]   Vgl. hierzu Manfred Studier, Seite 71 – 78.

124

Auf die 68iger-Bewegung und die Öffnung der Hochschulen, die für die
Corps durch das Massenstudium und die Veränderung gesellschaftlicher
Werte den Verlust der exklusiven Rolle an den Hochschulen bedeutete, folgte Mitte der siebziger Jahre ihre Reaktion mit einer Ergänzung der corpsstudentischen Verhaltens- und Handlungsweisen durch das zusätzliche Angebot des Erlernens und Aneignens sogenannter moderner „Soft-skills" in
Form von Managementtrainings, Rhetorikseminaren, Seminaren zu Ver-
handlungsmethoden, die den Corpsstudenten mit dem *„Kuratorium Weinheim Seminar" (KWS)* nahegelegt wurden.[513] Im Jahr 2000 kommt es mit der
Gründung der *„Corps-Akademie"* zu einem spezielleren managementorien-
tierten Angebot für Corpsstudenten, das aber auch von anderen Personen
genutzt werden kann.[514] Die bisherigen typisch corpsstudentischen Ver-
haltens- und Handlungsweisen (z. B. Unterordnung, Gehorsam und hierarchisches Denken) bleiben davon weitgehend unberührt, so daß sie zum Teil
seit über einhundert Jahren keine wesentlichen Veränderungen erfahren haben.[515]

3.2.1.2 Der Normenkatalog

Jeweils Teile des Normenkataloges finden sich in den Passagen z. B. über
die corpsstudentischen Gesellschaftsansichten oder Ideologien, den formulierten Führungsanspruch sowie über das Verhältnis zu Politik und Standesbewußtsein wieder.

Basierend auf einem Modell der sozialen Ungleichheit, das von den Corpsstudenten bis heute naturalistisch begründet wird, Ungleichheit unter den
Menschen also als naturgegeben und nicht als sozial konstruiert vorausgesetzt wird, wird der corpsstudentischen Ideologie die Konstruktion des Unpolitischen ermöglicht (aus Sicht des Machtinhabers), die gleichsam zum Prinzip erhoben wird und schon zur Verbandsgründung 1848 in die Statuten ein-
ging. Politische Konzepte, die auf Veränderung des bestehenden und „natürlichen" Gesellschaftsbildes zielen, wurden und werden „logischerweise" abgelehnt. Das gilt auch für die Gleichstellung der Frau, die bis heute von den
Corpsstudenten mit biologistischen Begründungen abgelehnt und wegen ihrer Vorstellung vom Männerbund (siehe Kapitel 4) nicht befürwortet werden
kann.

Galt die Aktivität der Corpsstudenten mit Beginn 1789 noch der Aufrechterhaltung eines eigenen studentischen Standes, so formulierte sich mit der
Verbandsgründung 1848 ein gesamtgesellschaftlich gestalterischer Anspruch, den man als selbstverständlich für sich als Teil der staatstragenden

---

[513]   Die folgenden Angaben sind bisher nicht in die Analyse eingegangen und werden hier
ergänzend angegeben: www.kws-seminare.de/ueber.htm, Stand 17.7.2002
[514]   www.corpsakademie.com/profil.htm, Stand 17.7.2002
[515]   Vgl. Erich Bauer, Constitutionenentwurf von 1953, in: Verein für corpsstudentische
Geschichtsforschung (Hrsg.), Einst und Jetzt, Sonderheft 1988, Seite 207. Ein weiterer Hinweis für die Beständigkeit der Verhaltens- und Handlungsweisen ist das seit
1964 bis 2000 in sieben unveränderten Auflagen erschienende „Schimmerbuch für
junge Corpsstudenten", das einen ganzen Katalog von Verhaltens- und Handlungsanweisungen enthält. Vgl. Erich Bauer, Schimmerbuch für junge Corpsstudenten.

Elite erachtete. Die Corps konstruierten einen Habitus der Distinktion, der es ihnen ermöglichte, sich von aufstrebenden anderen bürgerlichen Gruppen abzugrenzen, gleichzeitig aber auch ihre Position in führenden Teilen der Gesellschaft auszubauen. Der Corpsstudent wurde so zum Idealbild der Wilhelminischen Ära.

Durch das Versagen der friedlichen Politik im Einigungsprozeß zum Deutschen Reich, aber mehr durch die habituelle Abgrenzung zu den bürgerlichen (aus corpsstudentischer Sicht nicht gleichrangigen) Trägern dieser Politik, setzten die Corpsstudenten auf ihr „Politikmodell" der Ämterpatronage, das auch von Bismarck bevorzugt und umgesetzt wurde. Mit der Arbeiterbewegung, die für die Corpsstudenten allenfalls als angstmachende Masse erfahrbar wurde, gab es kaum Berührungspunkte.

Das Gesellschaftsbild der Corpsstudenten änderte sich (bis heute) nur unwesentlich. Sicherlich gibt es den Stand des Adels nicht mehr, an dessen Stelle traten die Vertreter des gehobenen Bürgertums, die heutzutage einen Großteil der ökonomischen, sozialen und kulturelle Ressourcen der Gesellschaft verkörpern. Darunter befindet sich die Klasse der Bürgerlichen,[516] darunter wiederum die der Arbeiter und sozial Schwachen. Beide letzten Klassen bilden wieder die „Masse", von denen sich das Corpsstudententum bewußt abgrenzen möchte. Innerhalb der Klasse, zu der sich die Corpsstudenten zugehörig fühlen, wird nach wie vor durch einen eigenen Habitus die bürgerliche Konkurrenz ab- und ausgegrenzt. Die Ämterpatronage funktioniert heute allerdings nicht mehr direkt, sondern geht verborgenere Wege, so z. B. durch Netzwerke, in denen Alte Herren ihren Einfluß für die Corpsbrüder geltend machen können.[517] Die Gesellschaftsvorstellung der Corps bezüglich der sich wandelnden Gesellschaftsstruktur entsprach dem Übergang vom Ständestaat zur Klassengesellschaft,[518] die heutzutage – wenn auch nach wie vor von geringer Mobilität zwischen den Klassen – als eine pluralistische Klassengesellschaft gesehen werden muß. Hier kann jedoch ein Dreiermodell als grobe Sicht,[519] entsprechend der der Corpsstudenten, unterstellt werden.

Die Corpsstudenten sehen sich selbst als Teil der oberen Gesellschaft, sogar als Elite, was sich nicht zuletzt aus ihrer Sicht von Politik und ihrem Füh-

---

[516] Die Begriffe „Stand" und „Klasse" sind hier nicht trennscharf, was sich mit den gesellschaftlichen Entwicklungen vom Ständestaat zur Klassengesellschaft erklären läßt. 1789 kann m. E. in Deutschland von einer Ständegesellschaft gesprochen werden, nach 1848 eher von einer Klassengesellschaft.

[517] Es gibt zahlreiche Hinweise auf die Existenz eines solchen Netzwerkes: die Kontaktstelle „Universität, Corps und Wirtschaft, die Homepage www.gute-verbindungen.net (Stand 15. Juli 2002) oder im Kapitel „Netzwerk" Studentenverbindung sind nur drei ausgesuchte Hinweise. Vgl. KSCV/VAC/WSC/WVAC (Hrsg.), Corps – Das Magazin, Verbandszeitschrift des KSCV und des WSC, Heft 2/2002, Seite 6 und WVAC (Hrsg.) Karsten Schaumann/Torsten Schaumann, Studienplaner, Seite 73-82.

[518] Der „Ständestaat" definierte sich auf Basis des Ehrbegriffs, der „Klassenstaat" eher auf ökonomischer Grundlage. Die Veränderung des Sinnes der Mensur, weg vom Duell (Ehre) – hin zur Erziehung (Schließung durch Bildung – Bildungsbürgertum), verdeutlicht den Übergang von der einen in die andere Gesellschaft. Vgl. zu den Begriffen „Stand" und „Klasse" Frank Thieme, Kaste, Stand, Klasse, in Hermann Korte/Bernhard Schäfers (Hrsg.), Einführung in Hauptbegriffe der Soziologie, Seite 179 ff.

[519] Vgl. ebenda, Seite 189.

rungsanspruch als zwingend logisch ergeben muß, wobei sicherlich nur ein –
wenn auch nicht unerheblicher – Teil der Corpsstudenten tatsächlich dem
gehobenen Bürgertum angehört. Eine genaue und aktuelle Untersuchung
zum sozialen Status der Corpsstudenten gibt es leider nicht, nur Hinweise.[520]
Die politische Einstellung der Corpsstudenten ist – gemäß den geschichtlichen Entwicklungslinien – vorwiegend traditionell-konservativ und national,
weniger rechtsextrem oder liberal. Das Demokratieverständnis beschränkt
sich auf die öffentlichen Parlamente, eine Demokratisierung weiterer Teile
der Gesellschaft lehnen sie aus ihrem elitären Grundverständnis her ab.

3.2.1.3 Das Milieu

Informationen zum Milieu finden sich in allen Texten, die Aussagen über die
Konstruktion und Konzeption der corpsstudentischen Gemeinschaft ent-
halten. Die Gemeinschaft, der Lebensbund wurde und wird in seiner Kon-
struktion dem gewünschten gesellschaftlichen Milieu angepaßt, in das man
Zutritt gewinnen oder in dem man die erreichte Position ausbauen möchte.
Veränderungen von außen haben eine Veränderung in der Konstruktion zur
Folge.

Die Gründung des modernen Korporationstyps geschah als noch relativ loser
Gemeinschaftszusammenschluß, der seine Mitglieder noch weitgehend regional rekrutierte. Von Anfang an verstand sich der Zusammenschluß als
Gegenbewegung zu den Gedanken der Französischen Revolution, die eine
gesellschaftliche Öffnung anstrebte und den als Träger dieses Gedankengutes ausgemachten Orden. Durch die Aufnahme des Gedankens der nationalen Einheit und der Errichtung eines festen Regelwerkes wurde die Gemeinschaftskonstruktion zielgebundener und fester. Schon zu Beginn der
corpsstudentischen Geschichte fanden Gedanken der Romantik Eingang in
die Gemeinschaftskonzeption. Die Gemeinschaft wurde damit zum Zentrum
der Suche nach den schöpferischen Kräften, unter das sich das Individuum
unterzuordnen hatte. Dafür wurde ihm Geborgenheit angeboten.

Die Zielsetzung der Gemeinschaft verschob sich zugunsten einer privilegien-
sichernden und standesbildenden Gemeinschaft, die als Konsequenz der
geschichtlichen Entwicklungen ihren Rückzug aus der Politik mit Anschluß an
die staatstragende Elite suchte. Die Gründung der Urburschenschaft in Jena
1815 verstärkte das Anschlußbestreben der Corps, in dem sich die Corps in
Abgrenzung zu den entstehenden Burschenschaften endgültig auf ihre konservativen Wurzeln festlegten und durch ihre gesinnungsmäßige Staatsnähe
der politischen Verfolgung entgehen konnten. Der zunächst vorhandenen
Bedrohung der Corps durch die Burschenschaften wurde mit einer Verschärfung der gemeinschaftlichen Regeln und so mit einer Verengung und

---

[520]   Vgl. Hans Stumm, Die Würzburger Bayern. Der Lebensweg des Corps Bavaria 1815
bis 1975, München 1976, Seite 427. Der Autor gibt aus der Statistik des Corps eine
Gliederung nach beruflichen Breichen an, so waren von den 1960 in den Kösener
Corpslisten erwähnten 924 Corpsbrüdern seines Corps 400 Juristen, ca. 300 Medi-
ziner, der Rest verteilte sich vor allem auf die Bereiche wie Apotheker, Chemiker und
Theologen.

„Exklusivierung" der Gemeinschaftskonzeption beantwortet, geboten wurde wieder Sicherheit, so z. B. vor politischer Verfolgung.

Am Ende der ersten Phase bis 1848 war die corpsstudentische Gemeinschaft eine konservative, antiaufklärerische und an die staatstragende Elite gebundene Gemeinschaft, deren Mitglieder sich für die Dauer des Studiums den Regeln der Gemeinschaft zu unterwerfen hatten, die Standesehre verteidigen mußten und dafür an der konstruierten Sicherheit und Geborgenheit der Gemeinschaft partizipieren konnten.

1848 erfolgte die Verbandsgründung des KSCV als Reaktion und Gegenbewegung zur politischen Progreßbewegung und ihren Trägern im studentischen Milieu, den Burschenschaften.

Die regionale Rekrutierungsstrategie wurde aufgegeben, die Gemeinschaft nach innen hierarchisiert. So kam es zunehmend zur Einführung des Fuchsenstatus als eine Art „Novizenstatus". Die Gemeinschaft wollte ihren neuen Mitgliedern eine Probe- und Vorbereitungszeit geben, damit sie feststellen konnte, ob der Kandidat auch in diese hineinpaßt. Der Zugang zur Gemeinschaft wurde dadurch erschwert. Die Rekrutierungsstrategie verlagerte sich zunehmend von der Region auf das Soziale, der Zugang wurde somit noch einmal erschwert, da meist nur noch Studenten mit anerkannt hohem Sozialstatus Zugang zu den Corps fanden. Diese neuerliche Abschließung nach außen kann mit dem Entstehen zahlreicher anderer Korporationstypen nach 1848 und mit der Ausweitung der Bildungssektors in Form der Technischen Hochschulen (Geschichte des WSC) erklärt werden.

Der Öffnung der Gesellschaft stand die Abschließung nach außen entgegen. Entscheidend war die deutschlandweite Ausdehnung des Verbandes. Die vormals nur örtlich und regional anerkannten Corps wurden zu einer landesweiten Größe, die anfangs nur im studentischen, später auch im gehobenen bürgerlichen Milieu regulierend einwirken konnten.

Am Ende dieser Phase war die corpsstudentische Gemeinschaft eine Gemeinschaft mit hohem und höchstem sozialen Ansehen (Bismarck und der spätere Kaiser Wilhelm II. waren Mitglieder), die über Anschluß an die führenden Personen und Positionen der Gesellschaft verfügte. Sie war eine zu den unteren Schichten abgeschlossene Gemeinschaft, die als Schutzgemeinschaft mit der zunehmenden Einführung des Status des Alten Herren begann, ein Reproduktionssystem zur Sicherung ihrer Position und gesellschaftlichen Einflußmöglichkeiten aufzubauen. Dabei wurden Konkurrenten, als Repräsentanten des gleichsam aufstrebenden, aber liberaler eingestellten Teils des Bürgertums, unter Aufwand aller Ressourcen (materielle, kulturelle, symbolische) verdrängt, insbesondere in der ökonomisch schwierigen Zeit nach 1873.

Den Abschluß fand die institutionelle Entwicklung der Corps als Lebensbund mit der Gründung des VAC, dem Altherrenverband 1888. Die meisten Corps kannten nun das Lebensbundprinzip, die lebenslängliche verbindliche Zugehörigkeit der Mitglieder zur Gemeinschaft. Der studentische Teil der Corps wurde noch einmal hierarchisiert, in dem neben dem erzieherischen Auftrag der Gemeinschaft für die Füchse (Vorbereitung auf das spätere Leben) auch der Status des Inaktiven eingeführt wurde. Dieser erleichterte den Übergang

128

vom Aktiven zum Alten Herren und erlaubte gleichzeitig, das Erziehungspensum am Anfang der Zugehörigkeit zu erhöhen. Die Rekrutierungsstrategie orientierte sich an sozialen Kriterien, wurde aber auch zusätzlich noch familisiert.

Die Alten Herren wurden zur machtpolitischen Instanz. Sie koordinierten nun die gemeinschaftlichen Tätigkeiten, interpretierten und definierten die corpsstudentischen Grundsätze und gewährleisteten den Fortbestand durch Ausbau und Kontrolle der Reproduktion. Außerdem sorgten sie als Mitglieder hoher und höchster gesellschaftlicher Milieus für den Erhalt der corpsstudentischen Gemeinschaft als vorbereitender Bestandteil der „guten Gesellschaft".

Die Alten Herren minimierten für die Mitglieder ihrer Gemeinschaft bis in die Gegenwart den normalerweise vorhandenen Generationenkonflikt durch Beeinflussung der gesellschaftlichen Öffnungs- und Schließungstendenzen. Mit dem Untergang des alten Reiches und dem Beginn der Weimarer Republik fand in Reaktion auf den befürchteten Nachwuchsmangel eine Öffnung des Denkens des Verbandes statt. Die Corps öffneten sich verbandsweit antisemitischem Gedankengut, das in der Gesellschaft weit verbreitet war, vor allem in der Studentenschaft. Auch das nicht mehr so exzessiv durchgeführte Duellwesen, die gelockerten Regeln zur Mensurbeurteilung sowie die Reduzierung der zeitlichen Beanspruchung des Aktiven sind als eine Öffnung des Verbandes zu werten. Zusätzlich gab es während der Zeit der Weimarer Republik erstmals auch nennenswerte Gremien, in denen unterschiedlicher Korporationsverbände zusammenarbeiteten.

Eine ähnliche gesellschaftliche Öffnung trat mit Beginn der Bundesrepublik Deutschland in Erscheinung, die Position gegenüber dieser Republik waren anfangs der zur Weimarer Republik nicht unähnlich, so auch die Reaktion:[521] 1950 gründete sich der Convent Deutscher Akademikerverbände, 1951 der Convent Deutscher Korporationsverbände als bundesweit verbandsübergreifende Gremien, Mitglied waren auch die corpsstudentischen Verbände. Zusätzlich schloß sich 1954 der KSCV mit dem WSC zu einem Kartell zusammen. Die Mensur wurde beibehalten, das Duellwesen jedoch aufgegeben.

Die Reaktion auf die 68iger-Bewegung wurde schon beschrieben und bedeutete eine Erhöhung des Eigenangebots der Corps (Gründung des KWS). Während andere Verbände sich von Grundsätzen verabschiedeten (Aufnahme von Frauen, Aufnahme von Andersgläubigen, Aufgabe der Mensur), blieben die Verbände KSCV und WSC pflichtschlagend und versuchten mit einem zusätzlichen Schulungsangebot dem befürchteten Nachwuchsmangel zu entgehen. Auf die Bedrohung ihres kulturellen Kapitals, nämlich der Entwertung der Bildungsabschlüsse durch die befürchtete Anzahl zukünftiger Absolventen, reagierten die Corps mit einer zusätzlichen modernen Erhöhung ihres kulturellen Kapitals in Form der Gründung einer Akademie (Kuratorium Weinheim-Seminar, Akademie des WSC/WVAC).

---

[521] Vgl. Peter Stempel, Wiederbeginn in feindseliger Umwelt – das alte Erbe und die Umwertung der Werte, in: Rolf-Joachim Baum (Hrsg.), Seite 234.

Die konservative Wende 1982, die Wiedervereinigung 1989, das Wieder-
erstarken nationaler Töne und die Verschärfung des sozialen Klimas der Gesellschaft ließ die Corps ihre Zusammenarbeit mit den anderen Korporationsverbänden auf bundesweiter Ebene aufkündigen. Im Jahr 2000 wurde
noch einmal das kulturelle Kapital mit der Gründung der Corps-Akademie
(Akademie des KSCV/VAC), deren Seminarleiter führende Personen aus
Wirtschaft und Hochschule sind, erhöht.[522]
Nach wie vor rekrutieren die Corps ihren Nachwuchs häufig aus dem familiären Umfeld der Mitglieder, aber auch nach sozialen Kriterien, ist das
corpsstudentische Leben doch mit einigen ökonomischen und zeitlichen
Aufwand verbunden, die es einem sozial schwachen Studenten kaum ermöglichen, in ein Corps einzutreten.

3.2.1.4 Der Habitus

Gemeint ist hier der Habitus, den die Corpsstudenten in der von ihnen angestrebten „guten Gesellschaft" für angebracht halten und der sich in den Textpassagen über feste, verinnerlichte Verhaltensweisen der Mitglieder widerspiegelt.[523]
Zunächst orientierte sich das von den Mitgliedern verlangte Verhalten am
Ehrenkodex, der einen eigenen Stand sichern helfen sollte, dieser war eine
Kopie des adeligen Ehrverhaltens. Als Bürgerliche versuchten die Corpsstudenten durch Übernahme des adeligen Ehrverhaltens Anschluß an den Adel
zu bekommen, was ihnen bis zur Verbandsgründung 1848 und ihrem zur Zeit
der Revolution demonstrativen systemunterstützenden Verhalten auch gelang.
Das Verhalten war in der Korporation festen Regeln unterworfen, wobei ein
gewisser Machtopportunismus – ausgegeben als der Wunsch, unpolitisch zu
sein – nicht abzustreiten ist. Mit der innerständischen Konkurrenz 1848 wurde das von den Mitgliedern geforderte Verhalten zunehmend zur Distinktion
von anderen Gruppen (vor allem den Burschenschaften und anderen aufstrebenden Gruppierungen bürgerlicher Art) genutzt. Nach 1871 intensivierte
sich der Habitus zusehends, wurde vorübergehend in den Korpora-
tionskreisen völlig übertrieben (Gründerjahre, ausschweifendes Duellwesen
durch die Erfahrung während des deutsch-französischen Krieges, daß Gewalt friedliche und diplomatische Politik ersetzt) und schließlich von den nun
auftretenden Alten Herren reglementiert und im Sinne der staatstragenden
Elite umdefiniert.
Der Verhaltenskanon, zuvor noch standesgemäß ausgelegt, mutierte unter
der Regie der Alten Herren zur Zeit des Deutschen Reiches unter Bismarck
zur Vorbereitung auf die Übernahme der verantwortungsvollen Positionen in
der Gesellschaft. Der Habitus wurde dem Reproduktionsanliegen der Corps
angepaßt: Unterwerfung unter die Regeln, daraus resultierendes obrigkeits-

---

[522] Das Programm der Corpsakademie unter www.corpsakademie.com, Stand 17.7.2002
oder exemplarisch in: KSCV/VAC/WSC/WVAC (Hrsg.) Corps – Das Magazin, Heft
2/2002, Seite 2.
[523] Habitus hier im Sinne eines „Klassenhabitus", vgl. Pierre Bourdieu, Die feinen Unterschiede, Seite 686.

staatliches Denken gepaart mit einem adelig konnotierten Standesdünkel nicht nur gegenüber unterschiedlich Andersseienden (z. B. Linken, Kommunisten, Ausländern und Juden) waren die gesellschaftsrelevante Folge. Protz und Pomp wurden nicht nur in Form prächtig gebauter Corpshäuser zur Schau getragen, sondern nun auch im Habitus der Corpsstudenten in Perfektion verankert, in das einzelne Mitglied inkorporiert. Erst nach dem zweiten Weltkrieg wurden die Corps gezwungen, ihr Verhalten den neuen Umständen anzupassen. Der Habitus der Distinktion blieb zum großen Teil erhalten. Der Ehrenkodex mit zugehörigem Verhalten wurden nur leicht verändert, auch wenn man für die Ausübung des Duellwesens realistisch keine Möglichkeit mehr sah. Bis heute ist jedoch der Habitus der Distinktion, ausgedrückt z. B. in Geschmack und Lebensstil, grundsätzlich als Eigenart der corpsstudentischen Gemeinschaft vorhanden und trägt nach wie vor – wie die Mensur – zur Entwicklung und Stützung von Klassengegensätzen bei. Er wird in der Gemeinschaft inkorporiert und schließlich mit Übergang der Mitglieder in die beruflichen Positionen gesellschaftlich habitualisiert.

3.2.2 Die vier corpsstudentischen Prinzipien

Die vier Themenfeldern der Analyse entsprechen inhaltlich und thematisch den von corpsstudentischer Seite im Internet formulierten vier „Prinzipien" ihrer Gemeinschaft:[524] 1. Das Lebensbundprinzip, 2. das Toleranzprinzip, 3. das Leistungsprinzip und 4. das Gesellschaftsprinzip.

Die Corps widmen jedem Prinzip eine ganze Seite, die allerdings eher spärlich gestaltet ist. Es sind pro Seite ein bis zwei Photos und zwischen einer und fünf Kurzformulierungen zu sehen. Die Prinzipien sind in roter Farbe, die Kurzformulierungen in blauer Farbe, die Photos farbig abgebildet. Die rote Prinzipienschrift hebt zusätzlich die Wichtigkeit hervor. Eine weitere Ausnahme findet sich auf der Seite zum Leistungsprinzip, auf der der Name „v. Klinggräff-Medaille" als Auszeichnung für besondere Leistung gleichfalls in rot abgebildet ist, wodurch die corpsstudentische Sonderleistung zusätzlich betont wird. Die Prinzipien im Einzelnen:

3.2.2.1. Das Lebensbundprinzip

Auf der Internetseite zum Lebensbundprinzip ist ein Photo zu sehen, auf dem ein junger Corpsstudent einem alten Corpsstudenten die Hand reicht. Der Alte Herr, der mehr im Hintergrund des Bildes steht, trägt im Gegensatz zum jungen Corpsstudenten kein Jacket, dafür aber eine Fliege. Auf seinem weißen Hemd sind seine (mindestens) zwei Bänder deutlich zu sehen. Der grauhaarige Alte Herr schüttelt dem jungen Mann in dunklem Anzug und weißem Hemd nicht nur die Hand, sondern umfaßt die ausgestreckte rechte Hand mit beiden Händen. Beide Personen lächeln. Der Alte Herr macht einen einladenden, integrierenden Eindruck, während der junge Mann noch ein wenig distanziert und zurückhaltend wirkt, was auch durch den dunklen Anzug bewirkt sein kann.

---

[524] Vgl. www. corpsstudent.de/ corps, Stand 27.6.2002

131

Oberhalb des Bildes sind die Begriffe *„Freundschaft"*, *„gelebter Genera-tionenvertrag"* und das Motto: *„Einer für alle, alle für einen!"* zu lesen.[525] Die integrierend wirkende Inszenierung des Bildes, zusammen mit dem Lächeln der Beteiligten, bündelt die Aussage dieser Seite auf das Motto. Das gegenseitige Einsetzen füreinander, gestaltet in einer doch recht nobel wirkenden Umgebung, wird durch die Kleidung der Beteiligten im Bild unterstrichen. Das Prinzip „Lebensbund" bestätigt die Ergebnissen des Themenfeldes des Milieus (3.2.1.3) und kann in dieses eingefügt werden. Protektionismus, Reduktion der Gegensätze zwischen den Generationen und die Freundschaft als Zugehörigkeit zum Lebensbund und zur Gemeinschaft, der man sich zu unterwerfen hat, sind hier die wichtigsten Punkte, die den Corpsstudenten auf den Eintritt in ein bestimmtes Milieu vorbereiten und ausweisen.

3.2.2.2 Das Toleranzprinzip

Die Seite zum Toleranzprinzip zeigt ein Photo, auf dem ein Corps in einem Hinterhof feiert. Zu sehen sind Bierbänke und Personen unterschiedlichen Alters und Geschlechts. Auffallend sind zwei Fahnen, die eine dürfte die eines Corps (Farben schwarz-weiß-gelb) sein, die andere ist die Fahne Israels.[526] Die Wahl der israelischen Fahne dürfte kein Zufall sein, wird den Corps wie den Burschenschaften und den studentischen Korporationen allgemein von den Kritikerinnen und Kritikern oftmals Antisemitismus vorgeworfen und dieser Vorwurf geschichtlich begründet. Die Kritik ist bezogen auf die Vergangenheit meist zutreffend und berechtigt, heute ist sie pauschal gegenüber den Corps nicht angebracht. Mit der Wahl dieser Fahne will man sich von diesen Vorwürfen distanzieren. In fünf Punkten betonen die Corps ihre Toleranz, es wird tages- und parteipolitische Neutralität des Verbandes und der Corps postuliert (Punkt eins und zwei) und daß jeder Student (ungeachtet seiner ethnischen, sozialen Herkunft, Hautfarbe oder Religion) an einer deutschen Hochschule in einem Corps Mitglied werden kann (Punkt drei). Weiterhin wird jeglichem Radikalismus und der Gewalt abgeschworen (Punkt vier und fünf). Die Punkte sind hierarchisch geordnet. Punkt eins formuliert tagespolitische Neutralität, Punkt zwei die parteipolitische. Punkt drei spezifiziert die „Neutralität" der Aufnahmebestimmungen der Corps und formuliert die Toleranz der Gemeinschaft. Punkt vier wendet sich nun gegen Radikalismus, also gegen das Intolerante, während Punkt fünf die Ablehnung von Gewalt formuliert. Darunter befindet sich dann das oben beschriebene Bild mit der für den Betrachter auffälligen israelischen Fahne. Insbesondere durch die beiden letzten Punkte und das Bild bekommt man den Eindruck einer Gedankenkette Radikalismus – Gewalt – (dagegen) Corps. Die Corps wirken dabei integrativ, in diesem Fall gegenüber den Juden (die Fahne als Symbol genommen). Auffallend ist die etwas armselige Atmosphäre, es wird auf Bierbänken in einem Hinterhof mit umgebenden grauem Gemäuer gefeiert, die Teilnehmer und Teilnehmerinnen sind durchaus unterschiedlich gekleidet. Im Vordergrund unterhalten sich zwei ältere Männer im Anzug mit Bierglas in der Hand, über

---

[525] www.corpsstudent.de/corps_lebensbund.htm, Stand 27.6.2002.
[526] www.corpsstudent.de/corps_toleranzprinzip.htm, Stand 27.6.2002.

132

ihnen im Hintergrund die Corpsfahne, rechts daneben im Hintergrund sieht man sitzende jüngere Leute im Gespräch vor der israelischen Fahne. Durch die Gegensätzlichkeit im Bild wird der Toleranzgedanke verstärkt: Alt – Jung, Corps – Israel, Betucht – Hinterhof, mit Bier – ohne Bier. Punkte, die die Corpsstudenten auf dieser Internetseite in ihrer Gegensätzlichkeit für ihre Gemeinschaft aufgelöst wissen möchten. Das Themenfeld des Normenkatalogs (3.2.1.2), das die Grenzen der Gemeinschaft umschreibt, ist das Themenfeld, in dem dieses corpsstudentische Prinzip zum Tragen kommt.

3.2.2.3 Das Leistungsprinzip

Die Darstellung des Leistungsprinzips umfaßt zwei Photos und jeweils ein kurzes vorangestelltes Statement.[527] Das erste weist auf die Ernsthaftigkeit des Studiums hin, zu der das Corps den Corpsstudenten anhalten soll. Das zugehörige Bild zeigt einen Ausschnitt eines nahezu vollbesetzten, nach hinten ansteigenden Hörsaals einer Universität. Zu sehen sind Studenten und Studentinnen, sie scheinen in der Mehrheit konzentriert zuzuhören, einige schauen aber auch eher gelangweilt. Insgesamt doch ein recht alltägliches Bild in einer Universität. Auffallend ist die Wahl des Hörsaals: Das Bild des vollbesetzten aufsteigenden Hörsaals ist das Symbol für die überlaufenen großen Universitäten, in der der Einzelne (aus Sicht der Corpsstudenten) unterzugehen droht. Das zweite Statement weist auf die Honorierung von Leistung hin und hebt pointiert die *„von Klinggräff-Medaille"* des *„Stiftervereins Alter Corpsstudenten"* hervor. Auf dem dazugehörigen Bild ist die Übergabe einer solchen Medaille von einem alten an einen jungen Corpsstudenten zu sehen. Beide Personen sind mit dunklem Anzug gekleidet, die Atmosphäre wirkt feierlich. Von Bedeutung ist die Gegensätzlichkeit der zwei Bilder und Statements. Das Studium an der Massenuniversität, hier symbolisiert durch das Bild des vollen Hörsaals, gilt als Voraussetzung für den Corpsstudenten, die er erfüllt, sofern er *„ernsthaft und mit optimalen Erfolg"* studiert. Jedoch ist das Studium offensichtlich nicht ausreichend. Die Zugehörigkeit zur corpsstudentischen Gemeinschaft und der zusätzlichen Leistung für die Gemeinschaft läßt den Corpsstudenten aus der Masse herausragen und bringt ihm Anerkennung, symbolisiert durch das Bild der Medaillenübergabe. Corpsstudentische Gemeinschaft contra Massenuniversität, alleiniges Unistudium contra zusätzlicher Qualifikation, das ist die Kernaussage. Das passende Themenfeld für das Prinzip der Leistung ist das der Auswahl von Verhaltens- und Handlungsweisen (3.2.1.1), das die gesonderte Erziehung des Mitgliedes als Vorbereitung für die Übernahme der späteren gesellschaftlichen Position beinhaltet und von den Corpsstudenten als zusätzliche Leistung aufgefaßt wird.

3.2.2.4 Das Gesellschaftsprinzip

Die dem letzten Prinzip, dem Gesellschaftsprinzip, gewidmete Seite zeigt ein Bild von einem Korporationsball im Augenblick des Einzugs der Paare. Das

---

[527] www.corpsstudent.de/corps_leistung.htm, Stand 27.6.2002.

Photo erinnert sofort an den Einzug der Paare auf dem Wiener Opernball, den nur sehr einflußreiche Personen feiern. Die Schrift zu dem Bild lautet lediglich: *„Korrektes Auftreten ist ein Garant für Erfolg"*.[528] Der Satz faßt mit eindeutiger Formulierung zusammen, worauf es den Corpsstudenten letztendlich ankommt: nämlich den Habitus, den man in der Gemeinschaft erlernen soll und der für eine Aufnahme in hohe und höchste gesellschaftliche, eben elitäre Kreise unentbehrlich ist. Auf diese Kreise, denen sich die Corps zugehörig fühlen, wollen sie vorbereiten. Das passende Themenfeld ist das des Habitus (3.2.1.4).

3.2.3 Die Grundstruktur corpsstudentischen Denkens und Handelns

Nach der genaueren Bestimmung der Themenfelder und der Einordnung der corpsstudentischen Prinzipien ergaben sich folgende voneinander zu unterscheidende Themenfelder:
1. Die Auswahl von Verhaltens- und Handlungsweisen
2. Der Normenkatalog
3. Das Milieu
4. Der Habitus
Abgeleitet aus dem bereits erwähnten Reiz-Reaktionsschema der corpsstudentischen Gemeinschaft in Bezug auf gesellschaftliche Einwirkungen (Schließung/Öffnung) und dessen Auswirkungen auf die verschiedenen Themenfelder können diesen nun jeweils unterschiedliche Funktionsweisen zugeschrieben werden. Die vier Themenfelder teilen sich folgendermaßen auf:

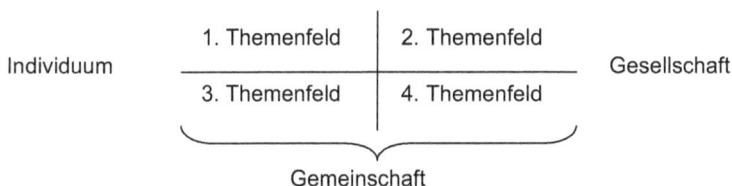

	1. Themenfeld	2. Themenfeld	
Individuum			Gesellschaft
	3. Themenfeld	4. Themenfeld	

Gemeinschaft

Abb. 1: Die vier Themenfelder

In der vertikalen Aufteilung befinden sich auf der linken Seite die direkt auf das Mitglied wirkenden Funktionen der corpsstudentischen Gemeinschaft, gemeint sind einerseits die Auswahl der Verhaltens- und Handlungsweisen (Themenfeld 1) und das Milieu (Themenfeld 3). Dieses fassen die Corpsstudenten unter das Lebensbundprinzip und verorten es als vorbereitendes gesellschaftliches Prämilieu.
Die rechte Seite des Schemas bezeichnet Funktionen, die die Gemeinschaft innerhalb der Gesellschaft ausmachen. Diese Wirkmechanismen stellen zum einen Distanzierungsmechanismus dar, wie z. B. durch den inkorporierten

---

[528] www.corpsstudent.de/corps_gesellschaft.htm, Stand 27.6.2002.

Normenkatalog der Corpsstudenten (Themenfeld 2) und dem in der und für die „gute Gesellschaft" zum Tragen kommenden notwendigen antrainierten und nun gesellschaftlich ausgedehnten Habitus (Themenfeld 4). In der horizontalen Aufteilung stehen in der oberen Hälfte die Themenfelder der Inkorporation. Die Funktionen sind Erziehung (Auswahl der Verhaltens- und Handlungsweisen, Feld 1) und Normierung (Feld 2). Die Inhalte der corpsstudentischen Gemeinschaft werden durch beide Funktionen inkorporiert. Feld 1 und 2 bilden zusammen die Inkorporation, Feld 3 und 4, also die Themenfelder der unteren Hälfte, beinhalten die Funktionen der Objektivation, einerseits ausgedrückt im Milieu, objektiviert in der Konstruktion des Lebensbundes, und andererseits im Habitus als der Objektivation, insbesondere des Normenkataloges.

In der prozeßhaften Vorstellung stellen die Funktionen ein dauerndes Verengen und Weiten des individuellen Potentials des einzelnen Mitgliedes in Bezug zu seinen (angestrebten und von der Gemeinschaft gewollten) corpsstudentisch geprägten Verhaltens- und Handlungsweisen dar. Die Corps trainieren die Verhaltens- und Handlungsmatrix ihrer Mitglieder, indem sie teils neue hinzufügen und andere Verhaltens- und Handlungsweisen ersetzen (Feld 1). Das Individuum wird demnach als ein Wesen betrachtet, das es noch zu formen und zu erziehen gilt. Es ist im Sinne der corpsstudentischen Gemeinschaft vergleichbar mit einem groben ungehauenen Klotz, oder einem ungeschliffenen Stein. Die Auswahl der Verhaltens- und Handlungsweisen ist eine Form des Schleifens, eine Verengung, gewertet als Ein- und Beschränkung des Individuellen und ist damit der Preis, den das Mitglied als Individuum zu zahlen hat. Gewonnen wird ein festes Reaktionsschema, das Sicherheit und Geborgenheit im Umgang mit einer als unsicher erlebten Umwelt gibt, also eine Art verhaltenstechnische Weite/Ausweitung, die die Mitglieder außerhalb der gemeinschaftlichen Normierung (Feld 2) als vorteilhaft erfahren können.

Für den gemeinschaftlichen Toleranzbegriff bedeutet das, daß man unter Gleichgesinnten (Feld 1) die Individualität der einzelnen Corpsbrüder als gemeinschaftlich notwendige Variabilität akzeptieren kann (Feld 2). Diese definierte Variabilität versteht sich als das Verhalten gegenüber den anderen Corpsbrüdern, bzw. in der Ausweitung als Verhalten gegenüber Angehörigen des gleichen Milieus, aber außerhalb der Gemeinschaft. Als Beispiel kann hier der Begriff der „Ehre" angeführt werden. Innerhalb des Normenkataloges ist „Ehre" ein verbindendes Element, die Gemeinschaft ist eine Gemeinschaft von „Ehrenmännern". Innerhalb des Rahmens der Gemeinschaft, der durch den Normenkatalog definiert ist, darf es individuelle Unterschiede geben, da die Ehre individuelle Unterschiede überbrückt und die für eine lebendige Gemeinschaft unentbehrliche Variablilität gewährleistet. In Hinblick auf die Objektivation der ausgewählten Verhaltens- und Handlungsweisen als Habitus erfüllt der Normenkatalog (Feld 2) die Funktion einer Vereinheitlichung der individuell angeeigneten Verhaltens- und Handlungsweisen, wodurch die Auswahl in Abstimmung mit anderen Individuen zum Verhaltenscode der Gemeinschaft/des Milieus werden soll. Ein Zitat aus dem Buch Walter

Bloems „*Der krasse Fuchs*", das eine Diskussion zweier Corpsstudenten ü-
ber die Ehre wiedergibt, veranschaulicht diesen Zusammenhang:
„*Ja, lieber Junge, die Ehre! Die korpsstudentische Ehre! Wenn mer das so
könnt mit Worte sage! ... Sieh mal, ich glaub , die Ehre, da is es grad mit wie
... wie mit der Mensur. Schau, is das nit eigentlich e Bleedsinn, die ganze
Fechterei?! Zwei junge Kerl, die sich im Lebe nimmer nix zuleid getan habe,
die werde von dene zweite Chargierte widerenanner gestellt un misse sich
nu die Nase un die Kepf entzweischlage. Bleedsinn is es! Aber ... mer wird e
Kerl dabei!! Haar kriegt mer auf die Zähne ... un das is es doch, worauf es
ankommt im Leben! Un so, mein ich, so is es auch mit der korpsstuden-
tischen Ehre. Eigentlich auch Bleedsinn. Wär's nit Bleedsinn, wenn mer sich
einbildt, mer wäre was Besonners, wann mer so e blau-rot-weißes Fetzche
über de Weste kann trage? Aber trag's mal so vier Semester lang, mach mal
de Bleedsinn e paar Jahr lang mit! Sollst sehe, was das fir e Muck gibt in de
Knoche! - - Ich weiß ja, das alles is nur die Schal von der Nuß, un unner der
glatte, harte korpsstudentische Schal, da is auch manch taube Nuß und
manch faule auch. Aber der Kern, weißt, wenn der gesund is, hernach sollst
sehn, wie gut's dem tut, wann die Schal so fest is un so glatt!*"[529]
Der Lebensbund, auf den das Mitglied sich einlassen muß, um auf sein Milieu vorbereitet zu werden, dient dem gemeinschaftlichen Einüben der korporierten Identität (Feld 3) und damit einer Objektivation der Auswahl von Ver-
haltens- und Handlungsweisen. Die bündische Struktur bedeutet eine Verengung der Perspektive. Inhalt ist dabei die strenge (eingeschränkte) Vorbereitung und Ausrichtung des Mitgliedes auf das Milieu (Feld 4), in dem es seinen Platz finden und sich unbeschwert aufgrund des Habitus bewegen können soll. Dazu muß das Individuum an die Gemeinschaft als Prämilieu gebunden werden und sich mit dieser identifizieren. Identität gibt individuelle
Sicherheit und Unterscheidungsfähigkeit, die in Zusammenhang mit dem
Habitus zu erkennen ist und den Träger des Habitus als zugehörig zum Milieu ausweist. Letzteres ist dann wieder als Weitung zu verstehen. Das Mitglied lernt nach inkorporierten Verhaltensmustern schwierige und unsichere
Situationen zu beherrschen (das Verhalten wird in der Person habitualisiert).
Umgekehrt weist dieses inkorporierte Verhalten das Mitglied als Zugehörigen
zu einer bestimmten Gruppe, hier zu einem bestimmten Milieu (Feld 4), aus.
Zu beachten ist, daß die Funktionen permanent und parallel ablaufen. Es ist
nicht so, daß das Mitglied die einzelnen Felder und ihre Funktionen der Reihe nach durchläuft. Bedeutet die Gemeinschaft in ihrer Funktion Kontrolle
und Abfederung der Dynamik sozialer Veränderungen innerhalb des Milieus,
so findet sich diese Funktion im verinnerlicht Erlernten für das Individuum
wieder.
Aus den herausgearbeiteten Funktionsweisen ergibt sich für die vier Themenfelder folgendes Bild:

[529]   Walter Bloem, Der krasse Fuchs, Leipzig 1911, Seite 179 f.

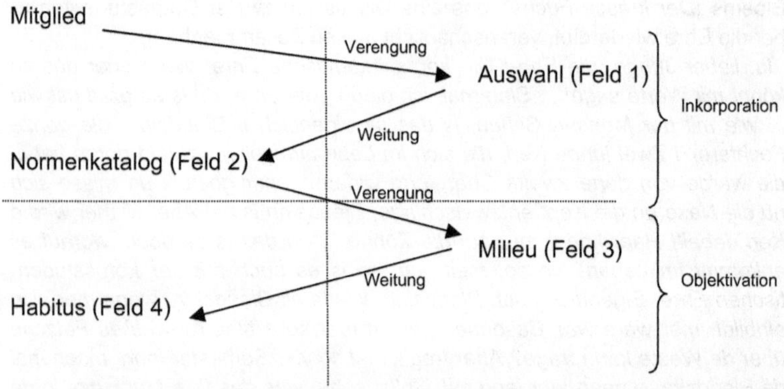

Mitglied

Verengung

Auswahl (Feld 1)

Weitung

Inkorporation

Normenkatalog (Feld 2)

Verengung

Milieu (Feld 3)

Weitung

Habitus (Feld 4)

Objektivation

Abb. 2: Die Grundstruktur corpsstudentischen Handelns und Denkens

Die corpsstudentische Gemeinschaft stellt durch ihre Funktionen einen „Puffer" in Richtung Gesellschaft und in Richtung des Individuums dar.[530] Veränderungen in der Gesellschaft, z. B. durch die Veränderung der Staatsform zur Republik und des Wechsels von Teilen der staatstragenden Eliten, wurden und werden von der corpsstudentischen Gemeinschaft als Auflösung ihrer gesellschaftlichen Orientierung und als Bedrohung ihrer Privilegien wahrgenommen. Es erfolgt eine „sensorische Wahrnehmung" in den Feldern 2 und 4 (z. B. Änderung des Ehrenkodex bezüglich des Duellwesens, Ablehnung desselben zu Beginn der Bundesrepublik), zusätzlich reagiert der interne Regelungsmechanismus mit Anpassungen im Feld 1, der Auswahl von Verhaltens- und Handlungsweisen und im Feld 3, also in den Feldern, die direkt Auswirkungen auf die Konzeption der Gemeinschaft haben (jeweils ein Beispiel für beide Felder ist die Diskussion um die Mensurbeurteilung zu Beginn der Weimarer Republik und die Aufgabe des Duellwesens zu Beginn der Bundesrepublik, Beschränkung des Schlagens hauptsächlich auf die Bestimmungsmensur). Die so geänderte oder angepaßte Inkorporation wirkt sich zeitverzögert auch auf die Objektivation aus, die Gemeinschaft hat ihren Anpassungsprozeß abgeschlossen.
Bei Bedrohung der Orientierung (Bedrohung in den Feldern 2 und 4) reagiert die Gemeinschaft mit einer zusätzlichen Mobilisierung von Ressourcen und der Erhöhung des Eigenangebotes, ob in der Vergangenheit mit der Gründung der Altherrenschaft oder gegenwärtig mit der Gründung einer eigenen „Corps-Akademie" im Jahr 2000[531] als eine Ressourcenerhöhung vorwiegend des kulturellen Kapitals.

---

[530] Vgl. Sylvia M. Schomburg-Scherff, Nachwort, in: Arnold van Gennep, Übergangsriten, Seite 239.

[531] Die Altherrenschaften wurden zur besseren Nutzung der Zugangschancen in die gehobene Gesellschaft eingerichtet, ausgelöst durch die Protektionspolitik (nichtstaatliche Elite) Bismarcks. Die Akademie wurde u. a. zur besseren elitären Anbindung an die gehobene Gesellschaft durch zusätzliche Qualifikation der Mitglieder gegründet, ausgelöst und begründet auch durch die gegenwärtige Entwertung der Bildungsabschlüsse.

Tritt von außen eine Verschärfung der Bedingungen ein, wie z. B. 1819 durch die Überwachungspolitik von Metternich oder ab 1848 durch die Gegenrevolution, so reagierte die Gemeinschaft mit einer Spezifizierung des Gemeinschaftsgefüges (in dem Beispiel etwa mit einer Hierarchisierung der Gemeinschaft zur Abwehr nicht gewollten Gedankengutes. Der Sicherheitsaspekt der Mitglieder innerhalb der Gemeinschaft stand in den zwei Beispielen im Vordergrund, die internen Regeln wurden verschärft. Es wurde und wird mit einer Gemeinschaftszentrierung reagiert).[532]

Die „Puffer" arbeiten auf zwei unterschiedliche Arten: Auf die eine Weise ist vor allem das Feld 1 betroffen: die Gemeinschaft verändert die Auswahl der Verhaltens- und Handlungsweisen. Die andere Weise ist die Abänderung der Milieubedingungen: Änderungen in den Statuten, in den gemeinschaftlichen Grenzsetzungen, betroffen sind hier vor allem Zugangs- und Aufnahmebedingungen der Gemeinschaft.

Man kann von einem Verhaltens-, Handlungs- und Denkmuster ausgehen, das – je nach Bedrohung, Verschärfung und Auflösung – auf das eine oder andere Feld einwirkt. Um aber eine genauere Differenzierung vornehmen zu können, reicht das bisher analysierte Material nicht aus. Insbesondere muß für ein solches Kapitel „Gesellschaft und Elite" noch die Zielsetzung der Gemeinschaft, also Elite zu sein, gründlicher analysiert werden. Dazu wird im folgenden Unterkapitel 3.3 das Unterkapitel aus dem Handbuch der Kösener Corps mit der Überschrift *Ziele und Grundsätze"* in die Untersuchungen einbezogen. Danach kann das bisherige Modell, auch in der Abgrenzung und Interpretation der Felder, verfeinert werden.

3.3 Der gesellschaftliche Anspruch der Corps: Elite sein.

Der Text aus dem Handbuch des Kösener Corpsstudenten mit der Überschrift *„Ziele und Grundsätze"* enthält eine sechseinhalbseitige Erläuterung der Zweckbestimmung nach § 1 der Kösener Statuten, der Zielformulierung und der vier corpsstudentischen Prinzipien: Lebensbund, Toleranz, Leistung und Gesellschaft.[533] Der Text ist der zweite Teil des ersten Kapitels *„Der Ursprung der Corps und ihre Entwicklung in fast 200jähriger Geschichte"* von den Autoren Ossig und Fischer. Der erklärende Schwerpunkt liegt jedoch im Leistungsprinzip, also im Themenfeld 1 des Modells.

Dem Text sind zwei Bilder beigefügt: Das eine ist ein Photo von Bismarck mit der Beschriftung: *„Otto Fürst von Bismarck Hannoverae im 80. Lebensjahr"* in sitzender Position (er sitzt auf einer dunklen Kiste oder ähnlichem), mit der rechten Hand auf dem Bein stützt er sich ein wenig ab, der linke Arm ist leicht gewinkelt, die Hand in seine linke Seite gelegt. Er trägt einen Anzug mit langer Jacke, darunter ein weißes Hemd mit weißer Fliege, darüber einen dunklen Mantel, der einen leicht zerschlissenen Eindruck macht, was aber auch an der Beleuchtung des Bildes liegen kann. Bismarck trägt keine Kopfbedeckung, das Gesicht ist ernst und er sieht direkt in die Kamera. Im Ver-

---

[532] Vgl. Viktor Turner, Das Ritual, Seite 129.
[533] Handbuch des Kösener Corpsstudenten, Ausgabe 1985, Seite 32 bis 40.

138

bund mit der dunklen Kleidung, dem Gesichtsausdruck und der aufgestützten bzw. eingeseiteten Hand, wirkt Bismarck wichtig und stolz.

Durch die Beleuchtung treten besonders die beiden Hände und der Kopf aus dem Bild hervor, so daß der Eindruck von Tatkraft (Hände) und Verstand (Kopf) entsteht.

Das Bild ist eingebettet in eine kurze Einleitung zur Person Bismarcks und seiner Bedeutung als Staatsmann und einem Ausspruch von Bismarck, den er als 80-jähriger Mann gesagt haben soll:

„Ich würde, wenn ich heute wieder auf die Universität käme, auch heute noch in ein Corps gehen. Kein Band hält so fest, wie dieses".[534]

Das Arrangement wird so zur Aussage: wichtiger Staatsmann – Bild – Mitglied eines Corps.

Das zweite Bild befindet sich am Ende des Textes, oberhalb der Quellenangaben. Es zeigt einen Stich, auf dem eine mittelalterliche Universitätsvorlesung zu sehen ist. Es unterstreicht zum Abschluß des Gesamtkapitels noch einmal die konstruierte und gewünschte Eingebundenheit der Corps in die Universitätsgeschichte.

Der Textfluß wird an drei Stellen durch Einschübe unterbrochen. Der erste Einschub besteht in der Zweckbestimmung der Corps, hier wird das Statut zitiert, der zweite betont mit einer Aufzählung von Corpsstudenten unterschiedlicher Parteizugehörigkeit zur Zeit Bismarcks den unpolitischen und parteiübergreifenden Aspekt der Corps, der dritte Einschub besteht in einem längeren Zitat von Gottwalt Christian Hirsch aus dem Jahre 1965, in dem er die Wichtigkeit der Gemeinschaft hervorhebt.

Die Aussagen der Einschübe können folgendermaßen zusammengefaßt werden: Das Parteiübergreifende ist Voraussetzung und Erfolg der Gemeinschaft. Die corpsstudentische Toleranz soll betont werden.

Neben Bildern und Einschüben gibt es als dritte Besonderheit einige Worte, die durch Fettdruck hervorgehoben sind:

„Ziele" und *„Grundsätze"* sind die ersten auffallenden Worte, gefolgt von dem Namen *„Kaller"*, der eine zweitägige Arbeitstagung des Verbandes im Januar 1985 geleitet hat. Wichtig ist aber nicht der Name als solches, sondern eher die Jahreszahl 1985, für das der Name Kaller in Beziehung zu dem aktuellen Beschluß, wie er während der Tagung gefaßt wurde, steht. Die Ziele und Grundsätze gelten fast unverändert seit 1848, das wird betont.[535]

Der nächste Fettdruck wird noch einmal durch Leerzeilen oberhalb und unterhalb des fettgedruckten Satzes hervorgehoben:

„Wer Freundschaft nehmen will, muß auch bereit sein, Freundschaft zu geben."[536]

Das ist der einzige fettgedruckte Satz, der derart betont wird. Er ist daher als der zentrale Satz und damit zentrale Aussage dieses Unterkapitels zu sehen. Er erinnert an das corpsstudentische Grundgesetz *„do et des"*, daß bereits in Kapitel 3.1.1 erwähnt wurde.

---

[534]   Ebenda, Seite 39.
[535]   Vgl. ebenda, Seite 32.
[536]   Ebenda, Seite 33.

Die der letzten Hervorhebung angeschlossenen Ausführungen betonen den Generationenaspekt, so daß der fettgedruckte Satz besonders das Nehmen in jungen Jahren (aus Sicht der Gemeinschaft) und dem damit verpflichtenden Geben in den späteren Jahren unterstreicht. Der Satz wirkt ermahnend, an den Grundsatz erinnernd.

Die nächsten zwei fettgedruckten Worte stehen nur eine Zeile getrennt voneinander. Das erste Wort ist „ohne", das zweite „Toleranz".[537] Aus ihrem Zusammenhang heraus macht die sich aufdrängende Aneinanderfügung der zwei Worte zu „ohne Toleranz" Sinn.

Zwar sind die Worte durch einen neuen Sinnabschnitt getrennt, jedoch wird durch das Wort „ohne" und der zugehörigen Beschreibung der Bezug zur Toleranz deutlich: Derjenige, der nicht bereit ist, nach dem Grundprinzip der corpsstudentischen Gemeinschaft zu handeln, ist nicht für die Gemeinschaft geeignet ist. Die gemeinschaftliche Toleranz hat also hier ihre Grenze.

„Nehmen und Geben", darin besteht die Leistung, die jeder erbringen muß. Das fettgedruckte Wort „Toleranz" wiederum steht im Text in Zusammenhang mit der eigentlich formulierten Toleranz im Sinne der Überparteilichkeit der Corps.

Das nächste hervorgehobene Wort ist „Corps".[538] Das Wort steht inmitten der Aufforderung: „List any German Corps to which you have ever belonged:" Der die Frage wiederum umgebene Text handelt von der „Unterdrückung" und „Verfolgung" der Corpsstudenten durch die Alliierten nach dem Zweiten Weltkrieg, die sie sich zumindest nicht in Zusammenhang mit dem Nationalsozialismus erklären konnten. Die Hervorhebung bezweckt eine Betonung der angeblichen Gegnerschaft der Corps gegenüber dem Nationalsozialismus und der ihrer Meinung nach ungerechtfertigten Verfolgung durch die Alliierten.

Die nächsten zwei nur durch ein Wort getrennten fettgedruckten Worte sind „Erziehung" und „Persönlichkeit".[539] In der Erziehung zur Persönlichkeit sehen die Corpsstudenten ihre Leistung in der Gemeinschaft, die Erziehung führt zur „Ehrenhaftigkeit", „Charakterfestigkeit", „Tatkraft" und „Pflichttreue", letztere Begriffe sind gleichfalls durch Fettdruck hervorgehoben.[540]

Werden diese in Begriffen symbolisierten Verhaltensanweisungen inkorporiert, so wird man zur Persönlichkeit, die im Sinne des gemeinschaftlichen „Corpsgeistes", dem letzten fettgedruckten Wort und dem „Grundwort dieses Handbuches", individuell erfahrbar wird und auf das Ziel der Corps ausgerichtet ist, nämlich Elite zu sein.[541]

Das Kapitel „Ziele und Grundsätze" legt im Schwerpunkt die Verhaltens- und Handlungsweisen fest und definiert sie in Bezug auf die corpsstudentische Gemeinschaft und deren Zielsetzung. Es enthält weiterhin die Bedingungen und Voraussetzungen der Mitgliedschaft und die Konsequenz der Unterordnung, indem die persönlichen Grenzen in Abwägung zu den Grenzen der

---

[537] Vgl. Handbuch des Kösener Corpsstudenten, Ausgabe 1985, Seite 34.
[538] Vgl. ebenda, Seite 36.
[539] Vgl. ebenda, Seite 36.
[540] Vgl. ebenda, Seite 37.
[541] Vgl. ebenda, Seite 37.

Anderen unter den Aspekt des Corpsgeistes und der Toleranz im Sinne der Gemeinschaft gestellt werden müssen.

Der Text folgt den Themenfeldern im Modell in der Reihenfolge von der Elite (Habitus der Distinktion) zum Milieu (Lebensbund und Grundsatz „*do et des*") über den Normenkatalog (Toleranz) zu der Auswahl der Verhaltens- und Handlungsweisen (Erziehung zur Persönlichkeit). Am Ende wird noch einmal auf die verbindende Funktion der Gemeinschaft zwischen Individuum und Gesellschaft durch das lange Zitat von Gottwalt Christian Hirsch zusammenfassend eingegangen. Die vorgegebene Gliederung des Textes wird beibehalten.

Zur Analyse des Textes:

Nach kurzen einleitenden Worten zitieren die Autoren die Zweckbestimmung der Corps, § 1 der Kösener Statuten:

„Das Corps ist eine Vereinigung immatrikulierter Studenten mit dem Zweck, die Mitglieder in aufrichtiger Freundschaft auf Lebenszeit zu verbinden und – ohne Beeinflussung ihrer politischen, religiösen und wissenschaftlichen Richtung – zu Vertretern eines ehrenhaften Studententums und zu charakterfesten, tatkräftigen, pflichttreuen Persönlichkeiten zu erziehen."[542]

Der Zweck der corpsstudentischen Gemeinschaft liegt also im Lebensbund, der die Mitglieder zu Vertretern eines ehrenhaften Studententums erziehen soll, also zu Studenten mit Vorbildfunktion, firmierend unter dem Begriff Ehre, die in der Person u. a. durch bestimmte Eigenschaften im Charakter (charakterfest, tatkräftig, pflichttreu) zum Ausdruck kommt.

Die Zweckbestimmung ist definiert, was fehlt ist noch das Ziel, dem sich der Zweck unterordnen muß. Einige Zeilen später wird das Ziel der Corps genannt:

„Corpsstudenten wollen nicht elitär sein, wohl aber in sich homogen; ihr Bestreben wird dem wahren Sinn nach darauf gerichtet sein, vom Außenstehenden als elitär bezeichnet zu werden. Dies heißt: mehr Leistung bringen, Vorbild sein."[543]

Es geht den Corps nicht darum, Elite zu sein, auch wenn der Satz eher wie vornehme Zurückhaltung wirkt (man redet als Elite nicht darüber, man ist es),[544] sondern es geht ihnen darum, von Außen als homogene Gruppe wahrgenommen zu werden. Im Vordergrund steht die Homogenität der Gruppe, im Hintergrund die gesellschaftliche Wahrnehmung als Elite. Das eine bedingt das andere, die Homogenität ist Voraussetzung für die Bildung der „Leistungselite".

Auf das Thema Elite (Feld 4, Habitus) wird in dem Text aus Gründen des elitären Habitus bezugnehmend auf die unstatthafte Selbsteinschätzung, Eli-

---

[542] Ebenda, Seite 32. Siehe auch Band 2, Kapitel 2, Seite 3.
[543] Ebenda, Seite 33.
[544] „Eliten sind Gruppierungen, die von anderen als solche wahrgenommen und respektiert werden. Eliten haben es nicht nötig, ständig zu betonen, daß sie solche seien". Philipp Fabry, Elite: Leistungsträger demokratischer Gesellschaften. Ohne Ansehen von Rang und Stand, in: KSCV/VAC/WSC/WVAC (Hrsg.), Corps – das Magazin, Heft 1/2002, Seite 5.

te zu sein, nicht mehr näher eingegangen. Das Zitat eröffnet aber zwei weitere Fragenkomplexe, die vor allem die Gemeinschaft betreffen: Einerseits ist zu klären, was die Voraussetzung der Gemeinschaft ist und andererseits worin die besondere Leistung liegt, die den Corpsstudenten zum Vorbild werden lassen.

Die Voraussetzung wird im Verbund mit der Leistung in den nächsten Zeilen genannt:

„Nur eingeschriebene Studenten können Mitglied eines Corps werden. Das Corpsband kann nur demjenigen verliehen werden, der bei einem Corps aktiv ist oder war und der auf blanke Corpswaffen gefochten hat."[545]

Wer die Erziehung im Corps über sich hat ergehen lassen und in diesem Zusammenhang eine Mensur geschlagen hat, kann vollwertiges Mitglied der Gemeinschaft werden. Dies sind die *„Grundbedingungen"*, die von jedem erfüllt sein müssen, auch wenn er im sonstigen Leben noch so erfolgreich und bedeutend ist.[546] Die Leistung, die der Corpsstudent zusätzlich erbringen muß, ist genau das, was die Gemeinschaft als Bedingung erwartet. Die Leistung liegt also in der Bewältigung der Zugangsbeschränkungen, um Mitglied der Gemeinschaft werden zu können, innerhalb derer er sich als würdig erweisen muß.

Der Gewinn für das Mitglied liegt im „Generationenvertrag", der im Text über nahezu eine und eine halbe Seite beschrieben wird und durch den hervorgehobenen Satz in zwei Teile geteilt wird:

„Wer Freundschaft nehmen will, muß auch bereit sein, Freundschaft zu geben."[547]

Der erste Teil schildert die Vorzüge für das junge Mitglied, der zweite Teil befaßt sich mit dem corpsstudentischen Leben des Alten Herren.

Das Konzept des gemeinschaftlichen Angebotes von Sicherheit und Geborgenheit steht in den folgenden Sätzen im Vordergrund. Das Schreckgespenst der Massenuniversität wird beschworen, die gemeinschaftliche Gemütlichkeit als Gegenkonzept offeriert, interdisziplinäre Hilfe, unterstützende Freunde, eine gute corpseigene Infrastruktur und der Spaßfaktor in Form von Segelbooten und Skihütten werden als Vorzüge der Gemeinschaft ergänzend aufgezählt.

Das Schreckgespenst:

„Freunde – nicht nur flüchtige Bekannte in dem vorgegebenen Massenbetrieb und der Hast der heutigen Universitäten zu finden, ist für den ‚Neuen' mehr denn je unmöglich."[548]

Das Angebot:

„Die Corps bieten diese notwendige Atmosphäre schon durch ihre Organisation quer durch alle Fakultäten und Altersgruppen. (...) Im Corpshaus, das ihnen ein festes Zuhause bietet, haben sie einen örtlichen Bezugspunkt. Hier

---

[545] Handbuch des Kösener Corpsstudenten, Ausgabe 1985, Seite 33.
[546] Ebenda, Seite 33.
[547] Ebenda, Seite 33.
[548] Ebenda, Seite 33, Hervorhebung im Original.

*können sie, brauchen aber nicht, gemeinsam wohnen. Hier treffen sie sich
mit den Älteren, hier essen, trinken, feiern sie gemeinsam. (...) Dieses enge
Zusammenspiel in Arbeit und Spiel, in Ernst und in Freude, bildet eine gute
Grundlage für die Schaffung einer aufrechten Freundschaft auf Lebenszeit.
Oftmals wird dies neben dem eigenen Corpshaus dadurch unterstützt, daß
corpseigene Segelboote oder auch gemeinsam zu nutzende Skihütten und
dergleichen zur Verfügung stehen.*"[549]
In der Formulierung des teilweise exklusiven (Segelboot, Skihütte) Angebotes fallen unterschiedliche Aspekte auf. Sicherlich ist der mehr als ver-
lockend wirkende Angebotskatalog unterschiedlicher Vergünstigungen als
Leistung der Gemeinschaft mehr präsent, jedoch klingen in den Worten *„Arbeit", „Ernst", „Schaffung einer aufrechten Freundschaft"* andere Aspekte an.
Insbesondere die Formulierung *„Schaffung einer aufrechten Freundschaft"*
fällt auf. Freundschaft erschafft man normalerweise nicht, sie entwickelt sich
individuell zwischen zwei Menschen – zumindest ist Freundschaft im eigentlichen Sinne nicht konstruierbar.

Die corpsstudentische Gemeinschaft hat somit ein anderes Verständnis von
Freundschaft. Freundschaft ist der gemeinschaftliche Konsens, eben das,
was alle miteinander verbindet und wovon jedes Mitglied profitiert.

Die Aufzählung der Gegensatzpaare wie z. B. *„Arbeit"* und *„Spiel"* deutet auf
die schon in dem Modell erwähnte Funktion des Verengens (Arbeit) und Wei-
tens (Spiel) in der Erziehung des Mitgliedes, gleichzeitig erinnern die Begriffe
an die *„existentielle Communitas"* des Ethnologen Victor Turner, in der der
„geflügelte Augenblick"[550] erlebt werden kann und der *„normativen Communitas"* in der es vorrangig um die Unterwerfung der Mitglieder unter die soziale
Kontrolle der Gemeinschaft geht.
Der nächste Satz verstärkt den Eindruck, daß es sich bei den Corps um ein
gruppenrituelles Phänomen handelt, wie es von van Gennep und Turner beschrieben wurde:
*„Bei all dieser Schaffungsphase jener aufrichtigen Freundschaft auf Lebens-
zeit ist allerdings ein Grundprinzip nicht zu vergessen:
Wer Freundschaft nehmen will, muß auch bereit sein, Freundschaft zu geben."*[551]
Die aktive Zeit des Corpsstudenten ist also eine Phase im gemeinschaftlichen Leben, in der die Freundschaft geschaffen werden muß. Daraus folgt,
daß der corpsstudentische Werdegang in unterschiedliche Phasen eingeteilt
ist: Das Handbuch geht von mindestens zwei Phasen aus, der aktiven Zeit
und der späteren Zeit als Alter Herr. Unter Einbeziehung des Modells läßt
sich der Werdegang auf drei Phasen erweitern, in dem nämlich die aktive
Zeit noch einmal unterteilt wird in die Zeit der vorwiegenden Inkorporation
und der Objektivation. Die Corps kennen eine entsprechende Einteilung in
die Fuchsen- und die Burschenzeit.

---

[549]   Ebenda, Seite 33.
[550]   Vgl. Viktor Turner, Das Ritual, Seite 129.
[551]   Handbuch des Kösener Corpsstudenten, Ausgabe 1985, Seite 33.

Damit teilt sich die Zeit, bzw. der Werdegang des Corpsstudenten in drei Phasen: 1. die Phase des Fuchsen, 2. die Phase des Burschen und 3. die Phase des Alten Herren. In der Nachzeichnung des Mitgliedschaftsverlaufes in Kapitel 5 werden die einzelnen Phasen genauer untersucht.

In der Beschreibung der Zeit des Alten Herren geht es über fast zwei Drittel einer Seite um die Möglichkeiten der Aufrechterhaltung des Kontaktes des Alten Herren zu seinem Corps und den Altherrenschaften, die es an vielen Orten gibt. Wissensaustausch im Gespräch mit den Jüngeren, Interdisziplinarität und die Festigung der Freundschaft sind Bereiche, die zwar weit ausformuliert, jedoch im Text nicht ganz so wichtig erscheinen. Unter Berücksichtigung des elitären Anspruches und der gemeinschaftlichen Reproduktionsmechanismen, in denen die Alten Herren eine wichtige Rolle spielen, sind folgende Sätze von ganz zentraler Bedeutung:

„Wer einmal einen beruflichen Rat braucht, muß nur im Verzeichnis seiner Corpsbrüder blättern. Er wird immer jemanden finden, der ihm den ersten notwendigen Schritt zeigt. Von den Außenstehenden wird dies oft mißbilligend als ‚Beziehung' bezeichnet, doch Corpsstudenten pflegen dies im gegenseitigen ‚do et des', wobei Corpsstudenten untereinander keine Pfründe vergeben. Wer dies sucht, ohne zur Leistung bereit zu sein, sollte sich nach anderen Möglichkeiten umschauen."[552]

Wenn sich der Corpsstudent nach dem Grundsatz der Gemeinschaft richtet, darf er an der Protektion teilhaben, eine nicht unwesentliche Ressource für das spätere Berufsleben, dessen sich die Corps durchaus bewußt sind: *„Turbo rein zum Karrierestart"* titelt ein Artikel in der Werbeschrift der Corpsstudenten *„Corps aktuell"*, *„Corps – Schule für das Leben"* lautet die Überschrift eines anderen Artikels, im Internet gibt es die Seiten *www.gute-verbindungen.net.* Die Corps nutzen ihre Ressource für sich selbst und werben mit ihrer erfolgreichen Protektion, ihren *„Beziehungen"*.[553]

Ein Problembewußtsein, das z. B. die fehlende berufliche Chancengleichheit, insbesondere für Frauen wahrnimmt, gibt es nicht. Der Corpsstudent leistet durch Zugehörigkeit zur Gemeinschaft und das berechtigt ihn aus Sicht der Gemeinschaft zur Nutzung der Beziehungen. Diejenigen, die diese Leistung nicht bereit sind zu erbringen, sollen sich nach anderen Möglichkeiten umsehen.

Die nächsten knapp zwei Seiten befassen sich mit dem Begriff der Toleranz. Die corpsstudentische Vorstellung von Toleranz fällt in das Themenfeld 2 des Modells (Normenkatalog), denn Toleranz als Tugend wird seitens der Corpsstudenten nach Maßgabe der angehefteten Verhaltens- und Handlungsweisen definiert. Die Toleranz

„gilt – wie es im § 1 KSt ausdrücklich ausgeführt ist – in politischer, religiöser und wissenschaftlicher Richtung, wobei selbstverständlich die kulturelle einzubeziehen ist."[554]

[552] Ebenda, Seite 34.
[553] Vgl. zu den Überschriften: VAC e. V. (Hrsg.), Corps aktuell – Gaudeamus igitur, 1998, Seite 4 bzw. 10, Internet: www.gute-verbindungen.net, Stand 20.7.2002.
[554] Handbuch des Kösener Corpsstudenten, Ausgabe 1985, Seite 34.

144

Politik, Religion, Wissenschaft und Kultur werden dabei als Merkmale aufgefaßt, die den Personen als Trägern anhaften und die es zu tolerieren gilt.
Im Text werden nun insbesondere für die Politik viele Beispiele von bedeutenden Personen, die zur Revolution 1848 und zu Bismarcks Zeiten
Corpsstudent waren und unterschiedlichen Parteien (außer den Sozialisten)
angehörten, aufgezählt. Daß diese Merkmale wirklich als Merkmale gesehen
werden, sozusagen als Erkennungszeichen, die der Person anhaften, ist an
folgendem Satz abzulesen, in dem die Religion als Merkmal mit dem der
Hautfarbe als Merkmal gleichgesetzt wird:

*„Hier lassen sich weitere Beispiele (für die mangelnde Toleranz in der Öffent-
lichkeit, Anmerkung S. P.) anführen, beginnend beim Verständnis für oder
gegen die christlichen Konfessionen, für oder gegen unterschiedliche Haut-
farben."*[555]

Die Gleichsetzung von Religion und Hautfarbe ist deplaziert. Über Wissenschaft, Politik und Religion kann man streiten, Argumente austauschen und
Toleranz üben. Mit dem Beispiel *„Hautfarbe"* verhält es sich anders, denn
Menschen, die andere Menschen aufgrund ihrer Hautfarbe diskriminieren, ist
nicht mit Toleranz zu begegnen.

Das eigentliche Verständnis von corpsstudentischer Toleranz wird aber
durch die folgenden zwei Sätze repräsentiert, die im Textfluß für sich stehen
und zum nächsten Thema, der Verfolgung der Corps durch die Alliierten
nach dem Zweiten Weltkrieg überleiten:

*„Für die Corps waren diese Merkmale nicht das Problem. Das Problem be-
steht in Wahrheit darin, ob der Bewerber angesichts der äußeren Verhältnisse lebenslange Freundschaft versprechen kann."*[556]

Die Formulierung *„in Wahrheit"* suggeriert, daß die gegenüber den Merkmalen verlangte Toleranz vorgeschoben ist. Denn in Wahrheit geht es hier
nur um die Toleranz der Gemeinschaft gegenüber ihren Mitgliedern. Wichtig
ist, ob der *„Bewerber"* in die Bandbreite der Toleranz des Corps fällt, ob er
sich innerhalb der Grenzen der Gemeinschaft einordnen läßt und eben nicht,
welcher Partei, Religion oder wissenschaftlichen Fachrichtung er angehört.
Der Begriff der Toleranz im corpsstudentischen Sinne beschreibt damit die
Grenzen der Gemeinschaft.

Die Unterdrückungs- und Verfolgungsthese der Corpsstudenten auf der
nächsten halben Seite stützt sich insbesondere auf das Entnazifizierungs-
verfahren, in dem auch nach der Zugehörigkeit zu einer Burschenschaft ge-
fragt wurde, und darauf, daß die Wiedergründung unter den Alliierten nicht
erlaubt und danach auch von deutschen Behörden anfangs erschwert wurde.
Eine Mitschuld am Nationalsozialismus und seinem rassischen Antisemitismus wird völlig abgestritten (verdeutlicht durch die drei angebotenen Er-
klärungsmöglichkeiten im Text), vielmehr will man sich in Konflikt mit dem
NSDStB und als Gegner des Nationalsozialismus sehen, durch den man
1935/36 zur Auflösung gezwungen worden sei. Diese Darstellung entspricht
nicht dem historischen Sachstand. Wichtiger ist den Corpsstudenten hier,

---
[555] Ebenda, Seite 35.
[556] Ebenda, Seite 35.

den Eindruck zu erwecken, wie intolerant das die Corps umgebene Umfeld vor und nach 1945 gewesen sei.[557]
Der nächste Themenkomplex wird mit den fettgedruckten Worten „Erziehung" und „Persönlichkeit" markiert.[558] Auf den folgenden eineinhalb Seiten geht es um die Auswahl der Verhaltens- und Handlungsweisen (Themenfeld 1 des Modells), um den Kern der corpsstudentischen Gemeinschaft und ihren Zweck, die Erziehung zur Persönlichkeit.
Die Corps sehen sich als von der Universität zur ergänzenden Erziehung beauftragt an. Als argumentativer Hintergrund fungiert wieder einmal das Schreckgespenst von der Masse der Studierenden an den Universitäten. Die Corps sehen sich als Garant für die Herausbildung einer besonderen „freien Persönlichkeit", die benötigt wird, um z. B. Nobelpreisträger hervorzubringen:
„Bei Universitäten mit rund 100.000 und auch mehr Studenten (...) ist es dem Universitätslehrer schon von der Zeit und von der Fülle des Stoffes her nicht möglich, jene freie Persönlichkeit heranzubilden, die notwendig ist, den Geist zur vollen Entfaltung bringen zu lassen. Wo bleiben deutsche Dichter, Erfinder und Nobelpreisträger? Der Aufschrei der Westdeutschen Rektorenkonferenz nach der Möglichkeit zur Persönlichkeitsbildung und die Bitte der Professoren an die Korporationen, diese Unmöglichkeit ausgleichen zu helfen, ist heute Pflicht der Corps, sich der heutigen Situation gewachsen zu erweisen und sich zu bemühen, ihr gerecht zu werden."[559]
Ob es tatsächlich einen „Aufschrei der Westdeutschen Rektorenkonferenz" gegeben hat und damit eine direkte Auftragserteilung der Hochschulen an die Corps, ist mangels Quellenangabe nicht nachzuvollziehen. Um aber ihrer Pflicht nachzukommen, bedarf es einiger Voraussetzungen, die die Corpsstudenten selbst mit den fettgedruckten Worten „Ehrenhaftigkeit, Charakterfestigkeit, Tatkraft und Pflichttreue" angeben.[560]
Das Konzept besteht in einem Erziehungsprozeß in der Gruppe und durch die Gruppe.[561] Ziel der Erziehung, damit es eben zur Ausbildung der genannten Persönlichkeitseigenschaften kommen kann, ist das „Nichtfürchten".[562] Wieder wird, ähnlich dem Schreckgespenst der Masse, ein Angstphantom aufgebaut, das die Maßnahmen der corpsstudentischen Gemeinschaft rechtfertigen soll:
„So erleben wir es am Ende unseres Jahrhunderts, daß die Angst immer mehr um sich greift. Sie steckt an und wird von interessierter Seite geschürt, schon allein, weil angsterfüllte Menschen leichter zu manipulieren sind."[563]
Letzteres gälte insbesondere für die Jugend. Der Einzelne hat kaum eine Chance, sich in der „Verzahnung aller Dinge"[564] zurechtzufinden. Die kon-

[557] Den Abschluß der Restauration des Corpsstudententums, gedacht als volle gesellschaftliche Anerkennung, wird in einem Treffen der Korporationen erst mit dem 1981 amtierenden Bundespräsidenten Karl Carstens gesehen.
[558] Vgl. ebenda, Seite 36.
[559] Ebenda, Seite 36.
[560] Vgl. ebenda, Seite 37
[561] Vgl. ebenda, Seite 36.
[562] Vgl. ebenda, Seite 37.
[563] Ebenda, Seite 37.
[564] Ebenda, Seite 37.

struierte Angst, von der sich die Corpsstudenten bedroht fühlten, soll durch die Erziehung in der Gemeinschaft überwunden, der Einzelne von seiner Furcht befreit werden.

Der Mechanismus von konstruierter Bedrohung und Befreiung von dieser durch die Erziehung der corpsstudentischen Gemeinschaft, läßt eine weitere Verbindung zur *„normativen Communitas"* zu:

„Normativer Communitas haftet etwas von „Freiheit", „Befreiung" oder „Liebe" an (...), obwohl sich die strengsten Regime relativ oft aus den scheinbar spontansten Communitaserfahrungen entwickeln. Diese Strenge erwächst aus der Tatsache, daß die Communitasgruppen von Anfang an das Gefühl haben, den sie umgebenden institutionalisierten Gruppen ausgeliefert zu sein. Sie entwickeln deshalb einen institutionellen Schutzpanzer, der an Dicke zunimmt, je stärker der Druck wird, der die Autonomie der Primärgruppe zu zerstören droht. Sie „werden zu dem, was sie sehen".[565]

Die von Turner beobachteten Gruppen (z. B. den Stamm der Ndembu in Zentralafrika) weisen offensichtlich einen ähnlichen Funktionsmechanismus auf wie die corpsstudentische Gemeinschaft und ihre einzelnen Corps. Freiheit, Befreiung und Liebe, in Form der Bruderliebe im Bund, weisen genauso darauf hin, wie das Reiz-Reaktionsschema, hier formuliert als institutioneller Schutzpanzer. Die *„Strenge"* ist hier die Auswahl der Verhaltens- und Handlungsweisen, denen sich der Corpsstudent zur Befreiung zu unterwerfen hat.

Erwähnt wird im Text des Handbuches auch die Mensur als eines der strengsten Erziehungsmittel zur Erlernung der *„Selbstbeherrschung"*[566] in schwierigen Situationen. Ins Zentrum wird aber der Zusammenhalt der Gemeinschaft gerückt:

„Über allem und am wichtigsten ist heute mehr denn je die erkannte Pflicht zur Einbindung in die Corpsgemeinschaft zur Pflege des Corpsgeistes. Wir wissen, daß bei dem hohen Grad der Verzahnung aller Dinge in und um unser Leben der Einzelne nur noch schwer etwas erreichen kann. Das Zusammenstehen, erlernt und geübt in Freude mit wahren Freunden, verleiht die Kraft, das Grundwort dieses Handbuches zu erfüllen, sich der jeweiligen historischen Situation gewachsen zu erweisen, und sich zu bemühen, ihr gerecht zu werden.

Daß dabei das Erlernen der Spielregeln für das menschliche und berufliche Miteinander ein weiteres Merkmal ist, soll an dieser Stelle nur erwähnt sein. So scheint es ebenso wichtig zu üben, in keiner Situation aus der Rolle zu fallen. Manchmal helfen hier erlernte Gerüste bei vielen Gelegenheiten."[567]

Das Wort Corpsgeist ist durch Fettdruck betont und ist das *„Grundwort des Handbuches"*, die corpsstudentische Gemeinschaft ist die Voraussetzung für das Gelingen der Erziehung und Erreichung des Zieles, Elite, bzw. Vorbild zu sein. In diesem Zusammenhang ist die Anmerkung, daß erlernte Spielregeln in Beruf und Gesellschaft als Merkmal gelten können, sehr aufschlußreich und bestätigt noch einmal die Ansicht, daß die Auswahl der Verhaltens- und Handlungsweisen als Spielregeln der Gemeinschaft dem Einzelnen ange-

---

[565] Viktor Turner, Vom Ritual zum Theater, Seite 77, Hervorhebung im Original.
[566] Handbuch des Kösener Corpsstudenten, Ausgabe 1985, Seite 37.
[567] Ebenda, Seite 37.

heftet werden sollen. Diese muß der Corpsstudent dann in Bezug auf die Grenzen der Gemeinschaft, den Normenkatalog, erweitern und in Abhängigkeit zur Gemeinschaft trainieren, so daß sie – jetzt inkorporiert - dem Einzelnen als ein Merkmal anheften und ihn in Beruf und Gesellschaft nicht nur als Corpsstudenten ausweisen, sondern darüber hinaus als einen Menschen mit einer ganz besonderen Persönlichkeit, die ihn als Vorbild, als Leistungsträger, als Teil einer Elite erkennen lassen. *„Die Summe bringt's."*,[568] so die Autoren.

Paradebeispiel und absolutes Idealbild ist Fürst von Bismarck, von dem in direktem Anschluß an den oben zitierten Spruch im folgenden Abschnitt die Rede ist. Diesem schließt sich ein Photo in der Größe von einer ganzen Seite an, es zeigt den 80ig-jährigen Bismarck. Die nächste Seite beginnt mit einem Ausspruch Bismarcks, mit dem auf die corpsstudentische Gemeinschaft rückverwiesen wird:

„Ich würde, wenn ich heute wieder auf die Universität käme, auch heute noch in ein Corps gehen. Kein anderes Band hält so fest, wie dieses."[569]

Um zu verdeutlichen, daß nicht nur die Corpsstudenten die herausragende Rolle der Corps erkennen, sondern diese Rolle auch von Außen anerkannt wird, wird ein weiteres Zitat von dem *„Nichtcorpsstudenten und Sozialforscher Prof. Dr. Christian von Ferber"*[570] in den Text eingebunden. Der Nichtcorpsstudent, Wissenschaftler, aber als *„von"* Ferber der „guten Gesellschaft" angehörig, soll festgestellt haben:

„Wenn es die Corps nicht bereits geben würde, müßten sie als zwingendes Regulativ gegen die Vermassung heute geschaffen werden."[571]

Das wichtige Gegensatzpaar zur Konstruktion und Legitimation der Corps als Gemeinschaft wird mit diesem Zitat noch einmal unterstrichen: Elite und Masse, dazu Kurt Lenk:

„Hier wird deutlich, daß die Kategorie ‚Masse' eng gebunden ist an den Gegenbegriff der Elite: ohne Elitebewußtsein keine Psychologie der Massen, keine Angst, keine Untergangsstimmung."[572]

Dem Zitat von von Ferber folgt ein drittes Zitat, diesmal von einem Corpsstudenten. Nach dem Beweis des Erfolges durch die Darstellung von Bismarck und das Lob eines Außenstehenden folgt im Handbuch von 1985 nun das Zitat des Corpsstudenten und Alten Herren Gottwalt Christian Hirsch aus dem Jahre 1965. Hirsch konstruiert zunächst den Gegensatz zwischen Freiheit und Gebundenheit an eine Gemeinschaft, in der der Mensch seines Erachtens die tiefste Formung erfährt. Er fährt fort:

„Zwischen diesen Polen steht auch heute der junge korporierte Student. Er hat die Freiheit der Wahl einer Gemeinschaft. Wählt er das Corps, so ist er frei in der eigenen Gestaltung seines religiösen, wissenschaftlichen, sozialen, politischen und künstlerischen Lebens. Aber er ist gebunden an die Verhaltensregeln des Anständigen, Vornehmen, Ritterlichen, an eine Kamerad-

[568] Ebenda, Seite 38.
[569] Ebenda, Seite 39.
[570] Ebenda, Seite 39.
[571] Ebenda, Seite 39.
[572] Kurt Lenk, Deutscher Konservatismus, Seite 197.

148

schaft ohne jede persönliche oder soziale Überheblichkeit. Diese Gebundenheit ist die freiwillige Einordnung unter Gleichaltrige, weniger unter die Alten Herren. Hier lernt der Fuchs wie der Corpsbursch, das persönlich in Freiheit Gedachte und Gefühlte in einer Form weiterzugeben, die in der Gemeinschaft die richtige Resonanz hervorruft und die persönliche Freiheit des anderen achtet. So erst erlebt der Student die echte Befreiung von sich selbst durch die akademische Freiheit.[573]

Das Kapitel im Handbuch endet mit dem Hinweis, daß aufgrund der corpsstudentischen Grundprinzipien die Corps auch heute noch existent sind. Das neue Mitglied bindet sich an die corpsstudentischen (anständigen, vornehmen, etc.) Verhaltensregeln und soll diese verinnerlichen. Der junge Corpsstudent soll somit lernen, die persönliche Freiheit der Anderen in der Gemeinschaft zu tolerieren. Diese Lernprozesse werden durch Spiegelung des direkten Verhaltens in der Gemeinschaft unterstützt, diese gibt durch *„Resonanz"* eine Beurteilung, Korrektur, Bestätigung des Verhaltens an das einzelne Mitglied zurück. Geformt werden dabei nicht nur beliebige Benimmweisen, sondern auch das *„in Freiheit Gedachte und Gefühlte"*, also der ganze Mensch. Ein Vorgang, der schon von Turner angedeutet, von Bourdieu und Elias mit den Begriffen „Inkorporation" und „inkorporierter Habitus" umschrieben wurde und auch von den Organisationssoziologen Günter Büschges und Martin Abraham als *„organisationsspezifische Sozialisation"* für möglich gehalten wird:

Im Rahmen der organisationsspezifischen Sozialisation geht es in erster Linie darum, den Akteuren jene fachliche Qualifikation, technischen Fertigkeiten, sozialen Normen, Verhaltensweisen, Rollenmuster, Werthaltungen, Einstellungen und Überzeugungen zu vermitteln, die benötigt werden oder erforderlich erscheinen, die Organisationszwecke (...) zu verwirklichen.[574]

Im Leistungsplan *„Humanisierung des Arbeitslebens"* des Bundesministeriums für Forschung und Technologie, Planperiode 1978-1982 heißt es dazu: *„Ein anderer Aspekt der Wirkung organisationsspezifischer Sozialisation bedarf noch der Erwähnung: die Tätigkeiten in Organisationen kann die Persönlichkeit verändern. Begreift man Personen nicht als unveränderbare Persönlichkeiten, sondern als in der Auseinandersetzung mit der jeweiligen Umwelt veränderbare ‚Persönlichkeitskerne’ oder ‚Verhaltensdispositionen’, so kann von der organisationsspezifischen Sozialisation und der sozialen Kontrolle in Organisationen noch eine andere Sozialisationswirkung ausgehen. Ist die Einwirkung der Organisation intensiv und von langer Dauer, können die diesem Einfluß ausgesetzten Personen in ihren ‚Persönlichkeitskernen’ oder ‚Verhaltensdispositionen’ verändert werden.*[575]

---

[573] Handbuch des Kösener Corpsstudenten, Ausgabe 1985, Seite 39.
[574] Günter Büschges/Martin Abraham, Einführung in die Organisationssoziologie, Stuttgart 1997, Seite 42.
[575] Bundesministerium für Forschung und Technologie, Leistungsplan „Humanisierung des Arbeitslebens". Planperiode 1978-1982, Bonn 1978, zitiert in: Büschges/Abraham, Seite 43.

Für den corpsstudentischen Begriff der Elite ergibt sich daraus, daß die Einteilung von Masse und Elite nicht nur nach sozialen Kategorien, sondern
auch nach menschlichen erfolgt. Zur Elite gehört der, der mehr von sich for-
dert als die anderen.[576] Es liegt auf der Hand, daß die Corps in der Auswahl
ihrer neuen potentiellen Mitglieder selektieren, was sie allein wegen des ihnen inkorporierten Habitus schon tun. Jedoch wird mit der Unterscheidung
von Elite und Masse nach menschlichen Kategorien der Leistungsbegriff der
Corps noch deutlicher. Die Corps fühlen sich zur Elite zugehörig, weil sie von
ihren Mitgliedern mehr fordern als andere Studenten von sich selbst. Der Elitebegriff der Corpsstudenten ist ein Begriff von sich selbst, die Mitglieder der
Corps sind nach ihrer eigenen Definition so etwas wie eine „Leistungselite".
Leistung meint hier die zusätzliche korporierte Persönlichkeitsentwicklung.

Auch die Weinheimer Corpsstudenten verstehen die Leistung im Sinne einer
Charakterformung:

*„Auch der Begriff der **Elite** darf nicht mehr nach dem bürgerlich ständischen
Muster gesehen werden, sondern lediglich vom **Charakter** her. Wenn wir
unseren Anspruch auf Elitebildung in diesem Sinne im Vergleich zur Allge-
meinheit aufgeben (...), dann beginnen wir uns als Corpsgemeinschaft selbst
aufzugeben. (...)
Eines ist sicher. Wenn es auch aufgrund der geschilderten Umstände gerade
für die jüngere Generation schwer ist, heute und in Zukunft aktiv einer Gemeinschaft wie einem Corps anzugehören, so müssen wir doch als Corpsgemeinschaft den **ganzen Menschen** verlangen, wenn wir nicht auseinander-
fallen wollen. Dem Corps darf die Privatsphäre des aktiven Corpsbruders
ebensowenig gleichgültig sein wie seine Tätigkeit an der Hochschule."*[577]

Das Zitat faßt die wesentlichen Inhalte des corpsstudentischen Eliteverstän-
ständnisses noch einmal zusammen: Elitebildung ist das Ziel der Gemeinschaft, die Konzeption der Gemeinschaft ist nach dem Ziel ausgerichtet. Zur
Elite gehört derjenige, der sich durch (mit den Mitteln) und von der Gemeinschaft (als Resonanzfeld) erziehen und seinen Charakter formen läßt. Notwendig ist dazu die Einbeziehung des ganzen Menschen, die Corps wollen
also die *„Verhaltensdispositionen"* und *„Persönlichkeitskerne"* ihrer Mitglieder
beeinflussen.[578]

Innerhalb des Spektrums unterschiedlicher Elitebegriffe ist die von den Corps
beschriebene Form der Elite nur schlecht einzuordnen. Am naheliegendsten
ist eine Elitedefinition, die sich aus der Zusammenfassung unterschiedlicher
Begriffe ergibt. Zu nennen sind hier insbesondere die Definitionen der *„geschlossenen Elite"*, in der die Zugehörigkeitskriterien von der Elite selbst vorgegeben und kontrolliert werden, die Definition der *„kombinatorischen Elite"*,
in der die Erfolgreichsten und Mächtigsten zusammengefaßt werden (Ban-
kiers, Wirtschaftsbosse, Manager, Advokaten) und die Definition der *„alten
Elite"*, mit der die ältere Form der Funktionselite beschrieben wird; sie war

---

[576] Vgl. José Ortega y Gasset, Der Aufstand der Massen, Reinbek 1961, Seite 10.
[577] Handbuch für den Weinheimer Senioren-Convent, Kapitel 2, Seite 15 f., Hervorhebung im Original.
[578] Günter Büschges/Martin Abraham, Einführung in die Organisationssoziologie, Seite
42 ff.

gekennzeichnet durch die Vorgabe der Rekrutierungs- und Zugehörigkeitskriterien und der Position ihrer Mitglieder.[579] Alle Definitionen sind wenig
befriedigend, was im wesentlichen daran liegt, daß die Definitionen bisher
meist nur durch Untersuchung des Verhältnisses von Positionen zu bestimmten Personen entwickelt wurden, weniger durch eine Analyse der sicherlich schwer auffindbaren Rekrutierungsstrategien und Zugehörigkeitskriterien: eine offensichtliche Schwäche der Eliteforschung.

3.4 Elite und Gesellschaft

Durch die bisherige Analyse der corpsstudentischen Gemeinschaft konnten
die Hintergründe der Entstehung und Entwicklung der Corps, ihre Rekru-
tierungs- und Zugehörigkeitsmodi, ihre Zweckbestimmung und Zielsetzung
erfaßt werden, so daß eine Einordnung der corpsstudentischen Elite in den
sozialen Raum und eine Definition der Corps nun möglich erscheint. Nach
der Einordnung und der Definition der corpsstudentischen Elite wird das Modell von der Grundstruktur corpsstudentischen Denkens und Handelns des
Kapitels 3.2 unter Einbeziehung der Ergebnisse aus dem Kapitel 3.3 überarbeitet und als ein erstes theoretisches Modell der corpsstudentischen Sozialisation formuliert und schließlich auf das Kapitel 4 (Ebene der Gemeinschaft)
und das Kapitel 5 (Ebene des Individuums) ausgerichtet.

3.4.1 Die corpsstudentische Elite – eine Einordnung

Das gehobene Bürgertum war Ursprung der Corps und ist es im Wesentlichen bis heute geblieben. Die Mitglieder der Corps gehören zumeist aufgrund ihrer sozialen Herkunft schon zu den privilegierten und besitzenden
Gruppen in der Gesellschaft. Die gesellschaftlichen Vorstellungen der Corps
entsprechen vorwiegend denen des heutigen konservativ-technokratischen
Milieus.[580] Diese Zuordnung, die sich inhaltlich aus dem Normenkatalog der
Corps ergibt, beruht u. a. auf der Bezeichnung des Milieus aufgrund der Ü-
bereinstimmungen auf einer Einteilung nach Michael Vester. Er beschreibt in
seinem Modell vertikale Klassenstufen, die sich nach Machtpositionen aufteilen, und horizontale Klassenfraktionen. Die oberste der drei Klassenstufen ist
die des Habitus der Distinktion mit einem Gesamtanteil von ca. 20 Prozent,
darunter befinden sich die mittleren Volksklassen mit 70 Prozent und darunter die Unterklasse mit etwa 10 Prozent Anteil, im Modell als traditionsloses
Arbeitnehmermilieu bezeichnet. Innerhalb der hier relevanten obersten Stufe
befinden sich weitere drei Fraktionen (horizontal), die nach autoritärer und
hierarchischer Orientierung eingeteilt werden. Am rechten Rand befinden
sich die Milieus, die am stärksten an Machthierarchien orientiert sind, wozu
eindeutig die Corps zu zählen sind. Vester u. a. geben diesen Milieus den
Sammelbegriff technokratisch-konservatives Milieu (daneben befinden sich

---

[579] Vgl. Werner Fuchs-Heinritz/Rüdiger Lautmann/Otthein Rammstedt/Hanns Wienold
(Hrsg.), Lexikon zur Soziologie, Opladen 1994, Seite 164.
[580] Vgl. Michael Vester u. a., Soziale Milieus im gesellschaftlichen Strukturwandel, Seite
59.

151

das liberal-intellektuelle und das postmoderne Milieu) mit einem Anteil von bis zu 10 Prozent an der gesamten Gesellschaft.[581] Die Corps zählen damit vorwiegend zu einem Milieu, dessen Anteil an der gesamten Gesellschaft mit etwa 10 Prozent angegeben werden kann. Zusätzlich handelt es sich bei den Corpsstudenten ausnahmslos um Personen, die später über höchste Bildungsabschlüsse verfügen, die Studierten bilden einen kleinen Kreis innerhalb des Milieus.[582] Zahlenmäßig erreichen die Corps als Gruppe eine Größe von ca. 24.000 Männern.[583] Die inhaltliche Einordnung in das Stufenmodell ergibt sich aus dem Normenkatalog der Corps. Danach haben sie eine autoritäre Grundeinstellung, hegen eine latente Abneigung gegen das politisch linke Spektrum, bevorzugen eine starke Hierarchie, wie es in ihrer Gesellungsform im Konzept von Gemeinschaft (Unterwerfung unter ihr Reglement) zum Tragen kommt. Soziale Abstufungen mit gestuften Rechten (Fuchsenstatus) sind nicht nur ihren Gemeinschaften entsprechend, sondern auch an ihrem Verhalten gegenüber der Masse - ihrem Klassenbewußtsein und ihrem elitären Anspruch zu sehen. Hinzu kommen Tugenden wie Pflichterfüllung, Treue, Tatkraft und Ehrenhaftigkeit, die als persönliche Leistung begriffen werden und woraus sich der elitäre Anspruch ableitet, der eher distinguiert ausgelebt als offen zur Schau gestellt wird. Das Verhalten ist dementsprechend: traditionell - konservative Verhaltensformen sind nach wie vor fester Bestandteil der Ansicht von einem „korrekten Auftreten als Garant für Erfolg"[584]. Diejenigen, die nicht zu der corpsstudentischen Gemeinschaft gehören wollen bzw. gehören können, werden direkt (in den Statuten niedergelegt, z. B. Frauen) oder indirekt (sozialer Status, Habitus der Distinktion) ausgegrenzt. Auch das Verhalten der Corpsstudenten in der Gesellschaft ist milieuspezifisch, so daß Corpsstudenten wie auch andere Angehörige des Milieus gegen zu ausgeprägte Rechte für „Nicht-Milieu-Zugehörige", Frauen, sozial Schwache, Arbeitnehmer und Gewerkschaften sind.[585] Ein wesentliches Element dieser gemeinschaftlichen Organisationen mit elitärem Anspruch liegt in ihrem leistungsbezogenem Denken. Das Leistungsprinzip wird sozialdarwinistisch begründet, ja sogar biologistisch – naturalistisch, so daß soziale Unterschiede für sie nicht durch die Gesellschaft konstruiert, sondern von der Natur vorgegeben werden. Soziale Ungerechtigkeit ist somit für Corpsstudenten kein relevantes Thema. Die „natürliche" Ordnung von Leistungsstarken (dazu zählen sie sich selbst) und Leistungsschwachen muß gegen Bedrohung von außen und von innen

---

[581] Vgl. ebenda, Seite 245.
[582] Vgl. Zum Zusammenhang von Herkunft und Bildungsabschluß Wilhelm Bürklin u. a., Eliten in Deutschland, Seite 86 f.
[583] Vgl. CDA/CDK (Hrsg.), Vielfalt und Einheit der Korporationsverbände, Seite 239.
[584] www.corpsstudent.de/corps_gesellschaft.htm, Stand 27.6.2002.
[585] Vgl. Michael Vester u. a., Seite 457 ff. und 462 ff. Die letzte Aussage bezüglich der Corps kann nicht nur durch die Ergebnisse der Analyse des geschichtlichen Werdegangs, sondern auch mit den aktuellen Aussagen führender Corpsstudenten und durch die derzeit gültigen Interpretationen des eigenen Reglements als erwiesen gelten. Vgl. z. B. Corps-Gespräch mit Hanns-Eberhard Schleyer in: Corps – Das Magazin, Heft 1/2002, Seite 25 ff. und Philipp Fabry, Corps und Universität, in: Handbuch des Kösener Corpsstudenten, Ausgabe 1985, Band 1, Kapitel 2, Seite 41-52.

152

verteidigt werden. Diese Einstellung kommt insbesondere in der Zweckbe-stimmung der Corps zum Tragen, indem sie ihre Mitglieder zu *„charakter-festen, tatkräftigen, pflichttreuen Persönlichkeiten"*[586] erziehen, die Angriffen von außen und von innen standhalten können. Der Eingriff der Corps in das Leben ihrer Mitglieder macht dabei notwendigerweise nicht vor der Privat-sphäre der Mitglieder halt und ist darauf ausgerichtet, die Auswahl der indivi-duellen Verhaltens- und Handlungsweisen im Sinne der Gemeinschaft und in Vorbereitung auf das Milieu zu verändern.

In der Einleitung dieser Arbeit wurde bereits erwähnt, daß insbesondere 1. die Frage nach der Vernetzung zwischen den Eliten unterschiedlicher Milieus und 2. die Frage nach der Entwicklung einer Art Verständigungscode von Interesse ist. Beide Fragen können an dieser Stelle zusammengefaßt und beantwortet werden, denn die Vernetzung zwischen den Eliten in den unter-schiedlichen Bereichen der Gesellschaft geschieht mittels eines Verstän-digungscodes. Die Corps bezwecken mit ihrer Erziehung die Inkorporierung eines ganz speziellen Habitus, der klassenspezifisch gesehen werden muß, so daß dieser Habitus der Corps – integrierend argumentiert – auf das Milieu bzw. auf den Eintritt in das Milieu des technokratisch-konservativen Be-reiches der Gesellschaft vorbereiten und – abgrenzend argumentiert – den Bestand und die Werte des Milieus bewahren soll. Letztendlich soll auch die Elitekonkurrenz innerhalb des eigenen Milieus durch Steigerung des kultu-rellen und sozialen Kapitals verdrängt werden. Die Persönlichkeitsformung garantiert somit den Bestand im Milieu, darüber hinaus qualifiziert sie im Mi-lieu zu höchsten Positionen (Bildungsabschluß) und in Konkurrenz zu ande-ren zur Elite.

Welche Bedeutung und welche Folge der Habitus als Zugangsvoraussetzung zu den angestrebten hohen und höchsten Positionen hat, zeigt sich daran, *„daß in erster Linie die eng mit dem klassenspezifischen Habitus ver-knüpften, persönlichkeitsbezogenen Rekrutierungsmaßstäbe, die ganz ein-deutig den Nachwuchs des gehobenen Bürgertums begünstigen, für die höchst ungleiche Chancenverteilung bei der Entscheidung über Positionen im Topmanagement großer deutscher Unternehmen verantwortlich sind."*[587] Michael Hartmann sieht im Vergleich zu Frankreich, England und den USA – alle drei verfügen über institutionell verankerte Eliteschulen – in Deutschland die Ausprägung eines spezifischen Klassenhabitus als Merkmal, bzw. Vor-aussetzung für den Aufstieg in Führungspositionen. Hartmann fand für Deutschland keine Tradition von Eliteschulen und konnte daher für den Habi-tus der Elite nur eine Erklärung finden:

„Das Fehlen ausgesprochener Elitebildungsstätten sorgt dafür, daß der Nachwuchs des gehobenen Bürgertums in der Bundesrepublik nur sehr ge-ringe Möglichkeiten hat, sich durch den Erwerb bestimmter Bildungstitel ei-nen entscheidenden Vorteil bei der Konkurrenz um die Spitzenpositionen in den großen Unternehmen zu sichern. Es fragt sich daher, welche Mecha-

---

[586] Handbuch des Kösener Corpsstudenten, Ausgabe 1985, Band 2, Kapitel 2, Seite 3.
[587] Michael Hartmann, Klassenspezifischer Habitus oder exklusive Bildungstitel, in: Beate Krais (Hrsg.), An der Spitze, Seite 198.

nismen hierzulande für eine den anderen drei Ländern vergleichbar scharfe
soziale Selektion bei der Besetzung dieser Positionen sorgen.[588]
Sicherlich würde es zu weit führen anzunehmen, daß die studentischen Korporationen die in Deutschland fehlenden Elitebildungsstätten ersetzen können, jedoch ist es im Gegensatz zu Frankreich und England, die über keine
vergleichbaren Organisationen wie die studentischen Korporationen, Corps
im besonderen, verfügen, naheliegend, hier einen Zusammenhang herzustel-
len. Die Hochschulen der USA kennen zwar bestimmte studentische Clubs,
die aber weder in Hinblick auf ihren Anspruch noch von ihrer innerer Organisation vergleichbar wären. Weiterhin wurde bereits erwähnt, daß die Entstehung und Entwicklung der Corps als ein deutsches Phänomen (gemeint ist
der deutschsprachige Raum) und als eingebettet in die konservative Bewegung in Deutschland - in bewußter Abgrenzung zu den Gedanken der Französischen Revolution - zu verstehen ist. Die anderen Korporationsverbände
haben ihre eigenen geschichtlichen Wurzeln, die der Burschenschaften wurde schon thematisiert, insgesamt jedoch bilden die studentischen Korporationen eine auf den deutschsprachigen Raum begrenzte Erscheinung. Unter
Einbeziehung aller Korporationsverbände läßt sich daher folgern, daß
Deutschland einen Sonderweg im Umgang mit seinen Eliten ging, indem es
die Zugehörigkeits- und Rekrutierungskriterien über die soziale Stufung der
Gesellschaft hinaus nicht mit dem Bildungssystem verknüpfte, sondern es
den staatstragenden Eliten (vormals der Adel) spätestens mit Beginn der Ära
Bismarcks selbst überlassen hat, Zugehörigkeit und Rekrutierung zu regeln.
Sowohl in der Wirtschaft als auch in der Politik blieben die Demokratien der
Weimarer Republik und der Bundesrepublik für die für die Corps relevanten
konservativ-traditionellen, heute konservativ-technokratischen Eliten ohne
tiefreichende Folgen, was auf eine hohe Funktionalität der Reproduktionsmechanismen der Eliten hinweist. Einzige Ausnahme war die Deutsche Demokratische Republik und andere sozialistisch regierte Gebiete des ehemaligen Deutschen Reiches, die den Korporationen systembedingt einen elitären
Erziehungsauftrag absprachen und staatlich regeln ließen, was unweigerlich
zur Auflösung oder Abwanderung der in den sowjetisch kontrollierten Gebieten ansässigen Korporationen nach Westen führte.
Ein Vergleich der Entwicklung des Schul- und Hochschulsystems in Ländern
mit Elitebildungsstätten (z. B. Frankreich) mit dem System Deutschlands
dürfte erkenntnisreiche Aufschlüsse über eine direkte Verbindung von Bildung und Demokratie, sowie dem Verhalten der Eliten in Bezug auf den Bil-
dungssektor geben (so z. B. der von mir vermutete Zusammenhang zwischen zunehmender Demokratisierung als bürgerliche Bewegung und Gründung von Elitebildungsstätten). Eventuell kann sogar ein ähnliches „Reiz-
Reaktions-Schema" wie das der Korporationen auf die Thematik „Bildungs-
organisationen" übertragen und verallgemeinert werden. Eine Ausweitung
von sozialen Rechten und Zugangschancen in der Gesellschaft hätte dann
eine Schließung bzw. Exklusivierung spezieller Bildungssysteme zur Wahrung von elitären Ansprüchen zur Folge. Diese Schließung geschähe – je

---

[588] Ebenda, Seite 183.

nach Land und Demokratie – auf unterschiedliche Weise, am Beispiel Frankreich mit Hilfe von Eliteschulen, am Beispiel Deutschland mit Hilfe von Korporationen. Auch hier kommt dem Geschlechteraspekt eine große Bedeutung zu, denn den Exklusivierungen in allen genannten Ländern ist gemein, daß Frauen durch die Rekrutierungs- und Zugangskriterien systematisch benachteiligt werden.[589]

Aus dem Blickwinkel der Positionsinhaber (der von den Corps anvisierten Elite) betrachtet sind die Corps ein Teil von

„Reproduktionsstrategien der Eliten, die die Macht in Händen halten. Hier werden Nachfolger aufgebaut, Geld und Einfluß geltend gemacht, Helfer und Verbündete unterstützt und beharrlich Männer für Machtpositionen selektiert."[590]

Dieses Zitat, dessen Inhalt sich mit den Ergebnissen von Hartmann deckt,[591] bereichert die Definition der corpsstudentischen Elite um den wichtigen Aspekt des Geschlechtlichen, da die Corps rein männliche Gemeinschaften sind, ein Aspekt, der bereits in Kapitel 2 eingebracht wurde. Lebensbund und Männerbund sind schließlich elementare Kennzeichen der Corps, aber auch weiterer bedeutender Korporationsverbände mit einem Mitgliederpotential von insgesamt ca. 150.000 Männern[592] mit hohen und höchsten Bildungsabschlüssen. Die corpsstudentische Elite, sowie die Elite des konservativ-technokratischen Milieus (als auch benachbarte Eliten der oberen Klassenstufe) ist daher zunächst männliche Elite. Die Abgrenzung der Corps vollzieht sich damit nicht nur nach sozialen Kriterien, sondern auch nach geschlechtlichen. Die corpsstudentische Begründung der Konstruktion der Gemeinschaft als Männerbund wird Aufschluß über die geschlechtliche Sicht der Corpsstudenten geben, die Mittel der Gemeinschaft werden auch Abgrenzungen gegenüber Frauen beinhalten müssen.

Kapitel 4 wird beide Kennzeichen, Lebensbund und Männerbund, behandeln, wobei dem Konstrukt des Männerbundes besondere Aufmerksamkeit zukommt. In diesem Zusammenhang erscheint es wichtig, ob der Männerbund speziell auf gesellschaftliche Veränderungen durch Frauen reagiert (z. B. auf die Frauenbewegungen) und ob die Art und Weise der Elitenbildung in Zusammenhang mit der Ausweitung der Rechte und Zugangschancen für Frauen steht, insofern, als daß die Elitebildung eine Umgehung einer befürchteten Chancengleichheit von Mann und Frau bedeuten kann.

Zusammenfassend kann davon ausgegangen werden, daß die Corps dem männlichen Nachwuchs des konservativ-technokratischen Milieus durchaus einen Vorteil in der Konkurrenz um die Spitzenpositionen verschaffen. Die Corps besitzen mit ihrer scharfen sozialen Selektion, ihrer gezielten Persön-

---

[589] Hartmann gibt ein Beispiel an, nach dem unter den jeweiligen 100 Spitzenmanagern der größten deutschen, französischen und englischen Unternehmen keine Frauen zu finden sind. Vgl. Michael Hartmann, Seite 161. Auch Connell bestätigt diesen Tatbestand, wenn er mit Ausnahme von Skandinavien feststellt, daß 1993 von den gewählten Volksvertretern 90% Männer waren. Vgl. Robert W. Connell, Der gemachte Mann, Seite 226.
[590] Robert W. Connell, Der gemachte Mann, Seite 226.
[591] Vgl. Michael Hartmann, in. Beate Krais (Hrsg.), Seite 198.
[592] Vgl. CDK/CDA (Hrsg.), Vielfalt und Einheit der Korporationsverbände, Seite 238 f.

lichkeitsformung, ihrer Gemeinschaftskonzeption und ihrem zusätzlichen Bildungsangebot einen Wirkmechanismus, der den Mitgliedern die Möglichkeit zur Besetzung hoher Positionen erweitert. Wie geschieht das genau? Wie arbeitet dieser Mechanismus?

Eine genauere Aufschlüsselung gelingt durch die Analyse der Persönlichkeitsformung in den Corps, also im Wesentlichen durch die Analyse der Vergemeinschaftungs- und Vergesellschaftungsmethoden und des Mitgliedschaftsverlaufes, in Kapitel 4, bzw. Kapitel 5.

3.4.2 Die Definition der Corps

Die von der corpsstudentischen Gemeinschaft kontrollierte Rekrutierung und Erziehung durch Erhöhung kulturellen Kapitals möchte ihre Mitglieder auf die Besetzung von hohen und höchsten Positionen in der Gesellschaft vorbereiten. Die Corps sind zur Erreichung der Zielsetzung zusätzlich durch die oftmals in gehobenen Positionen befindlichen Alte Herren insoweit behilflich, als diese den Zugang zu den Positionen bis zu einem gewissen Grade kontrollieren können. Damit kontrolliert die corpsstudentische Elite nicht nur die Zugehörigkeits- und Rekrutierungskriterien, sondern auch die Zugangschancen für die Mitglieder (Generationenvertrag). Als Inhaber von hohen und höchsten gesellschaftlichen Positionen können die Träger der corpsstudentischen Formung über ihr spezielles Milieu hinaus erhaltend oder verändernd auf die Struktur der Gesellschaft und der sie tragenden Normen einwirken.[593] Im Unterschied zu gängigen Elitedefinitionen berücksichtigt die Betrachtung der corpsstudentischen Elite die spezielle Verbindung von Persönlichkeitsformung und Elite. Der Schlüssel zu den Wirkmechanismen liegt in der Persönlichkeitsformung, denn als Voraussetzung gilt, nur wer die Erziehung über sich hat ergehen lassen und die gemeinschaftlichen Normen inkorporiert, erwirbt die Möglichkeit zur Teilnahme und Verwirklichung des elitären Anspruchs. Unter Einbeziehung der Einordnung der Corps ergibt sich folgende Definition:

Definition der Corps:
Die corpsstudentischen Gemeinschaften sind Teil einer im Wesentlichen geschlossenen und rein männlichen Elite. Die Corpsstudenten bestimmen und kontrollieren ihre Zugehörigkeits- und Rekrutierungskriterien, um ihren „Status in einer als dichotom strukturiert verstandenen Gesellschaft zu wahren."[594] Die Corps können insbesondere als Verband (KSCV/VAC/WSC/WVAC) als eine Rekrutierungs- und Zugangsinstitution zu einer konservativ-technokratisch orientierten Elite gewertet werden, deren Status- und Existenzwahrung mittels eines eigenen Systems der Persönlichkeitsformung (Schule – Inkorporation – Erwerb von kulturellem Kapital) und Protektion (Alte Herren/Lebensbund – Objektivation – Umsetzung von kulturellem in soziales und ökonomisches Kapital) gewährleistet wird. Insgesamt haben die Corps als Elite das Potential, auf die Sozialstruktur und die gesellschaftlichen Normen einzuwirken (Nutzung des vorhandenen gemeinschaftlichen Kapitals

---

[593]   Vgl. Werner Fuchs-Heinritz u. a. (Hrsg.), Lexikon zur Soziologie, Seite 162.
[594]   Ebenda, Seite 163.

als gesellschaftlich relevantes symbolisches Kapital), um nicht zuletzt ihre eigenen und für die Existenz der Gemeinschaften notwendigen Norm- und Sozialbedingungen reproduzieren zu können.

3.4.3 Das Sozialisationsmodell der Corps

Auf Grundlage der ersten Analyseergebnisse konnten mit der Definition und der Einordnung der Corps erste Annäherungen an die Hauptfragestellung, „Wie und für welche Gesellschaft sozialisiert eine studentische Korporation?", erfolgen. Die Ergebnisse zu den Wirkmechanismen zur Bildung und Reproduktion eines elitären Netzwerkes sind jedoch noch zu unscharf, um bereits an dieser Stelle genauere Aussagen zu treffen und diese als Ergebnisse in das Modell einfließen zu lassen. Das Modell wird jedoch bereits an dieser Stelle eingeführt und in den folgenden Kapitel ausgebaut und ergänzt.

Vor dem Hintergrund der in dieser Arbeit verwendeten Definition von Gesellschaft (Kapitel 1) wurde in der Einleitung als ein Ziel des Kapitels 3 die Herausarbeitung der corpsstudentischen Abgrenzungsmechanismen im sozialen Raum formuliert. Im Laufe der Analyse stellte sich heraus, daß diese Abgrenzungsmechanismen einem Reiz-Reaktions-Schema in direkter Abhängigkeit von den äußeren Veränderungen unterliegen. Das bedeutet, daß die Corps nicht starr im sozialen Raum verharren, sondern in Funktion eines Puffers innerhalb der Gesellschaft ihre Mechanismen in Form von Anpassungen arbeiten lassen. Zentrum der Aktivitäten und Regulativ ist die Gemeinschaft, deren Homogenität und die Erkennbarkeit nach außen (als Elite) gewahrt werden soll. Was aus der Perspektive der Gesellschaft ein Anpassungsmechanismus ist, der je nach Veränderung eine Schließung der Gemeinschaft oder eine Erhöhung des eigenen Angebotes beinhaltet, ist in der Wirkungsweise mit einem Federmechanismus vergleichbar, der nach einem Verengungs- und Weitungsprinzip, einem Anspannungs- und Entspannungsprinzip arbeitet. Dieser Federmechanismus wird den äußeren Gegebenheiten angepaßt, also in der Weitung oder Verengung variiert.

Die Gemeinschaft als Regulativ fungiert als Resonanzkörper (siehe 3.3), der einerseits das individuelle Anpassungsgeschehen bewertet und durch ein Bestrafungs- und Belohnungsmodell korrigiert (Unterwerfung, dafür Inanspruchnahme der Vorteile) und andererseits auf gesellschaftliche Veränderungen (Änderung der Staatsform als ein sehr deutliches Beispiel) mit einer Änderung der gemeinschaftlichen Regeln (Gemeinschaftskonzeption) reagiert, indem Erleichterungen (Wegfall des Duellwesens) oder Verschärfungen (Einführung des Fuchsenstatus) intern umgesetzt werden.

Als höchst effektiv arbeitende Organisation gelingt es den Corps auf der einen Seite, die Persönlichkeitskerne der Mitglieder zu beeinflussen. Eine Inkorporation der gemeinschaftlichen Verhaltens- und Handlungsweisen ist die Folge für das Individuum. Auf der anderen Seite gelingt es den Corps bewahrend, sichernd und kontrollierend auf die Veränderungen und ihre Folgen einzuwirken. Die Erziehung ist darauf ausgerichtet, die Mitglieder milieuspezifisch zu trainieren. Diese müssen dabei nicht zwingend aus dem konservativ-technokratischen Milieu stammen, sondern können auch aus benachbarten Milieus kommen. Zweck ist es, allen Mitgliedern ein Verhaltensgerüst konservativer Art anzuerziehen, mit dem sie sich innerhalb des angestrebten gesellschaftlichen Milieus unbeschadet bewegen können. Auf diese Weise erhält sich die Gemeinschaft einerseits einen gewissen Grad an Variabilität der Individuen nach Innen, die sie für ihre innere Lebendigkeit benötigt, andererseits kann sie die Homogenität der Gruppe nach Außen gewährleisten, nicht nur als Teil des Milieus, sondern auch als erkennbare Gruppe innerhalb des universitären und später gesellschaftlichen Milieus.

Für die Sozialisation ergibt sich unter Verwendung der Grundstruktur corpsstudentischen Denkens und Handelns folgende vereinfachte Darstellung:

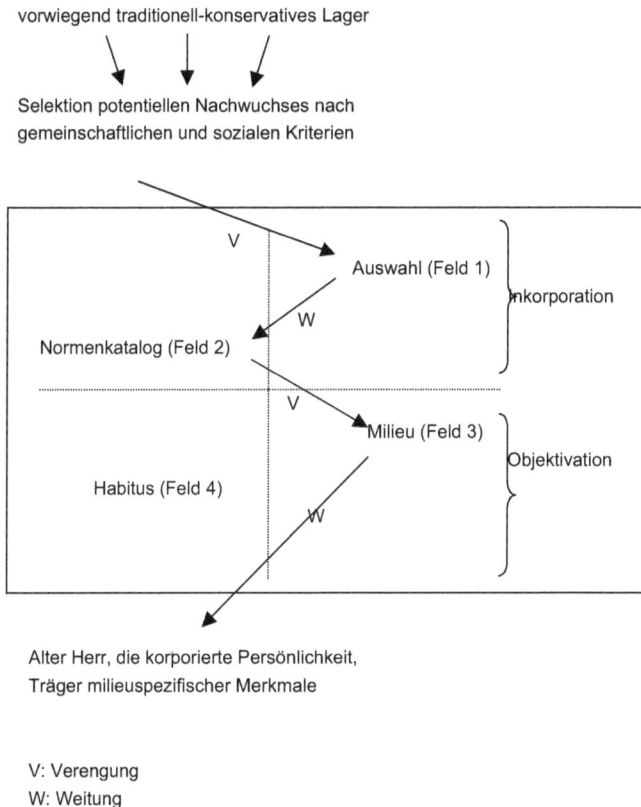

vorwiegend traditionell-konservatives Lager

Selektion potentiellen Nachwuchses nach gemeinschaftlichen und sozialen Kriterien

V

Auswahl (Feld 1)

Inkorporation

W

Normenkatalog (Feld 2)

V

Milieu (Feld 3)

Objektivation

Habitus (Feld 4)

W

Alter Herr, die korporierte Persönlichkeit, Träger milieuspezifischer Merkmale

V: Verengung
W: Weitung

Abb. 3: Das Sozialisationsmodell der Corps

Sowohl Verschmelzung und Integration als auch Abgrenzung sind Prozesse zur Herstellung der Homogenität der Gruppe. Diese Prozesse müssen sich auch in den Wirkmechanismen der Verengung und Weitung wiederfinden, da – je nach Ebene – der Prozeß der Integration/Verschmelzung mit den Me-

158

chanismen der Verengung und der Prozeß der Abgrenzung mit dem der Weitung zusammenhängt. Es ist davon auszugehen, daß die Mittel der Vergemeinschaftung beide Wirkungen parallel beinhalten und vergleichsweise wie ein Gerät zum Training der Muskeln durch permanentes An- und Entspannen funktionieren. Um aber die Wirkmechanismen genauer aufschlüsseln zu können, bedarf es einer Analyse der Gemeinschaftskonzeption als Regulativ und Resonanzkörper der Corps und der Vergemeinschaftungsmittel (Kapitel 4). Die Analyse der individuellen Folgen eröffnet einen weiteren Zugang, der mit der Untersuchung des Mitgliedschaftsverlaufes gewonnen werden (Kapitel 5) kann. Während die Gemeinschaftskonzeption und deren Mittel vorwiegend in den Themenfeldern 3 (Milieu) und 2 (Normenkatalog) liegen, umfaßt die Untersuchung des Mitgliedschaftsverlaufes vorwiegend Inhalte des Themenfeldes 1 (Auswahl von Verhaltens- und Handlungsweisen). Die Analyse des Kapitels 4 basiert auf Texten zur Gemeinschaftskonzeption und Vergemeinschaftung, so z. B. die verschriftlichten Regeln (Normenkataloge) und die Interpretationen zur Gemeinschaft (Milieu), während die Analyse des Kapitels 5 sich mit der chronologisch abfolgenden und hierarchischen Rollenpositionen innerhalb der Gemeinschaft auseinandersetzt.

4. Die korporierte Gemeinschaft

„Zum Natur- oder zum Geistes- und Gesellschaftswissenschaftler, zum Mediziner oder zum Techniker wird man an der Hochschule ausgebildet – zum Akademiker aber bildet man sich im Lebensbund heran."[595]
In dem Zitat wird das Ziel der Corpsstudenten, es bezieht sich hier aber auf sämtliche Korporationen, mit der Organisationsweise, dem Lebensbund, verknüpft. Der Corpsstudent kann zum Akademiker herangebildet werden, weil er neben seinem Status als Student Mitglied in einem Lebensbund ist. Er leistet aus seiner Sicht und aus der Sicht seiner Gemeinschaft mehr als die anderen, er ist etwas Besonderes, berechtigt und aufgefordert zur Teilhabe an der Verwirklichung des elitären Anspruchs. Der Zweck liegt in der Persönlichkeitsformung, in der Erziehung der Mitglieder zu Angehörigen einer „guten Gesellschaft", aus dem sich zu einem großen Teil die staatstragende Elite rekrutiert.
Um dieses Ziel (Feld 4) zu erreichen, muß die Gemeinschaft als Organisation einen längeren Kommunikations- und Interaktionsprozeß gewährleisten können. Die Mitglieder müssen sich der besonderen Erziehung über einen ausreichenden Zeitraum unterziehen und in der Lage sein, durch die Schaffung eines Wir-Gefühls (Feld 3) an die Gemeinschaft gebunden zu werden. Dazu bedarf es eines Systems gemeinsamer Normen (Feld 2) und einer Verteilung der Aufgaben über ein gruppenspezifisches Rollendifferential (hierarchisch bedingte Aufgabenteilung, Feld 1).[596]
Die Ausgestaltung der corpsstudentischen Gemeinschaft ist das zentrale Thema dieses Kapitels. Ansätze, die sich aus Kapitel 3 ergeben haben, weisen auf eine weitere Analyse der gemeinschaftlichen Grundlagen hin. In Kapitel 4.1 dient eine Betrachtung der Corps als Lebensbund und als Männerbund als Ausgangspunkt der Analyse, die Ergebnisse werden in Kapitel 4.2 kurz zusammengefaßt, bevor in Kapitel 4.3 die Vergemeinschaftungs- und Vergesellschaftungsmethoden genauer analysiert werden. Neben dem Convent, der corpsstudentischen Mitgliederversammlung als Autoritätszentrum der Gemeinschaft, wird die Kneipe, das rituelle Feiern in festgelegter Form, unter den Aspekten der Vergemeinschaftung und Vergesellschaftung, also der Integration in die Gemeinschaft und in die Gesellschaft betrachtet. Den Abschluß des Kapitels 4.3 bildet die Analyse der Mensur, die als Sozialisationsmittel sowohl der Initiation des Mitgliedes, in seiner stets wiederholbaren Funktion auch der Vergemeinschaftung dient. In Kapitel 4.4 werden die Ergebnisse gebündelt und zusammen mit den Ergebnissen aus Kapitel 3 diskutiert und in Beziehung zum bisherigen Modell der Sozialisation im Corps gesetzt. Das Modell wird im Anschluß den neuen Ergebnissen entsprechend abgeändert, bzw. ergänzt. Die Struktur, die in diesem Kapitel herausgearbeitet wird, wird als zunächst eigenständiges Modell weitergeführt.

---

[595]   Herbert Kessler, Vielfalt und Einheit der deutschen Korporationsverbände, in: CDK/CDA (Hrsg.), Seite 15.
[596]   Vgl. Bernhard Schäfers, Einführung in die Gruppensoziologie, Seite 20 f.

160

Die Materialbasis für die Analyse dieses Kapitels ist – wie auch in Kapitel 3 – ausnahmslos corpsstudentisches Material, bzw. Texte, die von Corpsstudenten geschrieben wurden. In der Erweiterung wird auch auf thematisch bezogene nichtcorpsstudentische Materialien zurückgegriffen. Die corpsstudentische Materialbasis des Kapitels besteht aus dem Handbuch des KSCV,[597] Passagen aus dem *„Schimmerbuch für junge Corpsstudenten",*[598] zusätzlich werden zwei Artikel aus dem Buch *„Wir wollen Männer, wir wollen Taten"*[599] einbezogen. Desweiteren fließen ein: der Entwurf der Constitution des Corps Saxonia zu Frankfurt am Main von 1953, heute Konstanz,[600] Teile aus dem Buch *„Die Konstitutionen des Corps Teutonia zu Marburg",*[601] die Constitution des Corps Borussia zu Tübingen,[602] der Biercomment des Corps Suevia Freiburg,[603] die vierte Denkschrift des KSCV zur Mensur,[604] Passagen aus dem *„Studentenhistorischen Lexikon"*[605] sowie zwei Textteile von Herbert Kessler zum Thema Lebens- und Männerbund aus dem Buch *„Vielfalt und Einheit der deutschen Korporationsverbände".*[606] Auf die Einbeziehung des Handbuches des WSC konnte verzichtet werden, da einerseits Teile der in Frage kommenden Texte nicht von Corpsstudenten geschrieben, andererseits einige Texte von Autoren des KSCV verfaßt wurden.[607] In den unterschiedlichen Publikationen des KSCV/VAC fanden sich zudem Texte, die teilweise von Autoren verfaßt wurden, die auch für das WSC-Handbuch geschrieben haben. Die Texte sind ähnlichen Inhaltes,[608] so daß die Einbeziehung des Handbuchs des WSC unnötig erscheint.

Es handelt sich bei allen Texten um Grundlagentexte corpsstudentischen Verständnisses, Ausnahmen sind die Passagen aus dem Lexikon und aus dem Buch des CDK und CDA, die auch Gültigkeit für andere Korporations-

---

[597] Handbuch für den Kösener Corpsstudenten, Ausgabe 1985, hier die Kapitel 8 und 9 des Band 1.
[598] Erich Bauer, Schimmerbuch für junge Corpsstudenten.
[599] Roland Girtler, Corpsstudentische Symbole und Rituale – die Traditionen der Antike und der frühen Universitäten, in: Rolf-Joachim Baum (Hrsg.), Seite 343-382 und Hermann Rink, Die Mensur, ein wesentliches Merkmal des Verbandes, in: Ebenda, Seite 383-402.
[600] Erich Bauer, Constitutionsentwurf für das Corps Saxonia zu Frankfurt am Main, heute Konstanz, in: Verein für corpsstudentische Geschichtsforschung e. V. (Hrsg.), „Einst und Jetzt", Sonderheft 1988, Seite 207-231.
[601] Helmut Neuhaus, Die Konstitutionen des Corps Teutonia zu Marburg.
[602] Constitution des Corps Borussia zu Tübingen, Mainz 1967. Die Constitution umfaßt im Widerspruch zum Druckdatum Beschlüsse, die bis in das Jahr 1977 (vgl. Seite 33, § 93) reichen. Ich vermute ein Irrtum im Druckdatum, oder einen Nachdruck mit Ergänzungen.
[603] Hans Weindel u. a. (Hrsg.), Biercomment des Corps Suevia Freiburg, Freiburg 1927.
[604] KSCV/VAC (Hrsg.), Die Mensur. Herkunft, Recht und Wesen.
[605] Robert Paschke, Studentenhistorisches Lexikon.
[606] Vgl. CDK/CDA (Hrsg.), Vielfalt und Einheit der deutschen Korporationsverbände.
[607] Vgl. Handbuch für den Weinheimer Senioren-Convent, Kapitel 2.1.4., 2.1.5., 2.1.6., auch die Ausführungen zur Mensur (Kapitel 2.2.2. ist nicht von einem Corpsstudenten, sondern von einem Mitglied des Coburger Conventes verfasst worden).
[608] So z. B. das Kapitel 2.1.6. des WSC-Handbuches, das von Erich Bauer und Robert Paschke verfasst worden ist. Die Inhalte finden sich einerseits im „Studentenhistorischen Lexikon" von Robert Paschke und im „Schimmerbuch für junge Corpsstudenten" von Erich Bauer wieder.

verbände beanspruchen, da sie auch für andere und unter Mitarbeit von Mitgliedern anderer Korporationsverbände verfaßt wurden. Die ausgewählten Passagen wurden jedoch von Corpsstudenten geschrieben, so daß die Auswahl insgesamt auf die corpsstudentischen Verbände beschränkt und die Analyse materialimmanent fortgeführt wird.

Anders als in Kapitel 3, in dem der ausgewählte Text komplett der Analyse unterzogen wurde, werden in diesem Kapitel nur exemplarische Textfragmente analysiert, die Fragmente werden nicht aus dem Zusammenhang gerissen, sondern werden in ihrem Zusammenhang belassen. Dieses Vorgehen liegt darin begründet, daß es keine zusammenfassenden Texte gibt, die den weiteren Analyseschritten, die sich aus der Grundstruktur corpsstudentischen Denkens, Handelns und Verhaltens des Kapitel 3 entwickelt haben, inhaltlich genau entsprechen. Es müssen daher Fragmente aus unterschiedlichen Texten den Schritten zugeordnet werden. Kapitel 4 markiert somit auch eine Änderung der Methode. Während in Kapitel 3 geschlossene entwicklungshistorische Texte als Ganzes zur Erarbeitung einer Grundstruktur unter Einbeziehung der Fragestellung analysiert wurden, und die Analyse somit den Vorstellungen und der Gedankenwelt der Corpsstudenten folgte, werden in den nun folgenden Kapiteln die zu analysierenden Texte themenbezogen fragmentiert und anhand der bereits grob erarbeiteten Grundstruktur zur genaueren Untersuchung verwendet. Methodisch ist darauf hinzuweisen, daß die themenbezogene Fragmentierung nicht ausschließlich als eine Ableitung aus der erarbeiteten Grundstruktur zu sehen ist, sondern daß sich das weitere Vorgehen auch aus den vorbereitenden Arbeiten zu Kapitel 4 entwickelte, aus denen sich aber eine nahezu identische Grundstruktur ergibt.

4.1 Die korporierte Lebensgemeinschaft – ein Männerbund

Eine der wichtigsten Säulen des Gemeinschaftsmodells besteht in der Konzeption des Lebensbundes, die Mitglieder verpflichten sich, dem Bund ihr Leben lang anzugehören. Die Corps sind dabei rein männliche Organisationen, was zu zwei Betrachtungsebenen führt: die des Lebensbundes und die des Männerbundes. In der Analyse des Kapitels 3 fiel auf, daß die Geschlechtlichkeit nicht Inhalt der ausgewählten Texte gewesen ist, die Thematik „Männerbund" taucht nirgends im Handbuch auf. Für die Corps scheint ihre Monogeschlechtlichkeit so selbstverständlich zu sein, daß sie sie von sich aus nicht thematisieren.

Der Bund ist gemeinschaftlich so konzipiert, daß Frauen keinen Zutritt erhalten können, was bis heute erfolgreich praktiziert wird. Denn unabhängig von den gesellschaftlichen Entwicklungen, hier ist insbesondere an die Frauenbewegungen und die 68iger Bewegung zu denken, blieben die Corps reine Männerbünde, während einige wenige Korporationsverbände durchaus ihre

Konzeptionen abänderten und sich für Frauen öffneten, wie z. B. der Sondershäuser Verband akademisch-musikalischer Verbindungen.[609] Aber auch wenn die Corps in ihrer wichtigsten Schrift, dem Handbuch, das Weibliche nicht thematisieren, so zeigt diese völlige Ausblendung und Ausgrenzung in ihrer verschwiegenen Bedeutung, daß das Weibliche sehr wohl in der gemeinschaftlichen Konzeption eine Rolle spielen muß. In den Methoden der Gemeinschaft und der Begründung der Organisationsform „Männerbund" müssen sich neben den bereits herausgearbeiteten auch die frauenabwehrenden Gedanken, Inhalte, Ideologien wiederfinden lassen.

Die ausgewählten kurzen Abschnitte sind allgemeinen Inhaltes und mit den Titeln „Der Lebensbund" und „Der Männerbund" überschrieben. Geschrieben von Herbert Kessler in dem Buch „Vielfalt und Einheit der deutschen Korporationsverbände"[610] bietet sich schon mit der Überschrift eine thematische Aufteilung in Lebensbund und Männerbund an, dieser Aufteilung wird in den Unterkapiteln gefolgt. Es handelt sich dabei um eine konstruierte Aufteilung, da die studentischen Korporationen immer noch vorwiegend reine Männerbünde sind. Diese Aufteilung eröffnet aber dennoch die Möglichkeit einer vorsichtigen und detaillierteren Annäherung an das Thema, das darin liegende Potential soll für die Analyse genutzt werden. Die Trennschärfe zwischen beiden Begriffen wird nicht immer aufrecht zu erhalten sein. Männerbund und Lebensbund sind im Grunde zu eng miteinander verbunden, als daß sie reell getrennt werden könnten. Trotzdem wurde die Trennung versucht soweit als möglich zugunsten der Analyse aufrecht zu erhalten.

4.1.1 Der korporierte Lebensbund

Das ausgewählte nur eineinhalb Seiten lange Textstück gehört zu dem insgesamt 33 Seiten langen Text „Vielfalt und Einheit der deutschen Korporationsverbände", dem sich die Einzeldarstellungen der im CDK/CDA organisierten Dachverbände anschließen. Das Buch selbst ist eine Veröffentlichung aller deutschen studentischen Korporationsverbände, die im CDK/CDA organisiert sind. Die Aussagekraft des betroffenen Textes ist demnach nicht nur auf die Corps beschränkt. Ein weiterer wichtiger Punkt ist, daß das Buch auch der Öffentlichkeit zugänglich ist, was bedeutet, daß der Text von Kessler zusätzlich in Hinblick auf die interessierte Öffentlichkeit[611] auch eine Einordnung der Korporationen in die Gesellschaft enthält und damit auch einen Teil ihrer Ansicht von Gesellschaft wiederspiegelt.

Das Textfragment umfaßt fünf Abschnitte, die nach einem argumentativen Fünf-Satz-Schema aufgebaut sind. Der erste Abschnitt definiert den Lebensbund, der zweite nennt die Grundlage (Comment), die Bundesidee (Ziel) ist Thema des dritten, die Erziehung (Zweck) des vierten Abschnittes. Das Er-

---

[609]   CDK/CDA (Hrsg.), Vielfalt und Einheit der deutschen Korporationsverbände, Seite 125 ff.

[610]   Vgl. Herbert Kessler, in: CDK(CDA (Hrsg.), Seite 14 f. und 18 f.

[611]   Die interessierte Öffentlichkeit ist schwer einzugrenzen. Es kann aber davon ausgegangen werden, daß das Buch auch für werbende Zwecke eingesetzt wird. Die interessierte Öffentlichkeit besteht demnach aus den Korporationen selbst und aus den ihnen nahestehenden Kreisen.

gebnis von Ziel und Zweck wird im fünften Abschnitt zur sich daraus erge-
benden *„Lebensform"* verdichtet.
Es gibt im Text mehrere kursive Hervorhebungen, die den Inhalten des Fünf-
Satz-Schemas folgen. Die hervorgehobenen zentralen Begriffe lauten ab-
schnittsweise: die *„Ingenieurschulen"*, der *„Lebensbund"* (Abschnitt 1), *„Der
Bund lebt aus eigener Kraft nach Regeln, die er in sich trägt."*, die *„Grund-
sätze der Lebensform – also der Comment"* (2), die *„Bundesidee"* (3), die
„Persönlichkeits- oder Selbstbildung", *„universitas litterarum"* (4) und der
„Charakter" und die *„Lebenskunst"* (5). Der inhaltliche Weg ist damit in seinen
Eckpunkten vorgezeichnet. Basis des Lebensbundes ist der Comment, der
Idee und Persönlichkeitsbildung vorgibt, die das Mitglied zum Charakter for-
men. Am Ende des ausgesuchten Textstückes steht ein ganzer Satz in kursi-
ver Schrift (auch 5), der Lebensbund und elitäres Streben noch einmal -
dogmenähnlich in der Wirkung - zusammenfaßt:
*„Zum Natur- oder zum Geistes- und Gesellschaftswissenschaftler, zum Me-
diziner oder zum Techniker wird man an der Hochschule ausgebildet – zum
Akademiker aber bildet man sich im Lebensbund heran."*[612]

Die Basis der corpsstudentischen Gemeinschaft ist der Lebensbund. Die
Korporationen selbst sehen in dem Lebensbund den Kern der Gemeinschaft,
der ihrer Meinung nach dem Zeitgeist entgegensteht:
*„So sehr sich die Hochschulen vermehren und infolge der ‚Bildungsreform'
verändert haben, das Korporationsprinzip hat sich im Fluß des Zeitstroms
behauptet. Der harte Kern, der den Fortbestand garantiert, ist der Lebensbund, die enge Gemeinschaft der Studierenden in der Aktivitas und die lebenslange Zugehörigkeit der Alten Herren."*[613]
Auffallend ist die für die aktiven Korporierten gewählte neutrale Form *„Studierende"*, die aber dem Umstand geschuldet sein dürfte, daß die Schrift auch
gemischte und rein weibliche Korporationen berücksichtigen muß.

Der *„Kern"* der Gemeinschaft ist der *„Lebensbund"*, die generationsüber-
greifende Gemeinschaft.

*„Der Bund lebt aus eigener Kraft nach Regeln, die er in sich trägt. Das
Vereinsrecht, Statuten und die Satzung sind nur äußere Hülle. Entscheidend
sind die **Grundsätze der Lebensform – also der Comment** -, die schriftlich
oder mündlich überliefert werden."*[614]
Hier werden die unterschiedlichen Reglementarien vorgestellt. Neben den
vereinsmäßigen Grundbedingungen von Satzungen, Ordnungen und Statuten[615] als Rahmenbedingungen, wird vor allem auf den Comment als
Grundsatz der Lebensform des Bundes hingewiesen. Auffallend ist zudem
das gleichfalls hervorgehobene Wort *„Lebensform"*, es bedeutet mehr als ein
Lebensbund, denn die corpsstudentische Gemeinschaft fühlt sich als eigen-
ständige Lebensform, die innerhalb der Gesellschaft nach eigenen Regeln
und nach eigenen Werten und Verständnis lebt.

---

[612]   Vgl. Herbert Kessler, in: CDK/CDA (Hrsg.), Seite 14 f.
[613]   Ebenda, Seite 14, Hervorhebung im Original.
[614]   Ebenda, Seite 14, Hervorhebung im Original.
[615]   Vgl. Handbuch des Kösener Corpsstudenten, Ausgabe 1985, Band 2, Kapitel 2.

164

Das Regelwerk „Comment" (franz. „wie") beinhaltet die Grundlage des Bundes, sein Inhalt ist der Normenkatalog der Gemeinschaft sowie die Verhaltens und Handlungsweisen für die Mitglieder.

Das Studentenhistorische Lexikon definiert Comment wie folgt:

„Definition: „Unter Comment versteht man die ... unumgänglich notwendige, durch die Vernunft und allgemeine Meinung sanktionierte Norm ..." heißt es im Tübinger SC-Comment von 1808 in der Fassung von 1825. (...) Sie hatten den Zweck, die Burschenfreiheit gemeinsam gegenüber Eingriffen des Staates oder der Universität zu verteidigen und unter den Studenten Ruhe und Ordnung aufrechtzuerhalten. Daher enthalten bereits die ersten Comments ausführliche Bestimmungen über die Schlichtung von Ehrenhändeln bzw. über deren Austragung."[616]

Ehrenhändel werden heute nicht mehr ausgetragen, jedoch gibt es heutzutage sehr wohl Bestimmungen darüber, was commentgemäßes und damit im Sinne der Gemeinschaft ehrenhaftes Verhalten ist. Der Comment ist heute noch der Katalog der gemeinschaftlichen Normen und der Verhaltens- und Handlungsweisen, nach dem sich alle Mitglieder zu richten haben:

„Ihn (den Comment, Anmerkung S. P.) zu beherrschen und zu kennen ist Voraussetzung, um ernsthaft und spielerisch zugleich mit ihm umgehen zu können."[617]

Der Comment ist zwar oftmals schriftlich fixiert, jedoch ist er – wie die Konstitution – in einer aktuellen Fassung für einen Außenstehenden fast nicht zu bekommen, was für die Wichtigkeit des Regelwerks einerseits und für die Verschwiegenheit der Gemeinschaft bezüglich ihrer internen Reglements andrerseits spricht.[618] Oftmals gibt es neben dem schriftlichen Comment einen ergänzenden mündlichen Comment, der als ungeschriebene Regel gleichermaßen existiert und sich meist nur auf die einzelne Korporation bezieht.[619]

---

[616] Robert Paschke, Studentenhistorisches Lexikon, Seite 68.

[617] Friedhelm Golücke/Bernhard Grün/Christoph Vogel, Die Fuxenstunde, Würzburg 1996, Seite 111.

[618] Das gilt nicht für alle Dachverbände, jedoch für die meisten einzelnen Korporationen, für die Corps gilt das auf jeden Fall. Ich habe im Zuge meiner Nachforschungen mehrmals auf verschiedenen Wegen versucht, an einen allgemeinen Comment zu kommen, es ist mir nicht gelungen. Es besteht jedoch große Ähnlichkeit zwischen dem allgemeinen Comment anderer Dachverbände und der Konstitution eines einzelnen Corps. Ich vermute daher, daß der KSCV nicht über einen allgemeinen Comment verfügt, sondern jedes einzelne Corps eine eigene an den Dachverbandsstatuten angelehnte Konstitution hat, die übergreifend die Regeln des Corps enthält und zusätzlich über detailliertere Regelungen in dafür speziell ausgearbeiteten Comments verfügt. Eine Konstitution konnte ich nur mit hohem Aufwand und zufällig in Besitz bekommen, gleiches gilt für einen corpsstudentischen Biercomment. Andere Dachverbände sind diesbezüglich nicht so verschwiegen. Der CV z. B. ist hier offener und gab einen „Comment im CV" heraus, der auch über ISBN problemlos zu bekommen ist. Vgl. Bernhard Grün/Achim Weghorst, Comment im CV. Studentisches Brauchtum in Vergangenheit und Gegenwart, Würzburg 1993.

[619] Die hier aufgestellte Behauptung eines mündlichen Comments kann ich nicht anhand von schriftlichen Quellen belegen, da sie ja meist nicht niedergeschrieben wurden, jedoch war es in der Verbindung, der ich angehörte, üblich von den geschriebenen und ungeschriebenen Regeln zu sprechen.

Der Comment als Überbegriff teilt sich in verschiedene Themengebiete auf. So gibt es neben einem meist allgemeineren Comment (Regelungen des Farbentragen, des Chargierens), auch speziellere Comments, die z. B. die Liedauswahl auf einer Kneipe und das Verhalten auf dieser (Kneipcomment) regeln. Ferner gibt es einen meist regional unterschiedlichen Paukcomment, der die Regelungen zum Fechten enthält, zusätzlich verfügen viele Corps über einen eigenen Biercomment, in dem es unter § 12 des Biercomments des Corps Suevia heißt:

„Jeder Biercomment im allgemeinen enthält die Anleitung zu Biergeschäften und die Bestimmungen über die Bestrafung solcher, welche die Biergeschäfte in nicht commentmäßiger Weise vornehmen."[620]

Der Regelkatalog „Comment" enthält stets auch einen Strafkatalog, mit dem ein Fehlverhalten gezielt sanktioniert werden kann.

Der Comment ist eine strenge Regelanweisung zur Kontrolle und zur Lenkung der Mitglieder, die das Verhalten der einzelnen Mitglieder bis ins Detail vorgibt (sie gilt solange sie nicht als Privatpersonen, sondern als Mitglieder einer Korporation auftreten). Inkorporation des gemeinschaftlich vordefinierten Verhaltens ist das Ziel.

Für das Prinzip des Lebensbundes hat der Comment insofern direkte Bedeutung, als daß er die Mitglieder auf ein einheitliches Verhalten – die corpsstudentische Ehre – verpflichtet. Wer sich an die Regeln hält und sie beherrscht, dem kann nichts passieren, wer dem zuwider handelt, wird bestraft oder verliert sogar seine Ehre.[621]

Die corpsstudentische Ehre ist im Comment das zentrale und für alle verpflichtende Element: Die Ehre gilt nur bei commentmäßiger Rollenerfüllung der Mitglieder.[622]

In Bezug auf das Lebensbundprinzip ist anzumerken, daß der Commentdefinition des Tübinger SC von 1825 nicht zu entnehmen ist, daß dieses Corps ein Lebensbund wäre. Die ersten Corpsgründungen und ihre Comments hatten in ihrer gemeinschaftlichen Konzeption noch keinen lebensbündischen Zweck, wie Kapitel 3 gezeigt hat. Vielmehr waren es standesgemäß orientierte Zusammenschlüsse für die Zeit des Aufenthaltes des Studenten an der Universität. Daher auch die ausführlichen Bestimmungen in Bezug auf den Umgang mit der persönlichen Ehre. Das letzte Zitat ist inhaltlich für die heutige Zeit insofern unzutreffend, als daß der damalige Comment nicht in Zusammenhang mit der Konzeption eines Lebensbundes stehen konnte, da der Comment älter als der Lebensbund ist. Trotzdem enthält er auch heute noch den Normen- und Verhaltenskatalog der Gemeinschaft, der hinsichtlich der lebensbündischen Erweiterung im Laufe der Entwicklung angepaßt wurde.

[620] Hans Weindel (Hrsg.), Bier-Comment des Corps Suevia zu Freiburg im Breisgau, Seite 3.
[621] Vgl. ebenda, Seite Seite 13 ff., §§ 66 bis 77.
[622] Vgl. David D. Gilmore, Mythos Mann. Rollen, Rituale, Leitbilder, München 1991, Seite 48.

Das Zitat von Kessler suggeriert jedoch, daß Lebensbund und Comment Grundlagen der Korporationen seien, die von Anfang an unweigerlich zusammengehörten. Das stimmt jedoch nicht, womit sich die Frage nach dem Zeitraum der Festschreibung des Lebensbundprinzips stellt und damit auch die Frage nach den Gründen.

Abänderungen in der Gemeinschaftskonzeption der Corps und ihre Anlässe bringen näheren Aufschluß.

Der konzeptionelle Ausbau der einzelnen corpsstudentischen Gemeinschaft zum Lebensbund begann (von einigen süddeutschen Corps abgesehen) meist erst nach 1848 und hatte zunächst vor allem politische Gründe.

„Das Corps Suevia zu München begründete seinen Entschluß, ‚uns als Lebensverbindung zu konstituieren' am 15. November 1849 wie folgt: ‚Concentrierung der Interessen für unser Corps, und, was bei dem gegenwärtigen Wechsel zwischen süd- und norddeutschen Universitäten für uns das nötigste ist, Fernhaltung aller fremden Elemente, die, wie die Erfahrung lehrt, nie nutzbringend für ein Corps sein können.' (...) Dieser Beschluß, den die anderen bayerischen Lebenscorps ähnlich faßten, war also eine rein politische Entscheidung und eine Schutzmaßnahme gegen die den Corps abträglichen Neuerungen des studentischen Corps-Progresses."[623]

Genau betrachtet beinhaltet der Beschluß zwar die Konstituierung als Lebenscorps, ein Lebenscorps bedeutete zunächst aber nicht viel mehr, als daß anderen Corpsburschen der Eintritt in diesen Bund (Suevia) nicht gewährt werden mußte. Das heißt, daß das Mitglied nur in diesem Corps Corpsstudent sein kann, eine Zugehörigkeit zu einem zweiten Corps ist ausgeschlossen. Ein Prinzip, das heute nicht mehr gilt, der sogenannte *„Zweibändermann"* ist gegenwärtig zulässig.[624]

Die Folgerung von Lebenscorps auf Lebensbund ist daher im folgenden Zitat aus dem Lexikon zum Begriff *„Lebenscorps"* konstruiert:

„Im alten ursprünglichen Sinne sind heute alle Corps, ja alle studentischen Korporationen ein Lebensbund, da sich bei jedem Corps die Corpsbrüder auf Lebenszeit verbinden."[625]

Hier werden die Entwicklungen zum Lebensbund einfach ausgeblendet und das Prinzip als für die Gemeinschaft ursprünglich angesehen. Die Annahme politischer Gründe als Beschlußursache deckt sich aber mit den Ergebnissen aus Kapitel 3, da in die Zeit des Progresses auch die Verbandsgründung der Corps zum KSCV fiel, mit dem Zweck, sich gegen die Progreßbewegung zu positionieren und sich zusätzlich im Verband von der aufkommenden studentischen Konkurrenz in Form von Gründungen unterschiedlicher Korporationstypen von diesen abzusetzen. Das feste Statut des Lebensbundes als gemeinschaftliche Konzeption gab es hingegen immer noch nicht.

---

[623] Robert Paschke, Studentenhistorisches Lexikon, Seite 167.
[624] Erich Bauer, Schimmerbuch für junge Corpsstudenten, Seite 28 ff.
[625] Robert Paschke, Studentenhistorisches Lexikon, Seite 167.

Seit Mitte des 19. Jahrhunderts war es für die Corpsstudenten zwar zunehmend üblich, daß sie auf Lebenszeit zu einem Corps gehörten. Jedoch war der Status des Alten Herren als feste Zuschreibung im heutigen Sinne nicht in jedem Corps in organisierter Form vorhanden. Sicherlich gab es in den einzelnen Corps schon vor der Gründung der Altherrenverbände in den Jahren 1888 (VAC) und 1903 (WSC) einzelne auf das Corps beschränkte Altherrenvereine und einige regionale Zusammenschlüsse in Altherrenbezirke, aber eben nicht überall. Der organisatorische Abschluß als Lebensbund ist also unter Berücksichtigung der Geschichte seit 1789 relativ jung.

Wie schon im Lexikon, so werden auch im Grundlagentext „Der Lebensbund" diese Fakten zur Entwicklung der Korporation zur Lebensbundgemeinschaft nicht berücksichtigt und abermals der Eindruck erweckt, als seien die Korporationen von Beginn an Lebensbünde gewesen:

„Der Bund dürfte neben Familie, Sippe und Stamm die älteste Lebensform der Menschheit sein. Die archaischen Männer- und Frauenbünde erzogen die Jugend und weihten sie in das Gedankengut und Brauchtum des Stammes ein. Der Bund ist also von jeher eine geistig-ethische Gesellung, die sich
a) der Bundesidee widmet und die
b) ihr Gemeinschaftsleben und die Lebensgestaltung jedes einzelnen Gliedes zu regeln und dadurch den ganzen Menschen zu formen sucht."[626]

Die Bezugnahme auf die archaischen Männer- und Frauenbünde, die an ähnliche Assoziierungen im ersten Kapitel des Handbuches erinnert, nach dem sich Menschen schon zu Urzeiten in Gruppen zusammenschlossen,[627] weisen auf einen breiteren Kontext hin. Die Existenz von Männer- und Frauenbünden, vor allem in der völlig unkommentierten Nebeneinanderstellung, wird als Normalität innerhalb einer Gesellschaft dargestellt. In der Tat gab und gibt es auch außerhalb unserer europäischen Gesellschaften Männer- und Frauenbünde,[628] mit der Funktion der gesellschaftlichen Festlegung des Geschlechtes. Dieser Aspekt hat insbesondere für die Betrachtung studentischer Korporationen, bzw. Corps offenbar eine zentrale Bedeutung. Weiterhin fallen die Begriffe „Familie, Sippe und Stamm" in ihrer Gleichsetzung mit der „Lebensform" des Bundes auf. Die Begriffe Familie, Sippe und Stamm lassen eine Hierarchie nach der Größe erkennen: Die Familie als kleinste Einheit, dann die Sippe und zum Schluß der Stamm. Die Familie und die Sippe sind gewöhnlich Begriffe, die mit einer weiblichen Zuordnung einhergehen, wobei aber weiterhin dem Mann die letzte Kontrolle zugeschrieben wird. Der Bund paßt nicht in eine Zuordnung nach Größe sondern existiert neben den anderen als eigenes Konstrukt. Insbesondere stehen sich die Begriffe Sippe und Bund eher unvereinbar gegenüber, vor allem aus geschlechtlicher Perspektive.[629]

---

[626] Vgl. Herbert Kessler, Vielfalt und Einheit der deutschen Korporationsverbände, Seite 14 f.

[627] Vgl. Handbuch des Kösener Corpsstudenten, Ausgabe 1985, Band 1, Seite 26.

[628] Vgl. Victor Turner, Das Ritual, Kapitel 2, Paradoxie des Zwillingsphänomens im Ndembu-Ritual, Seite 78 ff.

[629] Vgl. Wolfgang Lipp, Männerbünde, Frauen und Charisma. Geschlechterkampf im Kulturprozeß, in: Gisela Völger/Karin von Welck (Hrsg.), Männerbande – Männerbünde. Zur Rolle des Mannes im Kulturvergleich, Köln 1990, Band 1, Seite 36.

Der Bund als gemeinschaftliche Konstruktion, das gilt zumindest für die christlich – abendländischen Gesellschaften, war und ist eine männliche.[630] Die Funktionszuschreibung eines frühen Bundes war stets eine politisch-religiöse. Schon die archaischen Bünde, bezogen auf den hier relevanten kulturellen Raum, waren männliche Bünde mit politischen Implikationen. [631]

Im Text sind die politischen Implikationen in Form einer Präzisierung der bereits erwähnten Idee von Bedeutung: die Formung des ganzen Menschen. Zur Bundesidee heißt es im nächsten Abschnitt:

„Der Bund ist sich selbst nicht genug; er dient einem größeren Ganzen."[632]

Als Ansätze zum größeren Ganzen werden im Text *„Vaterlandsliebe", „Teilnahme am öffentlichen Leben"* und *„politisches Verantwortungsbewußtsein"* genannt,[633] Ziele, auf die alle Korporationen Anspruch erheben dürfen.

Die Gestaltung im Sinne des *„größeren Ganzen"* ist eine Zuschreibung, die allerdings typisch für Männerbünde ist, denn sie gelten als Zusammenschlüsse,

„die Solidarisierung jenseits der verwandtschaftlichen, nur privaten Einheiten ermöglichten und nicht nur auf den Bund (...), sondern den Stamm, das Volk, die Öffentlichkeit als ganze zielten."[634]

Sind zunächst Familie und Sippe mit dem Aspekt des Weiblichen verbunden, zielt die bündische und männliche Organisationsform darauf ab, in dem dritten von vier in dem Text genannten Lebensformen, dem Stamm - moderner als Nation zu verstehen - die Kontrolle zu behalten (zu gewinnen) und gestaltend einwirken zu können. Der Stamm ist das höhere Ganze, der Bund die gruppenspezifische Form der Einflußnahme, beide sind männlich kodifiziert. Während aber der Stamm sowohl aus Frauen und Männern besteht, setzt sich der Bund zur organisierten Einflußnahme auf den Stamm nur aus Männern zusammen. Ziel des Bundes ist es, im Stamm die Macht (Kontrolle, Einfluß) zu gewinnen, bzw. zu sichern oder auch auszubauen. Eine Ansicht, wie sie auch von Alfred Bäumler (1887 – 1968), u. a. NS-Pädagoge, in seinem 1934 erschienenen Buch *„Männerbund und Wissenschaft"* vertreten wird:

„Unser höchstes Wort dagegen heißt Staat. Der Staat hat die Familie und die Sippe, das Weib als Mutter zur Voraussetzung, aber er ist Sache und Werk des Mannes."[635]

An anderer Stelle heißt es:

„In dieser Lebensform (der weiblichen entgegengesetzt, Anmerkung S. P.) dagegen heißt es: nicht die Mauern sind es, sondern die Männer, die das Vaterland ausmachen."[636]

---

[630] Vgl. Gerda Lerner, Die Entstehung des Patriarchats, München 1997. Zu den Ursprüngen der Konstruktion Bund vgl. Seite 226-246.

[631] Vgl. ebenda, Seite 238.

[632] Herbert Kessler, Vielfalt und Einheit der deutschen Korporationsverbände, Seite 15.

[633] Vgl. ebenda, Seite 15.

[634] Wolfgang Lipp, Seite 35.

[635] Alfred Bäumler, Das akademische Männerhaus, in: Derselbe, Männerbund und Wissenschaft, Berlin 1934, Seite 40, Hervorhebung im Original. Der Aufsatz wurde als Vortrag am 17. Oktober 1930 unter dem Titel „Die Erneuerung des studentischen Hauses" gehalten.

[636] Alfred Bäumler, Der Sinn des großen Krieges, in: Derselbe, Seite 8 f., Hervorhebung im Original. Der Aufsatz wurde am 17. Oktober 1929 gehalten.

169

Familie und Sippe bleibt weiblich definiert, während Lebensform und Staat (auch Vaterland) männlich konnotiert sind.

Der elitäre Anspruch, im Analysetext enthalten in der Bundesidee – Punkt a) im Text – wird im folgenden Abschnitt mit dem Gedanken der überlegenen Ausbildung (Hochschulstudium) und mit dem Zweck der Korporation, der *„Persönlichkeits- oder Selbstbildung"* – Punkt b) – verknüpft. [637] Unter Einbeziehung des Aspektes der Universitätszugehörigkeit der Korporationen wird darauf hingewiesen, daß alle Wissenschaften miteinander zusammenhängen, der oberste Richter sei die Wahrheit. Der Gedanke erfährt anschließend eine Erweiterung: Für das *„Geistesleben"* gälte, daß es im kulturellen Ganzen eingebettet, das Ganze wiederum auf die Natur angewiesen sei, die hier als oberster Richter auftaucht. Letzteres erinnert wieder an die naturalistischen Begründungen der Corps, die sowohl für die Legitimation sozialer Ungleichheit als auch für die Legitimation des Lebensbundes als Männerbund herangezogen werden. [638]

Der *„Akademiker"*, bzw. das Mitglied eines korporierten Lebensbundes, ist daher naturgemäß dazu berufen, diese Zusammenhänge *„wachzuhalten"* und als Träger dieser besonderen Erkenntnis berufen, das soziale Umfeld im Sinne der Bundesidee, des *„größeren Ganzen"* zu gestalten. [639]

> Der elitäre Anspruch des corpsstudentischen Lebensbundes (und auch der anderen Korporationstypen) wird durch die Formulierung einer besonderen Berufung, eines selbstkonstruierten Auserwähltseins und durch die beanspruchte Funktion eines Art Linienhalters (wachhalten) ergänzt. Träger dieser besonderen Funktion ist der charakterstarke *„Akademiker"*,[640] zu dem man – wie der nächste Abschnitt vermitteln will - nur im Bund im Sinne einer *„echten Lebensgemeinschaft"* erzogen werden kann:

„Zum Charakter wird man nicht durch Unterricht; das Wissen muß sich vielmehr mit dem Willen zum Wert paaren, es muß sich mit Urteilskraft und Menschenkenntnis zur **Lebenskunst** *steigern. Die Erziehung hierzu kann nur in einer echten Lebensgemeinschaft erfolgen, wie sie an den alten Stiftungsuniversitäten Cambridge und Oxford das College, an den Hochschulen des deutschen Sprachraums (...) die Korporation bietet.*[641]

Auch hier findet sich eine enge Parallele von Herbert Kessler zu Alfred Bäumler:

„Der wissenschaftliche Geist drängt (...) zur Vereinigung, zur männlichen Korporation. Die wissenschaftliche ‚Akademie' ist fast so alt wie die abendländische Wissenschaft selbst. Sie bedeutet mehr als eine bloße Werkstattgemeinschaft oder einen Zweckverband, sie ist echte Gemeinschaft, eine Vereinigung Gleichstrebender innerhalb einer Tradition, ein Bund von Männern, vereinigt durch einen gemeinsamen Dienst, vereinigt durch eine gemeinsame Methode.[642]

[637] Vgl. Herbert Kessler, Vielfalt und Einheit der deutschen Korporationsverbände, Seite 15.
[638] Vgl. ebenda, Seite 15.
[639] Vgl. ebenda, Seite 15.
[640] Vgl. ebenda, Seite 15.
[641] Ebenda, Seite 15, Hervorhebung im Original.
[642] Alfred Bäumler, Hochschule und Staat, in: Derselbe, Männerbund und Wissenschaft, Seite 147. Der Aufsatz orientiert sich nach Vorträgen, die Bäumler vor den Studentenschaften in München und Göttingen im Mai und Juni 1933 gehalten hat.

Es fällt im direkten Vergleich des Textes von Alfred Bäumler in dem Buch „Männerbund und Wissenschaft" von 1934 mit dem Basistext von Herbert Kessler nicht nur eine inhaltliche Parallele, sondern auch eine in der Wortwahl auf. Ein unwesentlicher Unterschied liegt in der geschlechtlich neutralen Formulierung des Lebensbundes bei Kessler im Gegensatz zu der von Bäumler gewählten Formulierung des Männerbundes. Der Unterschied ist unwesentlich, da Kessler - auch wenn er Lebensbund schreibt – stets Männerbund meint. Insgesamt ist die inhaltliche Argumentation von Kessler der von Bäumler so ähnlich, daß vermutet werden darf – das legen zudem weitere Textstellen bei Bäumler nahe –, daß Kessler Bäumlers Text, Bäumler war wie erwähnt später NS-Pädagoge, als Vorlage nutzte, zumindest aber sehr gut kannte.[643] Die Bedeutung liegt in der Bezugnahme Kesslers auf Bäumlers national-völkische Ansicht eines Männerbundes in der heutigen Zeit.

Das eben angeführte Zitat von Kessler sagt auch aus, daß es einer ganz besonderen Erziehung bedarf, die nicht nur aus rational erfaßbarer Wissensvermittlung besteht, sondern sich vor allem durch den eigenen Willen zur Leistung (Stichwort Leistungsprinzip) und zum Wert auszeichnet, beides unter der Maßgabe der vorgegebenen Definition durch die Gemeinschaft.

Die richtige Erziehung kann nach korporierter Sicht nur in einer „echten Lebensgemeinschaft" erfolgen, sie ist Hüterin der Regeln und Resonanzkörper zur Kontrolle (Erziehung zu) commentmäßigen Verhaltens der Mitglieder. Die zentrale Autorität ist die Gemeinschaft, sie beansprucht die ganze Person und wendet daher in der Erziehung nicht nur rein rationale Vermittlungsarten an (z. B. Unterricht), sondern auch emotionale Möglichkeiten der Vereinnahmung der Person, beides mit dem Ziel der Inkorporation (Bildung eines korporierten Habitus):

„Die zwischenmenschlichen Tugenden, die uns zur Persönlichkeit prägen, lassen sich indessen nicht durch Vorlesungen, Seminare oder Predigten tradieren, man muß sie durch die Riten einer kleinen Gruppe, durch das Brauchtum einer Lebensform, durch das Vorbild der Älteren mehr unterschwellig als lehrhaft, mehr emotional als verstandesmäßig zur Gewohnheit, zum Habitus, zur Lebensart machen."[644]

Während sich die zu vermittelnden Inhalte (zwischenmenschliche Tugenden) leicht in der Zweckbestimmung der Corps wiederfinden (nach der die Gemeinschaft ihre Mitglieder zu „Vertretern eines ehrenhaften Studententums und zu charakterfesten, tatkräftigen, pflichttreuen Persönlichkeiten" erziehen möchte[645]) sind die Riten und das Brauchtum noch ohne verbindlichen Inhalt, Kapitel 4.3 geht darauf ein.

Für die gesamte gemeinschaftliche Erziehung bedeutet die Beschreibung unter dem Aspekt der Männlichkeit und damit der organisierten Ausgrenzung von Frauen:

---

[643] Vgl. ebenda, die Kapitel Hochschule und Staat, Seite 139-148.
[644] Herbert Kessler, Rede anlässlich des 135. Stiftungsfestes des Corps Franconia Berlin zu Kaiserslautern, in: Die Wachenburg, Heft 1/1986, Seite 3.
[645] Vgl. Handbuch des Kösener Corpsstudenten, Ausgabe 1985, Band 2, Kapitel 2, Seite 3.

> *„Richtige Männer können nur von Männern erzogen werden – dies ist die Idee, die sich hinter solchen Institutionen verbirgt."[646]*

In dem letzten Zitat des Basistextes von Kessler wird – und der Vergleich dürfte nicht zufällig gewählt worden sein – auf die alte Universität von Cambridge und auf das College in Oxford hingewiesen. Beide Bildungseinrichtungen sind aus ehemaligen Klosterschulen (aufgelöst durch Heinrich VIII. (1491 bis 1547) hervorgegangen und entwickelten sich zu elitären und für lange Zeit rein männlichen Schulen. Erst in den späten sechziger Jahren des letzten Jahrhunderts wurden zögerlich Frauen zugelassen (das College von Emmanuel in Cambridge nahm z. B. erst 1979 die erste weibliche Studentin auf). Die Fellow-Organisationen der Schulen, als Parallele zu der organisierten Altherrenschaft eines Corps, sind jedoch bis heute in den wichtigsten Entscheidungszentren männlich dominiert.[647] Diese elitären englischen Schulen erinnern zu ihrer rein männlichen Zeit nicht nur wegen ihrer Eingeschlechtlichkeit, der Exklusivität und ihres elitären Anspruchs an die deutschen studentischen Korporationen, sondern auch bezüglich des strengen Reglements, ähnlich dem Comment, dem starken Genuß von Alkohol und der Nutzung wertvoller Utensilien wie Tabakdosen und silberne Bierkrüge. Auch die Räumlichkeiten weisen Parallelen auf, so erinnert die King's Hall des College in Cambridge und auch die Halle des Christ Church College in Oxford an einen überdimensionierten Kneipsaal in einem alten feudalen Corpshaus. Dunkel getäfelte Wände mit alten Bildern von wichtigen Persönlichkeiten (Männern), sehr hohe Decken, die selbst wieder mit dunklem Holz verkleidet sind sowie verzierte Fensterscheiben. Beide „Halls" erinnern zudem an sakrale Räume (die King's Hall entstand aus den Überresten einer Kapelle).[648]

Männliche Organisationsform, hierarchischer Aufbau, strenge Regeln, hoher Alkoholkonsum und die Methoden der Vergemeinschaftung (bei den Colleges z. B. das Rudern) sowie elitärer Anspruch, verwirklicht und unterstützt durch die Fellow-Organisationen sind deutliche Parallelen zu den deutschen Korporationen, deren Mitglieder darüber hinaus die soziale Herkunft aus dem gehobenen Bürgertum mit den Studenten der Colleges teilen. Korporationen erheben den Anspruch „Eliteausbildungsstätten" zu sein, die einen Vergleich zu den traditionellen elitären Bildungsstätten im europäischen Ausland (hier das Beispiel England) nicht scheuen.[649]

Die Colleges waren lange Zeit Eliteausbildungsstätten nur für Männer, die Corps sind es noch heute. Ein wesentlicher Unterschied zwischen dem Col-

[646] Gisela Völger/Karin von Welck, Zur Ausstellung und zur Materialsammlung, in: dieselben (Hrsg.), Männerbande – Männerbünde, Band 1, Seite XXV.
[647] Vgl. Peter Burke, Das College in Oxbridge – ein Männerbund?, in: Gisela Völger/Karin von Welck (Hrsg.), Männerbande – Männerbünde, Band 2, Seite 68.
[648] Vgl. ebenda, Seite 65 ff. Die Abbildungen der Halls finden sich in: Ebenda, Seite 67 und Gisela Völger/Karin von Welck, Zur Ausstellung und zur Materialsammlung, in: dieselben (Hrsg.), Männerbande – Männerbünde, Band 1, Seite XXV.
[649] Vgl. Michael Hartmann, Klassenspezifischer Habitus oder exklusiver Bildungstitel, Seite 183. Michael Hartmann fragte nach dem Ersatz der fehlenden Eliteausbildungsstätten in Deutschland im Vergleich zu England, Frankreich und den USA, die Korporationen geben ihm zumindest von ihrer Seite aus Antwort.

172

lege und einem Corps liegt in der Enge der gemeinschaftlichen Konzeption. Das Corps ist nicht nur zahlenmäßig kleiner und daher in der Organisation überschaubarer und kontrollierbarer, sondern auch durch die besondere rituelle und inhaltliche Dichte, die Intensität von Vergemeinschaftung untereinander vernetzter und zäher als eine vergleichsweise große Gruppe eines ganzen Colleges. Das College ist durch eine zahlenmäßig größere Gruppe nicht in der Lage, eine den Corps vergleichbare intensive Formungsphase vorzunehmen. Bei den Corpsstudenten ist neben der gemeinschaftlichen Konzeption (Ausbildungsstätte und *„Lebensform"*) auch das *„Wir-Gefühl"* allein äußerlich (Band und Mütze) stärker ausgeprägt.[650]

Die Erläuterungen zur *„echten"* Lebensgemeinschaft bei Kessler lassen oberflächlich betrachtet immer noch keinen direkten Zugriff auf den Begriff Männerbund zu. Vergleiche und Assoziationen, die von ihm verwendet werden, zeigten aber, daß der Begriff Lebensbund im tieferen Verständnis stets auch Männerbund meint. Hierfür sprechen sowohl beispielsweise der Vergleich zu anderen (wenn auch ehemals) rein männlichen Bildungsinstitutionen, als auch die Ähnlichkeit in Zielsetzung und Zweck der Corps und der Colleges, die in diesem Punkt beide den Setzungen eines Männerbundes entsprechen.

Die Corps waren von Anfang an Männerbünde, was sich zunächst aus dem Umstand ergab, daß an den Universitäten lange Zeit keine Frauen zugelassen waren. Es ist eindeutig, daß die Universität zu Beginn des 19. Jahrhunderts wie auch andere öffentliche Räume männliche Räume waren, die männliche Universität bereits das Ergebnis einer Geschlechterpolarität war[651] und die Bildung von spezifischen Männergruppen innerhalb der Universität daher eher aus einer männlich-sozialen Konkurrenz heraus als durch eine direkte geschlechtliche Konkurrenz zu erklären ist. Trotzdem sind gesellschaftliche Veränderungen, hervorgerufen durch die Aufklärung und kulminierend in der Französischen Revolution, zu berücksichtigen und blieben für das aufstrebende gehobene Bürgertum der damaligen Zeit nicht ohne Folgen, da sich zu der Zeit auch die bis heute in groben Zügen gültige Vorstellung von der (bürgerlichen) Familie und Ehe sowie die damit verbundene Aufteilung der Gesellschaft zwischen Mann und Frau entwickelten.[652]

Auch die Revolution von 1848 bedeutete für die Corps weniger eine Bedrohung durch Forderungen seitens der Frauen als eine politische Bedrohung, die insbesondere im Schreckgespenst der befürchteten Beteiligung der Massen (untere soziale Schichten) an der Politik gesehen wurde.

Auffallend ist, und daher näher zu untersuchen, daß – solange keine Frauen an den Universitäten waren – die Gemeinschaftskonzeption der Corps zwar männerbündisch, jedoch nicht zwangsweise lebensbündisch war.

[650] Vgl. zu den unterschiedlichen Definitionen von Gruppen: Bernhard Schäfers, Die soziale Gruppe, in: Hermann Korte/Bernhard Schäfers (Hrsg.), Seite 125 ff. Für die Corps gilt die Definition von Schäfers, ebenda, Seite 129.

[651] Vgl. Klaus Theweleit, Männerphantasien, Band 1, Frauen, Fluten, Körper, Geschichte, Frankfurt am Main 1977, Kapitel 2, Unterkapitel „Entstehung des Panzers gegen die Frau". Theweleit zeichnet in diesem Kapitel an zahlreichen Details die Entstehung der bürgerlichen Geschlechterpolarität seit 1500 nach.

[652] Vgl. Ute Frevert, Frauen-Geschichte. Zwischen bürgerlicher Verbesserung und neuer Weiblichkeit, Frankfurt am Main 1986, Seite 33 ff.

Es wurde schon auf die Unstimmigkeit in der Darstellung des Lebensbundes von corpsstudentischer Seite hingewiesen, insbesondere hinsichtlich der verschwiegenen geschichtlichen Entwicklung. Schon in Kapitel 3 konnte festgestellt werden, daß die lebensbündische Gemeinschaftskonzeption mit der Organisation dachverbandsumfassender Altherrenverbände noch relativ jung ist. 1888 wurde der Verband Alter Corpsstudenten und 1903 der Weinheimer Verband Alter Corpsstudenten gegründet und damit das Lebensbundprinzip in Statut festgeschrieben. Wie bereits erwähnt gab es vor allem ökonomische, soziale und hochschulbezogen konkurrenzbedingte Gründe für die geschlossenere Gemeinschaftsform, allerdings ging es auch immer um einen rein männlichen elitären Anspruch. Wie schon aus den Texten des Handbuches läßt sich auch aus der hier verwendeten Textgrundlage keine direkte geschlechtsspezifische Differenzierung der Lebensbundkonzeption ableiten.

Das Weibliche scheint so geschieden von der rein männlichen Welt der corpsstudentischen Gemeinschaft zu sein, daß es nahezu als nicht existent für die enge Gemeinschaft begriffen, mindestens aber als für den Bund irrelevant angesehen wird.

Das Lebensbundprinzip der Corps sorgt offensichtlich für eine Ausgrenzung und Abgrenzung des Weiblichen aus und von der Gemeinschaft, wird aber seitens der Corpsstudenten nicht weiter thematisiert. Dieser weiße Fleck in der corpsstudentischen Geschichtsschreibung muß an dieser Stelle sozusagen „gegen den Willen" der Corpsstudenten eingefügt werden, um die Konzeption des Lebensbundes für die weiterführenden Betrachtungen zu komplettieren. Eine kurze Skizze der wichtigen corpsstudentischen Weiterentwicklungen in der Gemeinschaftskonzeption unter dem Aspekt der Geschichte der Frau gibt weiteren Aufschluß:

Die Daten der ersten Corpsgründungen 1789, des Verbandes 1848 und des Altherrenverbandes 1888/1903 markieren Zeiträume, die auch aus geschlechtlicher Sicht wichtig waren: Die Französische Revolution 1789 postulierte, alle Menschen von ständisch-feudaler Herrschaft befreien zu wollen. Eine Forderung, die auch von Frauen für Frauen aufgestellt wurde. Es wurde aber in den Folgejahren sehr schnell deutlich, daß sich für die Frau nur die Legitimationsbegründung männlicher Herrschaft änderte. Die bisher religiöse Begründung (von Gott gewollt) wurde ersetzt durch eine naturalistische Begründung (von der Natur so gewollt).[653] Damit war für die Frauen, vor allem für die aus dem gehobenen Bürgertums, eine immer stärkere Zuschreibung des Familiären, Intimen und Emotionalen an sie durch den Mann verbunden, im Zuge dessen sich die vorher oftmals noch gemeinsam begriffenen Welten der Menschen (wenn auch arbeitsteilig) in eine Weibliche (Bereich des Privaten, der Familie) und eine Männliche (Welt der Tat, des Erwerbslebens) aufzuteilen begannen.[654] Auch im Zuge der Revolution von 1848 wurden wieder gleiche Rechte für Frauen von Frauen gefordert, hier ist besonders auf Loui-

---

[653] Vgl. Regina Becker-Schmidt, Frauenforschung, Geschlechterforschung, Geschlechterverhältnisforschung, in: Regina Becker-Schmidt/Gudrun-Axeli Knapp, Feministische Theorien. Eine Einführung, Hamburg 2000, Seite 14 ff.

[654] Vgl. Herrad Schenk, Die feministische Herausforderung. 150 Jahre Frauenbewegung in Deutschland, München 1992, Seite 18 ff.

se Otto hinzuweisen, die durch ihr Wirken den Grundstein zur ersten Frauenbewegung legte.[655] Nach den ersten recht zaghaften Angriffen auf die männliche Vorherrschaft, denen das corpsstudentische Gedankengut als Teil der deutschen konservativen Reaktion diametral entgegenstand, erfolgte mit den ersten festeren Gründungen von Frauenvereinen mit teilweise politischem Anspruch (z. B. der Allgemeine Deutsche Frauenverein 1865, ADF und der Lette-Verein 1866) eine wahrnehmbare organisierte Bedrohung männlich dominierter Gesellschaftsbereiche. Die Frauenvereine wurden vorwiegend von bürgerlichen Frauen getragen, waren also für die Corps keine Bedrohung „von unten", sondern vor allem eine Bedrohung, die teilweise von den Frauen ihrer eigenen Schicht ausging.[656] Durch die bildungspolitischen Ambitionen der bürgerlichen Frauen und mit der Gründung der „Vaterländischen Frauenvereine" in Folge des Deutsch-Französischen Krieges (1870/71), die sich überdies zahlenmäßig rasch entwickelten und 1873 bereits 30.000 und in den achtziger Jahren 150.000 beitragszahlende Frauen organisierten, erwuchsen den Corps als reinen Männerorganisationen eine in Organisationen zusammengefaßte geschlechtliche Bedrohung auf dem Gebiet der Bildung und des Nationalgefühls, also auf zwei zentralen Gebieten corpsstudentischen Interesses. Insbesondere die hauptsächlich vom ADF und dem Lette-Verein getragene Frauenbildungs- und Frauenberufsbewegung zielte auf die Zulassung von Frauen zum Universitätsstudium und damit auf einen privilegierten, bisher rein männlichen Bereich. 1872 im ADF erstmals diskutiert, wurden erste Petitionen von Seiten des Staates nicht beantwortet, erst 1891 wurde das Frauenstudium im Reichstag verhandelt (bei nur zwei Befürwortern). 1896 wurden die ersten Frauen als Gasthörerinnen an einigen Universitäten zugelassen, bis 1908 nach vielen staatlichen Schikanen Frauen grundsätzlich zum Hochschulstudium berechtigt wurden.[657]

Insbesondere der Beginn der Diskussion um die Zulassung von Frauen zum Studium ab 1872 und die Verschärfung der Diskussion in den achtziger Jahren weisen auf einen Zusammenhang zwischen der Spezifizierung der corpsstudentischen Gemeinschaftskonzeption (Formulierung eines lebensbündischen Ansatzes auf dem Kongreß von 1867, Gründung der Altherrenvereine als Verband 1888, bzw. 1903 als Ausdruck ihres jetzt notwendig werdenden männlichen Protektionismus) und der „Angst" vor der weiblichen Konkurrenz hin. Und auch in der Politik kam mit den Stimmrechtsvereinen der Frauen (zwischen 1906 und 1908 wurden die meisten gegründet) und der Umsetzung 1918 eine erneute weibliche Bedrohung auf.[658] Insbesondere das Wahlrecht für Frauen 1918 dürfte dazu beigetragen haben, daß die konservativen frauenabwehrenden Corps (und auch anderen Korporationsverbände) der Demokratie von Anfang an feindlich gegenüberstanden.

---

[655] Vgl. Ute Gerhard, Unerhört. Die Geschichte der deutschen Frauenbewegung, Hamburg 1990, Seite 38 ff.
[656] Vgl. ebenda, Seite 87.
[657] Vgl. Herrad Schenk, Seite 26 ff.
[658] Vgl. ebenda, Seite 43.

Die Corps (und andere Korporationsverbände[659]) wehrten sich mit einer le-
bens- und männerbündischen Konzeption, die aber nun unter dem Druck der
Frauenpolitik einer Legitimation bedurfte. Die Konzeption war erfolgreich,
was an der Ära Bismarck und des von ihm gewollten und unterstützten
männlichen Protektionismus seit 1878/79 und dessen Folgen gezeigt wurde,
so daß man für das ausgehende 19. Jahrhundert festhalten kann:
*„Die Rangordnung der Geschlechter gehört neben den Gliederungen der
Klassen zur Sozialstruktur; (...); die gesellschaftliche Reproduktion hat ganz
wesentlich geschlechtliche Arbeitsteilung zur Voraussetzung; ökonomische,
kulturelle und politische Machtverhältnisse sind männerbündisch organisiert.*"[660]
Von Bedeutung ist die zeitliche Nähe zwischen erster Frauenbewegung und
lebensbündischer Konzeption und deren Entwicklung zum Protektionismus,
so daß noch etwas wage die Vermutung geäußert werden darf, daß es einen
direkten Zusammenhang zwischen den beiden Entwicklungen gibt. Auf die
weibliche Bedrohung folgen die bündische Konzeption und der männliche
Protektionismus.

Erst Ende der 1960er Jahre, nach einem kurzen Aufflackern nach dem Zweiten Weltkrieg 1945 und dem nahezu vollständigen Verschwinden der Frauenpolitik während der Restaurationsphase der BRD,[661] wurden die Frauen im
Zuge der studentischen Bewegung und der daraus entstehenden zweiten
Frauenbewegung wieder als Bedrohung aufgefaßt. Für die Korporationen
mußte aber auch die ganze Bewegung als eine Infragestellung ihrer selbst
erscheinen, da sie sich gegen viele Grundbedingungen einer Korporation
wandte; stand diese Massenbewegung doch z. B. für eine offene Gesellschaft und Bildung für alle.

Während die Mitgliederzahlen der Corps zur Zeit der ersten Frauenbewegung stagnierten,[662] allerdings bei steigenden Studentenzahlen, ging
mit Beginn der zweiten Frauenbewegung der Nachwuchs stark zurück. Einige Corps und auch andere Korporationen mußten suspendieren. Um diesen
Trend aufzuhalten gingen einige eher lose organisierten Bünde dazu über
Frauen aufzunehmen (z. B. der Schwarzburgbund im Jahr 1972,[663] der Aka-

---

[659] Der Cartellverband der katholischen deutschen Studentenverbindungen (CV) gründete 1908 den Altherrenverein. Vgl. Gesellschaft für Studentengeschichte und studentisches Brauchtum e. V. (Hrsg.), CV Handbuch, München 1990, Seite 38. Auch in anderen Korporationsverbänden findet man Entwicklungen zur Verbandsgründung mit
Lebensbundprinzip. Der heutige Dachverband „Deutsche Burschenschaft", 1881 zusammengeschlossen unter dem Namen „Allgemeiner Deputierten-Convent" (ADC),
umbenannt 1902 in „Deutsche Burschenschaft" kennt ihren Altherrenverband „Vereinigung alter Burschenschafter" seit 1890. Vgl. Handbuch der Deutschen Burschenschaft, Bad Nauheim 1982, Seite 2.3.008 f. Der Verband „Wingolfsbund" kennt seine
Altherrenschaft als „Verband Alter Wingolfiten (VAW)" seit 1901. Vgl. Vademecum
Wingolfiticum, ohne Ort, 1978, Seite 21.

[660] Vgl. Regina Becker-Schmidt, Feministische Theorien, Seite 35.

[661] Vgl. Ute Gerhard, Unerhört, Seite 384 ff.

[662] Vgl. Oskar Scheunemann, Die zahlenmäßige Entwicklung des Kösener SC-Verbandes 1848 – 1935, in: Verein für corpsstudentische Geschichtsforschung (Hrsg.),
Einst und Jetzt, Jahrbuch 1958, ohne Ort, Seite 58.

[663] Vgl. Peter Krause, „O alte Burschenherrlichkeit", Seite 207

demische Turnbund erst seit 1992[664]). Andere ließen die Mensur freistellen
(z. B. die DB im Jahr 1971[665]). Die Corps des KSCV und des WSC, sowie die
Landsmannschaften des Coburger Convents blieben jedoch in ihrer gemeinschaftlichen Grundkonzeption einschließlich des Schlagens von Mensuren
als festem Bestandteil unverändert. Während die Corps des KSCV nur unwesentliche Veränderungsbestrebungen aufwiesen, reagierten die Corps des
WSC vor allem auf die Bildungsexpansion mit der Gründung eines eigenen
Bildungsinstituts (z. B. Kuratorium Weinheim-Seminar, KWS) zur Erhöhung
der Attraktivität.

Die Corps des KSCV erwiesen sich trotz der Verluste in den Mitgliederzahlen
durch ausbleibenden Nachwuchs gegenüber der 68iger-Bewegung in ihrer
Konzeption als weitgehend immun. Das ist ein Hinweis auf die Festigkeit der
gemeinschaftlichen Konzeption der Corps, die – vergleichbar mit den
Landsmannschaften des CC – offensichtlich sogar fester ist als die anderer
Verbände.

Die Mitgliederverluste waren von großem Ausmaß: Erreichten die Corps des
KSCV 1968 einen Höchststand nach dem Krieg mit 5.086 Aktiven und Inaktiven, sank der Stand bis 1975 auf 2.535 um bis 1980 auf niedrigem Niveau
von ca. 2.300 zu stagnieren, ein leichter Anstieg erfolgte seit 1982 auf 2.600
Aktive und Inaktive in 1997.[666] Die Zahl der Alten Herren nahm zeitlich verzögert gleichfalls ab und sank von ca. 19.500 Alten Herren im Jahr 1975 auf
ca. 18.000 im Jahr 1984, 1997 betrug die Anzahl Alter Herren nur noch
12.200. Der stärkere Rückgang der Alten Herren liegt in der Alterspyramide
begründet, die sich mit dem Rückgang des Nachwuchses in den späteren
Jahren stärker bemerkbar macht. Die Gesamtmitgliederzahl ging von etwa
22.000 im Jahr 1975 auf ca. 15.000 Mitglieder im Jahr 1997 zurück.[667] Bei
dieser dramatischen Entwicklung ist zu berücksichtigen, daß die absolute
Zahl der Studierenden von etwa 300.000 im Jahr 1965 auf ca. 1.800.000
Studierende im Jahr 1998 anstieg.[668] Die Corps blieben jedoch in ihrer Konzeption unverändert, das *„Wesen des Corpsstudententums"* als Ganzes sollte unverändert erhalten bleiben,[669] genannt werden ausdrücklich elitärer Anspruch, Bewahrung der eigenen und der *„Tradition der Hochschule", „Persönlichkeitsbildung"* und *„Formung junger Menschen"*, Gestaltungsanspruch,
Lebensbund mit Protektion.[670]

---

[664]   Vgl. CDK/CDA (Hrsg.), Vielfalt und Einheit der deutschen Korporationsverbände, Sei-
        te 47.
[665]   Vgl. ebenda, Seite 78.
[666]   CDK/CDA (Hrsg.), Vielfalt und Einheit der deutschen Korporationsverbände, Sei-
        te 239.
[667]   Vgl. Handbuch des Kösener Corpsstudenten, Ausgabe 1985, Band 2, Kapitel 3, Seite
        15 und CDK/CDA (Hrsg.), Vielfalt und Einheit der deutschen Korporationsverbände,
        Seite 239.
[668]   Vgl. Philipp Fabry, Corps und Universität, in: Handbuch des Kösener Corpsstudenten,
        Ausgabe 1985, Band 1, Seite 42 und WVAC e. V. (Hrsg.), Karsten Schau-
        mann/Torsten Schaumann, Studienplaner, Seite 8.
[669]   Vgl. Philipp Fabry, Corps und Universität, ebenda, Seite 48.
[670]   Vgl. ebenda, Seite 48 ff.

177

„Der harte Kern" einer Korporation ist die gemeinschaftliche Konzeption des Lebensbundes als Männerbund.[671] Die Corps sind als Männerbünde Institutionen, die trotz ihres geringen Anteils an der Studierendenschaft durch ihre Organisationsweise, ihren Anspruch und ihren Einfluß in der Gesellschaft mit dafür sorgen, daß Frauen in den ökonomischen, politischen, religiösen und kulturellen Machtzentren auch heute stark unterrepräsentiert sind.[672] Als historisch-materielle Ausformung und Institutionalisierung der Benachteiligung von Frauen müssen sie daher über eine Ideologie der Geschlechterdifferenz verfügen,[673] die es im folgenden Unterkapitel herauszuarbeiten gilt.

4.1.2 Der korporierte Männerbund

In diesem Kapitel liegt der Focus auf der Ideologie des Geschlechts im korporierten Männerbund, darüber hinaus wird ein möglicher engerer Zusammenhang zwischen der Konzeption als Lebensbund und der von außen herangetragenen Frauenpolitik gezeigt.

Der kurze Abschnitt mit der Überschrift *„Der Männerbund"* von Herbert Kessler ist in fünf kleinere Abschnitte unterteilt. In den Abschnitten befinden sich wieder durch Kursivschrift hervorgehobene Worte, die die wichtigsten Inhaltspunkte des jeweiligen Abschnittes markieren. Im ersten Abschnitt stehen die Worte *„weibliche Korporationen"*, *„informelle Beziehungen und Gruppen"*, *„Zeitgeist"*, *„Männerbund"* und *„Frauenbund"*. Der Abschnitt weist der Frau eine bestimmte naturgegebene Eigenschaft zu, die zugleich als Begründung der Organisationsform Männerbund dient. In einem parallelen Frauenbund wird die beste Möglichkeit einer Koexistenz von Frau und Mann gesehen.

Der zweite Abschnitt umfaßt die Formulierungen *„Bundesschwestern"*, *„Bundesfamilie"*, *„die informelle Beziehung zu den Bundesschwestern"* und *„der streng verfaßte Bund informelle Beziehungen begünstigt und benötigt"*. Dieser Abschnitt befaßt sich mit dem Verhältnis eines Männerbundes zu den Frauen, die sich in direkter Nähe (Ehefrauen, Freundinnen, etc.) zum Bund befinden. Die Idee ist die der gesicherten Abgrenzung der Frau aus der bündischen Konzeption bei gleichzeitiger Integration an der Peripherie.

Die nächsten beiden Abschnitte erläutern zwei mögliche Integrationsweisen von Frauen in einen korporierten Bund: die eine wird mit den hervorgehobenen Wörtern *„Mitwirkende"*, *„Chor"*, *„Orchester"* und schließlich *„Assoziation"* umschrieben und bezieht sich auf die musischen Verbindungen, die andere wird mit den kursiv gedruckten Worten *„Studentinnen als vollberechtigte Mitglieder aufzunehmen"* und *„Gemischte Korporation"* wiedergegeben, wie sie z. B. der ATB seinen Bünden überläßt. Der letzte Abschnitt formuliert eine Frage ohne einen fragenden Zugang, hervorgehoben durch die einleitenden und kursiv gedruckten Wörter *„die Damenfrage"*.[674]

---

[671]   Vgl. CDK/CDA (Hrsg.), Seite 14.
[672]   Vgl. Regina Becker-Schmidt, Frauen und Deklassierung. Geschlecht und Klasse, in: Ursula Beer (Hrsg.), Klasse Geschlecht. Feministische Gesellschaftsanalyse und Wissenschaftskritik, Bielefeld 1989, Seite 219.
[673]   Vgl. ebenda, Seite 218.
[674]   Vgl. Herbert Kessler, in: CDK/CDA (Hrsg.), Seite 18 f.

Auch wenn die Abschnitte vier und fünf zunächst als für die Analyse wenig brauchbar wirken, da sie sich auf andere Dachverbände beziehen, so geben sie implizit die corpsstudentische Ansicht darüber wieder, wie man als Männerbund mit der sogenannten *„Damenfrage"* umgehen sollte. Die Herausarbeitung dieses Umgangs und die dahinter auffindbare Ideologie und Psychologie der Geschlechterdifferenz ist hier von Interesse.

Der erste Abschnitt leitet mit der Feststellung ein, daß fast alle deutschen Korporationen Männerbünde seien. Vor dem Zweiten Weltkrieg existierende weibliche Korporationen hätten sich nach dem Krieg nicht wiedergegründet und das obwohl sich die Anzahl der Frauen an den Universitäten stark erhöhte. Es schließt sich weniger eine Begründung für die auffallende Entwicklung der weiblichen Korporationen als vielmehr für ihre heutige Nichtexistenz an:

*„Die Frau neigt von Natur aus mehr zu **informellen Beziehungen und Gruppen** als der Mann, und der **Zeitgeist** ist den intensiveren Bindungen abträglich, nicht nur den Bünden, auch der Familie. Sehr viele Zeitgenossen sehen nur noch sich selbst als Individuum sowie das Kollektiv: eine Gemeinschaft, die in die Pflicht nimmt, ist ihnen suspekt. Anpassung an den Zeitgeist wäre das Ende der Korporation. Die losen Klubs, die nach 1945 von prominenten Hochschulpolitikern protegiert wurden, sind fast alle untergegangen. Dauerhaft ist der Lebensbund. Für den **Männerbund** ist der parallel zu ihm bestehende **Frauenbund** die beste Lösung."*[675]

Mit der etwas schroff wirkenden Einleitung wird unter Bezug auf die Entwicklung der weiblichen Korporationen festgestellt, daß offensichtlich nur der Männerbund derjenige ist, der langfristig überleben kann. Die Schlußfolgerung am Ende des Abschnittes, daß nämlich die parallel existierende Form des Frauenbundes für die Vertreter der Männerbünde die beste Lösung sei, klingt angesichts der zuvor erwähnten Entwicklung der weiblichen Korporationen aus Sicht des Männerbundes logisch, denn die meisten Frauenbünde sind schließlich nach dem Zweiten Weltkrieg nicht wieder entstanden, Neugründungen finden sich zur Zeit der Bundesrepublik nur wenige: Für die korporierten Männerbünde geht keine Gefahr von den reinen Frauenbünden aus.

Erstaunlich ist die Entwicklung der weiblichen Korporationen aber schon: Auf der Grundlage steigender Studentinnenzahlen – 1914 gab es nur 6,6 Prozent Frauen an den Universitäten, die Zahl steigerte sich auf 9,5 Prozent im Wintersemester 1918/19 und stieg dann allmählich an auf den Höchstand vor der Machtübergabe 1933 auf 18,8 Prozent im Wintersemester 1931/32[676] – entstand bereits 1899 die erste Frauenverbindung. 1904 wurde bereits der erste Verband, die *„Deutsche Christliche Vereinigung Studierender Frauen"* (DCVSF) mit 20 Vereinen (Höchstzahl zur Zeit der Weimarer Republik) ge-

[675] Ebenda, Seite 18, Hervorhebung im Original.
[676] Michael H. Kater, Krisis des Frauenstudiums in der Weimarer Republik, in: Vierteljahresschrift für Sozial- und Wirtschaftsgeschichte, 59. Jahrgang, 1972, Tabelle Seite 208, zitiert in: Diana Auth/Alexandra Kurth, Geschichte und Funktion des korporierten Männerbundes, Seite 58.

gründet, es folgten 1906 der Dachverband „*Verband der Studentinnen-vereine Deutschlands*" (VStD) mit später insgesamt 7 Vereinen, 1913 der „*Verband der katholischen deutschen Studentinnenvereine*" (VKDSt) mit 21 Vereinen und 1914 der „*Deutsche Verband Akademischer Frauenvereine*" (DVAF) mit 9 Vereinen. Kein Verband wurde nach dem Zweiten Weltkrieg wiedergegründet.[677] Bis in die Gegenwart gibt es in Deutschland noch keinen Verband, in dem die seit 1980 wieder entstehenden weiblichen Korpora-tionen (1995 waren es 25) organisiert wären.[678]

Offensichtlich hatten die Männer- und Frauenbünde ein gemeinsames An-liegen, das ihnen eine Koexistenz zur Zeit der Weimarer Republik ermög-lichte. Ein Erklärungsansatz liegt vielleicht in der mit vielen anderen studen-tischen Korporationen geteilten national-konservativen bis völkischen Orien-tierung und der Abneigung gegen die neue Republik; eine Abneigung und Orientierung, die zur Zeit der Bundesrepublik in der Form nicht mehr vor-handen war und ist.

Zumindest für den VStD und den DVAF kann eine Nähe zum rechtsextremen Teil der Studentenschaft nachgewiesen werden,[679] was den Erklärungs-ansatz erhärtet. Die beiden anderen Verbände sahen sich mehr der gezielten Berufsvorbereitung in den sozialen, pädagogischen und gesundheitlichen Bereichen verpflichtet.[680] Neben den vier Verbänden gab es vereinzelt auch gemischte Studentenverbindungen.[681]

Insgesamt standen die Studentinnenvereine nicht in direkter Konkurrenz zu den männlichen Korporationen, denn einerseits orientierten sie sich an Be-rufsbereichen, die aus Sicht der männlichen Korporierten der Frau „natur-gemäß" zukamen. Andererseits strebten die rechtskonservativ bis völkisch eingestellten Frauenvereine die Entwicklung eines eigenen weiblichen Wegs zur Wissenschaft an,[682] womit sie die als Bedrohung geltende Linie der bür-gerlichen Frauenbewegung verließen und zum Ausdruck brachten, daß sie nicht mit der männlichen Wissenschaftswelt konkurrieren wollten. Eine Ge-schlechterdifferenz, die sich „*von Natur aus*" erklärte, war unstritig unter den Mitgliedern der Frauen- wie auch der Männerbünde, eine Konkurrenz, oder gar ein feministisch-kritischer Anspruch der Frauenbünde nicht zu erwarten.

Zudem ist hinsichtlich der Größe des „Problems Frauenbünde" zu berück-sichtigen, daß der Anteil aller korporierten Frauen zur Gesamtzahl der Stu-dentinnen selbst 1929 zur Höchstzeit des studentischen Korporationswesens bei nur etwa 10 Prozent und damit ca. 1500 Mitgliedern lag.[683] Die meisten

[677] Vgl. Petra Gärdtner, „Wer lebt in unserm Kreise, und lebt nicht selig drin?" – Frauen in studentischen Korporationen, in: Harm-Hinrich Brandt/Matthias Stickler (Hrsg.), „Der Burschen Herrlichkeit", Seite 383 f.
[678] Vgl. Friedhelm Golücke u. a., Die Fuxenstunde, Seite 87.
[679] Vgl. Diana Auth/Alexandra Kurth, Geschichte und Funktion des korporierten Männer-bundes, Seite 13.
[680] Vgl. ebenda, Seite 12 f.
[681] Vgl. Petra Gärdtner, Seite 384.
[682] Vgl. Diana Auth/Alexandra Kurth, Seite 12 f.
[683] Vgl. ebenda, Seite 12, die absolute Zahl ergibt sich aus dem 10%igen Anteil an der Gesamtzahl von 14.923 Studentinnen des Sommersemesters 1929, vgl. Michael H. Kater, Seite 208.

Frauen organisierten sich nicht in Bünden, sondern engagierten sich allenfalls in den freien studentischen Vereinigungen.

Nach dem Zweiten Krieg wurden die Frauenverbindungen nicht wiedergegründet, obwohl die Studentinnenzahlen stets anstiegen und zum Wintersemester 1970/71 bereits einen Anteil von 30,9 Prozent der Gesamtzahl erreichten,[684] im Wintersemester 1993/94 betrug er an den Universitäten etwa
43 Prozent[685]. Einerseits kann das damit erklärt werden, daß es kein gemeinsames Ziel gab, das den Gegensatz der Geschlechter hätte über-
brücken können. Andererseits aber ist die Begründung wohl vor allem in der
konservativen Restaurationsphase in den Folgejahren der jungen Bundesrepublik und ihrer *„Heim- und Herdideologie"* zu suchen.[686] Bis heute spielen
die weiblichen Korporationen und auch die gemischtgeschlechtlichen zahlenmäßig keine große Rolle innerhalb des gesamten Korporationswesens.[687]
Der erste Abschnitt des Textes enthält in folgendem Satz die zentrale Begründung für diese Entwicklung aus korporierter Sicht, der Satz wird hier
noch einmal wiedergegeben:

*„Die Frau neigt von Natur aus mehr zu **informellen Beziehungen und
Gruppen** als der Mann, und der Zeitgeist ist den intensiveren Bindungen abträglich, nicht nur den Bünden, auch der Familie."[688]*

Von Wichtigkeit sind die Formulierungen *„von Natur aus"* und *„informellen
Beziehungen"*, sowie die der *„Familie"*. Die Formulierungen entspringen einem Geschlechterdualismus, der naturalistisch begründet wird und aus dem
sich für die Geschlechter unterschiedliche Zuschreibungen ergeben. Die sich
anschließende Aufteilung der abträglichen Wirkungen des Zeitgeistes auf
Bund einerseits und Familie andererseits läßt indes die geschlechtliche Zuschreibung etwas klarer werden. Die natürliche Beziehung für den Mann ist
der Bund, für die Frau die Familie. Damit folgt der Text inhaltlich der über
zweihundert Jahre alten bürgerlichen Vorstellung von Mann und Frau, nach
der die Männer sich in Vereinen, und hier eben auch in Korporationen, engagieren, um

*„politische, pädagogische, soziale, ökonomische, wissenschaftliche und
technische Zeitprobleme zu erörtern und anzugehen",[689]*

während hingegen für die Frauen gilt:

*„Sie wirkten still und unauffällig im Haus, in der Familie und schmückten nur
dann und wann, am Arm des Gatten, eine öffentliche Ball- oder Konzertver-
anstaltung mit ihrer angenehmen Erscheinung."[690]*

---

[684] Vgl. CDK/CDA (Hrsg.), Vielfalt und Einheit der deutschen Korporationsverbände, Seite 18.
[685] Statistisches Bundesamt (Hrsg.), Statistisches Jahrbuch 1994 für die Bundesrepublik Deutschland, Wiesbaden 1994, Seite 412. Prozentzahl erfolgte aus eigener Berechnung der dort vorliegenden Zahlen.
[686] Vgl. Ute Gerhard, Unerhört, Seite 387.
[687] Vgl. CDK/CDA (Hrsg.) Vielfalt und Einheit der deutschen Korporationsverbände, Seite 238 f.
[688] Vgl. CDK/CDA (Hrsg.), Seite 18.
[689] Ute Frevert, Frauen-Geschichte, Seite 35.
[690] Ebenda, Seite 36.

Diese geschlechtliche Teilung der gesellschaftlichen Einflußsphären findet man in unterschiedlichen Veröffentlichungen der Corps wieder, so eröffnet z. B. die Werbezeitschrift „Corps aktuell" von 1998 den einzigen Artikel zum Thema „Corps und Frauen" mit den Worten:

„'Die Hand, die die Wiege bewegt, bewegt die Welt!' sagt ein altes spanisches Sprichwort aus dem 17. Jahrhundert. Unschwer ist zu erkennen, daß damit der Einfluß der Frauen auf das Weltgeschehen gemeint ist."

Einige Zeilen später formuliert der Autor zur Beteiligung der Frauen in einem Corps wie folgt:

„Doch kann ich mir andererseits keine Fete, keinen Ball oder auch nur ein gemütliches Beisammensein auf dem Corpshaus ohne Damen vorstellen."[691]

Die Aussagen decken sich mit denen, die im zweiten Abschnitt des Basistextes geäußert werden. Den „Bundesschwestern" wird im geselligen Bundesleben und in den familiären Beziehungen eine Rolle zugestanden.[692] Die „informellen Beziehungen zu den Bundesschwestern" müßten gepflegt werden, Bundesschwestern sind Ehefrauen und Verlobte, „weitherzig" auch die Lebensgefährtinnen, Freundinnen und Töchter der Mitglieder. Der Abschnitt schließt mit der Feststellung:

„Jedenfalls ist es eine bemerkenswerte Tatsache, daß gerade der streng verfaßte Bund informelle Beziehungen begünstigt und benötigt."[693]

Da der korporierte Männerbund keine andere gleichwertige Beteiligung von Frauen am Bundesleben ermöglicht, ist diese Tatsache weniger bemerkenswert als naheliegend. Anders sieht dies bei den musischen Verbindungen aus, die im dritten Abschnitt erwähnt werden. In dieser gemischt-geschlechtlichen Korporationsform, vereinigen sich, so der Text, zwei Probleme: nämlich einerseits Personalmangel und andererseits die Notwendigkeit der Einbeziehung von Frauen zur Gestaltung von Musik- und Theaterstücken, für die man Frauen braucht. Es wird nicht erklärt, wie die musischen Verbindungen bis in die 70iger Jahre des 20. Jahrhunderts ohne Frauen auskamen, sondern der Eindruck erweckt, die Erweiterung sei der Bundkonzeption der musischen Verbindungen eine logische Folge aus Notwendigkeiten:

„Eine Korporation, die einen Chor oder ein Orchester ständig unterhalten will, muß freilich ein schwieriges Personalproblem bewältigen; sie braucht geeigneten Nachwuchs in größerer Zahl als z. B. ein Corps. Zudem gibt es Musikstücke, für die man Frauen benötigt."[694]

Das Argument des Personalmangels trifft wohl zu, da es von Seiten des Sonderhäuser Verbandes (SV) bestätigt wird. Der Verband diskutierte seit 1969 im Zusammenhang mit dem Erhalt von Chor und Orchester die Aufnahme von Frauen. Mit Beschluß von 1971 durften Frauen in die aktiven Verbindungen eintreten, der Zugang zu den Altherrenschaften (und damit

---

Gerhard Daniel, Frauen und Corps, in: VAC e. V. (Hrsg.), Corps aktuell. Gaudeamus igitur, Bielefeld 1998, Seite 41.

Vgl. Flyer des Corps Hasso-Nassovia Marburg mit dem Titel: „Lieber (zukünftiger) Kommilitone, wir laden Dich ein, uns kennenzulernen!", ohne Ort 1997. Das Corps Hasso-Nassovia bezeichnet sich in dem Flyer selbst als „Familiencorps".

CDK/CDA (Hrsg.), Vielfalt und Einheit der deutschen Korporationsverbände, Seite 18, Hervorhebung im Original.

Ebenda, Seite 18/19.

zum eigentlichen korporierten Machtzentrum) wurde ihnen jedoch im Wesentlichen bis 1993 verwehrt. Durch eine spezielle Regelung im Vorstand der Altherrenvereinigungen wurde den Männern die Macht auch für die Zeit danach gesichert.[695] Auch das Argument, daß eine musische Verbindung mehr Nachwuchs benötigt als ein Corps ist richtig und läßt sich auch mit der eher vereinsmäßigen Organisation der musischen Verbindungen begründen. Das Umsetzen des Organisationsziels (der Bundesidee) der Korporationen des SV geschieht durch das Musische Prinzip, das der Corps durch die intensive Persönlichkeitsbildung. Das abschließende Argument der musikalischen Notwendigkeit für die Integration von Frauen erscheint vorgeschoben, da es seit Gründung des Verbandes 1867 auch über 100 Jahre möglich war, ohne Frauen zu musizieren.[696] Bei dem letzten Argument ist zu vermuten, daß es eher aus der eigenen corpsstudentischen Position des Autors entstand. Das „Benötigen" von Frauen für gewisse gesellschaftliche Dinge (z. B. das Musizieren, das Tanzen) ist aus Sicht eines Corpsstudenten ein vertretbares und nachvollziehbares Argument. Von Bedeutung ist das Wort „benötigen", denn es impliziert, daß – bräuchte man die Frauen nicht – auf diese verzichten würde. Es ist das Wort „Not" und seine direkte Bedeutung, das aus Sicht des Autors für die Korporationen des SV den Ausschlag zur Aufnahme von Frauen gegeben hat. Die Corps reagierten anders und blieben bei ihrer Konzeption des Männerbundes, was der Autor mit der organisatorisch notwendigen kleineren Anzahl von Aktiven zur Aufrechterhaltung des Bundes erklärt.[697] Der eigentliche Unterschied liegt in der verschiedenen Bundesidee, was auch zu Beginn des vierten Abschnittes angedeutet wird:

„Wo die Bundesidee sich nicht, wie bei den Corps, in der Zielstrebigkeit eines akademischen Lebensbundes erschöpft, läuft das Bündische stets Gefahr, vom anderen Pol der Bundesidee dominiert zu werden."
Einige Zeilen später heiß es:
„Wem die Musik, der Sport, die Politik, die Religion oder eine Weltanschauung wichtiger ist als der Bund, ist in Versuchung, zumal bei Personalmangel, Studentinnen als vollberechtigte Mitglieder aufzunehmen."[698]
Der Gefahr durch den „anderen Pol" sind die musischen (und jetzt auch andere) Verbindungen erlegen, denn sie haben das korporative Element vernachlässigt und sind der weiblichen „Versuchung" erlegen. Sie öffneten sich und nahmen Frauen auf. Der Zusammenhang zwischen der männlichen Bundesidee und der weiblichen Versuchung unterstreicht die Bundeskonzeption als eine Konzeption für den Mann. Wenn sie aber durch den anderen Pol doch aufgebrochen wird, so geht der Text weiter, dann sollte unter Wahrung der Gleichheit der Bundesglieder den Studentinnen die volle Mitgliedschaft auf Dauer gegeben werden, am Ende der Entwicklung könne dann nur

---

[695] Vgl. www.sv.org/geschichte.html, Stand 30. Juni 2000, Seiten 1-11.
[696] Vgl. ebenda, Seite 1.
[697] Das Argument ist nicht ganz korrekt. Es stimmt, daß die Corps im Schnitt weniger Aktive zur Aufrechterhaltung des Bundes benötigen, jedoch kamen die Corps trotzdem in den 70iger Jahren in personelle Not, einige Corps mussten suspendieren. Man wählte also lieber den Untergang als die Konzeption des Männerbundes aufzugeben.
[698] CDK/CDA (Hrsg.), Vielfalt und Einheit der deutschen Korporationsverbände, Seite 19, Hervorhebung im Original.

eine gemischte Korporation stehen. Unter Einhaltung der Prinzipien des Lebensbundes räumt der Corpsstudent Herbert Kessler einer gemischten Korporation sogar Überlebenschancen ein.[699]
Im letzten Abschnitt des Textes wird noch einmal die *„Damenfrage"* als Streitpunkt aufgegriffen und mit einer nicht zu überlesenden Skepsis des Autors gegenüber den gemischten Korporationen versehen. Der Text endet mit den Zeilen:
„Beim Akademikertag in Frankfurt am Main waren einige wenige Gildenschafterinnen in Couleur anwesend. Sieht man von raren Ausnahmen ab – es sind schon Experimente gescheitert –, sind alle deutschen Korporationen nach wie vor reine Männerbünde. Mit fortgesetzter Diskussion und mit zwiespältigen Lösungsversuchen ist zu rechnen."[700]
Die Worte *„rare Ausnahmen"*, gescheiterte *„Experimente"*, *„nach wie vor reine Männerbünde"* und *„zwiespältige Lösungsversuche"* spiegeln das eigentliche Grundverständnis des Autors wider. Er sieht in den gemischten Korporationen als Ausnahmen eher waghalsige Versuche, die eigentlich rein männliche Bündniskonzeption dem *„Zeitgeist"* zu opfern.

Für ein Corps ist der *„Zeitgeist"* nicht nur den *„intensiveren Bindungen"* abträglich, sondern bedeutet sogar bei einem Nachgeben *„das Ende der Korporation".*[701] Aus Sicht der Corps verschwimmen in der Bündniskonzeption anderer Korporationsverbände die Funktionszuschreibungen von Mann und Frau, die sie klar geregelt haben wollen und die Grundlage ihrer Gemeinschaftskonzeption ist. Eine Öffnung des Bundes für Frauen scheidet für ein Corps daher aus.

Die Bündniskonzeption der Corps folgt aber auch einer anderen Bundesidee (akademischer Lebensbund), die im Vergleich zu anderen Verbänden dem Zeitgeist keine Möglichkeit der Einflußnahme durch Sport, Musik, Religion, Weltanschauung oder Politik[702] ermöglicht. Für ein Corps mit einer Bundesidee ohne derartige Möglichkeiten der Einflußnahme, gilt es herauszuhalten, was hinter dem anderen Pol versucht zu wirken: das Weibliche. Die Gefahr geht also für die rein männliche Gemeinschaft von der Frau aus. Sie droht, bei anderen Verbänden begünstigt durch eine vielseitigere Bundesidee, die männliche Bundkonzeption aufzuweichen. Daher muß ein Corps, das sonst keine andere Alternative in der Bundesidee verankert hat und verankern will, ein Eindringen des anderen Pols in den eigens zur Distanzierung vom Weiblichen eingerichteten Männerbund verhindert werden. Die Erhaltung erfolgt unter Anwendung bestimmter Methoden, wie z. B. der Mensur:

---

[699] Vgl. ebenda, Seite 19.
[700] Ebenda, Seite 19.
[701] Vgl. ebenda, Seite 18.
[702] Vgl. ebenda, Seite 19. Vermutlich wird mit dem Sport als Pol auf den Akademischen Turnbund (ATB) angespielt, mit Musik auf die musischen Korporationen (SV), mit Religion z. B. auf den Unitas-Verband (UV) (diese nehmen mittlerweile Frauen auf), mit Politik und Weltanschauung auf die Burschenschaften der DB, die zugunsten des völkischen Prinzips und der Aufnahme der österreichischen Burschenschaften das schlagende Prinzip aufgaben.

„Bei den schlagenden Verbindungen ist außerdem die Pflichtmensur eine wirksame Sperre gegen jede Aufweichung des Männerbundes."[703]

Das Korporative steht bei den Corps im Vordergrund – mit der Reproduktion von männlichen Eliten (Akademiker) als Bundesidee. Die Corps hätten ihre „männliche" Bundesidee zur rechtlichen Öffnung des Bundes aufgeben, bzw. verändern müssen. Die musischen Verbindungen (und andere, wie z. B. die Korporationen des Akademischen Turnbundes, ATB) mußten dies aufgrund einer Alternative in der Bundesidee nicht, was ihnen die Öffnung für Frauen ermöglichte. Die Integration (Duldung) von Frauen in den Bund kann sich daher bei den Corps nur an der Peripherie der bündischen Konzeption vollziehen und nicht innerhalb des Bundes.

Diese Ansicht wird im Nachwuchshandbuch für Corpsstudenten in seiner aktuellen Ausgabe bestätigt. Hinzugefügt wurde unter Kapitel 1 *„Fakten"* das Unterkapitel 1.4.8 *„Frauen im Corps"*, in dem auf eine Zweiteilung des Bundes hingewiesen wird:

„Der erste Kreis umfaßt die Convente, Kommerse, Kneipen und Mensurveranstaltungen als **Männerangelegenheit.**

Der zweite Kreis umfaßt mehr den gesellschaftlichen Teil, und da legen wir großen Wert auf Damen."[704]

Die Form der Integration und die Ansicht der Corps über Frauen können Aufschluß über das corpsstudentische Verständnis von der Frau geben:

In den Corps werden Frauen zu bestimmten gesellschaftlichen Anlässen eingeladen. Ein solcher Anlaß ist z. B. das sogenannte Stiftungsfest, der Geburtstag eines Corps, in dessen Rahmen auch die Ausrichtung eines Balles gehört. Selbstverständlich sind hier auch Frauen zugelassen, denn zur Durchführung eines traditionellen Ballfestes benötigt man tatsächlich auch Frauen. Zusätzlich wird auf diesem Ball meist eine Damenrede in Form einer Lobrede gehalten. Diese vielfach in der Absicht von lustigen Reden gehaltenen Ansprachen offenbaren das Geschlechterbild eines korporierten Männerbundes und dürften, da sie in der Gegenwart von Frauen gehalten werden, eine zentrale Rolle zu diesem Anlaß spielen. Der Männerbund legitimiert sich vor seinen zur Peripherie gehörigen Frauen und nutzt den Anlaß zur Verdeutlichung seines sexistischen Frauenbildes – auch zur Wahrung der Distanz, die für die Zeit des Balles (oder eines anderen Anlasses mit Frauen) schließlich aufgehoben ist.[705]

Eine Damenrede, gehalten auf dem 150. Stiftungsfest des Corps Teutonia Marburg im *„Jahr der Frau"* 1975 und damit zu einer auch geschlechtspo-

---

[703] Ebenda, Seite 19.

[704] WVAC e. V. /VAC e. V. (Hrsg.), Nachwuchshandbuch für Corpsstudenten, Update August 2002, Kapitel 1.4., Seite 13, Hervorhebung im Original.

[705] Das gilt auch für andere Anlässe. Wenn Frauen zugegen sind, wurde und wird stets begründet, welche Funktion sie haben dürfen. In einem „Damentoast" aus dem Jahre 1910, gehalten anlässlich eines Festdiners auf dem Haus des Corps Teutonia Marburg, heißt es u. a.: „Heute bitten wir unsere Damen darum, durch ihre beseligende Nähe und den ewig siegreichen Zauber ihrer Persönlichkeit uns das Dasein zu verschönern." Vgl. Damentoast von Bruno von Görschen, in: Verband alter Marburger Teutonen (Hrsg.), Corps-Zeitung des Corps Teutonia Marburg, 13. Jahrgang, Heft 12, ohne Ort 1910, Seite 152.

litisch höchst brisanten Zeit – die zweite Frauenbewegung kam in diesen Jahren zur vollen Entfaltung[706] –, wird zur Veranschaulichung der Funktionszuschreibungen für die Frau im Corps („schmuckes Beiwerk") wiedergegeben. Es muß dazu festgehalten werden, daß eine Damenrede dieser Art kein Einzelfall ist,[707] sondern im Gegenteil zahlreiche Damenreden eine ähnliche Geschlechterideologie aufweisen:

„Wie immer wir es wenden oder drehen
- in einem Fall erhebt sich kein Protest -:
Sie alle sind – das will ich gern gestehen –
Als Frau'n, als Damen reizend anzusehen.
Was wäre ohne sie das Stiftungsfest. (...)

Das sollten auch die älteren Herrn begreifen,
die hier zum Stiftungsfest in großer Zahl
durch Marburgs Gassen, Marburgs Straßen streifen
und jeweils eine Dame mit sich schleifen
Seid nett zu ihnen! Und verwöhnt sie mal! (...)

Ein Junggeselle – das ist unbestritten! –
Sieht einsam fern. Solange dieses währt,
hat er darunter ungemein gelitten,
denn keine süße Gattin wird ihn bitten,
daß er den Krimi hinterher erklärt.

Ein Junggeselle kann zu Haus nur schleichen,
weil wochenlanger Staub gefallen war.
Und keine zarte Hand wird ihm als Zeichen
Der Treue Zeitung und Pantoffel reichen.
Und auch sein Bett nutzt er meist singular.

Mit Damen tanzen alle Männer gerne:
Auf dem Parkett, durchs Leben, durch die Zeit.
Sie locken so wie Sonne, Mond und Sterne.
Jedoch sie strahlen nicht in weiter Ferne;
Sie sind gewissermaßen griffbereit.

Wenn wir uns zu sehr ins Vordergründ'ge streben:
Sie holen uns ins Menschliche zurück.
Sie lassen uns das Leben richtig leben.
Sie geben, ohne sich was zu vergeben,
uns Liebe und Geborgenheit und Glück.

---

[706] Vgl. Herrad Schenk, Die feministische Herausforderung, Seite 84 und 85 f.
[707] Mir liegen mehrere Damenreden aus unterschiedlichen Verbänden (CV, CC, KSCV) vor. Alle Damenreden wurden auf Stiftungsfesten von reinen Männerbünden gehalten und alle Damenreden enthalten in etwa ähnliche Zuschreibungen und „Schmeicheleien". Die Rede von 1975 unterscheidet sich nicht wesentlich von Reden die zu einem späteren Zeitpunkt gehalten wurden.

Sie haben – das ist gar nicht übertrieben –
Die Gleichberechtigung längst wahrgemacht;
Darüber wird und wurde viel geschrieben.
Soll man sie deshalb etwa wen'ger lieben?
Genau das Gegenteil ist angebracht![708]

In der Damenrede wird das korporierte Frauenbild gezeichnet: Die Frau ist „schmückendes Beiwerk", sie rangiert unterhalb des Mannes (als eine Art Anhängsel, daß man *„mit sich schleifen"* kann), sie hat die Aufgabe, es dem Mann gemütlich zu machen (Pantoffel reichen), sie ist für das Haus zuständig (Staubwischen), sie hat die sexuellen Ansprüche des Mannes zu erfüllen (sie ist sozusagen griffbereit) und sie ist intellektuell dem Mann nicht ebenbürtig (Erklären des Krimis).

Der Mann wird in der Damenrede als dominant gesetzt, den Frauen dagegen wird weder eine gleiche Wirklichkeit (Ausgrenzung aus vielen sozialen Räumen, so z. B. auch Ausgrenzung aufgrund des Geschlechtes aus dem Corps), weder einen gleichen Rang (Festlegung der Aufgaben der Frau auf bestimmte gesellschaftliche Bereiche durch den Mann) noch eine gleiche Wertigkeit (Entwertung der Tätigkeit der Frau, in der Damenrede kommt das z. B. in Form des Staubwischens und Pantoffelreichens als Hausfrauenarbeit zum Ausdruck) zugestanden.[709]

„In diesen drei Dimensionen – Gleichwirklichkeit, Gleichrangigkeit, Gleichwertigkeit – vollzieht sich die Deklassierung des Weiblichen quer durch die gesamte gesellschaftliche Hierarchie. Innerhalb jeder sozialen Klasse gibt es noch einmal eine Unterschicht: die Frauen. Und neben den herrschenden Formen der Gewalt bedrängt eine ausschließlich sie: der Sexismus."[710]

Zur Deklassierung des Weiblichen im und durch die Mitglieder eines Corps paßt die Feststellung, zu der Roland Girtler in seinem Aufsatz kommt:

„Jeder klassische Männerbund besitzt einen Schatz von Mythen und Riten, mit denen er seine Vornehmheit deklariert und seine Distanz gegenüber dem „gewöhnlichen Volk" herausstreicht beziehungsweise rechtfertigt. Zum „gewöhnlichen Volk" gehört in diesem Sinne vor allem die Frau, der es traditionell nicht gestattet ist, die Geheimnisse des Männerbundes zu ergründen."[711]

Der Männerbund und seine *„Mythen und Riten"* erscheinen als Distanzkonstruktion zur Frau. Sie wird durch ihn direkt benachteiligt (elitärer Anspruch der Corps gilt schließlich nur für die stets männlichen Mitglieder), als nicht gleichberechtigt gesehen (gewöhnliches Volk) und überdies bewußt ausgegrenzt, bzw. mit Funktionszuschreibungen durch den (corpsstudentischen) Mann festgelegt (Familie). Die sozialen Distanzierungsabsichten einer Korporation werden im Männerbund durch eine geschlechtliche ergänzt. Insgesamt unterstützt ein Männerbund eine Form vorhandener (männlicher) struktureller

---

[708]   150. Stiftungsfest des Corps Teutonia Marburg, Marburg 1975, Seite 17 ff., die Rede wurde von Friedrich Morgenroth gehalten, Mitglied des Corps und Alter Herr.
[709]   Vgl. Regina Becker-Schmidt, in: Ursula Beer (Hrsg.), Seite 217.
[710]   Vgl. ebenda, Seite 217.
[711]   Roland Girtler, Corpsstudentische Symbole und Rituale, Seite 369 f., Hervorhebung im Original.

Gewalt, die von einem Corps zum Zwecke der Benachteiligung der Frau und zur Förderung des eigenen (männlichen) Vorankommens von den Mitgliedern inkorporiert und eingesetzt wird. Durch die naturalistische Begründung der Unterschiede der Geschlechter, mit der der Frau im Vergleich zum Mann nachteiligere Eigenschaften nachgewiesen werden sollen, wird die strukturelle Gewaltausübung der Corps als Männerbünde auch zur sexistischen.

Dem Zitat von Girtler ist ein Satz vorangestellt, der einen Erklärungsansatz für die Entwicklung des Männerbundes zum Lebensbund enthält:

„Vielmehr scheinen gewisse Typen von Männerbünden eher als Reaktion auf mutterrechtliche Tendenzen entstanden zu sein. Also wären Männerbünde Rückzugsgebiete."[712]

Das Wort Rückzugsgebiet legt nahe, daß der Ausbau der Konzeption des Männerbundes zum Lebensbund unter großem Einfluß der Frauenbewegung konstruiert wurde, deutlich in der Gleichsetzung von Girtlers *„mutterrechtlichen Tendenzen"* mit den Einflüssen der Frauenbewegung. Burgähnliche Behausungen der Corps, enge, ausschließende Gemeinschaftskonzeption und bestimmte Riten (Mensur), die die Mannbarkeit unter Beweis stellen sollen, passen in den Begriff des Rückzuges, aber auch in die der Verteidigung und Abwehr. Bisher (Kapitel 3) wurden für die engere Bundkonzeption vor der Jahrhundertwende zum 20. Jahrhundert (etwa seit 1871) neben wirtschaftlichen Gründen auch nationale und antisemitische genannt. Es wurde gezeigt, daß zur Verbesserung und Absicherung der eigenen wirtschaftlichen, sozialen und kulturellen Situation das, was man nicht im Bund haben und gesellschaftlich nicht fördern wollte, durch die Konzeption von der engeren Gemeinschaft nun auf Lebenszeit ausgegrenzt werden sollte. Neben bestimmten sozialen Schichten, hier ist an das Schreckgespenst der Masse zu erinnern, wollte man allem Undeutschen (z. B. Ausländern und Juden) den Zugang zur staatstragenden Elite mit der Gemeinschaftskonzeption und der organisierten Protektion versperren. Die Begründungen zur Ausschließung der Frau folgten zur damaligen Zeit denen, die auch für die Juden, das „gewöhnliche Volk", Ausländer, etc. benutzt wurden: Vergleiche von Frauen mit Juden, deren Gemeinsamkeiten in *„Anpassungsfähigkeit, (...) Klatschsucht und Heimtücke"* liegen sollte, waren gegen Ende des 19. Jahrhunderts nicht unüblich, genauso wie Vergleiche von Frauen mit Ausländern. Diese Vergleiche wurden zudem naturalistisch und auch naturwissenschaftlich – teilweise recht grotesk – zu fundamentieren versucht.[713]

---

[712] Ebenda, Seite 369.
[713] Vgl. Elisabeth Badinter, XY. Die Identität des Mannes, München 1993, Seite 229, Fußnoten 52 und 53. In Fußnote 52 weist Elisabeth Badinter auf das Traktat „Über den physiologischen Schwachsinn des Weibes" des Mediziners Paul Julius Moebius hin, das zum Bestseller wurde und in neun Auflagen von 1900 bis 1908 erschien. Vgl. auch Mechthild Rumpf, Staatsgewalt, Nationalismus und Krieg. Ihre Bedeutung für das Geschlechterverhältnis, in: Eva Kreisky/Birgit Sauer (Hrsg.), Feministische Standpunkte in der Politikwissenschaft. Eine Einführung, Frankfurt am Main/New York 1995, Seite 241. Rumpf macht hier einen kollektiven Ausschluß von „Frauen, Franzosen und Juden" aus.

Insgesamt basieren die Argumentationen der corpsstudentischen Männerbünde in ihrer Anbindung auf naturalistischen und sexistischen Begründungen, die auch heute noch von den Corpsstudenten genutzt werden.

Eine weitere Legitimationslinie für den für Frauen tabuisierten Männerbund als Gemeinschaftskonzeption findet sich im Wort „Männerbund" selbst. Das Wort Männerbund war zur Gründung des ersten dachverbandweit organisierten Männerbundes mit Lebensbundprinzip 1888 (VAC) noch nicht existent. Vielleicht ist es auch der beeindruckende Erfolg der corpsstudentischen Kreation des korporierten Lebensbundes der damaligen Zeit, der Heinrich Schurtz 1902, zur Hochzeit des Corpsstudententums, zur Formulierung des Begriffes Männerbund brachte, den er in seinem Buch „Darstellung der Grundformen der Gesellschaft" und dem Untertitel „Altersklassen und Männerbünde" kreierte. Neben der Zuschreibung unterschiedlicher Triebe an Mann und Frau, der Mann folgt dem männlichen Geselligkeitstrieb, die Frau dem Familientrieb, differenzierte Schurtz auch den Lebensweg in drei unterschiedliche Altersklassen: Kinder, Unverheiratete junge Erwachsene und in festen Ehen lebende Menschen. Der Männerbund hat seine Aufgabe vor allem in der Entwicklung der männlichen Kräfte der jungen noch nicht verheirateten Männer, die als Männer von Männern zur vollen Entfaltung ihrer Kräfte durch Erziehung gebracht werden sollen. Unter Einbeziehung des konträr zur Frau vorhandenen männlichen Triebes kann eben auch nur der Mann zum „Vertreter aller Arten des rein geselligen Zusammenschlusses und damit der höheren Verbände" werden.[714]

Mit den höheren Verbänden ist auch der Staat gemeint und so wurden Schurtz' Gedanken später von anderen Wissenschaftlern aufgenommen und weiter ausgearbeitet. 1918 erschien das Buch von Hans Blüher, das schon im Titel eine geschlechtliche Zuordnung enthält: „Familie und Männerbund". Blüher vertrat die Auffassung, daß erst der Männerbund den Mann befreie und zu voller schöpferischer Tätigkeit bringe, die Familie wirke destruktiv. Die Elite des Staates müsse daher durch die Schule des Männerbundes gehen. Blühers Besonderheit war die Weiterentwicklung der Konzeption des männlichen Triebes, dem er eine homoerotische Komponente hinzufügte, in der er den dunklen Verbündungsdrang des Mannes vermutete.[715] Hermann Schmalenbach setzte sich 1922 von Blüher ab und ordnete den Männerbund zwischen die Begriffe Gesellschaft und Gemeinschaft auf Basis der Begrifflichkeiten von Ferdinand Tönnies ein.[716] Ein letzter wichtiger Vertreter der Männerbundtheoretiker war dann der NS-Ideologe Alfred Bäumler, der den wissenschaftlichen Geist am besten in der männlichen Korporation verwirklicht sah[717] und dessen Darstellungen in seinem Buch „Männerbund und

---

[714] Heinrich Schurtz, Altersklassen und Männerbünde, zitiert nach: Jürgen Reulecke, Das Jahr 1902 und die Ursprünge der Männerbund-Ideologie in Deutschland, in: Giesela Völger/Karin von Welck (Hrsg.), Band 1, Seite 5.

[715] Vgl. ebenda, Seite 7.

[716] Vgl. Klaus von See, Barbar, Germane, Arier. Die Suche nach der Identität der Deutschen, Heidelberg 1994, Seite 329. Tönnies, selbst Korporierter, setzte bereits 1887 neben Gemeinschaft und Gesellschaft die Idee des Bundes als Unterart der „naturhaften Gemeinschaft".

[717] Vgl. Alfred Bäumler, Männerbund und Wissenschaft, Seite 147.

Wissenschaft" in den Ausführungen von Herbert Kessler wiederzuerkennen sind.

Insgesamt erwiesen und erweisen sich die Corps trotz der umfassenden gesellschaftlichen Veränderungen als Motor und Bewahrer der traditionellen Funktionszuschreibung der Geschlechter, denn für die Corps galt und gilt insbesondere bezüglich ihres reproduzierenden Eliteseins weiterhin, was bei einer Gesamtbetrachtung der heutigen deutschen Gesellschaft auch heute noch gilt:

„Es sind in geschichtlicher Kontinuität die männlichen Aktionsfelder (Militärwesen, hohe Politik, Wirtschaftsmanagement, Forschung), denen vorrangig soziale Relevanz zuerkannt wird. Weibliche Praxen wurden aus dieser Perspektive degradiert."[718]

Die Corps unterstützen und fördern als Männerbund genau diese Kontinuität.

Die Ideologie des corpsstudentischen Männerbundes beinhaltet Deklassierung und Degradierung des Weiblichen. Während die Frau auf das Gebären, die Familienpflege und die Sorge um ein gemütliches Heim reduziert wird, soll der Mann hingegen im Männerbund seine geistigen Potentiale zum Zwecke des männlich-definiert Höherem (Nation, Vaterland) entwickeln. Das Höhere erscheint jedoch in der Praxis (männliche Eliten) als männliches Konstrukt der Verfestigung der Geschlechterpolarität und ist daher als eine Strategie der männlichen Beherrschung und somit zur Benachteiligung und Unterdrückung der Frau zu bewerten.

Die Frau gebärt (Familie), der Mann beseelt (Männerbund/Corps), das ist es, was übrigbleibt.[719]

Corps erscheinen nach dieser Ansicht männliche Kompensationsinstitutionen zu sein, die die männliche Ausgeschlossenheit vom Reproduktionsprozeß (abgesehen vom reinen Zeugungsvorgang) durch die Erziehung und Formung ihrer ausschließlich männlichen Mitglieder, eben durch die Förderung einer selbst zugeschriebenen (konstruierten) geistigen Überlegenheit unter Voraussetzung ihrer Zielsetzung (Elite) auszugleichen suchen.

4.2 Die corpsstudentische Gemeinschaft: Ein Konstrukt aus männlicher Beherrschungsstrategie und elitärer Habitusentwicklung

Die corpsstudentische Gemeinschaft ist eine gesellschaftliche Gruppierung, die sich gegen die Frau richtet. So sind auch die anderen Ausgrenzungsobjekte der Corps in diesem Zusammenhang zu bestimmten Zeiten (Juden, Ausländer, etc.) im Hinblick auf die Entwicklung der Gemeinschaft noch einmal genauer zu betrachten.

Die frühen Comments und Konstitutionen der Corps beinhalteten vor allem Regeln des männlich-studentischen Umgangs. Eine Zielrichtung war es, sich von den anderen, nichtkorporierten männlichen Studenten abzusetzen, es

---

[718] Regina Becker-Schmidt, in: Dieselbe u. a. (Hrsg.), Feministische Theorien, Seite 60.

[719] Vgl. Regina Becker-Schmidt, Frauen und Deklassierung, in: Ursula Beer (Hrsg.), Seite 261 f.

190

wurde ein zentraler Ehrenkodex konstruiert, nach dem sich alle korporierten Männer der Universität zu richten hatten. Ein besonderer Habitus, der dem des Adels möglichst nahekommen sollte und mit dem man den Anschluß an die führende Schicht erreichen wollte, war das Ziel. Frauen traten an der Universität zu Anfang der ersten Gründungen der Corps nicht auf, so daß die gemeinschaftliche Konzeption als Reaktion gegen die Frau für diese Zeit sich nicht aus dem universitären Zusammenhang ergeben kann. Von Bedeutung sind dafür eher die gesamtgesellschaftlichen Entwicklungen, die nicht nur in Bezug auf die corpsstudentische Entwicklung drei wichtige Zäsuren erkennen lassen: 1789, 1848 und die Jahre um 1880. Zur ersten Zäsur: Vor 1789 verschoben sich vor allem in Frankreich und England die Geschlechterpolaritäten, die Frage des Geschlechtsunterschiedes galt z. B. im Romangenre als unabgeschlossene.[720] Mann und Frau der „guten Gesellschaft" schienen sich im Habitus der Geschlechter anzunähern.[721] Der Mann der gehobenen Klasse gab sich höflich und empfindsam, kleidete sich feminin (z. B. lange Perücke, breiter Kragen, Schönheitspfläsferchen) und zeigte keine Eifersucht. Die Frau forderte sogar ihr Recht auf Freiheit und Gleichheit und griff die Konzeption der Ehe an, in dem sie u. a. die Ehe auf Probe und eine problemlose Aufhebung forderte.[722] Insgesamt kann man sagen,

„daß in den herrschenden Klassen die Eingeschlechtlichkeit den Sieg über den gegensätzlichen Dualismus davonträgt, der normalerweise das Patriarchat charakterisiert."[723]

Aber:

„Die Revolution von 1789 sollte dieser Entwicklung ein Ende setzen."[724]

Zwar ist mit der französischen Revolution auch die Forderung der Gleichheit von Mann und Frau verbunden, aber die Männer verweigerten sich in den Jahren nach der Revolution den Forderungen der Frauen nach Freiheit und Gleichheit und begannen ihrerseits, einen nun naturalistisch begründeten Geschlechterdualismus zu konstruieren, der gesellschaftlich zur bürgerlichen Familie als Idealtypus (Festlegung der Frau auf die Rolle der Hausfrau und Mutter) führte.[725] Teil dieser konservativen männlichen Bestrebungen, die auch den Übergang von der feudalen Adelsgesellschaft zur bürgerlichen Gesellschaft kennzeichneten und die es als Reaktion auf die Französische Revolution auch in den deutschen Ländern gegeben hat, waren u. a. die ersten Corpsgründungen. An der Institution Universität waren sie die studentischen Vertreter der konservativ-männlichen Restauration und agierten gegen die Orden (die das Gedankengut der Französischen Revolution und somit auch die Gedanken an eine Gleichstellung von Mann und Frau vertraten), wobei

---

[720] Vgl. Julia Kristeva, Die neuen Leiden der Seele, Hamburg 1994, Seite163 ff. Kristeva weist u. a. auf den Roman „Emil" von Rousseaus von 1762 hin, der sogar die Gleichheit der Geschlechter postulierte. Vgl. ebenda, Seite 164.
[721] Vgl. Elisabeth Badinter, XY, Seite 25.
[722] Vgl. ebenda Seite 24 f.
[723] Ebenda, Seite 26.
[724] Ebenda, Seite 26.
[725] Vgl. ebenda, Seite 26 f.

die Universität als geistige Ausbildungsstätte selbst als eine Ausformung der
männlichen Bestrebungen gegen die Frau zu bewerten ist.
Ziel der ersten Corps war es also nicht nur, den Anschluß an die staatstragende Elite zu erreichen, sondern als studentische Vereinigung einen
männlichen Habitus zur gesellschaftlichen Ausschließung von Frauen zu
prägen und diesen später an der Universität zur Norm werden zu lassen. Ein
Ausdruck dessen war die Betonung der Vaterlandsliebe. Sie erscheint hier
als männliche Konstruktion von etwas Höherem, das in der weiteren Entwicklung noch öfters unter anderem Namen wieder auftauchen sollte, z. B. in
den Begriffen Nation und Kultur.
Die zweite Zäsur: In den Jahren vor der Revolution von 1848, in denen mehrfach das Gespenst der Französischen Revolution wieder auftauchte (z. B.
1830) und in den deutschen Ländern stets eine nationale Welle (etwas Höheres) auslöste, kam für die Corps innerstudentische Konkurrenz (Burschenschaften und andere Korporationstypen) auf. Die ressourcenreichere Konzeption in Form der Verbandsgründung 1848 zum KSCV richtete sich gegen
die politische Bewegung des Progresses und deren studentische Vertreter
(vor allem die Burschenschaften), die in Teilen der konkurrierenden Korporationen organisiert waren. Wieder kamen Gedanken der Französischen Revolution (wieder wurden rechtliche Forderungen von Frauen gestellt) auf, zusätzlich formulierte das mittlere Bürgertum als Träger der Revolution seinen
Anspruch auf Mitgestaltung der Gesellschaft. Ein Teil der Revolutionäre kon-
kurrierte nun direkt an der Universität mit den konservativ eingestellten
Corpsstudenten. Von den unteren Schichten wußte man sich jedoch rasch zu
distanzieren, der mittlerweile gepflegte Habitus der Distinktion zahlte sich
hier aus. Die entstandene Konkurrenz an den Universitäten in Verbindung
mit den neuen politischen Inhalten war aber eine direktere und in der Form
neue Bedrohung, sie saß sozusagen mit im Hörsaal. Eine effektivere corpsstudentische Gemeinschaftskonzeption war demnach naheliegend.
Die dritte Zäsur markiert in etwa das Jahr 1880, in dem die „Zandersche Bewegung" ihre Unterschriftenaktion startete. Die Hochphase der Industrialisierung, die Arbeiterbewegung und die sich immer mehr politisierende
Frauenbewegung war die eine Seite dieser Zeit, Antisemitismus, staats-
tragender Protektionismus, aufkommendes Germanentum die andere. Während jedoch die Industrialisierung und die Arbeiterbewegung die Corps als
Vertreter der staatstragenden Elite nicht substantiell bedrohten, allenfalls
wurde hier das Schreckgespenst der – wieder als weiblich empfundenen –
Vermassung aufgebaut,[726] bedeuteten die politischen Forderungen der Frauenbewegung und hier insbesondere die Forderung des Zugangs zum Uni-
versitätsstudiums einen direkten Angriff auf die eigens zur Abgrenzung von

---

[726] Vgl. Helmut Blazek, Männerbünde. Eine Geschichte von Faszination und Macht, Berlin 2001, Seite 53. Blazek schreibt: „Hinter dieser elitären Ablehnung der Masse verbirgt sich häufig die Angst vor dem Weiblichen, worin auch der Grund für in der wissenschaftlichen und schöngeistigen Literatur der damaligen Zeit häufig zu findenden
Gleichsetzung von Masse und Weiblichkeit zu sehen ist. Die Angst des Mannes, von
der Frau verschlungen zu werden, wird zur Angst, als aktives männliches Individuum
in der amorphen, scheinbar passiv auf ihr Opfer wartenden ‚Vagina' Massengesellschaft unterzugehen." Hervorhebung im Original.

Frauen gegründeten Gemeinschaften der Corps als hochschulbezogene männliche Erziehungsinstitution. Die Folge im corpsstudentischen Denken, Handeln und Verhalten war eine Erhöhung sämtlicher Inhalte (Erziehung nach Innen) und Konkretisierung der Grenzziehungen, die der Sicherung der corpsstudentischen Abgrenzung gegenüber der Frau dienen können. Die Folge: Äußere Maßnahmen waren der Ausschluß der Juden aus Gründen der konstruiert gedanklich-inhaltlichen Parallelität zur Frau (Zuschreibung „weiblicher" und damit negativer Eigenschaften der Frau auf den Juden)[727] und zu den Gedanken der Französischen Revolution (Gleichstellungsgedanke), ähnliches gilt auch für Ausländer. Zusammengefaßt bedeuteten diese Ausgrenzungen den Ausschluß von allem, was irgendwie mit dem Weiblichen in Verbindung gebracht werden konnte. Entsprechend erfolgte die Erhöhung des gedanklichen Gebildes Nation zur kulturellen Gemeinschaft (in der „natürlich" nur die deutschen Männer das Sagen haben, der Begriff Rasse taucht auf)[728] und die Entwicklung einer besonderen Strategie zu Wahrung des gesellschaftlichen Einflusses mit Segen des Kanzlers und Corpsstudenten Bismarck (Protektion/nichtstaatliche Elite).[729] Die inneren Maßnahmen waren Änderung der Rekrutierungsstrategie (mehr familiär/auf Empfehlung), Einführung unterschiedlicher Status in der Konzeption, Änderung des Organisationszieles zugunsten einer vorberuflichen (männlichen) Erziehung und vor allem die Erweiterung der gemeinschaftlichen Konzeption zum Lebensbund, mit dessen Hilfe durch die Alten Herren der Einfluß von Corpsstudenten (also Männern) auf die Gesellschaft neben der Politik gesichert wurde. Beide Maßnahmenkomplexe (Außen/Innen) waren verstärkt seit 1871 zu beachten und intensivierten sich bis zur Gründung der Altherrenverbände auf Verbandsebene (KSCV 1888/WSC 1903). Die Lebensbundkonzeption muß daher sowohl vom zeitlichen als auch vom inhaltlichen Zusammenhang als gegen die Frauen gerichtet interpretiert werden.
An dieser Konzeption hat sich bis heute nichts verändert, die Bedrohung ist für die Corps nach wie vor vorhanden. Emanzipatorische Schübe und Veränderungen im Geschlechterverhältnis wie durch die 1968iger-Bewegung verstärkten den Druck auf den Lebensbund, als Folge daraus entstanden Zusammenschlüsse mit den gleichgesinnten Verbänden (KSCV/WSC). Wie enorm hoch der Druck auf die corpsstudentischen und pflichtschlagenden Männerbünde gewesen sein muß, ist an der dachverbandsinternen (KSCV) Diskussion über das Mensurwesen ersichtlich. Einige Corps ließen das Prin-

[727] Vgl. George L. Mosse, Das Bild des Mannes. Zur Konstruktion der modernen Männlichkeit, Frankfurt am Main 1997, Seite 110. und vgl. Elisabeth Badinter, XY, Seite 229, Fußnote 53.
[728] Vgl. Klaus Theweleit, Männerphantasien, Band 2, Männerkörper, zur Psychoanalyse des weißen Terrors, Frankfurt am Main 1978, Seite 87 bis 127. Theweleit erläutert derlei gedankliche Gebilde u. a. anhand der Begriffe „Rasse", „Nation", „Kultur" und „das Ganze" und weist auf verschiedene Strategien zur Gegenbildungen zur Masse, die aber alle einen männlichen Führungsanspruch implizieren.
[729] Vgl. Mechthild Rumpf, Staatsgewalt, Nationalismus und Krieg, Seite 241 ff.

zip des Schlagens fallen und schieden aus dem Dachverband aus, der sich trotz allem generell zum Mensurprinzip bekannte[730] und lieber starke Verluste in der Mitgliederentwicklung hinnahm.[731]
Es lassen sich aus den drei genannten Zäsuren, den äußeren und inneren Maßnahmen und unter Einbeziehung der Ergebnisse der Kapitel 4.1.1 und 4.1.2 zwei unterschiedliche Stränge der Organisationsentwicklungen in der Bündniskonzeption ableiten:
1. Der Habitus der Distinktion: Er gewährleistet die Unterscheidung und die Sicherheit männlichen Denkens und Handelns in Abgrenzung zu Frauen und Andersdenkenden. Er orientiert sich am anvisierten Milieu (konservativ gehobenes Bürgertum) und läßt den Corpsstudenten sich selbst als „nobler" erleben als Nichtkorporierte (direkte Konkurrenz) und Mitglieder anderer Schichten. Ziel ist die Unterscheidbarkeit des Einzelnen von der Masse und des Mannes von der Frau.
2. Die Gemeinschaftskonzeption: Sie sorgt – das ist auch räumlich zu verstehen – für Distanz zur Frau. Zu Zeiten keiner direkten Bedrohung durch die Frau blieb sie für die Mitglieder zeitlich auf das Studium begrenzt, eine Altherrenschaft war weitgehend nicht bekannt. Bei Zunahme und Eintreten direkter Bedrohung durch Inanspruchnahme oder auch nur Forderung gleicher Rechte und Möglichkeiten durch die Frau wurde eine sehr enge Konzeption unter Aufwendung aller Ressourcen nötig. Die Konzeption des Lebensbundes ist eine Konzeption, die erst bei direkter konkurrierender Bedrohung der eigenen Positionen und Einflußsphären durch die Frau gewählt worden ist.
Der erste Strang, der eine Wechselwirkung zwischen den Feldern des Habitus (Gesellschaft) und des Milieus (Gemeinschaft) im Sozialisationsmodell des Kapitels 3 beschreibt, umfaßt eine Entwicklung, die ihren Schwerpunkt in der Herausbildung eines spezifischen gemeinschaftlichen Verhaltens hat, wobei das Verhalten stets in der Gesellschaft überprüft wird und gegebenenfalls eine Abänderung erfährt. Die milieuspezifische Gesellschaft dient als Resonanzkörper der Gemeinschaft. Die Gemeinschaft nimmt Verhaltens- und Handlungsweisen der milieuspezifischen Gesellschaft auf, ergänzt und überspitzt sie mit den Verhaltens- und Handlungsweisen, die sich aus dem besonderen sozialen Umfeld „Universität" ergeben und gibt sie in Form von Akademikern wieder in die Gesellschaft zurück.
Der zweite Strang stellt eine Wechselwirkung zwischen den Feldern des Milieus und des Normenkataloges im Sozialisationsmilieu dar. Er normiert die

[730] Vgl. Robert v. Lucius, Der Weiße Kreis, in: Gisela Völger/Karin v. Welck (Hrsg.), Männerbande – Männerbünde, Band 2, Seite 377. Lucius ist Kösener Corpsstudent (Saxo-Borussia Heidelberg).
[731] Gegenwärtig ist seit der Regierungsübernahme von SPD und Bündnis 90 / Die Grünen 1998 ein Trend zur verbesserten Zusammenarbeit der pflichtschlagenden Verbände KSCV/WSC und CC zu beobachten, Ausdruck und Ergebnis dessen ist der vom 14. bis zum 17. November 2002 gemeinsam von den Verbänden veranstaltete „Weltkorporationstag". Insgesamt zeichnet sich eine enge Kooperation als Bündelung der konservativen Kräfte unter den drei Verbänden ab, die als Gegenreaktion auf die derzeitige Politik der ehemaligen 68iger zu verstehen ist. Vgl. KSCV/VAC/WVAC/WSC (Hrsg.), Corps – Das Magazin, Heft 4, 2001, Seite 21 und Heft 1, 2002, Seite 14 f.

Verhaltens- und Handlungsweisen, verankert sie in der Gemeinschaft, intensiviert und inkorporiert diese schließlich in die Mitglieder unter Anwendung besonderer Mittel der Erziehung und Persönlichkeitsentwicklung. Durch die Verfestigung der für das anvisierte Milieu gesellschaftlich üblichen Verhaltens- und Handlungsweisen dient die corpsstudentische Gemeinschaft als Bewahrer, als Elite und als Motor der zugrundeliegenden Vorstellungen. Eine Funktionszuschreibung, die auch für den ersten Strang gilt.

Der erste Mechanismus der elitären Habitusentwicklung, der sich aus dem ersten Strang ableiten läßt, ist seit der Gründung der ersten Corps vorhanden und arbeitet bis heute unverändert. Bei der anvisierten Gesellschaft der Corps handelt es sich gemäß der bürgerlichen Ideologie ohne Zweifel um eine männliche Gesellschaft, daran hat sich angesichts der nach wie vor hohen Präsenz männlicher Eliten in allen wesentlichen Teilen der Gesellschaft bis heute nichts geändert.[732] Nach wie vor arbeitet der Habitus der Distinktion zum Vorteil der Männer. Die Entwicklung zum Lebensbund ist aber mit der Entwicklung des Habitus allein nicht zu erklären. Selbst zur Installierung des staatlichen Protektionismus durch Bismarck hätte der Mechanismus der distinguierenden Habitusentwicklung keiner Lebensbundkonzeption bedurft, die Konzeption eines männlichen Zusammenschlusses in Form eines Vereines, einer Gesellschaft oder Clubs wäre völlig ausreichend gewesen. Es bedurfte eines besonderen psychischen Einflusses, der im Verbund mit der überhöhten Vorstellung von Männlichkeit, resultierend u. a. aus der Erfahrung mit gewaltförmiger Politik vor 1871 (Einigungskriege kontra politische Lösungen), mit der Bedrohung durch die Frau gegeben war. Hieraus erklärt sich der zweite Mechanismus in seiner gesellschaftlichen Bedeutung: Masse/Industrialisierung, Arbeiterbewegung, Juden und Ausländer als einzeln formulierte Bedrohungen reichten nicht aus zur Umkonzeptionierung des männlichen Zusammenschlusses. Erst in Verbindung und in der Gleichsetzung der unterschiedlichen Bedrohungspotentiale mit der nun direkt gesellschaftlich (also in der Männerwelt) auftretenden Frau, kam es zur Lebensbundkonzeption und der damit verbundenen Umgestaltung der Organisation und der Anforderungen im sogenannten Männerbund. Das Besondere der studentischen Korporationen und vor allem der Corps liegt im Lebensbund als männliche Beherrschungsstrategie. Die Bundkonzeption ist eine Gegenkonzeption zur Emanzipation der Frau. Je enger die Frau an die Welt der Männer rückte, desto enger wurde die Bundkonzeption.

Reichte zu Beginn der Entwicklung die Formulierung und Umsetzung einer besonderen männlichen Ehre als Grundlage des Zusammenschlusses, so entwickelt sich bis zur direkten Begegnung mit der befürchteten Konkurrenz mit der Frau dieser Zusammenschluß zu einem engen Bund, der jetzt besondere Mittel anwenden muß, damit die Mitgliedern zu Männern erzogen werden können. Lief zu Beginn die Regelung der Verhaltens- und Hand-

---

[732] Vgl. Eva Kreisky, Der Staat ohne Geschlecht? Ansätze feministischer Staatskritik und feministischer Staatserklärung, in: Eva Kreisky/Birgit Sauer (Hrsg.), Feministische Standpunkte in der Politikwissenschaft, Seite 215 ff.

lungsweisen innerhalb des Zusammenschlusses über die Konstruktion der männlichen Ehre, die für einen Mann aus der entsprechenden gesellschaftlichen Schicht selbstverständlich war und in der die Frau als „Besitz" des Mannes/Familie untergeordnet war, mußte nun den Mitgliedern die Männlichkeit anerzogen werden. Sie mußten aus Sicht der Corps erst noch zu Männern in Abgrenzung zur Frau geformt werden. Wie in den Kapiteln 4.1.1 und 4.1.2 gezeigt worden ist, sind der Begriff, die dahinter befindlichen Inhalte und Ideologien des Männerbundes erst nach der Konstruktion des Lebensbundes um die Jahrhundertwende aufgekommen und in verschiedene Theorien gegossen worden. Vorher war der Männerbund nicht gesondert zu erklären, die Welt in der Gesellschaft war bis dahin eine rein männliche.

Die Konzeption des Lebensbundes markiert eine Zäsur in der Geschlechterpolarität, sie zeigt einen Wechsel der Selbstverständlichkeiten im Verhältnis zwischen den Geschlechtern in der deutschen Gesellschaft an, hier gezeigt und analysiert an den Corps und indirekt auch an den anderen Korporationsverbänden. Die Konzeption des Lebensbundes in Form studentischer Korporationen ist eine Folge der Infragestellung einer zuvor überhöhten Vorstellung von Männlichkeit durch die Frau, die sich in der Deutlichkeit und als Folge in der Ausformung in Männerbünde als kennzeichnend für das Deutsche Reich beschreiben läßt.

Der Wechsel in der Selbstverständlichkeit der Geschlechterverhältnisse muß sich, sollte die These richtig sein, in der Entwicklung der Sozialisationsmethoden wiederfinden lassen. Genannt wurden im Nachwuchshandbuch für Corpsstudenten der Convent, die Kneipe und die Mensur als Bestandteile, die zum inneren Kreis der Corps gehören und ausdrücklich als *„Männerangelegenheit"* klassifiziert werden, während der *„zweite Kreis"*, in dem auch Frauen zugelassen werden, mit der Methode des Habitus ausreichend erklärt ist.[733] Das analytische Interesse liegt demnach auf dem ersten Kreis.

Die drei Unterkapitel des folgenden Kapitels 4.3 sollen genaueren Aufschluß anhand der Analyse der drei genannten Eigenheiten geben.

4.3. Die Vergemeinschaftungs- und Vergesellschaftungsmittel – Methoden der Sozialisation

Die Ausgangsbasis für die Gemeinschaft und gleichzeitig ihre Konstante sind der Comment und das übrige Reglement eines Corps. Statuten und Satzungen bilden das Regelwerk, über das auch jeder andere Verein verfügt. Der Kern der corpsstudentischen Gemeinschaft wie auch der anderen Korporationen ist der Comment (so der Basistext des Kapitel 4.1.1), durch den sämtliche Teile des gemeinschaftlichen Zusammenlebens geregelt sind. Er beinhaltet auch die für die Betrachtung der korporierten Gemeinschaft wichti-

---

[733] Vgl. WVAC e. V. /VAC e. V. (Hrsg.), Nachwuchshandbuch für Corpsstudenten, Update August 2002, Kapitel 1.4., Seite 13.

gen Sozialisationsmethoden. In mehreren Texten der Verbände KSCV und WSC werden vor allem der Convent, die Kneipe und die Mensur genannt,[734] woraus sich schließen läßt, daß über diese drei Methoden als die wichtigsten Erziehungsmittel Konsens besteht. Allen drei Methoden wird eine zentrale Bedeutung für das gemeinschaftliche Leben zugemessen, weshalb sie für die Analyse ausgewählt worden sind.

Die zentrale Autorität der Gemeinschaft ist der Corpsburschenconvent, der für den Einzelnen unangreifbare Instanz ist. Diese besondere Form einer Mitgliederversammlung fungiert als gemeinschaftlicher Resonanzkörper (Übungsfeld) zum Normenkatalog, verfügt über erzieherische Mittel (Strafkatalog) und ist als Gesetzgebungsorgan in der Lage, auch auf die Rahmenbedingungen einzuwirken und diese gegebenenfalls anzupassen. Auch die Kneipe und die Mensur sind dem Convent untergeordnet. Kapitel 4.3.1 befaßt sich mit dem CC, dem Corpsconvent, heute auch Corpsburschenconvent genannt. Basistext ist hier der Textabschnitt über den Convent von Helmut Neuhaus in seinem Buch über *„Die Konstitutionen des Corps Teutonia zu Marburg"*[735]. In die Analyse fließen nur vereinzelte Textstellen ein, um Wiederholungen zu vermeiden und um Raum für neue Aspekte zu geben. Zusätzlich werden unterstützend einige Abschnitte aus der Constitution des Corps Borussia zu Tübingen herangezogen.[736]

Kapitel 4.3.2 befaßt sich mit der Sozialisation, der Kneipe, dem studentischen ritualisierten Feiern. Die Qualität der Kneipe als Vergemeinschaftungsmittel zeichnet sich einerseits durch die ihr zugemessene Bedeutung im Leben der Corps aus, sie ist Mittelpunkt des aktiven Corpslebens, andererseits durch ihre spielerische Art der Erziehung. Die Textbasis bildet ein kurzer Abschnitt über die Kneipe im Handbuch des Kösener Corpsstudenten in der Ausgabe von 1985, Kapitel 9 mit dem Titel *„Kösener Sitten und Bräuche"* von Horst Reger und Hans Jürgen Below.[737] Dieser kurze Abschnitt wird komplett analysiert.

Die dritte Methode ist die Mensur. Das Schlagen von Mensuren ist im Gegensatz zum Convent und der Kneipe nur für die Corps und die Korporationen des Coburger Conventes verbindliches Verbandsmerkmal. Ihr kommt eine zentrale Stellung im gemeinschaftlichen Leben dieser Korporationen zu. Die Mensur ist nicht nur die notwendige Eintrittskarte in den Bund und stellt

---

[734]   Neben dem schon erwähnten Nachwuchshandbuch für Corpsstudenten finden sich derartige Zumessungen auch im Handbuch für den Kösener Corpsstudenten, Ausgabe 1985, Seite 176. Auch im Schimmerbuch wird in unterschiedlichen Abschnitten die Bedeutung des CC, der Kneipe und der Mensur hervorgehoben, vgl. Erich Bauer, Schimmerbuch für junge Corpsstudenten, Seite 56 ff., siehe auch: Alfred Kästl, Gegenwärtige Lage des Korporationsstudententums, in: Handbuch für den Weinheimer Senioren-Convent, Kapitel 2, Seite 19. Sämtliche Handbücher und Grundlagentexte weisen auf die drei Methoden hin.

[735]   Vgl. Helmut Neuhaus, Die Konstitutionen des Corps Teutonia zu Marburg, Kapitel 3, Unterkapitel 3 mit dem Titel „Corps-Convent", Seite 77 bis 87.

[736]   Constitution des Corps Borussia zu Tübingen, Mainz 1967.

[737]   Vgl. Hans Jürgen Below/Horst Reger, Kösener Sitten und Bräuche, in: Handbuch des Kösener Corpsstudenten, Band 1, Ausgabe 1985, Seite 176 bis 179.

höchste Anforderungen an die Mitglieder, sondern ist eine brutale Methode der Erziehung gegen das Individuum und für die Gemeinschaft. Die besonderen Aspekte dieser Methode werden in Kapitel 4.3.3 am Beispiel der Corps herausgearbeitet. Basis der Analyse ist der Text von Hermann Rink mit dem Titel *„Die Mensur, ein wesentliches Merkmal des Verbandes"* aus der Festschrift zum 150-jährigen Bestehen des KSCV.[738] Der Text wird nicht vollständig analysiert, sondern nur das Unterkapitel mit der Überschrift *„Weshalb wir fechten"*.

Neben den Basistexten werden zu Beginn der drei Unterkapitel die Angaben zu den jeweiligen Begriffen aus dem Studentenhistorischen Lexikon[739] vorangestellt und einleitend in die Analyse einbezogen. Zusätzlich werden während der Analyse weitere corpsstudentische Materialien einbezogen, die bereits in der Einleitung zu Kapitel 4 genannt wurden.

Insgesamt werden durch die Analyse der drei Sozialisationsmethoden Inhalte und Ziele der Vergemeinschaftung und Vergesellschaftung zugänglich, ebenso auch die Funktionsweise dieser Methoden. Die ersten Ergebnisse werden auch hier wieder durch Umrahmung gekennzeichnet, in Kapitel 4.4 werden sie dann zusammengefaßt, ausgewertet, in Bezug zu den Ergebnissen aus den Unterkapiteln 4.1.1 und 4.1.2 gesetzt und im Hinblick auf die Fragestellung der Arbeit diskutiert.

4.3.1 Der Corpsconvent

Das Studentenhistorische Lexikon weist bezüglich des Corpsconventes zwei Eintragungen auf, eine zu dem allgemeineren Begriff Convent, eine andere direkt zum Begriff Corpsburschenconvent.[740] Convent bedeutet zunächst nur Zusammenkunft. Im Lexikon wird Bezug auf die römische Gerichtssprache genommen, in der das Wort „Convent" Zeit, Ort und die Zusammenkunft selbst beinhaltet. Vom römischen Recht ging der Begriff in das Kirchenrecht ein, von da aus fand der Begriff seit etwa 1800 in den Corps Verwendung. Der von der Antike bis zur Aufklärung gezeichnete geschichtliche Hintergrund soll den Convent und damit das Corps an eine lange Tradition anknüpfen, die – wie noch zu zeigen sein wird – sich aber nur am Begriff selbst festmachen läßt, weniger an der corpsstudentischen Ausgestaltung.

Der Begriff Convent im corpsstudentischen Sinne umschreibt

„die Zusammenkünfte, die meist wöchentlich abgehalten wurden und der Besprechung der inneren wie äußeren Angelegenheiten des Corps dienten. Die offizielle Bezeichnung lautete Corpsburschenconvent, bzw. CC. Die Benennung erfolgte angeblich in Anlehnung an die römischen Convente, begründet wird das damit, daß auch in den studentischen Conventen Recht über Vergehen einzelner Mitglieder gesprochen wird."[741]

[738] Vgl. Hermann Rink, Die Mensur, ein wesentliches Merkmal des Verbandes, in: Rolf-Joachim Baum (Hrsg.), Seite 383 bis 402.
[739] Robert Paschke. Studentenhistorisches Lexikon.
[740] Vgl. ebenda, Seite 72 (Convent) und Seite 78 (Corpsburschen-Convent).
[741] Ebenda, Seite 72.

Die Begriffszuschreibung enthält jedenfalls zwei zentrale Funktionen des Conventes:

1. Die Regelung der Angelegenheiten. Der Convent ist also organisatorisches Zentrum der Gemeinschaft.
2. Die Gerichtsbarkeit. Der Convent ist regelndes Zentrum der Gemeinschaft.

Weiterhin wird im Lexikon darauf hingewiesen, daß die Übernahme des Begriffes nicht aus der Zeit der Französischen Revolution stammen kann, da die inhaltliche Bezogenheit eine andere (englische – convention) sei. Die Betonung der gewünschten Herkunft wirkt wie eine Vergewisserung, daß die Herkunft wirklich nicht französischen Ursprungs sein kann, die Abneigung der Corps gegenüber den Inhalten der Französischen Revolution kommt auch hier erneut zum Ausdruck.

In einem allgemeinen Wörterbuch findet man unter dem Wort Convent den Hinweis auf die lateinische Herkunft und zwei korporationsstudentische Definitionen, einerseits die als Mitgliederversammlung und andererseits die als Namensbestandteil einiger Verbände, z. B. Kösener Senioren-Convents-Verband.[742] Somit erscheint der Convent in seiner Bedeutung als Zusammenkunft als typisch korporationsstudentisch.

Mit dem Begriff Corpsburschenconvent (CC) wird im Studentenhistorischen Lexikon auf die Umgestaltung des Corps zum Lebensbund hingewiesen, Füchse und Renoncen (anderer Ausdruck für Füchse) hätten bis etwa 1870 nicht zum Corps gezählt, gehörten also nicht der engeren Gemeinschaft an.[743] Durch die Integration neuer Mitglieder mit Novizenstatus (Fuchs/ Renonce) wurde eine Präzisierung der Zulassung zum Convent notwendig. Das Wort Corpsburschenconvent betont, daß nur die vollberechtigten aktiven Burschen des Corps stimmberechtigte Mitglieder des Conventes sein können.

Der Zeitrahmen der Umgestaltung zum Lebensbund entspricht ungefähr der in Kapitel 4.2 beschriebenen dritten Zäsur in den 80iger Jahren des 19. Jahrhunderts.

Bevor der Text von Helmut Neuhaus analysiert wird, ist es von Vorteil sich zunächst Klarheit über die innere Struktur eines Corps zu schaffen, um genau erfassen zu können, wer von den Corpsstudenten am CC stimm- und teilnahmeberechtigt ist. Der folgenden Skizze kann entnommen werden, daß bezüglich des CC zwischen einem engeren Corps (alle vollberechtigten Burschen) und dem äußeren Corps (Füchse/Renoncen) differenziert wird.[744] Der Kern und kommunikative Mittelpunkt der Gemeinschaft ist der CC, an dessen Peripherie sich die weiteren Mitglieder nach Status gesellen: Nach oben die Inaktiven und Alten Herren als vollberechtigte Mitglieder, nach unten die Füchse und Gäste als in den Rechten abgestufte Corpszugehörige.

---

[742]   Vgl. Der neue Brockhaus, Band 1, Seite 503.
[743]   Vgl. Robert Paschke, Studentenhistorisches Lexikon, Seite 78.
[744]   Vgl. Helmut Neuhaus, Seite 78.

Die Skizze veranschaulicht die Hierarchie der Gemeinschaft:

Aufbau eines Corps

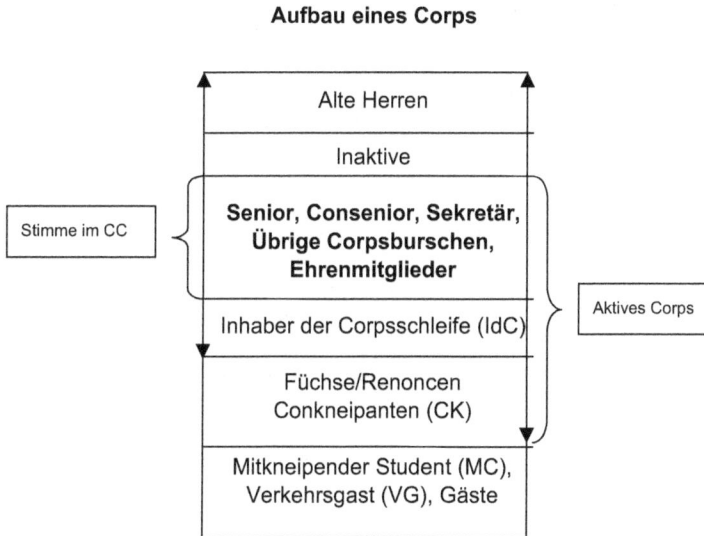

→ Links: Sitz im CC
→ Rechts: Gesamtcorps

Abb. 4: Aufbau eines Corps[745]

Zum Basistext:
Der Text von Helmut Neuhaus ist neun Seiten lang. Das Kapitel mit der Ü-
berschrift *„Corps-Convent"* ist das dritte Unterkapitel des Kapitels III. *„Grundpfeiler der Konstitutionen"*. Dem Unterkapitel gehen die Abschnitte *„Tendenzen, Zwecke und Ziele der Corps"* und die *„Aufnahmebedingungen des
Corps"* in jeweils eigenen Unterkapiteln voraus.[746] Schon durch die Formulierungen der Überschriften wird deutlich, daß dem Corps-Convent eine zentrale und verbindende Stellung im Corpsleben zukommen muß.

Der Convent ist ein Grundpfeiler der Gemeinschaft.

Der Text ist grob in drei Teile unterteilt, der erste befaßt sich mit der Stellung
des Convents in der corpsstudentischen Gemeinschaft und umfaßt die ersten
etwas mehr als zwei Seiten.[747] In diesem Teil wird die Entwicklung des Aufgabenbereichs des Convents nachgezeichnet. Der zweite Teil behandelt die

---

[745] Vgl. Rainer Assmann, Struktur im einzelnen Corps, in: Handbuch des Kösener Corpsstudenten, Ausgabe 1985, Seite 147. Geringfügig eigene Modifikationen der dort vorhandenen Skizze.
[746] Vgl. Helmut Neuhaus, Die Konstitutionen des Corps Teutonia zu Marburg, Seite 5.
[747] Vgl. ebenda, Seite 77 bis 80.

organisatorischen Aspekte des Convents, Hierarchie und Befugnisse sind hier Thema.[748] In diesem gleichfalls wenig mehr als zwei Seiten umfassenden Teil wird das Element des Convents herausgestellt, das in allen Konstitutionen nahezu unverändert geblieben ist. Verdeutlicht wird das an der Darstellung des Convents als oberste Autorität, der sich selbst die Chargierten (Senior, Consenior, Sekretär) zu beugen haben. Der dritte Teil befaßt sich im Wesentlichen mit dem Umgang mit dem Führerprinzips und seiner Umsetzung zur Zeit des Nationalsozialismus.[749] Die Inhalte des dritten Teils sind bereits in Kapitel drei dieser Arbeit eingeflossen und mußten daher in diesem Kapitel nicht weiter berücksichtigt werden. Auffallend ist jedoch der große Umfang des Textteils zum Führerprinzip im Vergleich zu den anderen beiden. Diese Diskrepanz läßt sich durch den Wunsch erklären, darzustellen, daß die Grundbestimmungen des CC auch während der Zeit des Nationalsozialismus nahezu unverändert Bestand hatten, wodurch die Bedeutung des CC als feststehender Grundpfeiler des studentischen Lebens hervorgehoben wird.

Der erste und zweite Textteil sind für die Analyse des Convents als Vergemeinschaftungs- und Vergesellschaftungsmethode von Interesse.

Der erste der zwei ausgewählten Abschnitte beginnt mit der Feststellung, daß die Bestimmungen über den Corps-Convent das *„Kernstück des Organisationsteils einer jeden Konstitution seit 1837"* gewesen seien.[*750*] Es folgt eine Aufzählung unterschiedlicher Bezeichnungen für die Bedeutung des CC in den Konstitutionen von 1837 bis 1971, so wurde der CC in den Konstitutionen bezeichnet als:
„souveraine Macht in der Verbindung" (1842, 1845, 1847, 1848, 1849, 1861), *„souveräne Macht im Corps"* (1865), *„höchste Behörde im Corps, die souveräne Macht ist"* (1910 und 1920), *„höchste Behörde, die allein gesetzgebende, verwaltende und richtende Körperschaft des Corps"* (1951, 1956 stand anstelle Behörde: Organ) und als oberste, höchste Instanz im Corps, *„vor der die Befugnisse der Chargierten (...) eo ipso verschwinden"* (alle Konstitutionen von 1837 bis 1971).[751]
Damit ist der Convent die absolute Autorität der Gemeinschaft.
Die teilweise recht unterschiedlichen Formulierungen sind im Kontext ihrer Entwicklung zu sehen:
Die Formulierungen, wie der der *„souveränen Macht"*, die vorzugsweise bis 1865 benutzt wurden, spiegeln den Wunsch nach Souveränität der gehobenen bürgerlichen Klasse im Staat wider und stehen in Zusammenhang mit dem Anliegen der Corps, sich als eigenen Stand zu sehen und diesen zu verteidigen. Die Befugnisse des Conventes blieben in diesen Konstitutionen stets auf den studentischen Machtraum beschränkt.[752] In den Formulie-

---

[748]   Vgl. ebenda, Seite 80 bis 82.
[749]   Vgl. ebenda, Seite 82 bis 86.
[750]   Vgl. ebenda, Seite 77 f.
[751]   Vgl. ebenda, Seite 78.
[752]   Vgl. ebenda, Seite 79. Siehe vor allem die hier angegebene Fußnote 222.

rungen lassen sich nur geringfügige Unterschiede entdecken, so z. B. in der Funktionszuschreibung des Conventes: War er vor 1848 beratendes und wertendes Gremium des Corps, ist er seit 1848 bis heute Beschlußgremium.[753]
Als der Anschluß an die staatstragende Elite vollzogen und man dementsprechend souverän geworden war, zeigte sich bis zur Konstitution des Jahres 1910 der Wechsel vom Anspruch auf Souveränität zur Ausübung derselben auch in der gemeinschaftlichen Konzeption (Lebensbundprinzip). Dieser Wechsel spiegelte sich auch in den Konstitutionen wider, hier z. B. an der dem Convent zugemessenen Bedeutung als höchste Behörde. Zu berücksichtigen ist, daß mit der Lebensbundkonzeption der Convent die Geschicke des Corps sowohl in Abwägung zu den Vorstellungen der Alten Herren als auch in Abwägung des eigenen gesellschaftlichen Anspruches zu regeln hatte. In den Konstitutionen der Jahre 1910 und 1920 wurde dieser zentralen Aufgabe des Convents durch seine Beschreibung als höchste Behörde Rechnung getragen, die bezeichnet wurde als
„die allein gesetzgebende, verwaltende und richtende Körperschaft des Corps"[754]
Der Ausdruck der *„Behörde"* erklärt sich auch in Zusammenhang mit der stark zunehmenden Bürokratisierung zur Zeit des ausgehenden 19. und frühen 20. Jahrhundert. Die Bezeichnung des Convents als Behörde ist demnach auch eine sprachliche Anpassung.
Eine Behörde ist als ausführendes Organ ein zentraler Bestandteil in der Ausübung von Macht. Sie verwaltet und richtet im Sinne der Macht, wenn man die Justiz als Behörde bezeichnen und hinzuziehen möchte. Der Convent ist Legislative, Judikative und Exekutive in einem – demnach kein demokratisches Gremium – und das zentrale Regelzentrum aller Beteiligten.
Der CC erfuhr in den Jahren von 1865 bis 1910 keine ausdrückliche Funktionserweiterung. Die Befugnisse des CC blieben in den Versionen von 1910 und 1920 auf das Corps und allgemeine studentische Angelegenheiten beschränkt.[755] Das verwundert zunächst, denn in der allgemeinen Zweckbestimmung dieser Konstitutionen wurde eine Erweiterung der vorangestellten corpsstudentischen Absichten vorgenommen, wonach das Corps seine Mitglieder erziehen sollte
„zu Vertretern eines ehrenhaften Studententums und zu charakterfesten, pflichtgetreuen (mutigen, ehrenhaften, zuverlässigen und selbständigen) Männern."[756]
Diese Neuerung, die der Zweckbestimmung des Dachverbandes des KSCV ähnelt,[757] geht nun in ihrem erzieherischen Anspruch über das eigene Corps und das Studentische hinaus. Aber auch die folgenden Konstitutionen, die den CC als höchstes Organ und höchste Instanz bezeichnen, weisen keine Ergänzungen der Befugnisse hinsichtlich des Erziehungsanspruches auf,

[753] Vgl. ebenda, Seite 79.
[754] Ebenda, Seite 78.
[755] Vgl. ebenda, Seite 79.
[756] Vgl. ebenda, Seite 79.
[757] Vgl. Handbuch des Kösener Corpsstudenten, Ausgabe 1985, Bd. 2, Kapitel 2, Seite 3.

202

wenn es auch heißt, daß der CC *„über allgemeine oder das Corps insbesondere betreffende Angelegenheiten"* beraten und beschließen soll.[758]

Mit der Festlegung des Aufgabenbereichs als Beschlußgremium (bereits im Jahr 1848) fand die institutionelle Entwicklung der Corps ihren Abschluß und blieb bis heute nahezu unverändert. Die Änderung der gemeinschaftlichen Konzeption zum Lebensbund fand keine Entsprechung in Form einer ausdrücklich festgehaltenen Änderung der Befugnisse des CC. Vielmehr scheint der CC der aktive Kern der Gemeinschaft geblieben zu sein, der keiner Änderung bedurfte, sondern auf dem aufgebaut werden konnte (siehe Skizze des Aufbaus eines Corps).

Die im folgenden vom Autor des Textes weitergehend konstruierte Erweiterung der Aufgaben des CC über das Corps und Studentische hinaus ist nicht nachzuvollziehen und offensichtlich dem Versuch geschuldet, die Corps und den Corpsstudenten heute als zeitgemäß erscheinen zu lassen.[759] Neuhaus, der zunächst in seinem Text auf die Kontinuität der Zuständigkeiten des CC hinweist, vermischt dazu die geänderte und vorangestellte Zweckbestimmung des Corps mit den Aufgaben des CC und leitet daraus eine Erweiterung der Aufgaben des CC ab. Es haben sich aber nicht die grundlegenden Aufgaben des CC geändert, sondern die von außen herangetragenen Inhalte, mit denen dieser sich aber kaum zu befassen hatte. Der CC regelt nach wie vor die inneren und äußeren Angelegenheiten des Corps, das bedeutet, er legt den Rahmen für das Semester fest, entscheidet über Aufnahme und Entlassung von Corpsburschen, hat die Strafgewalt über die Aktiven und Inaktiven, wählt die Chargierten, faßt das Corps betreffende Beschlüsse und regelt die Beziehungen zu auswärtigen Corps.[760]

Neuhaus versucht dem CC Aufgaben zuzuschreiben, die er aus den Veränderungen im gesellschaftlichen Umfeld der Corps ableitet, die aber nicht primär im Bereich des CC liegen. Der CC regelt stets „nur" das Zusammenleben der aktiven und vollberechtigten Mitglieder, es erfolgten keine Erweiterungen der Zuständigkeit oder der Inhalte. Besonders seltsam wirkt die Beschreibung des CC als Mittel, mit dem die Offenheit der Corpsstudenten gegenüber sozialen und gesellschaftspolitischen Fragen gefördert werden könnten:

„Mit dieser die vermeintlich ‚unpolitische' Tradition der Corps brechenden, sehr weit gefaßten Aufgabenstellung für den CC,[761] der stets als ein Erziehungsinstrument verstanden worden war, begriff sich das Corps erstmals ausdrücklich in einem gesamtgesellschaftlichen Zusammenhang des neu entstehenden parlamentarisch-demokratischen Staates und war sich nicht mehr in sich selbst, in der Marburger Studentenschaft und im KSCV genug. Die Konstitution trägt damit der Tatsache Rechnung, daß ein Corpsmitglied nicht nur Corpsbruder, sondern auch Student und Staatsbürger ist, eine Tat-

[758] Vgl. Helmut Neuhaus, Seite 79.
[759] Vgl. ebenda, Seite 79.
[760] Vgl. Constitution des Corps Borussia, Seite 17, §§ 35 bis 43.
[761] Gemeint ist vor allem der Punkt unter dem Eintrag Bildungsziele in der Konstitution, nach dem das „Interesse und Verständnis für sozial- und gesellschaftspolitische Fragen" im Corps gefördert werden sollen. Vgl. Helmut Neuhaus, Seite 79.

sache, die ohne statuarische Festlegung in der Vergangenheit freilich prak-
tiziert wurde, wenn man an den Corpsstudenten etwa der wilhelminischen
Zeit denkt."[762]
Interessant ist die Schlußfolgerung des Autors, daß ein Corps nie unpolitisch
war und ist. Wie Kapitel 3 gezeigt hat, haben die Corps als reine Männerbünde mit elitärem Anspruch und vorwiegend konservativen Orientierungen
selbstverständlich eine politische Ausrichtung. Auch der Nachweis über die
Zweckbestimmung des Corps ist leicht möglich, denn gerade die Zweckbestimmung erwies sich als „zeitkompatibel": Sollen heutzutage die Mitglieder
laut „Bildungsziel" unter den Zwecken des Corps u. a. zu
„staatsbürgerlichem Verantwortungsbewußtsein und zu Toleranz und Ach-
tung gegenüber Andersdenkenden" erzogen werden,[763] wurde noch 1933
darauf hingewiesen, daß das Corps *„stets parlamentarisch-demokratische*
Unsitten abgelehnt" hat und dem Grundsatz folgt, *„seine Mitglieder zu ver-*
antwortungsvollen Führern zu erziehen".[764] Daraus jedoch eine Aufgabener-
weiterung des CC abzuleiten, ist m. E. nicht möglich, denn Art und Umfang
der Aufgaben des CC, darunter fällt z. B. auch die Überwachung der Erziehung im Sinne der Gemeinschaft, erfuhr – wie festgestellt – keine Änderung,
denn zu *„staatsbürgerlichem Verantwortungsbewußtsein"* wird heute auf dieselbe Weise erzogen wie gegen *„parlamentarisch-demokratische Unsitten"*
1933.[765] Ob Kaiserreich, Nationalsozialismus oder Demokratie, die Form der
Kontrolle durch den CC änderte sich nicht, genauso wie der CC sich nicht in
seinen internen Aufgabenbereichen veränderte. Das Corps sieht sich nicht
im *„gesamtgesellschaftlichen Zusammenhang"*, sondern – und auch hier besteht eine weitgehende seit 1848 vorhandene Kontinuität – nur im Zusammenhang mit seinem speziellen sozialen Umfeld. Daran ändert auch der
Versuch des Autors nichts, seine These mit der Zielsetzung des *„Freundes-*
kreis Götzenhain e. V." erhärten zu wollen, in der unter d) angegeben wird,
der Jugend helfen zu wollen *„durch Belehrung und Erziehung zu demokra-*
tisch gesinnten Bürgern" zu werden.[766] Dieser Verein wurde am 12. 12. 1948
als Nachfolgeverein der zur Zeit des NS aufgelösten Altherrenschaft gegründet. Mit dem eigentlichen Corps oder dem CC hat dieser Verein jedoch wenig
zu tun. Festzuhalten bleibt:

> Die das Corps umgebende Staatsform (gesamtgesellschaftliche Situation) ist
> für das Corps wenig bedeutend, denn es erzog und erzieht im Sinne des be-
> vorzugten gesellschaftlichen Milieus: der konservativen Elite. Diese existierte
> sowohl im Kaiserreich, in der Weimarer Republik, zur Zeit des Nationalsozi-
> alismus und existiert auch in der Bundesrepublik Deutschland.

Neuhaus vertritt die Auffassung, daß der CC stets ein Erziehungsinstrument
gewesen sei, zur Art und Weise der Erziehung durch den CC finden sich a-
ber wenig Ansätze in seinem Text. Unter Berücksichtigung der Kontrollfunktion des CC lassen sich dennoch Aspekte der Erziehung im Corps her-

---

[762] Helmut Neuhaus, Seite 79 f.
[763] Vgl. ebenda, Seite 79.
[764] Vgl. ebenda, Seite 83.
[765] Vgl. ebenda, Seite 79, bzw. 83.
[766] Vgl. ebenda, Seite 80.

204

ausarbeiten: Der CC ist als Organisationszentrum der Gemeinschaft die regelnde, verwaltende, richtende und unangreifbare Instanz, er verfügt über die gemeinschaftliche Disziplinargewalt, der sich jedes Mitglied direkt (dem CC-Beschluß) und indirekt (durch die von ihm gewählten Vertreter, Senior, Subsenior und Sekretär) ohne Einschränkungen zu fügen hat. Hierin ist ein erzieherisches Moment zu sehen, denn es heißt:

„Dem Senior sowie den Chargierten überhaupt darf, wenn auf der Kneipe oder sonst an einem öffentlichen Ort einem Corpsmitglied der Rath gegeben wird, dies oder jenes zu thun oder zu unterlassen, nicht widersprochen werden; vielmehr hat sich jeder auch wenn er meint, daß dieser Befehlende seine Befugnisse überschritte, unbedingt zu fügen und kann nur Rekurs an den CC nehmen. Widerspruch zieht, auch wenn der Senior oder Chargierte im Unrecht ist, unbedingt einen Verweis nach sich. Hartnäckige Opposition kann Veranlassung zu einem erzwungenen Austritt, ja selbst zur Dimission geben."[767]

Bedeutend an diesem Textstück aus der Konstitution von 1848 ist die Hervorhebung des CC als höchste Instanz der Gemeinschaft und die enthaltene Befehlsfolge, der mit unabdingbarem Gehorsam Folge zu leisten ist und an der sich bis heute nichts geändert hat.[768] Da die Chargierten auf dem CC gewählt worden sind, fungieren sie als Repräsentanten und Ausführende der Gemeinschaft und damit des CC und nur dieser – nicht das einzelne geschädigte Mitglied – ist berechtigt, ein Fehlverhalten eines Repräsentanten zu korrigieren.[769]

Der Gemeinschaft liegt auf der Basis des unabdingbaren Gehorsams ein Absolutheitsanspruch zugrunde, dem sich jeder Corpsstudent zu unterwerfen hat.

Die Abstimmungsmodalitäten im CC weisen erneut auf ein streng hierarchisch geordnetes Gemeinschaftsleben. Die Hierarchie ergibt sich aus der Dauer der Zugehörigkeit zum Corps:

„Im CC erfolgen die Abstimmungen in der Weise, daß der jüngste Corpsbursche seine Stimme zuerst abgibt, wobei seit 1845 nach der Reihenfolge der Unterschriften unter der Konstitution verfahren wurde; die Chargen stimmten – außerhalb der Ordnung nach Rezeptionsjahren – zuletzt ab, und zwar in der Reihenfolge Sekretär (3. Chargierter), Subsenior (2. Chargierter) und Senior. Bei Stimmengleichheit gibt das Votum des Seniors den Ausschlag."[770]

Die Hierarchie gründet also nicht auf die unterschiedlichen Fähigkeiten der Mitglieder, sondern basiert auf der Dauer der Zugehörigkeit zum Corps.

Die Grundidee, die dem System des Convents zugrunde liegt, ist die vom Gleichen unter Gleichen. Jede Stimme gilt gleich viel, auch wenn die Reihenfolge durchaus auf eine Hierarchie verweist und auch verweisen soll. Das Machtzentrum CC wird von der gesamten Gemeinschaft vollberechtigter Mitglieder bestimmt und kontrolliert. Jedes individuelle Element wird der Ge-

---

[767] Ebenda, Seite 82.
[768] Vgl. Constitution des Corps Borussia zu Tübingen, Seite 28 ff, §§ 69 ff.
[769] Vgl. ebenda, Seite 29, § 71.
[770] Helmut Neuhaus, Seite 81.

meinschaft untergeordnet. Der Wahlspruch des Corps Teutonia „Einer für alle, alle für einen" findet hier seine Entsprechung.

Die Abstimmungshierarchie erinnert an die aufsteigende Reihenfolge von Skatkarten (unter Vernachlässigung der Differenzierung der vier unterschiedlichen Symbolklassifizierungen), in der aufsteigend nach Punktwerten 7 bis 10, im Corps die einfachen Corpsburschen, die höherwertigen Bildkarten (Bube, Dame und König) folgen, im Corps die Chargierten, wobei der Senior noch ein „As im Ärmel" hat, hier seine im Zweifel regelnde Stimme.[771]

Die Möglichkeiten der direkten Interpretation des Textes von Neuhaus erschöpfen sich an dieser Stelle, gleichwohl deutet er durch seine Charakterisierung und Funktionsbeschreibung des CC auf die Art der Sozialisation des Mitglieds durch den CC, die im Folgenden weiterverfolgt werden soll:

Es kann festgehalten werden, daß die corpsstudentische Gemeinschaft eine straff organisierte und auf sich rückbezogene Gemeinschaft darstellt, was angesichts der bisher erfolgten Angaben mit dem Begriff „Totalitarismus" zusammengefaßt werden kann:

Totalitarismus ist:

„das Prinzip derjenigen politischen Herrschaft, die einen uneingeschränkten Verfügungsanspruch über die von ihr Beherrschten stellt und über die öffentlich-gesellschaftliche Sphäre hinaus auf den Bereich des Persönlichen, d. h. besonders auf das Gewissen des Einzelnen, ausdehnt. Ziel totalitärer Herrschaft ist es, ein umfassendes neues Wertesystem durchzusetzen und in ihrem Machtbereich einen neuen Menschen zu schaffen. (...) Träger des totalitären Verfügungsanspruchs ist nicht der Staat, sondern die herrschende Weltanschauungspartei oder der seine Herrschaft ideologisch legitimierende und für alle verbindlich erklärende Machthaber."[772]

„Machthaber" ist die corpsstudentische Gemeinschaft, beherrscht wird das Individuum, das durch die in sich geschlossene Konstellation von Legitimierung der Gemeinschaft und Legalität in der Gemeinschaft im CC vergemeinschaftet wird.[773]

Das Ziel ist die möglichst totale Vergemeinschaftung des Individuums, denn gemäß der von Herbert Kessler formulierten Bundesidee soll schließlich der ganze Mensch im Sinne des Gemeinschaftslebens geformt werden.[774] Unterordnung unter und Ausrichtung der Aktivitäten der Mitglieder auf die Gemeinschaft bei Androhung von Strafen bis zum Ausschluß aus derselben ist die Basis der Erziehung der Mitglieder durch den CC und damit durch den aktiven und vollberechtigten Teil der Gemeinschaft.

Die innere Wirkung in der Sozialisation erzielt der CC durch Kontrolle und Regelung aller Bereiche des gemeinschaftlichen Lebens. Teilweise sind die Regelungen schriftlich niedergelegt (Comment), teilweise sind sie durchaus

---

[771]   Die Entstehungszeit des aus dem erzgebirgischen Altenburg stammende Skatspiels um 1810/1820 ist den ersten Corpsgründungen auch zeitlich ziemlich nahe, Zufall?
[772]   Der neue Brockhaus, Band 5, Seite 300.
[773]   Vgl. Dieter Claessens, Macht und Herrschaft, soziale Zwänge und Gewalt, in: Hermann Korte/Bernhard Schäfers (Hrsg.), Seite 166 f.
[774]   Herbert Keßler, Vielfalt und Einheit der deutschen Korporationsverbände, in: CDK/CDA (Hrsg.), Seite 15.

dehn- und auslegbar und werden so in das Ermessen der Gemeinschaft, gleichbedeutend mit dem Ermessen des CC, zurückverwiesen. Damit gibt die Gemeinschaft einerseits ihren Mitgliedern einen Rahmen in Form der Konstitution und des Comments vor, innerhalb derer sich das einzelne Mitglied bewegen darf. Andererseits werden Individualismen, die sich an der Verhaltensweise des Mitglieds innerhalb des Rahmens zeigen, im „Kontrollzentrum CC" im Sinne der Gemeinschaft korrigiert. Zulässig ist das Verhalten, das von der Gemeinschaft toleriert wird. Vergemeinschaftung des Individuums und Kontrolle der Sozialisation des einzelnen durch die von der Gemeinschaft gesetzten Grenzen ist das Anliegen des CC. Zu der von Neuhaus und insbesondere in Werbeschriften nahegelegten Ansicht, der CC trüge zur Förderung der freiheitlichen und rechtsstaatlich-demokratischen Einstellung der Mitglieder bei, kann aufgrund der Kontroll- und Vergemeinschaftungsfunktion des CC festgehalten werden:

In der Zusammenlegung von Gesetzgebung, Regierung und Rechtssprechung (das Prinzip der Gewaltenteilung der Demokratie wird hier grundlegend verletzt) und im beabsichtigten Ausschluß einer möglichen Opposition[775] (Parteibildung) als grundlegende Merkmale des CC besteht das undemokratische Element des Convents. Vielmehr gilt im Sinne des Totalitarismus:
Der CC übt als Macht- und Kontrollzentrum der Gemeinschaft eine Totalkontrolle aus, wie sie im wirtschaftlichen Sinne verstanden wird, dem zufolge die Totalkontrolle ein Verfahren der Qualitätssicherung ist. Ziel der Totalkontrolle ist es, jedes Produkt einer zu kontrollierenden Grundgesamtheit hinsichtlich einer oder mehrerer Eigenschaften auf Fehler zu prüfen.[776] Das Produkt ist das Mitglied, die Grundgesamtheit ist die Gemeinschaft, die Kontrollstelle ist der CC, das Verfahren der Qualitätssicherung ist die Sozialisation.

Der CC als Veranstaltung in Form der wöchentlich stattfindenden Versammlung hat den Charakter einer Disziplinierungsübung. Der Rahmen der Veranstaltung ist vorgegeben: Der Ort, die Uhrzeit, die zugelassenen Mitglieder und die möglichen Themengebiete, mit denen sich der CC befassen muß und darf, sowie die Art und Weise der Sitzung. So leitet der Senior die Sitzung, es gibt gegebenenfalls eine Rednerliste, der Sekretär protokolliert, die Antrags- und Abstimmungsmodi sind vorgegeben, [777] man bittet um das Wort, welches vom Senior erteilt wird.[778]

Es kommt für das einzelne Mitglied nun darauf an, sich zunächst diesen vorgegebenen Bedingungen unterzuordnen und sich in Abwägung zur Gemeinschaft seiner Corpsbrüder zu verhalten (um nicht den Rahmen der Gemeinschaft zu verlassen und gegebenenfalls abgestraft zu werden).

---

[775] Vgl. Helmut Neuhaus, Seite 82.

[776] Vgl. Gabler Wirtschafts-Lexikon in 8 Bänden, Wiesbaden 1993, Band 7, Seite 3290.

[777] Vgl. z. B. Constitution des Corps Borussia, §§ 36 bis 46.

[778] Dies kann ich nicht anhand corpsstudentischer Materialien nachweisen, andere Korporationen verfügen über detailliertere Werke, so z. B. die KDStV Palatia im CV, die das genannte Procedere im § 3 ihrer Conventsordnung festhält. Vgl. Verfassung der Palatia Marburg im CV, Marburg 1984, Seite 29.

Im Handbuch der Kösener Corps steht dazu, ebenso wie zur Kneipe:

„Trotz eines gewissen einzuhaltenden Zeremoniells darf nicht vergessen werden, daß - wie der CC - auch die Kneipe ein Prüfstand ist, auf dem der junge Corpsstudent zeigen soll, mit welcher Sicherheit er sich in dem ihm vorgegebenen Rahmen frei und ungezwungen bewegen kann. Beherrscht er ihn einmal, wird es ihm später im gesellschaftlichen und beruflichen Leben gut zustatten kommen."[779]

Das „Zeremoniell" entspricht dem vorgegebenen Rahmen der Gemeinschaft, das individuelle Verhalten vollzieht sich während des CC in Form der Beteiligung des einzelnen durch Wortmeldung, Beiträge und dem Stellen und Begründen von Anträgen, auf die die corpsstudentische Gemeinschaft reagiert und abwägt, ob der einzelne sich korrekt verhält. Verhält er sich nicht korrekt, kann dem einzelnen z. B. das Wort entzogen werden, er wird evtl. zur Ordnung gerufen, kann mit kleineren Strafgeldern belegt werden, notfalls auch des Raumes verwiesen werden, bis hin zu – je nach Vergehen – weitergehenden schärferen Konsequenzen.[780] Verhält sich der einzelne konform, beherrscht er also das vorgegebene Reglement, kann er innerhalb des verbleibenden Spielraumes die Regeln für sich nutzen, sich bedingt durchsetzen (nämlich in Abwägung zur und in den Grenzen der Gemeinschaft) und aktiv die Gemeinschaft mitgestalten.

Der Cartellverband der katholischen deutschen Studentenverbindungen (CV) bestätigt diesen Punkt in seinem Handbuch und nennt noch weitere sekundäre erzieherische Werte des Convents:

„Der erzieherische Wert des Conventes in sprachlicher und psychologischer Schulung wird immer unterschätzt. Erst muß ich einmal im Kreis der Freunde, der Bundesbrüder die inneren Hemmungen überwinden lernen, sonst werde ich – im Berufe stehend und in das öffentliche Leben gestellt – unter meinen Hemmungen eine Niete bleiben und das Feld dem hemmungslosen Demagogen überlassen."[781]

Das Zitat aus dem CV-Handbuch hat mit dem aus dem des KSCV eines gemein: Beide sprechen unter anderem von beruflichen Vorteilen, die die Erziehung und Formung durch den CC bringen soll.

Die Mitglieder von Korporationen erlernen, wie man Anträge richtig stellt, sie erlernen diszipliniertes Sitzungsverhalten, in gewissem Umfang widerfährt ihnen auch eine rhetorische Schulung und sie gewöhnen sich daran, frei und vor Zuschauern zu reden. Dafür muß man aber nicht in eine Korporation eintreten. Von größerer Bedeutung ist das Trainieren einer raschen Auffassungsgabe bezüglich existierender und vorgegebener Regeln, denen sich der Corpsstudent schnell und problemlos fügen kann. Zusätzlich erlernt der Corpsstudent, wie man zwischen den Regeln agiert, wie man im Vorfeld einer Sitzung Einigungen erzielen kann, die dann in der Sitzung nur noch der Bestätigung bedürfen.

---

[779]   Handbuch des Kösener Corpsstudenten, Ausgabe 1985, Band 1, Seite 176.
[780]   Auch hier muß ich auf die Conventsordnung der KDStV Palatia verweisen, hier § 4. Vgl. Verfassung der Palatia Marburg im CV, Seite 30.
[781]   CV-Handbuch, Regensburg 2000, Seite 252.

Für die Vorbereitung der Corpsstudenten auf ihre Funktion im konservativen Milieu und für gewisse Berufe[782] ist das Geschultsein in derlei Dingen von Vorteil. Der einzelne Corpsstudent (und auch andere Korporierte) erlernt den notwendigen Habitus des Milieus, in das er gehört bzw. gehören will in einer sehr engen Variante – zunächst in der korporierten Gemeinschaft. Haben sie ihn inkorporiert, können sie ihn später im Beruf und ihrer gesellschaftlichen Position gestaltend (Weitung) in den weniger reglementierten Räumen/Bereichen der Gesellschaft vorteilhaft nutzen. Ein solches Verhalten ist nicht offen-demokratisch, sondern geschlossen-protektionistisch, was der corpsstudentischen Sicht von Gesellschaft entspricht.

Für die Gemeinschaft ist es aber primär wichtiger, daß die Mitglieder die Grenzen der Gemeinschaft erfahren und lernen, sich im korporierten Rahmen zu bewegen. Otto von Bismarck soll gesagt haben:

„Vor allem glaube ich, daß das studentische Leben in den Korporationen den Vorteil hat, daß es den Charakter einigermaßen dadurch stählt, daß es den Einzelnen der Kritik Gleichgesinnter unterwirft. Das ist eine große Sache."[783]

Das von Bismarck verstandene „Stählen des Charakters" ist das Ergebnis des Trainings des Einzelnen, seine eigenen Wünsche und Bedürfnisse, sein individuelles Verhalten – und auch Denken und Handeln – der Gemeinschaft unterzuordnen. Die Gemeinschaft gibt vor, was getan werden muß und korrigiert, wenn ein Mitglied zu individuell wird. Was bleibt ist das Denken, Verhalten und Handeln im Kollektiv. Dabei kann es zu einer geradezu religiösen Überhöhung des Kollektivs kommen. Hans-Jürgen Heinrichs formuliert zugespitzt:

„Die jeweils verbindlichen Übungen, Rituale und Zeremonien, Verhaltensregeln, Umgangsformen und Sprechweisen sind kodifiziert und haben einen entweder offen oder versteckt religiösen bzw. magischen Charakter. Das Gewissen, die Identität und das Bewußtsein des einzelnen werden kollektiv, clanmäßig durch jede Zeremonie vernetzter, tiefer geprägt: imprägniert und dominiert. Das Ziel ist die Einheit des einzelnen mit der Gemeinschaft."[784]

Es wurde deutlich, daß der Convent als Sozialisationsmethode zwei unterschiedliche Elemente in sich trägt. Zum einen ist es die Vergemeinschaftung, also die Unter- und Einordnung des Einzelnen in die Gemeinschaft, die für den Einzelnen Erziehung und Formung bedeutet und zum anderen ist es die Kontrolle und Sicherung der Grenzen durch und für die Gemeinschaft. Diese Elemente werden sich auch in den im Folgenden beschriebenen Sozialisationsmethoden wiederfinden.

---

[782]   Es ist auffallend, daß ein hoher Anteil der Korporierten die Studienfächer Jura, BWL, Medizin wählen, also Studiengänge, die für die Ergreifung eines „konservativen" Berufs in einem meist sehr hierarchisch geprägtem Bereich günstig ist. Gesicherte Zahlen sind mir allerdings nicht bekannt. Als ein Hinweis zur Untermauerung der Vermutung kann noch einmal die Statistik des Corps Bavaria Würzburg herangezogen werden, nach der von den 924 Corpsbrüdern 400 Juristen und 300 Mediziner waren, der Rest verteilt sich auf andere Berufe, vor allem Apotheker und Chemiker. Vgl. Hans Stumm, Die Würzburger Bayern, Seite 427.

[783]   Otto von Bismarck, zitiert in: CV-Handbuch, Ausgabe 2000, Seite 254.

[784]   Hans-Jürgen Heinrichs, Politik als männerbündisches Handeln und Verhalten, in: Gisela Völger/Karin v. Welck, Männerbande – Männerbünde, Band 1, Seite 88.

209

4.3.2 Die Kneipe

Mit dem Wort „Kneipe" kann zum einen eine *„kleine Schankwirtschaft"*, eine *„schlechte Bierschenke"*, zum anderen das *„gesellige Trinken in festgelegter Form"* gemeint sein, so das Studentenhistorische Lexikon.[785] Letzteres ist für die studentische Kneipe zutreffend, denn sowohl der äußere Rahmen (Aufbau, Anordnung der Tische, wer sitzt wo, Abfolge in bis zu drei unterschiedlichen inhaltlichen Teilen (seltener hochoffiziell, offiziell und inoffiziell[786]) etc.) als auch der innere Aufbau (Trinkzeremonien, Lieder, Ansprachen, deren Reihenfolge, Verhaltensregeln, usw.) folgen strengen Vorgaben.[787]

Das Lexikon gibt noch eine Aufzählung der unterschiedlichen Kneipformen, wie z. B. die Semesterantrittskneipe, die Kreuzkneipe (gemeinsame Kneipe zweier Korporationen, Anmerkung S. P.) und die Trauerkneipe.

Unter *„Sinn und Zweck"* der Kneipe wird diese in den allgemeinen Rahmen der Trinkgelage gestellt, die es zu jeder Zeit und in den unterschiedlichen Kulturen gegeben haben soll, sodann wird die Einordnung spezifiziert und in Beziehung zum griechischen Symposion gesetzt.[788]

Der Vergleich von Kneipe und Symposion wird seitens der Corpsstudenten häufig gezogen. Roland Girtler schreibt in dem Aufsatz *„Corpsstudentische Symbole und Rituale – die Traditionen der Antike und der frühen Universitäten"*:

„Das strahlendste Beispiel für ein Symposion war jenes bei Plato beschriebene, bei dem Sokrates seine genialen Ideen entwickelte; es wurde dadurch eingeleitet, daß sich die Teilnehmer auf mäßigen Weingenuß einigten, weil ihnen vom Vortag noch schlecht war. Sokrates wird dabei nicht nur als der große Weise geschildert, sondern auch als der trinkfesteste der Zechkumpane."[789]

Das Zitat legt einen Zusammenhang zwischen Genialität und Genuß von Alkohol nahe, den es an späterer Stelle noch genauer zu betrachten gilt, interessant ist aber auch, daß in sämtlichen Hinweisen seitens der Autoren des corpsstudentischen Lexikons „vergessen" wird, daß ein Symposion eine Veranstaltung der männlichen Elite im antiken Griechenland gewesen ist.[790] Die *„homoerotischen"* und *„erzieherischen"* Beziehungen zwischen Mann und Knabe im Symposion als weiteres Merkmal werden gleichfalls vernach-

---

[785] Vgl. Robert Paschke, Studentenhistorisches Lexikon, Seite 153.
[786] Jochen Wanderer, Hercynia, Dir gehör ich. Clausthaler Studentenlieder & Der uralte Clausthaler Biercomment. Zum 130. Stiftungsfest des Corps Hercynia zu Clausthal Zellerfeld, Clausthal-Zellerfeld 1996, Seite 61.
[787] Der gesamte Rahmen ist im sogenannten Kneipcomment, zum Teil auch im Biercomment niedergelegt.
[788] Vgl. Robert Paschke, Studentenhistorisches Lexikon, Seite 154. Das griechische Symposion war eine Feier von Männern der Führungsschicht des antiken Griechenlands, auf denen reichlich getrunken und debattiert wurde.
[789] Roland Girtler, in: Rolf-Joachim Baum (Hrsg.), Seite 355.
[790] Vgl. Aloys Winterling, Symposion und Knabenliebe: Die Männergesellschaft im archaischen Griechenland, in: Gisela Völger/Karin v. Welck (Hrsg.), Männerbande – Männerbünde, Band 2, 15 ff.

lässigt, weisen aber doch gerade diese eine hohe Ähnlichkeit zum corpsstudentischen Lebensbund auf:

*„Nicht die homoerotische Beziehung als solche stand im Vordergrund des
päderastischen Liebesverhältnisses, sie war selbst vielmehr Teil eines erzieherischen Verhältnisses, durch das die adligen Qualitäten des erastes, seine
kriegerische Tapferkeit, seine Ehre und Tugend, auf den Heranwachsenden
übertragen werden sollten."*[791]
Die Knabenliebe war – ähnlich wie im Corps – eine Art ständische Initiation,
durch die der Heranwachsende, hier der Fuchs, einer sekundären Sozialisation unterzogen wird und in die männliche Welt des Erwachsenen eingeführt wird. Die Welt des Erwachsenen ist zunächst in der Verengung die
corpsstudentische Gemeinschaft, dann die berufliche Welt innerhalb des anvisierten Milieus.

Das Lexikon fährt fort mit einer Einschätzung der Kneipe für die heutige Zeit,
beschreibt den Vergemeinschaftungs- und Vergesellschaftungscharakter und
gibt Hinweise darauf, wie dieser funktioniert:

*„Diese Feierlichkeiten mit ihren Festen und Riten dienen der Besinnung auf
das Wesen der Gemeinschaft. Begrüßung und Ansprachen, Lieder und Zeremonien, Ehrung und feierliche Form des Trinkens (...) sind nicht etwa nur
Mittel, um die Teilnehmer feierlich zu stimmen, sondern sind ureigene Form-
bestandteile eines Trinkgelages, einer ‚Kneipe', wie es in der studentischen
Sprache heißt. Nach einem bekannten Worte Schillers ist der Mensch ‚nur da
ganz Mensch, wo er spielt' und er ‚spielt nur, wo er in vollster Bedeutung
Mensch ist'. In diesem Sinne des Wortes ist auch die Kneipe ein ‚Spiel'. In
ihrer traditionellen Form nimmt sie den alten und jungen Studenten in eine
Gemeinschaft auf, in der er ganz Mensch sein kann. Aus ihrer Abge-
wogenheit von Ordnung und Freiheit, in der für Frohsinn und Besinnlichkeit
Raum ist, ergibt sich die Atmosphäre von festlicher Spannung und glück-
licher Entspannung, (...)."*[792]
Besinnung auf das Wesen der Gemeinschaft ist das Ziel der Kneipe.

Das Ziel ist das gemeinschaftliche Spiel, in dem man sich stets zwischen
Spannung und Entspannung übt. Kapitel 3 sah in der corpsstudentischen
Gemeinschaft eine gesellschaftliche Pufferfunktion, die sich durch stetiges
Verengen und Weiten auszeichnet, ein Mechanismus, der sich hier wieder-
findet.

Der ausgewählte Text im Handbuch des Kösener Corpsstudenten zum Thema „Kneipe" umfaßt lediglich etwa eine Seite. Der Text ist von zwei Bildseiten unterbrochen, die eine zeigt auf einer ganzen Seite die *„Bier-Routine"
– Kneipe in Flaschenform*, die andere zwei Karikaturen, beide Karikaturen
thematisieren die Aufhebung des „Trinkzwanges".[793]

---

[791] Ebenda, Seite 19.
[792] Robert Paschke, Studentenhistorisches Lexikon, Seite 154.
[793] Hans Jürgen Below/Horst Reger, Kösener Sitten und Bräuche, in: Handbuch des Kösener Corpsstudenten, Ausgabe 1985, Band 1, Kapitel 9, Seite 176-179.

Alle drei Bilder behandeln das Thema Alkohol, der offensichtlich eine zentrale Rolle auf der Kneipe spielt. Schon in dem oben erwähnten Zitat von Girtler
zum Symposion wurde auf den starken Genuß von Alkohol angespielt, so
daß sich die Hinweise auf eine besondere Wichtigkeit des Alkohols für die
Gemeinschaft verdichten.

Das Bild der Kneiperei in Flaschenform zeigt eine lange Tafel, auf der zahlreiche Flaschen stehen, einige davon liegend. Um die Tafel sitzen im vorde-
ren Teil und stehen im hinteren Teil des Bildes zahlreiche Korporierte, die
einen ausgelassenen Eindruck machen. Einer von ihnen sitzt mit dem Stuhl
auf dem Tisch, drei Personen stehen hinter diesem auf dem Tisch, ein anderer hat ein Bein auf den Tisch gelegt, gut die Hälfte der Anwesenden rauchen
lange Pfeifen, einige haben ihre Jacke/ihren Gehrock ausgezogen. Insgesamt wirken die Teilnehmenden gut gekleidet (Gehrock, einer in militärischer
Uniform), die meisten geben ihrem Gesicht einen wichtigen Ausdruck. Alle
tragen Band, die meisten zusätzlich die Mütze. Das schwarz-weiße Bild
könnte ein Stich sein, es ist jedenfalls kein Gemälde und keine Photographie.

Das Band, der Konsum von Alkohol und der gehobene soziale Status zeichnen alle Beteiligten aus. Auffallend ist die lange Tischtafel, die letztendlich
die Inszenierung des Bildes bestimmt. Der Tisch als ordnendes Element und
die dargestellte Ausgelassenheit spiegeln den Charakter der Kneipe, wie sie
im Lexikon wiedergegeben wurde, gut wider.

Die anderen beiden Bilder sind schwarz-weiße Karikaturen, gezeichnet für
den Simplizissimus von Karl Arnold im Jahre 1928. Sie zeigen gleichfalls jeweils eine Kneipszene. Die erste Kneipszene findet in einem Garten statt,
auch hier sitzen und stehen die Teilnehmenden, ausnahmslos jung wirkende
Corpsstudenten um eine Tafel herum. Auf dem Schläger des Leiters der
Kneipe ist Obst aufgespießt, die Anwesenden trinken aus großen Gläsern mit
Strohhalm (offensichtlich Limonade), zusätzlich befindet sich eine Obstschale
auf dem Tisch, aus der sich einige bedient haben. Der Vordere sitzt mit dem
Rücken zum Betrachter, die anderen sehen teilweise irritiert auf das Obst,
alle machen einen gedämpften und traurig-enttäuschten Eindruck. Die
Corpsstudenten wirken, als wenn man ihnen den Spaß verdorben hat. Die
Bildbeschriftung lautet: „Abstinentia sei's Panier". Die Form der Beschriftung
läßt an die Formulierungen eines Wahlspruches einer Korporation denken,
wie sie auf sogenannten Couleurkarten[794] zu finden sind.

Die zweite Karikatur zeigt eine Kneipszene in einem Verbindungshaus, was
an den Bildern an den Wänden, den gekreuzten Schlägern über einer Tür im
Hintergrund und der feudal wirkenden Einrichtung (z. B. Kronleuchter) zu
erkennen ist. Auch hier findet sich ein Arrangement mit Tisch und um diesen
herumstehende Corpsstudenten. Alle Teilnehmenden stehen aufrecht um
den Tisch und sind sehr fein angezogen (Hemd mit Krawatte, Weste, ge-
streifte Hose und langes Jackett darüber). Am Kopfende steht ein Chargierter
(zu erkennen am Cerevis – der speziellen Kopfcouleur), den Schläger vor
sich, daneben, wie auch einige andere, das aufgeschlagene Gesangbuch.

---

[794]   Couleurkarten sind Postkarten, die als Grußkarten von einer Kneipe verschickt werden, meist an direkte Angehörige oder an befreundete Korporationen.

Vor sich haben alle einen Bierkrug, der mit Trauerflor umwickelt ist. Die vom Alter her unterschiedlich wirkenden Anwesenden, von denen die den Betrachter zugewandten Corpsstudenten mehrere Schmisse im Gesicht aufweisen, machen einen andächtigen und traurigen Eindruck, es wirkt wie ein feierlicher Moment auf einer Trauerkneipe, auf der zu Ehren des Verstorbenen Andacht (Schweigeminute) gehalten wird. Die Karikatur beschreibt, so die Bildunterschrift, die Aufhebung des Trinkzwanges bei den Kösener Corps, der Verstorbene ist also der Trinkzwang.

Durch die direkte Gegeneinanderstellung der Bilder wird die Bedeutung des Alkohols für die Gemeinschaft und als Mittel für die Kneipe noch einmal deutlich unterstrichen, obwohl offiziell der Trinkzwang aufgehoben wurde (Beschluß von 1927), ohne den Genuß von Alkohol zu untersagen.

Der ausgewählte Textabschnitt ist der einführende Teil zum Thema „Kneipe" des insgesamt 35 Seiten langen Textes des Kapitels „Kösener Sitten und Gebräuche"[795]. Der lediglich eine Seite umfassenden Einführung zur Kneipe geht, gekennzeichnet durch die außerhalb des Textes rechtsstehenden Begriffe und Fragen: „Vorwort", „Für wen?", „Warum?", „Alles neu?" eine generelle Einführung in die „Kösener Sitten und Gebräuche" voraus. Dem ausgewählten Abschnitt, hervorgehoben durch den Begriff „Kneipe" am Textrand, folgt eine detaillierte Schilderung des Kneipverhaltens. Die verschiedenen Punkte sind gleichfalls durch Begriffe markiert. Genannt werden „Kösener Stil", „Silentium", „Singen", „Leitung", „Mütze", „Wichs", „Band", „Begrüßung", „Ehrengäste", „Corpsbrüder", „Verhältniscorps", „Dank des Verhältniscorps", „Salamander" und „Landesvater" (hier gesondert unterteilt in: „Bedeutung", „Vorbereitung", „Durchführung").[796] Mit den Randworten ist der Rahmen einer Kneipe gesteckt. Der Salamander und der Landesvater fallen jedoch inhaltlich aus der ansonsten formalen Aufzählung heraus, denn sie sind im Rahmen der Kneipe besondere Rituale der Vergemeinschaftung: Der Salamander ist ein gemeinschaftliches Trinkritual, mit dem auf die Gemeinschaft, zumindest aber auf etwas Höheres nach Anordnung und engen Regeln ein ganzes Glas von jedem Beteiligten geleert wird.

Der Landesvater symbolisiert die Vergemeinschaftung des Einzelnen in die höher stehende Gemeinschaft (ursprünglich im Sinne des Einigungsgedankens zu Beginn des 19. Jahrhunderts war es das Vaterland) mittels der Durchbohrung der corpsstudentischen Kopfbedeckung, die an eine Entjungferung erinnert und gemeinsam am kostbarsten Symbol (der Mütze) in Ehrerbietung an die Gemeinschaft vorgenommen wird. Der Landesvater ist ein männerbündisches Ritual, durch das dem konstruierten höheren Sinn des Bundes gehuldigt wird.[797]

Der Landesvater, der nur in schlagenden Bünden „gestochen" wird, soll aufgrund seiner tiefen Symbolik und seines umfassenden und absoluten Vergemeinschaftungscharakters mit Hilfe eines längeren Zitates aus dem Handbuch geschildert werden:

---

[795] Handbuch des Kösener Corpsstudenten, Ausgabe 1985, Seite 173-208.
[796] Vgl. ebenda, Seite 173 ff.
[797] Vgl. Wolfgang Lipp, Seite 35.

„Im Mittelpunkt des Landesvaters steht als äußeres Symbol die Mütze, die den Hut des Burschen abgelöst hat. Sie wird durchbohrt, aus der Hand gegeben und wiederempfangen. Wie der Hut dem Burschen ein Schmuck war, der ihn mit Würde und Ansehen und in gewisser Weise auch mit Macht ausstattete, so weist die Mütze (oder der Stürmer) den Träger heute unverwechselbar als Angehörigen eines bestimmten Bundes aus und verleiht ihm damit einzigartigen Wert. Dieses Wertes entäußert sich, wer die Kopfbedeckung durchbohrt; er gibt also damit zu erkennen, daß es Dinge gibt, die noch wertvoller sind: nämlich die Gemeinschaft der Freunde, der Brüder. Er trennt sich sogar noch von dieser seiner Kopfbedeckung, indem er sie auf den Schläger schiebt; damit vertraut er sich – nun barhäuptig und äußerlich in seiner Würde geschmälert – ganz seiner Gemeinschaft an. Die dem Weggeben folgende, kleine Pause – sie ist Bestandteil des Landesvaters – soll dazu dienen, sich der Gemeinschaft bewußt zu werden, zu der sich der Bursch durch seinen Treueschwur bekannt hat. Dieses Bekenntnis erneuert er und kann danach seine Kopfbedeckung als Zeichen bestätigter Freundschaft wieder in Empfang nehmen."[798]

Der Schwur wird innerhalb des Abgesanges des studentischen Liedes *„Alles schweige, jeder neige ernsten Tönen nun sein Ohr"* zweifach erneuert, die 6. und 8. Strophe sind nämlich identisch und enthalten den Treueschwur auf die Gemeinschaft. Der Wortlaut ist:

„Seht ihn blinken in der Linken, diesen Schläger, nie entweiht! Ich durchbohr den Hut und schwöre, halten will ich stets auf Ehre, stets ein braver Bursche sein."[799]

Der Sinn des Rituals ist die totale Unterordnung unter die Belange der Gemeinschaft. Absoluter Gehorsam im Sinne der Gemeinschaft sowie die Anerkennung der Gemeinschaft als höchste Instanz ist Sinn des Landesvaters. Neben Landesvater und Salamander sind auch die anderen kleineren Trinkspiele und das gemeinsam Singen der studentischen Lieder (und deren Inhalte) im Kontext der Vergemeinschaftung zu sehen.

Der Darstellung des Landesvaters im Handbuch schließen sich Schilderungen weiterer Regeln an, so wird der *„Sprachgebrauch"*, *„Briefstil"*, *„Klassischer Formbrief"*, *„Briefe an Corps"*, *„Andere Verbände"*, *„Telegramme"*, *„Bestätigung"*, *„PP-Suite"*, *„Privates"*, *„Einladung an Nichtkorporierte"*, *„Glückwünsche"*, *„Kondolenz"* und die *„Corpstrauer"* genannt und erklärt.[800]

Bezüglich guten corpsstudentischen Verhaltens wird nichts dem Zufall überlassen, insbesondere bei den Ausführungen zum Schriftverkehr werden sogar ausgearbeitete Musterbriefe vorgeschlagen, bei denen man nur noch Name, etc. einfügen muß. Korrektes Verhalten im Sinne der Gemeinschaft ist bei Befolgung der Anweisungen somit garantiert, Individualität im Verhalten nahezu unmöglich. Das gilt auch für die Kneipe. Es wird vorgeschrieben, wie man sich beim Befehl des *„Silentium"* verhält, wie man singen soll, wie die Leitung sich verhalten soll, wann und wie die Mütze zu tragen ist, was anzu-

---

Handbuch des Kösener Corpsstudenten, Ausgabe 1985, Seite 191 f.
Ebenda, Seite 193.
Vgl. ebenda, Seite 194 ff.

ziehen ist, wie begrüßt wird und in welcher Reihenfolge[801] und so weiter. Selbst das Zeitmaß wird von der Gemeinschaft bestimmt, so gibt es im Rahmen des Biercomments ein eigenes Zeitmaß, nach dem fünf *„Bierminuten"* drei Zeitminuten entsprechen.[802]

Dem nun eigentlich inhaltlich abgeschlossenen Kapitel sind noch zwei weitere Unterkapitel angehängt, eines zum Thema *„Sitten und Bräuche der Corps in Österreich und im Sudetenland"*, das andere zu den *„Besonderheiten der baltischen Corps"*.[803] Damit endet das Kapitel 9 des Handbuches.

Zum ausgewählten Textabschnitt über die Kneipe: Dieser teilt sich wiederum in vier Abschnitte. Der erste Abschnitt könnte mit *„Sinn und Zweck der Kneipe"* überschrieben werden, der zweite behandelt die Absicht und die Vorteile der Übung, der dritte nimmt Bezug auf den Trinkzwang und hebt durch Fettdruck den Präsidenten des Reichsgesundheitsrates und Corpsstudent *Krohne* hervor, der sich mit Erfolg gegen den Trinkzwang engagiert hatte. Im letzten Abschnitt wird eine gewisse Authentizität im Kneipverhalten angemahnt, jede *„Gespreiztheit"* soll vermieden werden.[804]

Der Abschnitt eröffnet mit der Feststellung, daß über den Sinn und Zweck sowie Gestaltung einer Kneipe sehr viel geschrieben worden sei,[805] wohl um darauf hinzuweisen, daß es um ein wichtiges Thema des corpsstudentischen Lebens gehen muß. Der nächste Satz wird diesbezüglich deutlicher:

„Das Interesse, das gerade dieser Veranstaltung gilt, ist auch berechtigt, denn kaum eine andere Einrichtung – von den Corps-Conventen abgesehen – steht so sehr im Mittelpunkt des Corpslebens wie die Kneipe. Sie prägt den gesellschaftlichen Stil des Corps, trägt wesentlich zur Erziehung der Corpsangehörigen bei und wird u. a. zum ‚Markenzeichen' des Corps."[806]

CC und Kneipe haben also etwas gemeinsam: Einerseits sind sie die Elemente, an denen sich der *„gesellschaftliche Stil"* des Corps ablesen läßt. Andererseits sind beides Sozialisationsmethoden der Gemeinschaft, die den Einzelnen in diese einordnen helfen sollen.

Beide Funktionsweisen zusammen, Kontrolle der Gemeinschaft und Erziehung des Einzelnen im Sinne der Gemeinschaft ergeben, daß sowohl CC als auch Kneipe zwei zentrale Vergemeinschaftungsmethoden sind.

CC und Kneipe stehen also im *„Mittelpunkt des Corpsleben"*. Hinsichtlich der Bedeutung, die der Kneipe im Corpsleben zugemessen wird, herrscht unter Corpsstudenten Konsens, denn auch Erich Bauer bezeichnet in seinem Schimmerbuch die offizielle Kneipe als *„Eckpfeiler des Corpslebens"*[807]. Un-

[801] Bezüglich der Angabe der Reihenfolge in der Begrüßung ist die Aufzählung im Handbuch des CV die ausführlichste: Die Liste wird in „Staat", „Kirche" und „Hochschule und Wissenschaften" unterteilt und beginnt mit den höchsten Würdenträgern (Bundespräsident, etc.) und erstreckt sich in den Abstufungen über 13 Seiten. Vgl. CV-Hanbuch, Ausgabe 2000, Seite 274-286.

[802] Vgl. Christian Helfer, Kösener Brauch und Sitte, Seite 38.

[803] Vgl. Handbuch des Kösener Corpsstudenten, Ausgabe 1985, Seite 204-206, bzw. 207-208.

[804] Vgl. ebenda, Seite 179.

[805] Vgl. ebenda, Seite 176.

[806] Ebenda, Seite 176. Hervorhebung im Original.

[807] Erich Bauer, Schimmerbuch für junge Corpsstudenten, Seite 56.

ter zusätzlicher Einführung des geschlechtlichen Aspektes schreibt Roland Girtler in seinem Aufsatz zur Kneipe:

„Die Kneipe ist die zentrale Veranstaltung des Corps als Männerbund."[808]

Die hohe Gewichtung der Kneipe als Sozialisationsmethode entspricht der Absicht der corpsstudentischen Gemeinschaft, die ganze Persönlichkeit (Verhalten, Denken, Handeln) zu formen. Der einzelne soll die von der Gemeinschaft vorgegebenen Verhaltens- und Handlungsweisen inkorporieren. Das Ziel der Inkorporation ist die Einheit des einzelnen mit der Gemeinschaft. Nur wer ganz in der Gemeinschaft aufgegangen ist, ist auch nach außen in der Lage, diese zu repräsentieren, den gesellschaftlichen Stil des Corps nach außen zu verkörpern und nach innen zu leben, Vorbild zu sein. Im zweiten Teil des ausgewählten Textes findet sich die Bestätigung:

„Als entscheidendes Element der Kneipe und auch des Kommerses gehört hierzu jener gute Stil, der allerdings nur denen vorbehalten ist, die ihn auch beherrschen. Einen solchen Stil zu pflegen und zu entwickeln, dürfte eine der vordringlichen Aufgaben eines jeden Corps sein."[809]

Das Ziel der Kneipe (und auch des CC) ist die Formung des einzelnen zur Befolgung und Verinnerlichung des corpsstudentischen Habitus, eben der „Kösener Sitten und Gebräuche".

Das zunächst dringendste Erziehungsanliegen der studentischen Kneipe ist das Erlernen der corpsstudentischen Regeln innerhalb eines festen Rahmens. Innerhalb des Rahmens darf der einzelne – sofern er den Rahmen inkorporiert hat, ihn beherrscht – eine Art Freiheit genießen. Insgesamt ist der corpsstudentische Habitus auf der Kneipe, aber auch in anderen Belangen – wie Bourdieu es in einer Arbeit über den Habitus formuliert – :

„in diesem Sinne ganz und gar festgelegt, weil er das Produkt der Geschichte ist und man dessen Genese beschreiben kann, man kann sagen: das ist auf diese oder jene Weise gebildet worden. Gleichzeitig ist er ein Erzeuger von Freiheit, das heißt, Sie können vom **Habitus** ausgehend improvisieren, und innerhalb bestimmter Grenzen haben Sie einen beachtlichen Improvisationsspielraum."[810]

Das Handbuch bestätigt diese Auffassung Pierre Bourdieus:

„Frohsinn und Gelöstheit stehen obenan und entwickeln sich im Rahmen der inneren Ordnung und Disziplin."[811]

Gemeint ist also die Erziehung zur Verinnerlichung des corpsstudentischen Habitus für den einzelnen und die gemeinschaftliche Kontrolle desselben durch den vorgegebenen Rahmen der Gemeinschaft als Aufgabe für alle Beteiligten.

Bauer schreibt dazu:

„Sie (die Kneipe, Anmerkung S. P.) erzieht zur disziplinierten Einordnung in einen fröhlichen großen Kreis, zum korrekten Benehmen und zur ständigen Selbstkontrolle des eigenen Verhaltens auch in einem durch Alkohol ent-

---

[808] Roland Girtler, in: Rolf Joachim Baum (Hrsg.), Seite 356.
[809] Handbuch des Kösener Corpsstudenten, Ausgabe 1985, Seite 176.
[810] Pierre Bourdieu, Wie die Kultur zum Bauern kommt. Über Bildung, Schule und Politik, Schriften zu Politik & Kultur 4, Hamburg 2001, Seite 165 f. Hervorhebung im Original.
[811] Handbuch des Kösener Corpsstudenten, Ausgabe 1985, Seite 176.

hemmten Zustande, nicht zuletzt auch zum Erkennen der Grenzen, die jeder für seine Person in solcher Lage einzuhalten hat. Sie erzieht also zu Eigenschaften, die im gesellschaftlichen Leben so notwendig sind, die man erlernen kann, deren Fehlen dem Einzelnen aber später so viele Unannehmlichkeiten bereitet.[812]

Einordnung in die Gemeinschaft, das ist der Zweck des Mittels Kneipe, die zur zusätzlichen Erweiterung der persönlich möglichen Grenzen Alkohol einsetzt, so daß der Einzelne durch künstlich herbeigeführte Grenzüberschreitung die Grenzen der Gemeinschaft auch außerhalb seiner selbst kennenlernt und so mit Grenzüberschreitungen umzugehen lernt.[813]

Die hier herausgearbeitete Funktion des Alkohols findet sich auch im Text des Handbuches wieder:

„Wichtig ist allein, daß aus den Corps junge Männer hervorgehen, die sich frei zu bewegen und zu beherrschen gelernt haben. Dazu gehört auch, und gewiß nicht an letzter Stelle, die Erfahrung und die Kraft zur Selbsteinschätzung, wann die eigene Grenze erreicht ist. Auch im vorgerückten Stadium die guten Sitten und Bräuche zu beherrschen, läßt sich wohl kaum besser als auf der Kneipe im überschaubaren Kreise der Corpsbrüder erlernen.[814]

Alkohol ist das Mittel der Weitung, die Gemeinschaft im Sinne ihrer Kontrollfunktion über den Einzelnen die Verengung. Sie achtet auf die Einhaltung ihrer Grenzen. Die Individualität des einzelnen wird so selbst außerhalb der natürlichen Grenzen des einzelnen der Gemeinschaft untergeordnet.

Die herausragende Rolle des Alkohols ist besonders auffallend und daher noch genauer zu untersuchen, um die These des bewußten Einsatzes von Alkohol zu erhärten und um möglicherweise weitere Funktionen herauszuarbeiten. Über einen tieferen Zusammenhang zwischen dem Alkoholgenuß auf der einen und der studentischen Kneipe bzw. dem Symposion auf der anderen Seite schreibt Menno Aden (selbst Corpsstudent) in der corpsstudentischen Verbandszeitschrift[815]:

„Der Rausch ist ein Zustand, in welchem wir – psychologisch gesprochen – das Auge unsres Über-Ichs betäuben und gleichsam „ich" sein können, ohne der Kontrolle des Über-Ichs ausgesetzt zu sein.[816]

Das bedeutet, daß mit dem Einsatz von Alkohol die Aussetzung der individuellen Kontrolle beabsichtigt ist, um der Gemeinschaft Zugang zum Kontrollzentrum des Individuums zu verschaffen. Das geschieht, indem das Regelzentrum des einzelnen durch den Konsum von Alkohol ausgeschaltet, zumindest aber stark eingeschränkt werden soll. Der Autor hat offensichtlich keine genauere Kenntnis von der Struktur der Psyche nach Freud, da er die

---

[812] Erich Bauer, Schimmerbuch für junge Corpsstudenten, Seite 56.

[813] Auch das erinnert an die Totalkontrolle im wirtschaftlichen Sinne, der ein „nichtzerstörendes Prüfungsverfahren" zugrunde liegt. Vgl. Gablers Wirtschafts-lexikon, Band 7, Seite 3290.

[814] Handbuch des Kösener Corpsstudenten, Ausgabe 1985, Seite 176.

[815] Vgl. Menno Aden, Die studentische Kneipe und der Mos Graecus, in: KSCV/VAC/WSC/WVAC (Hrsg.), Corps. Das Magazin, Heft 3/2001, Seite 40/41 und Heft 4/2001, Seite 40/41.

[816] Menno Aden, Heft 3/2001, Seite 40.

Begrifflichkeiten falsch verwendet, indem er „Über-Ich" und „Ich" verwechselt. Stark verkürzt ist das Ich die Kontrollinstanz zum „Es" (Instanz der Triebe, etc.) in Abwägung und Vermittlung zum „Über-Ich".[817] Das Regelzentrum ist allerdings das Ich, nicht das „Über-Ich". Das „Über-Ich" beherbergt die Traditionen und Vergangenheiten, die als persönliche Ideologien und als „Gewissen" nur schwer und nur langsam veränderbar sind.[818]

Die kontrollierende Funktion des individuellen „Ichs" wird durch starken Alkoholkonsum gestört. Die Regeln/Grenzen der Gemeinschaft werden nun zu der Struktur, zur Kontrollmöglichkeit, nach der es jetzt noch – „im vorgerücktem Stadium" – zu handeln gilt und die (da sie als Reglement direkt an den Konsum von Alkohol gekoppelt sind) auch noch unter Alkoholeinfluß beachtet werden können. Das Regelement der Gemeinschaft kann nun seinen Einfluß voll entfalten und veranlaßt das Individuum, seine durch den Alkoholkonsum geweiteten Grenzen dem gemeinschaftlichen Kanon wieder unterzuordnen. Beide Aspekte sollen anhand von Zitaten nachgezeichnet werden: Die Weitung durch den Alkohol wird besonders anschaulich – wenn auch ein wenig überzeichnet - in dem Roman „Der Untertan" von Heinrich Mann beschrieben; das Anliegen, warum die Gemeinschaft den Genuß von Alkohol für ihre Zwecke nutzt, gibt Menno Aden wieder:

„Das Bier! Der Alkohol! Da saß man und konnte immer noch mehr davon haben, das Bier war nicht wie kokette Weiber, sondern treu und gemütlich. Beim Bier brauchte man nicht zu handeln, nichts zu wollen und zu erreichen, wie bei den Weibern. Alles kam von selbst. Man schluckte: und da hatte man es schon zu etwas gebracht, fühlte sich auf die Höhen des Lebens befördert und war ein freier Mann, innerlich frei. Das Lokal hätte von Polizisten umstellt sein dürfen: das Bier, das man schluckte, verwandelte sich in innere Freiheit. Und man hatte sein Examen so gut wie bestanden. Man war „fertig", war Doktor! Man füllte im bürgerlichen Leben eine Stellung aus, war reich und von Wichtigkeit: der Chef einer mächtigen Fabrik von Ansichtskarten oder Toilettenpapier. Was man mit seiner Lebensarbeit schuf, war in tausend Händen. Man breitete sich, vom Biertisch her, über die Welt aus, ahnte große Zusammenhänge, ward eins mit dem Weltgeist. Ja, das Bier erhob einen so sehr über das Selbst, daß man Gott fand!"[819]
„Der Rausch ist so der Austritt (Ekstase) aus der Sterilität und damit die eigentliche Voraussetzung dafür, daß sich eine neue Ordnung, nach der Ernüchterung, finden kann. (...) Der Rausch gibt daher dem Ich die Möglichkeit, sich in der Ernüchterung neu zu koordinieren und die Elemente, aus welchen es besteht, neu zu ordnen."[820]

Die Neuordnung nach der Weitung erfolgt im Sinne der Gemeinschaft. Durch die oft wiederholte Herbeiführung der Ich-Störung durch Alkohol innerhalb des Corpsleben kann dann auch eine Beeinflussung des Über-Ichs erfolgen,

[817] Vgl. Sigmund Freud, Abriß der Psychoanalyse. Einführende Darstellungen, Frankfurt am Main 1994, Seite 42.
[818] Vgl. Sigmund Freud, Neue Folge der Vorlesungen zur Einführung in die Psychoanalyse, Frankfurt am Main 1991, Seite 70.
[819] Heinrich Mann, Der Untertan, München 1991, Seite 24. Hervorhebung im Original.
[820] Menno Aden, Seite 40.

in dem mit der permanenten Wiederholung allmählich auch das Gewissen, die persönliche Tradition und die Ideologien, die meist aus der primären Sozialisation erwachsen sind von der Tradition, der (Mannes-) Ideologie der Gemeinschaft ergänzt bzw. ersetzt wird.

Der junge Corpsstudent, der Fuchs, wird seitens der Gemeinschaft als noch nicht erwachsen angesehen. Die Erweiterung (Störung des Ichs) mittels des Alkohols wird daher auch gezielt bei den jungen Mitgliedern als besonders wertvolle Möglichkeit der Einflußnahme gesehen und eingesetzt:

„Es ist typischerweise ein Anliegen des jungen Menschen, der seine endgültige Form noch nicht gefunden hat, die Elemente seines Ichs aus der gefaßten Ordnung herauszulösen und neu anzuordnen."[821]

Es ist aber mehr als fraglich, ob es wirklich das eigene Anliegen ist, daß den jungen Corpsstudent zur Neuordnung seines Ichs bewegt. Die Gemeinschaft läßt ihm jedenfalls keine freie Wahl, da die Zugehörigkeit zur Gemeinschaft während der Kneipe an die sogenannte Bierehre (Grundsatz des Verhaltenkanons, des Comment) gekoppelt ist, die ihn nur als würdig und berechtigt ausweist, solange er „commentmäßige" Stoffe zu sich nimmt, die im Regelfall alkoholisch sind. Genannt werden meist Bier, Wein, Bowle, Sekt und Schnaps.[822]

Die jungerwachsene Phase des Lebens, in der sich der junge Corpsstudent zu Beginn seines Studiums normalerweise befindet, ist aber psychologisch gesehen auch die Phase, in der neben der noch intakten Elterninstanz des „Über-Ich" es zur Ausbildung eines „Über-Ichs" kommt, daß genauso richtet und beobachtend kontrolliert, allerdings nicht aus dem Erbe der Eltern bezogen wird, sondern aus Einflüssen anderer Ideale.[823] In dieser Phase der Lösung von der Elterninstanz und der Herausbildung eines eigenen „Über-Ichs", der Phase der Individualisierung, tritt die Korporation auf, die den Heranwachsenden in der Ausbildung eines eigenen „Über-Ichs" einschränkt. Die Mitglieder der Corps bleiben, war die Sozialisation umfassend genug, zumindest bis weit in die Zeit nach dem Studium nahezu auf dem Stand von Heranwachsenden. Die Implementierung der gemeinschaftlichen Ansprüche in das „Über-Ich" erscheint aus Sicht der Korporationen als erstrebenswert, denn das „Über-Ich" ist auch die Instanz, in der die Anforderungen des jeweiligen sozialen Milieus gespeichert sind und werden.[824] Soll also das Mitglied auf einen bestimmten Habitus trainiert (inkorporiert) werden, ist die Einflußnahme auf das „Über-Ich" notwendig. Durch die permanente Störung des individuellen „Ichs" und des Ersatzes durch das gemeinschaftliche „Ich" lernt der junge Corpsstudent die Gemeinschaft als die ihn anerkennende aber auch beurteilende, kontrollierende Instanz, ähnlich einem Elternersatz, zu akzeptieren.

---

[821]   Ebenda, Seite 40.

[822]   Vgl. Hans Weindel (Hrsg.), Biercomment des Corps Suevia, Seite 3, § 13.

[823]   Vgl. Sigmund Freud, Neue Folge der Vorlesungen zur Einführung in die Psychoanalyse, Seite 67.

[824]   Vgl. Sigmund Freud, Abriß der Psychoanalyse. Einführende Darstellungen, Frankfurt am Main 1994, Seite 43.

Der dritte Abschnitt des Ausgangstextes informiert darüber, daß es mit dem Beschluß auf dem oKC (ordentlicher Kösener Congreß) von 1927 eigentlich keinen Trinkzwang mehr auf den Kneipen Kösener Corps gibt.[825]

Dieser für die Corps als recht einschneidend dargestellte offizielle Beschluß ist für die Gemeinschaft von geringer Wirkung, solange die an den Genuß von Alkohol gekoppelte Bierehre noch existent ist. Die Bierehre ist jedoch die gemeinschaftliche Einigung, nach der sich alle zu fügen haben. Das bedeutet, gäbe es keinen Trinkzwang mehr, wäre die Kneipe als Erziehungs- und Vergemeinschaftungsmethode nahezu nutzlos. Auch das findet sich in dem Artikel bestätigt:

„Auf der Kneipe sind nur Zecher, die einen Trinkzwang gegenüber anderen ausüben, ihrerseits aber diesem Trinkzwang ebenso ausgesetzt sind. Wer sich diesem entzieht und dem Biercomment nicht folgt, wird ebenso wie der stille Trinker von der Kneipe verwiesen."[826]

Demnach ist der offizielle Beschluß vielleicht eher sogar den damaligen Kritikern geschuldet, um diesen die Argumente zu nehmen, während man in der Gemeinschaft verfährt wie vorher auch. Sowohl die Bilder, als auch der vierte und letzte Abschnitt des Basistextes, der von den zwei Bildseiten unterbrochen ist, deuten darauf hin:

„Jede Gespreiztheit wirkt lächerlich und bietet Korporationsgegnern, wie dies der Geschichte des Korporationswesens allzuoft zu entnehmen ist, den willkommenen neuen Anlaß zur oft bösartigen Kritik in Wort und Bild. Vermeiden wir also jene von uns selbst nicht gewollten Anlässe."[827]

Links vom Text befindet sich die Bildseite mit den zwei kritischen Karikaturen aus dem Simplizissimus von 1928, wodurch eine Assoziation von Aufgabe des Trinkzwanges und den Aussagen im Text nahegelegt wird. Ironischerweise kann sogar der nicht gewollte Anlaß direkt mit dem oKC-Beschluß der Aufgabe des Trinkzwanges verbunden werden, indem dann der Beschluß als Gespreiztheit erscheint, der schließlich zur bildhaften Kritik führte.

Es lassen sich für die Interpretationen dieser inhaltlichen Ergebnisse zwei unterschiedliche Theorieansätze heranziehen: Zum einen ist es das schon in Kapitel 3 erwähnte Gedankengebäude der Communitas von Viktor Turner, das sich hier an den mehrmaligen Gegenüberstellungen von Rahmen und Freiheit (Chaos und Struktur) herausarbeiten läßt. Zum anderen handelt es sich um das theoretische Gebäude des psychischen Apparats, wie er von Sigmund Freud entwickelt worden ist. Die Parallele hierzu wurde durch die von dem Corpsstudenten Menno Aden getroffene Auswahl der aus der Psychoanalyse stammenden Begriffe angeregt. Beide Theorien beschreiben in Bezug auf die Corps einen ähnlichen, aufgefaßt als homologen,[828] allerdings

---

[825] Vgl. Handbuch des Kösener Corpsstudenten, Ausgabe 1985, Seite 176.

[826] Menno Aden, Heft 3/2001, Seite 41.

[827] Handbuch des Kösener Corpsstudenten, Ausgabe 1985, Seite 179.

[828] Vgl. Gabriele Sturm, Wege zum Raum. Methodologische Annäherungen an ein Basiskonzept raumbezogener Wissenschaften, Opladen 2000, Seite 173. Vgl. weiterhin Pierre Bourdieu, Die feinen Unterschiede, Seite 364, 367 ff. Homolog ist als Bezeichnung für zwei zwar unterschiedliche (hier die Ebene), jedoch „entsprechende" Komplexe zu verstehen. Eine ähnliche Homologie (mit Turners Chaos-Struktur-Theorie) findet sich bei: Vgl. Mario Erdheim, Ritual und Reflexion, in: Corinna Car-

von der Ebene der Betrachtung her gesehenen unterschiedlichen Zusammenhang. Durch eine bildliche Darstellung soll das verdeutlicht werden:

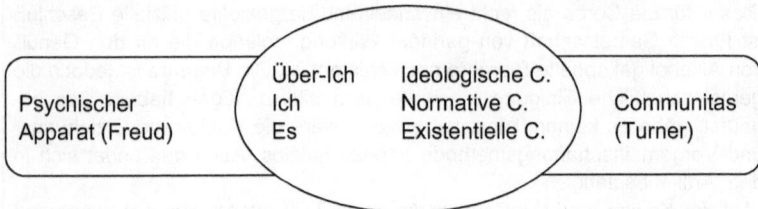

	Über-Ich	Ideologische C.	
Psychischer	Ich	Normative C.	Communitas
Apparat (Freud)	Es	Existentielle C.	(Turner)

Abb. 5: Die Homologie der Theorien von Turner und Freud

In Kapitel 4.4 werden die zwei unterschiedlichen Elemente und die zwei Theoriengebäude wieder aufgegriffen und durch die Ergebnisse aus dem folgenden Kapitel erweitert.

4.3.3 Die Mensur

Die Eintragungen zur Mensur sind im *„Studentenhistorischen Lexikon"* sehr umfangreich und nach verschiedenen Bereichen geordnet: Nach den allgemeinen Erläuterungen gibt es Eintragungen zu den Unterbegriffen: Erscheinungsbild, fakultative Mensur, Reformversuche, Sinn, soziologische Hypothesen, Aggressionstrieb, Streit um die Mensur in der Deutschen Burschenschaft, Bundeswehrhochschulen, strafrechtliche Beurteilung, kirchenrechtliche Beurteilung, nationalsozialistische Verbotszeit. Insgesamt dürften die Informationen zum Thema Mensur im Lexikon die umfangreichsten sein, immerhin umfassen die Beiträge allein zum Eintrag Mensur fünfeinhalb Seiten, davon über drei Seiten zu rechtlichen Entwicklungen.[829] Der Umfang spricht für die Bedeutung der Mensur für das corpsstudentische Gemeinschaftsleben und dem damit zusammenhängenden Bedürfnis der Rechtfertigung dieser Sozialisationsmethode. Auch in vielen corpsstudentischen Publikationen wird der Mensur viel Raum zugestanden, so weist sowohl das Handbuch als auch die letzte Festschrift von 1998 von Rolf-Joachim Baum ein eigenes Kapitel zu diesem Thema auf, ein Teil dieses Textes ist der Basistext dieses Unterkapitels.[830] Die Kösener Verbände KSCV/VAC widmeten der Mensur im politisch bedeutsamen Jahr 1968 sogar eine eigene Denkschrift.[831]

Die Mensur ist ein wichtiger und offenbar unentbehrlicher Bestandteil der Corps.

---

[829] duff/Johanna Pfaff-Czarnecka (Hrsg.), Theorien – Kontroversen – Entwürfe, Berlin 1999, Seite 169 f.
Vgl. Robert Paschke, Studentenhistorisches Lexikon, Seite 178-184.

[830] Vgl. Hermann Rink, Vom studentischen Fechten bis zur Mensur, in: Handbuch des Kösener Corpsstudenten, Ausgabe 1985, Kapitel 8 und vgl. derselbe, Die Mensur, ein wesentliches Merkmal des Verbandes, in: Rolf-Joachim Baum (Hrsg.), Seite 383-402.

[831] Vgl. KSCV/VAC (Hrsg.), Die Mensur. Herkunft, Recht und Wesen.

Das Lexikon versteht unter der Mensur das studentische Fechten. Das Wort selbst wird vom lateinischen „mensura" – das Messen, abgeleitet, womit die Abmessungen des Kampfplatzes gemeint sind, innerhalb dessen der Kampf stattfinden soll. Seit Mitte des 19. Jahrhunderts beschreibt das Wort die Paukerei, also den Kampf selbst. War die Mensur zu Anfang des 19. Jahrhunderts durchaus variabel und unterlag regionalen Verschiedenheiten, wurde sie im Laufe der Zeit bezüglich der Fechtart, der Bandagen und Schutzvorrichtungen, ebenso hinsichtlich der zu wählenden Waffen vereinheitlicht. Seit etwa 1870 ist die Mensur, die bis heute unter Ausschluß der Öffentlichkeit stattfindet, abgelöst vom ehrenreinigenden Charakter der früheren Mensur, als Schlägermensur bekannt. In ihrer unbeweglichen Form[832] erfüllt sie seither hauptsächlich erzieherische Funktionen.[833] Ehrbeleidigungen wurden offiziell noch bis 1951, nach Genehmigung durch ein Ehrengericht, mit dem Säbel ausgetragen (Duell).[834]

Auch an der Mensur zeigt sich die Bedeutung eines festen Rahmens als wichtiger Bestandteil der Durchführung. Zusätzlich ist der Zeitpunkt der Verfestigung der Regeln (seit ca. 1870) insofern bedeutend, als er in Zusammenhang mit der Umgestaltung des Corps zum Lebensbund zu sehen ist.

Der feste Rahmen der Mensur ist nicht nur in dem bildlich abgemessenen Kampfraum zu sehen, sondern auch in den Regeln, die im sogenannten Paukcomment, einem meist regional gültigen Regelwerk,[835] zusammengefaßt sind und nach dem sich die Teilnehmenden zu richten haben.[836] Für den Hergang einer Mensur ergibt sich in Wiedergabe der Regeln in etwa folgendes Bild, das in einem längeren Zitat wiedergegeben wird: Die Vorgehensweise der Mensur

„besteht darin, daß sich die Fechter mit gleichen Waffen, dem scharfgeschliffenen, vorn abgerundeten Schlägern, einer ausschließlichen Hiebwaffe, bekämpfen. Durch geeignete Vorkehrungen, nämlich Stahlbrille, Bandagen und feste Lederpolster am Kopfe, dem alleinigen Ziele des Angriffs, schützen sich die Fechter vor Lebensgefahr und schweren, nachhaltigen Schädigungen der Gesundheit und ebensolchen Entstellungen; jedoch sind blutende, seltener jedoch stark blutende Verletzungen mehr oder minder häufig. Die Bestimmungsmensur wird in der Weise vorbereitet, daß die hiermit beauftragten Mitglieder der Korporation, die Fechter stellen wollen, diese nach fechterischem Können und Körperbeschaffenheit zur Mensur zusammenstellen, sie bestimmen. Kommt eine genügend große Anzahl solcher Partien zusammen, so wird der Bestimmtag festgesetzt und abgehalten. Die Partie wird von einem gewählten Unparteiischen aufgerufen, die Fechter treten sich

832 Unbewegliche Form bedeutet, daß der Körper der Paukanten bis auf den Arm, der die Hiebe führt, unbeweglich bleiben muß. Die Mensur hat demnach mit dem Sportfechten sehr wenig gemein.
833 Vgl. Robert Paschke, Studentenhistorisches Lexikon, Seite 178 f.
834 Vgl. Hermann Rink, Die Mensur, ein wesentliches Merkmal des Verbandes, in: Rolf-Joachim Baum (Hrsg.), Seite 396.
835 Vgl. Constitution des Corps Borussia zu Tübingen, Seite 38. In § 111 heißt es hier: „Gefochten wird im Rahmen des jeweils gültigen Tübinger SC-Paukkomments."
836 Vgl. Dr. Jürgen Setter (Hrsg.), Paukkomments. Eine Materialsammlung. Schriftenreihe der Studentengeschichtlichen Vereinigung des CC, Heft 25, ohne Ort 1986.

222

auf den Abstand einer Schlägerlänge gegenüber, die Sekundanten zu ihrer Linken. Auch ein approbierter Arzt muß zur Stelle sein. Die Sekundanten geben ein verabredetes Kommando, auf das die Fechter losschlagen. Es werden nur Hiebe gefochten, die den vereinbarten Regeln entsprechen, andernfalls die Sekundanten einfallen und der unkorrekte Fechter nach Feststellung des Unparteiischen abgeführt, also disqualifiziert wird. Nach vier- bis achtmaligem Schlagwechsel wird der Gang durch Einfallen der Sekundanten beendet.[837] Die Mensur zählt etwa 40 Gänge. Vorzeitig beendet wird die Mensur, wenn sich ein Fechter Regelverstöße zuschulden kommen läßt, oder eine Verletzung erfolgt, die den Arzt veranlaßt, das Weiterfechten zu untersagen. Die Wertung der Mensur als genügend („zählend") erfolgt auf Grund einer Abstimmung, die die anwesenden stimmberechtigten Mitglieder des Bundes, welcher den Fechter herausgestellt hat, in ihrem Convente vornehmen. Einer solchen Abstimmung bedarf auch die Zurückziehung eines Fechters während der Mensur, wenn seine Haltung offensichtlich nicht genügt."[838]

Die Erziehung durch die Mensur besteht in der korrekten Durchführung unter Beachtung und Beherrschung der Regeln. Jegliches Abweichen vom Rahmen (Regeln) kann körperliche Schmerzen zur Folge haben. In einem gesonderten Convent wird die Mensur des Corpsbruders von der Gemeinschaft beurteilt.

Um die mögliche Brutalität einer Mensur zu veranschaulichen, wird der Verlauf einer Mensur mit einem längeren Zitat aus dem Roman *„Der krasse Fuchs"* von Walter Bloem wiedergegeben:

„(...): plötzlich schlug der Cimbernfuchs eine kecke Tiefquart[839] und spaltete dem Subsenior der Westfalen beide Lippen und die Nasenspitze. Fast schien's, als wollte der Westfalenpaukarzt die Verantwortung für ein längeres Stehenlassen des Zweitchargierten nicht mehr übernehmen; aber Herr Bracken, der nicht imstande war, zu sprechen, stampfte mit dem Fuß auf und schüttelte so energisch den Kopf, daß der Paukarzt achselzuckend zurücktrat.

„Herr Unparteiischer, von unserer Seite aus kann's weitergehen!"

„Silentium – Pause ex!"

„Fertig !"

---

[837]   4-maliger Schlagwechsel bezeichnet eine normale Bestimmungsmensur, erhöhter Schlagwechsel eine Mensur unter verschärften Bedingungen (z. B. die Mensuren in einer PP-Suite).

[838]   Werner Barthold, Rechtsstaat und Bestimmungsmensur", ohne Ort 1952, Seite 19, zitiert in: KSCV/VAC (Hrsg.), Die Mensur, Herkunft, Recht und Wesen, Seite 25 f.

[839]   Eine Tiefquart ist „ein Hieb, der fast waagerecht gegen die linke Gesichtshälfte des Gegners geschlagen wird (Quart trifft immer links bei rechtshändigen Gegnern). Eine Terz beschreibt einen Hieb auf die rechte Seite. Eine Außenquart ist ein „horizontal zur linken Schläfenseite des Gegners geführter Hieb, mit dem die Temporalis getroffen werden kann". Vgl. Christian Helfer, Kösener Brauch und Sitte, Seite 206 (Tiefquart), 166 (Quart) bzw. 204 (Terz) bzw. 25 (Außenquart). Bei einer regulären Mensur gibt es 4 Hiebe pro Gang, die Bezeichnungen Terz und Quart entsprechen der Trefferfläche auf dem Schädel, der dementsprechend aufgeteilt wird: Linke Seite ist die Quart-Fläche, die rechte Seite die Terz-Fläche, zusätzlich wird ein mittleres Feld eingefügt, genannt Prim (Scheitelgegend des Gegners). Vgl. VAC (Hrsg.), Anleitung zum Fechten mit dem Korbschläger, ohne Ort 1979, Seite 11 ff.

„Los !"
Krach, krach, krach –
„Halt!"
„Halt!"
Die Sekundanten hatten's beide fast in derselben Sekunde gerufen, aber auch aus der Korona waren unwillkürlich Haltrufe ertönt. Donnerwetter! Da hatte es ihn aber gehascht, den kleinen Cimbernfuchs!
„Herr Unparteiischer – wir erklären die Abfuhr!"
„Silentium! Cimbria erklärt Abfuhr nach sechs Minuten!"
„Herr Unparteiischer, bitte zuvor noch drei Blutige auf seiten von Cimbria! Wünscht einer der Herren noch Erklärungen? – Silentium, Mensur ex!"
Dammer war schauderhaft zugerichtet. Jeder Hieb hatte gesessen. Anhieb auf Außenquart ins linke Ohr, zweiter Hieb auf Quart, linke Schädelseite der Länge nach gespalten bis auf die Knochen, dritter Hieb auf Terz, Lappen bis tief in die Kopfschwarte hinein, Knochensplitter in allen drei Schmissen ... aber Dammer fragte nichts nach seinen Abfuhren ... während wahre Güsse Bluts über seine Stirn und Wangen rannen, suchten seine Augen nur den Blick seines Leibburschen, der ihm sekundiert hatte, um aus seinen Mienen zu lesen, ob er auch gut gestanden (...)."[840]
Die geschilderte Mensur in dem Studentenroman ist sicherlich eine der blutigeren Mensuren. Zurück bleiben tatsächlich meist nur kleinere Narben an den getroffenen Stellen, die als sogenannter „Schmiß" von symbolisch-männlicher Bedeutung sind.[841] Nicht weniger wichtig ist das Urteil der Gemeinschaft, das in dem Zitat den Corpsstudenten Dammer in der Erwartung desselben (ausgedrückt im Wunsche, in des Leibburschs Gesicht lesen zu können, wie es wohl ausfallen könne) sogar die nicht unwesentlichen Verletzungen vergessen läßt. Da sich am Reglement der Mensur bis heute nichts Wesentliches verändert hat, ist davon auszugehen, daß auch heute noch derlei Verletzungen vorkommen können und auch der geschilderte Ablauf ähnlich verlaufen dürfte, bis hin zu dem über allem stehenden Mensurconvent (die Gemeinschaft), der schließlich darüber befindet, ob der Paukant *„gut gestanden"* – seinen Mann gestanden –, sich also im Sinne der Gemeinschaft bewährt hat.

Völlige Unterwerfung unter die Gemeinschaft ist eines der Ziele, die mit dem „gut gestanden" umschrieben wird. Der Kopf ist während der Mensur nicht nur symbolisch entblößt (wie beim Landesvater), er ist die einzige Trefferfläche („den Kopf hinhalten"), das bedeutet, daß das höchste Gut des Menschen, sozusagen das individuelle Kontrollzentrum (der Kopf) der Gemeinschaft bei Zuwiderhandlung und Nichtbeherrschung der Regeln geopfert werden muß.

Die Mensur ist heute erstaunlicherweise rechtlich sowohl von Seiten des Strafrechts (1953) als auch des Kirchenrechts (kath. 1983) zugelassen, auch wenn sie von Seiten des Bundesgerichtshofes aus Gründen der Klassenbildung und aus Zweifeln an der Art der Erziehung durchaus und mit Nach-

---

[840] Walter Bloem, Der krasse Fuchs, Seite 124 f.
[841] Vgl. Roland Girtler, Corpsstudentische Symbole und Rituale – die Traditionen der Antike und der frühen Universitäten, in: Rolf-Joachim Baum (Hrsg.), Seite 372.

druck als kritikwürdig eingestuft wurde.[842] Interessant in der rechtlichen Beurteilung der Mensur ist auch das Urteil des Bundesverwaltungsgerichtshofes vom 4. November 1974, mit dem für Studenten an Bundeswehrhochschulen die Mensur straffrei wurde. Zuvor erschien das den Zuständigen für zu risikoreich im Sinne der gewünschten Wehrfähigkeit der Soldaten.

Während 1974 im Zuge der 68iger Bewegung die Nachwuchsprobleme der Corps und der anderen pflichtschlagenden Bünde erheblich waren, wurde die Akzeptanz der Mensur durch die Zulassung an den Bundeswehrhochschulen durch das Bundesverwaltungsgericht erhöht. Denn abgesehen davon, daß das Verbot vor der Zeit des Urteils kaum die Corps und die anderen schlagenden Bünde davon abhalten konnte, Mensuren zu schlagen, ist das Urteil vielmehr als Demonstration der Rechtmäßigkeit der Mensur und ihrer Bedeutung in einer für die Corps politisch schwierigen Zeit zu werten. Es zeigte sich einmal mehr das Zusammenwirken von Hochschule, Militär und Justiz zugunsten der Corps durch einen Konsens politischer Art (gleiches Milieu), obwohl die Klassenbildung durch die Mensur 1953 vom Bundesgerichtshof in seiner Urteilsbegründung zwar kritisiert, die Mensur aber dennoch straffrei gesprochen wurde.

Die genaue Analyse des Sinnes und Zwecks der Mensur verschafft Zugang zu den Ideologien der Mensur, die sie als Erziehungs- und Vergemeinschaftungsmethode für die Corps so unentbehrlich machen. Das Lexikon nennt als Sinn der Mensur *„Achtung des Gegners"*, *„bewußtes Eingehen eines persönlichen Risikos"* und *„die Überwindung des eigenen Ichs"*. Ferner werden soziologische Hypothesen gewagt, so wird der hohe Wert der Mensur für die Vergemeinschaftung angesprochen, aufschlußreich sind die Hinweise, daß schlagende Korporationen zum Konservatismus tendieren und die Intensität der sozialen Kontrolle in schlagenden Verbindungen vergleichbar sei mit der in asketischen Sekten.[843] Aus Sicht der Psychologie wird der Mensur im Lexikon der Zweck des Abbaus und der Umleitung des angestauten Aggressionstriebes zugeschrieben, wobei aber nicht weiter darauf eingegangen wird, woher der Aggressionsstau rührt.[844]

Abgeleitet von der Trieblehre Sigmund Freuds läßt sich vermuten, daß die Mensur als ein Akt der Aggression zu werten ist, der – ähnlich wie der Sexualakt – mit der Absicht der innigsten Vereinigung vollzogen wird.[845] Bei der Mensur geht es dann darum, sich mit der Gemeinschaft zu vereinigen. Sollte es psychisch möglich sein, sexuelle Aggression mit der Mensur auf die Gemeinschaft abzuleiten, so bekäme die Bemerkung vom angestauten Aggressionstrieb, der mit der Mensur abgeleitet und damit gemeinschaftlich ausgenutzt würde, einen Sinn.

---

[842]   Vgl. KSCV/VAC (Hrsg.), Die Mensur. Herkunft, Recht und Wesen, Seite 79. Hier Punkt II. der Gründe zum Urteil des Bundesgerichtshofes vom 29. 1. 1953 (BGHSt. 53, 473). Zur strafrechtlichen Bewertung der Mensur vgl. Susanne Stöver, Die strafrechtliche Bewertung der Mensur in Geschichte und Gegenwart, in: Projekt „Konservatismus und Wissenschaft" e. V. (Hrsg.), Verbindende Verbände, Seite 63-84.

[843]   Vgl. Werner Lackner, in: Robert Paschke, Studentenhistorisches Lexikon, Seite 179 f. Lackner ist Burschenschafter.

[844]   Vgl. ebenda, Seite 180.

[845]   Vgl. Sigmund Freud, Abriß der Psychoanalyse, Seite 45.

Insgesamt finden sich auch hier wieder zwei unterschiedliche Ebenen, die eine ist die der Gemeinschaft, die andere die des Individuums. Für die Gemeinschaft ist die Mensur eine Methode, das Zusammengehörigkeitsgefühl zu steigern, die Gemeinschaft selbst ist dabei wieder die oberste Autorität (das Höchste). Für den einzelnen bedeutet sie Erziehung durch Selbstüberwindung durch einen von der Gemeinschaft ausgeübten Zwang, entgegen der natürlichen Reflexe (während der Mensur darf der Kopf, auch wenn die gegnerische Klinge treffen wird, nicht weggezogen werden) zu reagieren, um die Zugehörigkeit zur Gemeinschaft zu sichern. Die Mensur zielt neben der Kneipe auf besondere Art auf den körperlich-geistigen Aspekt des Individuums im Vergemeinschaftungsprozeß.

Der als Basis für die Analyse ausgesuchte Text umfaßt den einführenden Abschnitt des Aufsatzes von Hermann Rink mit dem Titel: *„Die Mensur, ein wesentliches Merkmal des Verbandes".* Der Abschnitt selbst ist mit der Überschrift *„Weshalb wir fechten"* versehen und ist zweieinhalb Seiten lang. Weitere Abschnitte des insgesamt knapp zwanzig Seiten langen Textes sind mit *„Geschichtliche Entwicklung", „Bestimmungsmensur und Duellforderung"* und *„Zur rechtlichen und kirchenrechtlichen Beurteilung der Mensur"* überschrieben.[846] Inhaltlich folgt der Text mit Ausnahme des ausgewählten Abschnittes dem ebenfalls von Rink verfaßten Aufsatz im Handbuch des Kösener Corpsstudenten in der Ausgabe von 1985. Dieser Aufsatz bildet das Kapitel 8 mit der Überschrift *„Vom studentischen Fechten bis zur Mensur".*[847] Auf die Beachtung der geschichtlichen und rechtlichen Entwicklungen wurde hier verzichtet, da einerseits wichtige Details bereits an anderen Stellen dieser Arbeit Eingang gefunden haben, andererseits die Ausführungen bezüglich Absicht und Zweck der Mensur für die Analyse weitaus ergebnisreicher sind.

Der zu analysierende Textabschnitt selbst teilt sich in fünf Sinnabschnitte: Zunächst erfolgt die Einbindung des Fechtens in die studentische Geschichte, dann eine Einordnung der Mensur in den Sinn und Zweck eines Corps, es folgt die Abgrenzung zum Sport und das richtige Verständnis von Mensur, der vierte Sinnabschnitt betont die Kösener Statuten im Zusammenhang mit der Mensur und der letzte Abschnitt befaßt sich mit den PP-Suiten.[848] Letztere sind bereits behandelt worden, so daß die PP-Suiten nicht erneut thematisiert werden. Es verbleiben demnach vier Abschnitte zur genaueren Betrachtung.

---

[846]   Vgl. Hermann Rink, Die Mensur, ein wesentliches Merkmal des Verbandes, in: Rolf-Joachim Baum, Seite 383-402.

[847]   Vgl. Hermann Rink, Vom studentischen Fechten bis zur Mensur, Handbuch des Kösener Corpsstudenten, Ausgabe 1985, Seite 151-171.

[848]   Vgl. ebenda, Seite 383-385. Kurz zur Erinnerung der PP-Suiten: PP (Pro-Patria)-Suiten wurden und werden normalerweise zwischen zwei Corps geschlagen, um Uneinigkeiten/Streitereien zu lösen. Im Regelfall treten jeweils vier Corpsbrüder gegeneinander unter verschärften Bedingungen an. PP-Suiten werden gelegentlich auch aus Freundschaft zweier Corps durchgeführt. Vgl. Robert Paschke, Studentenhistorisches Lexikon, Seite 215.

Im ersten Abschnitt wird einleitend der Kösener SC-Verband „als das Urgestein unter den studentischen Verbänden"[849] dargestellt. Das Fechten war zur Zeit der Gründung des Verbandes für Studenten gesellschaftlich akzeptiert, für die Mitglieder eines Corps war es demnach normal zu fechten. Das Fechten bedurfte „im Sinne einer Identifizierung oder Abgrenzung" keiner „besonderen Erwähnung oder Festlegung in den Statuten"[850]. Der Autor mißachtet in diesem Zusammenhang völlig, daß das Fechten, besser das Tragen von Waffen, ein ständisches Privileg gewesen ist und damit selbstverständlich der Abgrenzung zu anderen Menschen niederen Standes und der Identifizierung einer Person als zum gehobenen Stand gehörend diente. Die Aussage trifft also nur zu, wenn man den gehobenen Stand in der Betrachtung berücksichtigt.

In den folgenden Zeilen wird diesbezüglich versucht, den Waffengebrauch als über den gehobenen Stand hinaus als allgemeingültig darzustellen:

„Der Student hatte das Recht, die Waffe zu tragen, er war stolz darauf und wußte auch, davon Gebrauch zu machen. Hier wie auch in der bekannten Rauflust der jungen Generation und der allgemeinen Waffenfreude der germanischen Völker liegen die historischen Wurzeln der heutigen Bestimmungsmensur."[851]

Die sich steigernde Verallgemeinerung vom Studenten zur angeblich rauflustigen jungen Generation zu den waffenbegeisterten germanischen Völkern – ohne nähere Begründung – wirkt konstruiert. Weder kann einer jungen Generation eine allgemeine Rauflust, sozusagen von Natur aus, unterstellt werden, noch ist das rassistische Argument der allgemeinen Waffenfreude der germanischen Völker rational nachvollziehbar.

Der Argumentationsgang basiert auf naturalistisch-biologistisch-rassistischem Gedankengut, nicht auf wissenschaftlichen Erkenntnissen, er ist vielmehr Ideologie. Zur Einordnung der historischen Wurzeln der Bestimmungsmensur enthält der Text die Stichworte Abgrenzung und Identifizierung.

Der zweite Abschnitt des Textfragmentes nennt die Erziehung der Mitglieder als Zweck der corpsstudentischen Gemeinschaft, dieser Erziehung dient auch die Mensur:

„Zur Erreichung dieses Zweckes dient neben den Instituten des Corpsconventes und der Kneipe auch das Institut der heutigen Bestimmungsmensur."[852]

Das Zitat bestätigt noch einmal die drei Haupterziehungsmittel, die als Institute bezeichnet werden, also als feste Einrichtungen im Corpsleben gelten.

Im Folgenden wird betont, daß die Mensur nicht auf Sieg oder Niederlage ausgerichtet ist, sondern auf die eigene Bewährung und auf das Urteil der Corpsbrüder.[853] Auch hier werden wieder zwei unterschiedliche Ebenen in

[849] Hermann Rink, Die Mensur, ein wesentliches Merkmal des Verbandes, in: Rolf-Joachim Baum (hrsg.), Seite 383.
[850] Ebenda, Seite 383.
[851] Ebenda, Seite 383.
[852] Ebenda, Seite 383.
[853] Vgl. ebenda, Seite 383.

der Wirkung deutlich: Das Individuum und die Gemeinschaft. Der Text erläutert die beiden Ebenen noch ausführlicher:

„Diese Übung, die verbunden ist mit der Überwindung der eigenen Angst, mit dem Einsatz für die Corpsgemeinschaft und der damit verbundenen Stärkung des Gemeinschaftsgefühls, dient der Erziehung zur Persönlichkeit genauso wie das Einstecken von Treffern, ohne dabei die Haltung zu verlieren, und die Hinnahme der Mensurbeurteilung durch die eigenen Corpsbrüder."[854]

Die Persönlichkeit soll durch die Mensur zu einem *„moralisch begründeten, ritterlichen Verhalten"*[855] erzogen werden.

Es wiederholt sich die Absicht in der Erziehung des Mitgliedes: Unterordnung und Opferbereitschaft als Leistung des einzelnen für die Integration in die Gemeinschaft und Wahrung der Haltung, der Selbstbeherrschung als Kennzeichen der Anerkennung der gemeinschaftlichen Grenzen, selbst unter körperlichen Schmerzen. Identifizierung und Abgrenzung sind die zwei zentralen Begriffe, die hier mit Inhalt gefüllt werden. Die Abgrenzung erfolgt aber auch noch in eine andere Richtung:

„Wer sich durch diese bewußt gestellten Anforderungen abschrecken läßt, hat in einem Corps ebensowenig verloren wie der, dem es nur auf das Niederprügeln seines Gegners ankommt."[856]

Dieser Satz erinnert an die Aussage von Menno Aden aus dem letzten Unterkapitel, in dem es zum Thema Kneipe hieß:

„Wer sich diesem (dem Trinkzwang, Anmerkung S. P.) entzieht und dem Biercomment nicht folgt, wird ebenso wie der stille Trinker von der Kneipe verwiesen."[857]

Die Mensur wird durch ihre körperlich-geistige Einzigartigkeit zum Selektionsmittel und versperrt Personen den Zugang zur Gemeinschaft, die sich einer derartigen Tortur nicht unterziehen wollen. Während die anderen Erziehungsweisen des Convents und der Kneipe sicherlich in ihrer Wirkung nicht zu unterschätzen sind, stellt die Mensur – unter geforderter Inkaufnahme körperlicher Verletzungen – die Bedingung der totalen Unterwerfung des Einzelnen unter die Gemeinschaft. Als Aufnahmebedingung ist sie *„Initiations- oder Mannbarkeitsritual"*, *„rituelle Mutprobe"* und *„Charakterprüfung"*,[858] in ihrer Wiederholbarkeit ist sie tiefgreifendes Erziehungsmittel.

Joachim Raack faßte die verschiedenen Aspekte der Mensur anschaulich zusammen:

„Die Mensur ist ein Mittel der Erziehung oder – wenn diese Bezeichnung etwa als zu schulmeisterisch empfunden wird – der Persönlichkeitsentwicklung dadurch, daß sie anleitet zu Mut, Selbstüberwindung, Selbstbeherrschung und Standhalten. Wer auf scharfe Waffen antritt, muß – soldatisch ausgedrückt – den inneren Schweinehund überwinden, nämlich die (...) Angst. Nicht ‚kniesen' oder reagieren verlangt Selbstbeherrschung. ‚Blutige' und ihr

---

Ebenda, Seite 384.
Ebenda, Seite 384.
Ebenda, Seite 384.
Menno Aden, Die studentische Kneipe und der Mos Graecus, Heft 3/2001, Seite 41.
Roland Girtler, Corpsstudentische Symbole und Rituale – die Traditionen der Antike und der frühen Universitäten, in: Rolf-Joachim Baum (Hrsg.), Seite 370, 371 und 372.

228

Flicken tapfer zu ertragen, lehrt Standhalten (...). Die Mensur ist nach innen ein Bindemittel, ein Integrationsmittel, also ein Mittel zur Verstärkung der Bindung an den Bund und die Brüder. Wer wiederholt auf die Farben seines Corps gefochten, sich dabei bewährt und meist auch kleinere Blutopfer gebracht hat, fühlt sich diesem ritterlichen Männerbund unvergleichlich enger verbunden, als in aller Regel ein Mitglied irgendeines anderen Vereins sich diesem verbunden fühlt. (...) Die Mensur ist nach außen ein Abschreckungsmittel, nämlich gegenüber solchen, die es nicht fertigbringen, den ‚inneren Schweinehund' zu überwinden, und die wir deshalb in unseren Reihen nicht haben wollen. Die Mensur errichtet auch einen nicht zu unterschätzenden Damm gegen Unterwanderung und Umfunktionierung durch Feinde des Corpsstudententums, denen es zur Erreichung ihrer Ziele sonst nichts ausmachen würde, Mitglied zu werden, die es aber mindestens als höchst lästig empfinden würden, dafür den Kopf den langen Messern hinhalten zu müssen.[859]

Die Corps konstruieren hier einen Feind und zugleich das symbolische Abwehrmittel. Am Ende des Zitates kommt zum Ausdruck, daß die Gemeinschaft ihren Mitgliedern Sicherheit vor einer unberechenbaren und chaotisch-bedrohlichen Umwelt bieten möchte. An der Realität des Feindes, der das Corpsstudententum direkt unterwandern und umfunktionieren möchte, darf gezweifelt werden. Vielmehr wird ein externes Feindbild zur Konstruktion der gemeinschaftlichen Sicherheitseinrichtungen in Form von Abgrenzungen und der Legitimation der eigenen Existenzform benötigt:

„Die Strenge (hier des Corpsreglements, wie z. B. die Mensur, die Kneipe, der Convent, Anmerkung S. P.) erwächst aus der Tatsache, daß Communitasgruppen von Anfang an das Gefühl haben, den sie umgebenen institutionalisierten Gruppen ausgeliefert zu sein. Sie entwickeln deshalb einen institutionellen Schutzpanzer, der an Dicke zunimmt, je stärker der Druck wird, der die Autonomie der Primärgruppe zu zerstören droht. Sie ‚werden zu dem, was sie sehen'.[860]

Das Zitat von Joachim Raack weist aber auf einen weiteren wichtigen Punkt hin. Zur Erlangung der vollwertigen Mitgliedschaft ist das Schlagen einer Mensur vorgeschrieben, sie ist daher auch Initiationsritual und durch die Wiederholbarkeit Erziehungsmittel. Ähnlich wie bei der Kneipe bedarf es ständiger Wiederholung, um eine erzieherische Wirkung zu erzielen. Hermann Rink bestätigt das in seinem Text:

„Es liegt im Wesen von Erziehungsinstrumenten, daß sie zum Erreichen ihres Zweckes möglichst oft eingesetzt werden sollen.[861]

Er empfiehlt anstatt einer schweren mehrere leichte Partien, um den erzieherischen Zweck besser verfolgen zu können. In den Konstitutionen der Corps wird neben der zu schlagenden Bestimmungsmensur als Aufnahmebedingung auch die Anzahl der mindestens zu schlagenden Mensuren während

[859] Joachim Raack, Vom Sinn und Wert der Mensur, in: WSC (Hrsg.), Die Wachenburg. Nachrichten des Weinheimer Senioren-Conventes, Heft 3/1983, Seite 116, Hervorhebung im Original.
[860] Victor Turner, Vom Ritual zum Theater, Seite 77, Hervorhebung im Original.
[861] Hermann Rink, Die Mensur, ein wesentliches Merkmal des Verbandes, Seite 384.

der aktiven Zeit festgehalten. Beim Corps Borussia zu Tübingen sind das z. B. drei gültige Partien, die als Voraussetzung zur Inaktivierung geschlagen worden sein müssen.[862] Verbunden mit der oftmals sehr gründlichen Vorbereitung (durch sogenannte Paukstunden) und der möglichen Anordnung von zusätzlich zu schlagenden Mensuren durch den Convent,[863] nimmt die Mensur viel Raum in der Erziehung der aktiven Corpsstudenten ein. Bezüglich der Anzahl findet man im dritten Sinnabschnitt des Textes in Abgrenzung der Mensur von der Sportmensur und Pflichtpartie folgendes:
„Der Convent gibt ein Maß vor, das von dem einzelnen erfüllt werden muß. (...). Wenn jedoch die Bestimmungsmensur unser Erziehungsinstrument ist, dann lebt es nur von seinem und durch seinen häufigen Einsatz und durch die Anpassung an die jeweiligen persönlichen Gegebenheiten."[864]
Die Mensur wird als Sozialisationsmethode für den Verband für alternativlos und unverzichtbar gehalten.[865] Der vierte und letzte Sinnabschnitt des Textes geht noch einmal auf die Statuten des Kösener Verbandes ein, die dem Thema Mensur gewidmet sind. Es wird mit Nachdruck darauf hingewiesen, daß nur der in ein Corps aufgenommen werden kann, der mindestens einmal auf *„blanke Corpswaffen geschlagen"* hat. Weiterhin wird unterstrichen, daß nach Kösener Auffassung
„jeder einsatzfähige Corpsbursch auf Verlangen seines Convents jederzeit anzutreten" hat.[866]
Der Abschnitt endet noch einmal mit der Betonung:
„Aktiv sein heißt im Kösener Sinne auch, Mensuren zu fechten."[867]
Damit endet das ausgewählte Textfragment.

Die Mensur ist für die Corps unverzichtbarer Bestandteil des gemeinschaftlichen Lebens. Sie vergemeinschaftet durch das Abverlangen von Standhalten und Beherrschung (Überwindung des Ich) und erzieht zu Opferbereitschaft und Unterordnung. Im Zentrum der Mensur steht die Gemeinschaft. Sie konstruiert den Rahmen, sie wählt die Gegner und sie beurteilt den Einzelnen nach der Mensur auf einem besonderen Convent nach Haltung und Technik.[868] Die Mensur ist auch Selektionsmittel, mit dem all die, die nicht bereit sind, eine Mensur zu schlagen, von der Gemeinschaft ferngehalten werden. Die Mensur wird als Sozialisationsmethode für die Gemeinschaft sowohl zur Einhaltung der Grenzen nach Innen, wie auch nach Außen eingesetzt.
Ein weiterer Aspekt der Mensur liegt in ihrer Bedeutung als Initiationsritual. Das Schlagen einer Mensur ist Voraussetzung zur vollwertigen Mitgliedschaft. Im Unterkapitel zum Thema Männerbund kam bereits die Funktion der corpsstudentischen Gemeinschaft als Übergang in die Erwachsenengesellschaft zum Ausdruck, sie findet in der Mensur als Ritual ein zentrales

862 Vgl. Constitution des Corps Borussia zu Tübingen, Seite 38, hier § 112.
863 Ebenda, Seite 38, hier § 114.
864 Hermann Rink, Die Mensur, ein wesentliches Merkmal des Verbandes, Seite 384 f.
865 Vgl. ebenda, Seite 385.
866 Vgl. ebenda, Seite 385.
867 Ebenda, Seite 385.
868 Vgl. zur Mensurbeurteilung: Constitution des Corps Borussia zu Tübingen, Seite 38, hier § 119.

Moment. In ihr bündeln sich verschiedene tiefliegende Werte der Gemein-schaft:[869] Männerbund, zentrale Autorität der Gemeinschaft, Unterwerfung unter die Gemeinschaft, Charakterprüfung, Bewährungsprobe, Erziehung zum Habitus ohne Mitleid sind einige direkt mit der Gemeinschaft zu-sammenhängende Werte. Die männlich organisierte Gesellschaft heute, die Ansicht von Familie, die Machtausübung durch männliche Eliten, etc. sind Werte, auf die die Gemeinschaft vorbereiten will.

Der „Gewinn" einer vollberechtigten Mitgliedschaft nach bestandener Mensur ist die Teilnahme an der Gemeinschaft und das damit verbundene Angebot der gemeinschaftlichen Ressourcen. Letztere umfassen nicht nur beruflich – materielle Vorteile, sondern auch ein Angebot von Sicherheit, Geborgenheit und das eines Familienersatzes.

Bedeutend ist nicht nur der implizierte Übergang vom jungen unerfahrenen Burschen in die Welt der erwachsenen Männer (auf den noch in Kapitel 5 eingegangen wird), sondern auch die Einordnung des Mannbarkeitsrituals „Mensur" seitens der Corpsstudenten. Sie vergleichen ihr Ritual mit den Ri-tualen in anderen Stämmen und Ländern:

„Bei den Australiern zum Beispiel muß der junge Mann einige Zeit alleine unter schwierigen Bedingungen im Busch leben. Bei afrikanischen Stämmen wiederum wird er zu durchaus nicht unblutigen rituellen Kämpfen aufge-fordert. Bei den Sioux-Indianern war es üblich, den jungen Mann, der zum vollberechtigten Krieger werden wollte, mit Haken an den Brustmuskeln auf-zuhängen und so unter Qualen eine bestimmte Zeit hängen zu lassen. Und bei den Jugendbanden der modernen Großstadt werden vom Jungmitglied verschiedenerlei Mutproben verlangt, zu denen zum Beispiel mutwillig ange-zettelte Raufereien gehören mögen. Männerbünde sind reich an solchen Ini-tiationsritualen, die der Wandlung vom Novizen zum Vollmitglied vorange-hen. Man kann sie daher mit gutem Grund als Mannbarkeitsrituale bezeich-nen."[870]

Auch die Kneipe, bzw. ein sich anschließendes Gelage wird in diese Traditi-on der Rituale gestellt, so daß sich Mensur und Kneipe im Verbund als typi-sches Ritual darstellen lassen:

„Ein geradezu klassisches Initiations- und Mannbarkeitsritual, in dessen Anschluß ebenso getrunken wird, ist die Mensur der Corps."[871]

Der Einordnung des eigenen Rituals durch die Corpsstudenten ist hier weiter nachzugehen: Im Zitat wurde auf männerbündische Rituale in einzelnen Stämmen in Australien und Afrika hingewiesen. Tatsächlich finden sich bei diesen Ritualen Parallelen mit den Corps: Sie betonen den Aspekt der Männ-lichkeit. Die Trennung von Nichtmännern (also den Frauen und Kindern) und die Aufnahme in Gruppen von Männern sind Elemente[872], die auch für ein Corps Gültigkeit haben. Ähnlichkeit besteht weiterhin in den Zielen einiger

---

[869]   Vgl. Victor Turner, Das Ritual, Seite 13.

[870]   Roland Girtler, Corpsstudentische Symbole und Rituale – die Traditionen der Antike und der frühen Universitäten, in: Rolf-Joachim Baum (Hrsg.), Seite 371.

[871]   Ebenda, Seite 371.

[872]   Vgl. Wolfgang Lipp, Männerbünde, Frauen und Charisma. Geschlechterkampf im Kul-turprozeß, in: Gisela Völger/Karin von Welck (Hrsg.), Seite 32.

Rituale: Bei den Reifeweihen der Uraustralier müssen sich die jungen Aborigines die Harnröhre aufschlitzen, wodurch sie zu menstruierenden Männern werden und sich vom „unreinen" mütterlichen Blut befreien und somit ihren Machtanspruch mit der körperlichen Reinheit begründen können. Bei den Yaka in Südwestzaire gibt es die Beschneidung der Knaben, zuvor wurden sie von den Nichtmännern getrennt. In einem Lager erfolgt eine dreijährige Erziehungszeit, die der Einübung der künftigen männlichen Rolle dient. Nach dieser Zeit wird gegenüber Kindern und Frauen mittels einstudierter Tänze die männliche Fähigkeit zur Ausübung transzendentaler (und damit überlegener) Kräfte demonstriert und beansprucht.[873]

Beide Rituale weisen Parallelen zum corpsstudentischen Mannbarkeitsritual auf. Von der Trennung aus dem gewohnten Umfeld, über blutige Beschneidungen bis hin zur Erziehungszeit und zur Entlassung in die Welt der Erwachsenen kann eine deutliche Ähnlichkeit herausgearbeitet werden. Vergleichbar mit „primitiven" Gruppen ist auch, daß viele Rituale dazu dienen, dem einzelnen Mitglied in einer Gruppe einen bestimmten Status zuzuweisen, der ihm eine gemeinschaftlich und teilweise auch gesellschaftlich (milieuspezifisch) anerkannte männliche Identität verleiht.[874] Die besondere Betonung der Sexualität in der rituellen Unterscheidung von Mann und Frau bei den „Naturvölkern" mag zunächst als nicht vergleichbar erscheinen, denn während die Naturvölker in ihren Ritualen das Genital in direkter Form einbringen, ist dies bei den Corps und den anderen schlagenden Korporationen nicht der Fall. Sie setzen als rituelles Zentrum den Kopf ein. In der corpsstudentischen elitär-männlichen Gesellschaft, insbesondere ausgedrückt in der von den Männerbundtheorien betonten Wertschätzung einer geschlechtlichen Unterscheidung der Genusgruppen hinsichtlich geistiger Leistungsfähigkeit, gilt besonders der Kopf als das entscheidende Kontrollzentrum, das es zu beeinflussen und somit rituell zu „bearbeiten" gilt. Der Intellekt beherbergt die Fähigkeit der geschlechtlichen Unterscheidung, er ist einzubringen – symbolisch durch den Kopf. Ist es bei den „primitiven" Gruppen z. B. die Beschneidung, ist es bei den Corps u. a. der Schmiß, der als Folge des Rituals den Mann als Mann im Sinne der Gemeinschaft (und des gesellschaftlichen Milieus) ausweist. Die Mensur ist geschlechtlich eine Vergesellschaftungsmethode.

Zum Abschluß dieses Unterkapitels soll noch ein weiteres Ritual eingebracht werden, das zwar in seiner Wirkung nicht so tiefgreifend ist wie die Mensur,

---

[873] Vgl. ebenda, Seite 33, bzw. 35.

[874] Vgl. z. B. Victor Turner, Das Ritual, Seite 79. Im Text wird das „Wubwang'u-Ritual" geschildert, das auf den Unterschied von Mann und Frau abzielt. Interessant ist die Einbeziehung von Liedern, die recht derb in ihrer Aussage sind und den Geschlechtskonflikt thematisieren. Die Lieder sollen die Anwesenden sexuell und körperlich stark machen. Unter den studentischen Liedern, die auf den Kneipen gesungen werden, finden sich gleichfalls zahlreiche derbe Lieder, die sowohl männliche als auch weibliche Eigenschaften überbetonen, so z. B. die Lieder „Sind wir vereint zur guten Stunde" oder „O wonnevolle Jugendzeit", in denen über holde Frauenzuschreibungen hinaus die sexuelle Doppelmoral der Korporierten gegenüber nicht standesgemäßen Frauen zum Ausdruck gebracht wird. Zu den Liedern vgl. Gesellschaft für Studentengeschichte und studentisches Brauchtum e. V. (Hrsg.), CV-Liederbuch, München 1981, Lied 81 und 85.

232

aber doch in einigen Abläufen und Intentionen Parallelen aufweist. Es handelt sich hierbei um den Bierjungen (auch Biermensur, Bierskandal oder Bierduell genannt), der in allen Korporationsverbänden bekannt ist.[875] Der Bierjunge als Duell zwischen zwei einzelnen Personen ist auch als Bierstafette zwischen zwei Korporationen bekannt. Was bei der Mensur die PP-Suite ist, ist hier die Bierstafette, auch Bier-PP genannt.[876] Das Ritual kann nahezu zu jeder Zeit, auch in der Anwesenheit von Gästen, ausgeführt werden und ist daher also beliebig wiederholbar, wodurch das erzieherische Element greifen kann. Es geht oberflächlich betrachtet darum, eine kleinere Beleidigung zwischen zwei Corpsstudenten, die aber immer auch als die Gemeinschaft treffende Beleidigungen angesehen werden, durch das Leeren eines Glases Bier beizulegen, der Bierjunge wird aber auch aus Vergnügen getrunken.[877] Das jeweils volle Bierglas ist die Waffe, die Austragenden sind die Paukanten, der Leiter des Rituals ist der Unparteiische, manchmal gibt es auch noch sogenannte Sekundanten, die für einen fairen Verlauf sorgen, die Zuschauer werden meist als Spektanten bezeichnet.[878] Der Bierjunge beginnt vor dem eigentlichen Verlauf mit der Beleidigung, der Beleidigte sagt daraufhin zu dem Beleidiger „Bierjunge!", der Angesprochene antwortet mit „Hängt!". Der Angesprochene hat damit die Herausforderung angenommen und kann darüber hinaus die Möglichkeit der Verdopplung einbringen, indem er antwortet „Hängt doppelt". In einigen Regelements sind weitere Steigerungen zulässig.[879] Mit einer Verdopplung ist später das Trinken von jeweils zwei vollen Gläsern verbunden, 0,25l oder 0,3l, also 0,5l bis 0,6l. Der Beleidigte erwählt danach einen Unparteiischen, der den weiteren Verlauf des Rituals leitet. Dieser eröffnet dann den Vollzug des Bierjungen mit den Worten:

„Tue mich auf als Unparteiischer in einem furchtbaren Bierskandal zwischen A und B."[880]

Er fragt die Beteiligten nach den Gründen und ob der weitere Verlauf bekannt ist.[881] Ist alles gesagt, fährt er fort, daß das Kommando nun scharf ziehe:[882]

---

[875] Vgl. Robert Paschke, Studentenhistorisches Lexikon, Seite 48. Das Wort Bierjunge leitete sich aus dem früher üblichen Forderungswort „Dummer Junge" ab.
[876] Vgl. ebenda, Seite 49 und vgl. Bernhard Grün/Achim Weghorst, Comment im CV, Seite 28, § 83, Absatz 1.
[877] Vgl. Hans Weindel u. a. (Hrsg.), Biercomment des Corps Suevia zu Freiburg im Breisgau, Seite 11, § 55.
[878] Vgl. Bernhard Grün/Achim Weghorst, Comment im CV. Studentisches Brauchtum in Vergangenheit und Gegenwart, Würzburg 1993, Seite 28 f., § 83.
[879] Vgl. Hans Weindel u. a. (Hrsg.), Seite 11, § 58.
[880] Vgl. ebenda, Seite 12, § 62.
[881] Für den weiteren Verlauf wählte ich den Bierjungen nach Marburger Art, so, wie er mir als Korporiertem in Marburg geläufig war. In Marburg war eine Steigerung des Bierjungen bis auf das achtfache möglich (also 2,4 Liter Bier). Das war der höchste Bierjunge, den ich selbst als Unparteiischer geleitet habe. Die Kommandofolge, insbesondere die Erwähnung des Hodens und des Nabels, sowie das anfängliche Absetzen des Glases am Boden ist in den unterschiedlichen Comments selten zu finden, jedoch findet sich im corpsstudentischen Wörterbuch von Christian Helfer eine entsprechende Beschreibung. Vgl. Christian Helfer, Kösener Brauch und Sitte, Seite 39 f. Auch der „uralte Clausthaler Biercomment" enthält genannte Stationen: Vgl. Jochen Wanderer (Hrsg.), Hercynia, Dir gehör' ich. Clausthaler Studentenlieder & Der uralte

„Vom Tisch des Hauses, auf den Boden,"
(Beide Paukanten stehen sich gegenüber an einem Tisch, vor diesem der Unparteiische. Die Beteiligten nehmen ihre Biergläser und stellen sie auf den Boden. Anmerkung S. P.)
„an den Hoden,"
(Das Glas wird in Höhe des Hoden gehoben. Anmerkung S. P.)
„von den Hoden an den Nabel!"
„Vom Nabel an den Schnabel!"
„Senkrecht setzt an!" „Sauft!"[883]
Die Paukanten folgen den Befehlen und leeren bei dem letzten Befehl möglichst zügig ohne Absetzen das Glas (die Gläser).[884] Je nach Comment muß nach Leerung des Glases noch ein schwieriges Wort korrekt gesagt werden, so z. B. *„Popocatepetl"*.[885] Ist dann soweit alles einigermaßen korrekt verlaufen, erklärt der Unparteiische den einen zum zweiten Biersieger, auf dessen Wohl er trinkt und gratuliert dem anderen als ersten Biersieger. Die Beleidigung ist damit ausgeräumt, das Ritual beendet. Kamen Widrigkeiten vor, wird das Ritual nach einer vom Unparteiischen zu bestimmenden Zeit wiederholt.[886]

Die Austragung des Rituals ist normalerweise nur unter Burschen als vollberechtigten Mitgliedern möglich, oder nur unter Füchsen. Ein Bursch kann einen angetragenen Bierjungen einem Fuchsen gegenüber ablehnen, nicht umgekehrt, wie der Bursch auch einen Bierjungen, der ihm von Seiten eines anderen Burschen angetragen wurde, nicht ablehnen kann. Die Ehrzumessung ist dem Status (Stand) entsprechend und spiegelt sich in den unterschiedlichen rechtlichen Befugnissen gemäß der corpsgemeinschaftliche Hierarchie wider. In § 57 des Biercomments des Corps Suevia heißt es dazu :

„Füchse können wohl sich gegenseitig direkt Bierjungen aufbrummen, Burschen dagegen können sie nur durch einen Bierburschen fragen lassen, ob ein Bierjunge angenehm sei. Kein Bierbursch ist verpflichtet, von einem Fuchs einen Bierjungen anzunehmen."[887]

---

[882] Clausthaler Biercomment, Clausthal-Zellerfeld 1996, Seite 71. Die anderen Stationen (Tisch und Schnabel und das senkrechte Ansetzen) sind anhand mehrerer Quellen belegbar: Vgl. Robert Paschke, Studentenhistorisches Lexikon, Seite 48 und Bernhard Grün/Achim Weghorst, Comment im CV, Seite 29, § 83, Absatz 2.

[883] Vgl. Jochen Wanderer (Hrsg.), Hercynia, Dir gehör' ich, Seite 71.

[884] Ebenda, Seite 71.

[884] Sie müssen gleichzeitig anfangen und dürfen nichts verschütten. Verschütten sie doch etwas, z. B. während des hastigen Trinkens, so wird das als *„Bluten"* bezeichnet und als negativ in die abschließende Bewertung eingehen, gleiches gilt für das zu frühe Anfangen. Die Beiden setzen ihr geleertes Glas ab, worauf vom Unparteiischen kontrolliert wird, ob das Glas auch gänzlich leer getrunken wurde oder der Boden des Glases noch mit Bier bedeckt ist, das Ergebnis fließt gleichfalls in die Bewertung ein. Vgl. hierzu auch Komment der Verbindung deutscher Studierender Cimbria zu Reutlingen, ohne Ort 1949, Seite 10 f., § 34.

[885] Vgl. Robert Paschke, Studentenhistorisches Lexikon, Seite 48.

[886] Vgl. Jochen Wanderer (Hrsg.), Hercynia, Dir gehör' ich, Seite 72.

[887] Hans Weindel u. a. (Hrsg.), Biercomment des Corps Suevia, Seite 11, § 57. Das gilt auch in anderen Dachverbänden wie dem CV. Vgl. Bernhard Grün/Achim Weghorst, Comment im CV, Seite 29, § 83, Absatz 4.

Neben der Wortwahl, die auch in Zusammenhang mit der Mensur gebräuchlich ist, weist der Bierjunge auch in der Hierarchie und der Unterwerfung unter das Reglement und die Gemeinschaft Parallelen zur Mensur auf.

Im Zentrum des Bierjungen steht die Gemeinschaft, für die der Beteiligte zu trinken hat und wodurch er eine Beleidigung, die immer auch als eine Beleidigung der Gemeinschaft betrachtet wird, vergelten muß (ansonsten wird der Einzelne abgestraft[888]).

Es kommt hier wie in der Mensur nicht auf den Sieg über den anderen, sondern auf die regelgemäßen Durchführung des Rituals an, an dessen Ende ja auch nur Sieger benannt werden. Beide haben dann die Ehre ihrer Gemeinschaft wiederhergestellt bzw. verteidigt. Gehören die Paukanten dem gleichen Corps an, so ist der Bierjunge eher eine Form der Vergemeinschaftung, mit dem kleinere Streitigkeiten innerhalb der Gemeinschaft beigelegt werden können. Durch die nahezu beliebige Wiederholbarkeit des Bierjungen, aber auch durch Verdopplungen und weitere Steigerungen kann es zu einem unverträglichen Bierkonsum für den einzelnen kommen, mit der Folge, daß dieser sich übergeben muß. Zu diesem Zweck gibt es in den meisten Korporationshäusern sogenannte „Bierpäpste", festinstallierte Brechbecken. Es können auch Sektkübel zur Erleichterung herangezogen werden. Die Kübel werden als „Mobilpäpste" bezeichnet.[889] Dieses abstoßende Verhalten läßt sich, obwohl es nicht zum generellen Habitus paßt, mit dem körperlichen Einsatz zur Erhaltung der gemeinschaftlichen Ehre erklären. Ähnlich der Mensur wird beim Bierjungen die Beeinträchtigung der körperlichen Unversehrtheit in das Ritual einbezogen. Die Gemeinschaft und ihre Ehre stehen über das körperliche Wohlempfinden des Einzelnen.

Der Einsatz einer derart extremen Menge Bier dient der körperlichen Grenzüberschreitung für die Erhaltung der gemeinschaftlichen und der eigenen (Bier-) Ehre. Zum Vergleich: In der Mensur ist es die Überwindung des natürlichen Reflexes, einem treffenden Hieb auszuweichen und den Kopf wegzuziehen. Ziel des Rituals ist die Akzeptanz der Gemeinschaft als oberste Autorität, selbst wenn die Gemeinschaft und ihre Regeln die Verletzung körperlicher Grenzen verlangt.

Der Weg des Bierglases bedarf abschließend noch einer Erklärung: Die Punkte „Boden – Hoden – Nabel – Schnabel" sind nicht zufällig gewählt. Der „Boden" ist der Ausgangspunkt, der mit der „Mutter" Erde gleichgesetzt werden kann, aus der alles entsteht. Der „Schnabel" als Synonym für den Mund, bezeichnet den Endpunkt, der die Funktion des Einflößens des Bieres in den Körper und damit zum Wohle der Gemeinschaft umschreibt. Das Bier ist der gemeinschaftliche Lebenssaft, der aus der Erde kommt (Boden) und in der Zielsetzung der männlichen Gemeinschaft endet (Schnabel). Das Individuum, das den Saft verwertet und im Ritual nur als Medium der Gemeinschaft fungiert, wird symbolisch in die männliche Gemeinschaft hineingeboren (eingetrunken/eingeflößt). Es bleiben noch die zwei anderen mar-

---

[888]   Vgl. Hans Weindel u. a. (Hrsg.), Biercomment des Corps Suevia, Seite 11, § 56.

[889]   Vgl. http://dsid.simplenet.com/bj/lexikon.shtml, 2. März 2000, Lexikon des Bierjungen, Seite 2 f.

235

kanten Punkte übrig: Der männliche „Hoden" und der in der Begrifflichkeit mit dem Weiblichen verbundene „Nabel". Der Hoden symbolisiert Manneskraft und den männlichen Beitrag (Samen) im Fortpflanzungsprozeß, der Nabel symbolisiert die weibliche Potenz der Geburt. In Zusammenhang mit den anderen beiden Punkten kann folgendes Bild gezeichnet werden:

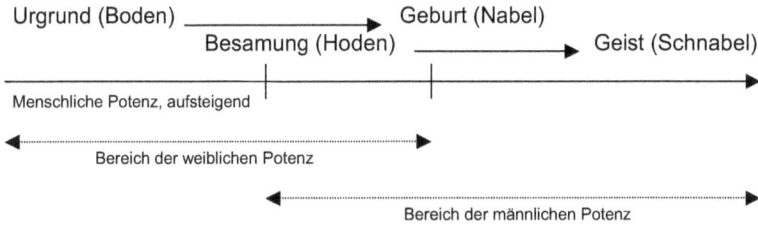

Abb. 6: Die Überlegenheitsideologie der männlichen Potenz anhand des Bierjungen

Der Boden entspricht dem weiblichen Urgrund, sozusagen der weiblichen Kraft, der Nabel ist die weibliche Potenz.
Der Hoden entspricht der männlichen Kraft, der Mund der männlichen Potenz im Sinne von Beseelen – geistige Potenz.
Während die Aufgabe des Weiblichen in der Gewährleistung der Geburt, der Reproduktion besteht, ist es die Aufgabe des Männlichen, sich an der Reproduktion zu beteiligen und die Beseelung, die Erziehung und Formung des Nachwuchses zu übernehmen. Das Ritual „Bierjunge" ist ein Ritual im Zeichen des Geschlechterkampfes steht und in der Reihe vieler Mythologien, nach denen

„Männer die Kinder zwar nicht hervorbringen können, aber doch beseelen. Geist als Differenz zur Naturverfallenheit – daraus schöpft die Männlichkeit ihre Überlegenheit. Die Mechanismen, die diese Kompensation begleiten, wurden deutlich: Projektion der Naturnähe auf die Frauen, die in ihren sozialen Funktionen auf das Gebären reduziert werden, Unsichtbarmachen all ihrer anderen Potentiale sowie Umformung der als männlich deklarierten geistigen Fähigkeiten in Strategien der Beherrschung."[890]

Eine *„Strategie der Beherrschung"* ist die des Organisierens der Männer im Männerbund. Der Männerbund ist eine „Beseelungsinstitution" mit Einfluß auf die gesellschaftliche Machtverteilung, von der die Frauen ausgeschlossen sind:

„Jeder klassische Männerbund besitzt einen Schatz von Mythen und Riten, mit denen er seine Vornehmheit deklariert und seine Distanz gegenüber dem ,gewöhnlichen Volk' herausstreicht beziehungsweise rechtfertigt. Zum ,gewöhnlichen Volk' gehört in diesem Sinne vor allem die Frau, der es traditionell nicht gestattet ist, die ,Geheimnisse' des Männerbundes zu ergründen."[891]

---

[890] Regina Becker-Schmidt, Frauen und Deklassierung, in: Ursula Beer (Hrsg.), Klasse Geschlecht, Seite 262.
[891] Roland Girtler, Corpsstudentische Symbole und Rituale – die Traditionen der Antike und der frühen Universitäten, in: Rolf-Joachim Baum (Hrsg.), Seite 370. Hervorhebung im Original.

236

4.4 Die korporierte Gemeinschaft – eine geschlossene Institution der Männlichkeit

„Ich weiß nicht, mein Gefühl sagt mir: das muß alles so sein. Das ist alles so eingerichtet, damit wir brauchbar werden für das, was später kommt ... Damit wie lernen, die Zähne zusammenbeißen – – damit wir Männer werden!"[892]
Der Ausspruch des Corpsstudenten Klauser in dem Roman von Walter Bloem gibt zusammenfassend wieder, worum es der corpsstudentischen Gemeinschaft geht: Aus jungen Erwachsenen sollen durch die corpsstudentische Erziehung Männer gemacht werden, so wie es dem Männlichkeitsbild des anvisierten Milieus entspricht. Kapitel 4.1.1 und 4.1.2 zeigten, daß die bündische Konstruktion der Corps von Anfang an eine männliche war und bis heute geblieben ist. Kernstück des männlichen Bundes ist die Idee von etwas Höherem, dem großen Ganzen, in dessen Kontext man sich stellt. Das Höhere spiegelt sich im Absolutheitsanspruch des gemeinschaftlichen Zentrums wider, dem alles unterworfen ist.

Als Reaktion auf das Auftreten der Frau als politische Kraft und gesellschaftliche Akteurin wurde neben der Pflege des Habitus zusätzlich die Bundkonzeption intensiviert und generationenübergreifend organisiert. Frauen wurden und werden dabei per gemeinschaftliches Gesetz ausgeschlossen. Die männlichen Korporationen sorgten in Form der Elitereproduktion für die Erhaltung ihrer männlichen Machtpositionen in der Gesellschaft, die bis heute nicht aufgebrochen werden konnten und pflegten eine sie legitimierende Männlichkeitsideologie. Nach dieser hat die Frau weder eine gleiche Wirklichkeit, noch den gleichen Rang oder Wert wie der Mann. Die studentischmännlichen Korporationen sind daher als sexistisch einzustufen, denn sie benachteiligen die Frauen direkt und indirekt. Sie verwehren den Frauen eine Chancengleichheit in der Gesellschaft, indem sie in ihrem Wirken den Frauen den Zugang zu und die Gestaltungsmöglichkeiten in den entscheidenden Machtbereichen der Gesellschaft verwehren (männliche Elite, Funktionszuschreibung der Frau und ideologische Fundamentierung). Kapitel 4.2 faßte diese Ergebnisse bereits ausführlich zusammen.

Um diese Männlichkeit in den Mitgliedern konstruieren zu können, verfügen die Corps und andere rein männliche Korporationen, vor allem die pflichtschlagenden, über ein ganzes Konvolut unterschiedlicher Sozialisationsmethoden (Rituale), die ausnahmslos alle mit der Ideologie des korporierten Mannes verbunden sind. Die Ergebnisse der letzten drei Unterkapitel (Convent, Kneipe und Mensur) werden in dem folgenden Unterkapitel 4.4.1 in Beziehung zu den Ergebnissen der Kapitel 4.1.1 und 4.1.2 gesetzt, danach wird das Sozialisationsmodell der Corps aus Kapitel 3.4.3 den Ergebnissen entsprechend im Unterkapitel 4.4.2 ergänzt und erweitert. Aus den zwei folgenden Kapiteln wird sich der weitere Analysebedarf auf der individuellen Ebene ergeben (Kapitel 5), denn wie die Sozialisation der Korporation auf das Individuum einwirkt, ist zwar in Teilen angesprochen und deutlich geworden, jedoch ist der Mechanismus auf dieser Ebene bisher in weiten Teilen unberücksichtigt geblieben.

---
[892] Walter Bloem, Der krasse Fuchs, Seite 186.

4.4.1 Erziehung zur Mannhaftigkeit

Das oberste Kontrollzentrum ist der Corpsburschenconvent. Nach 1848 und im Zuge der Einigungskriege nach 1871 und der aufkommenden „Bedrohung" durch die Frau wandelte sich der Convent vom beratenden Gremium zur höchsten Behörde des Corps als Ausdruck der lebensbündischen Erweiterung (als weiteres Zeichen ist auch an die Ausdifferenzierung in unterschiedliche Mitgliedschaftsränge zu denken). Der Corpsburschenconvent hat mit einem demokratischen Gremium nichts gemein, schließt die Bildung einer substantiellen Opposition aus und kennt keine Parteienbildung, sondern sucht diese vielmehr zu verhindern. Das durch den Convent geförderte Verhalten ist daher nicht offen-demokratisch, sondern geschlossen-protektionistisch, was wiederum insgesamt der corpsstudentischen Ansicht von Gesellschaft entspricht. Diese Wirkungsweisen zusammen machen den Convent zur Sozialisationsmethode. Die Doppelung der Funktionen und Wirkungsweisen, Vergemeinschaftung und Vergesellschaftung, findet sich auch in den zwei anderen Sozialisationsmethoden: der Kneipe und der Mensur, wobei diese in bestimmten Fällen auch dem Convent unterliegen (z. B. bei starkem Fehlverhalten eines Corpsstudenten auf einer Kneipe, der Mensurenconvent für die Beurteilung der geschlagenen Partie). Daraus ergibt sich, daß der Convent die oberste Behörde ist und in seiner Doppelungs- und Kontrollfunktion allen Methoden gegenüber den gemeinschaftlichen Rahmen vorgibt und durch einen dem Individuum eingeräumten Spielraum ermöglicht, daß die Gemeinschaft zwar stark reglementiert ist, aber ebenso lebendig bleiben kann. Während sich der männerbündische Aspekt beim Convent über die Doppelungsfunktion (der Convent verwaltet und setzt schließlich auch die Ideologie des Mannes durch und ist damit auch Hüter dieser Ideologie) und die Ideologie des Milieus ableiten läßt, sind die Kneipe und die Mensur direkt mit der Männerbundideologie der Corpsstudenten verbunden. Beide werden als Methoden zur „Erziehung zum Mann" begründet und eingesetzt. Die corpsstudentische Kneipe kann als ständische Initiation gesehen werden, durch die die jungen Corpsstudenten in die Welt der Erwachsenen eingeführt werden sollen. Räumliche Ausgestaltung sowie streng geregelter Ablauf und Befehlsreihenfolge spiegeln wider, was zum Convent bereits festgestellt wurde. Strenge Hierarchie (Befehlende der Kneipe können während der offiziellen Teile nur die aktiven vollberechtigten Mitglieder sein – Parallele zum Convent), die Gemeinschaft als das Höchste, Wiedergabe derlei Inhalte in den zu singenden Liedern, zwangsweiser Genuß von Alkohol, der in bestimmten Ritualen nach Hierarchiefolge anzubefehlen ist (z. B. beim Vor- und Nachtrinken[893]). Eigenes Zeitmaß und zentrale Rituale, die die Inhalte zum Ausdruck bringen (Salamander und Landesvater, letzterer besonders durch seine Symbolik der „Entjungferung" der Mütze für die Gemeinschaft) sind Beispiele, die die Kneipe und ihre Rituale zu einer der zentralen Veranstaltungen des Corps (und anderer Korporationen) als Männerbund werden

---

[893]   Vgl. Jochen Wanderer (Hrsg.), Hercynia Dir gehör' ich, Seite 66, oder auch Vgl. Hans Weindel u. a. (Hrsg.), Biercomment des Corps Suevia, Seite 6 f., §§ 30 bis 39.

lassen. Auch hier geht es wieder um die Einordnung des Einzelnen in die Gemeinschaft, Inkorporation des corpsstudentischen Habitus als Voraussetzung der vollwertigen Anerkennung als Mitglied. Zusätzlich verfügt die Kneipe über die Möglichkeit der individuellen Grenzüberschreitung mittels Alkoholkonsum, mit der das einzelne Mitglied im Sinne der Gemeinschaft umzugehen lernen muß, wobei das Reglement – überwacht von der ganzen Gemeinschaft – als rückgreifbare Kontrollinstitution fungiert und als „nichtzerstörendes Prüfverfahren" den jungen Corpsstudenten zur Aufgabe der individuellen Selbstkontrolle zugunsten der Fremdkontrolle durch die Gemeinschaft zwingt. Die individuelle Ich-Funktion wird durch den gemeinschaftlichen Konsum von Alkohol zusätzlich geschwächt und durch „Fallenlassen" in die gemeinschaftliche Ich-Funktion (Beherrschung des Reglements) ergänzt (was als Entspannung, Geborgenheit und Sicherheit erlebt wird). Durch die permanente Wiederholung und Abrufbarkeit – auch mittels Ritualen außerhalb der Kneipe – ergibt sich die Inkorporation des corpsstudentischen Reglements und des dahinter stehenden Habitus, der gleichbedeutend mit der allmählichen Beeinflussung der individuellen Über-Ich-Funktion ist, die zunehmend die Ideologie und Traditionen der Gemeinschaft als Norm aufnimmt. Der günstige Zeitpunkt des Beginns der Sozialisation (individuelle Umbruchphase, Beginn des Studiums) und der Zeitraum (mindestens zwei aktive Jahre) bieten gute Voraussetzungen, um eine derartige Bewußtseinsänderung (Formung der ganzen Persönlichkeit) zu erreichen.

Im Vergleich zum Convent läßt sich für die Kneipe noch eine weitere Schwerpunktsetzung ausmachen, die sich aus den zu unterscheidenden sinnbezogenen Ansatzpunkten Körper, Rede und Geist ergeben: Stellt der Convent Forderungen an Rede und Geist des Individuums, führt die Kneipe in ihrer Wirkungsweise vor allem die Aspekte Geist und Körper zusammen, indem über den Körper der Geist geschwächt und für die Gemeinschaft zugänglich gemacht wird. Insgesamt verfügt eine studentische Korporation mit dem Convent und der Kneipe über eine ausreichende Basis zur Beeinflussung des Individuums zum Zwecke der Vergemeinschaftung und Erziehung nach korporiert-männlichem Ideal. Der schon in Kapitel 3 angesprochene Wirkmechanismus der Weitung und Verengung findet sich auch in der Kneipe wieder. Die Weitung besteht in der (alkoholisch geistig-körperlichen) Grenzüberschreitung, die Verengung wird durch das strenge Reglement erzeugt. Das ist es, was die Teilnehmenden dann als *„feierliche Spannung"* und *„glückliche Entspannung"* erleben.[894]

Die Mensur als Sozialisationsmethode – sie ist Aufnahmebedingung (Initiation) und wiederholbares Ritual zugleich – bietet in ihrer Betonung des Geistes eine ganz besondere Möglichkeit der Einflußnahme auf das Individuum und wird daher von den Corps als unentbehrlicher Bestandteil bezeichnet. Abgelöst von der Funktion des Duells fungiert die Mensur als reine männlich-ideologische Vergemeinschaftungs- und Vergesellschaftungsmethode, die eine Abweichung vom rituellen Rahmen (die Einhaltung bedarf der Überwindung des natürlichen Reflexes) unter Umständen mit körper-

---

[894]   Robert Paschke, Studentenhistorisches Lexikon, Seite 154.

lichen Schmerzen am Kopf – dem individuellem Kontrollzentrum – bestraft. Auf der Mensur verschmelzen die Aspekte von Körper und Geist, beide werden zu einem, das eine ist in der Mensur nicht ohne das andere zu denken, will der Kandidat bestehen. Die Zielrichtung dieses Messens ist – wie bei den anderen beiden Sozialisationsmethoden – die absolute Unterordnung des Einzelnen unter das Reglement. Er muß Folge leisten, will er in die Gemeinschaft aufgenommen werden, eine weitergefaßte Alternative im Verhalten oder gar eine spielerische Freiheit besteht hier nicht mehr. Der Körper des „Paukanten" ist das „Einfallstor" für die Formung im Sinne der Gemeinschaft. Die Mensur wird seitens der Corpsstudenten in die Tradition anderer männerbündischer Rituale gestellt und so von ihnen selbst um den Aspekt der bewußten Ausgrenzung des Weiblichen erweitert, dabei vergleichbar mit den Mannbarkeitsritualen (rituelle blutige Beschneidungen, Trennung in Frauen/Männerhäuser) in „primitiven" Gesellschaften. Solche Rituale gehen stets mit einer Statuszuweisung einher, die den Mitgliedern / werdenden Männern zudem eine gemeinschaftlich und teilweise gesellschaftlich (milieuspezifisch) anerkannte männliche Identität verleiht.[895] Dem beschnittenen – oder sonstwie manipulierten – Penis in traditionellen Initiationsritualen entspricht das mit dem Schmiß versehene Gesicht des Corpsstudenten. Während in „primitiven" Gesellschaften das männliche Geschlecht als das äußerlich erkennbare und zu unterscheidende Sexualorgan in Unterschied zum Weiblichen rituell zugewiesen wird, geschieht das bei den Corpsstudenten mittels pseudowissenschaftlichen, naturalistisch-biologistischen (also sexistischen), vom Weiblichen abgrenzenden Begründungen, die die (wissenschaftliche) Verortung der Geschlechteridentität im Kopf lokalisieren.[896] Die blutende Wunde und die verbleibende Narbe ist das äußerlich sichtbare Kennzeichen für die unter Beweis gestellte Männlichkeit und Mannhaftigkeit. Zusammen mit den transferierten Inhalten ergibt sich das korporiert-kulturelle Konstrukt der Männlichkeit.[897] Der Kopf ist das zentrale Körperteil, über das die Corps-

---

[895] Dem entspricht die statusbedingte Beschreibung der Füchse als geschlechtslose Wesen, die erst nach der Burschung, der vollwertigen Annahme durch die Gemeinschaft, eindeutig als Männer gelten dürfen. Beim Bierjungentrinken gilt der Fuchs – je nach Korporation – auch als geschlechtslos. Deutlich wird dies, indem ihm in der Abfolge der Stationen im Heben des Glases die der Hoden versagt wird (Boden-Hoden-Nabel-Schnabel). Leider kann ich meine Erfahrungen nicht in den Quellen nachweisen. Zumindest aber werden Füchse als „niedere Wesen" gesehen, die „ohne Sinn und Verstand" sind. Vgl. Christian Helfer, Kösener Brauch und Sitte, Seite 92. Ferner findet sich die Herleitung des Wortes Fuchs von Faex – Bodensatz. Vgl. Robert Paschke, Studentenhistorisches Wörterbuch, Seite 113. Nach Victor Turner kann der Fuchs als Novize und Neophyt bezeichnet werden, wonach der Fuchs dann ohne jeglichen Besitz oder Rolle, auch ohne geschlechtlichen, ist. Vgl. Victor Turner, Das Ritual, Seite 95.

[896] Hier gibt es eine Parallele zur griechischen Mythologie, in der Athene (Schutzgöttin der Helden, der Wissenschaft und Künste) eine Kopfgeburt des Zeus und ewig jungfräulich sein soll. Vgl. Der Neue Brockhaus, Band 1, Seite 155. Es wäre sicherlich spannend, diese Parallele eingehender zu betrachten. Mythologisch obliegt dem Mann (Zeus) die Definitionsmacht über das Geschlecht (Geburt durch ihn), ein Aspekt, der die (selbst zugeschriebene) Überlegenheit des Mannes unterstreicht.

[897] Vgl. David D. Gilmore, Mythos Mann. Rollen, Rituale, Leitbilder, München 1991, Seite 77 und 109.

studenten das Geschlecht zuweisen (Status- Rollen- und Identitätszuweisung). Aus dem Fuchs wird so nach geschlagener und bestandener Mensur ein Mann, der somit auch die Vollberechtigung innerhalb des Bundes beanspruchen kann. Die Mensur erfüllt daher drei wesentliche Funktionen:

1. Die Mensur wirkt als Verstärkung der männlich definierten Identität bei Trennung von weiblichen Anteilen. Mut, Standhalten, Selbstbeherrschung unter Mißachtung natürlicher Reflexe und Reaktionsweisen, das Ertragen großer Schmerzen (Schnitt und Verarztung ohne Betäubung) können als Beispiele angeführt werden.

2. Durch die Mensur als Aufnahmebedingung werden dem Mitglied seine Rolle, Verpflichtungen und Verantwortung innerhalb der Gemeinschaft zugewiesen.

3. Die Mensur markiert als Initiationsritual einen Übergang für das einzelne Mitglied. Sie bedeutet ihm Trennung von den individuellen weiblichen Anteilen (Tod des Weiblichen im Mann, des Individuums), Verstärkung der männlichen Identität (siehe 1.) einerseits und „Wiedergeburt" in das „männlich-definierte" Weibliche (Gemeinschaft/Milieu) andererseits (siehe 2). Das Weibliche ist nun für das Mitglied die Gemeinschaft, auch in Funktion einer Art Mutterersatz (Werte wie Geborgenheit, Sicherheit als Gemeinschaftsgefühl zeugen davon). Das Weibliche kann nun in die männlich-homogene Gemeinschaft integriert werden, ohne daß es als Bedrohung empfunden werden muß (Verschmelzung von 1 und 2).[898]

Die Mensur beinhaltet eine Abfolge und Symbolik, die sich auch in anderen corpsstudentischen Ritualen, so z. B. im Landesvater und dem Bierjungen wiederfinden lassen. Auch die außeralltägliche Grenzüberschreitung ist ihnen allen gemeinsam. Alle Rituale, die insgesamt ein rituelles Feld ergeben, haben eine Kompensationsfunktion für die Mitglieder der Gemeinschaft. Sie ermöglichen die Konzeption eines emotionalen Raumes, der nicht von der Frau bedroht werden kann. Das Weibliche ist – soweit integriert – in der Gemeinschaft verkörpert, eine wirklich weibliche Bedrohung innerhalb der Gemeinschaft existiert nicht. Die Bedrohung wird nur noch als von außen kommend wahrgenommen, innen ist sie jedoch kontrollierbar.[899]

Die drei Funktionen, die die einzelnen Rituale in sich tragen (Trennung/Tod, Neudefinition/Verstärkung und Verschmelzung/Wiedergeburt) finden sich in der Betrachtung des Mitgliedschaftsverlaufs wieder. Der Fuchs als der frisch Getrennte, der aktive Bursche als der neu gemeinschaftlich Integrierte und der Alte Herr als der mit dem anvisierten Milieu und den neuen Inhalten Verschmolzene/Vergesellschaftete. In Kapitel 5 wird der Mitgliedschaftsverlauf genauer analysiert.

Unter Einbeziehung der Ergebnisse aus den Kapiteln 4.1.1 und 4.1.2 wird deutlich, daß alle drei hier näher untersuchten Methoden vor 1871 vor-

---

[898]   Vgl. Loren E. Pedersen, Das Weibliche im Mann. Eine Psychologie des Mannes, München 1994, Seite 114 f. Vgl. hierzu auch Elisabeth Badinter, XY, Seite 94.

[899]   Vgl. Cornelia Koppetsch/Günter Burkart, Die Illusion der Emanzipation. Zur Wirksamkeit latenter Geschlechtsnormen im Milieuvergleich, Konstanz 1999, Seite 91. Die Autoren sehen in der Entlastung und der Herstellung von Ordnung eine der Hauptfunktionen von Ritualen.

241

wiegend der Aufrechterhaltung des Standes und der eigenen studentischen
Privilegien dienten. Danach wurden sie zunehmend mit individuell formenden
und mehr milieubildenden/-erhaltenden Funktionen im Sinne einer lebens-
langen Zugehörigkeit und der generationsübergreifenden Förderung der Mitglieder (Protektion) versehen. Neben der seit ehedem vorhandenen grup-
penbedingten Wirkungsweise des corpsstudentischen Bundes in Form von
Ab- und Ausgrenzungsstrategien (gegenüber der Frau, Ausländer, Juden,
ArbeiterInnen) wurden mit der konzeptionellen Erweiterung zum Lebensbund
gezielte Wirkungsweisen der Vergesellschaftung notwendig, um der Bedrohung von außen durch konstruierte gemeinschaftliche Sicherheit, Geborgenheit und Identität widerstehen zu können. Die konzeptionellen Erweiterungen
finden sich in der Ausgestaltung der Sozialisationsmethoden wieder. Die
Formung des Individuums (Vergemeinschaftung) und die verge-
sellschaftenden Funktionen (Rollenzuweisung, etc.) werden zu den zwei
Hauptwirkmechanismen der Methoden, mit dem Zweck der Aufrechterhaltung einer Abgrenzung nach außen (direkte Bedrohung durch die Frau, u.
a.) und der Aufrechterhaltung des Organisationsziels (Reproduktion einer
männlich-konservativen Elite), für die vor allem nach innen gerichtete, for-
mende, identitätsstiftende und rollenzuweisende Wirkmechanismen nötig
waren und sind, die insgesamt dem Corpsstudenten den Status des dem
Weiblichen gegenüber sicher definierten und zur Führung berufenen Mannes
zuweisen. Die Frage, „Für welche Gesellschaft sozialisiert eine studentische
Korporation?", kann nun beantwortet werden:
Eine studentische Korporation des Typs Corps sozialisiert für die „gute Gesellschaft", das meint für das eigene Milieu, vorwiegend das heute als konservativ-technokratisch bezeichnete Milieu (siehe Kap. 3.4). In der Verengung im Sozialisationsverlauf erfolgt die Formung der gemeinschaftlich-
männlichen Identität, die sich allein in Abgrenzung zur Frau definieren kann
und darauf ausgelegt ist, das Weibliche aus der Vorstellung von Gesellschaft
zu eliminieren, bzw. abzuwerten. Als Kompensation des Ausschlusses vom
Reproduktionsprozeß werden in den Corps und anderen Korporationen Rituale und Verhaltensweisen angewandt, die den Mann als gesellschaftlichen
Akteur erscheinen lassen und gleichzeitig eine elitäre Abgrenzung (Distinktion) zu den benachbarten und „weniger würdigen"[900] Milieus ermöglichen.
Das Gedankengebäude der Corps beruht vorwiegend auf sexistischen und
rechtskonservativen, streng hierarchischen Wertvorstellungen, die bis zu
rassistischen Begründungen reichen. Eine Förderung der Individualität, also
eine wirkliche „Persönlichkeits- oder Selbstbildung"[901] (individuell) ist nicht
angestrebt und gewollt, sondern die Unterwerfung und die Einordnung des
Einzelnen unter die Gemeinschaft. Der Zweck der Sozialisation ist die Inkorporation der kollektiven, gemeinschaftlichen Ideologien. Das Ziel ist die Integration des so geformten Mitgliedes eines Corps in das Milieu – also die Vergesellschaftung -, und das an führender Position.

Vgl. Roland Girtler, Corpsstudentische Symbole und Rituale – die Traditionen der Antike und der frühen Universitäten, in: Rolf-Joachim Baum (Hrsg.), Seite 378.
[901] Vgl. Herbert Keßler, Vielfalt und Einheit der deutschen Korporationsverbände, Seite 15.

242

4.4.2 Weiterentwicklung des Sozialisationsmodells der Corps

Für das bisher in Kapitel 3 grob herausgearbeitete Sozialisationsmodell der Corps ergeben sich nun wesentliche Erweiterungen und Spezifizierungen. Das Kapitel ergab vor allem in den Feldern 2 (Normenkatalog) und 3 (Milieu/Gemeinschaft) Ergänzungen und Differenzierungsmöglichkeiten. Das Feld 1 (Auswahl der Verhaltens- und Handlungsweisen) bleibt von den neuen Ergebnissen nicht unbeeinflußt, jedoch fehlt diesem neben der bereits untersuchten gemeinschaftlichen Ebene zur Komplettierung noch die individuelle, die erst in Kapitel 5 erfolgen wird. Das Feld 4 (Habitus) ist nach wie vor das anvisierte Ziel der corpsstudentischen Sozialisation, in das die Mitglieder als kollektivierte Individuen und vergesellschaftete Wesen entsandt werden sollen („Habitus der Distinktion"[902]). Während es Männerbünde auch in anderen bürgerlichen Milieus gibt (z. B. Schützenvereine), weisen die studentischen Männerbünde mit ihrer Lebensbundkonzeption, das betrifft nun die Inhalte des Feldes 3, und der explizit elitär-männlichen Zielsetzung (Feld 2) eine spezifische Besonderheit auf. Die Abgrenzung von der Frau und deren Ausgrenzung erscheint hier als ein stark ausgeprägtes milieuspezifisches Anliegen, wobei diese auch in anderen Milieus vorhanden ist. Allerdings ist sie hier ein besonderes Anliegen und findet demnach auch eine besondere Ausformung in der Abgrenzung.[903] Für die Gemeinschaft der Corps als einer studentischen Gemeinschaft setzt die direkte Bedrohung durch die Frau im Umfeld der Universität einen besonderen Abwehrmechanismus in Gang, der auf den milieuspezifischen Rahmen bezogen und unter der Voraussetzung des gemeinsamen Zieles sich besonders gut hinsichtlich der geschlechtsbestimmenden Erziehung der Corpsstudenten (und auch anderer Korporationen) eignet und der als inkorporierte Eigenschaft eine nützliche Ausgangsbasis ist, die Reproduktionsstrategien der Eliten gleichfalls in männlichen Händen zu belassen. Der elitäre Anspruch und das Streben nach Bildung und Reproduktion einer milieuspezifischen und männlichen Elite ist in Bezug auf die Gruppe als ein narzisstisches Anliegen zu werten, mit dem Ängste und Bedrohungen kompensiert werden sollen. Anspruch und Streben erscheinen als narzisstische Ableitung der kollektiven (männlichen) Angst vor dem Weiblichen. Man muß Elite sein, um der Bedrohung zu entkommen. Nicht unwichtig ist in diesem Zusammenhang die Feststellung, daß die Weitergabe und Vermittlung des Reproduktionsmechanismus über eine interne kulturelle Transferleistung (vorwiegend kulturelles Kapital) innerhalb und für das Milieu und durch die Gemeinschaft erfolgt.[904] Diese Leistung und deren

[902]   Michael Vester u. a., Soziale Milieus im gesellschaftlichen Strukturwandel, Seite 49.
[903]   Vgl. Cornelia Behnke, „Und es war immer, immer der Mann". Deutungsmuster von Mannsein und Männlichkeit im Milieuvergleich, in: Hans Bosse/Vera King (Hrsg.), Männlichkeitsentwürfe. Wandlungen und Widerstände im Geschlechterverhältnis, Frankfurt am Main 2000, Seite 137 f. Behnke untersucht in ihrem Aufsatz Ansichten von Männlichkeit in unterschiedlichen Milieus und kann nachweisen, daß sowohl das Arbeiter- als auch das Milieu des gehobenen Bürgertums Abgrenzungsmechanismen gegenüber der Frau/Weiblichkeit aufweisen, die sich jedoch – und das ist das entscheidende – durch milieuspezifische Ausformungen unterscheiden.
[904]   Vgl. Pierre Bourdieu, Wie die Kultur zum Bauern kommt, Seite 116. Vgl. Robert W. Connell, Der gemachte Mann, Seite 226.

Folgen für die gesamte Gesellschaft entziehen sich der Kontrolle von außen. Daraus ergeben sich nun auf Grundlage des bisherigen Sozialisationsmodells zwei unterschiedliche Bilder. Das erste Bild umfaßt als Ergebnis der bisherigen Analyse mehr die Beschreibungen der corpsstudentischen Gemeinschaft von „außen", es zeigt Funktionen und Wirkungsweisen der Vergesellschaftung, die sich mehr oder weniger schon in Kapitel 3 herauskristallisierten und nun mit den Ergebnissen von Kapitel 4 noch detaillierter nachgezeichnet werden können. Das zweite Bild zeigt den internen Mechanismus, wie die Korporation ihre Art der Persönlichkeitsformung umsetzt. Dieses Bild meint vor allem die Vergemeinschaftungsmechanismen, die Hauptgegenstand dieses Kapitels waren. Beide Bilder werden nacheinander vorgestellt und abschließend zu einem Bild zusammengefaßt: Das erste Bild erfaßt die Korporation, insbesondere ein Corps, als ein gesellschaftliches Übergangsritual:[905] Nach der Vorstellung van Genneps beschreibt ein Übergangsritual eine rituelle Abfolgeordnung,[906] die sich aus dem unterschiedlichen Status ergibt. Kapitel 4 ergab hier außer den Statuszuweisungen Fuchs, Bursche, Inaktiver und Alter Herr noch keine genaueren Angaben, es wurde aber bereits deutlich, daß jede Zuweisung rituell begleitet ist, als ein Beispiel mag das Verleihen des Fuchsenbandes bei Eintritt in die Korporation dienen. Kapitel 5 wird hier noch genaueren Aufschluß geben. Entsprechend den drei Phasen des Übergangsrituals wurden die herausgearbeiteten Funktionen der jeweiligen Phase zugeordnet (Trennung - Verengung, Verstärkung - Verengung/Weitung und Angliederung/Wiedergeburt - Weitung). An die drei (mit der Milieuzuweisung vier) deutlich erkennbaren Statusstufen werden die drei Formen kulturellen Kapitals nach Bourdieu (inkorporiertes, objektiviertes und institutionalisiertes Kapital) angeknüpft,[907] die gleichfalls in etwa einer Dreierfolge entsprechen. Die Inkorporation entspricht der Fuchsenzeit, die Objektivation der aktiven Beteiligung des Burschen an der gemeinschaftlichen Struktur und die Institutionalisation meint hier den Prozeß der Implementierung der corpsstudentischen Wertvorstellungen in die gesellschaftlichen Strukturen der Alten Herren in ihrer Gesamtheit. Sie wandeln ihr kulturelles Kapital in einerseits symbolisches (Definitionsmacht) und andererseits ökonomisches Kapital (gut bezahlte Positionen) um. Das erste Bild folgt der Drei-Phasen-Struktur:

---

[905]   Vgl. Arnold van Gennep, Übergangsriten, Seite 29.
[906]   Vgl. ebenda, Seite 29.
[907]   Vgl. Pierre Bourdieu, Wie die Kultur zum Bauern kam, Seite 112 ff.

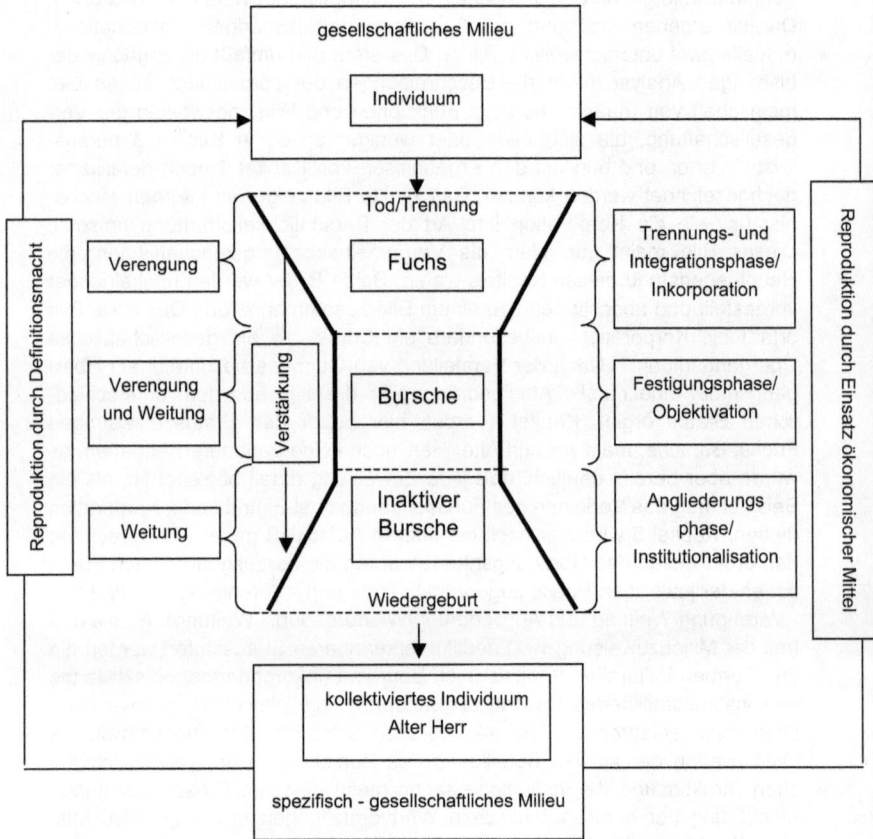

Abb. 7, Bild 1: Die Korporation als Übergangsritual

Für den „Werdegang" des Individuums ergibt sich folgender Weg: Das Individuum, das sich aus den für die Corps besonders geeigneten Milieus rekrutieren läßt, tritt in den Sozialisationsapparat der Korporation ein und wird zunächst einer Verengung und Vergemeinschaftung der individuell-selbstbestimmbaren Persönlichkeitsanteile unterzogen. Verhaltens- und Handlungsweisen werden in Abstimmung mit dem Normenkatalog und unter Kontrolle der Gemeinschaft vorgegeben, das Individuum wird aus seinem sozialen Umfeld getrennt, bzw. den Integrationsmechanismen unterzogen. Es läßt sein ehemaliges Umfeld hinter sich und „stirbt" als individuelle Person, in dem es die eigenen bisherigen Setzungen ablegen und sich der Gemeinschaft fügen muß.

Phase 1: Die Zeit der gemeinschaftlichen Inkorporation umfaßt die komplette Fuchsenzeit, die schließlich auch Probezeit ist. Mit der Burschung und dem Erwerb der vollwertigen Mitgliedschaft ist diese Phase abgeschlossen. Das

Mitglied beginnt sich während dieser Phase innerhalb des gemeinschaftlich gesetzten Rahmens zu orientieren, die Werte der Gemeinschaft werden in der Persönlichkeit verstärkt (dieser Vorgang erstreckt sich zwar auf alle drei Phasen, hauptsächlich aber ist es die „aktive" Zeit) und es lernt, sich Freiräume im Inneren des Regelements zu schaffen.

Phase 2: Diese Phase dient der Festigung, einerseits in Form von Verengung (Vergemeinschaftung), andererseits durch Statusumkehr (das Mitglied ist nun an den Kontrollgremien beteiligt und berechtigt - Vergesellschaftung) in Form einer Weitung, da nun auch die Vergesellschaftung des Individuums innerhalb der Gemeinschaft zunehmend bedeutsamer wird.

Phase 3: Diese Phase, hier Angliederungsphase genannt, die mit dem Status des inaktiven Burschen gekennzeichnet ist, findet hauptsächlich die Vergesellschaftung (Weitung) des Individuums in Vorbereitung des letzten Status als Alter Herr statt.

Der Alte Herr ist schließlich das korporiert-kollektivierte Individuum, das nun mit dem inkorporierten Gedankengut der Korporation in die Gesellschaft hineinwirkt und durch seine gehobene Position diese maßgeblich per Definitionsmacht beeinflussen kann und so das Gedankengut reproduziert, das die Korporation zur Legitimation ihrer Existenz benötigt. Ferner setzt er direkt ökonomische Mittel zur Subvention der Korporation ein (finanziell/materielle Zuwendungen, Errichtung von eigenen Akademien, etc.).

Insgesamt stellt die Korporation funktionell ein gesellschaftliches Übergangsritual dar, das seinen Funktionen entsprechend dem zugehörigen Individuum die Kontrolle sozialer Prozesse (z. B. Studienanfang als schwierige Phase) in der und durch die Gemeinschaft ermöglicht. Durch weitgehende Vernetzung der Alten Herren im beruflich-gesellschaftlichen Leben wird der Kontrollmechanismus auch gesellschaftlich relevant, die Definitionsmacht (Kontrolle) wird vergrößert. Die Bildung von Dachverbänden und das Abschließen weiterer Abkommen mit anderen Korporationsdachverbänden folgen diesem Maximierungsanliegen.

Es ist nun den Ergebnissen entsprechend zu spezifizieren, wie die Gemeinschaft verengt, weitet, verstärkt, trennt, verschmelzt und vor allem, wie sie ihre Werte, hier insbesondere die Männlichkeit, in die Persönlichkeit ihrer Mitglieder einarbeitet.[908] Was also in dem ersten Bild fehlt, sind die Prozesse, die bisher nur mit Verengung und Weitung beschrieben wurden und die sich im ersten Bild im „sanduhrähnlichen" Feld befinden. Das zweite Bild zeigt daher das „Herz" einer Korporation:

---

[908] Die korporierten Rituale teilen sich in zwei Zugänge auf: Der eine ist der des Übergangsrituals, der andere der der Initiation, bei der besonders der Aspekt der Männlichkeit im Vordergrund steht. Vgl. Gerrit Herlyn, Ritual und Übergangsritual in komplexen Gesellschaften. Sinn- und Bedeutungszuschreibungen zu Begriff und Theorie, Hamburg 2002, Seite 95 f.

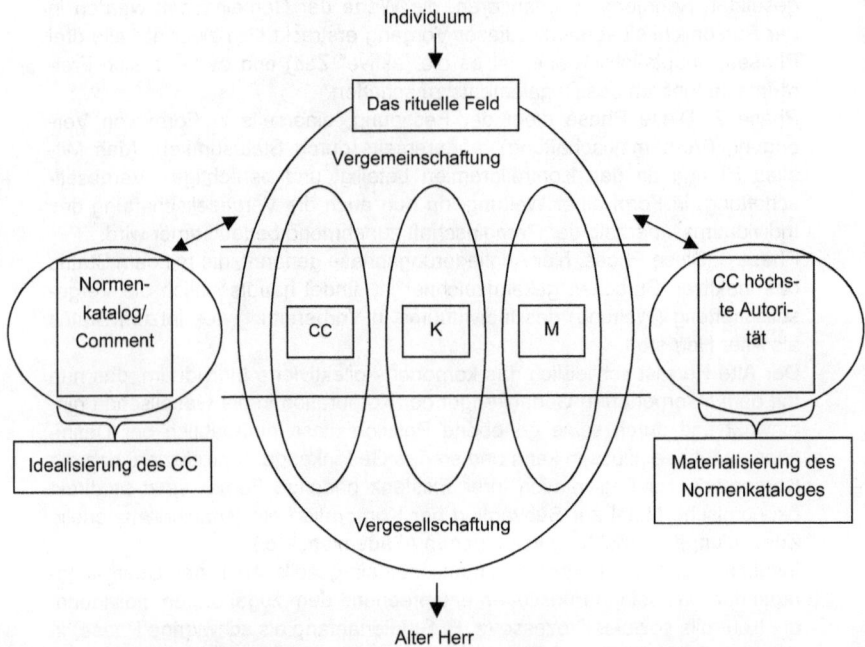

Individuum

Das rituelle Feld

Vergemeinschaftung

Normen-
katalog/
Comment

CC höchs-
te Autori-
tät

CC   K   M

Idealisierung des CC

Materialisierung des
Normenkataloges

Vergesellschaftung

Alter Herr

CC: Corpsburschenconvent
K: Kneipe
M: Mensur

Abb. 8, Bild 2: Das korporiert-rituelle Feld

Kern der Gemeinschaft ist der Convent, das Organ der aktiven Corpsstudenten. Er bestimmt den Normenkatalog, der eine Idealisierung des Kern-
stückes der Gemeinschaft darstellt. Der Normenkatalog als Ablagerung der
Ideologien und idealisierten Verhaltensweisen einerseits und der Convent als
die vorschreibende und kontrollierende Instanz der aktiven Gemeinschaft
andererseits erzeugen für die Formung der Persönlichkeit ein rituelles Feld,
in dem die Corpsstudenten durch erzwungene Teilnahme und Verweildauer
in ihren Persönlichkeitskernen geformt werden. Dem Bild liegen wieder zwei
unterstützend herangezogene Theorien zugrunde, zum einen die des Communitasmodells von Victor Turner und die des psychischen Apparates von
Sigmund Freud: Beide Theorien kennen eine Unterscheidung zwischen den
ideologischen, der kontrollierenden und der zu kontrollierende Instanz. Bei
Freud ist diese Unterscheidung auf das Individuum bezogen. Das „Es" umfaßt die Triebe, die es durch und mit Hilfe des „Ich" zu kontrollieren gilt. Aus
beiden und durch Ablagerung bewährter Verhaltensmuster kristallisiert sich

das „Über-Ich", der individuelle Normenkatalog, heraus.[909] Für die Gemeinschaft formuliert Victor Turner ein homologes Modell. Er unterscheidet die
existentielle Communitas, aus der sich die normative Communitas als dauerhaft soziales System bildet und die ideologische Communitas, die die äußere
Form der inneren Erfahrung der existentiellen Communitas darstellt. Letztere
beide stehen als Struktur der Anti-Struktur der existentiellen Communitas
gegenüber.[910]
Mit der Interpretation dieser beiden bereits in Kapitel 4.2.2 erwähnten Theorieansätze und in der Zusammenführung der beiden Bilder ergibt sich für die
corpsstudentische Gemeinschaft das rituelle Feld, in das das Individuum eintritt und als Träger des „Es" sich der Formung durch die Gemeinschaft unterziehen, bzw. sich dieser unterwerfen muß. Das Feld ist erzeugt durch die
Idealisierung (Comment) und Materialisierung (Convent). Das rituelle Feld
umfaßt die komplette Zeit des aktiven Corpsstudenten, einschließlich seiner
inaktiven Zeit. Als Alter Herr, der als kollektiviertes Individuum das Feld verläßt, ist der Corpsstudent das vergesellschaftete Wesen, das mit den inkorporierten Werten und dem daraus resultierenden Verhalten die Gesellschaft,
insbesondere das spezifische Milieu stabilisiert und im Sinne der corpsstudentischen Gemeinschaft beeinflußt.
Die bereits im vorherigen Bild aufgenommene Dreierstruktur ist hier mit den
horizontalen Strichen angedeutet, der Umfang der Prägung ist für die drei
Methoden mit den Ellipsen wiedergegeben, das Umfeld bezeichnet mehr all-
tägliche Handlungs- und Verhaltensweisen, die nicht an spezielle Methoden
gebunden sind.[911] Insgesamt ergibt sich für das Individuum in der Fuchsenzeit (Verengung) der Beginn der rituellen Integration, eine Hauptprägung in
der Burschen- (Verengung und Weitung) und ein Zurücknehmen der integra-
tiven Mechanismen in der Inaktivenzeit (Weitung). Für den Convent lassen
sich die unterschiedlichen Prägephasen beispielhaft anhand des Stimmrech-
tes verdeutlichen: Als Fuchs hat der junge Corpsstudent nur das Recht, anwesend zu sein, er hat kein Stimmrecht. Als Bursche ist er aktives und voll-
berechtigtes Mitglied und als solches auch stimmberechtigt. Als inaktiver
Bursche hat er nur noch beratende Stimme, gleiches gilt für den Alten Herren. Ähnliches gilt auch für die anderen beiden Methoden. Es ist noch darauf
hinzuweisen, daß jede der drei dargestellten Methoden selbst den Weitungs-
und Verengungseffekt in sich bergen, es somit auch hier eine Doppelung
gibt, nämlich eine methodisch-gebundene und eine strukturell-gebundene.
Normenkatalog und Convent als strukturelle Gegebenheiten sind der aktiven
Burschenzeit zugeordnet, wenn auch die Einflußnahme der Alten Herren,
insbesondere durch ihre Definitionsmacht bezüglich der Interpretation des
rituellen Feldes nach außen und innen nicht zu unterschätzen ist. Die Doppelungsfunktion, die nun auch innerhalb des rituellen Feldes als das individuelle

---

   Vgl. Sigmund Freud, Abriß der Psychoanalyse, Seite 41 ff.
[910]   Vgl. Victor Turner, Das Ritual, Seite 129 f.
[911]   Hierunter fallen z. B. das Abnehmen der Mütze, wie man Feuer gibt, wen man in wel-
     cher Reihenfolge begrüßen soll, welche Kleidung wann anzulegen ist, das richtige
     Benutzen der studentischen Sprache, etc. Vgl. Friedhelm Golücke/Bernhard
     Grün/Christoph Vogel, Die Fuxenstunde, Seite 111 ff.

(CC) und außerhalb des selbigen in der institutionalisierten Form des CC als das gesellschaftliche Verhältnis zu sehen ist, ist nicht nur für die bestmögliche Inkorporation der gemeinschaftlichen Werte wichtig, sondern auch für das Training des Zurechtfindens innerhalb des Verhältnisses Individuum-Gesellschaft. Maximale Ausnutzung individueller Möglichkeiten (CC im rituellen Feld) bei struktureller und kontrollierter Vorgabe durch die als höher befundene und zu akzeptierende Gemeinschaft (CC als Materialisierung und Idealisierung außerhalb des rituellen Feldes) ist der Zweck dieses Trainings. Der aus dem Feld tretende Alte Herr findet sich so, bevorteilt durch das spezielle Training, schnell in konservativen Bereichen der Gesellschaft (milieuspezifisch) zurecht.[912]

Werden nun beide Abbildungen zusammengefaßt, ergibt sich für dieses Kapitel ein Modell der korporierten Sozialisation. Die folgende Darstellung zeigt abschließend die Korporation als Übergangsritual einerseits (Abb. 7) und das rituelle Feld andererseits (Abb. 8) als zusammengefaßte Abbildung des Sozialisationsmodells der Corps.

Kapitel 5 läßt durch die genaue Betrachtung des Mitgliedschaftsverlaufes Spezifizierungen im Bereich der Sozialisation über die drei Phase erwarten. Neben der genaueren Aufschlüsselung des rituellen Feldes werden auch individuelle Aspekte des Mitgliedes auf seinem Weg zur korporierten Persönlichkeit herausgearbeitet.

Abschließend das Schaubild des Modells der korporierten Sozialisation:

---

[912]   Vgl. Victor Turner, Vom Ritual zum Theater, Seite 35.

Reproduktion durch Einsatz ökonomischer Mittel

Trennungs- und Integrationsphase /Inkorporation

Festigungsphase/ Objektivation

Angliederungs- phase/ Institutionalisation

Fuchs   Bursche   Inaktiver

Convent, höchste Autorität

Materialisierung des Normenkataloges

benachbarte Milieus

gesellschaftliches Milieu

Individuum

Tod/Trennung
Vergemeinschaftung

Mensur

Kneipe

Convent

Vergesellschaftung
Wiedergeburt

kollektiviertes Individuum
Alter Herr
gesellschaftliches Milieu

Normenkatalog/ Comment

Idealisierung des Convent

Verstärkung

Verengung

Verengung und Weitung

Weitung

Reproduktion durch Definitionsmacht

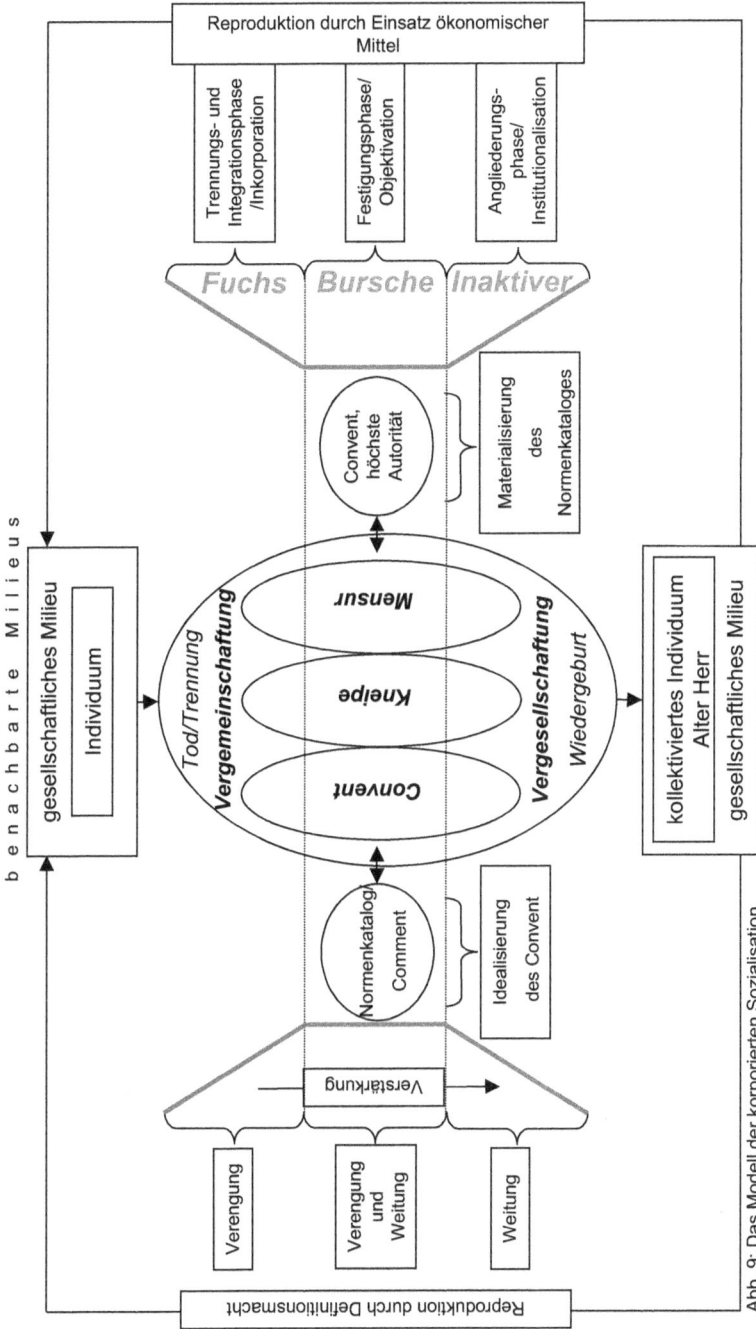

Abb. 9: Das Modell der korporierten Sozialisation

5. Die korporierte Persönlichkeit

Das letzte analytische Kapitel dieser Arbeit enthält nochmals eine Veränderung des Standpunktes bei der Betrachtung einer studentischen Korporation. Nach der gesellschaftlichen und der gemeinschaftlichen Ebene wird
nun die individuelle Ebene erreicht, die als Analyseebene einerseits eine Ergänzung und Untermauerung der Ergebnisse der beiden vorangegangenen
Kapitel bedeutet, andererseits auch neue Erkenntnisse ermöglichen wird.
Dieses Kapitel folgt der Drei-Phasen-Gliederung des bereits formulierten So-
zialisationskonzeptes, die Aufteilung der Unterkapitel folgt diesem Konzept.
Im Blickfeld des Interesses stehen demnach bestimmte Rituale und Initiatio-
nen, die den schrittweisen Übergang des Mitgliedes vom Individuum zur korporierten Persönlichkeit markieren. Im Gegensatz zu den bisherigen Kapiteln
wird dieses Kapitel der erarbeiteten Annahme folgen, daß auf der individuellen Ebene ein weiteres rituelles Feld – entlang des Mitgliedschaftsverlaufs –
zu finden ist. Das Kapitel 5 beschreibt damit eine weitere Verschiebung der
Methodik. In diesem Kapitel werden aus der vorgegebenen Phasenstruktur
nun nur noch Fragmente ausgesucht und analysiert.
Die Basis des verwendeten Materials sind die *„Constitution des Corps Borussia zu Tübingen"*[913] und der Abschnitt *„Die Gliederung des Männerbundes"* in dem von Roland Girtler verfaßten Artikel *„Corpsstudentische
Symbole und Rituale – die Traditionen der Antike und der frühen Universitäten"* in dem Buch *„Wir wollen Männer, wir wollen Taten!"*[914]. Ähnlich bedeutsam für dieses Kapitel ist das vom VAC e. V./WVAC e. V. herausgegebene Nachwuchshandbuch für Corpsstudenten mit dem Titel *„Finden, ü-
berzeugen, gewinnen"*[915]. Damit bleibt die Analyse auf corpsstudentisches
Material bezogen. Entsprechend der bisherigen Analyse bleibt die Offenheit
in Bezug auf die Erweiterung des Materials weiterhin vorhanden, zu erwähnen sind hier die beiden Wörterbücher von Robert Paschke[916] und Christian Helfer[917], sowie das Handbuch des Kösener Corpsstudenten[918].

5.1 Sozialisation in Phasen – die Korporation als Übergangsritual

Während im letzten Kapitel die Perspektive auf die Gemeinschaft gerichtet
war, wird in diesem Kapitel das Individuum im Vordergrund stehen.
Es soll hier gemäß dem zugrundeliegenden Verständnis vom Individuum
darauf hingewiesen werden, daß das Individuum im sozialisierenden Prozeß
der Korporation sowohl selbst beeinflußt als auch beeinflußt wird, es ist kon-

---

[913] Vgl. Constitution des Corps Borussia zu Tübingen.
[914] Vgl. Roland Girtler, Corpsstudentische Symbole und Rituale – die Traditionen der
       Antike und der frühen Universitäten, in: Rolf-Joachim Baum (Hrsg.), Seite 374-377.
[915] Vgl. VAC/WVAC (Hrsg.), Nachwuchshandbuch für Corpsstudenten.
[916] Robert Paschke, Studentenhistorisches Lexikon.
[917] Christian Helfer, Kösener Brauch und Sitte. Ein corpsstudentisches Wörterbuch.
[918] Handbuch des Kösener Corpsstudenten, Ausgabe 1985, Band 1.

struiert und wirkt gleichzeitig konstruierend. Das Individuum wird als etwas diesem Prozeß mit der Gemeinschaft Kommunizierendes verstanden. Der Mitgliedschaftsverlauf des Korporierten entspricht der Vorgabe durch die Gemeinschaft, wesentliche Aspekte waren bereits Bestandteil der Analyse des Kapitels 4. Die individuelle Umsetzung und der Mitgliedschaftsverlauf selbst, also die Entwicklung zur korporierten Persönlichkeit, sind Gegenstand der folgenden Analyse.

Die „Karriere" eines Korporierten läßt sich dazu in die schon erwähnte Drei-Phasen-Struktur aufteilen, deren chronologische Abfolge wie folgt benannt und zeitlich umrissen werden kann:

1. Die Phase der Integration (auch Trennung/Tod). Diese Phase beginnt mit dem Auftreten des zukünftigen Mitgliedes an der Universität und umfaßt den Zeitraum vom Beginn der Anwerbung bis zur offiziellen Aufnahme als vollwertiges Mitglied. In corpsstudentischen Begriffen ist es die Zeit, die das (zukünftige) Mitglied als „Spefuchs"[919] und als Fuchs verbringt.[920]

2. Die Phase der Festigung (auch Verstärkung). Der Zeitraum hier umfaßt die aktive Zeit des vollwertigen Corpsstudenten, normalerweise sind das ca. 3 Semester,[921] so daß die gesamte Aktivenzeit in etwa 2 Jahre dauert. In dieser Zeit steht der Corpsstudent der Gemeinschaft voll zur Verfügung.

3. Die Angliederungsphase (auch Wiedergeburt/Eintritt). Die Phase der Angliederung meint den von den Korporationen als „inaktiv" bezeichneten Zeitraum, in dem das Mitglied das Studium beendet und sich auf den Eintritt in das Berufsleben vorbereitet. Mit der Erklärung zum Alten Herr endet diese Phase.[922]

5.1.1 Die Integrationsphase – von der Anwerbung bis zur vollwertigen Mitgliedschaft

Korporationen werben meist ihren Nachwuchs gezielt an, z. B. anläßlich der ZVS-Einschreibung[923] mit einer Einladung zum Mittagessen, zu einer Party, einem Vortragsabend oder mit den oft in Aushängen zu findenden Angeboten günstiger, von der Altherrenschaft subventionierter Zimmer für Erstse-

---

[919] Vgl. Robert Paschke, Studentenhistorisches Lexikon, Seite 246. Ein Spefuchs ist ein „angehender oder junger Student, der von einer Korporation eingeladen wird, damit er das Korporationsleben und die Angehörigen kennenlernt, mit dem Gedanken aktiv zu werden."

[920] Vgl. Constitution des Corps Borussia zu Tübingen, Seite 14, § 25. „Die Fuchszeit dauert regelmäßig mindestens ein Semester". Hinzugerechnet werden muß noch die Zeit, die das Mitglied vor seinem Eintritt in der Korporation zugebracht hat. Über den Umfang dieses Zeitraumes gibt es leider keine Angaben. Meiner Erfahrung als ehemaliges Verbindungsmitglied nach sind es jedoch meist nur wenige Wochen zu Anfang eines Semesters, in denen man die meisten Füchse einwerben kann.

[921] Vgl. ebenda, Seite 31, § 85. Hier ist das Fuchssemester eingeschlossen, so daß die normale Aktivenzeit eines Corpsstudenten dieses Corps 3 Semester beträgt. Im Allgemeinen gilt eine Gesamtaktivität von 3 bis 4 Semestern, vgl. Robert Paschke, Studentenhistorisches Lexikon, Seite 18.

[922] Vgl. Constitution des Corps Borussia zu Tübingen, Seite 34, § 98.

[923] ZVS ist die Abkürzung für die Zentralstelle für die Vergabe von Studienplätzen. Für die Einschreibung in einem ZVS-Studiengang gibt es feste Zeiten, die die Korporierten gerne zu Werbezwecken nutzen.

mester im korporationseigenen Haus. Das Angebot ist auf die Bedürfnisse der Studenten zugeschnitten, so gibt es neben dem billigen Wohnraum meist noch zur Verfügung stehende Computer, kleinere Bibliotheken, die Möglichkeit des gemeinschaftlichen Mittagessens und die sonstige Nutzung der Infrastruktur der korporierten Gemeinschaft.

Zu einem speziell zugeschnittenen Angebot gehört die Kenntnis der Bedürfnisse. Auf die Erhebung dieser Bedürfnisse der Erstsemester wird im Nachwuchshandbuch für Corpsstudenten mit der theoretischen *„Bedürfnispyramide nach Maslow"* genauer eingegangen.[924] Maslow, Mitbegründer der Humanistischen Psychologie, entwarf eine fünfstufige Bedürfnishierarchie, nach der bestimmte Bedürfnisse der einen Stufe erst relevant werden, wenn die Bedürfnisse der darunter befindlichen Stufen erfüllt worden sind. Maslow unterscheidet physiologische Bedürfnisse (z. B. die Nahrungsaufnahme – das Bedürfnis des Sexualkontaktes[925] wurde im Nachwuchshandbuch weggelassen), die durch die Bereitstellung von Getränken, Mittagessen, etc. durch die Gemeinschaft als erfüllt angesehen werden können. Es folgen auf der nächsten Stufe Sicherheitsbedürfnisse (z. B. materielle Sicherheit), zu deren Erfüllung die Gemeinschaft mit ihrer Lebensbundkonzeption und den damit verbundenen ökonomischen Ressourcen (generationenübergreifende Unterstützung, z. B. durch die von den Alten Herren subventionierten Wohnheime) einen Beitrag leistet. Es schließen sich in der dritten Stufe die sozialen Bedürfnisse an (Kontakte, Gruppenzugehörigkeit, etc., Kriz formuliert hier auch die Begriffe *„Zugehörigkeit"* und *„Liebe"*[926] – zu erinnern ist hier an die weiblichen Ersatzmomente der Gemeinschaft, deren Befriedigung als ein Schwerpunkt der aktiven corpsstudentischen Gemeinschaft anzusehen ist.[927] Die vierte Stufe beschreibt Bedürfnisse nach Bestätigung und Wertschätzung, die bei den Corpsstudenten als *„Ich-bezogene Bedürfnisse"* bezeichnet werden und deren Befriedung gleichfalls eines der Hauptanliegen der Gemeinschaft ist, aber immer rückbezogen auf die Gemeinschaft, also in Abhängigkeit von den Norm- und Wertvorstellungen.[928] Die letzte Stufe ist die der individuellen Selbstverwirklichung.

Die von Maslow gemeinte individuelle Wertschätzung erfolgt in den Corps kaum, Maßstab der Wertschätzung ist die Gemeinschaft und die individuelle Unterordnung. Hohe Wertschätzung erfährt das kollektivierte Individuum.

Die letzte Stufe umfaßt die Selbstverwirklichungsbedürfnisse (im Sinne von Freiheit und Autonomie),[929] die von der Gemeinschaft wenn nicht bewußt unterbunden, so doch zumindest dem gemeinschaftlichen Kanon unterworfen werden. Eine Entwicklung zur eigenständigen, individuellen Person begünstigen die Corps nicht. Nach dem Maslow' schen Modell endet die Pyramide für die Corpsstudenten mit der vierten Stufe, indem sie mit der dritten sozusagen durch die Gemeinschaftskontrolle „kurzgeschlossen" wird. Eine

---

[924] Vgl. VAC/WVAC (Hrsg.), Nachwuchshandbuch für Corpsstudenten, Seite 3. 2. 2 f.
[925] Vgl. Jürgen Kriz, Grundkonzepte der Psychotherapie, Seite 180.
[926] Vgl. ebenda, Seite 180.
[927] Vgl. Nachwuchshandbuch für Corpsstudenten, Seite 3. 5. 2.
[928] Vgl. ebenda.
[929] Vgl. Jürgen Kriz, Seite 180.

individuelle Selbstentfaltung gibt es in den corpsstudentischen Gemein-schaften somit nur bedingt. Sie wird vielmehr als etwas angesehen, das der gemeinschaftlichen Kontrolle zu unterziehen ist.[930]

Zur letzten Stufe, der individuellen Selbstentfaltung finden sich im Nach-wuchshandbuch die Angaben: Kooperative Führung im Corps, Mitbe-stimmung auf dem CC, Hiwi-Job an der Universität.[931] Die Angaben unter-streichen das corpsstudentisch-gemeinschaftlich geprägte Verständnis von Selbstverwirklichung – Freiheit und Autonomie findet man als Angabe dort nicht.

Das auf den ersten Blick für einen Außenstehenden sichtbare Angebot der Korporationen kann den ersten zwei Stufen nach Maslow zugerechnet wer-den. Das Ziel der corpsstudentischen Werbung um Nachwuchs ist es aber, den Neuen für die Stufen drei und vier zu gewinnen. Das offensichtliche An-gebot ist demnach eine Art Anreizsystem, um Interesse (an der Nutzung zu-nächst materieller Vorteile der Gemeinschaft) im Spefuchsen zu wecken.[932] Die integrative Wirkung eines derartigen Angebotes ist nicht zu unterschät-zen, denn wenn der Erstsemester das Angebot wahrnimmt – auch wenn es nur die Einladung zum Mittagessen ist – gilt:

„Ein solcher Gabentausch hat eine unmittelbar verpflichtende Wirkung: ein Geschenk von jemanden akzeptieren heißt, sich an ihn binden."[933]

Mit dem Angebot aus den unteren Stufen wird der „Einstieg" in die darüber-liegenden Stufen – die gemeinschaftliche Integration des Neuen – erleichtert, bzw. ein „Ausstieg" durch bedürfnisbezogene Anbindung erschwert.

Neben der genauen Ermittlung der Bedürfnisse befassen sich die Corps auch mit den gewünschten Einstellungen der möglichen Nachwuchskandi-daten, denn das *„Geschenk"* wird nicht jedem männlichen Studenten ange-boten. Im Nachwuchshandbuch für Corpsstudenten findet sich eine Kriterien-liste persönlicher Merkmale, nach der der Nachwuchs, der Spefuchs, ausge-sucht werden soll. Positiv ist es demnach, wenn der Spefuchs folgende Ei-genschaften hat: *„Kontaktfreudigkeit (ist kein Einzelgänger), Initiative (hat im bisherigen Leben auch schon Initiative gezeigt), Durchsetzungsvermögen (kann sich anderen gegenüber behaupten), Interessen (hat neben Aus-bildungs- und Berufszielen auch noch andere Interessen entwickelt), Flexi-bilität (ist anpassungsfähig, wird mit ungewohnten Situationen fertig), Loya-lität (hat sich schon für seine Klasse, Freunde, Kameraden, Familie einge-setzt), Toleranz (setzt sich mit anderen Meinungen fair auseinander, akzep-tiert auch gegensätzliche Auffassungen), Freundschaft (verfügt über freund-schaftliche Bindungen), Akzeptanz corpsstudentischer Grundsätze, Traditi-*

[930] Vgl. Handbuch des Kösener Corpsstudenten, Ausgabe 1985, Band 1, Seite 39.
[931] Vgl. VAC/WVAC (Hrsg.), Nachwuchshandbuch für Corpsstudenten, Seite 3. 2. 3.
[932] Vgl. Nachwuchshandbuch für Corpsstudenten, Seite 3. 5. 2. Im Handbuch wird aus-drücklich auch auf die Berücksichtigung der Pyramide im Gespräch mit dem Neuen hingewiesen, so sollen zuerst die ersten beiden Ebenen geklärt werden, bevor man zum Thema Corpsgemeinschaft kommt.
[933] Arnold van Gennep, Übergangsriten, Seite 37.

onsbewußtsein (hat Bindungen zu seiner Heimat, zu Bräuchen, zur Kultur seines Lebensraumes), Hilfsbereitschaft."[934]

Die Kriterien lassen sich grob zwei Bereichen zuordnen, zum einen ist es der Bereich, der mit dem Begriff Bindungsfähigkeit / Fähigkeit zur Vergemeinschaftung umschrieben werden kann, zum anderen ist es der Bereich der besonderen Leistungsbereitschaft im Sinne der corpsstudentischen Zweck- und Zielsetzung, hier im Sinne der späteren Vergesellschaftung des korporierten Individuums.

Der Liste von Positivkriterien schließt sich eine mit Negativkriterien an, die gleichfalls einer Aufteilung in die zwei genannten Bereiche folgt. Auch diese sollen hier wiedergegeben werden:

„Kontaktarmut (ist Einzelgänger, hat nur wenige oder gar keine Freunde, ist scheu und ängstlich bei persönlichen Kontakten), Interesselosigkeit (hat keine Hobbys), Illoyalität (ist eher egoistisch, wenig oder gar nicht hilfsbereit, hatte keinerlei Ämter inne, lehnt Engagement für andere ab), Intoleranz (duldet keine anderen Meinungen und ihm nicht genehme Menschen, lehnt andere Sitten und Gebräuche ab), Arroganz (wirkt in seinem Auftreten und in seinen Äußerungen überheblich, eitel, anmaßend), übertriebene Selbstsicherheit (hat im Gegensatz zu einem ruhigen, uneitlen, selbstbewußten Auftreten eine lautstarke, angeberische Verhaltensweise, gibt vor, alles besser zu können, ist prahlerisch, spielt den (oft auch Weiber-) Helden, läßt sich gern bewundern, erzählt tolle Stories über sich), Streber (oft wenig gemeinschaftsfördernde, kleinkarierte Egoisten), Humorlosigkeit (sollte nicht mit Zurückhaltung verwechselt werden, ist aber für eine Gemeinschaft nie sehr förderlich), Pessimismus (ist bei starker Ausprägung für eine Corpsgemeinschaft schwierig, weil sein Vertreter für das Corps wichtige Entscheidungen und Aktivitäten blockieren kann)."[935]

Auch diese Negativliste an Eigenschaften enthält Beschreibungen und Voraussetzungen, die – hier deutlicher als in der Positivliste – vergemeinschaftende und vergesellschaftende Aspekte enthalten. Der Maßstab in beiden Listen ist die Gemeinschaft. Sie legt fest, wie der Neue im Idealfall beschaffen sein muß, damit er möglichst einfach in die Gemeinschaft eingegliedert werden kann.

Die Corps tragen mit der Liste dem Umstand Rechnung, daß ein Individuum nicht nur beeinflußt wird (durch die Gemeinschaft), sondern auch beeinflußt. Um die die Gemeinschaft beeinflussende Wirkung des Individuums möglichst gering zu halten, wird auf bestimmte Merkmale geachtet, die nach Möglichkeit im Einklang mit den gemeinschaftlichen Zielsetzungen stehen. Den Corps geht es hier um soziale Selektion und die bestmögliche Garantie der Homogenität der Gruppe.[936]

Weniger umfangreich als die Angaben im Nachwuchshandbuch, aber gleichfalls aufschlußreich sind die Schilderungen zur Überprüfung der Eignung in

---

[934] Nachwuchshandbuch für Corpsstudenten, Seite 2. 1. Die Interpretationen in den Klammern entsprechen dem Originaltext.
[935] Ebenda, Seite 2. 1.
[936] Vgl. Pierre Bourdieu, Die feinen Unterschiede, Seite 268.

der Constitution des Corps Borussia, für die als höchste Instanz der CC zuständig ist:

„Der CC hat jeden Aufnahmesuchenden auf seine Eignung für die Gemeinschaft unseres Corps nach Herkunft und Gesinnung gewissenhaft zu prüfen. Es ist erforderlich, daß einwandfreie Bürgen, möglichst Alte Herren des Corps, den Aufnahmesuchenden empfehlen; ausnahmsweise kann der CC hiervon absehen."[937]

Das Bürgensystem, das es sicherlich in der Vergangenheit gegeben hat, dürfte heutzutage aber eher unüblich sein. Von zentraler Bedeutung sind jedoch die hervorgehobenen Begriffe *„Herkunft"* und *„Gesinnung"*, die gleichfalls als übergeordnete Begriffe einer Kriterienliste gesehen werden können.

Bezogen auf das Sozialisationsmodell der Corps bestätigt das Zitat die Annahme, daß die Corps ihren Nachwuchs vorzugsweise aus einem speziellen gesellschaftlichen Milieu rekrutieren, der Wunsch nach Empfehlung durch die Alten Herren unterstreicht diese Annahme. Mit dem gewünschten Milieu (Herkunft) werden auch die in diesem Milieu üblichen Werte und Vorstellungen verknüpft (Gesinnung), die für eine möglichst reibungslose Integration des Neuen wichtig sind. Nicht zuletzt bedeutet die *„gewissenhafte Prüfung"* des Neuen auf *„Herkunft"* und *„Gesinnung"* auch, den individuellen Einfluß (der individuell-konstruierende Anteil) des Neuen auf die Gemeinschaft möglichst zu minimieren, zumindest aber berechenbar zu halten. Die zentrale Kontrollstelle ist wie immer der CC.

Die Bedürfnisanalyse und die vorausgesetzte und gewünschte Einstellung des Kandidaten wird im Handbuch nun mit einer Strategie der Integration verbunden. Die Einbeziehung des Neuen wird von den Corps detailliert vorgeplant, so daß wenig dem Zufall überlassen bleibt. Die Integrationsphase selbst wird im Sinne des programmatischen Vorgehens im Nachwuchshandbuch in noch einmal 5 zeitlich aufeinander folgende „Phasen der Nachwuchswerbung" unterteilt. Von den fünf Phasen beschreiben die ersten vier die Nachwuchsarbeit der Corps vor der Aufnahme des Mitgliedes als Fuchs, die fünfte Phase fällt in die Fuchsenzeit. Für die Phasen werden jeweils *„typische Beispiele"* und ein *„typischer Zeitpunkt"* angegeben. Die Phasen gestalten sich laut Text wie folgt:

1. Phase: Vorbereitung. Zeitpunkt: Ende Vorsemester. Beispiele: Planen, Einteilen, AH anschreiben, Material besorgen, Adressen beschaffen.
2. Phase: Kontaktaufnahme. Zeitpunkt: Beginn Aktionen. Beispiele: Anschreiben, bei Einschreibung ansprechen, Plakate.
3. Phase: Intensivierung. Zeitpunkt: Gast kommt aufs Haus. Beispiele: Veranstaltungen, persönliche Betreuung, Vorlesungsbesuch, Kneipenbummel.
4. Phase: Überzeugung. Zeitpunkt: Gespräch über Aktivwerden. Beispiele: Diskussionen über Corps, Ziele, Inhalte, Corps erleben, Acception.
5. Phase: Integration. Zeitpunkt: Ende Semester. Beispiele: Fuchsenstunden, Leibverhältnis.[938]

---

[937] Constitution des Corps Borussia zu Tübingen, Seite 14, § 21.
[938] Vgl. Nachwuchshandbuch für Corpsstudenten, Seite 3. 4. 1.

Phase 1 ist lediglich die Phase der Vorarbeiten. Die zweite, dritte und vierte Phase beschreiben unterschiedliche Vorgehensweisen im Integrationsprozeß des Spefuchsen. Auf dieser besonders sensiblen Zeit liegt im Nachwuchshandbuch das Hauptaugenmerk. Inhaltlicher Schwerpunkt ist dabei der kommunikative Bereich, so werden Rollenspiele, Moderationen, Workshops und erfolgversprechende rhetorische Vorgehensweisen vorgeschlagen. Ferner werden Techniken der Nachwuchswerbung angesprochen, diese reichen vom Führen einer Kartei des *„geeigneten"* Personenkreises, z. B. Altherrensöhne, Verwandte von Alten Herren, Söhne und Freunde von Freunden und Bekannten, Schülerverbindungen und Kontakte der jüngeren Corpsbrüder zu ihren Schulen und ihren Bundeswehrkameraden,[939] bis zur Empfehlung für Corpsbrüder, sich als Tutoren an den Einführungsveranstaltungen der Universität zu engagieren, um dort direkt Personen ansprechen und anwerben zu können.[940] Zusätzlich enthält das Buch eine Liste der verfügbaren Instrumente, so z. B. das Taschenbuch *„Studienplaner: Studieren – aber richtig"*, die Homepage der Verbände, die Website *gute-verbindungen.net*, Plakataktion, CD-Rom *„Erfolgreich studieren durch gute Verbindungen"*, die CD-Rom *„Corps-TV"*, Statistiken über Erfolge von Corpsstudenten und die zwei Akademien (KWS-Seminare und Corpsakademie).[941]

Die Bedürfnisanalyse und die Einschätzung der Gesinnung des Spefuchsen mittels eines Kriterienkataloges einerseits und der Katalog integrativer Methoden und Mittel andererseits tragen dazu bei, daß die Gemeinschaft den Nachwuchs vorher selektieren, gezielt anwerben und möglichst einfach integrieren kann.

Nimmt der Studierende ein Angebot der Korporation an, z. B. ein Zimmer im Haus der Korporation, so beginnt der aktive Teil der Werbung und Integration. Der Spefuchs zieht in das Haus ein, kommt in Kontakt mit den Mitbewohnern (die meist Mitglieder der Korporation sind), wird zu einigen Veranstaltungen eingeladen, lernt bedeutende Alte Herren kennen, nimmt am Mittagessen teil, verbringt gemütliche Abende an der meist vorhandenen Bar/Theke und intensiviert so – letztendlich durch zahlreiche Gespräche – den Kontakt zur Gemeinschaft. Nach einer kurzen Phase der Orientierung erklärt sich der Neue dann unter Umständen bereit, dem Bund beizutreten, oder wird auf seinen Beitritt zur Gemeinschaft hin angesprochen. In der Constitution des Corps Borussia zu Tübingen geschieht die Aufnahme nach eingehender Prüfung. Dazu werden der Fuchskonvent (Rennoncenkonvent) und die vollwertigen Mitglieder befragt, es wird protokolliert, ob *„alle Bestimmungen und die Voraussetzung gewissenhafter Prüfung erfüllt sind".*[942]

Ist das der Fall und werden von den aktiven Corpsbrüdern keine Bedenken geäußert, so kann der CC die Aufnahme mit einer Dreiviertelmehrheit beschließen.[943] Im Rahmen eines Feierlichen Corpsconventes (FCC) wird dann

[939] Vgl. ebenda, Seite 4. 1. 1 f.
[940] Vgl. ebenda, Seite 4. 1. 3.
[941] Vgl. ebenda, Update 8/2002, Seite 4. 2. 1. ff.
[942] Constitution des Corps Borussia zu Tübingen, Seite 14, §§ 22, 23.
[943] Vgl. ebenda.

der Neue aufgenommen. Die Aufnahme ist das erste offizielle und institutionalisierte gemeinschaftliche Ritual. Zur Aufnahme in das Corps heißt es in
der Constitution:
*„Die Aufnahme wird vorgenommen vom Erst-Chargierten oder seinem Ver-
treter. Der Aufnehmende legt die Schärpe an. Alle übrigen Anwesenden stehen in der Nähe des Tisches, auf dem Mütze und Fuchsband liegen. Ist der
FCC eröffnet, wird der Aufzunehmende ins Zimmer geführt.*
*Der Erst-Chargierte hält eine kurze Ansprache und legt die Grundsätze der
Constitution dar (§§ 1 bis 7, § 18). Daraufhin fragt er den Aufzunehmenden,
ob er sie anerkennen und mit ernstem Willen befolgen wolle. Wird die Frage
bejaht, so spricht der Erst-Chargierte: '... so nehme ich Dich als Fuchs in unseren Preußenbund auf und verpflichte Dich durch Handschlag, daß Du alles
daran setzest, Dich in den Geist unseres Bundes einzuleben und Dir das
Burschenband zu erwerben."*[944]

Der Neue wird auf die Grundsätze der Gemeinschaft verpflichtet, bekräftigt
mit Handschlag und verbaler Bestätigung. Im Gegenzug bekommt er das
Band und die Mütze als die äußeren Insignien der Gemeinschaft und zum
Zeichen seiner neuen Identität (Tod der alten Existenz) „übergestülpt".
Das Aufnahmeritual bedeutet Unterordnung unter die Gemeinschaft durch
Anerkennung der Grundsätze, denn schließlich muß sich der Neue in den
„Geist des Bundes" einleben. Es geht demnach nicht um ein Sich-Einbringen
des Neuen als Individuum, sondern nur um die Akzeption[945] der gemein-
schaftlichen Werte und Richtlinien.

Ein Fuchs wird als ein Novize angesehen, also als ein Mitglied auf Probe,
das sich an unterster Stelle der Hierarchieleiter befindet und sich noch be-
währen muß.[946] Dementsprechend sind die Befugnisse des Fuchsen innerhalb der Gemeinschaft stark eingeschränkt – im Gegensatz zu seinen Aufgaben:
*„Die Fuchsenzeit ist für gewöhnlich dadurch gekennzeichnet, daß der Neu-
ling seinen Corpsbrüder gegenüber bestimmte Pflichten erfüllen muß, wohingegen seine Rechte gering sind."*[947]
Die Stellung der Füchse im Corps wird in der Constitution mit *„nicht vollberechtigte Mitglieder"* wiedergegeben, die Funktion der Fuchsenzeit wird mit
Einführung in das Corpsleben, Vorbereitung zur Mensur und Erziehung zur
corpsstudentischen Ehr- und Pflichtauffassung umschrieben.[948] Die Constitution benennt auch die für die Erziehung hauptsächlich zuständigen Corpsbrüder, es ist der Leibbursch und der Fuchsmajor (FM).[949]

[944] Ebenda, Seite 20, § 48.
[945] Vgl. Robert Paschke, Studentenhistorisches Lexikon, Seite 18. Ein heute eher unüb-
licher Begriff für die Aufnahme eines neuen Mitgliedes. Er spiegelt aber wider, daß die
Vorprüfungen (Herkunft und Gesinnung) erfolgreich waren und der Neue das Band
und die Mütze (Werte und Normen) von der Gemeinschaft empfängt (lat. accipere).
[946] Vgl. Roland Girtler, Corpsstudentische Symbole und Rituale – die Traditionen der
Antike und der frühen Universitäten, in: Rolf-Joachim Baum (Hrsg.), Seite 376.
[947] Ebenda, Seite 376.
[948] Vgl. Constitution des Corps Borussia zu Tübingen, Seite 14, § 25.
[949] Vgl. ebenda, Seite 14, § 26.

Der Begriff des Leibburschen beinhaltet das sogenannte „Leibverhältnis". Dieses bezeichnet ein besonders enges Verhältnis zwischen dem jungen Fuchs und einem älteren Corpsbruder, der den Neuen in das korporative Leben einweist und ihn u. a. auf dem CC vertreten kann (da der Fuchs ja kein Stimmrecht auf dem CC hat). Der Leibbursch ist aber umgekehrt auch ein Kontrollinstrument der Gemeinschaft, denn

„darüber hinaus hat er sich mit seinem ihm anvertrauten jungen Bundesbruder eingehend zu beschäftigen, um dadurch Charakter und Persönlichkeit seines Schützlings am besten kennenzulernen und – so weit notwendig – ihn positiv zu beeinflussen und zu formen. Letztlich wird der Leibbursch mit dem Fuchsmajor in engem Kontakt stehen, um die Fortschritte beim Einleben in die Gemeinschaft aufmerksam verfolgen zu können."[950]
Das letzte Zitat ist zwar kein corpsstudentisches, sondern ein dachverbandübergreifendes Zitat, spiegelt aber gleichwohl wider, welche zentrale Aufgabe dem Leibburschen im Integrationsprozeß des Fuchsen zukommt. Es ist zu berücksichtigen, daß das vom jungen Fuchs gewählte Leibverhältnis nicht freiwillig ist, sondern Pflicht.[951]

Das Leibverhältnis, das mit der aufkommenden engeren Bundkonzeption nach 1850 in seiner heutigen Bedeutung eingeführt wurde, wird auch rituell gefestigt. Meist geschieht dies durch einen Zipfeltausch,[952] der das Verhältnis besiegelt. Der Leibbursch trägt dem Leibfuchsen für gewöhnlich einen Bierzipfel und der Leibfuchs dem Leibburschen einen Weinzipfel an,[953] die dann mit einer Art Brudertrunk (jeweils ein volles Glas Bier, in das der Zipfel versenkt wird) getauscht werden.[954] Innerhalb der Korporation bilden sich sogenannte „Leibfamilien",[955] womit dem Leibverhältnis neben der Integration und der Kontrolle auch eine Vermittlerrolle zukommt, insbesondere was die Abwesenheit des Weiblichen angeht. Es erfolgt die korporierte Konzeption eines Familienersatzes: Der Leibbursch übernimmt die Rolle des (Leib-) Vaters[956], die Mutter ist hier die Gemeinschaft, innerhalb der Gemeinschaft und in Nachwuchsfolge bildet sich die „Leibfamilie".[957]

Der Leibbursch und der Fuchsmajor sind die zentralen Figuren in der Erziehung des Neuen. Neben der eher persönlichen Art der Integration und Erzie-

---

[950] CV-Handbuch, Ausgabe 2000, Seite 228.
[951] Vgl. Christian Helfer, Kösener Brauch und Sitte, Seite 139.
[952] Vgl. ebenda, Seite 41 f. Ein Zipfel ist ein etwa 10 cm. langer Schmuckanhänger, je nach Metall mit silbernen oder goldenen Schiebern eingefaßt, auf denen auf der Vorderseite der Zirkel der Korporation, auf der Rückseite eine Widmung steht. Die Zipfel werden rechts am Hosenbund an einem Zipfelhalter getragen. Bierzipfel sind nicht in jedem Corps üblich.
[953] Vgl. ebenda, Seite 139.
[954] Vgl. ebenda, Seite 41 f. Einen Nachweis für diesen Tauschritus fand ich nur an dieser Stelle (unter dem Stichwort Biertaufe). Aus meiner Aktivenzeit weiß ich aber, daß dieser Brauch üblich ist. So werden auch sämtliche andere Zipfel (als Bursch tauscht man diese mit besonders nahestehenden Bundes- bzw. Corpsbrüder) zum Tausch in ein volles Bierglas versenkt.
[955] Vgl. ebenda, Seite 139.
[956] Vgl. ebenda, Seite 139. Leibvater ist bei einigen Corps ein anderer Ausdruck für Leibbursch.
[957] Vgl. Handbuch des Kösener Corpsstudenten, Ausgabe 1985, Band 1, Seite 144.

hung durch den Leibburschen, kommt dem Fuchsmajor die gemeinschaftliche Aufgabe der Formung zu. Seinen Anordnungen ist, wie auch den Anordnungen der Chargierten, unbedingt Folge zu leisten.[958] Die Chargierten und insbesondere der Fuchsmajor, dessen Position und Funktion in der Gemeinschaft ähnlich der des Leibburschen erst um die Mitte des 19. Jahrhunderts eingerichtet worden war,[959] stellen die direkten „Abgesandten" der Gemeinschaft (des CC) dar, der sich alle Mitglieder unterzuordnen haben. Aus der Perspektive der Füchse wird diese Befehlsgewalt nicht so ohne weiteres akzeptiert, vielmehr muß sie gegen den individuellen Willen der Füchse durchgesetzt werden. Robert Paschke erwähnt in seinem Lexikon diesbezüglich das Symptom des „Fuchsenkaters":

„Als Fuchsenkater bezeichnet man den seelischen Zustand, in dem sich ein Fuchs befindet, der aus einem Bunde austreten will, weil er sich in dessen Gemeinschaft nicht richtig einleben kann, weil er irgendwelche Differenzen bekommen hat oder weil ihm seine erste Fuchsenpartie daneben gelungen ist. Gut 80% aller Verbindungsstudenten machen einen mehr oder weniger tiefgreifenden Fuchsenkater durch."[960]

Auch in dem Studentenroman „Brüderlichkeit" des Corpsstudenten Walter Bloem finden sich Stellen, in denen dieser „Kater" umschrieben wird:

„Die zwei Krassen[961] fügten sich nicht so geschwind. Ihnen war der junge Nacken noch nicht gebrochen durch die eherne Schule des Gehorsams."[962]

Hintergrund dieses Zitates ist die Absicht der Korporation, die Vergemeinschaftung durch die intensive Erziehung und Beanspruchung mit einer Reduktion des Fuchsen zur „prima materia"[963] einzuleiten. Der Fuchs wird demnach

„jeder spezifischen Form beraubt und auf einen Zustand reduziert, der zwar immer noch sozial, doch ohne die anerkannten Statusformen bzw. unterhalb dieser ist. Das bedeutet, daß ein Individuum, das die Statusleiter hinauf will, diese zunächst einmal ganz tief hinabsteigen muß."[964]

Einige Zeilen später diskutieren die jungen Füchse Eichholz, Schönemann und Gehrke das Problem und Schönemann sagt zu Gehrke:

---

[958] Vgl. Constitution des Corps Borussia zu Tübingen, Seite 30, § 78. Bezüglich des Fuchsmajors heißt es in der Satzung der KDStV Palatia im CV zu Marburg, daß die Anweisungen des Fuchsmajors mit „unbedingtem Gehorsam" auszuführen sind. Vgl. Satzung der KDStV Palatia im CV zu Marburg, Marburg 1984, § 24 c.

[959] Vgl. Robert Paschke, Studentenhistorisches Lexikon, Seite 117 f.

[960] Ebenda, Seite 116.

[961] Als „Krasse" werden die neuen Füchse bis zum Ende des ersten Semesters bezeichnet, danach werden sie Brandfüchse genannt. Die Bezeichnungen sind heute wenig gebräuchlich. Vgl. ebenda, Seite 113. Das Wort Brandfuchs hat mit dem heute nicht mehr gebräuchlichen „Fuchsenbrennen" zu tun. In diesem Ritual, das auch als Fuchsenritt bezeichnet wurde, mußten die einsemestrigen Füchse mit dem Stuhl durch ein Spalier betagterer Corpsbrüder reiten, während letztere die Füchse mit brennenden Spänen schlugen. Mit diesem Ritual wird einerseits der Status des Fuchsen leicht angehoben (ein Brandfuchs hat mehr Rechte als ein Kraßfuchs), andererseits dazu seine alte Existenz noch einmal „verbrannt" (rituelle Verstärkung des Integrationsprozesses).

[962] Walter Bloem, Brüderlichkeit, Leipzig 1922, Seite 106.

[963] Victor Turner, Das Ritual, Seite 162.

[964] Ebenda, Seite 162.

„Ach nee, lieber Gehrke, wir sind hier in der Wildnis bei den Wölfen ... Ent-weder wir lernen mit ihnen zu heulen, oder sie fressen uns ..."[965]
Auch in anderen Verbänden ist der Widerstand, der mit dem Begriff *„Fuch-senkater"* beschrieben wird, bekannt. In dem dachverbandsübergreifenden Buch *„Die Fuxenstunde"* heißt es hinsichtlich der Erziehung der Füchse: *„Ebenso kann nicht grundsätzlich auf einen gewissen Druck verzichtet wer-den. Überzeugung aus Einsicht ist zwar vorzuziehen, aber nicht immer ist der Mensch willens, (...). Der normale Mensch, (...) ist kein Idealmensch, der im-mer der Vernunft folgt. Manchmal ist körperliche oder geistige Bequem-lichkeit viel naheliegender, und sie muß notfalls durch Druck von seiten des FM überwunden werden."*[966]
Diejenigen Füchse, die sich nicht der Gemeinschaft unterordnen, sich nicht mit Druck fügen wollen und mit *„Ablehnung"* reagieren, werden vom CC ve-ranlaßt, um ihren *„Austritt nachzusuchen",* erforderlich für die *„Veranlassung"* ist gleichfalls eine Dreiviertel-Mehrheit.[967]

Diese Zitate verdeutlichen, daß es bei dem Integrationsprozeß und der Er-ziehung in Form der Fuchsenstunde (eine Art Unterricht) und der Ausbildung auf dem Paukboden[968] um das „Brechen" des individuellen Willens geht. Es geht nicht um einen Austauschprozeß, in dem der Neue seine Individualität einbringen soll und kann, sondern um die Unterordnung und Einübung der gemeinschaftlichen Hierarchie.

Neben dem Aufnahmeritual als erstem Initiationsritual und der Bekundung des Leibverhältnisses als Ritual der Vergemeinschaftung gibt es während der Fuchsenzeit noch die *„Biertaufe".*[969] Die *„Biertaufe"* ist ein vergemein-schaftendes Ritual, in dem dem neuen Mitglied ein von der Gemeinschaft ausgesuchter Name gegeben wird. Der Name soll meist eine bestimmte Ei-genschaft der Person betonen.

Hinsichtlich der Vergemeinschaftung bedeutet dies, daß durch die Hervor-hebung der besonderen Eigenschaft diese – wenn nicht störend so doch zu-mindest als außerhalb der gemeinschaftlichen Norm wahrgenommen – ge-sondert vergemeinschaftet werden muß. Gleichzeitig wird mit der Namens-gebung die neue gemeinschaftliche Identität unterstrichen (übergestülpt) und die alte Identität abgelegt, ähnlich der Namensgebung von Angehörigen ei-nes religiösen Ordens.[970] Dieses Ritual ist nicht in jedem Corps üblich.

Weiterhin muß der Fuchs noch während der Fuchsenzeit seine erste Mensur schlagen. Zuvor wird er seit Aufnahme in die Korporation von einem Fecht-meister unterrichtet, die tägliche Teilnahme an den Paukstunden gilt als selbstverständlich, das zweimalige Fehlen wird mit einer vom CC festzule-genden Strafe geahndet.[971] Die hohe zeitliche Investition für das Fechten und

[965] Walter Bloem, Brüderlichkeit, Seite 106.
[966] Friedhelm Golücke/Bernhard Grün/Christoph Vogel, Die Fuxenstunde. Allgemeiner Teil, Seite 21.
[967] Constitution des Corps Borussia zu Tübingen, Seite 15, § 27.
[968] Christian Helfer, Kösener Brauch und Sitte, Seite 93.
[969] Vgl. Christian Helfer, Kösener Brauch und Sitte, Seite 40.
[970] Vgl. ebenda, Seite 38 f.
[971] Vgl. Constitution des Corps Borussia zu Tübingen, Seite 37, § 109.

die Androhung von Strafe bei Fehlen an den Paukstunden bestätigt die Wichtigkeit des Fechtens für den Bund. Gilt der Fuchs als gut vorbereitet, so wird er zu seiner ersten Bestimmungsmensur gegen ein im Fechten etwa gleich gutes Mitglied einer anderen Korporation gestellt. Da die erste Mensur Aufnahmebedingung ist, ist sie auch ein Initiationsritual, verbunden mit den Inhalten der Mensur auch ein Mannbarkeitsritual.[972] Diese Mensur ist tadellos zu schlagen:

„Sollte ein Paukant, was durchaus vorkommen kann, ‚reagieren', das heißt, nicht den an seine Moral gestellten Anforderungen voll genügen, wird er erst durch eine ‚Reinigungspartie' rituell wieder in den Stand eines honorigen Studenten versetzt."[973]

Aufschlußgebend ist die Formulierung *„an seine Moral gestellten Anforderungen",* die verdeutlicht, daß die gemeinschaftlichen Normen und Werte gegen die individuellen gestellt werden. Der Paukant wird mit der Mensur gezwungen, den Anforderungen der Gemeinschaft den Vorzug zu geben. Auch hier kommt der Aspekt der Unterwerfung deutlich zum Vorschein, die als Bedingung zur vollwertigen Mitgliedschaft unumgängliche Pflicht ist.

Insgesamt ist die Fuchsenzeit neben den Anforderungen durch das aktive Leben (rituelles Feld, Kap. 4) durch zusätzliche Rituale geprägt, die zusammengefaßt mit den besonderen Anforderungen (Unterricht, Paukstunden, Erlernen der gemeinschaftlichen Verhaltens- und Handlungsweisen, Verpflichtung zur Teilnahme an Veranstaltungen, Statusverpflichtungen, etc.), eine hohe zeitliche und inhaltliche Dichte haben. Durch diese hohen Anforderungen wird der Fuchs einerseits aus der universitären Umgebung heraus- und in die Korporation hineingezogen und andererseits wird ihm die Möglichkeit zur Reflexion seines Tuns bewußt stark eingeschränkt.

„So nimmt nicht wunder, daß er auf eine möglichst rasche Erledigung seiner rituellen Aufgaben hofft und damit darauf, schnellstens zum Burschen zu werden."[974]

Das bedeutet, daß eine Akzeptanz dieser hohen Anforderung durch die Aussicht auf Statuserhöhung (Bursche zu werden und dann selbst „Erzieher", Charge, etc. zu sein) zumindest unterstützt wird und den Fuchsen in seiner Lernbereitschaft zusätzlich motiviert. Um das Lernpensum zu schaffen, lernen die Füchse auf zweierlei Weise: Sie lernen durch rationelles Verstehen (z. B. Unterricht) und durch die zahlreichen Rituale, die eine Art emotionales Lernen darstellen, und in ihrer Wirkung in sich eingeschlossene grundlegende Inhalte des corpsstudentischen Werte- und Normkataloges transportieren und erfahrbar machen.[975]

Am Ende der Fuchsenzeit steht dann das Fuchsenexamen und die feierliche Aufnahme als vollwertiges Mitglied.

---

[972] Vgl. Roland Girtler, Corpsstudentische Symbole und Rituale – die Traditionen der Antike und der frühen Universitäten, Seite 371.

[973] Ebenda, Seite 372, Hervorhebung im Original.

[974] Ebenda, Seite 376.

[975] Vgl. Herbert Kessler, Rede anläßlich des 135. Stiftungsfestes des Corps Franconia Berlin zu Kaiserslautern, Seite 3.

Das Fuchsenexamen ist heutzutage eine ernst zu nehmende Prüfung, die der Fuchs vor seiner endgültigen Aufnahme als vollwertiges Mitglied ableisten muß.[976] Gegenstand der Fuchsenprüfung sind zahlreiche Aspekte, die im Zusammenhang mit der Korporation stehen, so u. a. die Geschichte der Korporation, des Verbandes, der Comment, der Aufbau, die Satzung und Geschäftsordnung, geprüft wird aber auch die Universitätsgeschichte, Studentengeschichte und Wissen über andere Dachverbände. Geleitet wird die Prüfung meist vom Senior, ferner sitzen sein Stellvertreter, der Fuchsmajor, der Leibbursch sowie ein Protokollant bei.[977] Ziel der Prüfung ist die Beurteilung des Verhaltens des Fuchsen zur Gemeinschaft[978] und die Beantwortung der Frage, ob seine Persönlichkeit soweit geprägt worden ist, daß er nun eine lebenslange Zugehörigkeit versprechen kann.[979] Die Prüfungskommission muß beurteilen, ob der Fuchs die Voraussetzungen für die endgültige Aufnahme erfüllt, ob also der Integrations- und Vergemeinschaftungsprozeß erfolgreich war. Besteht der Prüfling, so wird er durch Initiation in den Stand des Burschen versetzt und wird zum Mitglied auf Lebenszeit. Das Ritual verläuft nach der Beschreibung in der Constitution des Corps Borussia folgendermaßen:

„Die Reception eines Fuchsen (...) in den engeren Bund ist die bedeutungsvollste Handlung des Corps; sie vollzieht sich deshalb auch äußerlich unter den feierlichsten Formen.

Die Reception wird geleitet vom Erst-Chargierten oder seinem Vertreter, dem links und rechts die beiden anderen Chargierten oder ihre Vertreter zur Seite stehen.

Die Chargierten tragen Wichs. Das Receptionszimmer ist verdunkelt. Auf einem Tisch, dem die Receptionsdecke aufliegt, stehen die Receptionsleuchter mit brennenden Kerzen und liegen das Burschenband und die gekreuzten Schläger der Chargierten.

Alle übrigen Anwesenden tragen dunklen Anzug; sie stehen im Halbkreis um die Chargierten.

Ist alles vorbereitet, so wird der Recipient von einem Corpsburschen ins Receptionszimmer geführt und erhält seinen Platz dem Erst-Chargierten gegenüber."[980]

Die räumliche Inszenierung der Aufnahmezeremonie symbolisiert den „Übergang" des Fuchsen in die lebensbündische Gemeinschaft. Vor ihm als noch Außenstehendem liegen auf dem Tisch die zentralen Symbole der Gemeinschaft, das Band und die Schläger, letztere leiten als aktives Zeichen zu den Ausführenden des CC (Erstchargierter, die beiden anderen Chargierten), die als aus dem Corps Gestellte wiederum von einem (Halb-) Kreis der Corpsbrüder, der ganzen Gemeinschaft, umgeben sind. Bei diesem Ritual handelt es sich um ein Übergangsritual, das die Vergemeinschaftung in das Corps

---

[976] Vgl. Robert Paschke, Studentenhistorisches Lexikon, Seite 115 f.
[977] Für die Corps habe ich keine adäquate Auflistung finden können. Ich nutze hier eine aus dem CV: vgl. Satzung der KDStV Palatia im CV zu Marburg, Seite 9, § 28.
[978] Vgl. Robert Paschke, Studentenhistorisches Lexikon, Seite 116.
[979] Vgl. Friedhelm Golücke/Bernhard Grün/Christoph Vogel, Die Fuxenstunde, Seite 21. Vgl. auch Handbuch des Kösener Corpsstudenten, Ausgabe 1985, Band 1, Seite 35.
[980] Constitution des Corps Borussia zu Tübingen, Seite 20, § 50.

beschließt, verbunden mit der Statusänderung in Form des Aufstieges in die Vollwertigkeit.

Nach der Beschreibung ergibt sich in etwa folgendes Bild:

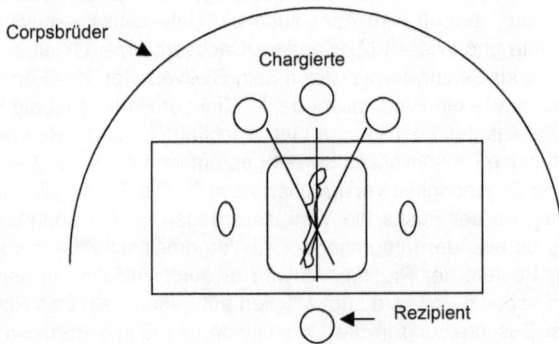

Abb. 10: Räumliche Anordnung des Aufnahmerituals

Im Verlauf des Rituals wird der Fuchs auf die Gemeinschaft verpflichtet:

„Der Erst-Chargierte eröffnet den FCC mit einer kurzen Ansprache und fährt dann fort:

„So höre denn, lieber ..., die Hauptgesetze unserer Constitution: ...

Nun frage ich Dich im feierlich versammelten Kreise der Corpsburschen: Erkennst Du die Grundsätze unserer Constitution an und bist Du willens, sie zu erfüllen? Dann antworte:

Ja, ich will es."

Darauf spricht der Erst-Chargierte folgende Verpflichtung:

„Ich nehme Dich als Corpsbruder unseres Preußenbundes auf und lege das schwarz-weiß-schwarze Band in Deine Hand.

Ich verpflichte Dich durch Handschlag, solange Dich dieses Band mit dem Corps verbindet, den Gesetzen dieser Constitution in allen Stücken nach besten Kräften und mit ernstem Bemühen nachzukommen, kein Opfer zu scheuen, wenn das Corps Deiner bedarf, und Dich mit ganzer Kraft dem Corps zu weihen.

Ich verpflichte Dich, allen Corpsbrüdern allezeit ein selbstloser Berater und Förderer zu sein.

Ich verpflichte Dich, die Ehre des Corps, Deine Ehre und die der Corpsbrüder stets hochzuhalten und zu schützen!

Wir alle aber, die das Preußenband mit Dir tragen, geloben, die Freundschaft zu halten, Dich zu achten und zu schützen, solange Du würdig das Band trägst."

> *Dem Recipierten wird dann von einem Corpsbruder das Band angelegt. Die Verpflichtung ist vom Recipierten zu unterschreiben.*[981]
>
> Die Verpflichtungsformel, die an ein Eheversprechen erinnert, beinhaltet vier (3+1) unterschiedliche Aspekte: Zunächst wird der Fuchs auf die Gemeinschaft verpflichtet, er muß deren Regeln Folge leisten, er muß sich der Gemeinschaft unterordnen. Dann wird er auf die selbstlose Unterstützung der Corpsbrüder (Protektion/Elite), danach auf die Verteidigung der gemeinsamen Ehre („gute Gesellschaft") eingeschworen. Die letzte Verpflichtung ist die der Gemeinschaft, den neuen Corpsbruder zu beschützen. Letzteres bedeutet Geborgenheit und Sicherheit für das neue Mitglied bei Erfüllung der anderen drei Pflichten. Die Verpflichtungsformel faßt somit die wichtigsten Inhalte des Bundes zusammen. Nun ist aus dem Fuchs der Bursche geworden.

5.1.2 Die Festigungsphase – angeleitete Regelanwendung

Auch in dieser Phase bleibt die inhaltliche und zeitliche Belastung des Korporierten sehr hoch. Er muß weiterhin zu allen Veranstaltungen erscheinen, darunter Commentstunden, offizielle Fechtübungen, Mensuren und gesellige Angelegenheiten, und auch als Bursche muß er den Anweisungen der Chargen Folge leisten.[982]

Die wesentliche Änderung besteht in der Statuserhöhung, die mit einer Ausweitung der Rechte als Bursche einhergeht. Er hat nun Stimmrecht auf den Conventen, er kann zum Sekundanten und Unparteiischen bei den Mensuren ernannt[983] und in ein Vorstandsamt gewählt werden.[984] Für die Vergemeinschaftung ist die Umkehr des Sozialisationsmomentes in Form der Statuserhöhung von großer Bedeutung: Neben den formal-rechtlichen Veränderungen und der beginnenden Vergesellschaftung – so übernimmt der Bursche nun auch die Repräsentation der Gemeinschaft nach außen – kann der Bursche nun auch direkt auf die Formung des Nachwuchses einwirken. Dazu heißt es in der Constitution:

„Den Füchsen gegenüber hat er Seniorenrechte. Dieses Recht schließt in sich die Pflicht, die Füchse als zukünftige Mitangehörige des engeren Corps jederzeit corpsbrüderlich zu behandeln und zu fördern."[985]

War der Corpsstudent vor seiner Reception derjenige, der die Befehle auszuführen hatte, so darf er nun selbst Befehle geben. Während die Integrationsphase durch eine Sozialisation durch Zwang gekennzeichnet war, wird in der Festigungsphase durch angeleitete Regelanwendung weitergeformt. Der Corpsstudent hat als Fuchs die Verhaltens-, Handlungs- und Denkweisen der

---

[981] Ebenda, Seite 21, § 51. In ähnlicher Form verläuft das Ritual in allen anderen Corps. Vgl. Roland Girtler, Corpsstudentische Symbole und Rituale – die Traditionen der Antike und der frühen Universitäten, Seite 376.

[982] Vgl. Constitution des Corps Borussia zu Tübingen, Seite 30, §§ 77, 78, 79, 80.

[983] Vgl. ebenda, Seite 31, § 84.

[984] Vgl. Roland Girtler, Corpsstudentische Symbole und Rituale – die Traditionen der Antike und der frühen Universitäten, Seite 376 f.

[985] Vgl. Constitution des Corps Borussia zu Tübingen, Seite 31, § 83.

Gemeinschaft verinnerlicht, die ihm nun als Leitlinien zur Ausgestaltung des korporierten Gemeinschaftslebens dienen. Die Festigungsphase wird damit in der Sozialisation zur Zeit des spielerischen Umgangs mit den Regeln, also die Zeit, in der der Student lernt, sich „frei" im Raum der Regeln zu bewegen und diese auf die Mitglieder anzuwenden. Zusätzlich zu den Aspekten der Vergemeinschaftung tritt nun auch die Vergesellschaftung. Der Corpsstudent muß gleichzeitig die Außenwirkung seines corpsstudentischen Verhaltens kontrollieren und gestalten lernen. Eine Weitung gemäß des Sozialisationsmodells (Kapitel 4.4.2) besteht in den rechtlichen Belangen und seinen Befugnissen gegenüber den Untergebenen (Vergemeinschaftung). Eine Verengung ist es für ihn, das Wirken aus der Gemeinschaft heraus zu erlernen (Vergesellschaftung).

Bezogen auf das rituelle Feld des Modells erfolgt ein Perspektivenwechsel, denn die Statusänderung als Bursche hat weitreichende Veränderungen im Durchlauf des Feldes zur Folge. Der junge Corpsbursch folgt nun nicht mehr nur den Regeln und Anweisungen, er vertritt sie auch selbst. Er wird Geregelter und Regelgebender sowie Regelhütender in einer Person.

Für das Individuum bedeutet die gemeinschaftliche Konzeption des Perspektivenwechsels, vom Befehlsempfänger zum -geber, die Lösung des autoritären Problems zwischen *„Lehrer"* (Fuchsmajor/Leibbursch und alle anderen vollwertigen Mitglieder) und *„Schüler"* (der Fuchs).[986] Als Fuchs ist der Corpsstudent derjenige, der die (gemeinschaftliche) Autorität bewundert, aber gleichzeitig auch selbst darstellen möchte, weshalb er sich bemüht, schnell geburscht zu werden.[987] Als Bursche ist er mit Weihung der Gemeinschaft zum *„Lehrer"* aufgestiegen. Was er vorher selbst gewollt und bewundert hat, wird er nun mit Zuweisung und Erlaubnis der corpsstudentischen Gemeinschaft. Die so entstandene „Zuneigung" wird an die Gemeinschaft abgeleitet.

Durch die intensive und doch relativ kurze Formungszeit und die rituelle Verstärkung mit Statuserhöhung wird das autoritäre Beziehungsverhältnis zwischen Formenden (Gemeinschaft) und Geformten (Individuum) günstig beeinflußt, denn durch die rasch abnehmende Kluft zwischen beiden Parteien schmilzt diese Autoritätsbeziehung zunehmend ab und wird rituell mit der Reception sogar nahezu aufgelöst. Dadurch wird die Erzeugung von *„Liebe, Bewunderung und Dankbarkeit"* möglich gemacht.[988] Gleichzeitig bleibt der normative Rahmen von der „Abschmelzung" unberührt. Es handelt sich bei der Autoritätsbeziehung um eine rein emotionale Komponente, faktisch bleibt die gemeinschaftlich-strukturelle unangetastet. Durch dieses System ist es

---

[986] Vgl. Erich Fromm, Die Furcht vor der Freiheit, München 2002, Seite 124.

[987] Vgl. Roland Girtler, Corpsstudentische Symbole und Rituale – die Traditionen der Antike und der frühen Universitäten, Seite 376. Vgl. ebenso Erich Fromm, Die Furcht vor der Freiheit, Seite 122.

[988] Vgl. ebenda, Seite 123. Vgl. auch Victor Turner, Vom Ritual zum Theater, Seite 109. Turner bezeichnet ein solches Gefüge als „Star-Gruppe", die ähnlich einem Familienersatz funktioniert. Von Bernhard Schäfers wird eine solche Gruppe als Primärgruppe bezeichnet. Diese Gruppe wird bzgl. des Corps nur von den aktiven vollwertigen Corpsstudenten gebildet. Vgl. Derselbe, Die soziale Gruppe, in: Korte/Schäfers (Hrsg.), Seite 132.

möglich, bei gleichzeitiger Unterwerfung Entspannung und Wohlgefühl zu generieren.[989]

Selektion zu Beginn der Formungszeit, Unterwerfung des Individuums unter die Gemeinschaft und Erzeugung eines „Wir-Gefühls" sind Beschreibungen auf Seiten der Gemeinschaft, die aber auch Rückschlüsse auf die individuelle Seite erlauben: Diese Form der Inkorporation und Persönlichkeitsformung von Seiten der Gemeinschaft bevorzugt und fördert einen *„autoritären Charakter"*, der in seinen Orientierungen als konservativ, sich unterordnend, und schicksalsergeben zu bewerten ist:[990] Erich Fromms Charakterisierung beschreibt plausibel die Einstellungen eines typischen Corpsstudenten, wie sie bereits in Kapitel 3 herausgearbeitet wurden. Fromm formuliert die Einstellungen dieses *„sado-masochistischen Charakters"*[991] noch weitaus ausführlicher – auch hier zeigen sich Parallelen:

„Die Einstellung des autoritären Charakters zum Leben, seine gesamte Weltanschauung wird von seinen emotionalen Strebungen bestimmt. Der autoritäre Charakter hat eine Vorliebe für Lebensbedingungen, welche die menschliche Freiheit einschränken, er liebt es, sich dem Schicksal zu unterwerfen. Was er unter ‚Schicksal' versteht, hängt von seiner gesellschaftlichen Stellung ab. Das ‚Schicksal' eines Soldaten ist der Wille oder die Laune seines Vorgesetzten, dem er sich mit Freuden unterordnet. Für den kleinen Geschäftsmann ist Schicksal gleichbedeutend mit den ökonomischen Gesetzen. Wirtschaftskrisen und Prosperität sind für ihn keine gesellschaftlichen Phänomene, die durch menschliche Aktivität geändert werden können, sondern Ausdruck des Willens einer höheren Macht, der man sich zu unterwerfen hat. Für die an der Spitze der Pyramide ist die Situation im Grunde nicht anders. Der Unterschied liegt nur in der Größe und Reichweite als solchem. Nicht nur die Instanzen, die das eigene Leben direkt bestimmen, sondern auch jene Mächte, die das Leben im allgemeinen bestimmen, werden als unausweichliches Schicksal empfunden. Es ist Schicksal, daß es Kriege gibt und daß die einen herrschen und die anderen beherrscht werden. Es ist Schicksal, daß die Summe des Leidens niemals geringer werden kann, als sie es von jeher war. Man kann das Schicksal philosophisch als ‚Naturgesetz' oder als ‚Los des Menschen', religiös als ‚Willen des Herrn' oder moralisch als ‚Pflicht' rationalisieren – für den autoritären Charakter ist es stets eine höhere Macht außerhalb des einzelnen Menschen, der sich jeder nur unterwerfen kann. Der autoritäre Charakter verehrt die Vergangenheit. Was einmal war, wird in alle Ewigkeit so bleiben. Sich etwas noch nie Dagewesenes zu wünschen oder darauf hinzuarbeiten, ist Verbrechen oder Wahnsinn."[992]

---

989   Vgl. Pierre Bourdieu, Die feinen Unterschiede, Seite 287.
990   Erich Fromm, Die Furcht vor der Freiheit, Seite 128.
991   Vgl. ebenda, Seite 122. Erich Fromm wählte den Ausdruck „autoritär", um Verwechselungen mit dem Begriff sado-masochistisch zu vermeiden. Kneipe, insbesondere der Bierjunge und vor allem die Mensur weisen jedoch stark sado-masochistische Züge auf, so daß ich hier für die Charakterisierung des rituellen Feldes und seiner Kandidaten den Grundbegriff beibehalten habe. Vgl. auch Theodor W. Adorno, Schriften zum autoritären Charakter, Frankfurt am Main 1976.
992   Ebenda, Seite 127, Hervorhebungen im Original.

Fromm weist auf die Bedeutung der gesellschaftlichen Stellung, auf das spezielle Milieu hin, nach der die Interpretation des *„Schicksals"* unterschiedlich sein kann. Verbunden mit den Ergebnissen dieser Arbeit und untermauert mit den Erkenntnissen aus der Studie von Michael Vester u. a. ergibt sich eine Verortung der corpsstudentischen Einstellungen im Lager der *„Traditionell-Konservativen"* (Bezeichnung von Vester).[993] Das *„Schicksal"* wird leistungsbezogen begründet. Wer „Oben" ist, hat mehr geleistet, wer „Unten" ist, weniger. Die soziale Ordnung wird nicht in Frage gestellt, teilweise wird sie – was auch in den Ritualen zum Vorschein kommt – mit einer Art Naturgesetz (Leistungsgesetz, Recht des Stärkeren) begründet. Als Elite sieht man sich zur Herrschaft über andere berufen. Das, was außerhalb liegt, wird als bedrohlich abgespalten (Frau, untere Milieus, die „Masse") und gilt dann als Äußeres zu kontrollieren. Gleiches Recht für alle ist für dieses Milieu unvorstellbar, Gleichberechtigung gibt es nach dieser Ideologie genauso wenig, ob für Frauen oder für Ausländer.[994] Fromm schreibt hierzu:

„Die autoritäre Weltanschauung kennt den Begriff der Gleichberechtigung nicht. Der autoritäre Charakter mag sich zwar gelegentlich des Wortes ‚Gleichberechtigung' im konventionellen Sinn, oder wenn es ihm gerade passend erscheint, bedienen (siehe z. B. Damenrede des Corps Teutonia, Kapitel 4.1.2., Anmerkung S. P.). Aber sie besitzt für ihn keine wirkliche Bedeutung und kein wirkliches Gewicht, da sie sich auf etwas bezieht, was außerhalb des Bereichs seiner emotionalen Erfahrung liegt (das ist mitunter der Sinn der männerbündischen Konzeption, Anmerkung S. P.). Für ihn setzt sich die Welt zusammen aus Menschen mit und ohne Macht, aus Über- und Untergeordneten. Auf Grund seiner sado-masochistischen Strebungen kennt er nur Beherrschung oder Unterwerfung, aber niemals Solidarität. Unterschiede bezüglich Geschlecht oder Rasse sind für ihn daher Zeichen von Überlegenheit oder Minderwertigkeit. Ein Unterschied ohne diesen Beigeschmack ist für ihn undenkbar."[995]

Was nun in dem rituellen Feld während der korporierten Sozialisation mit den Individuen geschieht, ist eine weitgehende Verstärkung dieser autoritären Einstellungen und *„Strebungen"* (sogar mittels Gefahr körperlicher Verletzungen – Mensur), die im Individuum durch eine Verschmelzung der äußeren Autorität der Gemeinschaft (CC/Normenkatalog) mit seiner inneren Autorität vollzogen wird. Die äußere Autorität wird internalisiert. Begriffe, die im Zusammenhang mit der Mensur genannt werden, z. B. *„Selbstüberwindung, Selbstbeherrschung und Standhalten"*[996], finden hier ihre zuordnende Bedeutung und weisen auf die beabsichtigte Verstärkung der korporiert-konservativen *„Strebungen"* hin. Denn in der Beherrschung der menschlichen Natur (Triebe, Reflexe, etc.) durch den Willen und durch das (durch Inkorporation

---

[993]   Vgl. Michael Vester u. a., Soziale Milieus im gesellschaftlichen Strukturwandel, Seite 460 ff. Bei den Einstellungen (Politik- und Gesellungsstile) teilt Vester die Konservativen in gemäßigt und traditionell ein, die Bezeichnung konservativ-technokratisch galt für das soziale Milieu, für die Einstellungen gibt es diese Bezeichnung nicht.

[994]   Vgl. ebenda.

[995]   Erich Fromm, Die Furcht vor der Freiheit, Seite 129, Hervorhebung im Original.

[996]   Vgl. Joachim Raack, Vom Sinn und Wert der Mensur, in: WSC (Hrsg.), Die Wachenburg, Seite 116.

veränderte) Gewissen liegt das Wesen der korporiert gedachten Freiheit, einer kontrollierten und gemeinschaftlich berechenbaren Freiheit,[997] innerhalb derer dann eine individuelle Entspannung möglich sein kann. Hinsichtlich der Einstellung zum weiblichen Geschlecht bekommen die Einstellungen des autoritären Charakters mit den Wirkmechanismen des rituellen Feldes eine besondere Bedeutung: Im rituellen Feld wird mit unterschiedlichen Methoden das Geschlecht definiert und zugeteilt, um gleichzeitig die als weiblich definierten Anteile aus der corpsstudentischen Gemeinschaft auszuschließen. Die Konzeption der Gemeinschaft als Männerbund ist das nach außen sichtbare Ergebnis der korporierten Spaltung von männlichen und weiblichen Anteilen, die rituelle Indoktrinierung der zugehörigen Werte der individuelle Vorgang. Dieser Vorgang leistet aber gleichzeitig durch die Autoritätsbeziehung der Gemeinschaft zum Individuum einen Ersatz des Weiblichen, insofern als daß eine Annäherung/Auflösung der autoritären Beziehung des Individuums zur Gemeinschaft rituell erzeugt und durch Anerkennung vermittelt wird (Burschung, Verleihung des Inaktivenstatus, Alter Herr). Die dadurch entstehenden Emotionen gegenüber der Gemeinschaft wie Dankbarkeit, Bewunderung und Liebe bilden den Ersatz der als weiblich festgelegten und abgespaltenen Elemente.[998] Diese rituelle Ersetzung des Weiblichen erlaubt es der Gemeinschaft, das eigentlich Weibliche vollständig auszuschließen.

Abstrahiert von den einzelnen Elementen (Mechanismus, Definition und Zuweisung von Mann/Frau und Aus- bzw. Abgrenzung) findet sich hier eine übergeordnete Homologie zu dem reproduzierenden Herrschaftsmechanismus, wie ihn Bourdieu in der „Dynamik der Felder" beschreibt:[999] Das Streben nach Identität in der Bewunderung mit dem, was als das „Oben-Befindliche" angesehen wird, bei gleichzeitiger Abgrenzung nach unten. Identitätsorientierung nach oben, Distinktion nach unten. Die Anteile des sado-masochistischen, autoritären Charakters nach Fromm spiegeln sich bezogen auf Bourdieu in den „masochistischen" Anteilen einerseits wider (Orientierung nach „Oben" bei Unterwerfung individueller Anteile) und den sadistischen Anteilen andererseits, die sich in der Beherrschung anderer, in der Abgrenzung nach unten wiederfinden (insbesondere ist hier auf den Willen der vollwertigen Corpsstudenten hinzuweisen, die mit Statusumkehr nun ihrerseits den Fuchs befehlen und ihn gängeln dürfen).

Bezüglich der weiblichen Elemente der Gemeinschaft können die corpsstudentischen Lieder (gilt aber auch für andere Korporationsdachverbände),[1000] insbesondere die sogenannten Farbenlieder weiteren Aufschluß geben und die getroffenen Aussagen erhärten. Häufig besingen die Farbenlieder in leicht abgewandelter Form die drei Farben des Bandes, wobei stets eine

[997] Vgl. Erich Fromm, Die Furcht vor der Freiheit, Seite 124 f. Hierzu paßt auch das Zitat aus dem CV: „Freiheit heißt nicht, tun und lassen können, was man will, sondern was man soll." CV-Handbuch, Ausgabe 1990, Seite 360.
[998] Vgl. Erich Fromm, Die Furcht vor der Freiheit, Seite 123.
[999] Vgl. Pierre Bourdieu, Die feinen Unterschiede, Seite 355 ff.
[1000] Vgl. CV-Liederbuch, München 1981, Seite 83. Hier das Lied „In allen guten Stunden", in dem bezogen auf den korporierten Männerbund zugekehrte Herzen, Seligsein und Brudersinn sowie Küsse besungen werden.

Farbe der Gemeinschaft gilt, eine meist der Treue, dem Schwur oder Eid und die dritte dem persönlichen Einsatz für die Gemeinschaft gewidmet ist. Das Farbenlied eines Corps wird für gewöhnlich gegen Ende des offiziellen Teils einer Kneipe gesungen. Alle Teilnehmenden stehen dazu auf, im Anschluß wird sich häufig zugetrunken.[1001] Das Farbenlied hat also innerhalb verschiedener Rituale (so z. B. auf der Kneipe) einen zentralen Platz und ist durch das Aufstehen und Zutrinken hervorgehoben. Dem Lied, das eine Art Bundeshymne ist, kommt also eine herausragende Bedeutung zu.

„Eine häufige Form eines Farbenliedes lautet:

‚(Guestphalia), Dir gehör' ich, mit Herz und Mund und Hand, auf Deine Farben schwör' ich, aufs grün-weiß-schwarze Band.

(Guestphalia) soll`s beweisen, beweisen durch die Tat, daß stets ihr Herz und Eisen gleich brav geschlagen hat.' Als zweiter Vers kommt je nach Farbenfolge auch vor: ‚Dich lieb ich innig heiß, getreu bis in den Tod' u. a."[1002]

Das Farbenlied des WSC-Corps Franconia Fribergensis zu Aachen veranschaulicht das besonders gut, zu beachten sind hier besonders die Strophen 4 bis 6. Das Lied lautet:

„1. Stimmt an den Herzens Festgebot, stimmt an ein Lied der Freude, die alten Farben Grün-Gold-Rot erstehen wieder heute.

2. Mit ritterlichem Sinn und Tun, wir traten in die Schranken, Heil, Brüder, Heil. Wir sind es nun, wir sind das Corps der Franken.

3. Wir führen wieder frank und flott, zur Hand die blanke Wehre, und in der deutschen Brust, bei Gott, die alte Burschenehre.

4. So möge unser Bund gedeih`n, helft Gott ein Wachst und Werde. Dafür soll Grün das Sinnbild sein, der Schmuck der Mutter Erde.

5. Das Sinnbild, das wir auserkorn, als Zeichen uns' rer Einheit, der Treue, die wir uns geschworn, es ist das Gold der Reinheit.

6. Was edel, fröhlich, treu und gut, flammt rot auf Stirn und Wangen, und rot entperlt auch unser Blut, im Kampfspiel ohne Bangen.

7. So trinkt auf Treue bis zum Tod, stoßt an in heller Freude, die Frankenfarben Grün-Gold-Rot, sie sind erstanden heute."[1003]

Strophe 4 legt den Bund in seiner Wachstumskraft mit dem Weiblichen, ausgedrückt in *„Mutter Erde"* fest, Strophe 5 bezeichnet den „ehelichen Vertrag", wobei insbesondere das Wort *„Reinheit"* auffällt, erinnert es doch an die „Jungfrau", die als ideelle Vorstellung „rein" in den Bund der Ehe (mit der Gemeinschaft) gehen soll. Der individuelle Preis ist der Einsatz im Kampf (männliche Welt der Tat) und das Hinnehmen von „Blutopfern" und Narben, hier wieder als nämliche Gegenwelt zur Weiblichen.

Allgemeiner betrachtet findet sich eine Parallele zum psychischen Apparat Freuds: Das „Es" ist der Urgrund, die Erde (hier das zu kontrollierende, weil Triebhafte, Weibliche), das „Ich" ist der männliche Kampf – symbolisch für die Kontrolle in Form von Ab- und Gegenwehr, das „Über-Ich" ist das Ideal des reinen (goldnen) Treueversprechens mit der Gemeinschaft bis in den Tod.

[1001] Vgl. Christian Helfer, Kösener Brauch und Sitte, Seite 86.
[1002] Vgl. Ebenda, Seite 86.
[1003] Jochen Wanderer (Hrsg.), Hercynia, Dir Gehör' ich, Seite 20.

Eine nichtschlagende Verbindung, die „Verbindung deutscher Studierender Cimbria" zu Reutlingen, faßt in ihrem Farbenlied die 7 Strophen der Franconia Fribergensis inhaltlich in eine Strophe zusammen, so daß diese Strophe noch einmal als Kondensat und zur Veranschaulichung dessen herangezogen wird, was die vollwertige Mitgliedschaft im Männerbund bedeutet: Verbundenheit des Individuums mit der Gemeinschaft bei Treue bis in den Tod:

„Violett, der Ehrfurcht Farbe
unseres Herzens schönste Zier,
Weil wir männlich und gemessen
Nahen uns Geliebte Dir.
Und so bleibet mein Gedenken,
holdes Liebchen bis zum Tod
Trag ich doch der Liebe Zeichen,
Gold der Treue, flammend Rot."[1004]

Besonders deutlich wird in diesem Lied noch einmal die Darstellung der Gemeinschaft als „Geliebte" und „holdes Liebchen" – eben als Frau, mit der sich der Korporierte auf ewig verbindet (Rot: Farbe der Liebe). Die Verbundenheit wird mit dem Gold der Treue ausgedrückt. „Herkunft und Gesinnung", aus der man sich „ehrfurchtsvoll" nähert, wird mit der Farbe Violett versinnbildlicht. Das Violett symbolisiert die katholische Wurzel der Verbindung.[1005]

Die Lieder enthalten die Essenz der männlichen Gemeinschaft, wobei von besonderer Auffälligkeit die besungenen weiblichen Eigenschaften der Gemeinschaft sind, die die Gemeinschaft sozusagen als die „Braut" oder die „Geliebte" erscheinen lassen, die man mit der vollwertigen Mitgliedschaft im Schwur heiratet (siehe Receptionsformel).

Neben dem „Liebesverhältnis" des Individuums zu der Gemeinschaft, die als Objektersatz einer idealisierten Frau angesehen werden kann,[1006] gibt es aber auch noch das „Liebesverhältnis" zwischen Leibfuchs und Leibbursch. Erst an dieser Stelle der Analyse auf individueller Ebene wird deutlich, daß nicht alleine die Gemeinschaft als das „Liebesobjekt" der Korporierten anzusehen ist, sondern durchaus auch einzelne Corpsbrüder, was sich anhand des gemeinschaftlich vorgegebenen Verhältnisses erklären läßt: des „Leibverhältnisses":

Das intensive Verhältnis geht über die erwähnte Schüler-Lehrer-Beziehung hinaus, denn es erzeugt zwischen beiden Individuen zwar die bereits geschilderte Art der gegenseitigen Bewunderung und Zuneigung, darüber hinaus bedeutet das „Leibverhältnis" auch eine homosexuelle Beziehung[1007] in der durchaus von Liebe gesprochen werden kann (hier ist weniger die ausgelebte sexuelle Beziehung gemeint, sondern die gemeinschaftlich geförderte Inversion des Geschlechts- und Triebempfindens und der damit verbundenen Objektwahl). Diese Liebesbeziehung zwischen Leibfuchs (Leibsohn) und

---

[1004] Komment der Verbindung deutscher Studierender Cimbria zu Reutlingen, Seite 23.
[1005] Die „Cimbria" ist eine Tochterverbindung der AV Alamannia im KV zu Tübingen, heute ist die „Cimbria" überkonfessionell.
[1006] Vgl. Sigmund Freud, Drei Abhandlungen zur Sexualtheorie, Frankfurt am Main 1991, Seite 128.
[1007] Vgl. ebenda, Seite 129.

Leibbursch (Leibvater – idealisierte Vaterfigur) erfüllt schließlich auf individueller Ebene die Funktion des emotionalen-triebhaften Ersatzes des ausgegrenzten Weiblichen innerhalb der Gemeinschaft. Insgesamt wird durch Inversion auf individueller Ebene eine Bedürfnisbefriedigung der sexuell-emotionalen Triebe und Befindlichkeiten ermöglicht und die Frau als gewünschtes Sexualobjekt innerhalb der Gemeinschaft überflüssig gemacht.

Diese These läßt sich schwer anhand des corpsstudentischen Materials belegen. Jedoch gibt es z. B. in dem Roman *„Der krasse Fuchs"* Hinweise, die es erlauben, die These aufrecht zu erhalten. Exemplarisch soll die Szene wiedergegeben werden, in der der Fuchs Achenbach sich entschließt, den Corpsburschen Scholz, der als besonders kräftig und potent (besonders männlich) beschrieben wird, zum Leibburschen zu wählen:

„Schauder und Liebe rangen in seiner (Fuchs Achenbach, Anmerkung S. P.) Seele, die nun ihren Helden gefunden hatte: ja, er, der reine, scheue Knabe, liebte den Jüngling an der Schwelle der Mannesjahre, den S-C-Fechter, den, von dem ‚wenigstens drei Bälger in Marburg herumliefen' ... liebte ihn mit jener Bangen scheu, mit der er das Leben liebte, an dessen geöffneter Pforte er nun plötzlich stand. (...) Achenbach stammelte errötend seine Bitte, wie ein Liebesgeständnis".[1008]

Am Ende der Burschenzeit steht die „Inaktivierung", die meist durch Beschluß des CC erfolgt. Ein Anspruch auf diesen Status besteht nicht, denn sollten es die Belange des Corps mit sich bringen (z. B. Personalmangel[1009]), so muß der Corpsbursch auch länger als drei bis vier Semester aktiv bleiben.[1010] Der Abschluß der Aktivenzeit bedeutet auch den Abschluß der Phasen, die in der Prägung des Individuums verengend wirkten. Dazu heißt es in der Constitution des Corps Borussia zu Tübingen:

„Inaktivierung kann nur erfolgen bei einwandfreier corpsstudentischer Eignung und nach genügender Zahl von aktiven Semestern. Die corpsstudentische Eignung muß durch eine ausreichende Zahl guter Mensuren, ernste Pflichtauffassung und einwandfreies corpsbrüderliches Verhalten bewiesen sein. Sind diese Bedingungen nicht erfüllt, so hat Entlassung ohne Band zu erfolgen."[1011]

Die Bedingungen zur Inaktivierung des Mitgliedes unterstreichen die Bedeutung des Formungsprozesses, hier des Vergemeinschaftungsprozesses, der sich nicht nur über die Fuchsenzeit, sondern über die gesamte Aktivenzeit erstreckt. Der Wechsel der Perspektive durch Statuswechsel innerhalb des Formungsprozesses ist demnach berücksichtigt und im Konzept bedacht (dies meint keinen wirklich bewußt geplanten Vorgang, sondern eine mit der Zeit und aus den äußeren Veränderungen heraus entstandenen Prozeß). Denn erst am Ende der Aktivenzeit wird von der Gemeinschaft entschieden,

---

[1008] Walter Bloem, Seite 27 f., Hervorhebung im Original.
[1009] Vgl. Konstitution des Corps Nassovia Würzburg, Würzburg 1986, Seite 7, § 19. Der Paragraph verbietet eine Inaktivierung bei weniger als drei verbleibenden aktiven Corpsburschen.
[1010] Vgl. Constitution des Corps Borussia zu Tübingen, Seite 31, § 85.
[1011] Ebenda, Seite 31, § 85.

ob das Mitglied wirklich für immer Mitglied bleiben darf. Die mit der Burschenzeit begonnene Vergesellschaftung des Individuums findet in der Begutachtung des Burschen am Ende seiner Aktivenzeit ihre Art der Prüfung
(ähnlich wie die Burschenprüfung als Prüfung des Grades der Vergemeinschaftung), die den Corpsstudenten auch künftig als gefestigt im Handeln,
Denken und Verhalten nach Maßgabe der Gemeinschaft einerseits und Wah-
rer corpsstudentischer Normen und Werte in der Gesellschaft andererseits
ausweisen.

5.1.3 Die Angliederungsphase –
vom Inaktiven zum Alten Herren

Die Phase der Angliederung bezeichnet die inaktive Zeit des Korporierten, in
der dieser sein Studium beendet und sich auf den Eintritt in das Berufsleben
vorbereitet. Je nach Studiendauer umfaßt dieser Zeitraum mindestens zwei
Jahre. Unter den Inaktiven wird zwischen den ortsansässigen und auswärtigen Inaktiven unterschieden. Letztere sind meist Corpsstudenten, die den
Hochschulort gewechselt haben und sich daher bei ihrem Corps inaktiv mel-
den. Die Dauer der mindestens vorgeschriebenen Aktivenzeit (3 Semester)
bleibt davon unberührt (bei Nichterfüllung wird ohne Band entlassen).[1012]
Den auswärtigen Inaktiven wird noch die Auflage gegeben, sich am neuen
Hochschulort bei einem vom CC bestimmten Corps vorzustellen, dieses nach
den Pflichten des Inaktiven zu unterstützen[1013] und ferner dem CC regelmäßige Berichte zukommen zu lassen.[1014] Damit wird eine völlige Loslösung
eines Corpsstudenten von der corpsstudentischen Gemeinschaft bei Wechsel des Hochschulortes unterbunden.

Nach Zustimmung des CC zum Antrag des aktiven Corpsburschen auf Inaktivierung wird der jetzt zum Inaktiven erklärte Corpsbursche von vielen gemeinschaftlichen Pflichten entbunden. Neben den üblichen Verpflichtungen
wie Beitragszahlungen und dem Besuch bestimmter bedeutender Corpsver-
anstaltungen muß der Inaktive weiterhin engen Kontakt zu seinem CC pflegen, auf diesem genießt er Sitz- und Antragsrecht.[1015] Weit wichtiger ist aber
die Pflicht aller Inaktiven,

*„das Corps durch ein würdiges Benehmen zu vertreten; sie haben die Corps-
grundsätze hochzuhalten, um ihrer selbst willen und in der Erkenntnis, daß
sie für den guten Ruf und die Ehre des Corps mitverantwortlich sind. (...)
Ferner sollen sie dem Corps mit ‚Rat und Tat beistehen.'"*[1016]

Bezogen auf das Sozialisationsmodell bedeutet der Beginn der Inaktivenzeit
einerseits das Ende des Vergemeinschaftungsprozesses des Mitgliedes, andererseits eine weitere Phase der Vergesellschaftung, die erst mit der Ernennung zum Alten Herren endet. In dieser Phase besteht die Hauptaufgabe
darin, das Corps zu beraten und den *„Ruf"* und die *„Ehre"* zu wahren. Seine
Funktion wechselt in die eines Behütenden. In Bezug auf den Durchlauf

---

[1012]   Vgl. ebenda, Seite 32, § 86.
[1013]   Vgl. ebenda, Seite 33, § 94.
[1014]   Vgl. Konstitution des Corps Nassovia zu Würzburg, Seite 8, § 20, Abs. 3.
[1015]   Vgl. Constitution des Corps Borussia zu Tübingen, Seite 32, §§ 90, 91, 95.
[1016]   Vgl. ebenda, Seite 32, §§ 88, 90.

durch das rituelle Feld findet noch einmal ein Perspektivenwechsel statt, in dem der inaktive Corpsstudent zwar vollberechtigt aber eher empfehlend auftritt und weniger als aktiver Vertreter fungiert. Dies bezieht sich auch auf sein Auftreten und die mögliche Mitwirkung innerhalb der verschiedenen Rituale, ein aktiver Part kommt dem Inaktiven kaum zu.

Die Inaktivenzeit soll das Mitglied nun langsam, zunächst noch verbunden mit dem Umfeld Universität, in die Gesellschaft zurückführen. Als Träger der corpsstudentischen Werte und Normen „inkorporiert"[1017] das Mitglied sein direktes soziales Umfeld (hier die Universität, an der sich das Corps befindet), bevor es als Alter Herr in die Gesellschaft zurückkehrt und aus seiner „relativ stabilen und genau definierten Position" nun sein Milieu beeinflußt.[1018] Nach der Constitution des Corps Borussia kann nur Alter Herr werden, der eine „nach corpsstudentischer Auffassung angemessene Stellung" in der Gesellschaft erreicht hat. Die Erklärung zum Alten Herren erfolgt nicht automatisch mit Beendigung des Studiums, sondern erst mit Erreichen der „angemessenen Stellung".[1019] Die angemessene Stellung (möglichst vorteilhafte Position zur Ausübung von Definitionsmacht) ist der Nachweis der erfolgreichen Vergesellschaftung der korporierten Persönlichkeit in der Gesellschaft.

Die Erklärung des Inaktiven zum Alten Herren durch Beschluß des CC[1020] entläßt den Corpsstudenten aus den meisten Verpflichtungen. Er ist nun nicht mehr Bestandteil der engeren corpsstudentischen Gemeinschaft, zumal er meist nicht mehr vor Ort ist. Als hauptsächlich ideeller Förderer und Beschützer seines Corps in der Gesellschaft (spezifisches Milieu) unterstützt er das Corps beratend und materiell[1021] und sorgt insbesondere durch seine Definitionsmacht für die Festschreibung der Traditionen, also der Werte und Normen des Corps[1022] (siehe Sozialisationsmodell). Nicht von ungefähr erfolgen sämtliche Interpretationen corpsstudentischen Seins durch die Alten Herren.[1023]

Auch hier kann sowohl in Form des Communitasmodells nach Turner als auch nach Freud die Funktionszuschreibung an die Alten Herren erfolgen. Ob ideologische Communitas oder corpsstudentisches „Über-Ich", in dem die Legalisierung der Existenz der Gemeinschaft in Form von Festschreibungen und Normenbildungen erfolgt: die Alten Herren sind es, die als korporierte Persönlichkeiten mit symbolischer Macht auf die gesamte Gemeinschaft ih-

[1017] Vgl. Victor Turner, Vom Ritual zum Theater, Seite 35.
[1018] Vgl. ebenda, Seite 35.
[1019] Vgl. Constitution des Corps Borussia zu Tübingen, Seite 34, § 98. Es ist jedoch heutzutage üblich, daß meist wenige Monate nach Abschluß des Studiums der Korporierte zum Alten Herren erklärt wird.
[1020] Vgl. ebenda, Seite 34, § 98, vgl auch die Konstitution des Corps Nassovia zu Würzburg, Seite 8, § 22, Abs. 1.
[1021] Vgl. Constitution des Corps Borussia zu Tübingen, Seite 34, §§ 102, 103.
[1022] Vgl. Roland Girtler, Corpsstudentische Symbole und Rituale – die Traditionen der Antike und der frühen Universitäten, Seite 377.
[1023] Dies gilt insbesondere für die Interpretation der Regelwerke, z. B. in Form von Handbüchern und geschichtlichen Abhandlungen (Mythenbildung).

ren Einfluß geltend machen und deren Geschicke im wesentlichen bestimmen.[1024]

Zum Abschluß des analytischen Teils wird die Schilderung eines Mitgliedschaftsverlaufs aus Sicht eines Alten Herren, Hanns-Eberhard Schleyer
(Sohn des von der RAF ermordeten Hanns-Martin Schleyer) und General-
sekretär des Zentralverbandes des Deutschen Handwerkes wiedergegeben.
Schleyer gehört dem Corps Suevia Heidelberg an. Der Text wurde ausgewählt, weil ihm in der Außendarstellung der Corps eine zentrale Stellung zukommt. Er wurde in der Werbeschrift *„Corps aktuell"*[1025] und im *„Nachwuchshandbuch für Corpsstudenten"*[1026] abgedruckt. Die in Bezug auf dieses Kapitel relevanten Textpassagen, die exemplarisch für den Verlauf der Mitgliedschaft und den Wirkmechanismen der Gemeinschaft stehen können, werden
in Fettdruck hervorgehoben und in Klammern mit den Ergebnissen der Analyse kommentiert und verglichen:

„Corps – Schule für das Leben
*Die ersten Begegnungen mit Verbindungsstudenten reichen in meine Gym-
nasialzeit zurück.* **Mein Vater war selbst Heidelberger Schwabe** *(Selekti-
on/Empfehlung) und kümmerte sich mit besonderem Engagement um seine
jüngeren Corpsbrüder. Dies führte zu zahlreichen Besuchen von Aktiven und
Inaktiven in meinem Stuttgarter Elternhaus, zu Gesprächen und Erfahrungen,
die meinen eigenen Weg nach Heidelberg entscheidend vorzeichneten. War
es zunächst die* **selbstbewußte Fröhlichkeit** *(im Sinne von jugendlicher
Unbekümmertheit), so war es später das* **leidenschaftlich diskutierte Umfeld einer jungen Studentengeneration** *(ungeprägt/ ungeformte Studenten), das mich zunehmend mehr interessierte. Und es waren die Besuche auf
dem* **Corpshaus, dessen Atmosphäre einen besonderen Eindruck auf
mich machte und dessen Intimität** *(das Gemeinschaftsgefühl: intim und
behütend – sicher (Corpshaus)) den* **unverzichtbaren Rahmen für den Dia-
log zwischen den Generationen** *und den* **unterschiedlichen Fachdisziplinen** *(Grundlage des Netzwerkes der Gemeinschaft, das spezielle Milieu)
bot. So fiel mir nach dem Abitur die Entscheidung für den Eintritt in das
Corps Suevia leicht. Leicht vor allem deshalb, weil mir die Kommilitonen gefallen haben, die mit mir als Füchse zusammen aktiv wurden.* **Eine gemeinsame Sprache zu sprechen, sich in bestimmten Vorstellungen und Erwartungen zu verstehen** *(Gleiche unter Gleichen) und damit trotz unterschiedlicher Temperamente die Voraussetzungen für* **dauerhafte Freundschaften** *(Wir-Gefühl) zu schaffen, war sicherlich von größerer Bedeutung,
als* **eine langjährige Tradition, die Ziele des Corps oder auch die ein-
drucksvolle Riege der Altherrenschaft** *(Erfolg/Leistungsnachweis der Gemeinschaft).*

[1024] Vgl. Pierre Bourdieu, Die verborgenen Mechanismen der Macht, Schriften zu Politik &
Kultur 1, Hamburg 1997, Seite 69 f. Als ein Beispiel kann die korporationsspezifische
Publikationsarbeit ausschließlich durch die Alten Herren als Autoren und ihrer Verbände als Produzenten angeführt werden.
[1025] VAC e. V. (Hrsg.), Corps aktuell – Gaudeamus igitur, Seite 10 f.
[1026] Nachwuchshandbuch für Corpsstudenten, Seite 1.4.1 f.

*Diese Erwartungen haben sich bestätigt. **Auch wenn mir zunächst nicht so klar geworden war** (schleichender/undurchschaubarer Formungsprozeß – Integration), daß die Aktivenzeit durch die **Intensität des Zusammenlebens auch unbequeme Lernprozesse** (Preis der Teilhabe an der Gemeinschaft, Aufgabe von individueller Autonomie – Vergemeinschaftung) mit sich bringen würde. **Wir waren alle noch auf dem Weg zum Erwachsenwerden, voller Unsicherheit und voller Selbstzweifel** (unsichere Lebenssituation und - phase/Ansicht der noch fehlenden Mannwerdung). Die **Verantwortung** für die Gestaltung der aktiven Semester und für die **Erfüllung der damit verbundenen Aufgaben** (Pflichten in der Gemeinschaft) führten häufig zu **Spannungen** (Formung/eigener Widerwillen). Gruppen mit unterschiedlichen Interessen bildeten sich, die mitunter heftig um die Sache stritten. Am Ende raufte man sich jedoch wieder zusammen, **lernte, toleranter miteinander umzugehen** (Anerkennen der Grenzen der Gemeinschaft) und entwickelte den Ehrgeiz, gemeinsam ein abwechselungsreiches Semester **gelegentlich auch gegen die Ratschläge von Inaktiven und Alten Herren** (Funktion Inaktive/Alte Herren – die Beratung der Gemeinschaft) durchzusetzen. Und wenn manchmal eine Verständigung unter uns Jungen nur noch schwer möglich zu sein schien, wurde dies zur Stunde der Älteren, deren **vermittelte Erfahrungen das Aktivenleben wieder ordnen halfen** (die Älteren als Ordnungsmacht, im Zweifel entscheiden die Alten Herren).*
*Die Aktivenzeit hat mich in besonderer Weise gefordert. Mit Gleichaltrigen und deren unterschiedlichen Interessen auskommen, sich gelegentlich durchsetzen zu müssen, sie **in meiner Zeit als Senior zu motivieren, aber auch Spannungen ausgleichen zu müssen** (regelanwendende und regelbehütende Aufgabe eines Aktiven, insbesondere eines Mitgliedes des Vorstandes), war eine **prägende Erfahrung** (Wirkung und Tiefe des Formungsprozesses). Wir alle haben in dieser Zeit **ein Stück mehr Selbstbewußtsein** (Anerkennung durch die Gemeinschaft – Identität/ Rollenzuweisung) entwickelt. Wir lernten, Standpunkte zu vertreten, andere zu überzeugen, aber auch sich selbst überzeugen zu lassen. Wir lernten dies vor allem in vielen Gesprächen untereinander, nicht selten zu späterer Stunde und **mit leichter Zunge geführt** (Einsatz von Alkohol) und deshalb um so **offener und unvoreingenommener** (Rückschluß auf den gemeinschaftlichen Rahmen, Zurücknahme des Individuellen). Aus diesem **intensiven Miteinander haben sich die dauerhaftesten Freundschaften** (Zusammenschweißen durch Intensität) ergeben, die aus **vergleichbaren Erfahrungen gewachsen** (Gleiche unter Gleichen) und nicht durch berufliche Aspekte bestimmt waren, wie sie später bei manchem „Geschäftsfreund" zu herben Enttäuschungen führten. Der **Zusammenhalt innerhalb des Corps** war im übrigen auch an die **gemeinsame Erfahrung der Mensur** (die Mensur als Methode der Vergemeinschaftung) gebunden. Die anwesenden Corpsbrüder wußten um die in aller Regel vorhandenen Ängste des Paukanten. Sie hatten vergleichbares erlebt, ihre deutlich spürbare Solidarität tat gut.*
*Diese Zeit in Heidelberg war eine **vorzügliche Vorbereitung auf mein späteres Leben** (Akkumulation kulturellen Kapitals, Vergesellschaftung), wobei ich von den negativen wie positiven Erfahrungen gleichermaßen profitiert*

*habe. Ergänzt wurden diese Erfahrungen Jahre später durch das Amt des
Vorortsprechers, das ich in für das Verbindungsstudententum schwierigen
Zeiten ausübte. Es war die Zeit der **68er Generation, die sämtliche vorhandenen Strukturen in Frage stellte** (drohendes Chaos, gilt es abzuwehren) und die auch innerhalb der Corps radikale Veränderungen forderte.
Mit anderen zusammen gelang es damals in unzähligen mühsamen Verhandlungen, Neues und Altes miteinander zu verbinden und **die Gemeinschaft der Corps zusammenzuhalten** (Kern der Gemeinschaft blieb unangetastet). Ich mußte dazu die **Fähigkeit zum tragfähigen Kompromiß** und
zur **freien Rede** (sekundäre Folgen der Sozialisation) auch in schwierigen
Situationen entwickeln.
**Die Mitgliedschaft in einem Corps eröffnet nicht automatisch den Zu-
gang zu Führungsämtern** (Elite sein/Reproduktion). **Beziehungen zu
Corpsbrüdern** (direkte Protektion) mögen früher eine weitaus größere Rolle
gespielt haben, **heute können sie zumindest Ausgangspositionen
verbessern** (Bestätigung der Wirkungsweise auch für heute). Dies sollte
man **nicht gering einschätzen**, berufliche Perspektiven werden jedoch **entscheidend von dem Können und dem Engagement** (z. B. Qualifikation
durch Hochschulabschluß), **aber auch den charakterlichen Fähigkeiten
jedes Einzelnen bestimmt** (das corpsstudentische Leistungsprinzip). Dafür
hat in meinem Fall mein Corps eine entscheidende Rolle gespielt und ich bin
froh, daß **mein älterer Sohn bereits aktiv geworden ist** (wieder Selektion
des Nachwuchses). Auch er ist davon überzeugt, **durch seine Mitgliedschaft im Corps in vielfältiger Weise gewinnen zu können** (Die Sozialisation im Corps als Erfolgsmodell)."*

5.2 Die Generierung der korporierten Persönlichkeit

In diesem Ergebnisteil sollen die herausgearbeiteten Ergänzungen in Bezug
zu den anderen Ergebnissen zusammengefaßt werden. Neben der Zusammenfassung der Sozialisation zum kollektivierten Individuum und der Beschreibung des Charakters des korporierten Individuums und dessen Per-
sönlichkeitskern sollen die gemeinschaftlich angewandten Mechanismen verdeutlicht werden. Abschließend folgt eine neuerliche Überarbeitung und Ergänzung des Sozialisationsmodells einer studentischen Korporation.

5.2.1 Charaktergrundzüge der korporierten Persönlichkeit

Die Analyse auf der individuellen Ebene verdeutlichte die Erwartungen der
korporierten Gemeinschaft an die neuen potentiellen Mitglieder. Es konnte in
Anlehnung an die Kapitel 3 und 4 gezeigt werden, daß die Rekrutierung des
Nachwuchses besonders im heute technokratisch-konservativen Milieu erfolgt. Die Corps verfügen über Positiv- und Negativkriterien, die die *„Herkunft
und Gesinnung"* des interessierten Nachwuchses umreißen und die es der
Gemeinschaft im Vorfeld ermöglichen, den Nachwuchs zu selektieren.[1027] Als

---

[1027] Vgl. Constitution des Corps Borussia zu Tübingen, Seite 14, § 21.

besonders günstig wird der Vorschlag potentieller Kandidaten aus dem eigenen Kreise (z. B. Altherrensöhne) und dessen Umgebung angesehen. Als Gemeinschaft mit konservativer Gesinnung verorten sich die Corpsstudenten als Träger von hohen und höchsten Bildungsabschlüssen und Inhaber höherer Positionen in Staat und Gesellschaft selbst im konservativgehobenen Milieu. Im Umkehrschluß müssen die Kandidaten für eine Mitgliedschaft im Corps entsprechende Präferenzen aufweisen, wenn sie Mitglied werden möchten. Dazu zählen persönliche Disziplin, Pflichterfüllung und die Übernahme von Verantwortung. Die Verantwortung ist von den Kandidaten streng hierarchisch zu begreifen, die Rücksichtnahme auf Traditionen und die Achtung vor gewachsenen Strukturen (die Kriterienliste enthält explizit den Punkt Traditionsbewußtsein) ergänzen das Profil. Der Wille zur Elite und das Gefühl, dazu berufen zu sein und die Anerkennung von materiellem Erfolg als motivierender Aspekt sind Einstellungen, die den Kandidaten als hoffnungsvoll erscheinen lassen.[1028]

Ein ausgeprägter *„autoritärer Charakter"*, wie er von Erich Fromm definiert wurde, ist eine gute Voraussetzung für eine problemlose Integration des Individuums in die Gemeinschaft. Die Orientierung nach oben (Elitebewußtsein/Machtstreben) und das Abgrenzen nach unten (gegen die Masse, untere soziale Schichten etc.) ermöglicht es den Corps, die Vergemeinschaftung gegen geringe Widerständen vorzunehmen, wobei die jeweils „masochistischen" und „sadistischen" Anteile zu berücksichtigen sind. So sind das Machtstreben und die Abgrenzung mit dem sadistischen Streben nach Macht über andere (Recht des Stärkeren) verbunden und mit dem masochistischen Zug der Aufopferung und Unterordnung,[1029] der insbesondere in den Aufnahmeritualen der Corps stark betont ist.

Bezüglich der Sicht auf die Geschlechter sollten die Kandidaten bereits über eine Unterscheidung zwischen Mann und Frau verfügen, die möglichst die Frau als „minderwertiger" (weniger würdig) erscheinen läßt als den Mann (siehe Kapitel 4.4), ähnliche Abwertungen sollten sich auch gegenüber anderen Personenkreisen finden lassen.[1030]

Die potentiellen Kandidaten sind also Personen, die als autoritäre Charaktere keine Extreme aufweisen sollen, sondern eher als kulturell angepaßt zu bezeichnen sind. Fromm charakterisiert die Personen und ihre autoritären Strebungen wie folgt: Er bezieht sich

„auf Menschen, deren ganzes Leben auf eine subtile Art an eine Macht außerhalb ihrer selbst gebunden ist. Sie tun, denken oder fühlen nichts, was nicht irgendwie mit dieser Macht (hier die Gemeinschaft/Elite, Anmerkung S. P.) in Beziehung stünde. Von ‚ihr' erwarten sie Schutz, von ‚ihr' möchten sie behütet werden, (...). Ihre Haupteigenschaft besteht darin, daß sie eine bestimmte Funktion erfüllt, nämlich den Betreffenden zu beschützen, ihm zu helfen und ihn voranzubringen, immer an seiner Seite zu sein und ihn nie zu verlassen. Man kann dieses ‚X' (ist auch Kürzel für den Senior, Anmerkung

---

[1028]   Vgl. Michael Vester u. a., Soziale Milieus im gesellschaftlichen Strukturwandel, Seite 505 f.

[1029]   Vgl. Erich Fromm, Die Furcht vor der Freiheit, Seite 122 ff.

[1030]   Vgl. ebenda, Seite 129.

*S. P.), das die Eigenschaften besitzt, als den magischen Helfer be-
zeichnen."[1031]*
Als Grund für die Gebundenheit des Individuums an den „magischen Helfer"
(z. B. die korporierte Gemeinschaft) nennt Fromm dessen Unfähigkeit, allein
zu sein und die eigene Persönlichkeit voll zum Ausdruck zu bringen, was sich
in einem Verlangen nach Lenkung und Schutz ausdrückt. Auf diese Strebungen hin reagiert der korporierte Männerbund der Corps, indem er ein Zusammenleben bei

*„lebenslänglicher brüderlicher Freundschaft und Bundeszugehörigkeit, sowie
gegenseitiger tätiger Unterstützung auch über die Hochschuljahre hinaus"[1032]*
beschwört.
Sieht Fromm hinter den individuellen Strebungen nach einer außen befindlichen Macht die Unfähigkeit allein zu sein, so versteht Sigmund Freud einen
guten Teil des Charakters eines Individuums als aus

*„sexueller Erregungen aufgebaut und (...) sich aus seit der Kindheit fixierten
Trieben zusammen-(gesetzt)".[1033]*
Die Korporation berücksichtigt in ihrer Konzeption den sexuellen Trieb ihrer
Mitglieder, der durch das Fehlen des Weiblichen gleichfalls einer Regulierung
bedarf. Sie befriedigt ihn einerseits durch die gemeinschaftliche Zuneigung
und Anerkennung den Mitgliedern gegenüber und andererseits durch die in-
dividuell-konstruierte Komponente besonderer Verhältnisse, wie z. B. das
Leibverhältnis, durch das auf der Seite des Fuchsen Liebe und Bewunderung, auf der Seite des Burschen Erhebung und verfügende Macht erzeugt
und durch das die triebhaften Strebungen homosexualisiert abgeleitet werden. Das Weibliche als Objekt ist so innerhalb der Gemeinschaft überflüssig.
Es wird auf der einen Seite als Gemeinschaftsideal, auf der anderen Seite
durch eine personifizierte Inversion aus den triebhaften Strebungen innerhalb
der Gemeinschaft ausgesondert.
Die Corps und andere studentisch-korporierte Männerbünde können als ein
Abbild der gesellschaftlichen Sicht ihres Milieus gesehen werden und verweisen auf eine allgemeinere geschlechtsspezifische Strukturierung der sozialen Welt, in der die Welt des Mannes – etwas vereinfacht formuliert – die
Welt der Tat ist, die nach einem höheren (weiblich-definierten) Ideal strebt (z.
B. die bündische Gemeinschaft, die Nation, etc.) und in der die Frau keinen
Platz hat. Als Motiv einer derartigen Konstruktion kann der Kompen-
sationsmechanismus des Mannes herangezogen werden, durch den er seinen vermeintlichen Ausschluß aus dem natürlichen Reproduktionskreislauf
meint aufheben zu können.[1034] Die Corps weisen hier erneut auf eine homo-
loge Vorstellung von Geschlecht in der Gesellschaft hin. Diese

*„ist nicht allein aus der Gleichgültigkeit von Kapitallogik, Technik und ver-
wertbarer Wissenschaft gegenüber den Menschen zu erklären, sondern stets
ebenso mit einer männerbündischen Strukturierung der sozialen Welt in Be-*

[1031] Ebenda, Seite 130. Hervorhebungen im Original.
[1032] KSCV (Hrsg.), Sitten und Symbole des Corps. Erste Festschrift des HKSCV, Würzburg 1964, Seite 9.
[1033] Vgl. Sigmund Freud, Drei Abhandlungen zur Sexualtheorie, Seite 137.
[1034] Vgl. Regina Becker-Schmidt, Frauen und Deklassierung, Seite 261 f.

280

ziehung. Die Dichotomie zwischen Individuum und Gesellschaft korrespondiert mit der Herabsetzung des Weiblichen zum nur Besonderen (die Idealisierung des Weiblichen, Anmerkung S. P.) auf der einen, der Hochstilisierung des Männlichen zum Allgemeinen auf der anderen Seite.[1035] Es wird deutlich, daß der geschlechtertrennende Mechanismus der männerbündischen Gemeinschaft der gleichen Logik folgt, wie der gesellschaftlich bürgerlich-elitäre.[1036] In beiden Mechanismen erfolgt eine Idealisierung, eine Stilisierung zu einem Ideal, zu etwas Besonderem, nach dem es zu streben und die männliche Welt auszurichten gilt, gleichzeitig aber auch nach „unten" abzuwerten, sich abzugrenzen, auszusondern. Dieser Mechanismus, der sich bis in die kleinsten Rituale verfolgen läßt, ist der Hauptmechanismus korporierten Denkens, Verhaltens und Handelns und dessen Verstärkung die Hauptzielsetzung der korporierten Sozialisation.

Zieht man zu den zwei beschriebenen Mechanismen der gemeinschaftlichen und gesellschaftlichen Ebene den *„autoritären Charakter"* und seine zwei ähnlichen Mechanismen der Identifikation und Abgrenzung auf der individuellen Ebene hinzu, so erhält man eine nicht nur theoretisch dreifache Homologie.[1037] Diese verdeutlicht, wie „kompakt" das Sozialisationsmodell der Korporation mit den allgemeingesellschaftlich-bürgerlichen und individuellen Mechanismen der Identifikation und Abgrenzung verbunden ist und wie die Korporationen es zu verstärken wissen.[1038]

5.2.2 Die Sozialisation zum kollektivierten Individuum

Nach Selektion des potentiellen Nachwuchses durch an das Individuum angelegte Kriterien, persönlichen Gesprächen und ersten Einladungen erfolgt bereits mit der engeren Kontaktaufnahme des Individuums mit der Gemeinschaft der Eintritt in die Sozialisation der Gemeinschaft. Diese versucht zunächst, das neue Mitglied rasch und eng an sich zu binden und verfügt dazu über ein reichhaltiges Angebot zur Bedürfnisbefriedigung (verbilligter Wohn-

---

[1035] Regina Becker-Schmidt, Frauenforschung, Geschlechterforschung, Geschlechterverhältnisforschung, Seite 60 f.
[1036] Vgl. Pierre Bourdieu, Die feinen Unterschiede, Seite 398 f.
[1037] Gemeint sind hier für die gesellschaftliche Ebene das Modell von Bourdieu (Habitus der Distinktion), für die gemeinschaftliche die von Turner (das Communitas-Modell) und für die individuelle die von Freud, bzw. Fromm (der autoritäre Charakter).
[1038] Die vielen Homologien auf unterschiedlichen Ebenen verkleben sozusagen die Möglichkeit der „Bewußtwerdung" der bürgerlichen Herrschaftsmechanismen, wie sie bei Bourdieu beschrieben und gefordert wird. Vgl. Pierre Bourdieu, Die feinen Unterschiede, Seite 378. Die Korporation ist eine systembewahrende und klassenbildende Gemeinschaft innerhalb der Gesellschaft. An dieser Stelle sei darauf hingewiesen, daß gerade die „Bewußtwerdung" Bourdieus homolog zu meist (neben individuellen Möglichkeiten wie z. B. der Psychoanalyse) religiösen Anliegen ist. So kennt beispielsweise der Buddhismus in den Mechanismen Elitestreben (buddh. Haben-Wollen, bzw. Gier) und Abgrenzung (buddh. Nicht-Habenwollen, bzw. Schmerz usw.) und deren „Verklebung" (buddh. Ignoranz und Unwissenheit, bzw. Kreislaufdenken) die Grundlagen menschlichen Leidens, deren Lösung diese Religion u. a. in einem individuellen Befreiungsprozeß (der achtfache Pfad) von diesen Leiden sieht. Vgl. Chögyam Trungpa, Spirituellen Materialismus durchschneiden, Berlin 1996, Seite 163 ff. und vgl. Dalai Lama, Der Schlüssel zum Mittleren Weg. Weisheit und Methode im tibetischen Buddhismus, Hamburg 1991, Seite 15 ff.

raum, Infrastruktur, „Freundeskreis", etc.). Mit Aufnahme der Probezeit (Status des Fuchsen) beginnt die etwa 2 Jahre dauernde Intensivzeit der Sozialisation, die sich anhand des unterschiedlichen Status in zwei Phasen einteilen läßt: In der ersten Phase der Fuchsenzeit wird vorwiegend vergemeinschaftet. Das Individuum wird dazu in die Gemeinschaft – auch gegen Widerstände (Fuchsenkater) – durch Lerneinheiten und emotional wirkende Rituale eingepaßt. Neben der Verpflichtung zur Unterordnung stehen einige Rituale bereit, auch besondere „Eigenheiten" zu vergemeinschaften, so sind in diesem Kontext z. B. die Namensgebung durch Betonung einer besonderen Eigenschaft oder die Beschließung des Leibverhältnisses zu nennen. Das Individuum gibt nach und nach seine persönlichen Strebungen zugunsten der gemeinschaftlichen auf, akzeptiert die gemeinschaftlichen Werte und Richtlinien und wird, wenn es der Homogenität der Gruppe nicht schaden kann, mit Statusumkehr in den Stand des Burschen, also in den Stand des vollwertigen Mitgliedes versetzt. Das Individuum erhält Schutz und Geborgenheit durch die Gemeinschaft und zahlt vor allem mit der Verteidigung der gemeinschaftlichen Ehre, zu verstehen als Unterwerfung unter die Gemeinschaft, einen hohen Preis. Zusätzlich muß er die lebenslange Unterstützung der Corpsbrüder (Protektion) versprechen. Die zweite Phase der Intensivsozialisation in der Zeit als aktiver Bursche zeichnet sich durch gemeinschaftliche Anerkennung, Übernahme von Verantwortung und die Verfügbarkeit von Macht innerhalb der Gruppe aus und setzt die Vergemeinschaftung nach gewechselter Perspektive fort. Gleichzeitig beginnt die Phase der Vergesellschaftung, die an der mit der Burschung (Reception) einsetzenden und zunehmenden Beachtung der Außenwirkung (Repräsentation des Corps) nachgezeichnet werden kann. Zu berücksichtigen sind hier gleichfalls die drei Sozialisationsmethoden (Convent, Kneipe und Mensur), die aus der neuen Perspektive durchlaufen werden müssen und in ihrer Sozialisation vergemeinschaftend und vergesellschaftend wirken. Die Inkorporation des Strebens nach „oben" und des Distinguierens nach „unten" erreicht in dieser Phase nicht zuletzt durch die jetzt statusbedingten rituellen Doppelungen die höchste Intensität und beginnt sich zu objektivieren.

Mit Begutachtung und Bewertung des Individuums durch die Gemeinschaft (CC) wird es in den Inaktivenstatus versetzt und die Intensität der Sozialisation zurückgenommen. Die Phase der Vergemeinschaftung endet mit der Erklärung zum Inaktiven, die der Vergesellschaftung durch das Corps dauert noch bis zum Erreichen des Altherrenstatus an. Die weitere Vergesellschaftung erfolgt wieder durch einen Statuswechsel, der – aus vielen Verpflichtungen entlassen – das Individuum nun zum Hüter der Regeln und zum Berater in corpsstudentischen Belangen werden läßt und der vom Individuum verlangt, die tadellose Außenwirkung des Corps zu kontrollieren.

War das Individuum als vollwertiger und aktiver Bursche objektiviertes Instrument im gemeinschaftlichen Gefüge, so ist es als Inaktiver teilhabendes Institut der Gemeinschaft. Wenn der Inaktive eine angemessene Lebensstellung erreicht hat, kann er endgültig aus der aktiven Gemeinschaft entlassen werden und als institutionalisiertes Individuum / korporierte Persönlichkeit einerseits beratende und helfende Funktion für die Gemeinschaft, andererseits reproduzierende und legitimierende Funktion in der Gesellschaft ausüben.

5.2.3 Überarbeitung des Sozialisationsmodells der Corps

Kapitel 5 ergab für das Sozialisationsmodell der Corps nur wenige Änderungen. Die Darstellung der Korporation als ein Übergangsritual bleibt von den Ergebnissen unberührt, vielmehr wurden die bereits eingearbeiteten Beschreibungen durch die Analyse in Kapitel 5 bestätigt. Insbesondere die Drei-Phasen-Struktur konnte anhand corpsstudentischer Materialien bestätigt werden. Auch die Funktionszuschreibungen der einzelnen Phasen und deren Intention finden sich bestätigt. Neben Bestätigungen brachte die Analyse für das rituelle Feld einige Ergänzungen. Zur Wiederholung werden die Abbildungen aus Kapitel 4 (Übergangsritual/rituelles Feld) nacheinander erneut dargestellt: Hier noch einmal die Abbildung der Korporation als Übergangsritual:

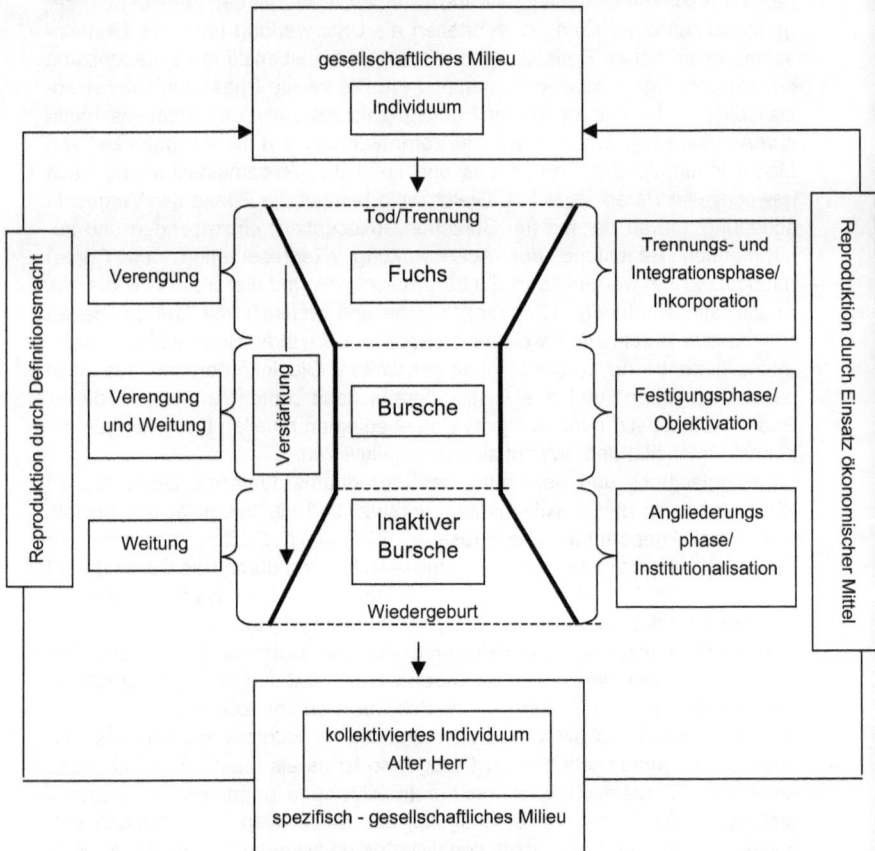

Abb. 11: Die Korporation als Übergangsritual

In dieser Abbildung findet sich in den linken Kästchen die Zuschreibung der Wirkungsweise der Sozialisation. Sie lauten für die Fuchsenzeit *Verengung*, für die Burschenzeit *Verengung/Weitung* und für die Inaktivenzeit *Weitung*. Diese Bezeichnungen beziehen sich auf die eingrenzende, beschränkende Wirkung und die nach der Eingrenzung stattfindende Rücknahme der Belastungen und Anforderungen, die einer Weitung gleichkommen.
In der folgenden Abbildung des korporiert-rituellen Feldes finden sich inhaltlich entsprechend die Ausdrücke *Vergemeinschaftung* und *Vergesellschaftung*, die die unterschiedlichen rituellen Wirkungsweisen bezeichnen.

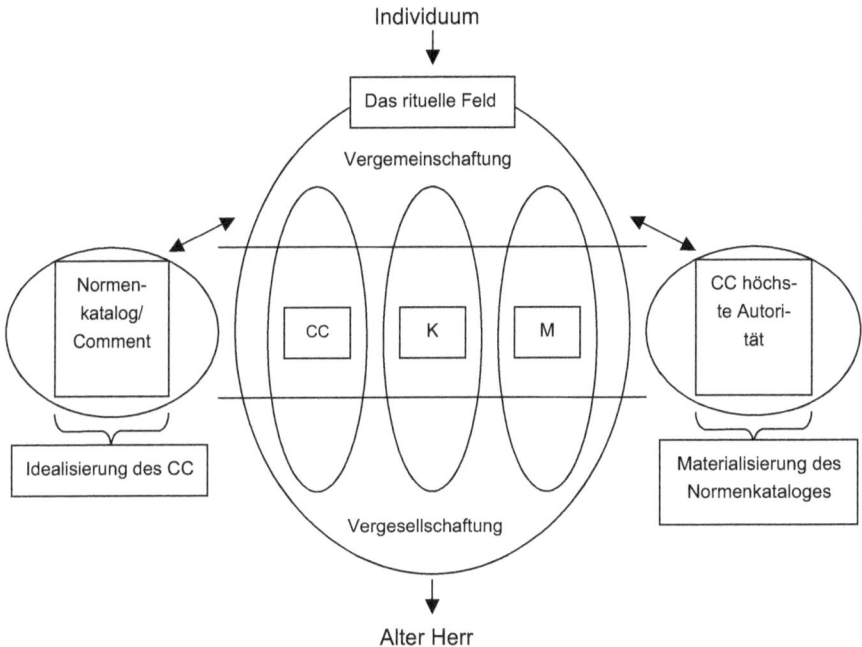

Individuum

Das rituelle Feld

Vergemeinschaftung

Normen-
katalog/
Comment

CC höchs-
te Autori-
tät

CC   K   M

Idealisierung des CC

Materialisierung des
Normenkataloges

Vergesellschaftung

Alter Herr

CC: Corpsconvent
K: Kneipe
M: Mensur

Abb. 12: Das korporiert-rituelle Feld

Die Begriffe Vergemeinschaftung und Vergesellschaftung konnten in der Analyse dieses Kapitels genauer erfaßt und der Drei-Phasen-Struktur der Korporation zugeordnet werden. So bedeutet Verengung für den Fuchs vor allem auch Vergemeinschaftung, der erste Perspektivenwechsel der Reception (Burschung) eine Weitung bezüglich der Vergemeinschaftung und eine Verengung bezüglich der nun einsetzenden Vergesellschaftung, weshalb beide Begriffe sich in der zweiten Phase funktionsbeschreibend wiederfinden. In der dritten Phase steht Weitung für die fortgesetzte und erweiterte Vergesell-schaftung. In der diesem Kapitel angefügten Fassung des corpsstudenti-schen Sozialisationsmodells werden aber dennoch die Begriffe Verengung und Weitung beibehalten, denn sie sind im Übergangsritual vornehmlich strukturell begründet, die Begriffe Vergemeinschaftung und Vergesellschaf-tung sind dagegen mehr rituell begründet, also prozeßhaft. Auf eine Ände-rung des Bildes, nach dem eine Einarbeitung der Ergebnisse gemäß den drei Phasen angezeigt wäre, wird aber zugunsten einer besseren Übersicht ver-zichtet. Es bleibt darauf hinzuweisen, daß dies für die Vergemeinschaftung eine Wirkzeit Fuchs-Bursch und für die Vergesellschaftung Bursch-Inaktiver bedeutet. Die Intention der korporierten Sozialisation wurde im Bild des Ü-bergangsrituals und in der Abbildung des Sozialisationsmodells als „Verstär-kung" bezeichnet. Hierunter fallen Elitedenken, Mannsein, milieuspezifischer Habitus, und so weiter. Die Analyse dieses Kapitels zeigte die Wichtigkeit der Mannwerdung durch die Gemeinschaft in Form der Abgrenzung vom und Ausgrenzung des Weiblichen auf der einen, das männlich-elitäre Streben als das Streben nach einem Ideal auf der anderen Seite. Bezugnehmend auf die Begriffe Vergemeinschaftung und Vergesellschaftung kann festgehalten wer-den, daß die Mannwerdung der Vergemeinschaftung und das Elitestreben der Vergesellschaftung zugeordnet werden kann. Die Mannwerdung ist die Voraussetzung für eine aus Sicht der Korporation erfolgreiche Verge-sellschaftung der korporierten Persönlichkeit. Beide Strebungen, Elitedenken und Männlichkeit, werden im rituellen Feld verstärkt. Bezogen auf das rituelle Feld ergibt sich nun unter Einbeziehung der Ergebnisse des Kapitels 5 fol-gendes Bild:

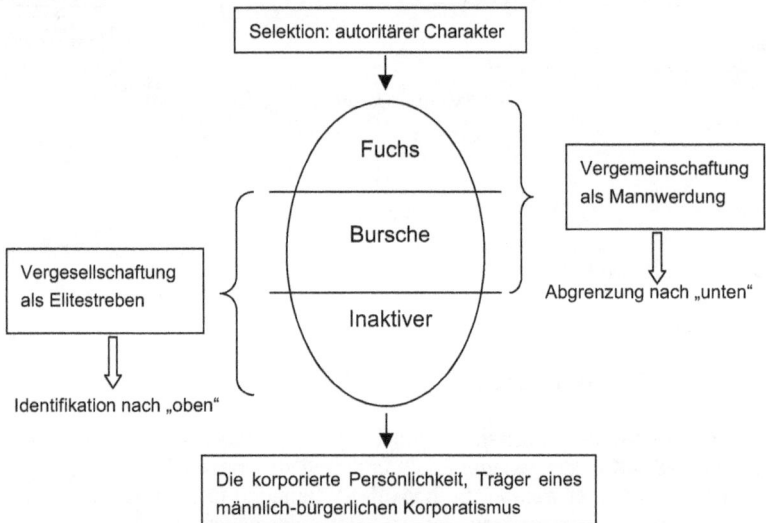

Abb. 13: Das rituelle Feld des Mitgliedschaftsverlaufes

285

Die Abbildung zeigt – verallgemeinert man die zugrundeliegenden Ergebnisse des Kapitels 5 – den bürgerlichen Distinktionsmechanismus, wie er von Bourdieus beschrieben wird:
„Bewußt eingeschlagene Strategien – in deren Verfolgung man sich zum einen von der (tatsächlich oder vermeintlich) niedrigeren Gruppe als eine Art Kontrastfolie absetzt (hier die Frauen, die Massen, etc., Anmerkung, S. P.) und sich gleichzeitig mit der (tatsächlich oder vermeintlich) ranghöheren Gruppe identifiziert, die auf diese Weise zum Besitzwahrer des legitimen Lebenstils aufsteigt – tragen lediglich dazu bei, daß die automatische und unbewußte Dialektik von Seltenem und Gewöhnlichem, Neuem und Altem – eine Dialektik, die der objektiven Unterschiedenheit der Soziallagen und Dispositionen immanent ist – ihre volle Wirksamkeit erreicht, weil sie, was ohnehin geschieht, intentional verdoppelt."[1039]
Das Sozialisationsmodell der Corps ist nun entsprechend im rituellen Feld abzuändern. Das bisherige Eintrittsfeld des Individuums wird durch den autoritären Charakter ersetzt, das Feld selbst vereinfacht dargestellt (es entspricht dem vorherigen), wichtig sind hier die drei Phasen, die jeweils auch einen Perspektivenwechsel in der Sozialisation anzeigen. Die zwei Mechanismen im Bild links und rechts (Vergemeinschaftung und Vergesellschaftung) treten aus dem Feld an die Stelle des „Normenkatalog/Comment" und des „Convent, höchste Autorität" und werden ihren Phasen entsprechend zugeordnet. Auch hier sind die Mechanismen für die Gemeinschaft und die für das Individuum homolog. Der Normenkatalog ist schließlich in der Gemeinschaft das Idealisierte – für das korporierte Individuum das Elitäre – und der Convent ist für die Gemeinschaft das Bestimmende – für das korporierte Individuum das Ab- und Ausgrenzende.
Gesamtgesellschaftlich gesehen ist das Anliegen der Korporation die Durchsetzung und Stärkung des korporierten Ideals innerhalb des Milieus und in der Gesellschaft (Definitionsmacht/Einsatz ökonomischer Mittel).[1040] Das Ziel der korporierten Sozialisation ist, die korporierte Persönlichkeit zum Träger eines männlich-bürgerlichen autoritären Korporatismus[1041] zu formen. Vereinfacht formuliert verstärkt die Korporation durch ihre Sozialisation die bürgerlich-männlichen Herrschaftsmechanismen in ihren Mitgliedern (Elitestreben/Aus- bzw. Abgrenzung) und legitimiert diese durch die (selbst konstruierte) Definition der Korporation als sozusagen naturgegebene Lebensform (siehe hier z. B. die Darstellungen in Kapitel 1 des Handbuch des Kösener Corpsstudenten[1042]), die qua Existenz berechtigt als *„Taste-maker"*[1043] innerhalb der Gesellschaft zu fungieren. Es ergibt sich für dieses Kapitel für das Sozialisationsmodell folgendes Bild:

[1039] Pierre Bourdieu, Die feinen Unterschiede, Seite 382.
[1040] Vgl. Pierre Bourdieu, Die feinen Unterscheide, Seite 398.
[1041] Vgl. Dieter Nohlen (Hrsg.), Kleines Lexikon der Politik, Seite 27.
[1042] Vgl. Handbuch des Kösener Corpsstudenten, Ausgabe 1985, Seite 25 ff.
[1043] Vgl. Pierre Bourdieu, Die feinen Unterscheide, Seite 398.

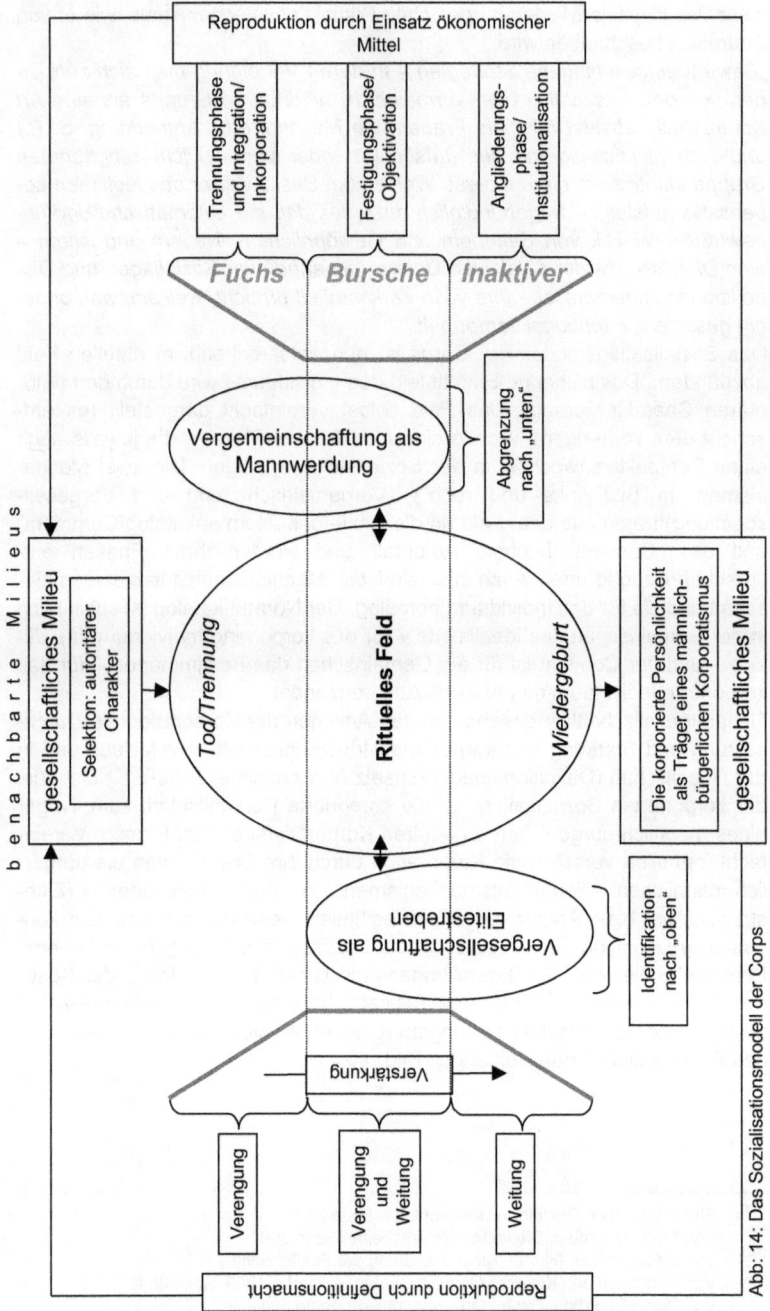

Abb. 14: Das Sozialisationsmodell der Corps

287

6. Zusammenfassung und Vernetzung

Diese Arbeit ist interdiziplinär angelegt und wurde unter Anwendung einer gegenstandsorientierten qualitativen Sozialforschungsmethode verfaßt. Die leitenden Fragestellungen orientierten sich weniger am Hintergrund, in den der Forschungsgegenstand eingebettet ist, sondern bezogen sich auf diesen selbst. Diese Vorgehensweise ermöglichte die Analyse auf drei verschiedenen Ebenen (Gesellschaft, Gemeinschaft und Individuum), die bei genauerer Aufteilung fünf unterschiedliche Blickrichtungen auf den Gegenstand ergaben, die ich wie folgt benennen möchte: Kapitel 3 zeigt den Blick in die Mythologie (3.1/3.2) und die Ideologie der Corps (3.3/3.4). Kapitel 4 enthält den Blick auf die Selbstlegitimierung (4.1/4.2) und den Blick in die Grundordnung der Corps (4.3/4.4). Kapitel 5 lenkt den Blick in den korporierten Lebensentwurf (5.1/5.2). So unterschiedlich diese Blickrichtungen sind, so verschieden sind die einbezogenen Theorien der unterschiedlichen Fachdisziplinen. Neben geschichtswissenschaftlichen und politikwissenschaftlichen sind soziologische, ethnologische und psychologische Ansätze in die Analyse und in die Aufbereitung der Ergebnisse eingeflossen. Durch die Vernetzung von Empirie und Theorie erreichte die Untersuchung eine Tiefe und Komplexität, die unter Einbeziehung von nur einer wissenschaftlichen Fachdisziplin nicht möglich gewesen wäre, ein deutlicher Vorteil der Interdisziplinarität.

Die nähere Beschreibung dieser 5 Blickrichtungen möchte ich nun im Folgenden als Zusammenfassung und Vernetzung nutzen, dabei die einbezogenen Fachdisziplinen ansprechen und auf weiterführenden Forschungsbedarf hinweisen.

1. Der Blick in die Mythologie:
Eine umfangreichere Arbeit über die Geschichte der Corps von einem Autor, der nicht in corpsstudentische Kreise eingebunden wäre, gibt es nicht. Inhaltlich wurde in den verschiedenen Texten meist auf ältere Publikationen des eigenen Verbandes verwiesen. Es ging dabei weniger um eine wissenschaftliche Aufarbeitung der Geschichte, als vielmehr um die Schaffung einer eigenen Geschichte. Die Intention der Texte besteht in der Schaffung eines eigenen Mythos, eine Einordnung der Corps in die „große Geschichte", deren Platz in dieser und die Konstruktion einer langen Tradition, die möglichst bis in das Mittelalter reichen soll.

Diese Mythenbildung, die vor allem durch einseitige und geschichtsverfälschende Darstellungen und durch Nichtberücksichtigung wichtiger gesellschaftlicher Entwicklungen möglich wurde, konnte mittels der Analyse entlarvt werden:

Die Corps sind keine Weiterentwicklung irgendwelcher anderen früheren studentischen Zusammenschlüsse, sondern entspringen der konservativen Bewegung gegen die Französische Revolution. Den Abschluß der gemeinschaftlichen Konzeption mit dem „Lebensbundprinzip", wie es die heutigen Corps kennen, gibt es erst seit 115 Jahren und nicht seit den ersten Corpsgründungen. Auch sind die Corps nicht als engagierte Vertreter des frühen

288

Parlamentarismus seit 1848 zu sehen, denn sie standen als etablierte gesellschaftliche Gruppe auf der Seite der Gegner der Revolution. In der Weimarer Republik waren sie Vorreiter des Antisemitismus und als Teil der nationalistisch-konservativen Elite ein Feind der Republik und nicht Opfer oder Verführte politischer Veränderungen. Die Corps waren keine Gegner des Nationalsozialismus, sie gehörten nicht zum Widerstand, vielmehr verhielten sie sich ihrem Milieu entsprechend eher kooperativ als konfrontativ. Völlig unerwähnt blieben in den eigenen Darstellungen die geschichtlichen Hintergründe, so zur Nationenbildung im frühen 19. Jahrhundert in Deutschland (in Abgrenzung zu Frankreich), zum Antisemitismus in Deutschland und hier auch und vor allem in den einzelnen Corps,[1044] zur Bedeutung der Entwicklung der bürgerlichen Gesellschaft für die Corps, die Entwicklung des Hochschulsystems und – am auffälligsten – die Stellung der Frau in der Gesellschaft. Die geschichtsklitternde Zusammenfügung der eigenen Geschichte und das Weglassen der für die Corps problematischen Entwicklungen führten zu der Konstruktion von Mythen, wie sie sich in den unterschiedlichen Texten wiederfinden.

Wissenschaftlich von Interesse ist meines Erachtens vor allem der letztgenannte Punkt, nämlich die Stellung der Frau in der Gesellschaft, denn es fällt auf, daß die hinzugezogenen Werke der (meist von Männern verfassten) Geschichtsschreibung, aber auch der (gleichfalls überwiegend von Männern betriebenen) Politikwissenschaft die Rolle der Frau in den geschichtlichen Entwicklungen nur mangelhaft einbeziehen, obwohl gerade dieser Aspekt Teilentwicklungen miteinander vernetzt und überaus geeignet wäre, Fehlschreibungen der Geschichte und Politik aufzudecken. Aus dieser Perspektive lassen sich weiterführende Fragen entwickeln, die in dieser Arbeit nur am Rande und unvollständig beantwortet werden konnten:

Ist die Idee der Nation die Idee für eine männlich-bürgerliche Herrschaftsstrategie? Diente das System der Universität in Deutschland der Ausgrenzung der Frau aus wichtigen Gesellschaftsfeldern? Warum steigert sich der Antisemitismus immer dann, wenn die Frau als gesellschaftliche Akteurin verstärkt in Erscheinung tritt? Ist die generationenübergreifende Männerbundkonzeption wie die der Corps eine männliche Strategie zur gesellschaftlichen Besitzstandswahrung bei zunehmender Demokratisierung?

Diese Fragen müßten an konkreten Forschungsgegenständen fortentwickelt werden, um weitere geschichtliche „Hintergrundmythen" anderer gesellschaftlicher Akteure und deren wissenschaftliche Verfestigungen aufdecken zu können.

Aus der Analyse der Mythologie der Corps konnte die Grundstruktur corpsstudentischen Denkens und Handelns herausdestilliert werden. Die Corps erscheinen demnach als Gemeinschaft, die ihre Konzeption (in Struktur und Prozeß) in Abhängigkeit von äußeren Entwicklungen verändert und keineswegs unabhängig vom „Zeitgeist" existiert. Ziel der Corps war und ist es, die

---

[1044] Ich möchte hier auf das Verbot der Aufnahme von Juden des Corps Teutonia Marburg 1882 und an die Beschlußfassung des KSCV zum Ausschluß der Juden 1920, verschärft 1921 (entsprechend den 1935 festgelegten Kriterien in den Nürnberger Rassegesetzen), hinweisen.

verändernden gesellschaftlichen Faktoren zu beeinflussen und für sie nega-
tive Entwicklungen abzuwehren. Galt das Interesse der Corps in ihrer Gründungsphase der Verteidigung des Standes, so ist es heute die Wahrung ihrer
Interessen als Teil der konservativ-technokratischen Elite. Die Zielsetzung
der Corps führt zu ihrer Ideologie.

2. Der Blick in die Ideologie

Das Elite-sein-wollen der corpsstudentischen Gemeinschaften war Gegenstand der Analyse des Kapitels 3.3 und der Ergebnisaufbereitung des Kapitels 3.4.

Die ideologische Verankerung des corpsstudentischen Elitebegriffs erfolgt
durch die Leugnung sozialer Unterschiede mittels naturalistisch-biologis-
tischer Begründungen, nach denen die gesellschaftlichen Unterschiede der
Menschen als „natürlich" angesehen werden können. Nach dieser Ideologie
erscheint es auch als naturgegeben, daß es Herrschende und Beherrschte,
Arme und Reiche gibt.

Zu den Herrschenden, gehört, wer (naturgegeben) in der Lage ist, mehr zu
leisten und dies auch tut. Die abzuverlangende Art der Leistung wird von der
corpsstudentischen Gemeinschaft vorgeschrieben, letztendlich ist es das
Mitgliedsein im Corps, was für den Einzelnen das Erlernen und Erleben der
gemeinschaftlichen Prinzipien und vor allem das Unterordnen unter diese
bedeutet. Parallel findet eine Selektion nach Überprüfung der Herkunft und
vor allem der Gesinnung des Einzelnen statt, um – bei Eignung – eine Art
Verhaltenscode, einen Habitus zu inkorporieren, an dem sich die Mitglieder
auch außerhalb der Gemeinschaft erkennen und an dem sie als Mitglied der
„guten Gesellschaft" von dieser erkannt werden können.

Die Corps sind eine Institution mit der Zielsetzung, eine milieuspezifische
Elite zu reproduzieren und dem Zweck, dazu Personen zu selektieren und
diese als Mitglieder in ihrer Persönlichkeit zu formen. Basierend auf ihrer ge-
nerationenübergreifenden Konzeption können sie ihre Besitzverhältnisse
(Herkunft) und ihre Wertvorstellungen und Normen (Gesinnung) aus hohen
Positionen heraus gesellschaftlich sichern und ausbauen. Die Corps sind
Träger und Produzenten des „Habitus der Distinktion", der beschreibt, daß es
bei der Zugangsberechtigung zur Elite weniger um „Leistung" im herkömm-
lichen Sinne (Qualifikation) geht, sondern um das Beherrschen der besonderen Spielregeln des spezifischen sozialen Milieus, um das Beherrschen
eines bestimmten Codes.

Der Blick in die Ideologie wirft drei Themenfelder von Fragen auf:

1. Das eine Feld führt zu Fragen nach der Zugangsdefinition anderer Eliten.
In der meist von Politikwissenschaftlern und Soziologen betriebenen Eliteforschung wird der Habitus als Voraussetzung zum Aufstieg in die Elite häufig nur in Form des Abfragens der sozialen Herkunft führender Personen be-
rührt. Was nach wie vor weitgehend unerforscht ist, sind die verschiedenen
Träger und Produzenten des notwendigen Habitus und des bestimmten Codes, die sozusagen als Vorstufe der Elite funktionieren. Neben den Corps als
derartigen Trägern gibt es noch zahlreiche andere, auch hier meist rein
männliche und generationenübergreifende Gruppen (von Korporationen über

die „Social Clubs" bis hin zu den Freimaurern), die in diesem Zusammenhang zu untersuchen wären.

Weiterführende Forschungen müssten in die Richtung gehen, wie sie Steffani
Engler mit einer qualitativen Studie für den Bereich der Hochschule aufge-
zeigt hat. Sie konnte in ihrer Arbeit nachweisen, daß es auf dem Weg zur
Professur weniger um Qualifikation als vielmehr um das Beherrschen der
Spielregeln der männlich dominierten „Scientific Community" geht, die zur
Professur „berechtigen".[1045] Wie verhält es sich dann in anderen führenden
Bereichen der Gesellschaft?

Auch hier ist es Aufgabe der Politikwissenschaft und der Soziologie, die Welt
der Eliten, ob als Macht-, Funktions- oder Werteelite, zu entzaubern und den
Blick auf das *Worin* begründet sich Elite?" zu lenken. Wichtige forschungs-
leitende Fragen können sein:

Wie funktioniert die Reproduktion eines bestimmten elitären Netzwerkes?
Wie sehen die Rekrutierungs- und Zugangsbedingungen aus? Welche „Vor-
stufen" als Gruppen/Institutionen gibt es, die zur Elite „ausbilden" und welche
Wertvorstellungen verbergen sich dahinter? Wie und wozu wird ausgebildet?

2. Das zweite Feld von Fragen befaßt sich mit dem Zusammenhang von führenden Gruppen und Netzwerken und der Staatsform, also mit dem Zusammenhang von Demokratie und Elite: Übernimmt das System der meist männlichen Eliten eine politische Funktion neben der Demokratie, um die männliche Vormachtrolle in der Gesellschaft zu sichern? In diesem Kontext helfen
auch vergleichende Studien, so z. B. zur Entwicklung der Eliten in anderen
demokratischen Ländern, wie z. B. in Frankreich. Die Analyse der Corps
brachte hier nur Ansätze, deutlich wurde aber, daß es einen Zusammenhang
zwischen der Entwicklung der bürgerlichen Gesellschaft und der Etablierung
spezifischer männlicher „Elitesysteme" gibt.

3. Der Zusammenhang von Staat und männlicher Elite wirft das dritte Feld
von Fragen auf: der Aspekt des Geschlechterverhältnisses. Aus den vorherigen Fragefeldern können weiterführende Fragestellungen vor allem hinsichtlich feministisch-politischer Gegenstrategien entwickelt werden, die z. B.
zum Erreichen einer wirklichen und nicht nur formalrechtlichen Gleichstellung
von Mann und Frau eingesetzt werden könnten. Die Analyse der Funktions-
mechanismen männlich-elitärer Netzwerkpolitik ist „nur" die notwendige Vor-
arbeit einer möglichen Strategie.

Eine genauere Betrachtung des Aspekts des Geschlechterverhältnisses in
dieser elitären-männlichen Ideologie der Corpsstudenten erfordert den Blick
in die corpsstudentische Legitimierung dieses Verhältnisses.

3. Der Blick in die Legitimierung

Die corpsstudentische Gemeinschaft ist eine gesellschaftliche Gruppierung,
die sich vornehmlich gegen die Frau richtet, wenn es auch weitere Ausgrenzungsobjekte gibt. Anfangs als Abgrenzung zum unteren Milieu gedacht,
entwickelte die Gemeinschaft mit der direkten Bedrohung männlicher Gesell-
schaftsfelder durch die Frau eine besondere Männerbundkonzeption. Diese
Konzeption schließt das Weibliche nicht nur körperlich, sondern auch emo-

---

[1045] Vgl. Steffani Engler, In Einsamkeit und Freiheit? Zur Konstruktion der wissenschaftlichen Persönlichkeit auf dem Weg zur Professur, Konstanz 2001.

291

tional aus der Gemeinschaft aus, ersetzt es und sorgt durch die generationenübergreifende Organisationsweise für die eigene gesellschaftliche Reproduktion unter dem Vorzeichen einer Mannwerdung durch eine hierarchisch-unterwerfende Sozialisation. Die Organisationsform des gemeinschaftlichen Zusammenlebens folgt in seiner Legitimierung – ähnlich der Ideologie – dem naturalistisch-biologistisch begründeten Geschlechterdualismus, der nun aber in der Männerbundkonzeption um die gesellschaftliche Komponente als Antwort auf die Bedrohung durch das Weibliche erweitert wurde. Die Corps folgen in ihrer Legitimierung dabei weitgehend den sozio-ethnologisch-pädagogischen Männerbundtheorien (wie z. B. von Heinrich Schurtz und Alfred Bäumler), nach denen die Frau in ihren Tätigkeiten und ihrem Triebleben „naturgegeben" auf die Familie und der Mann auf die gesellschaftlichen Dinge festgelegt ist. Das Weibliche, das als das außerhalb des Männerbundes existierende wahrgenommen wird, wird als minderwertig degradiert, das Männliche erhöht (bis hin zu Idealen wie Nation, Staat, Vaterland). Dem Männerbund wird die gesellschaftliche Aufgabe zugesprochen, die jungen männlichen Erwachsenen im Sinne eines höheren männlichen Ideals zu erziehen. Die gesellschaftliche Absicherung der männlichen Identität ist das Ziel nicht nur der männlich-korporierten Bünde.

Die Legitimierung des Männerbundes weist neben weiterführenden Fragen vor allem auf ein Problem der tradierten Eliteforschung hin. Quantitative Erhebungen fragen zumeist die persönlichen Einstellungen verschiedener Repräsentanten, deren Herkunft und Vernetzung ab. Das „Vor- und Umfeld" der Eliten wurde und wird meist nur am Rande, wenn überhaupt, in die Forschungen einbezogen. So ist es naheliegend, davon auszugehen und nachzuweisen, daß ein bestimmter elitärer Habitus als Verständigungscode den Zugang zur Elite ermöglicht (so z. B. Michael Hartmann[1046]). Wie dieser Habitus inkorporiert wird (abgesehen von der sozialen Herkunft) und was für ein Verhalten, Denken und Handeln sich in diesem verbirgt, wurde bisher nur schlecht erfaßt. Mit der Identifizierung der verborgenen Werte und Normen des Habitus in Zusammenhang mit einer möglichen Zuschreibung an bestimmte Gruppen (Männerbünde) mittels qualitativer und interdisziplinär angelegten Studien kann – wie diese Arbeit gezeigt hat – dieser Mangel behoben werden. Ein auf viele Gruppen zugeschnittenes interdisziplinär qualitativ-quantitativ angelegtes Forschungsdesign ermöglicht im Ergebnis so sicherlich eine weitaus kritischere Bewertung der „Taste-Maker" der Gesellschaft. Durch die Aufdeckung und die Analyse männerbündisch-elitärer Strukturen können die Ergebnisse darüber hinaus und zwingend notwendig mit dem Geschlechterverhältnis in Zusammenhang gebracht werden und dabei kann aufgezeigt werden, welche Bedeutung dieses Verhältnis für die Gestaltung von Gesellschaft hat. Anleitende Fragen können hier sein: Wie umfangreich ist das männlich-elitäre Umfeld der verschiedenen Eliten und wie läßt es sich charakterisieren? Kann der moderne demokratische Verfassungsstaat als Männerbund gesehen werden? Wird mittels des Männer-

[1046] Vgl. Michael Hartmann, Klassenspezifischer Habitus oder exklusive Bildungstitel als soziales Selektionskriterium? Die Besetzung von Spitzenpositionen in der Wirtschaft, in: Beate Krais (Hrsg.), An der Spitze, Seite 157-208.

bundes eine männliche Informalität hinter der (demokratischen) Formalität gesichert? Die Legitimierung der Corps als Bund von Männern zur Ab- und Ausgrenzung der Frau läßt den Blick weiter nach „innen" gehen und nach dem „Wie" fragen. Wie schafft es ein Männerbund, die zu vermittelnden Werte in seine Mitglieder zu inkorporieren? Diese Fragen betreffen den Blick in die Grundordnung, in das „rituelle Alltagsleben" der Corps.

4. Der Blick in die Grundordnung der Corps
Die bisherigen Ergebnisse der Analyse ergaben das inhaltlich-strukturelle Muster, aus denen u. a. von der Grundstruktur corpsstudentischem Denkens, Handelns und Verhaltens im weiteren Verlauf ein Sozialisationsmodell der Corps entwickelt wurde. Mit dem Blick nach innen wird die Konstruktionsleistung der Gemeinschaft als Prozeß sichtbar. Unter Einbeziehung sozio-ethnologischer Theorien (z. B. Arnold van Gennep, Viktor Turner) und psychologischer Ansätze (z. B. Sigmund Freud) brachte die Analyse die Entschlüsselung des korporiert-rituellen Feldes: Es konnten der Convent, die Kneipe und die Mensur als die drei Hauptmethoden neben weiteren Methoden wie dem Landesvater und dem Bierjungen als tragende Einrichtung der gemeinschaftlichen Sozialisation identifiziert werden. Geht es bei dem Convent und der Kneipe vor allem um die Unterwerfung (Anerkennung der höchsten Instanz), um das Einprägen der gemeinschaftlichen Rangfolge, steht die Mensur hauptsächlich für die Erziehung zur Mannhaftigkeit. Sie ist Initiation zum Mann (Aufnahmebedingung) und wiederholbares vermännlichendes Ritual: Der Mann als das höhere Wesen (die Frau als die Kopfgeburt des Zeus), die Frau als das ausgegrenzte und abzuwertende und vor allem rituell abzuwehrende bedrohende Weibliche.

Mit der zusätzlich von der Gemeinschaft geforderten Verletzung körperlicher Grenzen in Folge ausgeübter und jederzeit wiederholbarer Rituale verfügt die Korporation über einen umfassenden rituellen Alltag, der in der Lage ist, den ganzen Menschen zu formen. Körper, Rede und Geist werden gleichermaßen angesprochen und die Vorstellung von Mannsein mit Zwang inkorporiert.

Durch die Drei-Phasen-Struktur des rituellen Feldes, vorgegeben durch den Mitgliedschaftsverlauf, ergeben sich unterschiedliche Phasen und Formen in der Prägung der Mitglieder: Danach wird als Fuchs vorwiegend vergemeinschaftet (Einordnung des Einzelnen in die Gemeinschaft), als Bursch vergemeinschaftet und vergesellschaftet (Statuswechsel) und als Inaktiver vergesellschaftet, bis das einzelne Mitglied die Korporation als Alter Herr und korporierte Persönlichkeit verläßt. Der prozeßhafte Charakter des rituellen Feldes erlaubt eine Zuordnung der zwei Wirkmechanismen entsprechend ihres Inhaltes. So dient die Vergemeinschaftung der Abgrenzung nach außen (Ausgrenzung des Weiblichen), die Vergesellschaftung folgt dem Organisationsziel der Bundkonzeption (Elitesein) der Korporation.

In der Herausarbeitung der Wirkungsweise und ihrer Inhalte, die sich in den Ritualen als routinierter Alltag und unhinterfragte Standards des Lebens in der Korporation verbergen, liegt eine der Leistungen des hermeneutischen Studiendesigns. Insbesondere für die Eliteforschung kann dieser Ansatz

auch für andere elitäre Gruppen (Freimaurer, andere Korporationen, Ro-
tarier, Lions Club, etc.) erkenntnisversprechend sein, da so eine genaue gesellschaftliche Zu- und Einordnung sowie eine exakte inhaltliche Bewertung
der einzelnen Gruppen möglich wird und wodurch dann eine gezielt kritische
Betrachtung und Einschätzung der Elite, z. B. hinsichtlich ihrer gesellschaftlichen Wirkmächtigkeit, erfolgen kann.

5. *Der Blick in den korporierten Lebensentwurf*

Der Blick in den korporierten Lebensentwurf zeigt die Folgen der korporierten
Mythologie, Ideologie, Legitimierung und der Grundordnung für das einzelne
Individuum in seinem Entwicklungsgang in der Korporation, in dem nicht die
freie Persönlichkeit als Ziel der Sozialisation angelegt ist, sondern das kollektivierte Individuum, das nach erfolgreicher Inkorporation gemäß der gemeinschaftlichen Normen und Werte in der Gesellschaft funktionieren soll.
Die Ergebnisse der Analyse des korporierten Lebensentwurfes beschreiben
den letzten Baustein des komplexen Systems einer studentischen Korporation und verdeutlichen noch einmal die Notwendigkeit dieses Ansatzes zur
umfassenden Beantwortung der Hauptfragestellung: „Wie und für welche
Gesellschaft sozialisiert eine studentische Korporation?"
Die Aufnahmekandidaten der Corps erfüllen idealerweise deren Kriterien zur
„Herkunft und Gesinnung", die sich letztlich auf einen gewünschten ausgeprägten „autoritären Charakter" zurückführen lassen. Die Orientierung nach
„oben" (Elitestreben) und das Abgrenzen nach „unten" (das „Weibliche", die
„Masse", untere soziale Schichten) sind in diesem Charakter bereits angelegt. Die Korporation verstärkt durch ihre Sozialisation diese Charakter-
strebungen, indem sie die Unfähigkeit des Individuums allein zu sein mit einer schützend-gemeinschaftlichen Idealisierung kompensiert. Die zugehörige
Inkorporation der Abgrenzungsmechanismen erfolgt durch die vollständige
Eliminierung des Bedrohungspotentials (das Weibliche) aus der Gemeinschaft, das dann als das außerhalb Existierende abgewertet wird. Das durch
die Ausgrenzung entstandene gemeinschaftlich-emotionale Mangelverhältnis
(triebhafte Strebungen) wird durch die gemeinschaftliche Zuwendung und vor
allem durch institutionalisierte homosexuelle Beziehungen (Leibverhältnis)
aufgefangen und abgeleitet. Das Ergebnis dieser geschlechtertrennenden
Sozialisation ist eine gefestigte Sicht von Frau und Mann, eine Aufteilung in
die männliche Welt der Tat (Reproduktion der „allgemeinen" Werte und Normen) und die weiblichen Welt der Besonderheit (natürliche Reproduktion).
Der Grund dieser Art Sozialisation, die Basis des korporierten Lebensentwurfes, die in ihrer Komplexität bis in das kleinste Ritual zu verfolgen ist, liegt in
einem Kompensationszwang, nach dem der Mann seinen Ausschluß aus
dem natürlichen Reproduktionsprozeß mit der Konstruktion einer rein männlichen Welt beantwortet, in der nur er zugelassen ist, um sich und seine Sicht
der Welt zu reproduzieren (Elitestreben und Männerbund).
Um dem Individuum den korporierten Lebensentwurf „überzustülpen", erfolgt
eine ungefähr zwei Jahre lange intensive Sozialisation. In dieser Zeit muß
sich der Einzelne der Gemeinschaft unterwerfen, die Regeln verinnerlicht
haben, er muß die Regeln und den Rahmen erlaubter Individualität spielerisch beherrschen und schließlich selbst zur Anwendung bringen. Zusätz-

lich werden problematische persönliche Neigungen rituell vergemeinschaftet, jedes bewußte Abweichen von den gemeinschaftlichen Werten und Normen unterbunden, gegebenenfalls bestraft. Der Einzelne unterliegt der Beobachtung und der Begutachtung durch die Gemeinschaft, die mittels unterschiedlicher Kontrollsysteme (Fuchsmajor, Leibbursch und CC) und der hierarchischen Ordnung der Gemeinschaft auf die Einhaltung des korporierten Lebensentwurfes achtet und nur die Mitglieder zur Vergesellschaftung zuläßt, die sich dem Normensystem gebeugt haben und die fähig sind, dieses auch nach außen zu repräsentieren und von denen sich die Gemeinschaft verspricht, daß diese sich als korporierte Persönlichkeit (Alte Herren) nach Abschluß des Studiums in der Gesellschaft entsprechend ihrer Werte und Normen (letztendlich zur Reproduktion der Wertebasis der Korporation und des Milieus mittels Einsatz ökonomischer und definitorischer Macht) einsetzen.

Wenn ich die Ergebnisse dieser Arbeit und die Antwort auf die Frage „Wie und für welche Gesellschaft sozialisiert eine studentische Korporation?" in einem Satz zusammenfasse, so schreibe ich, daß die Corps einen milieuspezifischen Elitarismus pflegen (Kapitel 3), den sie als Männerbund sexistisch legitimieren, als solcher ihre Mitglieder einem ausgeprägten hierarchischen Befehl- und Gehorsamssystem unterwerfen und zahlreicher, ideologisch verdichteter Rituale unterziehen (Kapitel 4), wodurch sie die autoritären Strebungen in der individuellen Persönlichkeit verstärken (Kapitel 5). Berücsichtige ich die Ergebnisse und das Sozialisationsmodell in ihrer Gesamtheit und betrachte die Corps als gesellschaftliches Phänomen, dann entsprechen sie insgesamt dem System eines autoritären Korporatismus.
Die Antwort auf die Fragestellung: „Wie und für welche Gesellschaft sozialisiert eine studentische Korporation?" ist unter Einbeziehung aller Ergebnisse wie folgt zu beantworten:
Eine studentische Korporation des Typs Corps sozialisiert für das vorwiegend konservativ-technokratische Milieu. Im Sozialisationsverlauf erfolgt eine Vergemeinschaftung als Mannwerdung (Sexismus) und eine Vergesellschaftung als Elitestreben (Elitarismus), die die autoritären Strebungen des einzelnen Mitgliedes verstärkt (Autoritarismus). Die Corps sind unter Einbeziehung des eigenen gesellschaftlichen Reproduktionsprozesses als eine gesellschaftliche Form des (männlich-elitären) autoritären Korporatismus zu werten.

7. Anhang

7.1 Glossar

- **Acception/Admission**, Aufnahme in ein Corps als Fuchs
- **Aktiver**, Mitglied einer Studentenverbindung in den ersten (meist bis zu vier) Semestern mit ausführender und gestaltender Funktion
- **Alter Herr**, Mitglied einer Studentenverbindung, das das Studium abgeschlossen hat und beratende und (materiell) unterstützende Funktionen innerhalb der Verbindung einnimmt
- **Altherrenschaft**, Gesamtheit der Alten Herren einer Verbindung mit einflußnehmender Funktion durch Definitionsmacht und Einsatz ökonomischer Mittel
- **Bierjunge**, ritualisierter Trinkwettkampf, auch Bierduell, dient der Vergemeinschaftung und der Unterwerfung unter die Regeln und insbesondere unter den Ehre vermittelnden Stoff, das Bier (in diesem Ritual gleichbedeutend mit der Gemeinschaft)
- **Bestimmungsmensur**, von den Consenioren arrangierte Mensur zwischen zwei fechterisch etwa gleichstarken Mitgliedern verschiedener Verbindungen und als Sozialisationsmethode Männlichkeits- und Initiationsritual, das Bestehen ist Voraussetzung zur vollwertigen Mitgliedschaft
- **Bierzipfel**, bestimmtes kurzes Corpsband mit Schieber, wird als Bestandteil des Zipfelbundes am rechten Hosenbund getragen und ist Kennzeichen des eingegangenen Leibverhältnisses
- **Brandfuchs**, Bezeichnung des Fuchsen im zweiten Semester, bzw. nach der ersten Partie, der Begriff beinhaltet das „Verbrennen" der alten und den Aufgang in die neue Existenz in der Gemeinschaft
- **Bund**, Studentenverbindung, meist reiner Männerbund
- **Bursche**, vollwertiges Mitglied einer Korporation
- **Burschenschaft**, ein Typ studentischer Korporationen, gegründet 1815 (Jenaer Urburschenschaft), heute sind die meisten im Dachverband „Deutsche Burschenschaft" zusammengeschlossen, diese gelten heute als politisch rechtsextrem durch Vertretung des völkischen Prinzips
- **Cerevis**, Kopfbedeckung eines Chargierten
- **Chargierter**, offizieller Repräsentant (meist Inhaber eines Vorstandsamtes) der Korporation zu bestimmten feierlichen Anlässen, bei denen die traditionelle Uniformierung angelegt wird
- **Comment**, Gesetzeswerk zur Regelung des verbindungsstudentischen Lebens innerhalb der Gemeinschaft und im Umgang mit anderen Studentenverbindungen (Verhaltenskatalog), dem sich jedes Mitglied zu unterwerfen hat

- **Conkneipant**, Mitglieder, die meist aus gesundheitlichen Gründen nicht vollwertiges Mitglied werden können, bekommt in der Regel zur Rezeption meist Mütze und die Corpsschleife verliehen
- **Consenior**, Chargierter eines Corps mit organisierenden Funktionen, darüber hinaus in der Regel verantwortlich für das Fechtwesen
- **Convent**, Versammlung der Mitglieder einer Korporation (die Bezeichnung wird auch für Versammlungen vor Ort, bundesweit und verbandsübergreifend verwendet)
- **Corps**, Bezeichnung des ältesten Typs einer modernen Studentenverbindung als geschlossene Gesellschaft, seit 1789 (namentlich 1799 in Halle) nachgewiesen, eine konservativen Wertvorstellungen verpflichtete Gemeinschaft mit streng hierarchischem Aufbau
- **Corpsband**, Band, das als Zeichen der Zugehörigkeit von der rechten Schulter zur linken Hüfte getragen wird (Burschenband/Fuchsenband), vergemeinschaftende Funktion
- **Corpsbruder**, Mitglied desselben Corps (in anderen Verbindungen auch Bundesbruder genannt)
- **Corpsbursch**, aktives und vollwertiges Mitglied eines Corps
- **Corpsburschenconvent**, Versammlung der aktiven und inaktiven Mitglieder eines Corps zur Regelung der gemeinsamen Angelegenheiten, darüber hinaus höchste richtende, gesetzgebende und ausführende Instanz der Gemeinschaft, oberstes Kontrollorgan und Sozialisationsmethode im Formungsprozeß der Mitglieder
- **Corpsschleife**, Schleife in den Farben des Corps, wird meist anstatt des Bandes dem Conkneipanten zur Rezeption verliehen
- **Dimission**, strafweiser (zeitlicher (Bandentzug) oder perpetueller (ohne Band entlassen)) Entzug der Farben
- **Drittchargierter**, Chargierter eines Corps, verantwortlich für das Schrift- und Protokollwesen des Corps, auch oder Sekretär genannt
- **Ehre**, idealisierte gemeinschaftliche Verhaltensnorm, gilt für das einzelne Mitglied als auch für die ganze Gemeinschaft und kann vom Gegenüber eingefordert werden
- **Ehrenabkommen**, vertragliche Regelung des Dachverbandes (z. B. des KSCV) mit anderen Organisationen (z. B. dem Offiziersverband) oder Korporationsdachverbänden zur Vermeidung von Ehrstreitigkeiten
- **Ehrengericht**, nach der Ehrenordnung zusammentretendes Gericht , das entscheidet, ob eine Beleidigung vorliegt und ob und in welcher Form Satisfaktion zu verlangen oder zu geben ist
- **farbentragend**, Bezeichnung einer Korporation, deren Mitglieder Band und Mütze als äußeres Zeichen ihrer Zugehörigkeit zu korporativen Anlässen tragen müssen
- **Feierlicher Corpsconvent**, Versammlung aller vollwertigen Mitglieder der Verbindung, in der Regel einmal im Jahr
- **Forderungsmensur**, Mensur, die durch direkte Verabredung zwischen den Mensurteilnehmern zustande kommt (Kontrahage, Pro-

Patria-Suite, Viritim-Forderung), dient der Inkorporation des Ehrbegriffes und fördert das Standesdenken

- **Fuchs**, Neumitglied eines Corps, Mitgliedschaft auf Probe (bis zu 2
Semester), Zeit der Unterwerfung unter die Gemeinschaft und Inkor-
poration des corpsstudentischen Regelements (Integrationsphase),
danach kann er durch den Corpsconvent recipiert (als vollwertiges
Mitglied aufgenommen) werden
- **Fuchsenkater**, seelischer Zustand, der den inneren Widerstand des
Fuchsen gegen die völlige Vergemeinschaftung beschreibt
- **Fuchsmajor**, vom Corpsburschenconvent für die Erziehung und Kon-
trolle der Füchse abgestellter Corpsbruder
- **Inaktiver**, Corpsbursch, der auf Beschluß des Corpsburschen-
conventes nach abgeschlossener Vergemeinschaftung zur Been-
digung des Studiums aus dem Aktivenstatus entlassen wurde (Anglie-
derungsphase)
- **Keilen**, gezielte Anwerbung von Nachwuchs
- **Kneipe**, studentisches Feiern nach festen Regeln, beinhaltet als Sozi-
alisationsmethode sowohl vergemeinschaftende als auch verge-
sellschaftende Aspekte
- **Kniesen**, körperliche Reaktion auf Mensur, hauptsächlich des Kopfes,
was zur Abfuhr auf Haltung führt und eine Reinigungspartie für den
Betroffenen nach eine bestimmten Zeitraum zur Folge hat
- **Kommers**, feierliche Veranstaltung, aus besonderem Anlaß gestaltete
Kneipe (teilweise mit Frauen)
- **Konstitution**, Satzung einer Verbindung auf die jedes Mitglied ver-
pflichtet wird, kann nur durch bestimmte Mehrheiten durch den
Corpsconvent geändert werden
- **Kontrahage**, Mensur unter verschärften Bedingungen, zu der ein
Verbindungsmitglied ein Mitglied einer anderen Verbindung gefordert
hat (Forderungsmensur), dient der Förderung des Ehrbegriffs
- **Kösener Senioren-Convents-Verband**, Dachverband der Kösener
Corps in Deutschland, Österreich und der Schweiz, Zusammenschluß
der einzelnen Senioren-Convente, die meist pro Hochschule nur eine
Stimme im Verband haben
- **Landesvater**, feierliches Vergemeinschaftungsritual anläßlich eines
festlichen Kommerses, bei dem einander nahestehende Corpsstu-
denten ihre Mützen mit dem Schläger durchstechen, symbolisches
Versprechen unverbrüchlicher Treue der Teilnehmenden gegenüber
der (als Land/Heimat aufgefaßten) Gemeinschaft
- **Lebenscorps**, Corps, das seinen Mitgliedern keine weitere Mitgliedschaft in einem anderen Corps gestattet
- **Leibbursche**, vom Leibfuchsen auch Leibvater/Biervater genannt, Bezeichnung eines von einem neuen Mitglied gewählten älteren Bursche
zur besseren Integration in den Bund
- **Leibfamilie**, loser Zusammenschluß von Angehörigen, deren Ursprung auf denselben Leibburschen zurückzuführen ist

- **Leibfuchs**, Bezeichnung eines Fuchsen, der mit einem Burschen ein Leibverhältnis eingegangen ist und von diesem so genannt wird
- **Leibverhältnis**, Patenschaft auf Lebenszeit, die auf Nachfrage eines Fuchsen gegenüber einem Burschen geschlossen wird. Das Leibverhältnis dient der besseren und persönlichen Integration des neuen Mitgliedes und seiner Kontrolle, es wird meist durch Zipfeltausch (Bierzipfel für den Fuchs) bekräftigt
- **Mensur**, ritueller Fechtkampf und Sozialisationsmethode, die nach festen Regeln zwischen zwei Mitglieder verschiedener Verbindungen angewandt wird, dient sowohl der Vergemeinschaftung (Initiation) als auch der individuellen Formung (Beweis der gemeinschaftlich definierten und verlangten Männlichkeit)
- **Mütze**, Schirmmütze in den Corpsfarben als Zeichen der Zugehörigkeit zum Corps, dient der Vergemeinschaftung und der Erkennung/Abgrenzung nach außen
- **Nation**, in studentischem Sinne ein Zusammenschluß von Studenten an den frühen Universitäten (z. B. Bologna), die sich nach Herkunft (Himmelsrichtungen) zusammenschlossen
- **Partie**, eine zu schlagende Mensur
- **Paukant**, Fechter einer Mensur
- **Pekesche**, bunte Jacke mit Kordelschnürung in den Verbindungsfarben, Bestandteil des Wichses, dient der Repräsentation der Gemeinschaft
- **Philister/Philisterium**, andere Bezeichnung für Alter Herr bzw. Altherrenschaft
- **Pro-Patria-Suite**, Austragung mehrer Mensuren unter verschärften Bedingungen zwischen zwei Studentenverbindungen nach Forderung der einen Verbindung durch die andere, auch PP-Suite genannt. „Pro Patria" steht für die Verbindung
- **Renonce**, heute eher seltene Bezeichnung für Fuchs
- **Rezeption, rezipieren**, Aufnahme in ein Corps als vollwertiges Mitglied/Corpsbursch, Initiationsritual, das die Integrationsphase (nach abzulegender Prüfung des zu Burschenden) beschließt und die Festigungsphase (und die Vergesellschaftung) beginnen läßt
- **Salamander**, Trinkritual anläßlich der Vornahme einer feierlichen Ehrung (wird zumeist zu Ehren des Vaterland oder den eigenen Bund „gerieben"), dient der Ehrung des gemeinschaftlichen Ideals (der Bund, die Nation, u. ä.)
- **Satisfaktion**, Genugtuung, bedingungslose Wiedergutmachung einer Ehrverletzung mit der Waffe, seit 1953 Unterwerfung unter den Spruch eines Ehrengerichts, das auf Erledigung, Verlust der Satisfaktionsfähigkeit, Revokation (Rücknahme) und Revokation unter Deprikation (Rücknahme und Abbitte der Beleidigung) entscheiden kann, dient der Wahrung des gemeinschaftlichen Ehrbegriffs und der Vergesellschaftung im Sinne des Standesdenkens und der Kassenbildung

- **Satisfaktionsfähigkeit**, das Recht, Genugtuung für eine Beleidigung zu verlangen und zu geben, ursprünglich standesbezogener Sachverhalt
- **Schläger**, für die studentische Mensur entwickelte Fechtwaffe
- **Schmiß**, Ausdruck für auf der Mensur erhaltene Wunden
- **Sekretär**, Schriftführer der Korporation
- **Senior**, Chargierter eines Corps, vertritt das Corps nach innen und außen, präsidiert allen Corpsconventen
- **Senioren-Convent**, Gesamtheit der Corps an einem Hochschulort
- **Spefuchs**, zukünftiger Fuchs, potentieller Kandidat
- **Stiftungsfest**, Fest anläßlich des Gründungstages der Korporation
- **Subsenior**, anderer Ausdruck für Drittchargierter (Erstchargierter ist der Senior, etc.)
- **Suspension**, zeitweilige Einstellung des Aktivenbetriebes einer Verbindung
- **Turnerschaft**, Typ einer Korporation, die meisten Turnerschaften sind dem Coburger Convent angeschlossen
- **Verabredungsmensur**, anderer Ausdruck für Bestimmungsmensur
- **Verband Alter Corpsstudenten**, Zusammenschluß von Alten Herren der Kösener Corps
- **Verkehrsgast**, Bezeichnung für einen inaktiven Corpsstudenten, der nach dem Wechsel der Hochschule, in der sein Corps kein Freundschaftsverhältnis mit einem anderen hat, bei einem anderen Corps verkehrt
- **Verschiß**, Verruf, schwerste Strafe, die gegen einen Corpsstudenten verhängt werden kann, ist mit dem Verbot des gemeinschaftlichen Umgangs belegt, als äußeres Kennzeichen darf derjenige für die Dauer des Verrufs keine Farben tragen
- **Viritim-Forderung**, Mensurforderung eines einzelnen an die Aktiven einer Verbindung, jeder Aktive ficht eine Partie mit dem Forderer
- **Vorort**, Senioren-Convent des Hochschulortes, der das Präsidium des Kösener Senioren-Convents-Verband innehat, wechselt jährlich
- **Waffencorps**, Corps, das seinen Mitgliedern auch Mitgliedschaften bei anderen Corps gestattet
- **Weinheimer Corps**, Corps, die dem Weinheimer Senioren-Convent angehören, vorwiegend an Technischen Universitäten und Hochschulen
- **Weinheimer Senioren-Convent**, Dachverband aller Weinheimer Corps in Deutschland, jedes einzelne Corps hat eine Stimme
- **Wichs**, uniformähnliche Kleidung der Chargierten zu hochoffiziellen Anlässen, bestehend aus Mütze, Pekesche, Reithose, Stulpenstiefeln, Schärpe und Schlägergehänge
- **Zirkel**, ineinander verschlungene Buchstabenfolge (meist die Initialen eines Wahlspruches) hinter dem Namen des Schreibers als Kennzeichnung seiner Corps- oder Verbindungszugehörigkeit

300

Das Glossar wurde von mir ergänzt und zusammengestellt aus: Rolf-Joachim Baum (Hrsg.), „Wir wollen Männer, wir wollen Taten"!, Seite 434-438, Christian Helfer, Kösner Brauch und Sitte, CV-Handbuch, Ausgabe 2000, Seite 609-618 und Robert Paschke, Studenten-historisches Wörterbuch.

7.2 Abkürzungsverzeichnis

ADB	Allgemeine Deutsche Burschenschaft
ADF	Allgemeiner Deutscher Frauenverein
ADW	Allgemeiner Deutscher Waffenring
AH	Alter Herr
AHB	Altherrenbund des CV
AHSC	Altherren-Senioren-Convent
AHV	Altherrenverein
ANSt	Arbeitsgemeinschaft Nationalsozialistischer Studentinnen
a.o.	außerordentlich
AStA	Allgemeiner Studierendenaussschuß
ATB	Akademischer Turnbund
CB	Corpsbursch
CC	Corpsburschenconvent
CC	Coburger Convent (Dachverband der Landsmannschaften und Turnerschaften)
CDA	Convent Deutscher Akademikerverbände
CDK	Convent Deutscher Korporationsverbände
CK	Conkneipant
CV	Cartellverband der katholischen deutschen Studentenverbindungen
DB	Deutsche Burschenschaft (Dachverband der Burschenschaften)
DCVSF	Deutsche Christliche Vereinigung Studierender Frauen
DCZ	Deutsche Corpszeitung
DHR	Deutscher Hochschulring
DSt	Deutsche Studentenschaft
EM	Ehrenmitglied
FCC	Feierlicher Corpsconvent
FM	Fuchsmajor
GDS	Gemeinschaft für deutsche Studentengeschichte e. V.
HKSCV	Hoher Kösener Senioren-Convents-Verband (seit 1951 nicht mehr angewendete Bezeichnung)
iaCB	inaktiver Corpsbursch
IZ	Informationszentrale Kösener und Weinheimer Corpsstudenten
KC	Kösener Congreß
KCL	Kösener Corpslisten
KDStV	Katholisch deutsche Studentenverbindung
KSCV	Kösener Senioren-Convents-Verband

KSt	Kösener Statuten
KV	Kartellverband der katholischen deutschen Studentenvereine
KWS	Kuratorium Weinheim-Seminar
MC	Mensurconvent
NSDAP	Nationalsozialistische Deutsche Arbeiterpartei
NSDStB	Nationalsozialistischer Deutscher Studentenbund
O	ordentlich
oKC	ordentlicher Kösener Kongreß
PC	persönliche Contrahage
PP	Pro-patria-Suite
RSC	Rudolstädter Senioren-Convent
SC	Senioren-Convent
SV	Sondershäuser Verband Akademisch-Musikalischer Ver-bin-dungen
UV	Unitas-Verband der wissenschaftlichen katholischen Studenten-vereine
VAC	Verband Alter Corpsstudenten
VACC	Verband Alter Herren des Coburger Conventes
VASV	Verband Alter Sängerschafter
VAW	Verband Alter Wingolfiten
VDS	Verband Deutscher Studentenschaften
VDSt	Verein Deutscher Studenten
VG	Verkehrsgast
VKDStV	Verband Katholischer Deutscher Studentinnenvereine
VStD	Verein der Studentinnenvereine Deutschlands
VVDSt	Kyffhäuserverband der Vereine Deutscher Studenten
WB	Wingolfsbund
WJSC	Wernigeroder Jagdkorporationen Senioren-Convent
WSC	Weinheimer Seniorenconvent
WVAC	Weinheimer Verband Alter Corpsstudenten
X	Senior, Erstchargierter
XX	Consenior, Zweitchargierter
XXX	Schriftführer, Sekretär, Dritter Chargierter
ZVS	Zentralstelle für die Vergabe von Studienplätzen, Dortmund

Das Abkürzungsverzeichnis wurde mit eigenen Ergänzungen erstellt aus: Rolf-Joachim Baum (Hrsg.), „Wir wollen Männer, wir wollen Taten"!, Seite 433, Handbuch des Kösener Corpsstudenten, Ausgabe 1985, Seite 13-21 und dem CV-Handbuch, Ausgabe 2000, Seite 619-629

7.3 Abbildungsverzeichnis

7.4 Literatur

- Menno **Aden**, Die studentische Kneipe und der Mos Graecus, in: KSCV/VAC/WSC/WVAV (Hrsg.), Corps – Das Magazin, Heft 3/2001, Seite 40-41 und Heft 4/2001, Seite 40-41
- Theodor W. **Adorno**, Schriften zum autoritären Charakter, Frankfurt am Main 1976
- Benedict **Anderson**, Die Erfindung der Nation. Zur Karriere eines folgenreichen Konzepts, Frankfurt am Main/New York 1988
- Rainer **Assmann**, Struktur im einzelnen Corps, in: VAC e. V. (Hrsg.), Handbuch des Kösener Corpsstudenten in 2 Bänden, ohne Ort 1985, Band 1, Seite 143-150
- Rainer **Assmann**, Der Verschiß, in: Jahrbuch 1988 des Vereins für corpsstudentische Geschichtsforschung, 33. Band, ohne Ort 1988, Seite 213-220
- Brigitte **Aulenbacher**/Monika Goldmann (Hrsg.), Transformationen im Geschlechterverhältnis, Frankfurt am Main/New York 1993
- Diana **Auth**/Alexandra Kurth, Geschichte und Funktion des korporierten Männerbundes, unveröffentlichte Hausarbeit am Institut für Politikwissenschaften der Philipps-Universität Marburg, Marburg 1996
- Elisabeth **Badinter**, XY. Die Identität des Mannes, München 1993
- Alfred **Baeumler**, Männerbund und Wissenschaft, Berlin 1934
- Karsten **Bahnson**, Von Kösen nach Würzburg, in: VAC e. V. (Hrsg.), Handbuch des Kösener Corpsstudenten in 2 Bänden, ohne Ort 1985, Band 1, Seite 111-132
- Karsten **Bahnson**, Vorgeschichte und Gründung des Kösener Senioren-Convents-Verbandes, in: Rolf-Joachim Baum (Hrsg.), „Wir wollen Männer, wir wollen Taten!". Deutsche Corpsstudenten 1848 bis heute, Berlin 1998, Seite 45-83
- Karsten **Bahnson**/Walter Brod, Kösener Sammlungen und Historische Institutionen, in: VAC e. V. (Hrsg.), Handbuch des Kösener Corpsstudenten in 2 Bänden, ohne Ort 1985, Band 1, Seite 255-268
- Werner **Barthold**, Rechtsstaat und Bestimmungsmensur, ohne Ort 1952
- Erich **Bauer**, Der Verband Alter Corpsstudenten, in: Handbuch des Kösener Corpsstudenten, Ausgabe 1953, Seite 30-36
- Erich **Bauer**/Robert Paschke, Bräuche und Symbole, in: Theodor Hammerich (Hrsg.), Handbuch für den Weinheimer Senioren-Convent, Bochum 1971, Kapitel 2.1., Seite 28-33

- Erich **Bauer**, Constitutionsentwurf für das Corps Saxonia zu Frankfurt am Main, heute Konstanz, in: Verein für corpsstudentische Geschichtsforschung (Hrsg.), Sonderheft 1988, Seite 207-231
- Erich **Bauer**, Schimmerbuch für junge Corpsstudenten, Bielefeld 2000
- Max **Bauer**, Sittengeschichte des deutschen Studententums, Dresden 1926
- Rolf-Joachim **Baum**, Zwischen nationaler Pflicht und nationalistischer Verführung – Studentenschaft und Kösener SC-Verband zwischen 1914 und 1933, in: Rolf-Joachim Baum (Hrsg.), „Wir wollen Männer, wir wollen Taten!". Deutsche Corpsstudenten 1848 bis heute, Berlin 1998, Seite 135-179
- Ulrich **Beck**, Risikogesellschaft, Frankfurt am Main 1986
- Ulrich **Beck**, Die Erfindung des Politischen, Frankfurt am Main 1993
- Dietrich **Becker**, Entwicklung und Wesen der Corps, in: Theodor Hammerich (Hrsg.), Handbuch für den Weinheimer Senioren-Convent, Bochum 1971, Kapitel 2.1., Seite 1-7
- Georg **Becker**, Der Weg des WSC in der Weimarer Republik, in: Vorstand des WVAC (Hrsg.), 100 Jahre Weinheimer Senioren-Convent. Festschrift zum hundertjährigen Bestehen des Weinheimer Senioren-Conventes, Bochum 1963, Seite 75-100
- Regina **Becker-Schmidt**, Frauen und Deklassierung. Geschlecht und Klasse, in: Ursula Beer (Hrsg.), Klasse Geschlecht. Feministische Gesellschaftsanalyse und Wissenschaftskritik, Bielefeld 1987, Seite 213-266
- Regina **Becker-Schmidt**/Gudrun-Axeli Knapp (Hrsg.), Das Geschlechterverhältnis als Gegenstand der Sozialwissenschaften, Frankfurt am Main 1995
- Regina **Becker-Schmidt**, Maskulinität und Kontingenz. Macht als Kompensation eines männlichen Konflikts, in: Hans Bosse/Vera King (Hrsg.), Männlichkeitsentwürfe. Wandlungen und Widerstände im Geschlechterverhältnis, Frankfurt am Main/New York 2000, Seite 83-107
- Regina **Becker-Schmidt**, Frauenforschung, Geschlechterforschung, Geschlechterverhältnisforschung, in: Regina Becker-Schmidt/Gudrun-Axeli Knapp, Feministische Theorien. Zur Einführung, Hamburg 2000, Seite 14-62
- Regina **Becker-Schmidt**/Gudrun-Axeli Knapp, Feministische Theorien. Zur Einführung, Hamburg 2000
- Ursula **Beer** (Hrsg.), Klasse Geschlecht. Feministische Gesellschaftsanalyse und Wissenschaftskritik, Bielefeld 1987
- Cornelia **Behnke**, „Und es war immer, immer der Mann." Deutungsmuster von Mannsein und Männlichkeit im Milieuvergleich, in: Hans Bosse/Vera King (Hrsg.), Männlichkeitsentwürfe. Wandlungen und Widerstände im Geschlechterverhältnis, Frankfurt am Main/New York 2000, Seite 124-138
- Hans Jürgen **Below**/Horst Reger, Kösener Sitten und Bräuche, in: Handbuch des Kösener Corpsstudenten, Ausgabe 1985, Band 1, Seite 173-208

- Heidemarie **Bennent**, Galanterie und Verachtung. Eine philosophie-geschichtliche Untersuchung zur Stellung der Frau in Gesellschaft und Kultur, Frankfurt am Main/New York 1985
- Helmut **Berding**, Moderner Antisemitismus in Deutschland, Frankfurt am Main 1988
- Peter L. **Berger**/Thomas Luckmann, Die gesellschaftliche Konstruktion der Wirklichkeit. Eine Theorie der Wissenssoziologie, Frankfurt am Main 2001
- Klaus von **Beyme**, Die politische Elite in der Bundesrepublik Deutschland, München 1971
- Martin **Biastoch**, Die Corps im Kaiserreich – Idealbild einer Epoche, in: Rolf-Joachim Baum (Hrsg.), „Wir wollen Männer, wir wollen Taten!". Deutsche Corpsstudenten 1848 bis heute, Berlin 1998, Seite 111-132
- Adolf M. **Birke**, Nation ohne Haus. Deutschland 1945-1961, Berlin 1989
- Helmut **Blazek**, Männerbünde. Eine Geschichte von Faszination und Macht, Berlin 2001
- Walter **Bloem**, Der krasse Fuchs, Leipzig 1911
- Walter **Bloem**, Brüderlichkeit, Leipzig 1922
- Otto **Böcher**, Kleines Lexikon des studentischen Brauchtums, Lahr 1985
- Hans **Blüher**, Die Rolle der Erotik in der männlichen Gesellschaft, Jena 1919
- Ralf **Bohnsack**, Rekonstruktive Sozialforschung. Einführung in Methodologie und Praxis, Opladen 1999
- Hans **Bosse**, Die Trennung vom Weiblichen. Rituelle und moderne Formen der Vermännlichung bei Adoleszenten, in: Hans Bosse/Vera King (Hrsg.), Männlichkeitsentwürfe. Wandlungen und Widerstände im Geschlechterverhältnis, Frankfurt am Main/New York 2000, Seite 51-70
- Hans **Bosse**/Vera King (Hrsg.), Männlichkeitsentwürfe. Wandlungen und Widerstände im Geschlechterverhältnis, Frankfurt am Main/New York 2000
- Pierre **Bourdieu**, Die feinen Unterschiede. Kritik der gesellschaftlichen Urteilskraft, Frankfurt am Main 1982
- Pierre **Bourdieu**, Homo Academicus, Frankfurt am Main 1988
- Pierre **Bourdieu**, Die verborgenen Mechanismen der Macht. Schriften zu Politik & Kultur 1, Hamburg 1997
- Pierre **Bourdieu**, Der Tote packt des Lebenden. Schriften zu Politik & Kultur 2, Hamburg 1997
- Pierre **Bourdieu**, Wie die Kultur zum Bauern kommt. Über Bildung, Schule und Politik, Schriften zu Politik & Kultur 4, Hamburg 2001
- Peter **Brandt**, Von der Urburschenschaft bis zum Progreß, in: Harm-Hinrich **Brandt**/Matthias Stickler, „Der Burschen Herrlichkeit". Geschichte und Gegenwart des studentischen Korporationswesens, Würzburg 1998, Seite 35-52

- Anne-Laure **Briatte**, Zwischen Barrikade und Stammtisch: Die Heidelberger Burschenschaften 1817-1871, unveröffentlichte Magistraarbeit an der Université Paris XII Créteil, 2002
- Walter **Brod**/Wolfgang Gottwald, Geschichte der Kösener Verbände, in: VAC e. V. (Hrsg.), Handbuch des Kösener Corpsstudenten in 2 Bänden, ohne Ort 1985, Band 1, Seite 53-80
- Hannelore **Bublitz**, Geschlecht, in: Hermann Korte/Bernhard Schäfers (Hrsg.), Einführung in Hauptbegriffe der Soziologie, Opladen 2000, Seite 83-102
- Otto **Buchinger**, Über Konservatismus und Tradition. Festansprache vor den studentischen Corporationen und Altherrenverbänden in Hannover am 20. November 1984, Bad Pyrmont 1984
- **Bundesministerium** für Forschung und Technologie, Leistungsplan „Humanisierung des Arbeitslebens". Planperiode 1978-1982, Bonn 1978
- Peter **Burke**, Das College in Oxbridge – ein Männerbund?, in: Gisela Völger/Karin von Welck (Hrsg.), Männerbande – Männerbünde. Zur Rolle des Mannes im Kulturvergleich, Köln 1990, Band 2, Seite 65-70
- Wilhelm **Bürklin**, Die Potsdamer Elitestudie von 1995: Problemstellungen und wissenschaftliches Programm, in: Wilhelm Bürklin/Hilke Rebenstorf u. a., Eliten in Deutschland. Rekrutierung und Integration, Opladen 1997, Seite 11-34
- Wilhelm **Bürklin**, Demokratische Einstellungen im Eliten-Bevölkerungsvergleich: Vertikale Distanzen, geteilte Loyalitäten und das Erbe der Trennung, in: Wilhelm Bürklin/Hilke Rebenstorf u. a., Eliten in Deutschland. Rekrutierung und Integration, Opladen 1997, Seite 391-419
- Wilhelm **Bürklin**/Hilke Rebenstorf u. a., Eliten in Deutschland. Rekrutierung und Integration, Opladen 1997
- Günter **Büschges**/Martin Abraham, Einführung in die Organisationssoziologie, Stuttgart 1997
- Christoph **Butterwegge**/Gudrun Hentges (Hrsg.), Alte und Neue Rechte an den Hochschulen, Münster 1999
- Corina **Caduff**/Joanna Pfaff-Czarnecka (Hrsg.), Rituale heute. Theorien – Kontroversen – Entwürfe, Berlin 1999
- Dieter **Claessens**, Macht und Herrschaft, soziale Zwänge und Gewalt, in: Hermann Korte/Bernhard Schäfers (Hrsg.), Einführung in Hauptbegriffe der Soziologie, Opladen 2000, Seite 159-170
- Robert W. **Connell**, Der gemachte Mann. Konstruktion und Krise von Männlichkeiten, Opladen 1999
- **Constitution** des Corps Borussia zu Tübingen, ohne Ort 1977
- **Convent** Deutscher Akademikerverbände (CDA)/Convent Deutscher Korporationsverbände (CDK) (Hrsg.), Vielfalt und Einheit der deutschen Korporationsverbände, ohne Ort, 1998
- **Corps** Hasso-Nassovia Marburg, „Lieber (zukünftiger) Komilitone, wir laden Dich ein, uns kennenzulernen!", Werbefaltblatt des Corps, ohne Ort 1997

- **CV-Sekretariat** (Hrsg.), Gesamtverzeichnis des CV, ohne Ort 1995
- Ralf **Dahrendorf**, Gesellschaft und Demokratie in Deutschland, München 1965
- Ralf **Dahrendorf**, Der moderne soziale Konflikt. Essay zur Politik der Freiheit, München 1994
- Gerhard **Daniel**, Frauen und Corps, in: VAC e. V. (Hrsg.), Corps aktuell. Gaudeamus igitur, ohne Ort 1998, Seite 41
- Wilhelm **Deist**/Manfred Messerschmidt/Hans-Erich Volkmann/Wolfram Wette, Ursachen und Voraussetzungen des Zweiten Weltkrieges, Stuttgart 1989
- Frank **Deppe**, Nationaler Mythos und starker Staat – Zum Politik- und Demokratieverständnis der Korporationen, in: Ludwig Elm/Dietrich Heither/Gerhard Schäfer (Hrsg.), Füxe, Burschen, Alte Herren. Studentische Korporationen vom Wartburgfest bis heute, Köln 1992, Seite 331-352
- **Der Neue Brockhaus**, Lexikon und Wörterbuch. 5 Bände, Wiesbaden 1984
- **Deutscher Bundestag** (Hrsg.), Abschlußbericht der Enquete-Kommission „Sogenannte Sekten und Psychogruppen". Neue religiöse und ideologische Gemeinschaften und Psychogruppen in der Bundesrepublik Deutschland, Bonn 1998
- Michael **Doeberl** (Hrsg.), Das akademische Deutschland, Band 2: Die deutschen Hochschulen und ihre akademischen Bürger, Berlin 1931
- Marion **Dönhoff**/Hubert Markl/Richard von Weizäcker, Eliten und Demokratie, Berlin 1999
- Hans Peter **Dreitzel**, Elitebegriff und Sozialstruktur. Eine soziologische Begriffsanalyse, Stuttgart 1962
- Émile **Durkheim**, Erziehung und Soziologie, Düsseldorf 1972
- **Einst und Jetzt**, Jahrbuch des Vereins für corpsstudentische Geschichtsforschung, ohne Ort 1958, Sonderheft 1967, 1972, 1981, 1983, Sonderheft 1983, Sonderheft 1985, 1988, Sonderheft 1988, 1998
- Gottfried **Eisermann** (Hrsg.), Vilfredo Paretos System der allgemeinen Soziologie, Stuttgart 1962
- Norbert **Elias**, Engagement und Distanzierung, Frankfurt am Main 1983
- Norbert **Elias**, Über sich selbst, Frankfurt am Main 1990
- Norbert **Elias**, Studien über die Deutschen. Machtkämpfe und Habitusentwicklung im 19. und 20. Jahrhundert, Frankfurt am Main 1998
- Thomas **Ellwein**, Die deutschen Universitäten. Vom Mittelalter bis zur Gegenwart, Wiesbaden 1997
- Ludwig **Elm**, Aufbruch ins Vierte Reich? Zu Herkunft und Wesen einer konservativen Utopie, Berlin 1981
- Ludwig **Elm**, Von der Urburschenschaft zur bürgerlichen Revolution, in: Ludwig Elm/Dietrich Heither/Gerhard Schäfer (Hrsg.), Füxe, Burschen, Alte Herren. Studentische Korporationen vom Wartburgfest bis heute, Köln 1992, Seite 16-45

- Ludwig **Elm**/Dietrich Heither/Gerhard Schäfer (Hrsg.), Füxe, Burschen, Alte Herren. Studentische Korporationen vom Wartburgfest bis heute, Köln 1992
- Günter **Endruweit**, Organisationssoziologie, Berlin/New York 1981
- Steffani **Engler**, In Einsamkeit und Freiheit? Zur Konstruktion der wissenschaftlichen Persönlichkeit auf dem Weg zur Professur, Konstanz 2001
- Mario **Erdheim**/Brigitta Hug, Männerbünde aus ethnopsychoanalytischer Sicht, in: Gisela Völger/Karin von Welck (Hrsg.), Männerbande – Männerbünde. Zur Rolle des Mannes im Kulturvergleich, Köln 1990, Band 1, Seite 49-58
- Mario **Erdheim**, Ritual und Reflexion, in: Corina Caduff/Joanna Pfaff-Czarnecka (Hrsg.), Rituale heute. Theorien – Kontroversen - Entwürfe, Berlin 1999, Seite 165-178
- Walter **Erhart**/Britta Herrmann (Hrsg.), Wann ist der Mann ein Mann? Zur Geschichte der Männlichkeit, Stuttgart 1997
- Amitai **Etzioni**, Die Verantwortungsgesellschaft. Individualismus und Moral in der heutigen Demokratie, Frankfurt am Main 1997
- Frank **Ettrich**/Richard Utz, Zwischen „Prominenz" und „Nomenklatura". Überlegungen zu neuerer Eliten-Literatur, in: Berliner Journal für Soziologie, Band 12, Opladen 2002, Seite 389-403
- Wilhelm **Fabricius**, Die Deutschen Corps. Eine historische Darstellung mit besonderer Berücksichtigung des Mensurwesens, Berlin 1898
- Wilhelm **Fabricius**, Geschichte und Chronik des SC-Verbandes, Marburg 1910
- Wilhelm **Fabricius**, Die Deutschen Corps, Frankfurt am Main 1926
- Philipp **Fabry**, Corps und Universität, in: VAC e. V. (Hrsg.), Handbuch des Kösener Corpsstudenten in 2 Bänden, ohne Ort 1985, Band 1, Seite 41-52
- Philipp **Fabry**, Elite: Leistungsträger demokratischer Gesellschaften. Ohne Ansehen von Rang und Stand, in: KSCV/VAC/WSC/WVAC (Hrsg.), Corps – Das Magazin, Heft 1/2002, Seite 5-6
- Anselm **Faust**, Der Nationalsozialistische Studentenbund. Studenten und Nationalsozialismus in der Weimarer Republik, 2 Bände, Düsseldorf 1973
- Rudolf **Fick**, Auf Deutschlands Hohen Schulen, Berlin/Leipzig 1900
- Lutz E. **Finke**, Gestatte mir Hochachtungsschluck. Bundesdeutschlands korporierte Elite, Hamburg 1963
- Bernd **Fischer**/Klaus Wünnemann, Weinheimer Corpsstudenten. Ein Bildband, herausgegeben vom WVAC, Weinheim 1988
- Uwe **Flick**, Qualitative Forschung. Theorie, Methoden, Anwendung in Psychologie und Sozialwissenschaften, Reinbek 2000
- **Frankfurter** Allgemeine Sonntagszeitung vom 26. März 2000
- Sigmund **Freud**, Abriß der Psychoanalyse. Einführende Darstellungen, Frankfurt am Main 1994

- Sigmund **Freud**, Das Ich und das Es. Metapsychologische Schriften, Frankfurt am Main 1992
- Sigmund **Freud**, Drei Abhandlungen zur Sexualtheorie, Frankfurt am Main 1991
- Sigmund **Freud**, Neue Folge der Vorlesungen zur Einführung in die Psychoanalyse, Frankfurt am Main 1991
- Ute **Frevert**, Frauen-Geschichte. Zwischen bürgerlicher Verbesserung und neuer Weiblichkeit, Frankfurt am Main 1986
- Ute **Frevert**, Ehrenmänner. Das Duell in der bürgerlichen Gesellschaft, München 1991
- Hans **Freyberg**/Hans Schüler/Carl Weigandt, Die Wachenburg, ihr Werden und Wachsen, in: Theodor Hammerich (Hrsg.), Handbuch für den Weinheimer Senioren-Convent, Bochum 1971, Kapitel 2.3., Seite 6-10
- Erich **Fromm**, Anatomie der menschlichen Destruktivität, Reinbek 1977
- Erich **Fromm**, Haben oder Sein, München 1977
- Erich **Fromm**, Die Furcht vor der Freiheit, München 1990
- Werner **Fuchs-Heinritz**/Rüdiger Lautmann/Otthein Rammstedt/Hanns Wienold (Hrsg.), Lexikon zur Soziologie, Opladen 1994
- **Gabler** Wirtschafts-Lexikon in 8 Bänden, Wiesbaden 1993
- Petra **Gärdtner**, „Wer lebt in unserm Kreise, und lebt nicht selig drin?" – Frauen in studentischen Korporationen, in: Harm-Hinrich Brandt/Matthias Stickler, „Der Burschen Herrlichkeit". Geschichte und Gegenwart des studentischen Korporationswesens, Würzburg 1998, Seite 383-191
- Hans **Gasper**/Joachim Müller/Friederike Valentin, Lexikon der Sekten, Sondergruppen und Weltanschauungen, Freiburg im Breisgau 1990
- José Ortega y **Gasset**, Der Aufstand der Massen, Reinbek 1961
- Clifford **Geertz**, Dichte Beschreibung. Beiträge zum Verstehen kultureller Systeme, Frankfurt am Main 1999
- David N. **Gellner**, Religion, Politik und Ritual: Betrachtungen zu Geertz und Bloch, in: Corina Caduff/Joanna Pfaff-Czarnecka (Hrsg.), Rituale heute. Theorien – Kontroversen - Entwürfe, Berlin 1999, Seite 49-72
- Arnold van **Gennep**, Übergangsriten (Les rites de passage), Frankfurt am Main/New York 1999
- Ute **Gerhard**, Unerhört. Die Geschichte der deutschen Frauenbewegung, Reinbek 1990
- A. **Gerlach**, Allgemeiner deutscher Bierkomment. Vollständige Ausgabe, Leipzig 1899
- **Gesellschaft** für Studentengeschichte und studentisches Brauchtum e. V. (Hrsg.), CV-Liederbuch, München 1981
- **Gesellschaft** für Studentengeschichte und studentisches Brauchtum e. V. (Hrsg.), CV-Handbuch, München 1990
- **Gesellschaft** für Studentengeschichte und studentisches Brauchtum e. V. (Hrsg.), CV-Handbuch, Regensburg 2000

- David D. **Gilmore**, Mythos Mann. Rollen, Rituale, Leitbilder, München/Zürich 1991
- Roland **Girtler**, Corpsstudentische Symbole und Rituale – die Traditionen der Antike und der frühen Universitäten, in: Rolf-Joachim Baum (Hrsg.), „Wir wollen Männer, wir wollen Taten!". Deutsche Corpsstudenten 1848 bis heute, Berlin 1998, Seite 343-382
- Paulgerhard **Gladen**, Gaudeamus igitur. Die studentischen Verbindungen einst und jetzt, München 1986
- Barney G. **Glaser**/Anselm L. Strauss, Grounded Theory. Strategien qualitativer Forschung, Bern/Göttingen/Toronto/Seattle 1998
- Edmond **Goblot**, Klasse und Differenz. Soziologische Studie zur modernen französischen Bourgeoisie, Paris 1925, Konstanz 1994
- Friedhelm **Golücke**/Bernhard Grün/Christoph Vogel, Die Fuxenstunde. Allgemeiner Teil, Würzburg 1996
- Friedhelm **Golücke**/Bernhard Grün/Christoph Vogel, Die Fuxenstunde der KDStV Markomannia Würzburg. Ergänzungsheft zum Allgemeinen Teil, Würzburg 1996
- Friedhelm **Golücke**, Die bundesdeutsche Nachkriegszeit, in: Harm-Hinrich Brandt/Matthias Stickler, „Der Burschen Herrlichkeit". Geschichte und Gegenwart des studentischen Korporationswesens, Würzburg 1998, Seite 145-157
- Bruno von **Görschen**, Damentoast, in: Verband alter Marburger Teutonen (Hrsg.), Corps-Zeitung des Corps Teutonia Marburg, 13. Jahrgang, Heft 12, ohne Ort 1910, Seite 152
- Eva Chr. **Gottschaldt**, „Das ist die Tat unseres herrlichen Führers". Die christlichen Studentenverbindungen Wingolf und der Nationalsozialismus, Marburg 1997
- Detlef **Grieswelle**, Zur Soziologie der Kösener Corps 1870-1914, in: Christian Helfer/Mohammed Rassem (Hrsg.), Student und Hochschule im 19. Jahrhundert, Göttingen 1975
- Detlef **Grieswelle**, Korporationen und Karrieren. Die soziale Rekrutierungsfunktion der Verbindungen, in: Harm-Hinrich Brandt/Matthias Stickler, „Der Burschen Herrlichkeit". Geschichte und Gegenwart des studentischen Korporationswesens, Würzburg 1998, Seite 421-448
- Horst **Grimm**/Leo Besser-Walzel, Die Corporationen. Handbuch zu Geschichte, Daten, Fakten, Personen, Frankfurt am Main 1986
- Werner **Groß** (Hrsg.), Psychomarkt – Sekten – Destruktive Kulte, Bonn 1996
- Bernhard **Grün**/Achim Weghorst, Comment im CV. Studentisches Brauchtum in Vergangenheit und Gegenwart, Würzburg 1993
- Michael **Grüttner**, Studenten im Dritten Reich, Paderborn/ München/Wien/Zürich 1995
- Michael **Grüttner**, Die Korporationen und der Nationalsozialismus, in: Harm-Hinrich Brandt/Matthias Stickler, „Der Burschen Herrlichkeit". Geschichte und Gegenwart des studentischen Korporationswesens, Würzburg 1998, Seite 125-144

- Hermann L. **Gukenbiehl**, Institution und Organisation, in: Hermann Korte/Bernhard Schäfers (Hrsg.), Einführung in Hauptbegriffe der Soziologie, Opladen 2000, Seite 141-158
- Theodor **Hammerich** (Hrsg.), Handbuch für den Weinheimer Senioren-Convent, Bochum 1971
- Michael **Hartmann**, Klassenspezifischer Habitus oder exklusive Bildungstitel als soziales Selektionskriterium? Die Besetzung von Spitzenpositionen in der Wirtschaft, in: Beate Krais (Hrsg.), An der Spitze. Von Eliten und herrschenden Klassen, Konstanz 2001, Seite 157-208
- Frigga **Haug**, Frauen-Politiken, Berlin/Hamburg 1996
- **Hauptausschuß** der Deutschen Burschenschaft (Hrsg.), Handbuch der Deutschen Burschenschaft, Bad Nauheim 1982
- Rüdiger **Hauth**, Kleiner Sekten-Katechismus, Wuppertal 1982
- Hans-Jürgen **Heinrichs**, Politik als männerbündisches Handeln und Verhalten, in: Gisela Völger/Karin von Welck (Hrsg.), Männerbande – Männerbünde. Zur Rolle des Mannes im Kulturvergleich, Köln 1990, Band 1, Seite 87-92
- Dietrich **Heither**/Eva Gottschaldt/Michael Lemling, „Wegbereiter des Faschismus". Aus der Geschichte des Marburger Vereins Deutscher Studenten, Marburg 1992
- Dietrich **Heither**, Zwischen bürgerlicher Revolution und Erstem Weltkrieg, in: Ludwig Elm/Dietrich Heither/Gerhard Schäfer (Hrsg.), Füxe, Burschen, Alte Herren. Studentische Korporationen vom Wartburgfest bis heute, Köln 1992, Seite 46-65
- Dietrich **Heither**/Michael Lemling, Die studentischen Verbindungen in der Weimarer Republik und ihr Verhältnis zum Faschismus, in: Ludwig Elm/Dietrich Heither/Gerhard Schäfer (Hrsg.), Füxe, Burschen, Alte Herren. Studentische Korporationen vom Wartburgfest bis heute, Köln 1992, Seite 92-156
- Dietrich **Heither**/Michael Lemling, Marburg, O Marburg... Ein „Antikorporierter Stadtrundgang", Marburg 1996
- Dietrich **Heither**/Michael Gehler/Alexandra Kurth/Gerhard Schäfer, Blut und Paukboden. Eine Geschichte der Burschenschaften, Frankfurt am Main 1997
- Dietrich **Heither**, Verbündete Männer. Die Deutsche Burschenschaft – Weltanschauung, Politik und Brauchtum, Köln 2000
- Christian **Helfer**, Kösener Brauch und Sitte. Ein corpsstudentisches Wörterbuch, Saarbrücken 1991
- Wolf **Hepe**, Der KSCV und seine SC, in: Rolf-Joachim Baum (Hrsg.), „Wir wollen Männer, wir wollen Taten!". Deutsche Corpsstudenten 1848 bis heute, Berlin 1998, Seite 274-295
- Gerrit **Herlyn**, Ritual und Übergangsritual in komplexen Gesellschaften. Sinn- und Bedeutungszuschreibungen zu Begriff und Theorie, Hamburg 2002
- Friedrich **Hielscher**, Sitten und Symbole der Corps. Festschrift zum Kösener Kongresse vom 13. bis zum 16. Mai 1964 in Würzburg, Elfte Festschrift des HKSCV, ohne Ort 1964

312

- Friedrich **Hielscher**/Werner Barthold, Die Mensur. Herkunft, Recht und Wesen, vierte Denkschrift des HKSCV, herausgegeben vom KSCV und VAC, ohne Ort 1968
- Gottwald Christian **Hirsch**, Akademische Freiheit, in: Handbuch für den Kösener Corpsstudenten, Ausgabe 1965, Seite 23-24
- Eric. J. **Hobsbawn**, Nationen und Nationalismus. Mythos und Realität seit 1780, Frankfurt am Main 1991
- Heinz Joachim **Höfer**/Martin Wegner, Handbuch des Coburger Conventes, Band 1, herausgegeben im Auftrage des CC-Rates, ohne Ort 1976
- Bernhard **Hoffmann**, Corpsstudententum in heutiger Zeit, in: Beilage zur Onoldenzeitung, München 1952
- Bernhard **Hoffmann**, Zur Entstehung der Corps. Eine ergänzende Fortsetzung der Schrift „Corpsstudententum und heutige Zeit", München 1954
- Ursula **Hoffmann-Lange**, Eliten, Macht und Konflikt in der Bundesrepublik, Opladen 1992
- Stefan **Hradil**, Sozialstrukturanalyse in einer fortgeschrittenen Gesellschaft. Von Klassen und Schichten zu Lagen und Milieus, Opladen 1987
- Stefan **Hradil**, Soziale Ungleichheit, soziale Schichtung, Mobilität, in: Hermann Korte/Bernhard Schäfers (Hrsg.), Einführung in Hauptbegriffe der Soziologie, Opladen 2000, Seite 193-216
- Hans Peter **Hümmer**, Die Entstehung der Corps im Zeichen des klassischen Idealismus – ihre Vorläufer und Abgrenzung gegen die Burschenschaft, in: Rolf-Joachim Baum (Hrsg.), „Wir wollen Männer, wir wollen Taten!". Deutsche Corpsstudenten 1848 bis heute, Berlin 1998, Seite 15-44
- Edgar **Hunger**/Curt Meyer, Studentisches Brauchtum, Bonn/Stuttgart 1958
- Konrad H. **Jarausch**, Deutsche Studenten 1800 – 1970, Frankfurt am Main 1984
- Konrad H. **Jarausch**, Korporationen im Kaiserreich: Einige kulturgeschichtliche Überlegungen, in: Harm-Hinrich Brandt/Matthias Stickler, „Der Burschen Herrlichkeit". Geschichte und Gegenwart des studentischen Korporationswesens, Würzburg 1998, Seite 63-84
- Lilly **Jung-Merker**/Elisabeth Rüf (Hrsg.), C. G. Jung, Über die Entwicklung der Persönlichkeit. Gesammelte Werke, Band 17, Düsseldorf 2001
- Bernd-Alfred **Kahe**, 125 Jahre Weinheimer Corpsstudenten, in: WVAC e. V. (Hrsg.), Weinheimer Corpsstudenten, Weinheim 1988, Seite 31-51
- Bernd-Alfred **Kahe**, Der Kösener SC-Verband und der Weinheimer SC, in: Rolf-Joachim Baum (Hrsg.), „Wir wollen Männer, wir wollen Taten!". Deutsche Corpsstudenten 1848 bis heute, Berlin 1998, Seite 318-342

- Hans-Werner **Kaller**, Der Kösener SC-Verband, Bad Kösen und die Rudelsburg, in: Rolf-Joachim Baum (Hrsg.), „Wir wollen Männer, wir wollen Taten!". Deutsche Corpsstudenten 1848 bis heute, Berlin 1998, Seite 299-317
- Alfred **Kästl**, Gegenwärtige Lage des Korporationsstudententums, in: Theodor Hammerich (Hrsg.), Handbuch für den Weinheimer Senioren-Convent, Bochum 1971, Kapitel 2.1., Seite 16-21
- Herbert **Kater**, Kösener Corpslisten 1971. Ergänzungen der Kösener Corpslisten 1960 und Corpslisten von 1961 bis 1971, im Auftrag des VAC-Vorstandes, Saarbrücken 1972
- Herbert **Kater**, Kösener Corpslisten 1981. Ergänzungen der Kösener Corpslisten 1971 und Corpslisten 1971-1981, im Auftrag des VAC-Vorstandes, Köln 1981
- Herbert **Kater**, Kösener Publikationswesen, in: VAC e. V. (Hrsg.), Handbuch des Kösener Corpsstudenten in 2 Bänden, ohne Ort 1985, Band 1, Seite 269-280
- Herbert **Kater**/Jörg Onnasch, Die einzelnen Corps im KSCV, in: VAC e. V. (Hrsg.), Handbuch des Kösener Corpsstudenten in 2 Bänden, ohne Ort 1985, Band 2, Kapitel 1
- Herbert **Kater**/Hartmut Fischer/Vorort/VAC-Vorstand, Statistik der Corps und Corpsmeldungen, in: VAC e. V. (Hrsg.), Handbuch des Kösener Corpsstudenten in 2 Bänden, ohne Ort 1985, Bd. 2, Kapitel 3
- Michael H. **Kater**, Studentenschaft und Rechtsradikalismus in Deutschland 1918-1933, Hamburg 1975
- **KDStV Palatia** im CV (Hrsg.), Festschrift zum 80. Stiftungsfest der KDStV Palatia im CV zu Marburg, ohne Ort, 1987
- Harald **Kerber**/Arnold Schmider (Hrsg.), Handbuch Soziologie. Zur Theorie und Praxis sozialer Beziehungen, Reinbek 1984
- Herbert **Kessler**, Rede anläßlich des 135. Stiftungsfestes des Corps Franconia Berlin zu Kaiserslautern, in: WSC (Hrsg.), Die Wachenburg. Nachrichten des Weinheimer Senioren-Convents, Heft 1/1986
- Herbert **Kessler**, Vielfalt und Einheit der deutschen Korporations-verbände, in: CDK/CDA (Hrsg.), Vielfalt und Einheit der deutschen Korporationsverbände, ohne Ort 1998, Seite 11-42
- Vera **King**, Entwürfe von Männlichkeit in der Adoleszens. Wandlungen und Kontinuitäten von Familien- und Berufsorientierungen, in: Hans Bosse/Vera King (Hrsg.), Männlichkeitsentwürfe. Wandlungen und Widerstände im Geschlechterverhältnis, Frankfurt am Main/New York 2000, Seite 92-107
- Gabriele **Klein**, Kultur, in: Hermann Korte/Bernhard Schäfers (Hrsg.), Einführung in Hauptbegriffe der Soziologie, Opladen 2000, Seite 217-236
- Arno **Klönne**, „Manneskraft und Lebensbund". Sitte und Brauchtum der Korporationen, in: Ludwig Elm/Dietrich Heither/Gerhard Schäfer (Hrsg.), Füxe, Burschen, Alte Herren. Studentische Korporationen vom Wartburgfest bis heute, Köln 1992, Seite 322-330

- Jürgen **Kloosterhuis**, „Vivat et res publica". Staats- und volksloyale Verhaltensmuster bei waffenstudentischen Korporationen, in: Harm-Hinrich Brandt/Matthias Stickler, „Der Burschen Herrlichkeit". Geschichte und Gegenwart des studentischen Korporationswesens, Würzburg 1998, Seite 249-272
- Werner **Klose**, Freiheit schreibt auf eure Fahnen. 800 Jahre deutsche Studenten, Hamburg/Oldenburg 1967
- Johannes **Klotz**/Ulrich Schneider (Hrsg.), Die selbstbewußte Nation und ihr Geschichtsbild, Köln 1997
- Gudrun-Axeli **Knapp**, Arbeitsteilung und Sozialisation: Konstellationen von Arbeitsvermögen und Arbeitskraft im Lebenszusammenhang von Frauen, in: Ursula Beer (Hrsg.), Klasse Geschlecht. Feministische Gesellschaftsanalyse und Wissenschaftskritik, Bielefeld 1987, Seite 267-308
- Gudrun-Axeli **Knapp**, Konstruktion und Dekonstruktion von Geschlecht, in: Regina Becker-Schmidt/Gudrun-Axeli Knapp, Feministische Theorien. Zur Einführung, Hamburg 2000, Seite 63-102
- Walter **Knissel**, Schwerpunkte corpsstudentischer Entwicklung, in: Theodor Hammerich (Hrsg.), Handbuch für den Weinheimer Senioren-Convent, Bochum 1971, Kapitel 2.1., Seite 13-16
- Karin **Knorr-Cetina**, Die Fabrikation von Erkenntnis. Zur Anthropologie der Naturwissenschaft, Frankfurt am Main 1991
- Gottfried **Koch**, Über den Trinkzwang, in: Jahrbuch 1988 des Vereins für corpsstudentische Geschichtsforschung, 33. Band, ohne Ort 1988, Seite 243-248
- Otto **Köhler**, Der Blutzeuge. Porträt des Heidelberger Corpsstudenten Hanns Martin Schleyer, in: Ludwig Elm/Dietrich Heither/Gerhard Schäfer (Hrsg.), Füxe, Burschen, Alte Herren. Studentische Korporationen vom Wartburgfest bis heute, Köln 1992, Seite 286-298
- **Komment** der Verbindung deutscher Studierender Cimbria am Staatlichen Technikum und Forschungsinstitut für Textilindustrie zu Reutlingen, Fassung vom 26. 10. 1949
- Norbert **Koniakowski**/Wolf Englert/Hadwin Elstner, Geschichte des Corps Marchia Brünn 1865-1995, im Auftrag des Corpsphilisterverbandes herausgegeben, Trier 1995
- **Konstitution** des Corps Nassovia Würzburg, Würzburg 1986
- Cornelia **Koppetsch**/Günter Burkart, Die Illusion der Emanzipation. Zur Wirksamkeit latenter Geschlechtsnormen im Milieuvergleich, Konstanz 1999
- Jack **Kornfield**, Die Lehren Buddhas, München 1996
- Hermann **Korte**/Bernhard Schäfers (Hrsg.), Einführung in Hauptbegriffe der Soziologie, Opladen 2000
- Beate **Krais**, Die Spitzen der Gesellschaft. Theoretische Überlegungen, in: Beate Krais (Hrsg.), An der Spitze. Von Eliten und herrschenden Klassen, Konstanz 2001, Seite 7-62
- Peter **Kratz**, Die Götter des New Age. Im Schnittpunkt von „Neuem Denken", Faschismus und Romantik, Berlin 1994

315

- Peter **Krause**, „O alte Burschenherrlichkeit". Die Studenten und ihr Brauchtum, Graz/Wien/Köln 1997
- Reinhard **Kreckel**, Politische Soziologie der sozialen Ungleichheit, Frankfurt am Main/New York 1997
- Eva **Kreisky**, Der Stoff, aus dem die Staaten sind. Zur männerbündischen Fundierung politischer Ordnung, in: Regina Becker-Schmidt/Gudrun-Axeli Knapp (Hrsg.), Das Geschlechterverhältnis als Gegenstand der Sozialwissenschaften, Frankfurt am Main 1995, Seite 85-124
- Eva **Kreisky**, Der Staat ohne Geschlecht? Ansätze feministischer Staatskritik und feministischer Staatserklärung, in: Eva Kreisky/Birgit Sauer (Hrsg.), Feministische Standpunkte in der Politikwissenschaft. Eine Einführung, Frankfurt am Main/New York 1995, Seite 203-222
- Julia **Kristeva**, Die neuen Leiden der Seele, Hamburg 1994
- Jürgen **Kriz**, Grundkonzepte der Psychotherapie. Eine Einführung, Weinheim 1994
- Hermann **Kruse**, Kösener Corpslisten 1996. Gesamtverzeichnis 1919-1996, im Auftrag des VAC-Vorstandes, Nürnberg-Fürth 1998
- **KSCV** (Hrsg.), Deutsche Corpszeitung. Amtliche Zeitschrift des Kösener SC-Verbandes, 36. Jahrgang, Frankfurt am Main 1919
- **KSCV/VAC/WSC/WVAC** (Hrsg.), Corps – Das Magazin. Verbandszeitschrift des Kösener SC-Verbandes und des Weinheimer Senioren-Convents, Jahrgänge 2000, 2001, 2002, jeweils die Hefte 1 bis 4 und das Hefte 1/2003
- Jürgen **Kuczynski**, Geschichte des Alltags des deutschen Volkes, 5 Bände, Wiesbaden, ohne Jahresangabe
- Thomas **Kühne**, Männergeschichte als Geschlechtergeschichte, in: Thomas Kühne (Hrsg.), Männergeschichte – Geschlechtergeschichte. Männlichkeit im Wandel der Moderne, Frankfurt am Main/New York 1996, Seite 7-30
- Reinhard **Kühnl**, Nation, Nationalismus, Nationale Frage. Was ist das und was soll das? Köln 1986
- Alexandra **Kurth**/Jürgen Schlicher (Hrsg.), Studentische Korporationen gestern und heute. Historische Erfahrungen und gegenwärtige Herausforderungen für eine demokratische Hochschulpolitik, Marburg 1992
- Alexandra **Kurth**, Völkische Theorien über die Polarität der Geschlechter aus der Sicht von Heinrich Schurtz (Ethnologie), Hermann Schmalenbach (Soziologie), Hans Blüher (Psychologie) und Alfred Bäumler (Pädagogik), unveröffentlichte Staatsexamensarbeit am Institut für Politikwissenschaft der Philipps-Universität Marburg, Marburg 1996
- Dalai **Lama**, Der Schlüssel zum Mittleren Weg. Weisheit und Methode im tibetischen Buddhismus, Hamburg 1991
- Siegfried **Lamnek**, Qualitative Sozialforschung. Band 1, Methodologie, Weinheim 1995

- Siegfried **Lamnek**, Qualitative Sozialforschung. Band 2, Methoden und Techniken, Weinheim 1995
- Helmut **Langel**, Destruktive Kulte und Sekten. Eine kritische Einführung, München 1995
- Walter **Leisering** (Hrsg.), Putzger. Historischer Weltatlas, Berlin 1992
- Kurt **Lenk**, Ideologie. Ideologiekritik und Wissenssoziologie, Darmstadt/Neuwied 1972
- Kurt **Lenk**, Deutscher Konservatismus, Frankfurt am Main/New York 1989
- Kurt **Lenk**/Günter Meuter/Henrique Ricardo Otten, Vordenker der Neuen Rechten, Frankfurt am Main/New York 1997
- Henning **Lenthe**, Brauchtum der Burschenschaft, Band 2, der Geschichte der Burschenschaft Danubia zu München zum 150. Stiftungsfest, München 1998
- Gerda **Lerner**, Die Entstehung des Patriarchats, München 1997
- **Lexikon** des Bierjungen, http://dsid.simplenet.com/bj/lexikon.shtml, 02.03.2000
- Katharina **Liebsch**, Identität und Habitus, in: Hermann Korte/Bernhard Schäfers (Hrsg.), Einführung in Hauptbegriffe der Soziologie, Opladen 2000, Seite 65-82
- Wolfgang **Lipp**, Männerbünde, Frauen und Charisma. Geschlechterkampf im Kulturprozeß, in: Gisela Völger/Karin von Welck (Hrsg.), Männerbande – Männerbünde. Zur Rolle des Mannes im Kulturvergleich, Köln 1990, Band 1, Seite 31-40
- Wolfgang **Lipp**, Verbindungen als Männerbünde, in: Harm-Hinrich Brandt/Matthias Stickler, „Der Burschen Herrlichkeit". Geschichte und Gegenwart des studentischen Korporationswesens, Würzburg 1998, Seite 367-382
- Adolf **Lohmann**, Ehrenschutz und Ehrengericht, in: Handbuch des Kösener Corpsstudenten, Ausgabe 1953, Seite 65-76
- Robert von **Lucius**, Der Weiße Kreis, in: Gisela Völger/Karin von Welck (Hrsg.), Männerbande – Männerbünde. Zur Rolle des Mannes im Kulturvergleich, Köln 1990, Band 2, Seite 373-380
- Heinrich **Lutz**, Zwischen Habsburg und Preußen. Deutschland 1815-1866, Berlin 1985
- Jörg **Machatzke**, Einstellungen und Umfang staatlicher Verantwortung – Zum Staatsverständnis der Eliten im vereinten Deutschland, in: Wilhelm Bürklin/Hilke Rebenstorf u. a., Eliten in Deutschland. Rekrutierung und Integration, Opladen 1997, Seite 321-350
- Peter **Maerker**, Konservatismus – wieder modern? Studien zu einer philosophischen Grundlegung des konservativen Denkens, Bonn 1993
- Heinrich **Mann**, Der Untertan, München 1991
- Herbert **Marcuse**, Ideen zu einer kritischen Theorie der Gesellschaft, Frankfurt am Main 1980
- Herbert **Marcuse**, Der eindimensionale Mensch. Studien zur Ideologie der fortgeschrittenen Industriegesellschaft, München 1994

- Hubert **Markl**, Wissenschaftliche Eliten und wissenschaftliche Verantwortung in der industriellen Massengesellschaft. Gemeinsame Sitzung der Klasse für Natur-, Ingenieur- und Wirtschaftswissenschaften und der Klasse für Geisteswissenschaften – Leo-Brandt-Vortrag – am 22. September 1993 in Düsseldorf, Opladen 1994
- Karl **Marx**, Ökonomisch-philosophische Manuskripte, 1844, in: MEW, Ergänzungsband 1, Berlin 1981
- Philipp **Mayring**, Qualitative Inhaltsanalyse. Grundlagen und Techniken, Weinheim/Basel 2000
- George Herbert **Meads**, Geist, Identität und Gesellschaft, Frankfurt am Main 1968
- Jens **Mecklenburg** (Hrsg.), AntifaReader. Antifaschistisches Handbuch und Ratgeber, Berlin 1996
- Werner **Meißner**/Fritz Nachreiner, Handbuch des deutschen Corpsstudenten, im Auftrage des Corpszeitungsausschusses, Frankfurt am Main 1925
- Werner **Meißner**/Fritz Nachreiner, Handbuch des deutschen Corpsstudenten, im Auftrage des Corpszeitungsausschusses, Frankfurt am Main 1927
- Werner **Meißner**/Fritz Nachreiner, Handbuch des Deutschen Corpsstudenten, im Auftrag des Corpszeitungsausschusses, Frankfurt am Main 1930
- Michael **Meuser**, Geschlecht und Männlichkeit. Soziologische Theorie und kulturelle Deutungsmuster, Opladen 1998
- Curt **Meyer**, Studentisches Brauchtum. Historia Academica Heft 1 (Nachtrag), Schriftenreihe der Studentengeschichtlichen Vereinigung des CC e. V., Stuttgart 1976
- Peter **Meyer**/Jan Wind/Marcel Roele, Männerbünde in soziobiologischer Sicht, in: Gisela Völger/Karin von Welck (Hrsg.), Männerbande – Männerbünde. Zur Rolle des Mannes im Kulturvergleich, Köln 1990, Band 1, Seite 73-84
- Ernst **Meyer-Camberg**, Die Entstehung der Universitäten und ihrer Korporationen, in: Sonderheft zum Jahrbuch 1985 des Vereins für corpsstudentische Geschichtsforschung, ohne Ort 1985
- Axel **Michaels**, „Le rituel pour le rituel" oder wie sinnlos sind Rituale?, in: Corina Caduff/Joanna Pfaff-Czarnecka (Hrsg.), Rituale heute. Theorien – Kontroversen - Entwürfe, Berlin 1999, Seite 23-47
- Robert **Michels**, Zur Soziologie des Parteiwesens in der modernen Demokratie. Untersuchungen über die oligarchischen Tendenzen des Gruppenlebens, Leipzig 1911
- C. Wright **Mills**, Die amerikanische Elite, Hamburg 1962
- Horst Möller, Fürstenstaat oder Bürgernation. Deutschland 1763-1815, Berlin 1989
- Georg-Wilhelm **Montanus**/Hans Nehlep/Werner Nützel, Der WSC als Verband, in: Theodor Hammerich (Hrsg.), Handbuch für den Weinheimer Senioren-Convent, Bochum 1971, Kapitel 1, Seite 4-16

- Friedrich **Morgenroth**, Damenrede anläßlich des 150. Stiftungsfestes des Corps Teutonia Marburg, Marburg 1975
- Gaetano **Mosca**, Die herrschende Klasse, Bern 1950
- George L. **Mosse**, Das Bild des Mannes. Zur Konstruktion der modernen Männlichkeit, Frankfurt am Main 1997
- Rainer A. **Müller**, Landsmannschaften und studentische Orden an deutschen Universitäten des 17. und 18. Jahrhunderts, in: Harm-Hinrich Brandt/Matthias Stickler, „Der Burschen Herrlichkeit". Geschichte und Gegenwart des studentischen Korporationswesens, Würzburg 1998, Seite 13-34
- Fritz **Nachreiner**, Der Kösener Seniorenconventsverband (KSCV), in: Handbuch des Kösener Corpsstudenten, Ausgabe 1953, Seite 23-29
- Hans **Nehlep**, Ursprung und Entwicklung der ehemaligen Polytechnischen Schulen, in: Vorstand des WVAC (Hrsg.), 100 Jahre Weinheimer Senioren-Convent. Festschrift zum hundertjährigen Bestehen des Weinheimer Senioren-Conventes, Bochum 1963, Seite 17-22
- Oswald **Neuberger**, Führen und geführt werden, Stuttgart 1994
- Helmut **Neuhaus**, Die Konstitution des Corps Teutonia zu Marburg. Untersuchungen zur Verfassungsentwicklung eines Kösener Corps in seiner 150jährigen Geschichte, Marburg 1979
- Dieter **Nohlen** (Hrsg.), Kleines Lexikon der Politik, München 2001
- Frank **Nordhausen**/Liane von Billerbeck, Psycho-Sekten. Die Praktiken der Seelenfänger, Frankfurt am Main 1999
- **Oberhessische** Presse vom 28. Mai 1990
- Michael **Oppitz**, Montageplan von Ritualen, in: Corina Caduff/Joanna Pfaff-Czarnecka (Hrsg.), Rituale heute. Theorien – Kontroversen - Entwürfe, Berlin 1999, Seite 73-95
- Friedrich **Ossig**/Hartmut Fischer, Der Ursprung der Corps und ihre Entwicklung in fast 200jähriger Geschichte, in: VAC e. V. (Hrsg.), Handbuch des Kösener Corpsstudenten in 2 Bänden, Band 1, ohne Ort 1985, Seite 25-40
- Sven **Papcke**, Gesellschaft der Eliten. Zur Reproduktion und Problematik sozialer Distanz, Münster 2001
- Robert **Paschke**, Studentenhistorisches Lexikon, aus dem Nachlaß herausgegeben und bearbeitet von Friedhelm Golücke, Köln 1999
- Loren E. **Pedersen**, Das Weibliche im Mann. Eine Psychologie des Mannes, München 1994
- Gerhard **Peters**, Haben die studentischen Korporationen noch einen Auftrag?, in: Theodor Hammerich (Hrsg.), Handbuch für den Weinheimer Senioren-Convent, Bochum 1971, Kapitel 2.1., Seite 21-27
- Stephan **Peters**, Soziale Funktionen studentischer Korporationen, in: Projekt „Konservatismus und Wissenschaft" e. V. (Hrsg.), Verbindende Verbände. Ein Lesebuch zu den politischen und sozialen Funktionen von Studentenverbindungen, Marburg 2000, Seite 43-62
- Rüdiger **Peuckert**, Abweichendes Verhalten, in: Hermann Korte/Bernhard Schäfers (Hrsg.), Einführung in Hauptbegriffe der Soziologie, Opladen 2000, Seite 103-124

- Wolfgang **Piereth** (Hrsg.), Das 19. Jahrhundert. Ein Lesebuch zur deutschen Geschichte 1815-1918, München 1997
- Rainer **Pöppinghege**, Absage an die Republik. Das politische Verhalten der Studentenschaft der Westfälischen Wilhelms-Universität Münster 1918-1935, Münster 1994
- Projekt „Konservatismus und Wissenschaft" e. V. (Hrsg.), Verbindende Verbände. Ein Lesebuch zu den politischen und sozialen Funktionen von Studentenverbindungen, Marburg 2000
- Christoph **Ramme**, Die Corps in ihrer sozialen Umwelt, in: Theodor Hammerich (Hrsg.), Handbuch für den Weinheimer Senioren-Convent, Bochum 1971, Kapitel 2.1., Seite 7-12
- Werner **Ranz**/Erich Bauer/Gerd Schaefer-Rolffs, Handbuch des Kösener Corpsstudenten, im Auftrag des KSCV und des VAC, Hamburg 1953
- Hilke **Rebenstorf**, Integration und Segmentation der Führungsschicht – Stratifikationstheoretische Determinanten, in: Wilhelm Bürklin/Hilke Rebenstorf u. a., Eliten in Deutschland. Rekrutierung und Integration, Opladen 1997, Seite 123-155
- Hilke **Rebenstorf**, Karrieren und Integration – Werdegänge und Common Language, in: Wilhelm Bürklin/Hilke Rebenstorf u. a., Eliten in Deutschland. Rekrutierung und Integration, Opladen 1997, Seite 147-199
- Jürgen **Reulecke**, Das Jahr 1902 und die Ursprünge der Männerbund-Ideologie in Deutschland, in: Gisela Völger/Karin von Welck (Hrsg.), Männerbande – Männerbünde. Zur Rolle des Mannes im Kulturvergleich, Köln 1990, Band 1, Seite 3-10
- Horst Eberhard **Richter**, Die Gruppe. Hoffnung auf einen neuen Weg, sich selbst und andere zu befreien, Reinbek 1972
- Hermann **Rink**, Vom studentischen Fechten bis zur Mensur, in: VAC e. V. (Hrsg.), Handbuch des Kösener Corpsstudenten in 2 Bänden, ohne Ort 1985, Band 1, Seite 151-172
- Hermann **Rink**, Die Mensur, ein wesentliches Merkmal des Verbandes, in: Rolf-Joachim Baum (Hrsg.), „Wir wollen Männer, wir wollen Taten!". Deutsche Corpsstudenten 1848 bis heute, Berlin 1998, Seite 383-402
- Jürgen **Ritsert**, Einführung in die Logik der Sozialwissenschaften, Münster 1996
- Jürgen **Ritsert**, Gesellschaft. Ein unergründlicher Grundbegriff der Soziologie, Frankfurt am Main 2000
- Severin **Roeseling**, Burschenehre und Bürgerrecht. Die Geschichte der Heidelberger Burschenschaft von 1828-1834, Heidelberg 1999
- Wilfried **Röhrich**, Eliten und das Ethos der Demokratie, München 1991
- Ger van **Roon**, Widerstand im Dritten Reich, München 1998
- Gabriele **Rosenthal**, Erlebte und erzählte Lebensgeschichte. Gestalt und Struktur biographischer Selbstbeschreibungen, Frankfurt am Main/New York 1995

- Mechthild **Rumpf**, Staatsgewalt, Nationalismus und Krieg. Ihre Bedeutung für das Geschlechterverhältnis, in: Eva Kreisky/Birgit Sauer (Hrsg.), Feministische Standpunkte in der Politikwissenschaft. Eine Einführung, Frankfurt am Main/New York 1995, Seite 223-254
- Wilhelm **Salber**, Zur Psychoanalyse von Männerbünden, in: Gisela Völger/Karin von Welck (Hrsg.), Männerbande – Männerbünde. Zur Rolle des Mannes im Kulturvergleich, Köln 1990, Band 1, Seite 41-48
- Martina **Sauer**, Durchsetzungsfähigkeit und Kooperationspotential von Eliten als Bausteine der Elitenintegration, in: Wilhelm Bürklin/Hilke Rebenstorf u. a., Eliten in Deutschland. Rekrutierung und Integration, Opladen 1997, Seite 285-320
- Martina **Sauer**/Kai-Uwe Schnapp, Elitenintegration durch Kommunikation? Eine Analyse der Kontaktmuster der Positionseliten, in: Wilhelm Bürklin/Hilke Rebenstorf u. a., Eliten in Deutschland. Rekrutierung und Integration, Opladen 1997, Seite 239-283
- Gerd **Schaefer-Rolffs**/Oskar Scheunemann, Handbuch des Kösener Corpsstudenten, im Auftrag des VAC-Vorstandes, München 1965
- Gerhard **Schäfer**, Studentische Korporationen. Anachronismus an bundesdeutschen Universitäten?, Lollar 1977
- Gerhard **Schäfer**, Cliquen, Klüngel und Karrieren – Beziehungen und Ver-Bindungen, in: Ludwig Elm/Dietrich Heither/Gerhard Schäfer (Hrsg.), Füxe, Burschen, Alte Herren. Studentische Korporationen vom Wartburgfest bis heute, Köln 1992, Seite 299-321
- Bernhard **Schäfers**, Einführung in die Gruppensoziologie. Geschichte – Theorien – Analysen, Heidelberg/Wiesbaden 1999
- Bernhard **Schäfers**, Soziales Handeln und seine Grundlagen. Normen, Werte, Sinn, in: Hermann Korte/Bernhard Schäfers (Hrsg.), Einführung in Hauptbegriffe der Soziologie, Opladen 2000, Seite 25-44
- Bernhard **Schäfers**, Die soziale Gruppe, in: Hermann Korte/Bernhard Schäfers (Hrsg.), Einführung in Hauptbegriffe der Soziologie, Opladen 2000, Seite 125-140
- Karsten **Schaumann**/Torsten Schaumann, Studienplaner. Studieren – aber richtig, Tips und Hinweise für ein erfolgreiches Studium, herausgegeben vom WVAC, Darmstadt 1999
- Herrad **Schenk**, Die feministische Herausforderung. 150 Jahre Frauenbewegung in Deutschland, München 1992
- Herbert **Scherer**, Der Weg durch die Krise (1933-1952), in: Vorstand des WVAC (Hrsg.), 100 Jahre Weinheimer Senioren-Convent. Festschrift zum hundertjährigen Bestehen des Weinheimer Senioren-Conventes, Bochum 1963, Seite 101-116
- Albert **Scherr**, Sozialisation, Person, Individuum, in: Hermann Korte/Bernhard Schäfers (Hrsg.), Einführung in Hauptbegriffe der Soziologie, Opladen 2000, Seite 45-64
- Oskar F. **Scheuer**, Das Liebesleben des deutschen Studenten im Wandel der Zeiten, Bonn 1920

- Oskar **Scheunemann**, Die zahlenmäßige Entwicklung des Kösener SC-Verbandes 1848 – 1935, in: Verein für corpsstudentische Geschichtsforschung, 3. Band, Jahrbuch 1958, Seite 50-73
- Hanns-Eberhard **Schleyer**, Corps – Schule für das Leben, in: VAC e. V. (Hrsg.), Corps aktuell. Gaudeamus igitur, ohne Ort 1998, Seite 10-12
- Hanns-Eberhard **Schleyer**, Corps-Gespräch, in: KSCV/VAC/WSC/WVAC (Hrsg.), Corps – Das Magazin, Heft 1/2002, Seite 25-27
- Klaus M. **Schmals**/Hubert Heinelt (Hrsg.), Zivile Gesellschaft. Entwicklungen, Defizite, Potentiale, Opladen 1997
- Ralf-Roland **Schmidt-Cotta**/Wolfgang Wippermann, Kampf um die Erhaltung der Tradition – die Corps im Dritten Reich, in: Rolf-Joachim Baum (Hrsg.), „Wir wollen Männer, wir wollen Taten!". Deutsche Corpsstudenten 1848 bis heute, Berlin 1998, Seite 180-206
- Kai-Uwe **Schnapp**, Soziale Zusammensetzung von Elite und Bevölkerung – Verteilung von Aufstiegschancen in die Elite im Zeitvergleich, in: Wilhelm Bürklin/Hilke Rebenstorf u. a., Eliten in Deutschland. Rekrutierung und Integration, Opladen 1997, Seite 69-99
- Kai Uwe **Schnapp**, Soziodemographische Merkmale der bundesdeutschen Eliten, in: Wilhelm Bürklin/Hilke Rebenstorf u. a., Eliten in Deutschland. Rekrutierung und Integration, Opladen 1997, Seite 101-121
- Sylvia **Schomburg-Scherff**, Nachwort, in: Arnold van Gennep, Übergangsriten, Frankfurt am Main/New York 1999, Seite 233-255
- Hans **Schüler**, Weinheimer S.C.-Chronik, Darmstadt 1927
- Hans **Schüler**, Die Technischen Hochschulen, in: Theodor Hammerich (Hrsg.), Handbuch für den Weinheimer Senioren-Convent, Bochum 1971, Kapitel 1, Seite 1-3
- Richard **Schulz**, Organisation des WSC und des WVAC, in: Theodor Hammerich (Hrsg.), Handbuch für den Weinheimer Senioren-Convent, Bochum 1971, Kapitel 1.2.2., Seite 6-7
- Fritz **Schulze**/Paul Ssymank, Das deutsche Studententum von den ältesten Zeiten bis zum Weltkriege, Leipzig 1910, München 1932
- Gerhard **Schulze**, Die Erlebnisgesellschaft. Kultursoziologie der Gegenwart, Frankfurt am Main 1992
- Hagen **Schulze**, Weimar. Deutschland 1917-1933, Berlin 1982
- Carl-Wolfgang **Schümann**, Vivat, crescat, floreat, in: Gisela Völger/Karin von Welck (Hrsg.), Männerbande – Männerbünde. Zur Rolle des Mannes im Kulturvergleich, Köln 1990, Band 2, Seite 381-384
- Gertrud **Schütz** u. a. (Hrsg.), Kleines Politisches Wörterbuch, Berlin 1978
- Thomas **Schweitzer**, Männerbünde und ihr kultureller Kontext im weltweiten interkulturellen Vergleich, in: Gisela Völger/Karin von Welck (Hrsg.), Männerbande – Männerbünde. Zur Rolle des Mannes im Kulturvergleich, Köln 1990, Band 1, Seite 23-30
- Klaus von **See**, Barbar, Germane, Arier. Die Suche nach der Identität der Deutschen, Heidelberg 1994

322

- Birgit **Seemann**, Feministische Staatstheorie. Der Staat in der deutschen Frauen- und Patriarchatsforschung, Opladen 1996
- Jürgen **Setter** (Hrsg.), Paukkomments. Eine Materialsammlung. Historia Academia, Schriftenreihe der Studentengeschichtlichen Vereinigung des CC, ohne Ort 1986
- Otto **Stammer**, Das Elitenproblem in der Demokratie, in: Schmollers Jahrbuch für Gesetzgebung, Verwaltung und Volkswirtschaft 71, 1951, Seite 513-540
- Otto **Stammer**/Peter Weingart, Politische Soziologie, München 1972
- **Statistisches Bundesamt** (Hrsg.), Statistisches Jahrbuch 1994 für die Bundesrepublik Deutschland, Wiesbaden 1994
- Klaus-Dieter **Stefan**, Blind wie zu Kaisers Zeiten. Säbel, Seidel, Schmisse – neue „Burschenherrlichkeit"?, Konkret 65, Berlin 1985
- Gerhard **Steingress**, Irrationalismus, Politik, Alltagsbewußtsein: ein soziologischer Beitrag zum Verhältnis von historischer Vernunft und gesellschaftlichem Fortschritt, Köln 1989
- Peter **Stempel**, Wiederbeginn in feindseliger Umwelt – das alte Erbe und die Umwertung der Werte, in: Rolf-Joachim Baum (Hrsg.), „Wir wollen Männer, wir wollen Taten!". Deutsche Corpsstudenten 1848 bis heute, Berlin 1998, Seite 207-238
- Ulrich **Steuten**, Rituale bei studentischen Verbindungen, in: Fridhelm Golücke/Wolgang Gottwald/Peter Krause/Klaus Gerstein (Hrsg.), GDS-Archiv für Hochschul- und Studentengeschichte, Band 4, Köln 1998, Seite 68-89
- Matthias **Stickler**, Zwischen Reich und Republik. Zur Geschichte der studentischen Verbindungen in der Weimarer Republik, in: Harm-Hinrich Brandt/Matthias Stickler, „Der Burschen Herrlichkeit". Geschichte und Gegenwart des studentischen Korporationswesens, Würzburg 1998, Seite 85-107
- Susanne **Stöver**, Die strafrechtliche Bewertung der Mensur in Geschichte und Gegenwart, in: Projekt „Konservatismus und Wissenschaft" e. V. (Hrsg.), Verbindende Verbände. Ein Lesebuch zu den politischen und sozialen Funktionen von Studentenverbindungen, Marburg 2000, Seite 63-84
- Manfred **Studier**, Der Corpsstudent als Idealbild der Wilhelminischen Ära. Untersuchungen zum Zeitgeist 1888 bis 1914, Schernfeld 1990
- Hans **Stumm**, Die Würzburger Bayern. Der Lebensweg des Corps Bavaria 1815 bis 1975, München 1976
- Gabriele **Sturm**, Wege zum Raum. Methodologische Annäherungen an ein Basiskonzept raumbezogener Wissenschaften, Opladen 2000
- Michael **Stürmer**, Das ruhelose Reich. Deutschland 1866 – 1918, Berlin 1983
- Hans-Ulrich **Thamer**, Verführung und Gewalt. Deutschland 1933 – 1945, Berlin 1986
- Klaus **Theweleit**, Männerphantasien. Band 1: Frauen, Fluten, Körper, Geschichte, Frankfurt am Main 1977

- Klaus **Theweleit**, Männerphantasien, Band 2: Männerkörper. Zur Psychoanalyse des weißen Terrors, Frankfurt am Main 1978
- Frank **Thieme**, Kaste, Stand, Klasse, in: Hermann Korte/Bernhard Schäfers (Hrsg.), Einführung in Hauptbegriffe der Soziologie, Opladen 2000, Seite 171-192
- Angelika **Tölke**, Private Lebenssituation und Karriereentwicklung in männlichen Biographien, in: Hans Bosse/Vera King (Hrsg.), Männlichkeitsentwürfe. Wandlungen und Widerstände im Geschlechterverhältnis, Frankfurt am Main/New York 2000, Seite 139-154
- Ferdinand **Tönnies**, Gemeinschaft und Gesellschaft. Grundbegriffe der reinen Soziologie, Darmstadt 1972
- Chögyam **Trungpa**, Spirituellen Materialismus durchschneiden, Berlin 1996
- Victor **Turner**, Das Ritual. Struktur und Anti-Struktur, Frankfurt am Main 2000
- Victor **Turner**, Vom Ritual zum Theater. Der Ernst des menschlichen Spiels, Frankfurt am Main/New York 1989
- **VAC** e. V. (Hrsg.), Anleitung zum Fechten mit dem Korbschläger, Kaiserslautern 1979
- **VAC** e. V. (Hrsg.), Handbuch des Kösener Corpsstudenten in 2 Bänden, ohne Ort 1985
- **VAC** e. V. (Hrsg.) Corps aktuell. Gaudeamus igitur, ohne Ort 1998
- **VASV** (Hrsg.), 100 Jahre Sondershäuser Verband Akademisch-Musikalischer Verbindungen 1867-1967. Festschrift des Sondershäuser Verbandes, Ohne Ort 1967
- **VDI-Nachrichten** vom 2. Oktober 1998
- **Verband** alter Marburger Teutonen und der aktive CC (Hrsg.), Corpszeitung des Corps Teutonia zu Marburg, 13. Jahrgang, Heft 12, Marburg 1910
- **Verband** alter Marburger Teutonen (Hrsg.), Corpszeitung des Corps Teutonia zu Marburg, 36. Jahrgang, Heft 94, Marburg 1933
- **Verband** Alter Wingolfiten e. V. (Hrsg.), Vademecum Wingolfiticum, ohne Ort 1978
- **Verfassung** der KDStV Palatia Marburg im CV, Marburg 1984
- Michael **Vester**/Peter von Oertzen/Heiko Geiling/Thomas Hermann/Dagmar Müller, Soziale Milieus im gesellschaftlichen Strukturwandel. Zwischen Integration und Ausgrenzung, Frankfurt am Main 2001
- Ellen de **Visser**, Frau und Krieg. Weibliche Kriegsästhetik, weiblicher Rassismus und Antisemitismus, Münster 1997
- Gisela **Völger**/Karin von Welck, Zur Ausstellung und zum Materialienband, in: dieselben (Hrsg.), Männerbünde – Männerbande. Zur Rolle des Mannes im Kulturvergleich, Köln 1990, Band 1, Seite XIX-XXVI
- Gisela **Völger**/Karin von Welck (Hrsg.), Männerbande – Männerbünde. Zur Rolle des Mannes im Kulturvergleich, 2 Bände, Köln 1990

- Hans-Joachim **Vollpracht**, Zur Diskussion um das waffenstudentische Fechten, in: Theodor Hammerich (Hrsg.), Handbuch für den Weinheimer Senioren-Convent, Bochum 1971, Kapitel 2.2., Seite 4-9
- **Vorstand** des WVAC (Hrsg.), 100 Jahre Weinheimer Senioren-Convent. Festschrift zum hundertjährigen Bestehen des Weinheimer Senioren-Conventes, Bochum 1963
- **Vorstand** des WVAC, Verzeichnis Weinheimer Corpsstudenten 1990, München 1991
- Jochen **Wanderer**, Hercynia, Dir gehör' ich. Clausthaler Studentenlieder & Der uralte Clausthaler Biercomment, Clausthal-Zellerfeld 1996
- Max **Weber**, Wirtschaft und Gesellschaft. Grundriß der verstehenden Soziologie, Tübingen 1972
- Rosco G. S. **Weber**, Die deutschen Corps im Dritten Reich. Mit einem Forschungsbericht von Wolfgang Wippermann, Köln 1998
- Werner **Wedemeyer**, Die deutschen Korps nach dem Kriege. Denkschrift im Auftrage des Gesamtausschusses des Verbandes alter Korpsstudenten, Kiel 1915
- Carl **Weigandt**, Geschichte des Corps Saxonia-Berlin zu Aachen 1867 – 1967, herausgegeben von der Alte Herren Vereinigung des Corps Saxonia-Berlin zu Aachen, Weinheim 1968
- Hans **Weindel** u. a. (Hrsg.), Biercomment des Corps Suevia zu Freiburg im Breisgau, Freiburg im Breisgau 1927
- Egbert **Weiß**, Corpsstudenten auf dem Weg zur deutschen Einheit – von der Paulskirche zum ersten Reichstag, in: Rolf-Joachim Baum (Hrsg.), „Wir wollen Männer, wir wollen Taten!". Deutsche Corpsstudenten 1848 bis heute, Berlin 1998, Seite 84-110
- Christian **Welzel**, Demokratischer Elitenwandel. Die Erneuerung der ostdeutschen Elite aus demokratie-soziologischer Sicht, Opladen 1997
- Gottfried **Werneburg**, Strukturen von KSCV und VAC, in: VAC e. V. (Hrsg.), Handbuch des Kösener Corpsstudenten in 2 Bänden, ohne Ort 1985, Band 1, Seite 133-142
- Gottfried **Werneburg**, Kösener Statuten, Satzungen – Ordnungen, in: VAC e. V. (Hrsg.), Handbuch des Kösener Corpsstudenten in 2 Bänden, ohne Ort 1985, Band 2, Kapitel 2
- **Westdeutsche** Zeitung vom 1. April 2000
- Gerd **Wiegel**/Robert Erlinghagen, Korporationen, Konservatismus und Elite, in: Projekt „Konservatismus und Wissenschaft" e. V. (Hrsg.), Verbindende Verbände. Ein Lesebuch zu den politischen und sozialen Funktionen von Studentenverbindungen, Marburg 2000, Seite 85-99
- Alois **Winterling**, Symposion und Knabenliebe: Die Männergesellschaften im archaischen Griechenland, in: Gisela Völger/Karin von Welck (Hrsg.), Männerbande – Männerbünde. Zur Rolle des Mannes im Kulturvergleich, Köln 1990, Band 2, Seite 15-22
- Wolfgang **Wippermann**, Männer und Mensuren. Waffenstudenten in geschlechtergeschichtlicher Sicht, in: Harm-Hinrich Brandt/Matthias

Stickler, „Der Burschen Herrlichkeit". Geschichte und Gegenwart des studentischen Korporationswesens, Würzburg 1998, Seite 231-248
- **Wirtschaftswoche** vom 17. September 1998
- Ernst Wilhelm **Wreden**, Von den Anfängen bis zum Ende des Zweiten Weltkrieges, in: Hauptausschuß der Deutschen Burschenschaft (Hrsg.), Handbuch der Deutschen Burschenschaft, Bad Nauheim 1982, Kapitel 2.1., Seite 1-18
- Reinhold **Wrege**, Der Kneipabend. Allerhand Studentenulk, Bern 1878
- **WVAC** e. V./VAC e. V. (Hrsg.), Finden, überzeugen, gewinnen. Nachwuchshandbuch für Corpsstudenten, ohne Ort, Oktober 2001/ 1. Aktualisierung August 2002
- Wolfgang **Zapf**, Entwicklung und Sozialstruktur moderner Gesellschaften, in: Hermann Korte/Bernhard Schäfers (Hrsg.), Einführung in Hauptbegriffe der Soziologie, Opladen 2000, Seite 237-252

Internetangaben

- http://www.burschenschaft.de, 27. Januar 2002, Internetseite des Dachverbandes „Deutsche Burschenschaft"
- http://www.sv.org/geschichte.html, 30.Juni 2000, Internetseite des Sondershäuser Verbandes
- http://www.gute-verbindungen.net, 15. November 2002, Internetseite der Corps
- http://www.corpsstudent.de/corps, 27. Juni 2002, Internetseite der Corps
- http://www.kws-seminare.de/ueber.htm, 17. Juli 2002, Internetseite der Akademie der Weinheimer Corps
- http://www.corpsakademie.com/profil.htm, 17. Juli 2002, Internetseite der Akademie der Kösener Corps
- http://www.corpsstudent.de/corps_lebensbund.htm, 27. Juni 2002
- http://www.corpsstudent.de/corps_toleranzprinzip.htm, 27. Juni 2002
- http://www.corpsstudent.de/corps_leistung.htm, 27. Juni 2002
- http://www.corpsstudent.de/corps_gesellschaft.htm, 27. Juni 2002
- http://dsid.simplenet.com/bj/lexikon.shtml, 2. März 2000, Internetseite Lexikon des Bierjungen
- de.soc.studium.verbindungen, Newsgroup zum Thema studentische Korporationen

www.ingramcontent.com/pod-product-compliance
Lightning Source LLC
Chambersburg PA
CBHW031727280326
41926CB00098B/646